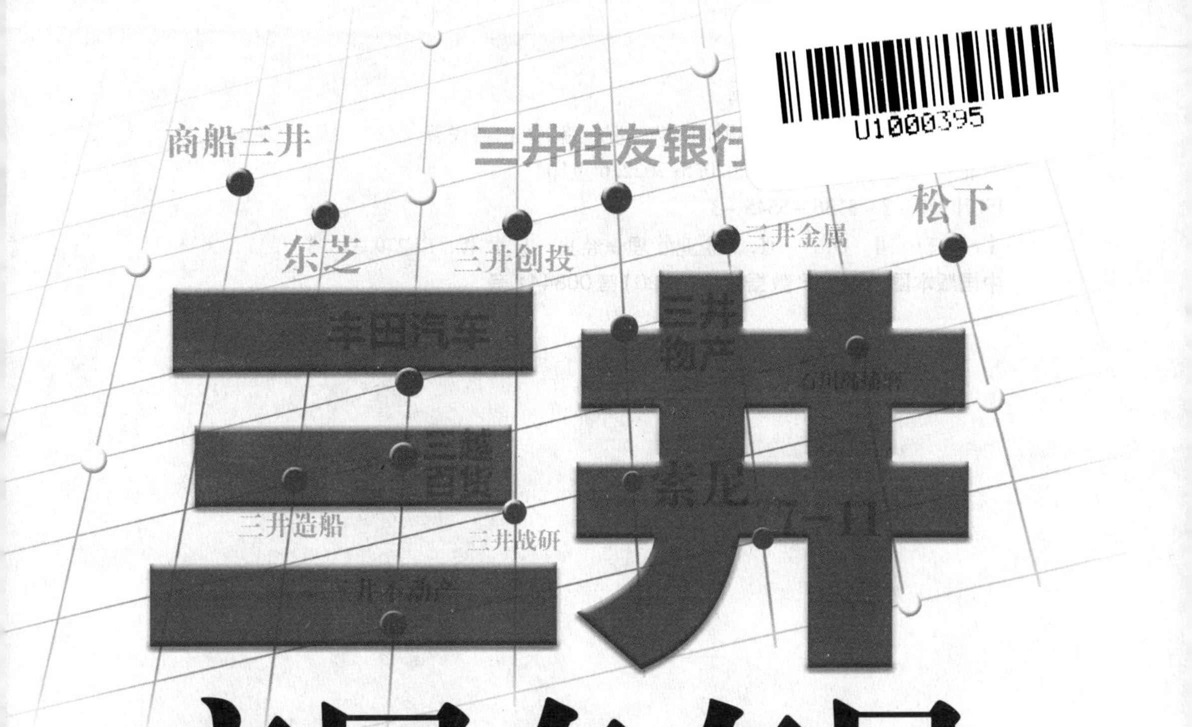

U1000395

三井帝国在布局

——揭开日本财团的“一带一路”

白益民 著

中国经济出版社
CHINA ECONOMIC PUBLISHING HOUSE
北京

图书在版编目(CIP)数据

三井帝国在布局:揭开日本财团的“一带一路”/ 白益民著.
—北京:中国经济出版社,2020.5(2022.6 重印)
ISBN 978-7-5136-5545-3

Ⅰ.①三… Ⅱ.①白… Ⅲ.①企业管理—经验—日本 Ⅳ.①F279.313.3

中国版本图书馆 CIP 数据核字(2020)第 008441 号

责任编辑 李煜萍 李若雯
责任校对 耿 园
责任印制 马小宾

出版发行 中国经济出版社
印 刷 者 北京艾普海德印刷有限公司
经 销 者 各地新华书店
开 本 787mm×1092mm 1/16
印 张 26
字 数 520 千字
版 次 2020 年 5 月第 1 版
印 次 2022 年 6 月第 3 次
定 价 78.00 元
广告经营许可证 京西工商广字第 8179 号

中国经济出版社 **网址** www.economyph.com **社址** 北京市东城区安定门外大街 58 号 **邮编** 100011
本版图书如存在印装质量问题,请与本社销售中心联系调换(联系电话:010-57512564)

版权所有 盗版必究(举报电话:010-57512600)
国家版权局反盗版举报中心(举报电话:12390) 服务热线:010-57512564

出版说明

《三井帝国在布局》是作者白益民继《三井帝国在行动》(2008 年 9 月)之后在我社出版的最新作品,也是“三井帝国系列图书”的第三本。

近年来,对待日本这位近邻,国内一直有两种截然不同的观点:一种观点认为自泡沫经济崩溃后,日本经济经历了“失去的二十年”,其传统产业已日渐衰落;另一种观点则认为日本经济实力被严重低估,事实上,日本一直在积极调整产业布局,目的是实现产业转型升级,控制产业链源头。

本书持上述第二种观点。在书中,作者从芯片、高铁、农业、汽车、造船、家电、能源等国民经济重点领域,向国人展示了日本经济界长远的战略眼光、精密的全球布局以及独特的产商融一体化模式,旨在为“一带一路”背景下中国企业“走出去”提供借鉴和参考。

需要说明的是,因作者个人的研究背景和搜集资料、分析问题的角度所致,书中很多内容可能比较敏感,容易刺激神经。本着充分促进交流的原则,编辑对这些内容作了最大程度的保留。希望读者能等闲对待,重要的是中国企业能从与日本财团(“穿西装的军队”)合作与博弈的故事中获得启示。

在书中,作者说道:“日本是中国的老师,中国是日本的祖师。”实际上,无论谁向谁学习,无论过去还是未来,在纷繁多变的国际环境下,“最重要的还是做好我们自己的事情”,“实实在在、心无旁骛做实业”。这,也许就是本书带给我们的最好启示。

中国经济出版社

2020 年 5 月

——7－11 便利店进军北京，挺进大西南，布局中国冷链物流产业，究竟是谁谋划了这一切？

——几十年来，日本以“白菜价”购买了中国70%的稀土资源，究竟谁是这些交易的实际操盘人？

——日本海上自卫队早就已经秘而不宣地拥有了四艘航空母舰，那么这些航空母舰的真正建造者是谁？

——早在来中国谈判之前，丰田就已经把中国一汽的底全摸清了，暗中为丰田提供帮助的究竟是谁？

——在中国自主建造的第一艘 LNG 船“大鹏昊”的背后，是谁给予了中国大量的技术和管理方面的帮助？

——为什么被中国当作废弃物品的碎玻璃，到了日本却摇身一变成了宝贝？这背后隐藏着的“魔法师”是谁？

——在让欧洲银行业陷入恐慌的“迪拜危机”中，是谁和美国高盛集团一唱一和，上演了一出金融围猎战？

——在遥远的巴西，是谁在为日本源源不断地提供着稳定的粮食供应，保障着其国家战略安全？

——当奥林巴斯、东芝等制造业企业陷入财政危机的时候，是谁挺身而出、力挽狂澜，拯救企业于水火？

答案只有一个：三井

到了该透视日本的时候了！

梦系中国人自己的综合商社
倡导中国新经济的财团机制
促进国民企业的振兴与发展
捍卫国家经济的主权与安全

20世纪80年代，是中国向日本学习的年代，日本的影视作品、汽车家电、合资企业和日式的管理模式，都是当时最为时髦的东西。但随着中国经济的快速发展，改革开放的巨大动力使中国经济迅速崛起，加之此后中国经济和美国经济的高度融合，许多企业凭借着低成本和开放的海内外市场不断做大，学习日本也似乎成为过去时。

“逝去的二十年”“日本经济泡沫”等论调一度成为妨碍中国企业探究日本综合商社和财团体制成功奥秘的烟雾。实际上，对于转型中的中国企业来讲，日本的昨天就是我们的今天，我们应该认真借鉴日本企业的经验，为什么同属财团集体企业的东芝、日立能够转型成功，而私人家族企业的三洋电机却最终走向了没落？

2013年，随着“一带一路”国家级顶层合作倡议的提出，中国与“一带一路”沿线国家的贸易日益活跃，中国企业跨境投资的热度持续上升。如何缓解当地国的民族情绪，如何改善所在国媒体的负面形象，如何完美地将商业合作与政治关系进行有效融合，中国企业却缺乏经验。在这些方面，更借助于财团化作战的日本企业可以成为一个很好的范本。

事实上，无论是从意识观念还是从文化认同上来看，日本的财团商社模式都值得今天的中国企业学习，因为日本财团的商业发展史中有着不可磨灭的中国文化烙印。日本将明代大哲学家王阳明的“心学”视为经世治国之学，王阳明更被视为圣人。与王阳明同为浙江天台山思想家的朱舜水也备受日本朝野人士推重，为后来日本商业文明的崛起埋下了思想的种子。

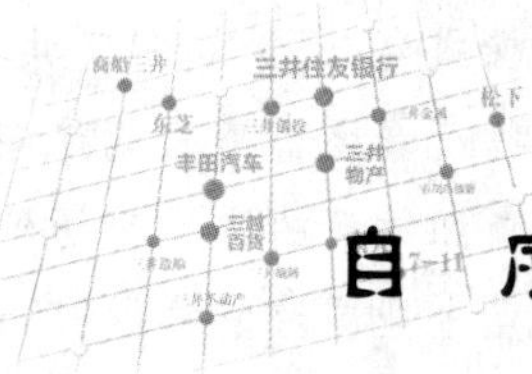

自序

长久以来，基于美国文化的西方式 MBA 商业教育模式早已席卷中国。但是，盲目迷信西方模式真的可取么？实际上，我们更应该看到世界上还有另外一种成功的经济模式，即以日本为代表的产、商、融相结合的东亚财团商业模式，它真正根植于中国传统的儒家文化。

近些年，我先后参与了一些大型集团企业包括国有企业的咨询工作。除了做些咨询工作，实际上我更多的时间在思考未来十年、二十年，中国企业的发展方向、整个国家经济的走向，以及在全球竞争中如何形成一种相对成熟的中国模式。

我们可以从日本、韩国和我国台湾地区的一些财团身上借鉴，从它们身上找到一种东亚发展模式。这些财团企业之所以能够在激烈的全球竞争中占有一席之地，是因为它们在很多方面都蕴含着具有中国传统商业文明的基因。

未来，我相信以中国传统文化为精髓的东方商业模式和教育会在中国的企业和学校中确立其应有的地位。只是，由于我们过去二三十年基本上是采用的西方经济模式，企业管理教科书以及 MBA 教程都是按照美国经济以及它们在企业管理等方面的运营及哲学来进行构架的，因此，东方商道任重而道远。

2008 年 9 月，中国经济出版社出版了我的第二部著作《三井帝国在行动——揭开日本财团的中国布局》。书刚上架后不久，我便收到了一封来自浙江物产集团战略部的邮件，邀请我到浙江物产去讲课。彼时，新书的推广工作还未正式开始,因此浙江物产的邀请颇令我意外。经过沟通交流后我才注意到,原来中华大地上已经有了浙江物产这样一家以三井物产为学习榜样的企业。

早在2003年,浙江物产就选定了一个新商业模式的标杆——日本三井物产株式会社,计划向三井物产学习战略管理职能和综合商社模式。2004年,浙江物产集团董事长胡江潮还曾率领考察团到日本的三井物产总部拜访取经。在浙江物产的讲课经历给我带来了新的启发:与其像一些西方咨询公司那样指点企业应该怎样做,不如提供给中国企业一个成熟的样本。

《三井帝国在行动——揭开日本财团的中国布局》出版之际,正值国际金融危机在美国愈演愈烈,大有席卷全球之势,众多华尔街巨头也无法独善其身。日本财团资本再次掀起了"买买买"的热潮,只是这一次似乎不再那么高调了。2008年9月23日,三菱日联金融集团(三菱财团+三和财团)以90亿美元入股摩根士丹利21%的股权,同时三井住友金融集团(三井财团+住友财团)也计划出资28亿美元投资美国高盛集团。

2008年11月,就在日本财团"抄底"美国金融机构的同时,中国政府为了应对金融危机给国内经济带来的负面影响,推出了进一步扩大内需、促进经济增长的十项措施,这一计划被媒体和经济界人士称为"四万亿计划"。"四万亿计划"不仅对中国提振市场发挥了重要作用,而且刚好"帮助"了陷入危机的美国经济。可以说,在一定程度上中国失去了一次与日本共同"围剿"美国的机会。

2009年2月,环球财经研究院在国务院发展研究中心主办的《环球财经》杂志社创建成立,由宋鸿兵任院长,并邀请了向松祚、乔良、王向穗、梅新育、彭晓光、张明及笔者等几位独立经济学家一起形成了专家智库团队,并担当《环球财经》的编委。《环球财经》杂志创办于2001年4月,致力于打造具有影响力的智库平台,注重财经事件的专业化、课题化研究。

同年7月4日,为迎接"全球智库峰会"的举行,《环球财经》编委会成员和环球财经研究院的专家齐聚一堂,在自己专长的领域,提出了确立中国模式的建议。我在活动上以"怎样学日本、怎样防日本"为主题发表了自己的观点,提出:日本的经济体系,是一个财团的模式,是金融和商业、制造业的一种结合体。经济体制的背后则是文化,是可以与中国传统的晋商、徽商联系在一起的。

2009年初夏,时任中国银行副行长朱民先生(后出任中国人民银行副行长)找到了我,邀请我参加他们的读书会,分享我提炼的三井商道。在此之前我一直认为我的《三井帝国在行动——揭开日本财团的中国布局》一书主要是一些产业界的人士在关注,没有想到居然还引起了主管金融的领导的重视。

慢慢地，我也意识到，其实三井的这套模式并不停留在微观层面，而是中观层面甚至国家经济管理模式。

当时，中国一批学者在大谈特谈“中美国”(G2)这个概念。其实在这之前已经存在一个“日美国”的全球经济治理结构：美国通过金融、通过宏观经济统治世界；日本通过微观经济、通过产业统治世界。二者之间形成一个日美经济的统一体，构成一种互补，或者是一个共同的需要，也就是说，二者实际上是在宏观和微观领域里以一种合作的方式来统治世界的经济。

2009年9月18日，《中国航空报》记者刘文波采访了中航工业集团投资公司党组书记魏晓龙，发表了一篇名为《三井模式带给中航工业什么启示》的文章。中航工业集团董事长林左鸣专门作出批示，要求“集团领导和全集团领导干部都看一看”。2010年元旦刚过，刘文波采访了我，并发表了《中国企业应该向日本财团学习什么?》一文。

其实早在2006年我的处女作《三井帝国启示录——探寻微观经济的王者》出版的时候，一位中金公司的高管就曾和我说过，有一家具备军工背景的大型制造业企业在研究日本三井的发展模式，现在想来应该就是中航工业集团。其实日本财团商社“寓军于民”的发展模式十分值得当今中国军民融合战略借鉴与学习，而中航工业集团一直是中国军民融合战略的先行者和排头兵。

2009年11月，我受邀参加经济学家郎咸平的节目《郎咸平说》，畅谈日本财团隐藏的秘密和商业故事，希望能够为中国企业带来某种思考和启示。节目的最后，郎咸平表示，当“九·一八”事变、排日情绪高涨的时候，鲁迅说：“在这排日声中，我敢坚决地向中国的青年进一个忠告，就是：日本人是很有值得我们效法之处的。”70年过去了，言犹在耳！

之后不久，我又接受了和讯网的采访，并将对话内容整理后，发表了一篇名为《中国经济体制应该好好向日本学习》的文章，文中这样写道：现在中国有很多经济学家，但没有一个经济工程师。我们所有的企业是一个个机器零部件，没有拼装成巨大的机器运转，都像一个个小的零部件散落在地。如何找到经济工程师把企业从金融、产业、商业公司变成一个巨大的航空母舰与外国资本博弈，这是我们未来要做的。

2010年1月16日，在《环球财经》以“中国模式3.0之国进民进”年会主题下，政、经、商、学界的百名精英汇聚一堂，就“国进民进”展开探讨与辨析。在年会上，我再次提出了我的观点：日本的经济体制叫有秩序的市场经济，其每家企业之间都是有关联的，在这样一个体制下，整个形成的是一套民有国营的体制；日本企业实际上已经成为社会型企业、集体所有制企业。

将这次年会的发言整理后，我撰写了一篇文章——《集体经济才是强国之选》,强烈表达了如下观点:30 年的改革过后,中国的国有经济和私有经济都获得了长足的进步,唯一受到打压的却是本应发挥重要作用的集体经济。因此,要提升国有企业的创新能力,中国应该认真研究国情,发展集体经济,而非对美国模式一味推崇,以致经济发展有失偏颇。

2010 年前后,通过《第一财经日报》《现代物流报》《时代周报》《华夏时报》《经济观察报》等数百家媒体的媒体宣传采访,我有了更多的思考和研究,也提出了一些与中国经济发展、企业模式建设相关的意见和建议。后来将这些文章及观点进行了系统整理和编辑,分别围绕财团体制、产业强国、能源暗战、商社模式四个主题重新以"财团商道系列文集"的形式出版发行。

这段时间,我还与中央电视台经济频道合作,录制了《铁矿石暗战》;由中国经济网根据我在《环球时报》发表的文章《日本"藏起来"的经济实力不容小看》,录制了对话节目;参与凤凰卫视《世纪大讲堂》的节目录制,主题是《日本财团的中国谋略》。让我记忆犹新的是,凤凰卫视著名主持人王鲁湘在节目结束时的一段话:

"商场如战场,中日两个经济体的竞争无时不在,无处不在。当我们急切地向欧美寻求经济良方的时候,白益民先生的适时提醒告诉我们邻居日本就是一本很好的教材,由于历史的原因,我们始终不愿意向日本学习,也不愿意深入研究这个可怕的邻国,麻痹、松懈、自大、自矜是我们面对日本时最容易犯的毛病,我们也因此而付出了沉重的代价。向对手学习并不丢脸,被对手打败,还不知道是怎么被打败的,那才叫作丢大脸。"

2010 年 11 月,朋友介绍说,有一位福建的年轻企业家看了我的书,表示非常钦佩,希望可以和我聊一聊他目前正在创建的事业。在和他进一步沟通中我了解到,这位年轻的福建商人 2009 年刚刚在上海成立了一家资源开发公司,2010 年初设立了北京办事处。他希望我对日本经济模式的研究可以帮助财团模式在中国落地发展,我也非常认同他的理想与抱负。

随后,我帮助这位企业家起草了一份《经济共同体基本法》。这份企业基本法在设计过程中,将日本三井财团四百年的"产商融"实践和成熟模型与当时国情有机地结合到了一起。与此同时,我还帮助这家企业组建了战略信息中心,形成了以信息情报部、综合研究部和对外商务部为主的组织、研究、运营框架,并设有专门人员负责向集团董事局高层领导直接汇报的情报机制。

企业集团的战略信息中心正是目前中国所缺失的。其实正是依托于三井财团、三星财团等遍布全球的商业、情报据点,凭借其在物流领域、信息资源、统和能力等方面的独特经验,三井物产战略研究所和三星秘书室才能够对全球汇集来的大量情报进行分析研究,并在财团内企业群间共享,积极为财团谋划发展及布局战略。可以说,完善的战略信息中心体系才是未来集团企业战略发展布局的参谋官和设计师。

2011年,我成立了"白益民产业经济研究所",希望能够将多年来我对财团商社模式的研究成果贡献给社会,为中国经济产业的健康发展提供有益的帮助和参考。随后,在我的学生杨履明和乔梓效的协助下,陆续整理出版了四部财团商道系列文集,并由中国经济出版社出版发行:

《财团就是力量——"一带一路"与混合所有制启示录》

《商社就是天网——互联互通与产业整合启示录》

《能源就是命脉——地缘政治与大国博弈启示录》

《产业就是脊梁——寓军于民与产业突围启示录》

2012年,我受大庆市主管经济的副市长杨彦彬的邀请,成为大庆市政府的经济顾问,通过提出建立产业基金和产业投行以及物流产业园区的方式,解决大庆市当地土地招商引资所面临的种种困境。同年7月,受《现代物流报》主编杨达卿的约请,我发表了《中国应建东北亚能源物流中心》《大庆的东北亚物流之路》等文章,公开提出了大庆的全球化、国际化能源战略的新定位和新思路。

曾经依靠石油的资源型城市大庆,要积极向着国际化综合性经济城市转变。通过产业投行参与到产业链上下游的投资中去,打通供应链的各个环节,确定以石油化工、装备制造、现代农业、战略性新兴产业为重点的接续产业才是大庆市的转型发展关键。而从国家能源安全层面考虑,如果能让大庆担当起东北亚能源贸易物流中心的重任,将会大大削弱俄日两国在远东能源贸易中的影响力。

值得一提的是,我对日本财团商社的研究,得到了时任国务院国资委研究中心主任楚序平的高度重视及肯定,我受到国资委研究中心支东升处长的邀请,参与了"央企境外风险管理"等方面的专题研讨。2015年,在支东升处长的主持下,又成立了"'一带一路'国别风险和安保体系"课题研究组,我应邀成为课题组专家顾问,同诸多央企的领导进行了面对面的深入交流。

2016年5月,我发起成立了三井政经塾,旨在提升中国工商业者的素养,并为中国未来输送具有远见及行动力的政经人才。对于"三井"这个名字,很多人有所疑问,认为是否用到了日本三井财团的品牌。但其实三井政经塾的名称"三井"来自位于中国浙江天台山万年寺附近的三井潭,而日本的三井家族文化则同样是起源于三井潭。日本是我们的老师,而我们是日本的祖师。

天台山历称仙家佛地,素有"千佛万道""三十六洞天,七十二福地"之说,三井潭则正处于儒、释、道三教融合的结点处。而距离天台山不远处的余姚正是明代大哲学家王阳明的故乡，阳明学说在日本备受推崇，日本人正是采用了王阳明“知行合一”这一原则，融合了东西方文化，才有了明治维新，从而开创了一个新的时代。

我将三井政经塾定位为：国家级的民间智库，企业家的修行道场，东方经济学的圣地，中华文化的践行所，正能量的媒体家园。由三井政经塾推出的三井商道，实际上就是要从日本追寻回曾经流失的属于中国自己的传统文化和思想，那就是共生共存、三位一体的“三井理念”，这种商道思想不仅对大企业集团的建设有所帮助，对中小企业的发展也有积极的意义。

2019年6月，我受北京大学汇丰商学院EMBA校友会秘书长李明先生的邀请，前往深圳参加北京大学汇丰商学院的活动，同时也完成了一次三井政经塾的课程活动。深圳一直都是中国最具经济活力的城市之一，华为、大疆、腾讯等科技创新企业都集聚于此，特别是随着粤港澳大湾区国家发展战略的推进，未来深圳必将成为全国乃至全世界的科技中心。

其实除了关注高科技企业集团本身，更重要的是要关注产业生态，这些科技巨头企业以及围绕在大企业周围的供应链企业在某种程度上已经形成了财团体系的雏形。如何帮助这些供应链上的企业打造综合商社职能、实现与科技巨头之间的共荣共生模式才是目前的重中之重。因此，以东方商业文明为基因的三井商道模式在深圳这个高速发展的城市就一定有其用武之地。

2019年8月，我的新书《三井帝国在布局》终于结稿，这是十年前《三井帝国在行动》的续集。事实上，40年来，从中国改革开放之初到现在，日本一直在采用类似“一带一路”的策略，只不过是“悄悄的进村，打枪的不要”，隐蔽性很强。

《三井帝国在布局》这本新著讲述了日本三井财团在中国及其他亚非拉国家进行产业转移和布局的众多产业和企业案例，三井财团的成员不仅有三井物产、三越百货和三井住友银行等核心企业，还包括丰田、东芝、松下、索尼、石川岛播磨等大家耳熟能详的日本公司，同时，其产业布局也涉及中国许多的著名企业，如华为、长虹、一汽、奇瑞、中船工业、中芯国际、二商集团……

感谢我的优秀学生和写作助理乔梓效为本书出版所做的辛苦努力和重要贡献。感谢中国经济出版社社长毛增余先生和经管分社社长李煜萍女士对我十年来的一贯支持和帮助。

2019年10月2日

前 言

三井的触角

日本三井物产(综合商社)到底是做什么的？对于这一问题,2006年5月,三井物产中国副总代表魏杰在“APEC中小企业对话世界企业500强财富论坛”上的回答简直让人找不着北:“问我们做什么,倒不如问我们不做什么。我们不做毒品、武器弹药这些违法的事,但是其他的只要有机会我们都可以做。”

其实早在1999年由中央电视台和上海电视台主办的“'99财富全球论坛”上,时任三井物产株式会社的社长上岛重二就曾经表示,三井物产的经营范围非常广泛,“从拉面到火箭、从鸡蛋到卫星无所不做”。上岛重二进一步解释道:“恐怕比鸡蛋还小的有芯片,另外还有眼睛看不见的生物工程学的一些东西,宇宙卫星也是我们在日本从事的工作。”

那么,三井物产何以能具有如此巨大的能量？三井创业以来的四百多年间,为适应时代要求,在粮食、机械、能源、纤维、物资、金融等广泛领域,培育了形形色色的产业资本。三井物产的发展史,也是日本财团地区多样化、产品多样化、行业多样化尤其是功能多样化逐步展开、渐趋推广、日益深入、综合运用、自如协调的历史。

如今,在全世界范围内,由三井物产这家综合商社投资、参股的企业几乎无处不在,但是在这些关联企业的身上基本看不到与“三井”有关的名称。三井物产作为三井财团的综合商社就如同一艘秘密的潜艇、一张巨大的网——它就潜伏在你身边，触角伸向你生活的方方面面，但你却感受不到它的存在。

绑定中国人的衣食住行

早在1979年5月，三井物产就与内蒙古自治区纺织工业公司签署了合作协议，三井物产帮助当时工业基础还很薄弱的鄂尔多斯购置纺织设备，并且将生产的原毛和羊绒产品出口到日本，充抵设备款项，同时开始筹建伊盟羊绒衫厂（即鄂尔多斯羊绒公司）。如今鄂尔多斯的纺织产业，已经占世界羊绒市场的40%，地位难以撼动。

1991年1月，北京市华表时装公司与日本国鸟取F－ONE株式会社、日本三井物产合资成立了北京鸟取爱服王服装有限公司。公司董事6名，华表公司委派3名并指定董事长人选；鸟取F－ONE会社委派2名，其中吉冈利固任副董事长，野本八郎任总经理；三井物产委派1名。公司经营范围包括生产高档服装及有关的服装装饰，销售自产产品等。

2010年9月，三井物产与光明食品集团缔结战略合作协议，合作主要以糖业与流通业的互相协助，以及乳制品的海外加工事业等为主。双方计划通过光明食品集团旗下众多的零售企业销售网络，以及食品加工装备能力，融合三井物产在食品领域的技术与经验优势，开展食品产业其他领域的深入合作。

光明食品集团是中国境内最大的综合类食品产业集团之一，拥有光明乳业和金枫酒业等多家食品产业类A股上市公司。三井物产将利用光明食品集团在中国食品行业广泛的资源和营销网络优势，为其食品产业在中国境内发展谋取良好的机会，如在流通领域，将由光明食品集团旗下零售企业提供定期举办日本食品展的平台，并奠定三井物产在华的批发业务基础。

2014年11月，根据《日本经济新闻》报道，日本三井物产计划进军中国的汽车零部件回收再利用业务，将携手中国的大型综合性回收企业深圳格林美等，在湖北省武汉市建设工厂。三井物产将从废旧车中拆解出发动机启动马达等，然后通过清洗和修理再加以销售。希望通过有效利用日本技术，将汽车零部件回收业培育为在中国的新收益来源。

三井物产携手从事家电回收等的深圳市格林美高新技术，以及日本的大型专业公司HONEST组建合资公司，并在格林美的汽车拆解工厂内新建零部件回收工厂。从出资比例来看，格林美占45%，HONEST占30%，而三井物产占25%，其中，三井物产出资约2亿日元。这是日本大型企业首次在中国从事汽车零部件回收业务。

2018年12月，三井物产与阳光印网在北京共同宣布成立合资公司，双方分别持股51%和49%。合资公司将以纸张贸易业务为主，聚合双方优势，整合全球范围内的纸张资源，此举将惠及国内乃至全球的纸板纸箱厂、印刷厂等关联企业。未来，合资公司的业务范围将拓展至更多市场所需的物料贸易业务。

作为中国产业互联网的先行者，阳光印网在企业非核心事务采购领域优势明显，自以印刷业为突破口切入企业采购领域以来，已经构建以商务印刷、包装耗材、数码工装、礼品、服装和品牌创新设计六大产品业务线为主的一站式企业智能采购平台，平台两端分别链接20多万家企业客户及超过1.5万家供应商。

2019年2月，三井物产与新加坡的可持续发展城市和商务空间解决方案提供者星桥腾飞集团签订合作协议，双方将分别按55%和45%的比例，共同投资运营位于上海市区的腾飞大厦和腾飞元创大厦。位于天钥桥路的腾飞大厦地处上海城市副中心徐家汇，也是星桥腾飞在中国的总部所在地，升级改造之后将成为徐家汇商圈内汇集高品质传统办公、联合办公和商业配套的地标性大厦。

三井物产株式会社不动产事业部长松本夏寅说："三井物产和星桥腾飞的合作已长达七年，始于共同开发新加坡纬壹城启汇园的星桥大厦。我们在亚洲市场的几个合作项目进展顺利，对日益加强的合作关系，我们深感自豪。基于双方成功合作的经验，相信此次我们在上海的合作一定会给这座城市的发展带来新的价值。"

时刻关注亚洲新兴市场

2014年4月，三井物产发表声明称，将和日本洋马公司以及印度财团穆鲁卡巴集团旗下企业共同出资，在印度南部设立农业机械生产、销售合资公司，三方就此达成一致意见。三井物产此举旨在扩大印度、缅甸等新兴国家的需求，加强在粮食、农业肥料事业方面的合作。穆鲁卡巴集团是印度历史最悠久的企业集团之一。

新合资公司名称叫作"洋马·科罗曼德·专用农业解决方案"，注册资本金额为6.7亿日元，其中三井物产出资20%。将开拓插秧机、联合收割机等种稻专用农业机械的销路，在印度南部也设立工厂，通过当地生产提高成本竞争力，力争在2018年实现70亿日元的销售目标。

2018年8月，三井物产与日本花王集团决定联手进军印度纸尿裤市场，主打产品是花王公司高价位的"Merries"品牌纸尿裤。资料显示，印度每年出生婴儿达2500万人，是一个庞大的纸尿裤市场。巨大的商机正是吸引日本纸尿裤生产商进军印度市场的原因所在。

三井物产指出,印度市场巨大,但纸尿裤的渗透率尚不足6%,2017年的销量约46亿片。随着国民可支配收入的增加,以及人们保健意识的增强,加之女性就业人口的增加,预计到2022年,印度市场的纸尿裤需求量将增长至100亿片以上。

2018年11月,三井物产发表声明称,将向总部位于马来西亚的亚洲最大民间医院集团IHH追加出资约2300亿日元,出资比率占到32.9%,成为其最大股东。针对伴随经济成长而增加的不良生活习惯引起的疾病所带来的亚洲医疗需求,三井物产将强化保健相关事业。

三井物产投资的IHH集团主要对新加坡、马来西亚、土耳其、印度等9国,主要面向高收入阶层的50家医院(合计约1.2万张床)展开业务。保健是三井物产关注的产业核心之一。在2011年向IHH出资之前,三井物产已在公司内部把以前分散的相关事业部综合起来,新设了专门部署,为亚洲各国的医疗效率提升、高度提升贡献力量。

三井物产保健、服务事业本部的永富公治本部长表示:“亚洲的保健市场,因为人口的增加与老龄化,每年有10%的提升,另外病床数等医疗资源严重不足,因此想要推进包含各种周边产业的商业构想和发展。”今后IHH旗下的医院相关机会会增加,导入与欧美、日本的医疗有关的新型商业模式,9个国家可以接受的外来患者可高达600万人。

2018年10月,三井物产与涉足城市开发的越南当地企业T&T集团签署了合作备忘录,预计将在越南投资12亿美元。近年来,经济增速一直保持在6%左右的越南,对城市开发建设的需求不断高涨,与基础设施建设并行的整体城市建设也正加速展开。同时,T&T公司还与日本的医疗企业、医疗机构签署合作备忘录,从日本引进高新技术。

根据合作框架,三井物产将结合当地的铁路建设项目,借鉴日本经验在越南的铁路沿线开发商业设施和住宅区,此外还将利用可再生能源提高智慧城市的附加价值,并引入数字技术解决交通拥堵等城市病。过去,三井物产对越南的投资主要集中在日元贷款建设地铁、火电站和基建等方面,但随着越南经济的不断发展,投资结构也在不断优化。

投资南美赚满盆

中国是一个铜矿十分贫瘠的国度,自给率不及40%,铜矿来源主要依赖于智利、秘鲁等南美国家的出口。其中,智利一直是中国最大的铜矿供应国,中国从智利进口的铜相当于智利铜出口总额的38.9%。智利是世界上铜储量最多的国家,以“铜矿之国”闻名于世,已探明铜的储量占世界总储量的1/3。

然而,在中智两国铜矿频繁进出口的同时,中国企业对智利铜矿的直接投资却相当少,目前的合作只是停留在供应商层面,几乎接近于"零投资",大部分出口到中国的智利铜矿也都是原始形态的铜矿石。以中国五矿为代表的中国企业,也曾希望参与到智利铜矿的开发,保证中国铜矿的供应。

早在2004年,中国五矿集团公司就与全球最大的铜矿公司——智利国家铜业公司(Codelco)开始探讨项目合作的可能。次年5月,双方正式签署《联合开发智利铜资源项目协议》(其中五矿集团首期投资5.5亿美元),共同组建一家合资公司,一起开发智利的铜资源。智利国家铜业公司将在今后15年内通过合资公司向中国五矿集团提供83万吨金属铜。

可是,正当五矿集团欢欣鼓舞的时候,一场"风雨"随即而来。2007年4月,智利国家铜业内部出现争议,董事会的两名劳工代表对合同表示强烈反对。后来在2008年4月11日,一场针对五矿集团的更大的"暴风雨"来临了。智利铜业联合会以罢工为威胁,反对中国五矿集团入股该矿。

迫于形势,中国五矿集团和智利国家铜业公司不得不陆续在2008年9月、10月发表声明:智利国家铜业公司与中国五矿集团公司一致同意取消并无限期搁置中国五矿集团收购加维铜矿少数股份的购置权。这也意味着,中国五矿集团收购智利加维铜矿股权计划以失败告终。

相比中国的惨痛经历,同为铜矿进口大国的日本,在三井物产等六大综合商社的带领下,在智利铜矿有着大笔的投资,掌握了大量的矿源。2011年10月12日,当时智利国家铜业公司缺乏收购英美资源南方铜业公司的股权,三井物产抓住这千载难逢的机会,向智利国家铜业提供最高67.5亿美元的贷款,从而帮助智利国家铜业公司获得英美资源南方铜业公司49%的股权。

作为回报,智利国家铜业公司从当年起10年内每年向三井物产出售3万吨阴极铜。在这场合作中,三井物产更是获得了一个"特权"——智利铜业公司"没钱还贷款"的时候,可以将所获股份的50%转让给三井物产。然而,当智利国家铜矿联手三井物产出手收购英美资源南方铜业公司时,遭遇到英美资源公司的强力阻击,双方最终对簿公堂。

2012年8月23日,三井物产宣布已与全球最大的铜冶炼制造商——智利国家铜业公司签订融资协议,双方将共同获得英美资源南方铜业公司股权的29.5%。此外,双方还就正式构建战略合作关系一事达成了共识。据悉,为使智利国家铜业公司旗下子公司实际取得该公司的股权,三井物产公司将提供19亿美元的短期融资。

与此同时,三井物产公司还将斥资11亿美元投资其与智利国家铜业公司的合资公司"Acrux公司",以收购该合资公司股权的17%,取得Acrux公司所持有的约12万吨的铜权益。此外,在智利国家铜业公司偿还短期融资时,三井物产公司还将可能以10亿美元的价格追加收购Acrux公司股权的15.25%。

2013年8月21日,日本三井物产智利公司总裁Luke Mukai表示,其公司正在考虑扩大在智利经营范围和投资。计划开发的项目包括向智利矿产公司供水,共同开发智利国家铜公司所属的Luz矿热电厂项目以及开展城市污水处理项目。显然,三井物产的投资并不局限于铜矿,其在智利的汽车、肥料、林业和水产养殖行业都已设有投资项目。

从墨西哥湾到北美页岩气

不仅是传统的矿产资源,随着世界能源消费的不断攀升,包括页岩气在内的非常规能源也越来越受到三井物产的重视。页岩气是指赋存于以富有机质页岩为主的储集岩系中的非常规天然气,依靠成熟的开发生产技术以及完善的管网设施,美国成为世界上唯一实现页岩气大规模商业性开采的国家。

2010年2月,三井物产和美国大型石油天然气公司阿纳达科公司宣布在美国宾夕法尼亚州马塞勒斯地区的页岩层开发项目中展开合作。三井物产取得权益的费用为14亿美元,开发费为30亿美元,合计达到了3000亿日元以上。作为单独项目,其规模已经超过了进行天然气开发的俄罗斯萨哈林2号项目。

2011年6月30日,三井物产又宣布将参与美国得克萨斯州EagleFord矿区的页岩油气田开发和生产项目。三井物产的子公司已与美国石油公司SM能源公司就出资6.8亿美元购买12.5%的矿区权益达成了协议。该矿区面积1520平方千米,三井物产获得其中2万桶的权益,今后将投资12亿美元进行油气开发。

2012年3月28日,日本三井物产旗下的美国子公司MOEX Offshore与美国司法部达成和解协议,同意支付至少9000万美元解决其在2010年墨西哥湾深海地平线号油井平台发生爆炸,并导致英国石油公司的马孔多油井(Macondo)发生漏油的事件中应负的责任。

美国司法部此前表示,三井物产因违反《清洁水法》需要支付7000万美元民事罚款,并为墨西哥湾沿岸各州的保护项目支付至少2000万美元。为什么日本的三井物产要为“墨西哥湾原油泄漏事件”埋单?原来在该石油区块所占的股权比例中,英国石油公司占65%,阿纳达科石油公司占25%,三井物产占10%。

北美洲大陆是东南沿海水域——墨西哥湾浅大陆棚区蕴藏大量的石油和

天然气，有数据显示，已探明的约300亿桶储量。1940年以来，这些资源已经大量开发，占美国国内需求的很大一部分。2017年7月，墨西哥湾浅海区域再次被发现大量原油，预估可开采储量达1.4亿至20亿桶，潜力资源丰富。

如果你认为三井物产仅仅关注石油、天然气等能源产业，那就太小瞧日本的综合商社了。2012年12月28日，三井物产与美国Paul Stuart公司的创始家族达成了一项协议，购买了后者的全部股份，从而完全拥有Paul公司。成立于1938年的Paul Stuart公司在美国奢侈服饰界具有领先地位，专营奢侈服装及配饰零售商。

Paul Stuart的品牌商标已经在美国、欧洲和亚洲的30多个国家被注册。通过此次收购，三井物产获得了该品牌的全球注册权，这将把三井对该品牌的业务范围扩张至全球。三井物产还希望通过获得许可业务的可持续权来造福其日本市场的二级经销商，这将有助于后者业务基础的稳定性。

掌握欧洲高端科技

2016年3月1日，日本三井物产宣布将向全球最大的树脂内衬碳纤维强化压力罐（以下简称“复合材料压力罐”）厂商——挪威Hexagon Composites公司出资。双方就出资25%达成一致，并签订了业务合作协议。出资总额约110亿日元。挪威Hexagon公司面向天然气等的运输及储存用途制造并销售复合材料压力罐。

三井物产在新中期经营计划中提出了作为“主攻方向”的七大领域，碳纤维复合材料业务是横跨“资源材料”与“移动工具”的重点领域之一。三井物产2015年4月曾与日本金泽工业大学革新复合材料研发中心签订了与复合材料研究相关的合作协议书，共同开发使用碳纤维强化树脂的汽车部件等的制造方法。

2016年8月1日，三井物产再次宣布将向使用碳素纤维等复合材料设计汽车构件的德国Forward Engineering公司（以下简称“FE公司”）出资，开展业务合作。三井物产将通过世界各地的业务网点，为普及FE公司的车体轻量化设计及工程服务提供支援，同时还将利用FE公司的知识，扩大面向汽车领域的碳纤维业务。

FE公司是2016年3月从德国雷丁汽车公司分离出来的企业。该公司以量产车的轻量化为目标，开展使用复合材料的车体设计及工程业务。三井物产预计，在车体轻量化需求高涨的背景下，使用碳纤维等轻量化材料的部件市场将急速扩大。两家公司将通过此次合作，在全球开展使用复合材料的车体轻量化设计及工程业务。

2016年9月,三井物产与西班牙汽车零部件制造商海斯坦普(Gestamp)达成协议,以4.16亿欧元获得海斯坦普公司12.5%的股份。这一协议达成后,海斯坦普零部件供应商市值估计为33亿欧元(约合37亿美元)。海斯坦普一直为大众和雷诺等车企旗下的800多款车型提供相关零部件,在全球拥有98家工厂,员工人数逾3.6万人。

西班牙海斯坦普公司除了是汽车零部制造商外,还是唯一一家集中三个不同产品(风塔、护栏、法兰)供应的优质风力发电供应商。早在2015年,三井物产就开始和海斯坦普开展了相关领域的合作,联合为全球风电行业客户提供风塔、法兰制造,物流,装配,维修,改造等业务的解决方案。

俄罗斯的战略合作伙伴

20世纪50年代,出于冷战对抗和国内政治斗争的需要,美国及日本国内的亲美派竭力阻挠日苏关系的改善,抛出了所谓的日苏领土问题,大做领土文章,试图制造日苏紧张气氛,"日俄南千岛群岛之争"由此而生。虽然日俄两国的关系因南千岛群岛问题争执不下而经常陷入僵局,但是在经济商业层面却一直保持着良好的合作关系。

2011年2月,据日本共同社网站报道,日本三井物产公司同俄罗斯索勒尔斯(Sollers)汽车公司成立合资公司,考虑在俄远东符拉迪沃斯托克组装生产丰田SUV汽车,这成为俄远东地区首次生产日系车。俄罗斯领导人普京一直提出将远东经济振兴作为国家重点战略,并积极吸引日本制造商在远东开展汽车生产。

新成立的合资公司从日本进口丰田汽车的零部件,将索勒尔斯在符拉迪沃斯托克的生产用地改建为工厂进行组装生产。三井物产负责利用西伯利亚铁路开展的物流环节,将远东地区生产的汽车通过铁路运至俄罗斯进行销售。在日俄外交关系因北方领土问题而恶化的背景下,此次合作或许可成为日俄在经济层面携手合作的象征性项目。

2012年1月,三井物产宣布参与俄罗斯的铁路车辆租赁事业,三井物产将与俄罗斯的当地企业对半出资组建合资公司,并从当年4月开始营业。租赁的铁路车辆将以煤、铁等资源运输车辆为主,开始时为1000辆铁路货车,3年后争取增加至5000辆的规模。此外,住友商事跟随三井物产也在俄罗斯展开货车租赁业务。

三井物产与俄罗斯新兴中坚财阀ICT集团组建合资公司,最初的资产规模为1亿美元,之后将阶段性地增加车辆,3年后达到5亿美元。俄罗斯的铁路货运占全国货运市场的85%,是一个铁路大国。俄罗斯全国有100万辆铁路货车，但是由于近来货车老化，需要换新，同时随着经济的发展物流增加，这些都推动了货车租赁市场的发展。

2012年7月，三井物产宣布与俄罗斯大型榨油、粮食企业“Sodrugestvo Group”展开资本合作，取得后者10%的股份，金额预计在90亿日元左右。Sodrugestvo Group进口大豆展开榨油业务，并向俄罗斯全国供应饲料用豆粕；今后还将利用铁路运输，出口小麦。三井物产利用在其他国家展开收购的经验，帮助Sodrugestvo Group强化其持有的港口设备。

2013年12月，三井物产宣布购入贝加尔木材公司40%的股权，后者总部位于俄罗斯布里亚特共和国。在早前发布的新闻声明中，三井物产确定从贝加尔木材公司合作伙伴有限责任公司处以抵押交易的方式购入其股份，并同时采取第三方分配新股。实际上，贝加尔木材公司2012年投产的木材加工厂所产产品几乎全部销往日本市场。

布里亚特政府方面表示，贝加尔木材公司从增发股份中获得约10亿卢布(约合3000万美元)。这笔资金将被用于建设木材废料回收和托盘设施生产厂，还将用于偿还贝加尔木材公司最大债权人俄罗斯联邦储蓄银行的债务，但贝加尔木材公司并未披露所欠债务总额。

2016年12月16日，俄罗斯总统普京与日本首相安倍晋三会谈后，日本很快发表了80个对俄合作项目，其中：政府项目12个，包括在日本举办俄罗斯年活动、地下资源的利用、核动力的和平利用、产业人才的培养等；民间项目共68个，其中三井物产与R－Pharm公司的资本合作(延长健康寿命)已成为代表项目。

三井物产株式会社社长安永龙夫在谈到三井物产对俄罗斯制药集团R－Pharm的投资时说：“这是一个进军俄罗斯制药行业的平台，我们将带去日本的产品和设备。”他指出，2016年俄罗斯健康男性的预期寿命平均为66.5岁，“因此这方面有着巨大的提高空间，未来我们希望扩大我们在俄罗斯的业务”。

2018年9月，俄罗斯天然气工业股份公司(Gazprom)在莫斯科宣布，俄罗斯天然气工业股份公司已与日本三井物产就波罗的海液化天然气(LNG)项目签署了一份谅解备忘录，谅解备忘录将包括在波罗的海沿岸建造一座LNG厂，这是两家公司之间的第二个LNG项目。俄罗斯天然气工业股份公司首席执行官阿列克谢·米勒表示，日本的购买量已占到俄罗斯LNG总销量的36%。

其实，之前俄罗斯的“萨哈林2号天然气”项目就是由日本三井物产及三菱商事共同出资，在日本进口LNG中占约一成。虽然日本并未参与俄罗斯最新的亚马尔LNG项目，但日本工程项目承包公司——日挥株式会社和千代田化工建设株式会社负责了该工程设备的建设。此外，日本三井财团旗下的商船三井的抗冰型油轮也参与了运输。

写了这么多依然还是无法准确回答最开始的那个问题：日本综合商社三井物产到底是做什么的？从能源矿产、化工材料、机械制造、医疗卫生到关系到每个人衣食住行的方方面面。三井物产，这个日本最大的综合商社，以不同方式，在不同程度上，参与着甚至控制着这个世界的运行，俨然是微观经济世界里的隐形王者。

作　者

目 录
CONTENTS

生，通过“供销社式”的商业模式，从农产品的生产、加工到仓储物流以及渠道分销甚至金融贷款支持都有着三井财团的身影。

第四章　商业为王才是硬道理

著名的7－11便利店最早原是美国的品牌，但真正使其发展壮大并走向辉煌的其实是三井财团。7－11在三井财团的帮助和影响下，已经不再是一个普通的便利店那么简单，而是可以看成一个集生产、商品、物流、信息、金融等全方位于一体的“微型综合商社”。

第五章　让产业金融伟大起来

无论是20世纪50年代的丰田和索尼，还是近年来的奥林巴斯和东芝，在日本产业制造业陷入困境的时候，三井财团都会及时出现，力挽狂澜，拯救企业于水火。在这种日本产商融结合的悠久传统下，不仅会诞生一个实力比以往更为强大的公司，更会造就一个日益强大的日本经济帝国。

第六章　有路就有丰田车

三井财团是日本产业、商业力量的代表和象征，而丰田汽车则可看成是制造业企业成功学习三井商道、升级为财团的典型案例。深受三井财团影响的丰田汽车内部已经悄然孕育出了一个“小三井物产”——丰田通商，并且承担起了培育构建全球汽车产业链的重任。

第七章　海洋重器谁来打造

在沪东中华造船厂自主建造的第一艘 LNG 船“大鹏昊”的背后，实际上是三井财团给予了大量技术、管理等方面的支持和帮助。如今，在三井财团旗下三井造船和商船三井的扶持下，沪东中华造船厂已经发展成为具备建造大型 LNG 船等高技术船舶能力的国际知名企业。

第八章　家电市场的攻守道

一直以来，中国家电企业都希望可以通过市场换取技术，但三井财团却习惯将利润最丰厚的核心技术牢牢掌握在自己的手中。三井财团旗下的东芝公司在 2016 年出售家电产业时就坚守高科技不外流的隐秘规则，仅把白色家电业务出售给外资，空调、电脑和医疗等核心领域都留给了日本厂商。

第九章　掌控稀土产业主导权

为了更好地获取中国的稀土资源，三井财团每年都会代表日本企业到中国商谈稀土贸易。三井财团表面上是以稀土贸易为主，但实际上更像一个稀土产业的组织者，其通过贸易代理、生产参与、融资服务、仓储流通、信息咨询以及科技开发等方式达到整合和掌控中国稀土资源的目的。

第十章 商社就是天网

相比于美国企业的“股权”模式，以三井为代表的日本财团往往习惯以“商权”为中心。这种源自中国古老东方商业文明的商权思想，使得三井财团的商业布局和发展更着眼于长期的战略考虑，更精于耕耘，商业心境也更加沉稳，从而避免因浮躁的外部环境而使企业毁于一旦。

第一章

东亚崛起的"芯"路历程

从 20 世纪 60 年代开始，作为三井财团核心企业的东芝一直以来都是"日本制造"的最佳典范，特别是在技术创新方面，东芝长期保持着日本首创乃至世界首创的地位。其实东芝不仅创造了"日本制造"的神话，还在一定程度上"培育"了另外一家芯片领域的"巨无霸"企业——韩国三星电子。

日本索尼在发展初期得到了三井财团的大力帮助，当时索尼内部设有一个顾问委员会。1953 年至 1959 年，万代顺四郎出任顾问委员会主席，他曾是三井银行的前任董事长。正是在万代顺四郎的帮助下，三井银行积极地购买索尼的股份，使索尼公司获得了日后腾飞所必需的充足资金。

韩国三星财团的核心是三星物产，尽管"三星物产"与"三井物产"的名称虽有一字之差，但二者的经营理念、组织模式和行为方式几乎一字都不差。三星正是凭借这种独特的经营理念和组织模式，帮助韩国成为当时亚洲"四小龙"中经济发展最具潜力的国家。

——作者题注

【阅读提示】

“三井”告诉了我们什么(1)

芯片作为影响社会、经济和国防安全保障与综合竞争力的战略性产业，一直以来都备受重视。早在2008年10月，中国就将“核高基”(核心电子器件、高端通用芯片、基础软件产品)和“极大规模集成电路制造装备及成套工艺”列入国家科技重大专项并开始实施。2014年，我国又开始调动大规模产业资本，成立了国家集成电路产业基金(大基金)。但高投入却并未带来高产出。

海关总署公开信息显示，从2015年开始，中国集成电路(芯片)进口额正式超越了原油和大宗商品，成为中国第一大进口商品。2017年中国集成电路进口量高达3770亿块，进口额为2601亿美元，而同期中国的原油进口总额仅约为1500亿美元，中国在半导体芯片进口上的花费已经接近原油的两倍。中国芯片行业长期被国外控制，严重影响了国家安全战略布局。

为什么越追赶反而差距越大？中国芯片产业发展究竟难在哪里呢？很长一段时间里，我们都习惯将这一问题归结于产业基础薄弱、关键技术落后等因素上。实际上，芯片与载人航天、探月工程等其他重大科技专项项目有所不同，它是一个高技术密集、涉及学科众多、高度全球化、商业化的产业领域。如果说产业的技术创新都是靠市场需求在驱动，那么成功的商业模式就必不可少。

日本三井财团旗下的东芝和索尼一直都是日本的“工匠精神”的标杆性企业，有着无可匹敌的技术实力，在技术创新领域，长期保持着日本首创乃至世界首创的地位。然而，仅仅依靠东芝、索尼的力量是无法成就日本在世界芯片行业的霸主地位的。由日本通产省牵头，联合日本五大财团组成的芯片“超级联盟”，才是日本半导体芯片产业迅速崛起并走向巅峰的秘诀。

芯片“超级联盟”可以说是日本“官产学研一体化”的重要实践。其中，起主导作用的“产”指的是以三井、三菱为代表的财团产业界，具有对科技创新风险负责、承担发展主体的功能；“学研”就是传统意义上大学和研究机构，扮演提供和创造学术价值的角色；“官”则是指政府机构，起到为创新研究开发和产学合作成果进行支援服务的作用。

这种“财团+政府”的政商组合其实就是以汉文化为核心的“东亚模式”，基本上是由政府机关直接面对大型财团企业，并为其提供相应政策及资金保障。实践证明，日韩及我国台湾地区的芯片崛起之路离不开“东亚模式”。例如，日本的通产省直接对接东芝(三井财团)、日立(富士财团)，韩国企划财政部直接对接三星电子，我国台湾地区的“经建会”(辖属台湾地区行政管理机构)直接对接台积电。

本章导言

2018年4月16日，美国商务部工业与安全局(BIS)以中兴通讯对涉及历史出口管制违规行为的某些员工未及时扣减奖金和发出惩戒信为由，做出了激活对中兴通讯和中兴通讯公司拒绝令的决定。当天美国商务部也发布公告称，美国政府在未来7年内禁止中兴通讯向美国企业购买敏感产品。4月20日，中兴通讯董事长殷一民表示，美国的禁令可能导致中兴通讯进入休克状态。

同年7月14日，中兴通讯总部的LED广告牌上挂出了“解禁了！痛定思痛！再踏征程！”的标语，轰动一时的美国制裁中兴事件宣告结束。为了达成所谓的和解协议，中兴通讯公司需要支付14亿美元的罚款，完全更换公司董事会和高管团队，并允许美国选择的合规团队进驻中兴。中兴通讯为此付出了惨痛的代价，这也给其他中国企业狠狠地上了一课。

自中兴事件之后，中国的芯片产业似乎也开始痛定思痛，上至国家高层下至平民百姓都对芯片持有高度的关注。对于未来国产芯片该如何发展，无论是专业人士还是“小白”都纷纷发表自己的观点。以至于令人产生一种错觉，即国产芯片产业的崛起在很短的时间内就可以实现。从2018年下半年开始，中国掀起了芯片热，越来越多的公司宣布进入半导体领域。

2018年7月，李彦宏在百度AI开发者大会上正式发布了百度自研的中国第一款云端全功能AI芯片“昆仑”，百度方面称，“昆仑”是迄今为止业内设计算力最高的AI芯片。除BAT外，其他企业也想跨界芯片领域，格力电器的董事长董明珠就表示，哪怕格力需要投资500亿元入局芯片产业，也是在所不惜的。芯片产业似乎成为新的“风口”。

诚然，国内大中小企业纷纷涉足芯片领域，对于中国芯片产业整体来说是一件好事，但是如果不从根本上解决中国芯片产业多年来存在的一系列问题，再多的资本投入、再大的社会关注度都无法实现“中国芯”的真正崛起。如果将2000年中芯国际的成立看作中国芯片产业发展的元年，那么在近20年的发展探索过程中既有成功又遭遇了坎坷。

截至2018年，中国芯片产业的销售额达到了6532亿元人民币，同比增长20.7%，成为全球最大的半导体消费市场，但自给率却仅为15%左右。事实上，全球高端芯片仍主要以日本、美国、欧洲企业产品为主，市场几乎被这三大主力地区垄断。在高端芯片领域，由于中国国内厂商尚未形成规模效应与集群效应，所以其生产仍以代工模式为主。

没有一个强大的产业组织者出现，就无法形成产业聚集效应。各地方政府习惯性地以GDP的增长作为经济发展的指标和相互竞争的筹码，争相下发各种政策支持提供优惠条件，不顾市场导向，动辄投建百亿元资金需求的半导体工厂，最终导致乱象丛生。仅以中芯国际为例，在相隔千里的上海、北京就各有两座12寸工厂，深圳和天津又各有两座8寸工厂。

“中央出政策，地方来执行”的各自为政现象让中芯国际的发展难上加难，企业内部管理变得错综复杂，导致各种势力、各种背景的股东，各有各的意见、人马，从而演变成中芯国际内部几大派系斗争频繁的最坏结果。长期的内斗不但无法保障公司效益，更直接的后果就是核心技术的落后。因为根据摩尔定律，每隔18个月芯片的性能就会提高一倍。

落后的产业模式也导致了严重的资源错配。一方面，国家和政府有足够的资金支持回国创新的技术人员，但这些技术人员不懂商业，无法妥善经营；另一方面，一些获得了资金支持的创业者，并没有足够优质的技术和知识产权。许多资金都因过度炒作被投放到了不能产生真正效用的地方，甚至被用到了存在恶性问题的地方。

同时，中国在专业人才的培养和引进方面也一直都处于非常基础的水平，台湾地区芯片制造企业台积电给研发人员的薪酬就是中芯国际的6倍。像华为那样每年投巨资进行芯片研发，以及将股权向研发人员倾斜的企业，中国并没有几家。而日本则拥有着以五大财团为背景的VLSI技术研究所，在韩国，三星财团体系下的成均馆大学也会源源不断地为企业输送人才。

许多行业研究人士表示，中国的集成电路芯片产业是系统性的落后，整体提升就需要从基础性研究和人才培养做起，需要比较久的时间。这其实是典型的工程师思维，芯片作为高技术密集领域，产业的发展与进步当然离不开工程师思维，但是如果可以让技术工程师拥有商人思维，中国的芯片产业就一定可以实现后来居上，弯道超车。

第一节　三井财团开创一个“芯时代”

索尼打开消费电子大门

1953年，日本东京电信（1955年更名为“索尼”）的创始人井深大到美国考察录音带的使用情况时，从朋友处得知美国西部电器公司（贝尔实验室的母公司）正在出售晶体管的专利使用许可。此前不久，美国贝尔实验室刚刚发明了可以替代硕大电子管的晶体管技术。相较于传统的真空管，晶体管工艺简单、集成度高、功耗低，在大规模集成电路中更具有优越性。

和大多数先进技术一样，当时的晶体管主要应用在军事领域。美国西部电器公司表示，晶体管很难在大众消费领域发挥作用，最多只能用来制造助听器。但是，索尼公司的两位创始人井深大和盛田昭夫却认为，助听器市场太小，他们想利用晶体管开发人人可用的产品。当时的索尼尚处于艰难起步阶段，购买技术专利是一笔不菲的支出，2.5万美元相当于900万日元。

幸运的是，发展初期的索尼得到了三井财团的大力帮助。索尼创业初期内部有一个顾问委员会，这个顾问委员会在索尼的融资和投资上起到了巨大的作用。1953—1959年，该委员会的主席是万代顺四郎，也即是索尼公司的董事长。二战前，万代顺四郎是三井银行的首领。正是在万代顺四郎的帮助下，三井银行积极地购买索尼的股份，使索尼公司获得了日后腾飞所必需的充足资金。

索尼创始人盛田昭夫（左）和井深大（右）。发展初期的索尼得到了三井财团的大力帮助

在索尼的顾问委员会推荐的投资实业家中还有石板泰三，正是他重建了三井财团的东芝公司，后来还担任了日本经团联的主席。索尼创始人盛田昭夫和井深大去拜访过他，并说服了他对索尼公司进行投资。可以说，以东芝为代表的三井财团企业和银行为索尼的发展提供极大的帮助。

1953年，日本东京电信（即索尼）与美国西部电器公司顺利签署了专利授权协议。考虑到当时晶体管控制的声频频段，以及当时市场上真空管收音机的缺陷，索尼最后决定用晶体管制造收音机。1957年3月，索尼成功推出了世界上第一台

“可放在口袋里”的半导体收音机。单单一款收音机，1959年就出口美国400万台，1965年甚至飙升到2400万台。

小巧的晶体管收音机在日本风靡一时，新技术的应用让索尼甚至整个日本电子行业成为世界消费电子企业的“领头羊”和模仿对象。日本企业以晶体管开发消费品为先导，在20世纪诞生了一个又一个电器巨人，不仅引领了全球电子消费品生产和发明的潮流，而且为战后日本经济振兴作出了巨大贡献。

1959年，美国得克萨斯州仪器工程师杰克·基尔比发明了集成电路，让半导体技术向小型化、智能化更进一步。20世纪60年代美国军方在半导体的需求超过供应量的50%，集成电路超过了70%。没有人会想到半导体和集成电路在民用消费电子领域的巨大潜力，日本大力出口的收音机当时也被看作低端货。但正是依靠低端的收音机领域，以索尼为代表的日本企业开启了半导体领域的新纪元。

在美国发明集成电路两年以后，日本也迅速生产出了自己的集成电路和内存芯片，虽然技术远比不上美国，但是凭借低廉的人力成本和高效的制造能力，日本在生产方面占尽了优势，开始向全世界出口消费级半导体产品。消费电子产品逐渐成为20世纪70年代日美贸易中非常重要的一环，如生产计算器的卡西欧在美国市场占有率已经超过80%。

1972年，美国挥舞起反倾销大旗制裁日本，手段之一就是停供集成电路芯片，日企在美国受到重大打击，卡西欧的计算器份额也直接跌至27%。为了渡过这一困境，由日本通产省牵头，以东芝（属三井财团）、日立（属富士财团）、三菱电机（属三菱财团）、富士通（属第一劝银财团）、NEC（属住友财团）五大公司为骨干成立了超大规模集成电路计划。

其实，不仅是在索尼成立之初以东芝为代表的三井财团为其提供了巨大帮助，进入21世纪以来，索尼和东芝等企业在业务发展中也走得很近。2007年，处于困境的索尼采取了放弃IC制造的重大行动，把先进生产线转让给了东芝，从而向着轻工厂或者无工厂方向前进。

作为这项交易的一部分，东芝与索尼和索尼电脑娱乐公司建立了一家合资企业，将生产包括Cell处理器和RSX图形引擎在内的高性能半导体。东芝将拥有合资企业的60%权益，索尼和索尼电脑娱乐公司将拥有剩余部分。Cell处理器是索尼、东芝和IBM共同开发的，被用于索尼的PlayStation3游戏机。

2008年3月，索尼把Fab2工厂的300毫米晶圆生产线转让给东芝，该生产线的生产也由上述合资企业管理。同时，索尼还将向东芝转让大分TS半导体（OTSS）的资产。OTSS是东芝与索尼的合资企业，用于为PlayStation游戏机生产半导体。通过这项合作，索尼计划通过高性能半导体的工艺过渡，来促进PlayStation业务的进一步增长。

"超级联盟"成就世界第一

1974年,迫于美国的政治压力,日本不得不放宽对欧美计算机和电子元件的进口限制,虽然当时的日本也可以生产出内存芯片,但是最关键的制程设备和生产原料却都要从美国进口。日本在半导体芯片产业领域的技术也落后于美国,在美国IBM公司开发的高性能计算机中,采用的是远超日本的1MB动态随机存储器,而当时的日本企业仅能生产1KB的存储芯片(1MB=1024KB)。

1976年3月,由日本通产省牵头,以东芝、日立、三菱电机、富士通、NEC五大公司为骨干的国家性科研机构VLSI(Very Large Scale Integration,超大规模集成电路)技术研究所正式成立。该机构由日本政府出资320亿日元,五大财团企业联合筹资400亿日元,专门用于进行半导体产业核心技术的研发工作。

半导体产业"超级联盟"的形成也在很大程度上展现了日本财团企业的一大特色,即平时相互竞争的日本企业也可以很好地组织融合在一起,共同开展研发工作。这种财团企业之间的联盟不仅集中了各自的人才优势,而且促进了平时在技术层面沟通甚少的日本企业之间的相互交流、相互启发,推进了日本在半导体芯片领域的技术革新和产业发展。

正是超大规模集成电路技术研究所(VLSI)和几大财团的共同努力,才奠定了日本在20世纪中后期半导体芯片行业的霸主地位。针对难度较大的高风险研究课题,日本半导体产业"超级联盟"采用多家企业实验室联合作战的方式,充分调动各财团企业进行良性竞争,从而保证了研发的成功率。

各财团企业之间的技术整合也是日本半导体芯片产业迅速崛起并走向巅峰的秘诀。1970年至1985年的15年间,日本电子产业产值增长了5倍,国内内需增长了3倍,而相关产品出口则增长了11倍之多。日本半导体行业在国际市场上已经占据了绝对的优势地位,没有哪个国家的企业可以和日本相提并论,日本是当之无愧的世界第一。

到了20世纪90年代,随着美国开启了对日本芯片产业"反倾销"的贸易战,"日本芯片辉煌不再"的言论便开始流行起来。从表面上看,日本芯片好像真的已经辉煌不再,比如在全球半导体二十强名单上,日本厂商从过去的十几家跌到现在的只剩一家,夏普、索尼、东芝等日本芯片领域的标杆性企业纷纷卖楼、卖业务部门,开始不停地精简企业架构,各大媒体也都在唱衰日本半导体芯片。

2018年6月1日,美国私募股权投资公司贝恩资本宣布已经完成以180亿美元收购日本东芝公司芯片子公司的交易。在此前的2018年4月29日,也就是索尼发布年报的后两天,索尼股价大跌9.33%。很多人都认为这是日本芯片行业衰败的具体表现。但是实际情况真的是这样吗?

芯片是一个技术密集型产业,得核心技术者得天下,而越往产业上游,核心技术就越密集、越高端,要求也就越严格。特别是在半导体芯片材料和设备领域,可以说芯片材料和设备的好坏直接影响着整个产业链的中下游动向。哪怕仅缺少一种合格的材料或设备,所有芯片的设计和制造都将是无法实现的,而日本正是这一领域的绝对强者。

日本企业在全球半导体芯片材料市场上所占的份额超过50%,世界硅晶圆材料生产企业的前两名都是日本企业——信越化学和三菱住友株式会社(SUMCO,胜高)。其中,信越化学占27%,SUMCO占26%,硅晶圆是半导体元器件的基本原料,信越化学能够制造出具有11个9(99.999999999%)的纯度与均匀的结晶构造的单晶硅,这在全世界是处于领先水平的。

村田制作所和日本TDK就是日本MLCC行业的杰出代表,两家就占据全球接近50%的市场份额。MLCC(Multi-layer Ceramic Capacitors)是片式多层陶瓷电容器英文缩写,由印好电极(内电极)的陶瓷介质膜片以错位的方式叠合起来,经过一次性高温烧结形成的陶瓷芯片,其在笔记本电脑、手机、数字家电、汽车电器、自动控制仪表等行业都有广泛应用,目前世界片式电容的需求量在2000亿支以上,而70%都出自日本,日系厂商占绝对主导。

在半导体芯片设备领域,日本企业也具有非常强的竞争力。市场份额超过50%的半导体设备种类中,日本就有10种之多。在很大程度上,日本企业已经垄断了半导体芯片设备的技术核心与终端市场,占全球半导体设备总体市场份额高达37%。在以划片机为代表的重要后道封装设备和以探针器为代表的重要测试设备环节,日本企业也同样处于垄断地位。

日本工匠创建东芝、三星半导体

20世纪80年代,舛冈富士雄成为东芝超大规模集成电路研究所(即VLSI技术研究所第三研究室)闪存研发团队的负责人。日本NHK电视台曾经播放了一部名为《勇敢者:硬骨头的工程师》的纪录片,在日本国内引起了巨大反响。这部纪录片的主人公正是日本东北大学教授舛冈富士雄,而他还有另外一个身份就是闪存的发明者。

在三井财团旗下的东芝工作期间,舛冈富士雄于1984年和1987年分别发明了NOR和NAND两种类型的闪存。闪存其实是一种永久性的半导体可擦写存储器,日常生活中的U盘、存储卡、SSD等都属于闪存。现在无论是智能手机、家用电器,还是IC卡、信用卡中都装有闪存卡。根本无法想象没有闪存技术现在的世界会是个什么样子。

东芝产业布局图。在三井物产的推动下,芝浦制作所同东京电气通过相互持股加深联系,并于1939年实现合并,“东京芝浦电气株式会社”成立,即现在的日本东芝

手机中的闪存就是指集成在主板上的一个半导

体芯片，相当于把内存卡做在了机器内部，这也是现在智能手机的基础之一。闪存的作用不仅仅体现在日常生活中，如今随着物联网和大数据的不断普及，物联网的传感器和储存大数据的服务器也都需要大量的闪存。

据预测，到2020年，全世界将有25%的数据中心是全闪存数据中心。

东芝作为三井财团的核心企业，一直以来都是“日本制造”的最佳典范。特别是在技术创新方面，东芝长期保持着日本首创乃至世界首创的地位。东芝原名东京芝浦电气株式会社，1939年由株式会社芝浦制作所和东京电气株式会社合并而成。20世纪80年代以前，东芝是一家以家用电器、重型电机为主体的企业，随后才逐渐转变为包括通信、电子在内的综合性电子电器企业。

东芝的成功与当时日本经济高速发展和不断引进吸收美国先进技术之间不无关系，但更重要的原因则是日本三井财团体系下培养起来的许多诸如舛冈富士雄的科技人才和科技团队。正如舛冈富士雄的一位下属曾经说过的那样，“舛冈在东芝以外的其他地方找不到工作，因为他的梦想只有在东芝才能实现”。舛冈富士雄于1987年发明了NAND闪存，东芝的初期开发团队是在1993年将其商业化的。

在整个20世纪80年代和90年代初，美国、日本、韩国半导体竞争的主要战场是在DRAM（Dynamic Random Access Memory，动态随机存取存储器），东芝也为此投入了340亿日元，有超过1500人的研发团队进行DRAM的研发和生产。当大家都在为DRAM拼尽全力的时候，舛冈富士雄却花费了大量的精力去做当时“非主流”的NOR和NAND型闪存的研发。

那个时候正是DRAM鼎盛的时代，有很多人都觉得舛冈富士雄是个“包袱”，与其研究NAND还不如好好做DRAM。然而，曾经在东芝销售部门工作过一段时间的舛冈富士雄却清醒地认识到相较于昂贵的DRAM，NAND闪存具有更大的优势，因为他知道“无论性能多好的存储器，价格高就完全卖不出去”的道理。

当时，东芝超大规模集成电路研究所所长武石喜幸是舛冈富士雄的坚定支持者，他说：“舛冈的做法符合技术发展的方向，那就好好做吧。”正是由于有武石喜幸所长的支持，舛冈富士雄为企业的技术创新做出了巨大贡献，在东芝工作的20多年时间里，他共申请了大约500件专利，平均一年就有23件之多。最后，市场的选择也证明了舛冈富士雄是正确的，DRAM产业很快便走向了衰退。

1991年，东芝研究所所长武石喜幸突然离世，舛冈富士雄失去了最理解和最支持他的领导，在东芝也无法开展任何相关的研发工作了。于是，1994年舛冈富士雄辞职离开了东芝，前往日本东北大学任教。就在舛冈富士雄离开的同年，东芝半导体开始大量减员。

大批的核心工程师也纷纷主动申请离职，其中一部分就被挖到了韩国三星。三星暗地里挖角，让东芝的技术人员传授闪存技术，表面上向苦于资金周转的东芝提出联合开发，实际则希望以资金换技术。正是在这批日本核心技术人员的帮助下，韩国三星才在后来逐渐成为全球领先的半导体厂商。东芝不仅创造了"日本制造"的神话，还在一定程度上"培育"了另外一家芯片领域的巨无霸企业——韩国三星电子。

1994 年是韩国三星电子半导体芯片产业的转折点。1994 年三星率先发布全球首块 256M DRAM，由此奠定了在存储器方面韩国追赶日本的基础。之后，三星 1995 年在 SRAM（静态随机存取存储器）领域，2000 年以后在 NAND Flash（闪存）领域以及在显示器 Driver IC 等非存储式领域，产销量都成为世界第一。

20 世纪 90 年代后半段，不仅是东芝的工程师，包括日立、NEC 在内的日本电子公司的芯片工程师也都纷纷离职，转投到待遇更好的韩国三星电子。东芝的内部人士透露，东芝专利奖金最高上限仅 10 万日元（约合 5844 元人民币），后来东芝虽然提高了奖金，但仍远低于国际标准。在很大程度上，是日本工程师成就了韩国三星的辉煌。

瑞萨电子最先闯入中国市场

2003 年 4 月 1 日，作为曾经"超级联盟"的重要成员，日立与三菱电机的半导体部门之间进行了业务合并重组，成立了瑞萨科技，充分结合了双方在半导体领域方面的先进技术和丰富经验。2003 年 IC Insights 公布的排名显示，新成立的瑞萨科技在产销量上仅次于英特尔和三星电子，位居全球第三，其在全球移动通信、汽车电子等领域都有极高的市场份额。

同日，也就是瑞萨科技成立的当天，原"日立半导体（苏州）有限公司"就正式更名为"瑞萨半导体（苏州）有限公司"。对于中国民众来说，车用芯片领域依然是一个非常陌生的领域，按照中国半导体行业协会的说法，截至 2005 年底，中国企业在车用芯片领域的供应能力还是零。中国当时年汽车销量已经接近 3000 万辆，而瑞萨科技很早就已经瞄准了中国汽车芯片领域这块巨大的蛋糕了。

瑞萨电子在全球 20 个国家设有网点，其中大中国区就有 12 个，包括位于北京和苏州的设计、制造公司，位于香港、深圳、上海、成都、大连等地的销售和技术支持网点。与此同时，2009 年至今，瑞萨电子连续多年独家冠名赞助了由教育部、工业和信息化部创办的全国大学生电子设计竞赛，希望通过"瑞萨杯全国大学生电子设计竞赛"帮助培养更多的中国高科技人才。

2010 年 4 月 1 日，瑞萨电子株式会社正式宣布启动商业运营，瑞萨电子是由原来的瑞萨科技和 NEC 电子（属住友财团）重组整合成立的新公司。NEC 电子和瑞萨科技在系统级芯片领域都有较强的实力，NEC 电子擅长消费电子数码产品的芯片研发和制造，而瑞萨科技的产品则主要面向车载电脑和手机。新成立的瑞萨电子是日本也是世界最大的 MCU（microcontroller unit，微控制单元，又称单片机）

企业。

集合了日本三菱、住友、富士三大财团核心实力的瑞萨电子，是微控制芯片领域的超级霸主，绝对的王者。2014年瑞萨电子占据了全球微控制芯片市场23%的份额，同时也控制着全球车用微控制器芯片市场近40%的份额。可以说，瑞萨电子在汽车电子领域的地位无人能撼，2017年公司实现营收7657亿日元，利润更是超过了1000亿日元。

2018年3月，据外媒报道，丰田汽车（三井财团的核心企业）旗下的汽车零部件供应商电装计划耗资8亿美元增持汽车芯片厂商瑞萨电子4.5%的股份，该交易完成后，丰田汽车在瑞萨电子中的持股比例就将上升到5%，由此形成了三井、三菱、住友、富士这四大财团统合全球汽车芯片的局面。

随着汽车行业转向电动汽车和自动化驾驶汽车，芯片和软件在汽车中的地位将明显提高，未来在汽车领域瑞萨电子也将扮演更为重要的角色。近年来，瑞萨电子更是确定了汽车、工业和物联网作为其重点发展领域，并希望通过拓展全球生态系统，巩固其统治地位。

2018年3月26日，瑞萨电子宣布计划将车用最先端MCU全数委由台积电负责代工生产，目标是到2020年通过台积电实现车用半导体芯片的量产。其实，早在2012年瑞萨电子就已经将其日本国内19家半导体厂房中的过半数进行关闭或出售处理，通过淘汰生产效率欠佳的生产线，将生产代工交给更擅长的台积电和其他中国厂商，瑞萨才能更专注于高端芯片技术的研发。

第二节　韩国三星：以日本为师

“三星物产”与“三井物产”一字之差

韩国三星财团的核心是三星物产，尽管“三星物产”与“三井物产”的名称有一字之差，但二者的经营理念、组织模式和行为方式几乎一字都不差。三星正是凭借这种独特的经营理念和组织模式，帮助韩国成为亚洲“四小龙”中经济发展最具潜力的国家，在电子、汽车、钢铁、造船等现代化工业方面，成为美国、日本和欧洲国家的竞争对手。

1938年3月，留学日本的韩国人李秉喆在韩国大邱成立了“三星商会”。1948年11月，三星商会更名为“三星物产”，并将办公地点转移到了韩国汉城（今首尔），成为真正意义上的股份制企业。三星物产成立以后，首先向中国香港、新加坡等地出口墨斗鱼等，然后再从那里进口棉纱，这便开始了以易货贸易为主的国际贸易。

正当李秉喆准备大干一番的时候，朝鲜战争爆发了。战争又使他失去了苦心经营的企业，他再一次不得不放弃在汉城干一番大事业的想法。1951 年 1 月 11 日，李秉喆又在釜山市大街路 2 街 20 号重新建起了"三星物产"株式会社，他亲自担任社长。三星物产株式会社重新建立起来以后，生意一直很兴隆。因为当时正处在战争环境中，所有物资无论是官需还是民用都需要从国外大量进口。

1953 年 8 月，三星物产建立了"第一制糖株式会社"，从商业资本转变为产业资本。当时，三星物产通过引进日本三井物产的资金、技术等，与三井财团内的各家企业建立起广泛的商业联系，并通过日本三井物产，引进了日本田中机械的成套设备。

1959 年，在濑岛龙三和李秉喆的引领下，三星的秘书室正式成立。濑岛龙三曾是二战时日军大本营作战参谋，战后出任伊藤忠商事（第一劝银财团的综合商社）的会长，同时他也是韩国政府特聘的经济发展顾问。此外，三星物产还定期向三井物产等公司进行咨询，学习和模仿日本企业的经营管理制度，整个三星物产都体现出浓厚的日本式经营特点。

MITSUI&CO.　　SAMSUNG

三井物产　　三星物产

"三星物产"与"三井物产"仅一字之差。韩国三星物产不仅在产业、商业等领域与三井物产有着千丝万缕的关系，甚至其经营管理模式上也极具日本特色

1975 年，在仔细研究日本综合商社在对外贸易与经济增长中的地位和作用之后，韩国决定组建自己的综合商社。韩国政府制定的发展方案几乎完全以三星物产提供的资料为基础，三星物产还被政府指定为"综合贸易商社 1 号"，成为韩国综合贸易商社的先驱和样板。这是因为三星物产的发展策略一直是紧盯日本三井物产等综合商社的发展，并且收集国内外经济和法律方面的大量资料和情报。李秉喆认为，作为缺乏资源的韩国，尤其要学习日本的经验。

20 世纪 70 年代后期，三星财团的李秉喆又借鉴三井物产、三菱商事和伊藤忠等日本综合商社的经验，重组了三星集团秘书室。重组后的三星集团秘书室除收集情报外，还负责监察、广告、企划调查、人事、国际融资、财务、技术、秘书、情报系统和经营管理等业务，成为名副其实的三星集团总参谋部。三星集团秘书室体现了三星的两样核心战略，即情报战略和人才战略，这两个战略奠定了三星集团成功的基础。

在获得韩国综合商社称号后，三星物产迅速崛起，追赶日本综合商社。20 世纪 70—80 年代，三星物产作为后起之秀，加快了向国际市场进军的步伐。1995 年 9 月，随着三星物产与三星工程建设公司的合并，三星物产形成了集贸易、投资、工程与建设于一体的综合商业体系。

在主导韩国企业国际化经营的同时，以三星物产为首的韩国商社还肩负着提

高韩国能源自给率的重任，担任产业投行的角色。2008年3月，以三星物产为核心正式形成了现在的三星财团。韩国财阀网和维基百科的数据显示，三星财团总资产高达598万亿韩元，约合5295亿美元。

韩国政府建立“综合商社”的方案几乎全都是以三星提供的资料为基础制定的，而“三星物产”与“三井物产”仅一字之差。三星物产不仅在产业、商业等领域与三井物产有着千丝万缕的关系，甚至其经营管理模式上也极具日本特色。日本三井财团的商道文化来源于中国浙江的天台山，其实日本和韩国财团的商社模式是文化、经济、历史诸多因素融为一体的产物。

“大财团＋政府”的经济模式功不可没

1969年三星电子成立，主要是生产冰箱、洗衣机和黑白电视机。但是，由于三星电子当时并没有什么技术，所以只能从日本索尼公司（三井财团的关联企业）进口黑白电视机的成套散件和基本组装技术，生产低档产品，然后再贴上日本三洋（属住友财团）的品牌销往海外低端市场。为此，三星电子还出资与三洋电机、住友商社合资成立了三星三洋电器。

1974年12月，通过代工厂角色赚够资本的三星电子收购了韩国半导体公司一半的股份从而进入半导体产业。随后在1979年，三星电子又收购了韩国半导体公司剩余的股份，并改名为“三星半导体”。1980年，三星半导体和三星电子合并成为今天的三星电子。

三星电子选择进入半导体领域，是创始人李秉喆的小儿子李健熙的建议。毕业于日本早稻田大学的李健熙当时担任三星物产株式会社（三星财团的综合商社）的副会长，他认为，和岛国日本非常相似，韩国的基础资源也非常匮乏，而未来将是一个信息科技世界，三星应该去发展附加值高的尖端产业。

20世纪80年代，日本的半导体芯片几乎已经占领了全世界的市场，从64KB到1MB，全球最大的DRAM芯片供应商一直都被日本财团企业所占据。三星电子曾大量聘请日本半导体工程师利用周末到韩国传授专业技术。向日本学习成为当时韩国三星电子的重要“功课”。

李健熙在成为韩国三星财团会长后的一次讲话中，曾回忆说：“半导体事业初期便是技术扩充的战争。日本经验相对丰富的我，当时基本每周往返于日本，同广大日本半导体技术人员交流，只为发现有助于三星半导体发展的蛛丝马迹。”

1984年5月，在进入半导体芯片领域10年之后，三星电子正式开始投产自己研发的首款量产产品64K DRAM，韩国也成为世界上第三个VLSI半导体（超大规模集成电路）的生产国。当时的日本在DRAM方面已经取得了技术领先，日本企业凭借其大规模生产技术，取得了成本和可靠性的优势，并通过低价促销的竞争战略，在世界范围内取代了美国成为DRAM主要供应国。

1992年,三星电子超过日本东芝(三井财团的核心企业)成为全球DRAM市场第一名。随后,三星电子在1993年成为存储器芯片全部领域的世界第一。在2000年,三星电子又成为NAND Flash(闪存)芯片领域的世界第一。

在韩国产业化发展的过程中,"大财团+政府"的经济模式功不可没。韩国政府通过将优势资源集中分配给大财团企业,带动整个半导体芯片产业上下游领域的发展和兴起,同时政府还不断向大财团提供"特惠"措施,为了发展芯片产业,甚至不惜动用日韩建交过程中日本向韩国提供的战争赔款。

可以说,财团企业奠定了现在的韩国在芯片领域的强大实力。除三星电子外,韩国海力士半导体是世界第三大DRAM制造商。海力士半导体原名现代电子,隶属于韩国现代财团,2012年2月又被韩国SK财团收购。

其实,韩国这种"大财团+政府"的发展模式最早也是源自日本。明治维新以后,日本率先开启了工业化的道路。为了释放经济活力、刺激民间经济发展,日本政府只保留了军事、铁路、电信行业由国家管控,其他诸如炼钢、煤炭、造船、玻璃、轴承等企业全部低价出售给了日本财团企业。正是这种"大财团+政府"的决策,最终为日本经济的均衡发展和后来的腾飞打下了坚实的基础。

逆向工程与人才战略双管齐下

20世纪70年代,当三星电子"闯入"半导体芯片行业的时候,三星电子几乎没有自己的技术,生产工艺非常落后,产品质量堪忧。1977年,三星电子通过"逆向工程"开始生产自己的晶体管。所谓的"逆向工程"其实就是我们常说的山寨技术,对目标产品进行逆向分析和研究,演绎得出其处理流程、结构、功能特性及技术规格等设计要素,以制作功能相近但不完全一样的产品。

可是,由于三星电子生产的晶体管实在是太差了,甚至连三星集团自己的下属企业都不愿意用,刚刚成立的三星半导体项目就这样差点倒闭。因此,韩国三星创始人李秉喆在1983年2月8日发表"东京宣言",正式开始了三星芯片的自主研发之路。李秉喆表示,"希望以我们民族特有的强韧精神和创造力为基础来推进半导体事业"。

芯片产业是典型的技术密集、资本密集型产业,每一代产品的研发,都需要非常高的人力资本及研发成本,只有那样才能触发量的优势。而后发企业刚刚开始生产某一代芯片,结果发达国家的先发企业直接降价,并投入新一代芯片研发,后发企业只能面临被市场淘汰的命运,更何况是没有多少研发投入的"逆向工程"模式。

科技创新的核心就是人才,韩国三星财团前会长李健熙曾对外声称:"我的一生,80%的时间都用在育人选贤上。"现在,三星集团已经建成覆盖全球数十个国家和地区的三星综合技术院(SAIT)。20世纪50—60年代前往欧美发达国家留学的韩国学子，在韩国政府的吸引政策下，陆续回到韩国加入产业化过程，当时的三星没有错过这次机会，招聘了近140名的欧美回韩人才，并用了将近2年时间向三星的工程师及高管们传授半导体芯片产业的先进经验及技术。

1999年，韩国教育部为建设研究型高校，并最终打造具有国际竞争力水平的研究中心大学及具有世界特色的专业，耗费3.6万亿韩元及13年时间，发起"BK21"(BrainKorea21)计划，共向580所大学、专业或研究所进行精准、专项支援。2005年，三星电子开始与成均馆大学开展合作，并创办了半导体工学系，该系被指定为韩国教育部"创新型专业"，并每年为包括三星在内的韩国企业培养芯片产业的人才。

成均馆大学(Sungkyunkwan University)是韩国乃至全亚洲最顶尖的研究型综合大学之一。学校背靠韩国第一大财团——三星财团，财政实力雄厚，科研资金极为丰富，可以说，成均馆大学就是三星财团的大学。2009年，台积电的技术专家梁孟松来到韩国成均馆大学任教，每周只有一个课时，直到现在成均馆大学信息和通信学系网站上，教师名册里还放着梁孟松的照片。

三星财团的成均馆大学给了梁孟松更大的发挥空间和尊重，不仅承诺用3年就给他开出在中国台湾地区10年能赚到的钱，甚至还出动了行政专机，载他和他的朋友往返中国台湾和韩国。为什么成均馆大学如此看重梁孟松？这其实是因为梁孟松此前是台积电的核心技术骨干，而台积电正是三星电子在芯片领域的重要竞争对手。

2011年7月13日，梁孟松在成均馆大学任教一段时间以后，正式担任了三星电子LSI部门技术长，同时也是三星晶圆代工的执行副总。由于此前三星电子产品技术源自IBM，因此该公司2009年开始量产的65纳米制程芯片，产品特征与IBM相似，但和台积电差异极大。而在梁孟松担任三星电子部门技术长的几年里，三星电子的45纳米、32纳米、28纳米世代芯片，与台积电差异快速减少。

一份台积电委托外部专家制作的报告显示，至少七个电晶体的关键制程特征，如浅沟槽隔离层的形状、后段介电质层的材料组合等，双方都高度相似。也正是在梁孟松任职三星电子的这段时间里，三星电子不仅从台积电手中重新夺回了苹果的主供应商角色，还拿下了美国高通的订单。可以说在亚洲芯片市场，三星财团"资金+技术+人才"的高效融合取得了阶段性的胜利。

转型升级实现另类掌控

曾经以"设计精良"在中国国内电子、PC及手机领域独占鳌头的韩国品牌如今却逐渐"没落"。当人们纷纷感叹韩国制造跌落神坛的时候，却没有发现韩国其实已经走过了强调品牌的年代了。以手机三大件——CPU、存储器和液晶面板为例，后两项三星电子是全球第一，芯片加工生产则是全球第四。手机市场份额的滑落并没有对韩国三星造成多么巨大的损失，反而是三星通过产业转型升级实现了“另类掌控”。

这一点和曾经的日本非常相似。10年前韩国的电子产业强调品牌，是因为它们当时的确是组装型的产业国家，现如今的韩国电子产业，则通过不断的产业升级换代，已过渡到了掌控资源和高精尖零部件的时代了。

2012年，陕西西安高新区引进三星电子存储芯片项目，其一期项目总投资达100亿美元（约合700亿元人民币）。该项目是韩国三星海外投资历史上投资规模最大的项目，也是改革开放以来中国电子信息行业最大外商投资项目。三星电子存储芯片一期项目2014年5月竣工投产，该项目带动了100多家配套企业落户西安高新区，使西安形成了较为完整的半导体产业链。

2017年，三星芯片业务销售额达612亿美元，超过了英特尔的577亿美元，一举打破了英特尔对全球半导体芯片榜首长达25年的垄断地位。三星电子不再只是简单的手机制造商，它几乎控制着全球手机产业链命脉，公司3/4的营业利润和约1/3的营收是来自其芯片业务。

三星电子不仅是全球最大的DRAM内存芯片制造商，同时在手机NAND Flash闪存领域的市场份额也高达37%，连苹果手机都需要大量订购三星生产的闪存NAND芯片。除此之外，九成以上的手机OLED屏幕是由三星生产的，甚至可以说只要你生产手机，就离不开三星。

2018年3月28日，三星（中国）半导体有限公司存储芯片二期项目开工奠基仪式在西安举行，根据韩国三星电子株式会社与陕西省政府签署的投资合作协议显示，三星（中国）半导体有限公司存储芯片二期项目投资达到70亿美元（约合人民币440亿元），三星在西安工厂承担着三星闪存芯片的封装测试工作，在扩大生产线后，可提升到年产1000万块固态硬盘。

三星电子首席执行官金奇南社长在二期开工仪式上表示，三星将通过该项目的成功运营，生产最尖端的存储芯片，为客户提供独具匠心的解决方案，并以此为全球IT市场的成长做出贡献。三星电子期待通过此次追加投资，能在中国提高制造业竞争力，并能更快应对中国市场的需求。

2018年5月路透社报道，三星电子一名高管表示，正与中兴通讯等智能手机制造商展开洽谈，讨论由三星供应移动处理器芯片，三星旗下系统整合芯片（System LSI）部门主管Inyup Kang还表示，无论中美两国的贸易谈判进展如何，三星都会继续跟中兴洽谈。

三星电子正在与客户洽谈的是“猎户座”（Exynos）手机芯片，目前该芯片仅被用于三星旗舰机型和中国手机厂商魅族的部分机型使用，芯片跑分数据显示，猎户座8895可基本与高通所产的骁龙835处于同一水准，而猎户座9810则将和骁龙845（高通2018年上市的旗舰手机芯片处理器）看齐。

说到底,中国国内的一些企业做来做去仍然就是在做"壳",就是个"品牌",关键零部件全在别人手里。打起贸易战,我们认为不买别人的东西是一种制裁,但有没有想过,人家不卖你东西也是一种制裁?

像许多日本财团企业那样,韩国三星财团除在许多关键领域把控核心技术外,还掌握着产业链中利润最丰厚的环节——物流。三星的电子产业链是全球最完善的物流产业链体系之一,给全球其他市场的合资厂只留有组装环节的利润,甚至连苹果的一些硬件也需要通过三星来进行采购。

三星的电子产业链是全球最完善的物流产业链体系之一,给全球其他市场的合资厂只留有组装环节的利润,甚至连苹果的一些硬件也需要通过三星来进行采购

早在 2004 年 7 月,三星就在中国东莞建立了自己的物流中心。2011 年 8 月,韩国三星又在中国北京成立了三星国际物流(北京)有限公司的全资子公司,主要是负责三星集团全球范围内的整体物流和仓储业务。通过专业物流仓储管理模式,三星节省了此前耗费很多的高端运输成本,同时库存成本也几乎降至为零,从而能够高效地保证生产,提升自身的竞争力。

第三节　长路漫漫的中芯国际

腾空而起的台湾芯片

1982 年,台湾地区行政管理机构负责人孙运璿、"政界大佬"李国鼎等人先后赴美游说张忠谋,希望他能够到台湾帮助发展半导体产业。一开始,张忠谋拒绝了台湾当局的工作邀请。此后,两人几乎每次去美国都必去看望张忠谋,邀请他赴台。直到 1985 年,张忠谋才终于下定决心,放弃美国公司职位,奔赴台湾,出任台"工研院"(台湾"工业技术研究院")院长。

张忠谋出生于浙江宁波,1949 年考入美国哈佛大学,后转学到麻省理工学院。1958 年,27 岁的张忠谋进入美国德州仪器,成为德州仪器的第一个中国员工。1972 年,张忠谋就任德州仪器公司副总裁和资深副总裁,是德州仪器的第三号人物,也是最早进入美国大型公司最高管理层的华人。德州仪器是当时世界上最大的模拟电路技术部件制造商,也是全球领先的半导体跨国公司。

1987 年,来到台湾两年的张忠谋决定在台湾新竹科学园区创立台湾积体电路制造公司,这就是后来赫赫有名的台积电。由于有着张忠谋在美国积累的业内关系,台积电第二年就拿到了英特尔的认证和订单,同时利用孙运璿、李国鼎等人在台湾当局的影响力，台积电可谓是年年打胜仗，年年大成长。

1994年，张忠谋辞去了台湾“工研院”的职务，将所有精力都投入企业经营之中，不但使台积电在台湾证券交易所上市，还创办了另一家集成电路公司——世界先进积体电路股份有限公司。以此为起点，台积电的规模不断扩大，而且获利惊人，连连成为台湾最赚钱的公司。1995年，台积电营收超过10亿美元，1997年，张忠谋又将台积电在美国纽交所上市，并于当年实现13亿美元的营收、5.35亿美元的盈利。

1997年，张汝京看到了台积电的迅猛发展以及台湾芯片领域的巨大市场潜力，决定提前退休返台。和“台湾芯片大王”张忠谋一样，张汝京同样来自德州仪器。出生于江苏南京的张汝京从小在台湾长大，1977年，29岁的张汝京入职美国半导体巨头德州仪器，并加入诺贝尔物理学奖获得者、集成电路的发明人杰克·基尔比（Jack Kilby）的团队。

张汝京在老朋友的支持下回到了台湾，他的名气实在太大，一回到台湾就获得了无数资本的支持。在投资人的助力下，张汝京初创的“世大半导体”迅速崛起，并很快做到量产和盈利，成为台湾地区仅次于台积电的第二大半导体厂。在此期间，张汝京甚至已经做好了在大陆建设芯片工厂的详细计划：世大第一厂和第二厂建在台湾，第三厂到第十厂全部放在大陆。

台积电的创始人张忠谋是一个野心勃勃的企业家，誓要把一切威胁扼杀于摇篮之中。张忠谋选择绕开张汝京，在张汝京毫不知情的情况下，开始与世大半导体的股东进行谈判。2000年1月，世大半导体的股东将公司作价50亿美金卖给了台积电。张汝京事后才知晓此事，自知在合并后的新公司里难有立足之地，于是在收购完成后的第二天便辞职，决定离开台湾，北上大陆再次创业。

台湾商人誓言打造“中国芯”

1997年7月17日，由上海华虹有限公司、日本NEC、NEC（中国）有限公司共同投资7亿美元的华虹NEC正式成立。华虹NEC是国家“909工程”的主体承担单位，“909工程”就是指国家建设大规模集成电路芯片生产线的项目，也是中国电子工业有史以来投资规模最大的国家项目。

然而，华虹NEC的前期发展并不顺利。1999年，公司刚刚投产就遭遇了世界范围的半导体市场低迷，和日本NEC的关系也由最开始的合作渐渐转型成了他人的代工生产线。华虹NEC出师不利，甚至有人说“中国人买个炮仗让日本人放”。中国大陆芯片市场虽然前景巨大，但中国芯片需求的绝大部分却还是要通过进口来满足。就是在这样的大背景下，中芯国际开始了它的创业发展之路。

2000年3月，张汝京和他的顾问团队对中国大陆几大城市进行了实地考察，其中上海市政府的领导们表现了特别高效的行政效率，当天张江高科技园区负责人就带着顾问团到张江看工厂用地。显然,上海地理位置良好,天然资源充沛,基础设施完善,不仅有兴建的浦东国际机场,周围还有复旦大学、上海交通大学等一流的高校。

时隔仅一个月,由台湾商人张汝京创办的中芯国际于2000年4月在上海张江高科技园区正式成立。刚刚诞生的中芯国际就被寄予了重要的历史使命,承载着国人独立自主提高中国集成电路芯片水平的期望。曾在美国德州仪器工作超20年的张汝京,在DRAM芯片领域有着极其丰富的研发和领导经验。

中芯国际在刚成立的时候就已经拥有了上海实业(国资)、美国高盛(美资)、华登国际(美资)、汉鼎亚太(台资)和祥峰投资(新加坡)等16家股东,创始人张汝京有意将中芯国际的股权分散,这样可以有效地避免股东之间的相互倾轧以及拥有决定权的大股东对企业发展的掣肘。

2002年,张汝京在《浦东开发》杂志上发表了文章《让我们一起打造"中国芯"的未来》,文中说道:"我想结合海内外炎黄子孙的力量,为中国集成电路行业发展贡献一份心力。'中国芯'在上海浦东生根、发展,其实也圆了我多年的'中国心'的梦,我一直希望有机会将所学贡献给祖国,到大陆建芯片加工厂是报效祖国的最佳渠道,我们一定能打造出更先进的中国芯出来。"

凭借着上海、北京和深圳等地方政府的支持和各大资本的注入,张汝京的中芯国际在成立初期发展势头非常迅猛。到了2003年,中芯国际就已经拥有了四个8英寸芯片生产厂和一个12英寸芯片生产厂。2004年中芯国际在美国纽交所和香港联交所同时挂牌上市,彼时的中芯国际已经晋身为全球第三大晶圆生产厂商。

中芯国际的快速发展也引来了台湾当局的不满。2005年3月31日,台湾当局有关管理部门决定对张汝京投资创设大陆中芯公司处以新台币500万元罚款,称他非法在大陆投资,并限期六个月内从大陆撤资。打压张汝京和中芯国际的无非是两种力量:一是台湾的竞争对手,如台积电等,以直接的商业竞争或者诉讼等非商业手段;二是台湾当局,通过政治、产业政策、舆论等手段。

2005年4月5日,中芯国际发布公告称,公司董事会准备与公司董事以及首席执行官张汝京订立D&O(责任保险)协议,如果任职期间面临诉讼、控诉等事项所产生的费用将由公司"报销",协议最高限额每年2000万美元。中芯国际认为,由于公司董事、首席执行官面临高额诉讼的风险,为了挽留优秀员工出台此D&O保险,提供赔偿保证并垫付开支,由公司为张汝京"埋单"。

2007年12月,中芯国际顺利地从海外拿到了45纳米产品的生产设备,这仅比西方发达国家晚了1年左右的时间。同时,中芯国际十几年间还为中国半导体产业培养了众多的优秀人才,现在中国半导体芯片企业乃至其他高端制造领域企业的高管很多都是来自中芯国际。虽然刚开始中芯国际的主要客户基本都是国外知名的芯片厂商，鲜有本土的芯片设计公司，但中芯国际仍被誉为大陆集成电路产业的“航空母舰”。

如影随形的日本制造

2000 年成立的中芯国际是中国大陆第一家专业芯片代工厂，当时中国大陆既没有成型的专业半导体制造设备，也缺乏必要的先进制造业人才。更为关键的是，作为西方国家眼中的战略产业，有关半导体的一切技术、设备都受到了严格的输出限制。当时最先进的技术是 0.35 ~ 0.25 微米技术，0.13 微米技术刚开始量产，而国内中日合作的华虹 NEC 只能做 0.5 微米，落后四个技术世代。

因为欧洲的存储技术不受输出限制，所以中芯国际董事会决定，放弃主流的逻辑产品，先从做存储产品开始。为了解决技术问题，张汝京首先找到了日本东芝公司（属三井财团），引进了 0.21 微米存储技术，随后又与日本富士通（属第一劝银财团）合作把技术水平提升到 0.16 微米和 0.13 微米。当达到 0.13 微米技术水平后，张汝京才开始与欧洲微电子研究所进行技术合作。

SMIC 中芯国际 FUJITSU 富士通 TOSHIBA 东芝

中芯国际首先找到了日本东芝公司，引进了0.21微米存储技术，随后又与日本富士通合作把技术水平提升到0.16微米和0.13微米

2001 年 8 月，中芯国际第一工厂设备安装完毕，并于次年 1 月正式开启量产，而当时中芯国际所使用的硅晶圆机床几乎都来自日本。以生产 CMP（chip multi processors，单芯片多处理器）的机器为例，中芯国际一厂全部采用的是日本荏原株式会社生产的设备。在 CMP 领域，日本荏原制作所占据着 300mm 晶元的绝大部分市场，市场占有率达到了 40%。

日本荏原制作所于 1912 年成立于日本东京，主要业务是设计和制造工业机械设备和基础设施建设，产品包括 CMP 精密电子设备、各类干式真空泵以及废水废气处理设备等。1992 年，日本荏原制作所与三井物产株式会社合作在青岛投资 40 亿日元成立了青岛荏原环境设备有限公司，2006 年 5 月投资兴建了荏原机械（中国）有限公司，正式开启了荏原产品在中国市场上的销售和服务。

2002 年 9 月，中芯国际宣布成立日本法人“日本中芯国际”（SMIC Japan），是由中芯国际 100% 出资的子公司，注册资本金为 1000 万日元。日本中芯国际的社长由时任中芯国际总裁兼首席行政官的张汝京兼任。中芯国际希望通过建立日本法人公司可以更好地掌握日本半导体芯片工业的发展情况以及日本客户的需求，同时也方便集团从日本高效采购半导体制造设备、材料及原料。

2003 年 1 月，中芯国际与日本 DRAM 大厂尔必达（ELPIDA）签署了 5 年的芯片代工协议，尔必达将 0.13 微米的堆叠式 DRAM 交给中芯国际的上海 8 寸芯片厂生产。成立于 1999 年的尔必达实际上是整合了日立（属富士财团）、NEC（属住

友财团)、三菱电机(属三菱财团)的 DRAM 业务,公司本身就带有保护日本芯片产业的政府意志。

2005 年 12 月 2 日,中芯国际又与日本凸版印刷株式会社(Toppan)合资成立了"凸版中芯彩晶电子(上海)有限公司",注册资本为 6400 万美元,日本凸版印刷出资 4480 万美元(70%),中芯国际出资 1920 万美元(30%)。成立于 1900 年的日本凸版印刷株式会社在日本印刷市场占有率达 26.3%,同时也是全球最大规模的印刷企业之一。

2007 年,日本微细加工研究所所长汤之上隆访问了位于上海的中芯国际工厂。曾在日立制作所、尔必达存储器等企业工作过的汤之上隆发现,整个集团半导体芯片生产流水线上的管理人员几乎都来自中国台湾地区,专业工程师和研究人员也都是中国台湾人和日本人,中国大陆的员工只占了很少比例。

产生这种情况的原因,就在于中国的半导体芯片领域在当时还处在刚刚起步的阶段,极度缺乏相关的专业化人才,大量聘请来自中国台湾和日本的技术人员也是无奈之举。汤之上隆指出,在日本要培养一个能独当一面的技术人员至少需要花费 10 年的时间。

派系混战,股权纷争

2008 年,中芯国际引入大唐电信作为战略投资者,至此中芯国际的第一大股东也就变为了国资。2009 年 11 月 10 日,中芯国际与台积电就专利侵权案达成和解协议,根据协议规定,中芯国际向台积电支付了 2 亿美元的和解费用,同时还向台积电出售了约 8% 的中芯国际股份。

由于受到专利案和最大竞争对手台积电成为公司重要股东的影响,中芯国际创始人张汝京不得不离职,董事长一职由商人型官员江上舟出任。曾担任过上海市人民政府副秘书长的江上舟是上海市芯片产业的奠基人,在中国芯片领域具有很强的影响力。

2011 年 6 月,时任中芯国际的董事长江上舟因病去世,此前由其一手维持的集团内部股权矛盾迅速激化。当时中芯国际的第一大股东是大唐电信,占据了 19.14% 的股权;中投持有中芯国际 11.6% 的股权,为第二大股东;上海实业和台积电则分别占股 8.2 % 和 6.543%。而前三大股东大唐电信、中投和上海实业都是实力雄厚的国有公司,台湾台积电则是芯片生产领域当时全球排名第一的大企业。

对于大股东大唐电信而言,中芯国际在芯片制造领域的发展前景是其非常看重的,因此对中芯国际表现出了极强的控制欲,认定只要能够将其收入囊中,便可以满足公司对芯片生产的需求,拓展自身的产业链布局。但大唐电信的这种做法引起了其他股东的不满,中芯国际的主要客户在海外,而海外客户都不太愿意与有着央企背景的企业开展业务。

另外，中芯国际管理团队的矛盾其实早已存在，一直流传着中芯国际内部存在台湾系、海归系和本土系三大派系，这些派系的背后又都有着各大股东的支持，其中尤以时任总裁兼CEO王宁国为代表的台系力量和以COO（首席运营官）杨士宁为代表的海归系矛盾最为激烈。

2011年6月29日，中芯国际召开董事大会，由于大股东大唐电信的反对，中芯国际CEO王宁国意外落选执行董事之职，还被除名董事会，随后在7月13日王宁国辞去了中芯国际CEO职务。王宁国来自中国台湾，他在应用材料领域具有很高的研究水平，拥有百余项专利，被誉为“应用材料专利之王”，此前还曾担任过华虹集团和日本NEC合资成立的华虹NEC的董事长。

由于中芯股权风波的愈演愈烈，工信部、国家发展改革委、国务院国资委以及上海市政府相关领导都予以了高度关注。2011年7月15日，中芯国际任命张文义出任公司董事长，兼任代理首席执行官。张文义此前曾任电子工业部副部长和上海华虹集团董事长，这次任命更像是直接的“空降”，因为在其进入董事会以及成为执行董事的问题上，中芯国际最大股东大唐电信均投了反对票。

作为海归系和大股东大唐电信的代表，杨士宁未能如愿出任执行董事，其晋升的空间也几乎没有了。于是在2011年9月5日，杨士宁也辞去了中芯国际COO一职。随着王宁国和杨士宁的相继辞职，大批的核心员工也随即出走，仅2011年一年，中芯国际出走的技术骨干和商业骨干就已经超过百人。

由于中芯国际出现剧烈人事动荡，不少客户开始观望甚至流失，其最核心的客户之一——博通曾将中芯列为2010年全球4家代工生产伙伴的第一名，2011年却将其降为第四名，理由是其技术承诺一延再延。随之而来的便是中芯国际在2011年出现了业绩的大面积下滑，亏损1.656亿美元。此后很长一段时间，中芯国际的业绩都难有起色。

2017年10月16日，前台积电、三星电子技术负责人梁孟松出任中芯国际联合首席执行官（CEO）兼执行董事，主要负责中芯国际的研发部门，中芯国际希望梁孟松能够带领公司在制程发展上有所突破。制程就是通常我们所说的CPU（中央处理器）的“制作工艺”，简单来说就是芯片内电路与电路之间的距离。集成电路的精细度越高，其生产工艺越先进，CPU的功耗也就越小。

除了核心技术人才的引进，国家资金的支持也为中芯国际的再次出发提供了坚实的基础。中芯国际在2018年初宣布，将联同两大政府产业基金共同投资102.4亿美元，以加快14纳米及以下先进制程研发和量产计划，最终达成每月量产3.5万片的目标。2018年4月25日，中芯国际再次获得国家集成电路基金和大唐电信共计约41.75亿元人民币增资。

2019年2月，在中芯国际2018年全年财报发布会上，公司CEO梁孟松表示，

2019 年第二季度或第三季度，国产的 14 纳米工艺芯片则可以开始量产了。可以说，在不断努力后中芯国际已经比 2011 年时掌握的 65 纳米工艺有了很大的进步。事实上，三星电子和台积电早在几年前就可以生产 10 纳米工艺，而现在的芯片已经进入了 7 纳米的制程工艺，中芯国际依然任重道远。

第四节　中国华为全力向日本进军

华为对接日本技术

2002 年 6 月 3 日，住友财团旗下的 NEC 和松下公司与华为宣布在上海成立合资公司，业务是发展当时中国的第三代（3G）移动通信技术，共同拓展中国市场。新公司名称是宇梦通信，NEC 和松下两家公司各持股 47%，深圳华为技术有限公司则持有另 6% 的股权。NEC 表示，新合资公司不仅可以收集足够的中国市场信息，还有利于和主要的移动运营商加强联系。

此前在 2001 年 4 月，三井财团的主力银行樱花银行刚刚和住友财团的住友银行合并成立了三井住友银行。其后在 2006 年，NEC 公司成立互联网服务运营公司，新公司通过向住友商事、三井住友金融集团及其他三家投资商以第三方股权分配形式筹集 127 亿日元（约合 1.09 亿美元）资金。

2005 年，华为正式进军日本市场，设立了日本法人“华为技术日本株式会社”（以下简称“华为日本”），当时的华为日本只有 20 名员工。2007 年，华为在日本创立了终端部门，并推出了第一款数据通信终端。2008 年，华为在日本的销售额就突破了 1 亿美元。随后几年时间里，华为面向日本市场先后又推出了数码相框、便携无线路由器、儿童手机、平板电脑、智能家庭网关、智能可穿戴设备等一系列产品。2015 年，华为在日本的销售额已经突破 10 亿美元。

2016 年，华为平板电脑占日本市场的份额达到了 21.6%，仅次于苹果公司。2017 年，日本手机销售排行榜中，华为 P10 lite 在智能手机销售排名中位居第一，华为的 Mate 10 更是被视为 iPhone X 的主要竞争机型。2018 年初日本智能手机销量排行的数据显示，华为已经坐上了日本手机市场销量冠军的宝座，超过了苹果、摩托罗拉等大品牌。

事实上，华为是日本企业最大的出口对象之一，2018 年全年出口约 66 亿美元的零部件（2017 年 43 亿美元），这个数量占日本对华出口的近 5%。日本业界还预计，考虑到华为品牌智能手机的全球市场占有率已跃升至第二位，如果不受美国禁令的影响，2019 年对华为的全体销售额有望突破 80 亿美元。

在华为的50大供应商中就有10家来自日本，其中来自三井财团的索尼和东芝，分别为华为提供CMOS感光元件和闪存产品，住友财团旗下的住友电气工业株式会社为华为供应光通信器件，而三菱电机则是华为电子元器件的重要供应商。此外，第一劝银财团的富士通和三和财团的日本电报电话公司（NTT）也都为华为提供了不可或缺的零部件产品。

不仅是技术领域，华为也开始在日本市场着手人才储备工作。2017年7月初，华为在日本发布了重金吸纳人才的招聘信息，轰动一时。华为给日本的应届毕业大学生开出了40.1万日元（相当于人民币2.4万元）的初始工资。据日本厚生劳动省的统计，2016年日本应届毕业生人均月薪仅为20万日元，与华为给出的薪酬相差将近一倍。

早在2010年，华为就在东京设立了终端研究所，专注于材料、材质、工艺的研发，充分利用了日本文化中追求极致的精神。2013年，华为又将研究所整合后由东京搬迁到了横滨。横滨距离东京只有28.8千米，与东京、川崎共同组成了日本首都圈，这里集中了全日本约40%的投资、技术和人才，东京大学、东工大、早稻田和庆应等高等学府也为首都圈提供了大量高素质的研究人员。

对于与日本企业的合作，华为创始人任正非曾表示："在日本做研究与合作，不能说这个零件我们会造，就不让日本企业造，这样日本社会就不会欢迎我们。如果这个零件日本企业会造，我们合作研究之后会造得更好一点，然后我们请日本企业利用合作成果帮我们造，这样实现共赢，就没有矛盾了。我们应该利用日本的优势资源继续增加研究所、实验室数量。"

2019年6月27日，日本媒体《日本经济新闻》发表一篇名为《解剖华为P30 Pro》的报道。依据日媒统计，一台最新的华为P30 Pro手机的零部件供应数据显示，来自美国的零件为15个，只占0.9%，中国自己制造的零部件有80个，也仅仅占到了4.9%，而来自日本的零件数量则是869个，占到整台华为手机零部件总量的53.2%。

"永远不要伤害日本企业"

进军日本电子终端市场，从财团企业获取电子元器件，参与日本政府的5G项目研发，这些都集中体现了华为创始人任正非对日本工匠精神和质量至上商业文化的欣赏。在任正非看来，日本制造业的成功不只是工匠技艺的成功，更是一种民族精神和文化的成功。

早在2001年3月，任正非在出访和考察日本回国后写了一篇名为《北国之春》的文章。《北国之春》原是一首日本北海道地区的民谣，也是华人社会流传最广的日本歌曲之一。任正非认为《北国之春》正是日本人民奋斗精神的一个缩写，如果没有他们这种精神，日本很难仅用二三十年时间就从二战的废墟中崛起。同时,日本民族善于精工,这在产品经济时代大放光芒。

在这篇文章中,任正非还表示,日本绝大多数企业,多年来都没有增加过工资,但社会治安仍然比北欧还要好,这一点真是让人赞叹。当时的日本政府就开始不断地加强 IT 建设,以信息化带动工业化,为企业的未来发展打下了良好的基础,所以日本的企业一旦重新选择起飞,这样的基础一定会让它们一飞冲天。

2006 年 7 月 19 日,任正非再次亲赴日本,并见证了华为公司与日本创新型移动运营商 eMobile 签署合作框架协议。根据协议,华为部署日本第一个基于 IP 的 HSDPA 无线接入网络,第一阶段将包括札幌、仙台等大中城市。随后几年,华为支持 eMobile 建设覆盖日本全国的 WCDMA/HSDPA 网络。出席签约仪式的任正非表示他很看重日本市场,并希望华为能够充分满足日本这一高要求的市场对产品质量和可靠性的最高标准。

时隔 10 年,任正非于 2015 年又在他签发的总裁办电邮中转载了一篇汪中求的文章,题为《日本工匠精神:一生专注做一事》。文章中称,工匠精神的核心不是把工作当作赚钱的工具,而是树立一种对工作执着、对所做的事情和生产的产品精益求精、精雕细琢的精神。任正非希望华为能够在企业上与下之间形成一种文化与思想上的共同价值观,从而培育出属于华为的内生动力。

2016 年 9 月,华为创始人任正非再次访问了日本,并与华为的日本公司员工举行了内部座谈会。在座谈会上,任正非表示要学习日本的认真精神,他认为中国企业和日本企业之间目前存在的文化障碍就是中国人要改变马马虎虎的习惯。

2017 年 9 月 11 日,任正非再次签发了题为"科学的量化、简化管理,关注技能与经验的积累,培育工匠文化"的文件,希望通过对标日本和德国,找到华为质量文化的哲学体系。其实,华为这种不断学习日本企业文化和管理模式的做法也逐渐获得了日本企业的认同。

被誉为为日本"经营之圣"的稻盛和夫(右)非常欣赏任正非(左)的管理哲学

2018 年 12 月 13 日,任正非在日本研究所业务汇报会上讲话称:"在产业合作方面我们永远不要伤害日本企业,决不准侵犯日本的专利。我们来这里做研究、办企业,不是挖日本企业的墙脚,而是增强我们这方面的能力,也促使日本企业更成功,使我们在系统集成上更成功,我们要本着这个原则进行产业合作,就不会出现冲突。"

2019 年 5 月 18 日,任正非在华为深圳总部接受了日本媒体和学者的群访,其间多次谈到了华为与日本企业的关系:"我们向日本学习了非常多的经验,我也经常给大家讲日本的故事,日本人民的精神是未来工业文明中最重要的一种精神。"

曾担任日本早稻田大学特别讲师、目前为亚洲通讯社社长的徐静波表示,在日本社会最尊崇的中国企业就是华为。被称为日本"经营之圣"的稻盛和夫也非常欣赏任正非的管理哲学,他在2011年广州举办的一次报告会上曾说过:“华为的老总(任正非)曾到日本访问过,并读过我的书,也赞同我的想法,我们也进行过沟通。最重要的是,他的哲学思想我也十分认同。”

“日本国资委”的首位中国成员

华为在日本的快速发展,很重要的一个原因是华为已经充分融入了日本的产业经济界,加入了日本当地多个协会,比如信息通信网络产业协会、日本网络安全协会、电波产业协会和日中经济协会等等,而其中最重要的就是加入了有着“日本财界大本营”之称的经团联。

日本经团联最早成立于1946年,由原日本经济团体联合会与日本经营者团体联盟于2002年合并而成今天的经团联。加入的会员企业都要经过严格审查,目前共有1370家大型企业集团加盟。经团联对日本政治走向、经济发展都有举足轻重的影响,可被看作日本的“国资委”,其会长甚至还有“日本财界总理”的称号。

日本的经团联虽然跟中国的国资委差不多,但它实际上是“国民资产管理委员会”,因为加盟的财团是民间资本,不是国有资本,也不是私有资本。虽然以前是家族资本,但二战后被美国人清理掉以后,现在都是职业经理人。这些职业经理人并不像华尔街那样暴富,他们拿的是序列工资。正是因为这些财团是集体所有,所以日本企业发展起来没有形成贫富分化。

经团联前任会长榊原定征(来自三井财团旗下的东丽株式会社)与安倍晋三有着非常好的私人关系,他曾应邀担任安倍内阁政府产业竞争力会议的民间议员,颇得安倍晋三信任,并多次陪同其出访。同时,榊原定征还是力挺“安倍经济学”的重要成员。正是凭借着与政府之间的牢固关系,经团联才能对日本企业界尤其大财团企业拥有巨大的影响力。

现任经团联会长中西宏明则是安倍晋三经济界朋友圈——樱花会的成员。来自日立制作所(富士财团)的中西宏明还是信息通信技术的坚定支持者,他认为由物联网和人工智能等数字技术掀起的“第四次产业革命”浪潮正在改变全球的产业结构,而其提出的数字经济解决方案,即建设“超智能社会5.0”。

2011年2月15日,华为公司在董事会上公布了华为的日本法人公司正式加入日本经团联的消息,这也是日本经团联会员当中首次出现中国企业。虽然在日本从事经营活动的外资企业都可以加盟该组织,但此前经团联的外资企业成员主要是IBM、麦当劳等与日本财团关系十分密切的欧美企业法人。日本经团联的活动很多时候是与“国家利益”联系在一起的,因此华为加入经团联对中日经济关系的未来发展意义重大。

2015年11月10日,在华为技术日本株式会社创立十周年的纪念庆祝会上,除华为战略合作伙伴代表住友电工社长松本正义和三菱电机社长柵山正樹外,日本经团联的事务总长久保田也到场祝贺并发表了致辞。久保田在致辞中表示，作为经团联的一员，华为日本积极地发挥着贡献社会的作用，特别是在东日本大地震的赈灾活动以及灾后重建复兴活动中都发挥了积极的作用。久保田认为华为不仅取得了骄人的商业成功，还很好地树立了负责任的企业公民形象。

2017 年初，华为设立了日本东京研发中心。这一研发中心与日本的企业和研发机构进行合作，共同研发物联网、下一代移动通信等技术。除了与软银集团和 NTT DoCoMo（三和财团）这两家移动运营商共同开发 5G 外，华为还准备和索尼（三井财团）合作共同开发虚拟现实技术，另外也将和东芝公司（三井财团）、安川电机（第一劝银财团）等在工业技术领域开展合作。

携手软银，打造未来科技

2015 年 6 月 26 日，华为和孙正义领导的软银株式会社签署了合作备忘录，同意利用软银的通信网络，共同开展验证实验、技术评价和研究开发，提升由华为提出的下一代移动通信技术 TDD +。华为手机使用的麒麟芯片是需要从 ARM 公司购买相关微架构授权的，而 ARM 公司的大股东正是日本的软银集团。

2016 年，华为再次和软银合作，采用 3.5GHz 的 40MHz 频谱进行了 TDD Massive MIMO 与多载波结合的验证，实现了下行 1Gbps + 的吞吐率。TDD + 技术融合了多载波聚合、4 ×4/8 ×8 MIMO 多入多出、上下行 256QAM 载波调制等多种先进技术，能够实现五倍于 4G 的频谱效率，可大大提升用户体验。

2017 年 9 月 12 日，华为官网发布了华为与软银联合演示 5G 产业应用的文章，表示此次产业合作活动分别演示了 5G 网络超高清实时视频传输、机械臂远程控制、远程渲染等多种应用，其中“沉浸式视频”和“超低时延机械臂远程控制”是由软银和华为联合进行演示的。未来华为和软银还将继续进行各种尝试，为 5G 导入积累经验，实现在 2020 年开始商用服务的目标。

同年 11 月，华为的 Wireless X Labs 无线应用场景实验室和日本软银株式会社签署了联网机器人领域相关合作谅解备忘录，双方将基于 5G 无线网络技术、软银箱式自主移动机器人 Cube 和 Kibako，在 2018 年共同实现基于 5G 技术的智能服务机器人。合作设计研发的机器人将利用 5G 网络连接到云端的 AI“大脑”，从而提高服务机器人的智能水平。

软银集团不仅是一家综合性的风险投资公司，而且是日本三大电信运营商之一，其移动通信业务覆盖了全日本。中国人购买手机选择运营商时，就会在中国移动、中国联通和中国电信之间做选择，那么软银在日本就类似于联通或者移动在中国的地位，软银通过签下苹果 iPhone 手机作为运营合约机而取得了巨大成功，不仅抢占了诸多市场还因此大赚了一笔。

2018 年 4 月，据《华尔街日报》报道，美国司法部正在调查华为技术公司是否违反了美国对伊朗的制裁措施，如果调查人员认定华为有意违反美国出口法律，华为可能面临额外的刑事处罚。与此同时，美国联邦通信委员会也计划禁止美国运营商从中国企业（华为）采购通信设备，几位美国国会议员甚至还声称，华为给予美国大学的研究资金对美国国家安全构成了“重大威胁”。

在由日本政府牵头的商用化5G试验中，中国华为公司是日本政府重要的合作伙伴

据《日本经济新闻》2018 年的报道，在由日本政府牵头的商用化 5G 试验中，中国华为是日本政府重要的合作伙伴，甚至在某些通信技术领域上，华为已经处于世界领先地位。对于日本政府而言，与华为合作不仅可以提升 5G 技术的发展，还可以推进未来物联网领域的技术开发。鉴于日本政府与华为的“特殊关系”，日本总务大臣野田圣子在记者会上公开表示，“密切关注事态（美国制裁华为）发展”，并将进一步收集相关信息。

2018 年 12 月，美国再次表明了拒绝华为的坚定决心，并号召盟友对华为进行封禁，继美国之后，澳大利亚、加拿大、英国、日本相继加入这一行列。以软银为代表的国际型跨国大集团也纷纷出来站队，并公开表示要抵制华为，宣布在日本软银旗下的所有 4G 设备都将进行更换，由诺基亚和爱立信设备代替。同时软银集团还将和诺基亚共同开放 5G 技术。

日本软银集团作为中国阿里巴巴集团的最大股东，为何要站在美国等西方国家一边，一起抵制华为呢？对此，或许原因有以下几个：首先，软银向来是市场依赖中国，但技术依赖美国。如果软银不按照美国的要求去做，就有可能受到美国方面的打击。因此，在软银创始人孙正义看来，得罪美国政府的事情最好别去做，但又不想失去中国这个市场，于是装装样子，跟着美国一起喊喊口号。

其实早前一段时间，软银集团副社长宫川润一就曾公开表达过对华为纠结难舍的态度：“（华为）技术优良、价格实惠，很想和华为继续合作，但最终还是要按政府制定的方针来。”东京大学大学院情报理工学系研究科教授江崎浩也认为，华为在 5G 研发领域走在了世界前头，放弃华为意味着不得不大幅放缓 5G 部署，从长远来看，对技术开发和社会发展等方面来说，没有一个获益者。

在特朗普执政后，日本软银集团对美投资额由原来的 500 亿美元，增加到 720 亿美元，要为美国创建 5 万个就业岗位。如果软银此时因与中国关系走得过密而得罪特朗普，则会影响到公司在美和全球的经济利益。有鉴于此，精明的商人孙正义马上做出选边站队的姿态，与华为撇清关系。软银的做法是一时无奈的权宜之计，还是真正与华为一刀两断，需要时间来证明。

2019 年 3 月 29 日，日本官房长官菅义伟在例行记者会上回答有关华为产品是否会遭日本政府禁用的问题时表示,“不会在有关采用5G通信技术问题上,排除特定国家和企业”,并解释,“具体采购哪一家企业的设备由通信运营商自己决定,政府期望在网络安全领域,能够采取积极的措施,提高安全水准”。日本政府的这一谈话,也意味着其将不会官方禁止华为在日本推销5G技术和设备。

第五节　阿里巴巴幕后的产融帝国

马云:“造导弹,不造手榴弹”

2015年,阿里巴巴集团便与杭州中天微系统有限公司开始了深度合作,面向物联网各细分领域开发云芯片(Yun on Chip)架构。2016年1月,阿里巴巴入股中天微、成为其第一大股东。杭州中天微系统有限公司是一家以芯片架构授权为核心业务的集成电路设计公司,“中华芯,天下行”的前两个字是中天名字的由来,也是中天微系统的使命与目标。

2016年11月,阿里巴巴参与了美国Barefoot Networks公司2300万美元的第三轮融资。Barefoot Networks开发出了世界上第一个可编程的芯片,这种名为“Tofino”的芯片比现在市场上最快的芯片快两倍。显然,这种可编程芯片是一种革命性创新,它将改变谷歌、Facebook等互联网公司的内部运作。阿里巴巴集团投资美国Barefoot Networks公司不仅能够获得巨额回报,还体现了其在芯片领域的战略眼光和决心。

2017年3月9日,马云在阿里巴巴首届技术大会上提出了“NASA”计划。马云毫不避讳自己的雄心,他表示阿里巴巴将组建崭新的团队,建立新的机制和方法,面向机器学习、芯片、物联网(IoT)、操作系统、生物识别等核心技术,全力以赴。

60年前的1958年7月29日,美国总统艾森豪威尔签署了《美国公共法案85—568》,创立了美国国家航空航天局(National Aeronautics and Space Administration,NASA),NASA既代表了美国在航天科技领域的强大实力,也象征着人类对浩瀚星空的好奇和探索。

60年后的2017年,阿里巴巴集团在杭州也推出了一项代号同样为“NASA”的计划。阿里巴巴希望组建强大的独立研发团队,面向未来20年,服务由阿里巴巴构建起的超越英国的世界第五大经济体,服务全球20亿消费者,创造1亿个就业机会,帮助1000万家企业盈利。

马云认为,“手榴弹造得再好,也造不出导弹来”,阿里巴巴需要摆脱过去技术跟着业务走的“兵工厂模式”。想要“造出导弹”，甚至是“造好导弹”，就一定需要全力聚焦最核心领域的研究，而被誉为“现代工业粮食”的芯片就是未来科技发展的灵魂。

随着“NASA”计划的实施，阿里巴巴集团在芯片的领域的投资也迅速升温。2017年6月，阿里巴巴再次向中天微注入了5亿元资金，主要用于芯片基础架构的设计领域。2018年4月20日，阿里巴巴正式收购了这家中国大陆唯一能够大规模量产自主嵌入式CPU IP核的公司。

2017年8月，国内专注AI芯片的寒武纪科技（Cambricon Technologies Corporation Limited）完成1亿美元的A轮融资，阿里巴巴创投是其中的联合投资方，作为全球AI芯片领域的第一家“独角兽”公司，寒武纪以中科院计算所为依托，目前拥有终端AI处理器IP和云端高性能AI芯片两条产品线，在全球100家AI芯片企业排名中排名第22。

同年10月，深鉴科技发布了融资信息，完成4000万美元的A+轮融资，由阿里旗下的蚂蚁金服和三星风投领投。深鉴科技是一家有清华系背景的科技企业，主要提供基于神经网络深度压缩技术和DPU（distributed processing unit，分散处理单元）芯片平台。

2017年11月，阿里巴巴集团旗下的阿里创业者基金再次领投完成了对人工智能公司耐能（Kneron）超千万美元的A轮融资。位于美国圣地亚哥的耐能公司成立于2015年11月，主打轻量级的神经网络处理单元芯片，产品定位于终端（手机、智能家居、摄像头等）市场。

回顾阿里巴巴的芯片收购历程，不难发现它的收购都极具针对性，中天微的重点是CPU的研发与生产，寒武纪则主打的是AI芯片。美国Barefoot主攻网络通信，而耐能公司主要核心技术则围绕的是轻量级神经网络处理单元芯片。从移动客户端到通信网络再到整个物联网产业链，阿里巴巴几乎实现了所有相关领域芯片的掌控权。

2018年4与19日，阿里巴巴达摩院表示该机构目前正在研究名为“Ali-NPU”的神经网络芯片。按照设计，阿里巴巴的Ali-NPU芯片性能，将是目前市面上主流CPU、GPU架构AI芯片的10倍，而制造成本和功耗仅为CPU的一半，性价比超过40倍。未来Ali-NPU将用于图像视频分析、机器学习等AI推理计算，能更好地实现AI智能在商业场景中的运用，提升运算效率、降低成本。

孙正义慧眼识英雄

1999年10月的一天，摩根士丹利亚洲公司资深分析师古塔给阿里巴巴创始人马云发了一封电子邮件，说有一个投资人想和他见面，建议他去见见。当时马云刚刚获得高盛500万美元的风险投资，正忙于阿里巴巴的建设，便忽略了这封邮件。几天过后，古塔又打电话催促马云，并一再强调这个人对阿里巴巴未来的发展非常重要，要马云一定重视。

这个神秘投资人正是日本软银集团董事长孙正义。马云与孙正义的见面被安排在10月31日，马云仅仅说了6分钟。在对阿里巴巴完全没有实地考察的情况下，孙正义决定向阿里巴巴投资4000万美元，但是他要求占有公司49%的股份。20天后，马云接到孙正义的邀请，赴日本东京与孙正义继续商谈投资事宜。最终，孙正义为马云和他的阿里巴巴投资了2000万美元。

2000年，硅谷互联网泡沫破灭，纳斯达克科技股纷纷大跌，此时再从市场上融资已经非常困难。但是，凭借孙正义提供的这笔融资，阿里巴巴度过了随后而来的互联网寒冬。此后的故事便无须赘述，阿里巴巴一路高歌猛进，随着2014年在纽约证券交易所正式挂牌上市，日本软银集团在2000年投资的2000万美元，也一路翻倍涨到了900亿美元。

孙正义既是马云的投资人也是他的导师，两人有着共同的东方商道

2008年8月，在杭州举办的第二届亚太中小企业峰会上，马云问孙正义："人们常说，你非常疯狂，我也非常疯狂。为什么十五年前，你会投资1亿美元给那么小的雅虎？为什么九年前，你只用6分钟时间，就决定投资2000万美元给正值互联网寒冬的阿里巴巴？"

孙正义回答道："我相信杨致远（雅虎创始人），我从他的眼睛里看到了热情，看到了力量。所以，雅虎刚刚创立时，我投了1亿美元，帮助他更快地取得成功，在世界范围内取得成功。我见到你（马云）的时候，你一无所有。但是，你的双眼冒光，闪烁着梦想和激情。我觉得你和杨致远一样疯狂，所以，我决定投资你的公司。你和我都是'疯子'！"

这是孙正义和软银典型的投资逻辑：在群龙无首的细分市场，找到一家可以借助资本成长为"领头羊"的企业，投注巨资将其扶植壮大。随后，日本软银以此为根据地，沿着产业链纵深挺进，广泛布局打通上下游资源，形成对所在行业的绝对优势。实际上，这套逻辑正是脱胎于日本财团的综合商社式的投资思维，它们进行产业投资并不是为了资本控股，而是为了编织产业链。

孙正义的软银公司其实就是一家专注于产业投资的综合商社，实质上就是一个产业投行，秉承着商人的投资逻辑。产业投行（综合商社）习惯从有利于产业发展的角度出发，以自身企业为主体，而不是假借金融中介机构，去进行投资、并购等产业经济活动。这种投资往往更侧重于中观或微观层面，最终目的是促进产业的培育和实现良性发展，真正实现投资战略与产业发展协同。

一直以来都有很多人在问，孙正义当初为什么选择了马云？其实，大家同样应该问问,马云为什么选了孙正义?这是互相选择的问题。孙正义曾坦言,当初的阿里巴巴只有三四十人的规模,没有商业计划书,商业模式都是错的,可以说,孙正义投资的不是阿里巴巴而是马云。同样的,当时马云也拒绝了38家风险投资商的资金,马云选择的也不是日本软银,而是孙正义。

在接受美国CNBC记者专访的时候,孙正义曾说过:"他(马云)是个很棒的人,一个很棒的朋友,一个很棒的搭档。我几乎每个月都能与他见面,即使现在也是如此。"孙正义还表示:"我们会东扯西拉地聊天,而不是只谈生意。我们是很要好的朋友,我想把阿里巴巴的股份持有尽可能长的时间。"

2018年4月25日,对于为什么要开发半导体芯片,马云在东京早稻田大学的演讲中给出了他自己的答案。马云认为,云计算时代正在到来,未来将是一个物联网的世界,绝大部分用电的东西都会内置芯片,所以我们需要廉价的、高质量的、多元化的芯片,各行各业都需要。然而这样的答案似乎并未脱离阿里巴巴此前一直技术跟着业务走的模式,好像又回到了过去生产"手榴弹"的"兵工厂时代"。

孙正义曾经这样评价马云,他说:马云最初经商时毫无计划,公司也没有任何收益,然而马云拥有一双睿智的眼睛,他眼光卓越,非常机灵。"毫无计划"与"眼光卓越"的马云的确是一个成功的商人,因为他不必为即将到来的技术革命提前布局,只需要在"起风"的时候瞅准时机抓住机遇就可以了。而为阿里巴巴刮起这阵"芯片风"的正是阿里巴巴集团的最大股东——日本软银财团。

软银帝国的全球野望

2016年7月,日本软银集团宣布以243亿英镑收购英国芯片设计商ARM公司。为了完成此次收购,软银集团连续三天出售阿里巴巴股票,最终套现100亿美元,这也是自2000年软银投资阿里巴巴以来的首次抛售。抛售减持后,软银持有的阿里巴巴股份也由过去的34.4%降到了28%。孙正义表示,"收购ARM的交易是软银完成的最重要的交易之一"。

ARM被誉为英国历史上最成功的科技公司,前身是Acorn RISC Machine公司,其在整个半导体芯片行业拥有绝对的垄断地位。苹果、三星等智能手机的芯片架构都需要获得ARM的授权。2015年,包括高通、三星、联发科等在内的全球1384家移动芯片制造商都采用的是ARM公司设计的架构。可以说,承载着ARM架构设计的芯片几乎无处不在。

ARM在代表未来产业趋势的网络设备和物联网芯片的增速更快。目前,物联网相关芯片中有接近3/4采用的都是ARM架构。未来ARM的芯片技术可以覆盖从手机电脑、汽车交通到智能家电等各种领域和各种设备。孙正义在软银的股东大会上表示,投资ARM只是软银进军物联网的开始,在ARM的技术取得更多的突破之后，软银将会让ARM公司重新上市。

如果说阿里巴巴"NASA"计划的目标定位是利用科技创新服务未来全球20亿的消费者，那么显然软银集团有着更大的目标或者说是野心。2017年10月，据美国财经网站CNBC报道，软银集团董事长孙正义表示，软银的目标是控制全世界90%以上的芯片市场，而收购ARM公司只是半导体需求出现爆炸式增长的开始，他预计未来芯片市场将增长到芯片出货量超过1万亿个的规模。

2017年5月，据彭博社报道，软银已悄然获得了美国英伟达（NVIDIA）公司价值40亿美元的4.9%股份，正式成为这家国际知名图形芯片制造商的第四大股东。英伟达是一家提供3D游戏渲染的显卡公司，主攻GPU图形芯片市场，目前在自动驾驶汽车、虚拟现实等新兴行业也取得了不错的成绩，特斯拉、奥迪、博世等车企都是英伟达的合作伙伴。据估计，世界上目前有3000家AI初创公司，大部分都采用的是由英伟达提供的硬件平台。

控制全球90%以上的芯片市场，要实现这样的目标就需要有大规模的资金投入。为此，2016年10月软银集团宣布组建愿景基金（Vision Fund），目标规模是1000亿美元，同时开启大规模的投资计划。到2017年5月，愿景基金首轮募资就超过了930亿美元，其中软银集团280亿美元，沙特阿拉伯主权财富基金约450亿美元，阿联酋Mubadala投资基金约150亿美元，苹果公司10亿美元，此外高通、富士康也是愿景基金的投资方。

2018年5月10日有消息显示，日本三菱UFJ银行（三菱财团与三和财团的金融机构）、瑞穗银行（富士财团与第一劝银财团的金融机构）、三井住友银行（三井财团与住友财团的金融机构）及德国汽车制造巨头戴姆勒计划对软银的愿景基金进行注资。日本六大财团的三大银行金融机构同时投资了一家公司的基金项目，这在过去可并不常见。

1000亿美元规模的愿景基金完全可以算得上是基金投资界的"巨无霸"了。2017年前三季度，美国风投总募资额为244亿美元，愿景基金规模就是其4倍多。中国基金业协会的数据显示，截至2017年三季度末，备案创业投资基金3687只，累计规模5247亿元，相当于789亿美元，与愿景基金的规模也有着不小的差距。

孙正义希望借助这只超1000亿美元的基金，能够抓住驱动下一代科技创新的公司和基础平台，并计划对其进行长期投资，将其带到一个更高的水平。不仅仅是半导体芯片领域，在无人驾驶、虚拟现实、人工智能、卫星通信、生物技术等诸多未来科技上，软银的愿景基金都有非常大的投资力度。愿景基金先后和领投了自动驾驶公司Nauto、英国虚拟现实公司Improbable、癌症检测公司Guardant Health以及工业软件公司OSlsoft等许多具有代表性的高科技企业。

这或许就是孙正义所说的"软银2.0"发展计划，用不断地布局半导体芯片、人工智能、生物科学、物联网、机器人等高科技产业的方式来解决企业变革中所面临的问题，持续发展新的商业模式，以在科技行业广泛领域的投资来最终实现软银集团对于未来市场的全面掌控。

很长一段时间以来，由于有着美国的留学背景和看似天马行空的投资模式，孙正义和他的软银集团都被看作美国式“强权投资”的代表，甚至连《日本经济新闻》也称孙正义为“IT 版巴菲特”。但实际上，孙正义有着很深的财团商社基因，作为软银独立董事的优衣库创始人柳井正就曾经批评过孙正义的“坏毛病”，他说孙正义不仅是做主营事业，他这个也想做，那个也想干。

其实，“这个也想做，那个也想干”正是日本综合商社独有的“经营理念”，早在 1999 年，时任日本三井物产株式会社社长上岛重二在财富全球论坛上接受中央电视台记者采访时就说过，从卫星到鸡蛋，三井物产（三井财团的综合商社）什么都做。三菱商事（三菱财团的综合商社）中国总代表助理小山雅久也曾表示，综合商社没有主业，商社就是个软体动物，必须不断地改变自己，而不能僵化，这种“软体动物”的描述像极了稻盛和夫的“阿米巴”经营模式。

那么，究竟该如何定义孙正义和他的软银集团呢？事实上，软银集团就是日本新时期的综合商社，或者叫作产业投行。日本的产业投行是一种与美国的金融投行相对应的概念。美国式的金融投行往往更多关注的是融资、兼并、财务等资本运作，而日本式的产业投行则习惯将金融与产业结合，以金融手段支持产业发展，在产业链的上下游层层布局，以最终实现对整个产业链条的控制。

东方商道的千年传承

无论是现在孙正义的产业投行还是过去传统财团的综合商社，都是日本 400 多年来商业哲学的集中展现，而日本财团的商业发展史中有着不可磨灭的中国文化烙印。日本将明代大哲学家王阳明视为圣人，将其“心学”视为经世治国之学。与王阳明同为浙江天台山思想家的朱舜水备受日本朝野人士推重，也为后来的“明治维新”埋下了思想的种子。

马云祖籍浙江省嵊州市，东南 60 千米就是以“佛宗道源、山水神秀”享誉海内外的天台山，这里正是日本三井财团的文化起源地。公元 853 年，日本天台宗五祖圆珍入唐，于天台山上的国清寺研习天台章疏。公元 859 年，圆珍搭乘商船返回日本近江国，成为园城寺第一任住持长吏。第二年，圆珍便借于浙江天台山“三井潭”的灵感，将“圆城寺”改名为“三井寺”。

三井寺位于日本滋贺县（近江国）大津市，后来在三井寺附近逐渐形成了三井村，当地人也多以三井为姓，这里便是日本三井财团的家族起源地。公元 12 世纪前后，日本平安时代的关白藤原道长（966—1027 年）的四男长宗之第五代孙子藤原右马之助信正离开京都，定居于近江国三井寺附近的“三井村”，并开始以三井为姓，称为三井信正。

三井信正的第十九代孙三井高俊便是三井财团的创始人。三井高俊的儿子三井高利(1622—1694 年)创办的"越后屋"正是世界上第一家百货商店——"三越百货公司"的前身。其实,三井财团最早的"吴服店"和"两替店"的思想就来自中国传统的佛教商业文化,而浙江天台山不仅是中国佛教天台宗和道教南宗的发祥地,还是日本、韩国佛教天台宗的祖庭。

中国南北朝时期,寺庙里的僧侣们,利用前来拜佛的善男信女们供奉的香火钱,积少成多,为平民们办起了质押贷款业务,当时被称为"质库"。到了唐宋时期,质库的收入为已经成为寺院经济的主要来源之一。其仓库在唐代称无尽藏院,宋代称长生库,又称解库、解典库。随着近江与天台山地区僧侣交往的频繁,长生库也传至日本,称为无尽会社,成为三井财团的商业起源。

吸收了千年中国传统文化的三井家族不仅培育出了叱咤日本商界政坛数百年的三井财团,同时,三井财团的经营哲学也在不断影响着许多日本企业的发展。如今,被誉为"经营之圣"的稻盛和夫俨然已经成为"日本成功经营模式"的代名词,而由他打造的阿米巴经营模式更是成为今天众多中国企业学习和模仿的典范。季羡林先生曾经评价稻盛和夫是企业家兼哲学家第一人,然而却很少有人知道稻盛和夫的企业经营理念其实来源于三井财团。

20 世纪 50 年代中期,当时的稻盛和夫在三井财团旗下的松风工业株式会社的特磁课工作。由于松风工业的经营状况不佳,三井物产便派了调查团进驻公司。调查团团长名叫吉田源三,他是第二次世界大战前三井物产驻纽约的支店长,战后成为三井物产的顾问,是当时三井财团的重要人物。在调查中,吉田源三发现整个公司只有由稻盛和夫负责的特磁课业务蒸蒸日上,于是他在调查行将结束时,专门在高级饭店宴请稻盛和夫吃饭。

在三井财团旗下松风工业工作期间的稻盛和夫,结识了三井财团的重要人物吉田源三,催生了后来的稻盛哲学(实质是三井商道)

席间,稻盛和夫向吉田源三坦率地吐露了自己平时的所思所想,包括进公司之后如何开发镁橄榄石陶瓷并使之产业化,以及为了重振松风,应该如何为员工指明前进的方向等许多关于经营的思考。吉田源三静静听了之后说:"稻盛,你虽然这么年轻,但是你有明确的哲学。"正是这句话催生了后来的"京瓷哲学""稻盛哲学",稻盛和夫一直将"你有你的哲学"这句话放在京瓷博物馆的入口处。

1959 年 4 月,带着自己的"哲学",稻盛和夫离开了三井财团的松风工业,并创办了京都陶瓷株式会社,也就是后来大名鼎鼎的京瓷株式会社。如今京瓷的大多数产品都与电信有关,包括无线手机和网络设备、半导体元件、射频和微波产品套装、无源电子元件、光电产品等。经过几十年的发展,京瓷哲学已经成为稻盛和夫经营哲学的代表,并被许多企业奉为经营发展的"圣经"。

1985 年,也就是在稻盛和夫创办盛和塾不久,软银集团创始人孙正义就在东京成为盛和塾的塾生。稻盛和夫后来回忆说,孙正义当了 5 年盛和塾的塾生,他每次都来参加盛和塾的活动,总是坐在第一排,认真听讲,认真记笔记。2010 年,孙正义在拜访稻盛和夫时说:"我也许不是盛和塾的优秀学员,但我在创业一开始,就按照自己的方式实施了阿米巴经营。如果没有稻盛先生'敬天爱人'的思想和阿米巴经营方式,就没有软银的今天。"

时间跳到 1999 年的中国,孙正义决定投资出生在浙江天台山(三井文化发源地)的马云的时候,似乎冥冥之中完成了一次东方商道的千年传承。仅仅听了马云 6 分钟的演讲,孙正义就为他提供了 2000 万美元的投资,之后的两年又投了 1 亿美元给马云做免费的淘宝和阿里巴巴。孙正义说他看到了马云眼里的光芒,或许这种光芒当年稻盛和夫也从孙正义那里看到过,又或许这就是三井物产的吉田源三口中夸奖的稻盛和夫哲学。

参考文献及来源:

1. 杨明辉,等. 半导体景气周期持续,大国战略推动产业发展[EB/OL]. (2018 - 04 - 20)[2019 - 11 - 01]. http://vip. stock. finance. sina. com. cn/q/go. php/vReport_Show/kind/lastest/rptid/4122836/index. phtml.
2. 陈言. 日本半导体行业兴衰启示录[EB/OL]. (2018 - 04 - 24)[2019 - 11 - 01]. https://www. yicai. com/news/5417835. html.
3. 阮修星. 村田制作所年销售超 1 万亿日元[N]. 中华工商时报,2015 - 03 - 30.
4. 梅绍华. 孙正义:祖先来自中国的韩裔日本人因阿里上市成世界首富[EB/OL]. (2014 - 09 - 18)[2019 - 11 - 01]. https://mp. weixin. qq. com/s/cqau26jZOmv0A8jtuagqhA.
5. 白益民. 三井帝国启示录:探寻微观经济的王者[M]. 北京:中国档案出版社,2006.
6. 张健. 阿里巴巴的芯片布局[EB/OL]. (2018 - 04 - 20) [2019 - 11 - 01]. https://www. sohu. com/a/228992097_132567.
7. 张静波,陈宇峰. 三星为什么这么牛[M]. 北京:中国经济出版社,2014.
8. 寇美云. 深度剖析:伴随光伏行业发展的"硅产业链"全貌[EB/OL]. (2018 - 03 - 06)[2019 - 11 - 01]. http://guangfu. bjx. com. cn/news/20180213/880979. shtml.
9. 林杞泽,陈松. 三星电子公司半导体技术发展过程[J]. 中国科技论坛,1999(1):58 - 61.
10. 赵觉理. "外企撤离中国?"看三星中国新布局[N]. 环球时报,2018 - 05 - 15.
11. 莫大康. 三星电子存储器的发展历程给中国的启示[J]. 集成电路应用,2017(3):18 - 20.
12. 江大桥. 野心与败局:日本半导体产业的前半生[EB/OL]. (2018 - 05 - 09) [2019 -

11 -01]. https://www. huxiu. com/article/243344. html.
13. 芯片制造关键电子化学品之光刻胶[R]. 中国银河,2016 -06 -29.
14. 新材料市场前景广阔,日本企业占得先机[R]. 国海证券,2018 -04 -25.
15. 2018 年中国集成电路行业发展趋势及市场规模预测[EB/OL]. (2018 -07 -16) [2019 -11 -01]. http://www. chyxx. com/industry/201804/633413. html.
16. 张颖. 华为成日核心经济团体经团联首个中企成员[N]. 东方早报,2011 -03 -01.
17. 晨曦. 华为将在日本东京设海外第二个研发中心[EB/OL]. (2016 -11 -26) [2019 -11 -01]. https://tech. qq. com/a/20161126/004395. htm.
18. 华为官方网站,www. huawei. com/cn/.
19. 都科摩北京研究中心. NTT DOCOMO 携手华为完成首个 39 GHz 频段的 5G IAB 外场测试[EB/OL]. (2018 -05 -23) [2019 -11 -01]. https://mp. weixin. qq. com/s/xj8Xvk5e_SM86Y5Wmq0RiQ.
20. 汪中求. 日本工匠精神:一生专注做一事[N]. 解放日报,2015 -08 -17.
21. 马雪. 华为核心供应商,多少来自美国? [EB/OL]. (2018 -04 -26) [2019 -11 -01]. https://www. guancha. cn/economy/2018_04_26_455009_2. shtml.
22. 郑直. 突破芯片技术封锁中国公司购两台核心机器价值 12 亿[N]. 每日财经(上海),2018 -05 -01.
23. 杨琳桦. 中芯国际合资日本凸版[N]. 21 世纪经济报,2005 -12 -03.
24. 梁昌年. 我在中芯国际的往事,兼论中芯的竞争力[EB/OL]. (2018 -05 -02) [2019 -11 -01]. https://www. sohu. com/a/230101201_132567
25. 王剑雨,郭敏,周航. 日本半导体产业发展历程[EB/OL]. (2016 -11 -25) [2019 -11 -01]. https://www. docin. com/p -1764065954. html.
26. 吴科任. 车用 IC 市场快速增长[N]. 中国证券报,2018 -06 -02.
27. 陶俊杰. 瑞萨:一个被低估的巨头[N]. 互联网周刊,2006 -08 -21.
28. 日本半导体产业整体崩塌:竞争力下降的缩影[N]. 上海证券报,2017 -10 -27.
29. 赵宏伟. 为什么华为高价聘日本退休高管? 这也许是一条亚洲之路[EB/OL]. (2016 -06 -04) [2019 -11 -01]. https://www. guancha. cn/zhaohongwei/2016_06_04_362839. shtml.
30. 华义. 华为在日本凭什么打败"日本制造"[EB/OL]. (2017 -03 -28) [2019 -11 -01]. http://www. xinhuanet. com/mrdx/2017 -03/28/c_136163728. htm.

第二章

十面埋伏的日本高铁

1958年12月19日，为了树立科技大国的形象、为东京奥运会添彩，日本内阁会议批准了东海道新干线建设的研究计划。5年后，日本政府任命三井物产前社长石田礼助出任日本国有铁道第五任社长职务。日本国有铁道通过政府担保发行铁路债券，大藏省（财政机关）提供低息贷款等途径筹集铁路建设资金。

回顾中国台湾高铁的建设过程（1996—2007年），就不难发现日本三井物产的重要作用。台湾新干线日本企业联合（TSC）是由日本东芝、川崎重工等重量级企业共同出资组成的，三井物产的前任副社长佐藤和夫出任TSC董事长，主要负责协调这几家日本公司在中国台湾高铁项目中的活动。

2007年1月28日，日本国家电视台NHK以《中国新干线》为题播出了一期专题节目，报道了从杭州开往上海的中国第一列子弹头高速列车正式投入商业运行。日本记者随车进行了采访，并将这趟从上海到杭州的标有"CRH"（和谐号）的动车组称为"异乡的新干线"，或"日本新干线中国版"。

——作者题注

【阅读提示】

“三井”告诉了我们什么(2)

2017年,中国高铁被来自“一带一路”沿线的20国青年誉为“中国的新四大发明”之一,成为中国速度的代名词。中国高铁虽然起步较晚,但发展迅猛,通过短短十几年时间的技术革新,如今中国的高铁里程已超过了2.5万千米,占世界高铁运营总里程的66%以上。除了已经在国内建成的“四纵四横”的高速铁路网外,中国高铁还希望将触角伸向世界各地。

然而,中国高铁的“出海”之路并非一帆风顺,日本新干线在与中国高铁的海外交锋中也稍占上风。截至2018年,正式使用日本新干线技术并运营通车的已经有中国台湾高铁(三井财团)和英国高铁(富士财团的日立制作所)。而在这一项上中国高铁的得分仍然是“0”,土耳其高铁项目虽然是由中国铁建负责承包建设的,但是其使用的却是韩国生产的列车。

高铁出海项目不仅仅是一个单一的业务领域,它其实涉及所在国政情、社情、民情的方方面面。很多时候,中国高铁项目做的是“工程模式”而不是“投资模式”。如何缓解当地国的民族情绪,如何改善所在国媒体的负面形象,如何完美地将商业合作与政治关系进行有效融合,在这些方面,中国还有中国的企业都需要更好地向日本和日本财团学习。

为了实现“新干线”首次登陆美洲大陆的目标,与三菱财团关系密切的日本首相安倍晋三扮演起了“超级推销员”的角色。2014年8月,安倍晋三率豪华访问团出访巴西,其随行人员中就包括来自三井、三菱、丰田等70余家日本财团企业的代表。而替安倍政府打头阵的则是日本三井住友银行(三井财团和住友财团的联合金融机构),三井住友宣布提供200亿日元用于完善巴西的交通物流网络体系。

一直以来,人们都习惯将技术、成本和政治作为考量日本新干线和中国高铁的三大要素,却低估了日本财团体系中综合商社的国际公关力量。以三井财团的三井物产为例,它甚至有能力游说日本政府与被投资国政府沟通,促成签署巨额贷款协议或交易。2015年,日本政府为了能够顺利拿下印度的高铁项目,还不惜修改了专门的《株式会社国际协力银行法》以满足对印度的贷款需求。

所谓财团体系,实际上就是将现代战争中以集团军组织结构为基础的多兵种合成作战体系引入经济活动中。一般人都感觉“战略”这个词通常是军事领域的术语,但是,在日本综合商社的工作过程中,每当遇到投资项目时,频繁使用的单词不是“利润”,而是“战略”,另一个经常使用的单词就是“统合”。另外,通常所说的“项目”这个词也几乎都被日本人说成“事业”。

本章导言

2017年6月5日，正在中国访问的美国加利福尼亚州州长布朗，选择从南京乘坐高铁到北京出席活动，这也是他第二次在中国之行中体验高铁。2013年4月，布朗第一次乘坐从北京开往上海的高铁。在高铁上，他兴奋地来回走动，还不时与中国乘客握手，口中还对中国高铁列车的速度、服务等称赞有加。布朗对中国高铁的快速发展大加赞赏，并表示他本人是高铁的坚实爱好者。

同一趟列车上，美国加利福尼亚州大学戴维斯分校交通研究所中国能源和交通中心主任王云石称，中国在高铁建设上颇有建树，尤其是在预算管控方面经验丰富，中国的参与将可以帮助加利福尼亚州高速铁路项目降低预算成本。同时，更多竞争对手的加入也将带来加利福尼亚州高铁项目技术改善。王云石强调，加利福尼亚州应该把握机会，参与到中国“一带一路”建设中，以惠及当地制造业和基础设施建设。

事实上，不仅仅是美国加利福尼亚州州长对中国高铁称赞有加。提到中国高铁，一向苛刻的境外媒体也交口称赞，“震惊体”——unexpected（意想不到）、so impressive（太让人惊叹）、astonished（惊叹）、almost invariably（几乎无一例外）等词语经常出现在外国媒体上。国外网友在社交媒体上看到如此给力的中国高铁后，也表示了惊讶和赞叹。

美国《纽约时报》（*The New York Times*）称：“中国的高铁系统是让人意想不到的成功。经济学家和交通运输专家认为这是为什么其他新兴经济体经济增速受挫，而中国能保持稳步增长的原因之一。高铁不仅让中国内陆的经理们可以接触到更广大的市场，也促使外国投资人将眼光投向内陆，回避沿海业已增高的劳动力成本。”

澳大利亚著名新闻网站 *The Conversation* 则表示：“中国铺展开的这一套高铁网络必定会以最深刻的方式改变人类历史的出行模式。那些惊叹于中国近20年来的发展速度的人们，你们会发现，随着这个国家被便捷的铁路整合在一起，未来10年还会见证中国更快速的变迁。”

英国的《每日邮报》列出了一组图片，选取一年之中最忙的一天——春节。震撼图片集中展示了时速220千米的中国高铁列车组“整装待发”，护送3.9亿名旅客安全准时地回家过年。《每日邮报》还介绍说，“复兴号”是在没有西方介入的情况下，完全由中国工程师设计和制造的高速列车，有20多家中国公司参与其中，前后仅花了13年的时间。

2017年11月15日，日本《朝日新闻》刊文讲述了记者乘坐中国“复兴号”的经历。文章感叹道，北京到上海相距1318千米，可“复兴号”竟然在4个半小时内就跑完全程。对于中国高铁，《朝日新闻》表示，“中国已经成为世界上高铁商业运营速度最快的国家。从沙漠到高寒地区，中国建造的列车能适应多种地理、气候条件，不容小觑”。

毫无疑问，中国高铁的成功对于今日的中国经济是一个现象级的事件，世界银行(World Bank)撰写的报告指出，中国已经有100多座城市连入了高铁网络，这些城市的生产力也因此出现了很大提高。改革开放40年来，中国铁路尤其是中国高铁实现了飞速发展，成为一张闪亮的“国家名片”。先后有60多个国家300余名政要考察体验过高铁的中国速度。

2018年6月8日，在“上海合作组织成员国元首理事会第十八次会议”于青岛举办的前一天，俄罗斯总统普京乘坐京津城际高铁从北京前往天津出席中俄友好交流活动。在列车上，普京显得十分轻松，一边听着介绍，一边吃点心、喝茶，观看了中国高铁简介短片，并详细了解了中国高铁的时速、规划等情况。普京表示坐火车有种浪漫的感觉。

2018年8月18日，时任马来西亚总理马哈蒂尔访问中国。他首先来到杭州，参观了阿里巴巴与吉利汽车，随后决定北上北京。不过在去往北京的选择上，马哈蒂尔改变了路线，没有乘坐飞机直接去北京，而是特意体验了一次高铁。18日晚上7时，马哈蒂尔及夫人敦茜蒂哈斯玛抵达杭州东站，乘搭高铁到上海，并专门到高铁驾驶舱听取了解说。

第一节 东亚“新干线”的崛起之路

侵华军人转身实业家

二战结束后，有将近1000万的日本军人解甲归田，他们中的大部分都进入了企业，成为企业中的骨干力量。这群脱下军装换上西装的商人，很快就把日本的产品卖到了当年枪炮都没能够得着的地方。在这些企业家中，伊藤忠商事前社长濑岛龙三无疑是其中的佼佼者和传奇人物，而在日本高铁的历史上也有这样一位传奇人物，那就被称为“新干线之父”的十河信二。

毕业于东京帝国大学的十河信二，是抗战时期日本对华经济入侵的核心人物。他曾经极力鼓动“满铁”（即南满洲铁道株式会社）总裁内田康哉参加“九·一八”事变，被认为是发动“九·一八”事变的重要幕后推手。1932年初，十河信二出任满铁经济调查会（即“满铁”调查部）委员长，主要负责全面收集中国经济和军事情报，是当时日本情报系统的重要头目。

1935年，十河信二出任满铁兴中公司及塘沽运输公司的总经理，这家满铁兴中公司其实就是日本侵略华北的重要经济机构，几乎垄断了华北地区全部的基础工业，公司的领导人均由原来满铁的人员担任，同时邀请了三井、三菱、住友等日本当时的大财团来担任顾问。1937年，十河信二加入了法西斯分子大川周明组织的大和联盟，是积极主张对华战争的“扩大派”。

日本战败后，日军战犯部分获审。十河信二则以“实业家”的身份返回日本，继续在日本的铁道系统工作，并担任了铁道弘济会主席，1947年成为日本经济复兴会会长。早在二战以前，十河信二就曾主持在中国东北推出最高时速为130千米的“亚洲号”列车，当时大多数普通列车的平均时速仅为40千米，十河信二的心中一直有一个高速火车梦。

1955年5月，十河信二成为日本国有铁路第四任总裁。刚一上任，十河信二就命令部下展开东京—大阪高速铁路的预备调查，并计划将两地的旅行时间由原来的8小时缩减为3小时。他解雇了当时国铁的总工程师藤井松太郎，任命来自住友金属（属于住友财团）的岛秀雄为新任总工程师。同样毕业于东京帝国大学的岛秀雄，在车辆设计制造方面具有极高造诣，有着“新干线缔造者”的美誉。

解决了技术问题，接下来就是经济问题了。战后的日本百废待兴，经济基础十分薄弱，根本无法负担起高达3000亿日元的设计建设经费，日本国内的反对派也认为十河信二的高速铁路计划根本就是劳民伤财的面子工程。但是，十河信二知道修建高速铁路对于日本真正意味着什么，而一旦这项预算无法在国会上通过，那么他之前的所有努力就彻底白费了，因此他采取了两大措施。

首先，十河信二充分利用东京奥运会进行舆论造势。他在媒体上大做文章，把这条从东京到大阪的高速铁路打造成了事关日本形象的工程，高调宣称“新干线可以为东京举办1964年奥运会添彩，树立科技大国的形象”。这对刚刚经历过战争的日本民众是极大的鼓舞，很多人也对新干线计划表现出积极热烈的期待与支持。随后，日本内阁会议于1958年12月19日批准了东海道新干线建设的研究计划。

1959年3月30日，日本国会正式通过了新干线预算，但金额只有1972亿日元，比实际预算整整少了1000亿日元，最终这项工程的实际耗资甚至达到了3800亿日元。仅仅是虚报预算显然是无法完成高速铁路建设的，于是十河信二实施了其第二大措施于1961年5月以“普通铁路”的名义从世界银行获得了8000万美元的贷款，这样既解决了一部分资金问题，也将日本政府和高速铁路的建设“绑架”在了一起。

1963年，日本政府任命三井物产前社长石田礼助出任日本国有铁道第五任社长，负责新干线的建设工作

1963年，十河信二因为新干线建设经费问题和任期届满辞职，未能亲自参加新干线的通车剪彩仪式，但是历史不会忘记十河信二和他带来的新干线。随后，日本政府很快任命了三井物产前社长石田礼助接任日本国有铁道第五任社长职务。日本国有铁道通过政府担保发行铁路债券和大藏省（政府财政机关）提供低息贷款等途径陆续填上了资金窟窿。

新干线的建设不仅解决了日本东海道地区运输能力严重不足的问题，更重要的是它鼓舞了日本国民战后重建的信心。如今，在日本新干线东京站18号与19号站台间，有一个老人的雕像，他就是“新干线之父”——十河信二。当然，日本新干线的军人基因不只体现在十河信二一个人身上，更体现在新干线的设计上。

于1964年正式投入运营的0系列车车体的设计负责人三木忠直博士此前就是飞机机体设计专家，他最著名的作品就是二战后期“神风特攻队”的MXY7樱花自杀飞机。1945年日本宣布战败投降后，大批的日本军用飞机设计人员失业，他们后来都纷纷转向了民用领域，新干线列车设计为他们提供了发挥才能的舞台。

军人出身的企业家和科学家具有强烈的民族主义和理想主义色彩，这使得他们对事业充满了激情和使命感。他们不会过分在意自身的名利得失，也能够避免限于锱铢利害之中。具有强烈的国家责任感和民族主义情怀是他们和企业得以成功的基石，而军人富于果敢和魄力的风险偏好则是他们迅速成长的关键。

日本垂涎韩国高铁项目

1970年,韩国邀请了法国国家铁路公司(SNCF)和日本国家铁路公司(JRN)的工程勘查团队,研究在汉城(现名"首尔")—釜山走廊地区建造一个增强型的铁路系统。1984年,韩国政府自己对汉城—釜山走廊的长期运输投资需求进行了评估,并对建造一条高速铁路线的经济贡献做了可行性研究。

1989年5月,韩国政府从政策上决定修建汉城—釜山铁路线。当年10月,在汉城召开一场高速铁路讨论会,这标志着该计划的公开启动。1989年10月至1991年8月,是韩国高铁的积极准备期。从1990年6月开始,韩国政府正式宣布高铁工程启动。

韩国高铁也是通过国际招标建成的浩大工程。1992年招标时,有日本三菱重工、德国西门子、法国阿尔斯通公司竞标。由于绝大多数韩国民众对日本无好感,强烈反对使用新干线技术,韩国当局考虑到民族感情,也就早早地淘汰了日本的新干线。经过激烈的竞争,1994年韩国终于宣布法国阿尔斯通公司中标,淘汰了德国西门子公司。

然而,时至今日,在韩国国内外一直都有对招标时过早淘汰日本新干线的遗憾。韩国《东亚日报》比较了1965年开通的新干线(东京—大阪,552千米)与韩国高铁(汉城—釜山,420千米),前者运行时间还比后者少两分钟,质量更是稳定、安全。日本业界也惋惜地说:"仅从地形特点上看,韩国也非常适合上新干线,但由于历史问题,我们失去了发挥实力的机会。"

日本其实并不甘心在韩国高铁上的失利。1994年,日本政府主导出台了一份题为"东亚新干线铁路网"的建设计划书:以东京为起点,然后在对马海峡建造一条海底隧道,连接韩国,并通过朝鲜半岛再连接中国,然后从中国内地一路南下,直抵香港。同年10月20日,日本首相森喜朗在汉城出席亚欧首脑会议时向韩国总统金大中提出了共建日韩海底铁路隧道的计划,但是韩方反应非常冷淡。

2004年4月1日,韩国高速铁路(汉城—釜山的京釜线,汉城—木浦的湖南线)开通,京釜高速线在首尔至大邱间区段时速可达300千米,相比京釜线由首尔到釜山的车程需时从260分钟缩短至160分钟。韩国高速列车工程标志着世界上最大的列车制造技术的转让,几乎100%的技术转让和100%的本地制造。

根据法国阿尔斯通与韩国政府签署的研发"子弹头列车"的合作协议,法国负责提供设备及维修、铁路营运协助等服务。在第一批投入运营的子弹头列车中,法国阿尔斯通公司制造了12辆,余下的34辆由韩国现代汽车(集团)公司旗下的Rotem公司基于阿尔斯通转让的技术,并逐步提高配件的国产化比重而制造,据说列车的国产化程度达到了92%。

Rotem公司是一家出产铁路车辆、军事及厂房产品的公司,为韩国现代财团的现代汽车(集团)公司的一员。作为 Rotem 公司母公司的韩国现代汽车公司,与日本三菱有着千丝万缕的“暧昧”关系,因为它的技术很多都源于三菱汽车。1967 年,韩国现代财团就开始与三菱财团的汽车部门签订技术合作,并在 1983—2003 年存在合资关系。

韩国现代财团成立于 1946 年,以“投资今天,收获未来”为经营理念,演绎出一部韩国企业的发展史。财团的创始人郑周永 1946—1951 年先后建立现代汽车、现代建设等公司,20 世纪 70 年代又建立了现代重工业公司,并大胆投资电子产业,从而使现代财团成为以建筑、造船、汽车行业为主,兼营钢铁、机械、贸易、运输、水泥生产、冶金、金融、电子工业等几十个行业的综合性企业集团。

韩国现代财团的发展历程和产业结构与日本三菱财团极其相似,从一开始就进入了建设、化工等重工领域,这和三星财团以轻纺工业起家完全不一样。例如,1962 年,韩国政府将国企仁川炼钢出售给私人经营,后来被现代财团收购。以此为基础,现代财团的仁川制钢株式会社于 1964 年 9 月 1 日成立,先后更名为“INI 制铁”和目前的“现代制铁”。

攻下台湾高铁的狠角色

回顾台湾高铁的建设过程(1996—2007 年),就不难发现三井物产的重要作用。台湾新干线日本企业联合(TSC)是由日本重量级企业共同出资组成的,包括三井财团的东芝、第一劝银财团的川崎重工、三菱财团的三菱重工等制造商以及三井物产(属三井财团)、丸红商事(属富士财团)、住友商事(住友财团)、三菱商事(属三菱财团)等日本四大综合商社。

三井物产的前任副社长佐藤和夫出任 TSC 董事长,负责协调这七家公司在台湾高铁项目中的活动。之所以选择由三井物产来负责高铁项目的推进,主要是因为三井物产在台湾地区的丰富经营经验。早在“日治时期”(1895—1945 年)三井就是日本人在台湾地区最大的财团,经营范围涉及银行、保险、樟脑采制甚至是鸦片的进口业务。

二战结束后,三井物产在台湾的商界和政界仍然有着巨大的影响力,台湾地区《理财周刊》杂志曾发表文章称:“深耕台湾超过半个世纪的台湾三井物产公司,经营事业从民生必需品的食材、衣料,到高铁等重大建设。与商界关系密切的台湾三井,虽不常见于媒体,但却是影响台湾经济的狠角色。”

事实上,从 1996 年开始,在小川隆接任台湾地区三井物产董事长之前,前两任董事长就已经开始参与开发台湾高铁的计划。从一开始的策划、宣传,到后来成立台湾新干线日本企业联合(TSC),都是三井物产来充当总协调人的角色。后来,该日本企业联合体在台湾高铁项目的投标中输给了欧铁联盟(主要由德国西门子和法国阿尔斯通组成)。

1999年12月,台湾高速铁路股份有限公司召开临时董事会,宣布放弃欧铁联盟,正式选择台湾新干线日本企业联合为优先议约对象。媒体披露缘由是日本采取政治拉拢手段,时任东京都知事的石原慎太郎、自民党参议员村上正邦和前运输大臣平沼赳夫先后访问中国台湾地区,与台领导人秘密商讨政经交换。李登辉为拓展日本关系,向台湾高铁施压,主导了台湾高铁由日本参与一事。

此后,台湾当局不顾和欧洲方面签约且已经启动部分工程的情况,依旧不惜违约并支付了6500万美元的违约金,转而采用日本新干线技术。日本新干线公司拿到了核心机电工程合约,金额高达950亿元新台币(约合186.77亿元人民币),其后又陆续拿到了另外590亿元新台币(约合115.99亿元人民币)的轨道铺设工程。

2007年1月5日,正式建成通车的中国台湾高铁项目是日本首次向海外输出新干线技术,全长345千米的中国台湾高铁主要贯通台湾岛的西岸,是全世界最大规模采取BOT(建设—经营—转让)模式的公共工程。可以说,中国台湾在高铁技术上是完全受制于日本的,很多零件都必须向日商采购,一些保养维护工作也必须由日本方面来完成。

担任过日本商工会议所(日本战后四大经济团体之一)会长的永野重雄曾经说过:"自己不能搞政治就派人去搞,有这种力量的就是财界人。"虽然这话听起来未免太过傲慢,但却能从一个方面表现出财团势力在日本政治领域的强大实力,以各大财团为核心的日本财界事实上就是主导日本社会经济乃至国运外交的"商人幕府"。

在拓展市场、争夺商权的过程中,以三井物产(属于三井财团)为代表的日本财团商社十分了解在台湾办事、揽项目时社会关系的重要性,所以特别任用一些与当局有密切关系的职员,这些人员拥有"特殊背景",往往是官员的子女或是亲属。例如,有着"台独教母"之称的金美龄曾担任过李登辉和陈水扁的"国策顾问",她的儿子就在三井物产工作,而她本人也在2008年拿到了日本护照。

通过台湾地区的高铁项目不难发现,其实主导项目建设和投标结果的往往并不是那些站在最前端的设计制造企业,而是隐藏在它们背后的另一股力量——财团企业。以三井财团为代表的日本财团就像一个个航母战斗群,而三井物产这样的综合商社就是其中统筹全局的航空母舰,带领着制造企业"护卫舰"和有政府银行支持的"空军"立体化全方位"作战"。在高铁领域,在其他基础设施建设领域,不断地获取利益,掌握控制权。

"和谐号"——异乡的新干线?

1990年12月,当时的中国铁道部完成了《京沪高速铁路线路方案构想报告》:"京沪高铁"全长1300千米,将成为世界上一次建成线路最长、标准最高的高速铁路，也是新中国成立以来投资规模最大的建设项目。从公布立项开始，该项目就成为日、法、德这三个国家的争夺目标。

为了向中国推销日本新干线技术，日本政府和民间在1995年成立北京—上海高速铁路计划合作推进委员会。1997年，三菱商事、川崎重工、日立制作所、JR东日本等14个企业团体发起日中铁路友好推进协议会，聘请日本前首相竹下登担任会长，共有70家厂商会员，其中的44家企业组成中国高速铁路日本企业联合。该会虽然仅有5名职员，但每年预算竟达3亿元，这在日本极为罕见。

日本媒体将这趟从上海到杭州的标有"CRH"（和谐号）的动车组称为"异乡的新干线"或"日本新干线中国版"

中国领导人每次访日，双方必定谈到新干线，日方必定安排乘坐和参观新干线。1978年邓小平访日后乘坐了新干线，之后的国家领导人江泽民、李鹏、朱镕基等访日时也都乘坐了新干线。1998年11月，江泽民同志访日，时任日本首相小渊惠三对他说："对中国的高速铁路项目，日本将官民并举，倾力协作。"

和日本政界要员一样，以日本经团联为首的日本产业组织对争取中国高铁订单也不遗余力。2000年10月14日，时任国务院总理朱镕基访日，当时的日本经团联会长今井敬在欢迎宴会上郑重表示："日本没有美国的波音客机，也没有法国的空中客车，只有一条新干线，希望中国能够在建设北京至上海的高速铁路问题上，认真考虑采用日本技术。"

2004年，原中国铁道部落实"引进先进技术、联合设计生产、打造中国品牌"基本方针，博采众长，分别与加拿大庞巴迪（CRH1）、日本川崎（CRH2）、德国西门子（CRH3）、法国阿尔斯通（CRH5）协议生产动车组。其中引进的日本川崎CRH2后来成为国内大功率动车组的主力军，车辆在高速、启停、安全、检测、耐寒、抗沙和卧铺等方面均运用广泛，同时在可靠性方面与加拿大庞巴迪CRH1相比，川崎的CRH2也具有明显优势。

以日本川崎重工生产的E2系1000番台（E2－1000）型新干线列车为原型的中国和谐号CRH2（China Railways High－speed）型电力动车组，是运行于中国大陆的高铁动车组列车的主要种类之一，该车型主要用于2004年中国铁路第六次大提速以及后来的京沪高铁上。日本产经新闻、日本经济新闻等主流媒体甚至公开报道说CRH2高速列车就是日本的新干线，电视新闻里还出现了CRH2和E2－1000两种车的对比分析。

2007年1月28日，中国第一列子弹头高速列车（子弹头高速列车也就是所谓的"高速动车组"，因车头外形酷似子弹而得名）正式投入商业运行，从杭州开往上海。日本媒体随车采访,将这趟动车组称为“异乡的新干线”或“日本新干线中国版”,日本国家电视台 NHK 在当天傍晚以“中国新干线”为题播出了这一专题节目。

在首批时速 200 千米级别的动车组中,CRH2 是最先全部下线的车款,因此使用 CRH2 的动车组车次的比例也较高。城际列车、长途列车、高速列车和高速综合检测列车等都能看到日本川崎 CRH2 列车组的身影,而后续很多国产高速列车组也是以它为基础技术平台进行研制的。

截至 2014 年 7 月,共有 314 组以日本川崎 E2 系为原型的 CRH2 系列动车组交付出厂。主要为国家主干线铁路、区际干线铁路和城际市郊铁路等各种新建高级铁路服务,构造速度为 200 ~ 350 km/h,广泛分布于京沪铁路、京哈铁路、京广铁路等国内重要铁路项目。

虽然在 2017 年,具有完全自主知识产权、达到世界先进水平的中国标准动车组“复兴号”已经正式投入运营,但以日本川崎技术为原型 CRH2 仍然是中国高铁的重要力量。2017 年 7 月 1 日,我国新型卧铺动车组 CRH2E(新)在京沪铁路上正式投入运营,该卧铺动车组依然是由中车青岛四方机车车辆股份有限公司在既有 CRH2 卧铺动车组基础上研制而成的。

第二节 中国的自主创新在哪里

买不来的“中国制造”

2001 年,国家计委(现为国家发展改革委)曾推出了重点产业项目——时速达 270 千米的“中华之星”,可是 2004 年之后由国人自己掌握全部核心技术的“中华之星”却迅速从新闻中消失了,2006 年 8 月“中华之星”最终被取消了运营资格。国内自主研发的“中华之星”高速轮轨计划虽取得了一些成果,但却像飞机“运 - 10”般夭折,成为辉煌刹那的“流星”。

2007 年,“和谐号”动车组成功下线。和此前的“中华之星”不同,“和谐号”先后引进了来自加拿大庞巴迪、日本川崎重工、德国西门子以及法国阿尔斯通的列车技术。多年来,我们一直没有停止过技术引进的工作,但是很长一段时间里我们却都陷入了“引进一代,落后一代,再去引进”的怪圈。

日本人很早就已经清醒地认识到了这一点,当年新干线刚刚开通时,东日本铁道公司会长山之内秀郎就表示:“新干线成功后,很多人都认为日本的铁路技术已是世界第一,但我却认为不能简单地下结论。新干线的确很了不起,速度绝对是世界第一，车辆、线路、信号也都采用了最新的技术。然而，这些所谓的新技术基本上全是欧洲人的原创，日本只是对这些欧洲原创技术进行改良形成‘日本流’技术而已。”

只有引进而没有引进过程中和引进之后的创新活动相伴随，其对国家经济产生的负面影响是相当严重的，自身的制造业也很难实现技术的持续进步和发展，很难形成自己的新技术基础。因此，借鉴日本产业发展的历史经验，根据中国国情特点来认识和处理引进与创新的关系，是提升自主创新能力和真正实现中国制造的不二法门。

2014年2月7日，沈阳利源精制与三井物产金属签署了“轨道交通制造项目协议书”。利源精制负责提供轨道车辆制造所需土地、工厂设备等的投资；三井物产金属负责提供日本轨道车辆制造技术人员，以及轨道车辆制造技术、设计、自动化系统等技术信息，同时负责整车的销售工作。

2015年5月7日，利源精制注册成立一家全资子公司——沈阳利源轨道交通装备有限公司，开始投资建设“沈阳高铁产业园”项目。这个项目得到了沈阳市政府的大力支持，作为重大扶持的项目之一，当地政府援引利源精制提供的数字，投资规模达到了200亿元。这也标志着曾经以铝材深加工为核心业务的民营制造业企业利源精制正式进军高端装备制造。

对于和三井物产的合作，利源精制董事长王民曾表示：“本项目拟通过三井物产金属引进国外先进的轨道车辆整体生产技术，通过对引进技术的消化、吸收，逐步掌握各系统核心技术，促进公司装备技术提升和转型升级。”然而利源精制的“高铁梦”如今却濒临崩塌，其前期投入的大量资金被转化为固定资产后，难以在短时间内为公司带来足够的现金流量，因此产生了流动性危机。

越来越多的民营制造企业进入高铁等高端制造业当然是好事情，但是中国现在的企业存在先天的短板：首先，缺乏合理完善的整体产业规划，往往都习惯做“孤胆英雄”。其次，缺乏金融机构的有效支持，以利源精制为例，2018上半年其营收只有2.77亿元，而中国中车同期的数字是862.91亿元，虽然民营制造企业通过民间借贷、股东借款、融资租赁等方式进行输血，但依然是杯水车薪。

“复兴号”的铝材被谁掌控？

2017年6月26日，“复兴号”率先在京沪高铁两端的北京南站和上海虹桥站双向首发。9月21日，全国铁路开始实施新的列车运行图，7对“复兴号”列车在京沪高铁实现350千米时速运营，中国也成为世界上高铁运行速度最快的国家。“复兴号”被中国媒体称为是具有完全自主知识产权、达到世界先进水平的中国标准动车组。

与“和谐号”相比，改变的不仅是名字，更重要的一点在于它的“中国标准”。

而我们在高呼“中国标准”的同时是否也应该清醒地认识到中国在精密仪器和先进材料等基础核心领域与日本、德国等真正制造强国之间的差距！比“标准”更重要的应该是那些建立标准的“基础领域”。

材料是制造业的基石，其研发、产业化和应用是实现制造强国的必要条件。时速200千米以上的高速列车对轻量化、密封性、抗腐蚀要求较高，而铝合金具有质量轻、高强度、抗腐蚀、可塑性强等特点，使得铝型材车体在轨道车辆应用上具有绝对优势。中国目前在高速铁路上行驶的车辆基本都是铝型材车，一列高铁车体材料的85%以上为铝挤压材。

成立于1993年的辽宁忠旺集团是“复兴号”整车车体铝型材的主要供应商之一，它为“复兴号”的几十种车体铝型材提供深加工产品供货，一些大截面的产品，如高铁车头部分的宽板，国内目前也只有忠旺等少数几家企业能够生产。多年来，忠旺集团通过投入巨资购进和技术改造逐步成为全球领先的铝加工产品研发制造商，其主要设备也是从德国、日本、美国、意大利等国家引进的。

日本的先进机床技术在世界范围内是首屈一指的，忠旺集团当然也引进了一批来自日本的机床作为加工铝制品的基础。除了4条日本电泳涂漆生产线和1条日本卧式高压静电氟碳喷涂生产线外，2016年忠旺集团还引进了4台日本AMADA（天田）品牌的不同型号的高精密带锯床。

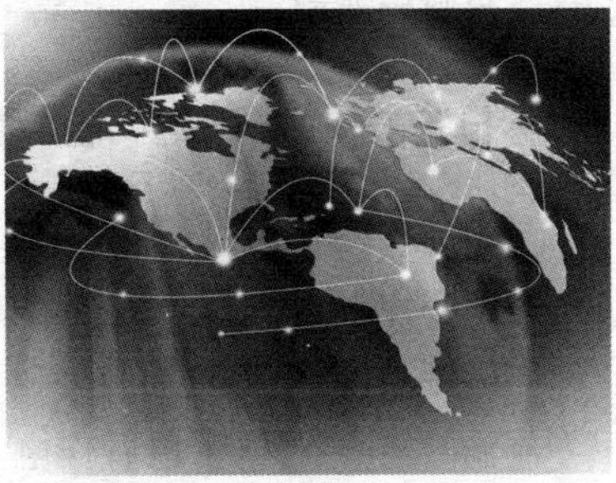

1955年，日本天田公司选择了三井物产为自己的产品做代理。1960年天田公司已经具备了自己建立完整销售网络的能力

忠旺集团引进的这批日本机床设备不仅操作简单，而且系统和装置也非常先进。忠旺集团负责人表示，这4台最新设备投入使用后，将有助于提升集团铝材产品的加工质量，满足集团日益增长的加工需求。

为忠旺集团提供生产机床的日本天田株式会社（AMADA）被称为世界钣金加工机械的行业之首，其在20世纪90年代开发制造的21世纪智能化自动钣金加工中心，为世界钣金行业的智能化加工开创了一个先例。现在的日本天田在世界各大洲设有83个分支机构，产品行销全球100多个国家和地区，其生产钣金加工机械的品种之多、性能之优、技术之先进都是有目共睹的。

这家如今销售收入达数千亿日元的大型跨国公司在70年前还仅仅是日本神奈川县的一个小家庭作坊，只是由早稻田高工机械学校的毕业生天田勇在1946年建立一家生产“带锯床”的公司。在1955年，天田公司选择了三井物产为自己的产品做代理。到了1960年，天田公司与三井物产终止合作的时候，已经具备了自己建立完整销售网络的能力。

时隔30年，这家天田公司于1988年再一次和三井财团建立了联系，这一次是三井财团旗下的丰田集团。正是在这一年,天田开始学习丰田的"精益模式",从杜绝材料的浪费到细胞式生产再到屋台式生产,精益模式的原型和变型都被天田学了个遍。在整个学习的过程中,天田对所学的东西还进行了适合自己企业特点的有效改造。正是凭借这种不断学习、不断进步的精神日本天田才得以迅速成长,日本工业才得以快速崛起。

2008 年 7 月 15 日,一台由日本岛津公司生产的价值 28 万美元的疲劳测试机顺利发运到忠旺集团。不仅是在机床生产领域,在关乎企业未来的科研技术领域忠旺集团也积极和日本企业开展合作。在忠旺集团的科研设备中,除了岛津制作所的电液伺服疲劳试验机以外,还有来自日本岛津的电子万能试验机、日本山崎马扎克的新式机床以及唐山松下合资公司的机器人中试线,等等。

2016 年,随着设备和研发团队上的大力投入,忠旺集团开启了新一轮的战略转型之路。显然,忠旺集团不仅要成为世界领先的高端铝加工材料供应商,更要立足核心领域的自主研发,走出一条真正成功的创新之路,成为世界先进的基础材料制造商。

日方提供强劲的"芯"动力

2015 年 10 月 22 日,位于西安市经开区凤城十二路的中国中车永济电机研发中心传来喜讯——该企业独立创造的中国最高等级 6500V/ 200A IGBT(绝缘栅双极型晶体管)模块通过专家评审并召开发布会。IGBT 其实是一种能源转换与传输的核心器件,可以看作电力电子装置的 CPU,是高铁的几大核心技术之一。中国科学院院士邹世昌对该产品给予了高度评价,他认为该产品为中国以铁路机车为代表的轨道交通装备及其相关产业提供了强劲的"芯"动力。

然而,此刻更应该关注的却是一家中日合资企业的招聘广告——中国中车日立永济电气设备(西安)有限公司 2016 年招聘,这家名为"日立永济电气"(HY-EE)的合资企业办公地点就在西安市经开区明光路凤城十一路,查看地图可以发现,日立永济电气与中国中车永济电机研发中心仅有一墙之隔。

招聘启事显示,合资公司日立永济电气于 2011 年在西安市成立了研发中心,拥有日方技术人员 5 人,主要从事城市轨道交通牵引电传动系统及列车网络控制系统集成和开发设计,动车组、高铁高速动车组用牵引变流器、辅助变流器、列车网络控制系统及空调系统的开发设计。

注册资金 3546 万美元,投资总额达 1 亿美元的日立永济电气(现在更名为"西安中车永电捷通电气有限公司")是由中车永济电机有限责任公司、株式会社日立制作所和日立(中国)有限公司三方于 2003 年共同出资设立的。

合资公司已经构建完成了在轨道交通装备牵引传动、控制系统及空调系统领域的创新研发平台,拥有电气系统集成、变流及其控制、列车网络控制系统,列车空调系统及换气装置的核心技术。产品已广泛应用于国内主要高速铁路及动车线路，如京沪高铁、兰新高铁等，此外还包括北京地铁5号线、13号线，上海地铁6号线、8号线，西安地铁1号线、2号线以及部分海外市场。

实际上，被称为高铁“命脉”的IGBT（绝缘栅双极型晶体管），中车永济宣称6500V/200A IGBT标志着中国拥有了完全自主知识产权的世界最高电压等级的IGBT模块设计和制造技术，但是事实上制作IGBT需要的关键设备光刻机技术中国却并没有掌握。全球仅有极少数的光刻机设备厂商能够研制出高端光刻机，目前主要是荷兰的阿斯麦（ASML）、日本的尼康和佳能三家企业。

荷兰阿斯麦生产的顶级光刻机（EUV）价值要上亿欧元一台，并且每一台的去向都被美国政府牢牢盯紧。核心生产设备被欧美企业垄断，这使得中国的企业虽然掌握了IGBT行业的生产制造技术，但却根本无法实现商业盈利。

此前中车株洲研究所投资14亿元建设了国内第一条8英寸的IGBT芯片生产基地，成为国内唯一一家全面掌握IGBT芯片技术研发、模块封装测试和系统应用的企业，其技术可与世界顶尖的公司媲美。但是这一技术的来源正是世界上最早进行IGBT技术研发的厂家——英国丹尼克斯半导体公司。如果不是因为金融危机陷入困境，英国丹尼克斯半导体公司也不会在2008年将公司75%的股权出售给中车时代（其为中车株洲研究所的子公司）。

调研机构IHS于2016年公布的报告显示，全球IGBT企业排名，德国英飞凌（Infineon）以占全球24.5%的份额高居榜首，日本三菱电机（Mitsubishi）则以24.4%的份额位列第二，另一日系大厂富士电机（Fuji Electric）以12.2%的排名第三，第四名是德国西门康（Semikron）占9.7%，也就是说全球有近70%的IGBT模块市场是被三菱、富士及东芝等日系企业控制着。

中车时代电气在2015年只占全球IGBT产量的0.6%，就算统一后的高铁标准动车组全部都换成了IGBT“中国芯”，但考虑到中国仍然未能实现芯片自主生产的专业化设备，中国高铁想要实现独立自主的“芯”时代似乎还任重而道远。

马桶也要日本造

2005年，青岛亚通达凭借此前与日本厂商建立的良好关系，先后和日本TESIKA株式会社、古河电池株式会社及曙制动工业株式会社等日本企业开展合作，一举成为中车四方给水卫生系统（包括马桶在内）、备用电源系统、闸片以及其他贸易配件的供应商。值得注意的是，亚通达生产的电池产品还需要通过日本进口的相关产品检验资质认证，也就是说在很大程度上亚通达只能算负责古河蓄电池生产的工厂。

青岛亚通达是国内轨道交通领域给水卫生系统的龙头企业，其市场占有率高达60%，主要客户包括中车青岛四方（四方车辆占总车辆的一半，其订单几乎

100%都给了青岛亚通达)、中车长春客车厂和中车唐山客车公司。此外,由其研发的备用电源目前主要运用于CRH2型动车、CRH3型380BL动车以及高寒车,目前在动车市场上占有率已达50%以上,未来还将向城轨地铁等领域发展。

然而,青岛亚通达的许多技术都来源于日本,实际上就相当于是日本输出技术的"代工厂"。青岛亚通达最早是从事日本龙喜路(Lonseal)地板布的进口和代理销售工作的,龙喜路的产品广泛应用于建筑行业以及日本的电车和新干线。

青岛亚通达2005年还引进了日本古河镉镍电池生产制造技术,其系列产品获得中铁CRCC认证,ATC系列产品更是成为中国200km/h以上高速列车车辆用蓄电池的主要生产供应商。古河电池是日本第一劝银财团旗下重要的制造业公司,在日本东京证券交易所上市,具有60多年的电池研发技术和管理经验,是全球电池产业著名的生产、供应商。

CRH380A型高速动车组有相当大批量使用的是日本精工株式会社生产的轴承。成立于1916年的日本精工株式会社(NSK)是世界上第二大轴承生产商,它不仅是日本新干线的主要轴承供应商,还是中国高速动车组轴承的主要供应商之一。经过二十多年的发展,日本精工株式会社(NSK)已经成为中国市场份额占比第一的轴承厂家,目前在中国设立的生产、研发、销售公司及其子公司已多达20多家,遍及中国各地。

不仅是在备用电池、轴承等重要的领域依然还有日本制造的身影,其实在很多不被关注到的其他地方也能看到日本制造。在动车组CRH2上,侧窗玻璃的密封胶条并不是成品,而是用的日本野川化学株式会社产的DIABOND黏接胶,这种胶有着严格的配比,侧窗玻璃安装完后,把配好的胶均匀地抹在侧窗和车体的缝隙中,晾置一段时间后即可,其密封性和抗腐蚀耐老化性能都属一流。

日本野川化学株式会社是日本一家颇具有实力的生产高性能黏接剂的企业。专业生产的"DIABOND太阿棒"胶黏剂,广泛应用于家用电器、铁道车辆、汽车内饰、扬声器、钟表、眼镜及制鞋等工业领域产品中,在日本国内外得到极高的评价并被广泛用在松下、索尼、三洋、东芝等品牌电器,以及著名的日本新干线高速列车内饰门窗密封上。

此前中车四方公司的技术人员曾经想自己研发,因为黏接胶的成分、配比都清楚地写在了说明书上,但是研究了很多年,就是达不到满意的效果:要么干得太快,内外干的速度不一样,外层会龟裂;要么干得太慢,摆了几天都还是黏糊糊的一坨,而且密封性、黏接性和耐用性远赶不上DIABOND黏接胶,最后也只能作罢。

第三节　日本财团的巴西攻略

呼之不出的巴西高铁

2010年巴西政府正式提出“高铁项目”(TAV),计划建设一条高铁线路将巴西的两大都会圣保罗和里约热内卢连接起来,圣保罗—里约线全长511千米,计划投资178亿美元。当时,巴西政府是将之定位为2014年世界杯和2016年里约热内卢奥运会配套项目推出的。

2010年6月,巴西政府发布了高铁项目的第一份招标文件,但到了11月只有韩国铁道一家参与竞标,因而被迫推迟到2011年4月。为了等待基建工程承包商的答复,巴西政府再次将竞标时间推迟了3个月,而后到了2011年7月,由于相关承包商并未兑现诺言参与竞标,项目最终流标。考虑到屡次招标未果,巴西政府在同年8月将高铁项目拆分成技术与运营、基建工程两个子项目分期招标。

2012年12月,巴西官方发布的第一阶段技术与运营商招标文件规定:凡是过去5年内发生过重大伤亡事故的高铁运营商不得参与项目招标。其实,这一“硬指标”就已经让曾出现重大事故的中国高铁公司和几家欧洲运营商彻底无缘巴西高铁项目。由于巴西并不具备高铁技术,因此日本的三井物产和来自加拿大的庞巴迪公司就成为最后的竞争者。此后,由于经济危机和政治因素,招标项目被不断拖延。

2014年7月,在金砖国家第六届领导人峰会上,时任巴西总统罗塞夫希望巴西与中国合作共建高铁。此后,罗塞夫也多次表达了对中巴共建高铁的意愿。2015年5月19日,国务院总理李克强同时任巴西总统罗塞夫举行会谈,决定启动横跨南美洲大陆的“两洋铁路”可行性研究,巴西外交部亚洲事务主任利马也对媒体称,中国对巴西投资的“第二波高潮”正在到来。

然而,投资国的政局动荡给中国高铁“走出去”的打击是致命的。2016年4月17日,巴西众议院投票表决,通过了对总统罗塞夫的弹劾案。5月12日,罗塞夫被强制离职,当然中国高铁进军南美的计划也被画上了句号。罗塞夫以及其前任卢拉总统与中国的关系十分密切,随着罗塞夫总统生涯的戛然而止,中国需要担心的可不仅仅是在巴西的一个高铁项目了。

这一方面,日本显然比中国更有经验,罗塞夫总统下台后不久,日本便与巴西临时政府达成了投资合作协议。事实上,许多传统上对华友好的国家,都可能由于政权更迭、总统换人而发生对中国十分不利的变化。斯里兰卡、缅甸新总统上台的“第一把火”都烧向中国。斯里兰卡总统西里塞纳上台叫停了由中国投资的科伦坡港口建设项目，缅甸总统吴登盛叫停了由中国投资的密松水电站建设项目。

2016 年 10 月 19 日，日本与巴西达成一致，共同探索日本在巴西基础设施领域的投资机会。根据相关协议，日本和巴西官员讨论在交通、物流、信息技术和能源等领域的投资合作。日本首相安倍晋三在与时任巴西代总统特梅尔一同出席的联合发布会上表示，“巴西是日本的一个机遇，特别是基础设施领域有巨大的投资机会”。

其实，早在巴西高铁项目推出的 2010 年，以三井物产为首的日本高铁企业联盟就对此次投标十分积极，希望凭借新干线系统参加竞标，力争实现“新干线”首次登陆美洲大陆。虽然后来因为巴西国内陷入经济衰退和政治混乱，高铁项目一度搁置，但随着巴西国内政治局势的日渐稳定，高铁项目也会被再次提上日程，而显然日本在这一方面占据了领先优势。

根深蒂固的产业布局

1959 年 7 月，刚刚上任的日本首相岸信介访问巴西，这也是日本首位访问中南美的首相，双方就日本移民问题和发展双边关系举行了会谈。岸信介政府和巴西政府签订了“移民协定”，以移民为基础的日巴关系正式建立。岸信介是现任日本内阁首相安倍晋三的外祖父。60 年后，安倍晋三正紧跟其外祖父的足迹到访巴西。

2014 年 8 月 1 日，日本首相安倍晋三抵达了其中南美洲五国之行的最后一站——巴西。然而，对于这次会面的内容，日巴双方都讳莫如深。巴西外交部长新闻秘书鲁本则声称，关于安倍晋三访问巴西期间发表声明的内容目前完全处于保密状态，其内容也不应向外界透露。但是专家表示，安倍晋三出访巴西一方面是为了进一步双方强化能源资源外交力度，另一方面则是为了扩大日本在拉美地区的影响力，其随行人员中就有来自三井、三菱、丰田等 70 余家日本企业的代表。

2014年8月，日本首相安倍晋三（左）访问巴西，与巴西总统罗塞夫（右）合影。安倍访问团随行人员中有来自三井、三菱、丰田等70余家日本企业的代表

为安倍政府打头阵的正是日本三井住友银行，三井住友银行宣布向巴西粮业巨头 Amaggi 公司贷款大约 200 亿日元（约合 1.8 亿美元），并由日本政府用贸易保险承担部分风险。日本共同社表示，三井住友银行的贷款主要用于完善物流网络，增加巴西产玉米和大豆向日本的出口量，确保日本的粮食供给稳定。

除了提供农业物流领域的银行贷款，在日本首相安倍晋三访问巴西期间，巴西石油公司还获日本提供的用于建造8座石油钻井平台的5亿美元贷款。根据2014年8月1日两国政府签署的《为促进海洋资源开发,日本和巴西在造船领域合作的共同声明》,两国在造船领域也将开展全方位的合作。此外,日本国际合作银行(JBIC)也将帮助巴西经济社会发展银行(BNDES),促进其对中小企业的投资。

20世纪初,日本侨民远赴巴西是日巴关系的"1.0时代";20世纪50年代末,岸信介访问巴西,日本大力支援巴西基建工程建设为标志是日巴关系的"2.0时代";显然,安倍晋三和日本政府的努力让日巴关系进入了全新的"3.0时代"。日本企业已在不再局限于土地、矿藏、基建等基础领域的掌控,而是希望能够全面出击,实现战略布局。

在化工领域,早在2007年,丰田通商作为丰田财团旗下的综合商社就已经和巴西Braskem公司合作开发了绿色塑料研究发展项目,首次以甘蔗乙醇原料生产出了世界上100%认证的绿色聚乙烯,并在2008年10月于日本横滨举办的生物行业盛会上公开展示。2011年,三井物产和陶氏化学公司在巴西组建了合资企业SVAA,双方的出资比例为50:50,业务主要涉及的是生物乙醇、生物乙烯、生物聚乙烯和甘蔗衍生化学品的生产和销售。

在钢铁领域,2009年1月29日,三井财团重要的关联企业新日铁宣布从巴西淡水河谷公司购买巴西米纳斯吉拉斯钢铁公司(Usiminas)约5.9%的股权。加上此前的直接持股,新日铁就拥有了这家巴西国内最大钢铁联合企业29.2%的股份。同时,新日铁还与米纳斯吉拉斯钢铁公司合资在巴西新建了大型钢厂,总投资估计在5000亿~6000亿日元。新钢厂拥有与日本国内钢厂相当的生产规模,实际上日本财团已经完成了对巴西钢铁产业链上中下游的全方位布局。

在金融领域,根据《日本经济新闻》,2012年6月20日,日本瑞穗金融集团(富士财团和第一劝银财团的联合金融机构)从德国西德银行(WestLB)购买其旗下的巴西商业银行,总投资约为300亿日元(约合3亿美元)。瑞穗银行希望通过此次收购,在巴西当地开展外汇管理、融资服务等金融业务,为大量日企的投资活动提供更多的金融服务,而瑞穗银行此次战胜的对手正是中国建设银行。

在汽车领域,2016年11月30日,丰田汽车(属于三井财团体系的丰田集团)巴西分公司宣布投资6亿雷亚尔(约合1.77亿美元)提高其巴西发动机工厂的产能。丰田的巴西发动机工厂设立在圣保罗州的弗利斯港(Porto Feliz),这也是现在丰田在拉丁美洲及加勒比海地区拥有的唯一一家发动机制造工厂。

虽然近年来巴西车市并不景气,但日系车却出现了逆势上涨的趋势。因此,丰田希望能够扩大产能以满足市场需求,预计扩产后将年产量将由10.8万台增加至17.4万台,同时还将开始为丰田汽车旗下的卡罗拉车型供应发动机。丰田卡罗拉正是在巴西最热销的汽车之一。

三井物产掌控着铁路话语权

2017年10月,中国中铁副总裁马力与中铁一局总经理马海民、中铁资本执行董事张继华和股份公司国际事业部副总经理史渊会见日本三井物产株式会社代表团一行,就巴西圣保罗地铁6号线项目合作进行深入讨论。三井物产(中国)公司董事长金森健、机械运输系统第一本部本部长佐藤真吾、机械运输系统第一本部交通项目部部长野濑道广参加会见。

圣保罗是巴西最大的城市,市内人口超过1100万人,包含近郊全城人口达2107万人,而整个巴西的人口也就是2.08亿人。巴西圣保罗地铁6号线目前是巴西最大的城市交通PPP项目,线路全长15.3千米,总投资149亿雷亚尔(约合40亿美元)。巴西圣保罗市也是三井物产全球支店网络的一个重要节点。

日本国土交通省称,日本企业在国外的铁路业务,主要还是以技术提供、维护、检查等方面的支援为中心,此前并没有铁路经营者参与运营管理铁路的先例,像三井物产这样正式参与当地国铁路运行的例子实属少见。不仅是参与铁路客运业务,三井物产还积极投资铁路物流领域,巴西就是它的一个重要领地。

2014年9月,世界第一大矿石生产商巴西淡水河谷宣布,三井物产以15亿雷亚尔收购了其子公司VLIS.A(VLI)公司20%的股份。VLI是一家以铁路为主的巴西物流运营商,此前为淡水河谷的全资子公司。

三井物产持股的VLI拥有超1.07万千米的铁路特许经营权及分特许经营权,滚动库存含1.3万辆轨道车及600台机车,并可使用淡水河谷公司的铁路特许经营权。VLI还同时经营着5个综合地面码头以及一个私人海运码头的经营合约,致力于服务巴西主要的农业及工业地区。通过入股淡水河谷的物流子公司VLI,三井物产继续加深着与巴西在食物、铁路等非资源领域的合作。

除收购货运铁路股权以外,三井物产2014年还参与了巴西的铁路客运业务,在巴西和持有铁路网的大型承包商Odebrecht公司建立了合资企业,Odebrecht公司运营管理着巴西两大城市圣保罗和里约热内卢(巴西第二大城市,城市人口750万人)的相关铁路等,承担着巴西大多数国民的出行问题。

铁路和交通网络越来越成为影响一个产业甚至是一国经济命脉的重要力量,可以形象地比喻为一个人的"血管"和"神经系统"。日本的综合商社实际上是真正意义上的现代化物流体系的集大成者,三井物产在巴西就像一个深藏不露的"影子公司",不断地编织着具有强大生命力和控制力的网络,最终实现掌控整个国家交通话语权的野心。

一旦巴西政府宣布重启高铁项目,以三井物产(综合商社)为首的日本高铁企业将领先中国好几个身位。三井物产拥有着巴西铁路公司的运营权,是巴西最大企业淡水河谷旗下物流运营商的股东,三井住友银行和瑞穗银行等财团体系的金融机构还能为它们快速提供大量的资金支持。同时,仰仗着日本人在巴西政界和军界的巨大影响力,“新干线”未来进军巴西就显得顺理成章了。

高铁项目可不仅仅是一个单一的业务领域,它其实涉及了所在国政情社情民情的方方面面。一位拉美学者就曾说过:“中国很多海外投资,操作模式如在国内,那是做工程模式,不是投资模式。”如何缓解当地国的民族情绪,如何改善所在国媒体的负面形象,如何完美地将商业合作与政治关系进行有效融合,在这些方面,中国,还有中国的企业,都需要更好地向日本和日本财团学习。

日本财团企业之所以能够在巴西“玩”得风生水起,主要是因为日本财团独特的海外投资艺术。在巴西的投资过程中,日本财团很少在当地建立分公司,也几乎不追求控股,更多的时候是以一种参与者、合作者的身份开展活动。日本财团习惯将自己在巴西当地的关联企业推到台前,自己则隐藏起来,这样既避免了与巴西民族主义产生冲突,也在很大程度上减低了与巴西政府的敌对关系。

对巴西社会的文化渗透

2014 年 6 月,第 20 届世界杯在巴西举办。在日本队三个小组赛所在地累西腓、纳达尔和库亚巴的赛场周围,大批的日裔巴西人身着日本国家队队服,扎着日本式的头巾,挥舞着印有八咫乌的旗帜,欢迎着远道而来的日本足球队和球迷。与日本相隔万里的巴西体育场俨然成为日本的第二个主场。巴西有超过 150 万的日裔人口,是全球日裔最多的海外国家,日语也是这里仅次于葡萄牙语的通用语,圣保罗还拥有世界上最大规模的日本街。

在今天的巴西,大量的日本后裔已经成为巴西社会的中流砥柱。他们许多人都从事着社会地位较高的职业,如医生、律师、工程师、学者、教授,以及艺术和文化工作者,日裔人士的身影甚至也开始出入巴西政界和军界。

法比奥·良治·安田(Fabiao Riodi Yassuda)是巴西历史上第一位入阁担任部长的日裔人士,他曾在 1969 年担任过巴西工商部部长,此外他还是全国供粮机构——巴西供应中心的顾问。植木茂彬(Shigeaki Ueki)于 1974 年出任巴西矿业能源部部长,在巴西能源界非常有影响力,他还曾经担任过巴西最大国营企业巴西石油公司的总裁。续木正刚(Seigo Tsuzuki)1989 年担任巴西卫生部部长。齐藤准一(Juniti Saito)拥有上将军衔,曾担任巴西空军司令……

如今,日裔议员、日裔高官的名字经常出现在巴西媒体,他们已经成为巴西社会的重要组成部分,而这一切都要从一艘名为“笠户丸”的船讲起。1908 年 6 月 18 日,第一批日本移民共 781 人乘坐海轮从神户港启航,他们经马六甲海峡,穿越印度洋,绕过非洲大陆最南端的好望角,横跨大西洋,历时 2 个多月,航行 1.5 万多千米,最终在南美洲巴西圣保罗的桑多斯港登陆。这些就是 1895 年日本与巴西签署《日巴通商友好条约》后产生的第一批正式公派移民。

其实，最初这些日本移民虽然名义上是自由民，但是却和奴隶们有着相同的待遇和生活条件。他们中的大多数都被分配到了咖啡园劳作，咖啡与日本传统的水稻种植完全不一样，对于这些日本移民而言一切都要重新学起。而随着巴西“咖啡经济”的一落千丈，咖啡园低廉的薪水根本无法养活这些移民。同一时期的意大利移民纷纷选择了出走邻国，而日本移民则凭借亚洲人独有的勤劳品质和奋斗精神在巴西扎下了根。

日本移民利用从日本带来的工具和书籍，在巴西的原始森林中开拓出大片的土地，种上瓜果蔬菜，并开始种桑养蚕，饲养家禽。圣保罗州、巴拉那州以及亚马逊州，这些日本移民曾经耕耘过的地方现在都已经成为巴西的农作物特别是经济作物的种植中心。由日本人带到巴西的大豆更是已成为巴西最重要的出口农作物之一，每年为巴西赚取着大量的外汇。

经过100多年的努力，当年从“笠户丸”下来的日本移民后裔们如今完全融入了巴西社会，并在很大程度上影响着巴西社会。巴西人对日本人普遍抱有好感，他们认为日本人及其后裔工作勤奋，家庭责任心强，给巴西社会留下了“日本人勤勉”“日本人可信”的形象，这也为二战后经济高度成长期的日本企业大举进军巴西市场奠定了良好的口碑基础。

第四节　政商合谋印度“新干线”

日本首相挂帅，政府贷款先行

印度拥有全球最大的铁路网之一，但是由于半数以上的铁路是在英国殖民时期建设的，从硬件到软件都十分落后。印度政府其实从20世纪80年代就开始计划国家铁路网的升级事宜，但由于技术和资金等方面的问题，多年来都未取得什么实质进展。

早在2009年时，法国的高铁咨询公司就拿到了这条艾哈迈达巴德到孟买铁路的可行性研究资质，但是最终因为技术和资金因素被印度方面放弃了。2011年12月，日本开始邀请印度铁道部的12名技术官员前往日本参观和培训，他们能够直观地、零距离地了解日本新干线的运行、调度、车辆厂和维护等新干线的关键部门。

短短两周的时间，印度铁道部门的技术官员就都成为“新干线”的粉丝，他们对日本高铁技术的精湛、设备的优良、维护的到位十分佩服。日本的“新干线”曾创下了50年来载送乘客56亿人次却从未发生过人命事故的纪录。与之对比，根据印度官方数据，年运载2200万人次的印度铁路网每年会造成近1.5万人死亡。

2014年9月，中印双方签署了深化两国铁路技术合作的谅解备忘录，中方将为新德里至钦奈(2200千米)和新德里到孟买(1200千米)两条高铁提供可行性研究。但显然日本方面的动作更快；特别是在日本首相安倍晋三与印度总理莫迪建立起了良好的私人关系之后，日本在印度的高铁计划得以快速推进。

2014年，印度总理莫迪访问日本时，与日本首相安倍晋三热情拥抱

一直以来，日本都习惯集团化的出海战略，从来都不是单一的项目导向型，当然在进入印度高铁的过程中也不例外，不仅要走技术、贷款的专业路线，更注重对印度铁道部门技术官员的"洗脑"，努力争取培养更多日本"新干线"的粉丝。不仅面向基层的技术官员，日本还在印度的相关行业协会、学术以及媒体圈进行大肆宣传，同时特别注重在印度政府内部广泛培养"高端粉丝"。

2015年10月，日本方面还特别邀请了以V. P. 帕多罗尔参议员为首的印度国会议员团到访日本，并在这次访问中对这些操有生杀大权的印度政府高层进行又一轮日本"新干线"技术的洗脑。随后V. P. 帕多罗尔参议员就公开表示："看来铁路的现代化已经是摆在印度面前刻不容缓的课题，印度需要日本技术的支援。"

同年12月12日，就在日本海外新干线实业集团旗下的高铁咨询公司提交了高铁项目可行性研究报告的5个月之后，印日双方就印度引入日本新干线技术达成一致，印度首条高铁采用日本的"新干线"技术建造和运营，高铁项目订单金额为9800亿卢比(约合147亿美元或1.8万亿日元)。

从2013年日本和印度政府围绕连接印度最大城市孟买和古吉拉特邦的艾哈迈达巴德高铁项目展开共同调查，到2015年正式确定使用日本的"新干线"技术，短短两年的时间，日本就拿下了印度的高铁项目，其中日本政府起到了巨大的作用。日本经济新闻网称："日本政府砸巨资拿印度大单，这是(日本作出的)非常大的让步。"

据路透社的报道，为拿下印度高铁订单，日本将向印度提供约120亿美元的贷款。报道引述印度外交官员的话称，日本的贷款利率为0.1%，偿还期限为50年。也就是说日本为印度修建高铁提供了超过80%的资金支持，0.1%的利率也表明了此次贷款的优惠条件。前驻印度加尔各答总领事毛四维认为，日本的贷款利率之低世所罕见，显示日本下决心要拿到印度高铁的项目。

日本政府为了能够拿下印度的高铁项目，甚至不惜修改了专门的《株式会社国际协力银行法》，以满足印度的贷款需求。2000—2016年，日本对印度的官方援助金额(ODA)估计高达5.5万亿日元。建设速度基本处于计划范围和长期盈利的印度德里地铁项目,还被日本政府编写入了《高质量基础设施投资案例集》,当作对外投资的典型案例。

日本援建印度高铁项目的资金,除由外务省隶属下的国际协力机构(JICA)提供外,其财团的金融机构也是重要的资金来源。2012年5月,也就是在日本与印度开展艾哈迈达巴德至孟买高铁共同调查的前一年,三井住友银行宣布时隔八年重返印度市场,用以满足日本企业扩大印度业务以及当地基础设施建设对资金的需求。

印度塔塔脚踩两只船

2014年9月3日,《中国日报》报道称,印度塔塔工程公司此前一直在和一家拥有先进高铁技术的中国公司开展讨论,甚至希望和中国公司组团竞标印度的5个高铁项目。有报道称,中国南车和北车集团可能是竞标方。印度塔塔工程公司董事总经理 Vinayak Deshpande 在接受媒体采访时也表示,他们将和中国企业紧密合作,为在德里和新孟买的高铁项目进行准备。

但随后 Vinayak Deshpande 却话锋一转,说:“虽然在铁路建设方面,塔塔没有任何的偏好,但日本政府已经宣布出资在印度东部援建一条高铁线路(艾哈迈达巴德至孟买的高速铁路),因此在那里只能用日本的技术,所以我们也就只能和日本企业合作。”

塔塔集团是当今印度的第一大财团,在印度工业发展史上占有极其重要的地位。在印度,人们有这样一种说法:早晨被塔塔生产的闹钟叫醒,坐着塔塔生产的汽车上班,驶过塔塔建设的钢铁大桥,走进塔塔旗下的企业工作,用着塔塔电信的电话联系业务,下班后在塔塔旗下的超市购买食物,最后回到家喝着塔塔生产的茶。塔塔集团拥有超过100家公司,下属各公司均是所在领域的佼佼者:塔塔通信的国际语音业务排名全球第一;塔塔全球饮料公司是全球第二大茶叶公司;塔塔化工的纯碱生产能力排名全球第二。

塔塔集团在中国也有着长期悠久的发展历史。早在1859年,塔塔集团创始人詹姆谢特吉·塔塔当时正为他叔父的公司工作,被派到中国香港开办分支机构。数月之后,他转迁至上海,直到1863年才离开中国。

随着改革开放的不断推进,中国也逐渐成为塔塔集团的战略重点之一,1996年,塔塔国际在上海成立办事处,开展钢铁及其他产品外贸业务。此后,塔塔集团旗下的其他子公司也纷纷来中国寻找发展机会。

除了在中国拥有相当规模的钢铁贸易业务外,塔塔集团还积极拓展其他业务领域。2002年,塔塔咨询服务有限公司引领印度 IT 行业率先进入中国市场,成为中国第一家印度外商独资企业。2005年,塔塔咨询服务有限公司应中国政府邀请,在中国成立合资公司塔塔信息技术(中国)股份有限公司(简称“TCS 中国”),

目前在北京、上海、杭州、天津、深圳和大连设有分支机构。

为了帮助集团旗下子公司拓展中国市场，塔塔集团于2006年8月在北京设立了集团办事机构。2008年上半年，塔塔汽车收购了捷豹路虎公司。2012年，捷豹路虎公司与奇瑞汽车投资109亿元人民币成立合资企业，在江苏常熟建立汽车生产基地。2017年，路虎和捷豹在中国的销量达到146399辆，同比增长23%。同时，塔塔汽车还与塔塔国际密切合作，加快在中国的汽车零部件采购业务。

2017年，塔塔集团在中国的销售额约122亿美元，从中国采购额约8.3亿美元。印度塔塔集团当前在中国拥有超过14家公司，约有9700名员工。如今，塔塔集团在中国开展业务的旗下公司包括塔塔咨询服务、捷豹路虎、塔塔国际、塔塔汽车零部件系统、塔塔全球饮料、优克运输设备公司、铁肯姆国际货运代理、塔塔工程有限公司、塔塔科技以及塔塔通信公司等。

《塔塔：一个百年企业的品牌进化》的作者摩根·威策尔曾说过，在印度几乎不存在塔塔没有涉足的领域，当然高速铁路也在其中。塔塔集团旗下的塔塔工程公司是现在印度发展最快的工程建设公司之一，专注于承接大型复杂的工业建设项目，涉及七大领域：电力、铁路、运输、金属、石油天然气、水和质量服务。想要在印度修建高速铁路这样的大型基础工业设施，塔塔工程公司是肯定绕不开的重要一环。

很显然这条由日本政府出资援建的高速铁路的印度施工方就是塔塔工程公司，而一旦塔塔工程公司在未来几条的高速铁路建设中也首先选择倾向日本的“新干线”，则势必会对中国的高铁出海产生巨大阻力。这第一条高速铁路有着非凡的样板意义，这也就意味着未来印度的很多条铁路都将在很大程度上按照这条线路的日本标准进行设计和施工了。

日本财团玩转印度塔塔

印度的塔塔集团有着和日本财团很相似的企业价值观，“塔塔的财富不仅属于家族后代，更属于印度人民”，“大家在塔塔工作，不仅是为了个人，为企业，更是为印度而工作”。正是这种和日本财团相似的“社会企业”观念，为塔塔集团明确并统一了造福社会的经营理念及财富观，并有效避免了传承中容易出现的家族兄弟分家、财产纷争等诸多难题。

1996年，三井财团旗下重要的关联企业新日铁开始了与印度塔塔钢铁公司的合作，其后双方又在1998年缔结了新工厂早期施工的合作合同，2007年3月，新日铁和塔塔进行了在印度合资建立汽车薄钢板制造工厂的谈判。同年11月，双方就合资建立生产冷轧钢板的工厂正式达成协议，项目投资500亿日元，年生产100万吨汽车行业所需的薄板。

一般企业都“专注”于追求自己企业利润的最大化，同时压缩别的企业的利润;而日本财团所谓的“团”则体现为一个整体,协同作战。新日铁在与塔塔钢铁公司合作过程中,也将日本新能源产业发展机构(NEDO)带到了印度。在日本全球的环保项目中,多是日本政府(或者通过NEDO)委托相关企业开展具体项目合作。NEDO与塔塔两次项目合作的委托企业就是新日铁。

2006年,塔塔与NEDO签订了改善环境管理的协议,签订协议后塔塔各钢厂采用了干熄焦技术,而这个改善环境管理的协议价值3900万美元。日本新能源产业发展机构向塔塔提供日本生产的相关设备,塔塔安装了设备并向其他钢厂推广此项技术。这是塔塔继2001年后第二次接受日本新能源产业发展机构提供的日本技术。

此外,三井住友财团旗下的住友金属工业公司于2007年1月与塔塔集团收购的英荷克鲁斯集团(Corus)签署了技术联盟协议。2011年,在日本新日铁和日本住友金属工业公司提出合并提议后,两家公司不得不在印度选择一家单独的合作公司,以避免项目重复或竞争事件的发生,而这家公司正是塔塔集团。

无论在哪一个国家,无论涉足哪一个领域,日本财团几乎都遵循着这样一套“行动逻辑”——通过与当地最大型企业合作,进行资本、产业、信息、流通等方面的嫁接,继而控制整个产业链,实现最终“掌控”。当日本财团开始进入印度市场,有着和日本财团相似企业文化的塔塔集团就成为最佳选择。

塔塔集团悄然地被日本三菱财团纳入了自己的“利益共同体”中,为三菱财团进入印度更多的产业铺路搭桥

2006年12月,日本最大的航运公司之一的日本邮船(属三菱财团)与塔塔集团合资成立了一家名为“塔塔日邮”(TataNYK)的航运公司,双方各占50%的股份,主要为塔塔集团承运铁矿石、焦炭以及钢铁等物质。

到了2008年,成立不到两年的塔塔日邮就已经经营着6艘干散货船,货物承运量达到了500万吨。

2011年11月,印日合资的航运公司塔塔日邮在日本船厂订造了3艘超灵便型新船,每艘造价为3300万~3400万美元。塔塔日邮计划至少承担印度塔塔集团货运量的一半以上。据估算,未来塔塔集团的年货运量大概在6000万吨左右,为此合资公司还考虑在市场上期租一批巴拿马型和海岬型散货船。

无论是新日铁、住友金属还是日本邮船,日本在印度开展活动的财团企业都不约而同地选择了塔塔集团。在不断拓展多元市场领域的同时,塔塔集团也悄然地被日本财团纳入了自己的“利益共同体”中,不但在一定程度上成为日本财团企业的“提款机”,还在为日本财团进入印度更多的产业铺路搭桥。

与此同时,三菱重工(属三菱财团)于2011年8月宣布,与塔塔集团就印度新一代环保城市“智能社区”建设项目签订备忘录,确定双方将共同开展可行性调查。今后三菱重工将与塔塔携手探讨推行太阳能发电等项目的可能性。三菱重

工此次与塔塔集团的合作,旨在完善印度首都新德里和商业城市孟买两地之间的工业发展基础。

2014 年 5 月,三菱商事又与塔塔集团的子公司塔塔咨询服务公司(TCS)签署协议。根据协议,塔塔咨询服务日本公司(TCS Japan)、IT Frontier Corporation (ITF)、Nippon TCS Solution Center (NTSC)三家公司合并,在日本市场建立一个全新的大规模合资 IT 服务公司。其中,三菱商事占 49% 的股权,塔塔咨询服务公司占 51% 的股权。

印度总理家乡的高速铁路

塔塔集团与印度总理莫迪的缘分开始于莫迪担任古吉拉特邦首席部长期间。2008 年,由于当地农民的抗议,塔塔集团把自己的汽车生产基地从西孟加拉邦撤出,而就在发出撤出决定的几分钟以后,塔塔总裁的手机上就收到了一条短信:欢迎你到古吉拉特。给塔塔集团发来短信的正是时任古吉拉特邦首席部长的莫迪。

72 小时内,莫迪就批给了塔塔集团 1000 英亩的土地、不间断供电和税务优惠、四车道的高速公路和 12 亿美元的贷款。对此,塔塔汽车的董事长曾经评价莫迪:“莫迪的领导具有示范性,古吉拉特邦为全国提供了领导榜样。”塔塔集团和总理莫迪之前可谓关系密切,塔塔的一举一动足以影响总理莫迪的最终选择,而现在具有“独裁者”作风的莫迪就代表着整个印度的选择。

2017 年 9 月 14 日,日本首相安倍晋三在印度古吉拉特邦的最大城市艾哈迈达巴德与印度总理莫迪进行会晤,并共同参加了艾哈迈达巴德至孟买的高速铁路奠基仪式。印度媒体称,此次印日高铁项目不仅是印日两国合作的标志性项目,更大可能还将是莫迪任期内最重要的外交成果之一。

《日本经济新闻》报道称,安倍和莫迪的生日都是在 9 月,因此莫迪特意在两人的“生日月”邀请安倍一同出席印度高铁的奠基仪式。安倍晋三被称为日本“新干线的超级推销员”,不仅是艾哈迈达巴德到孟买的高铁,他还多次努力劝说莫迪让印度计划中的其他 6 条高铁项目也都全部采取日本的“新干线”技术。

值得关注的是,这条印度目前唯一的高速铁路项目的起点古吉拉特邦正是印度总理莫迪的家乡,而莫迪从 2001 年 10 月就开始担任印度古吉拉特邦的首席部长一直到他 2014 年当选印度总理。在莫迪的带领下,古吉拉特邦的经济增长率常年位居印度各邦之首,特别是在基础设施建设和吸引外国企业投资设厂等领域尤为突出。这次的印日高铁项目可以说是莫迪为家乡带来的又一份“大礼”。

全长 505 千米的高铁项目计划将在 2023 年投入使用,而建成后时速将高达每小时 200 多千米。这个高铁项目连通两个印度前三大级别的工业邦,同时联通印度 9 大城市中的 4 个城市,实际上是印度国家级工业项目德里—孟买工业走廊的规划之一。针对日印高铁合作项目,印度总理莫迪表示,“这一高铁计划将带来印度铁路革命，提升未来印度交通移动速度，并将为印度的经济改革提供原动力”。

这条从艾哈迈达巴德到孟买的首条高铁，主要是由日本的东日本旅客铁道（JR 东日本）、川崎重工（第一劝银财团）、日立制作所（富士财团）成立的日本企业联合体负责整体的施工及运营。在 2016 年 10 月举行的一次高速铁路项目联席研讨会上，印日双方还制订了相关的高铁人才培训计划，由日本为印度培训高铁建设、经营、管理等各类人才 3 万人。

日本出口印度的高速铁路是东北新干线 E5 系，其制造商是日立制作所笠户事业所和川崎重工兵库工厂。日立制作所笠户事业所位于山口县的下松市，这里是安倍的老家，也是安倍弟弟岸信夫的选区。川崎重工手上则拥有着苍龙级潜艇的技术，而苍龙级潜艇正是印度想买的 AIP 系统潜艇，显然日本在卖“新干线”的背后还想着向印度推销它的军工产品。

虽然，日本承建的艾哈迈达巴德到孟买的高铁并不是印度 4600 千米“钻石四边形”方案中的主要线路，但是这第一条高速铁路却有着极为重要的示范意义。一旦铁路修通，将会成为印度高铁网络的样板线路，使得后来者不得不按照此线路的标准进行设计和施工。因此，日本财团对这个项目寄予很高的期望，眼看财源滚滚的日子就要来了。

然而，日本接手高铁项目之后却发现事情没有自己想的那么简单。首先，印度官员的办事效率实在是太低了，印度工人的水平也不敢恭维。其次，印度政府希望更多的建设用材选择印度制品，莫迪发表讲话时说，“技术可能来自日本，但高铁列车的大部分组件将来自印度”，但日本建设方对印度产品的性能根本不能信任。

虽然日印两国政府对于合作高铁项目信心满满，但在建设原材料使用细节、工程准备期限、开工时间、土地收购等问题上，日印之间仍然存在着很大的分歧。2019 年上半年，印度政府连征地工作都还没有完成，别说破土动工了，要实现 2022 年竣工通车更是天方夜谭。

第五节　日本拿下泰国高铁

处境尴尬的中泰铁路线

2010 年 9 月 5 日，时任泰国总理阿披实在出席上海世博会泰国馆活动史对记者表示，此次中国之旅除了取经上海世博会以外，还有一个重要目的就是与中方讨论共建高铁的相关事宜。2011 年 7 月，由于受到“泰国红衫军”（反独裁民主联盟)运动的影响,阿披实被迫下台,中泰合作高铁项目也因此一度陷入了停滞,但泰国方面还在一直积极与中国保持着联系。

2013 年 10 月 11 日,阿披实的继任者英拉提出了著名的“大米换高铁”计划。据一份签约当天在曼谷发表的《中泰关系发展远景规划》,中方有意参与廊开至帕栖高速铁路系统项目建设,以泰国农产品抵偿部分项目费用,所换取的泰国农产品,不仅是指大米,还包括橡胶。然而不到半年,泰国国内又一次发生了政局变化,力主这一合作项目的英拉政府在一场军事政变中下台。

2014 年 8 月 25 日,泰国国王正式任命泰国陆军司令巴育为泰国的第 29 任总理。随着泰国政治局势趋于缓和,“大米换高铁”被再次提上了日程。同年 12 月 23 日,中国国务院总理李克强与泰国总理巴育共同见证了《中泰铁路合作谅解备忘录》和《中泰农产品贸易合作谅解备忘录》的签署,备忘录的签署也表明中断两年之久的中泰两国“大米换高铁”的合作重新开启。

2017 年 12 月 21 日,历经 3 年 22 次会议,根据《中泰铁路合作谅解备忘录》设计的泰国第一条标准轨铁路终于正式进入建设阶段。根据合同,中泰铁路的一期工程为曼谷至呵叻,全长约 253 千米,中国驻泰大使馆官员梁晓光表示,中国是以工程总承包(EPC)的形式参与这次合作项目的。

铁路一期总投资 1794 亿泰铢(约合 56 亿美元),全部由泰方独立融资,另外,泰方还负责所有线下的土建工程,在这期间的施工工程公司完全由泰方通过招标产生。中方能够获得其实是铁路设计、监理的合同,合同金额共计 52 亿泰铢(约合 10 亿元人民币),以及未来泰国从中国购买列车、轨道、信号系统的 385 亿泰铢(约合 74 亿元人民币)。

稍微关注铁路历史的人都知道,这条曼谷至呵叻的铁路线更确切的称呼应该是“泛亚铁路”(Trans - Asian Railway)曼谷至呵叻段。虽然设计的预留最高时速是 250 千米,但是列车实际运行时速应该在 160 ~ 180 千米之间。这样的速度无论在什么标准下都很难定义为“高铁”,更应该被称为“中速铁路”。

根据 2006 年签署的《泛亚铁路网政府间协定》定义,“泛亚铁路”其实就是一个贯通欧亚大陆的货运铁路网络。显然,这样一条以货运为核心的铁路线是不需要造价昂贵的高铁技术的。如果说降速是迫于铁路沿线复杂的地质条件和实际的物流需要,那么“降价”可就是泰国真正的撒手锏了。

首先,在铁路成本方面就出现了分歧,中方预估的造价超过 5000 亿泰铢(约合 142 亿美元),而泰方给出的数字则是 4000 亿泰铢(约合 113.6 亿美元),为此泰国甚至打起了感情牌。泰国交通部部长阿空在接受新加坡《海峡时报》记者采访时表示:“中泰铁路合作项目是为了纪念中泰两国建交 40 周年的一个重要政府间项目,这是一个友谊项目,所以希望(中方)不要赚取任何利润。”

其次,泰国并不愿意出让铁路沿线的开发权给中国企业。泰国政府表示由于无法向中方提供包括开发权在内的优惠条件来换取低息贷款，泰国将通过借款来筹措相应的资金。当然，泰国希望中国能够像印度尼西亚的雅万铁路一样提供给泰国2%的贷款利率，但是同时还不用让出铁路沿线的土地开发权。毕竟在泰国方面看来，中泰铁路是一条“扶贫铁路”。

超低的成本预算，没有铁路运营权，没有沿线土地开发权，被排除在前期土建工程之外，甚至连开工仪式都被一推再推。在中泰铁路项目中，项目的主要设计施工方中国铁路设计集团有限公司似乎扮演着一个尴尬的角色。

2018 年 3 月的一条新闻则更加凸显了中方的尴尬处境，泰国交通部公路厅厅长塔宁表示，“铁路首段 3.5 千米的土建已完成了 7% 左右，如果资金到位，公路厅有信心在 4 个月内完成”。7 个月的时间泰国方面仅能够完成 3.5 千米的土建，全长 253 千米的中泰铁路一期项目看上去是那么遥遥无期。

亦步亦趋的泰国新干线

就在中泰两国“大米换高铁”合作项目稳步推进的同时，日本已经悄然开始了“新干线”的泰国征程。2015 年 2 月 6 日，泰国总理巴育在曼谷会见了日本媒体，2 月 10 日巴育访问日本，并体验乘坐了新干线“希望”号最新列车 N700A 从东京前往大阪，随后还与日本首相安倍晋三举行了会晤。

日本国土交通省向泰国政府提交的有关高铁的报告书显示，将耗资 4200 亿泰铢（约合 130 亿美元）打造 670 千米的日本“新干线”模式高铁线路，连接首都泰国曼谷和北部城市清迈，中间设立 12 个车站，预期将于 2019 年开工。三井物产（三井财团的综合商社）、东日本旅客铁道（JR 东日本）、日立制作所（属富士财团）以及三菱重工（属三菱财团）共 4 家日本企业对泰国高铁项目表示了兴趣。

2015 年 5 月 27 日，日本交通运输大臣太田昭宏与泰国运输部部长巴津在东京签署了铁路建设合作备忘录，决定采用日本的“新干线”技术，就泰国计划建设中的曼谷至清迈的高速铁路建设，共同进行可行性调查，并研究向泰国提供高铁建设所需资金等事宜。这表明，中泰两国“大米换高铁”的故事走到了尽头，因为中泰铁路项目最早的规划正是这条连接泰国首都曼谷与北部旅游城市清迈的高铁线。

日本国土交通副大臣牧野京夫对媒体表示，“该（铁路）计划将成为日本铁路出口的象征，（日本政府）将最大限度提供合作使其获得成功”，泰交通部长阿空也表示，“（泰国方面）会努力促使项目尽快获批”。事实上，日本国土交通省提出的 4200 亿泰铢成本可是远远高出泰国 1200 亿泰铢的预算的！

日本共同社称，完成可行性调查的铁路线力争在 2025 年建成通车。按照日本国土交通省的方案，从曼谷出发抵达清迈需要约 3 个半小时，最高时速能够达到 300 千米。日泰高铁完成后会大大缩短泰国民众的出行时间。

日本方面动用政府开发援助资金(ODA)向泰国提供利息标准仅为1%的低息贷款。对于有心发展高铁却又严重受制于自身财力的泰国政府而言,自然更倾向于同贷款条件"过分"优越的日本进行合作。日本将泰国的第一条高铁项目收入囊中,预示着泰国今后的其他高速铁路将在很大程度上以日本的"新干线"为标准进行建造和施工了。

可是,日本在泰国的新干线项目也并非完全一帆风顺。2017 年 12 月,泰国对新干线项目提出了降速方案。根据方案,将最高时速由 300 千米降到 180~200 千米。泰国总理巴育认为日本估算的项目费用(4200 亿泰铢,约合 854 亿元人民币)太高,因此向交通部下达指示要求探讨降速,同时也希望日本方面可以"再便宜一些"。

日本方面动用政府开发援助资金(ODA)向泰国提供利息标准仅为1%的低息贷款,以推进泰国高铁建设

实际上,无论降速与否,铺设总长度达 670 千米铁路的费用是相同的。如果乘车时间变长,则相对于飞机的竞争力就会丧失,可能影响线路开通后的收益。其实,泰国政府的"再便宜一些"不仅指下调费用,泰国方面更欢迎的是日本出资,其意图在于,通过把泰国新干线项目变成合资项目以确保日本能够长期参与,降低高铁的各种风险。

日本高铁的制胜法宝

从 2010 年开始,泰国阿披实政府就开始与中方探讨高铁相关的事宜,而日本则是在 2015 年才邀请巴育访问日本并乘坐"新干线"的。"起跑时间"整整晚了 6 年的日本高铁却最终"战胜"了"运营里程长、适应性好"的中国高铁,拿下了泰国的第一条高速铁路项目(曼谷—清迈)。泰国为什么选择"造价相对高昂"的日本新干线技术? 而日本方面的制胜法宝究竟又是什么?

其实,从 1960 年起,日本就正式开始大规模向泰国进行投资。据泰国商务部统计,在泰国注册的日本公司达 8890 家。日本贸易振兴会统计,目前继续运营的企业仍有 1790 家。虽然现在很多泰国企业并不是日本公司来直接充当股东,但却是由日本企业委派的代理商充当股东,这样的企业其实也完全可以纳入日本的商业体系中去。

相对而言,中国企业在泰国无论是经营还是投资就显得微不足道了。在这份由泰国商务部做出的投资企业盈利百强排名名单里,中国企业只有华为位列第 88。从另外一份 2017 年泰国商务部公布的统计数据也可以看到,共有 5 家日本企业跻身泰国企业盈利前十的排行,占据了半壁江山。

日本丰田集团(隶属三井财团)旗下的两家制造企业,2016 年毛利就高达

7874亿泰铢，在泰国所有企业盈利排名中分列第三位和第四位。丰田通商（综合商社）也以1034亿泰铢的年盈利额排在泰国国内的第21位。

2017年上半年，在泰日本企业盈利榜单排名第一的是一家名为"东海理化"（Tokai Rika）的日本企业。根据《时代周报》记者的调查，东海理化实际上也是丰田集团的子公司，日本东海理化的副社长正是前丰田常务牛山雄造。东海理化还与丰田财团旗下的丰田通商（综合商社）共同投资，在中国分别成立了天津东海理化和佛山东海理化汽车零部件有限公司，以贴近丰田南北的两家整车工厂。

早在2014年7月24日，日本伊藤忠商事（属于第一劝银财团）宣布与泰国最大财团"正大集团"（Charoen Pokphand Group）展开资本和业务合作。正大财团将接受伊藤忠实施的1024亿日元的第三方定向增发。与此同时，伊藤忠向正大财团旗下企业出资约870亿日元，取得其25%的股权，双方实现交叉持股。

通过相互持股的模式，伊藤忠商事将泰国规模最大的综合性企业正大财团绑定到了日本的财团体系之内。泰国正大财团是由华裔实业家谢易初、谢少飞兄弟于20世纪20年代在泰国创办的大型跨国企业。除了几乎垄断整个泰国的农牧、零售和电信业外，正大财团在泰国银行、证券、地产等诸多领域也均有持股或参股的公司企业。在2017福布斯亚洲富豪家族榜中，正大财团的谢氏家族以366亿美元位居榜单第四。

丰田集团和伊藤忠商事在泰国拥有不可撼动的市场地位，是日本"新干线"制胜泰国的商业法宝。同时，潜移默化的文化培养，就是日本"新干线"制胜泰国的文化法宝。在泰国，"日本"是一个出现频次很高的词汇，每次出现，都裹挟着高端、美好、先进、可靠等正面情绪。

早在二战结束后不久的1951年日本就设立了泰国到日本留学生网站，并一直坚持运营至今。现在每年日本政府还会出资安排超过1万名的泰国人留学日本学习，这些人中有学生、教师、工程技术者和公务员，留学人员回到泰国后就形成了一定的人际网，也就是泰国人的"上流阶层"。在泰国留学日本就是上流社会中的贵族象征，泰国出国留学首选就是日本，占比高达95%。

日本电通公司在2016年的调查显示，泰国是世界上对日本好感度最高的地区，甚至超过以"哈日"而闻名的中国台湾地区。当然，不仅仅是在泰国，由于强大的科技经济实力、严谨专注的民族性格，加上在ACG（动漫）文化上的宗主地位，日本在全球范围内都是一个形象极为良好的国家，这在很大程度上帮助了日本财团企业的海外业务拓展。

中日的选择：竞争or合作

2018年5月30日，泰国政府多部门举行联合新闻发布会，宣布泰国第二条高速铁路项目正式开始邀请各方投标。泰国第二条高铁工程计划投资超过2000亿泰铢(约合63亿美元),铁路全长220千米,设计时速250千米,将由泰国首都曼谷出发,首先把泰国曼谷的两大机场——廊曼机场和素万那普机场连接起来,进而延伸到东部旅游胜地芭堤雅的乌塔堡机场。

由于这一高铁项目位于曼谷东部高科技产业集聚地——"东部经济走廊",因此中国、日本、法国、德国等国企业都对该计划表示了兴趣,今后可能会展开激烈的订单争夺。此外,这条高铁背后还有一个总投资达7000亿泰铢的"四项大型基础设施建设计划",除高铁外还包括乌塔堡国际机场和航空城、廉差邦深海港口以及东部工业园区,也就是说这将是一块巨大的"肥肉"。

泰国现在是东盟的第二大经济体,与周边东盟国家相比,泰国的汽车、微电子、机械加工、农产品、旅游等各种经济门类较为齐全,综合竞争力优势非常明显。一旦"东部经济走廊"计划能够按照泰国政府预期中的发展,就将对泰国产业的升级转型有极大的促进作用。谁能够拿下这条掌控泰国经济走廊命脉的铁路线,谁就可以实现对泰国乃至整个东盟地区的经济主导权。

日本经济、政治和学术等各界对"一带一路"开始显示出积极意愿。2017年5月,日本自民党干事长二阶俊博率团出席"一带一路"国际合作高峰论坛,受到习近平主席的亲自接见。7月,习近平主席与安倍晋三首相在G20峰会期间举行会谈,共同确认将继续推进中日关系朝着正确方向改善与发展,并就探讨在"一带一路"框架下开展合作达成一致。11月,日本经济界又派出250人的大型代表团访华,受到李克强总理的接见。

经团联神原正昭会长表示,包括"一带一路"在内的全球产业链合作不仅会给两国而且会给世界带来繁荣,显示出日本企业对参与"一带一路"合作重要性的共识和积极态度。11月30日,"一带一路"日本研究中心在东京成立,中日两国学者就"一带一路"框架下的中日合作问题进行了深入交流。两国围绕"一带一路"开展合作对接的氛围逐渐升温。

2018年5月3日,日本国际合作银行(JBIC)副行长前田匡史在与泰国总理巴育会谈时就向泰方提出方案称,中日两国企业完全可以共同承接泰国新的高铁项目。在很大程度上,泰国高铁可以成为中、日、泰"三赢"的合作项目,这将为中国"一带一路"倡议和日本的相关外交策略带来诸多裨益。

2018年10月,在日本和中国之外的"第三国"共同推进基础建设,中日双方当时签署了52项合作备忘录,其中就包括泰国的机场高铁项目。日本方面也试图借这次合作修复日渐冷却的中日关系。日本政府和财团企业代表也表示,泰国非常适合作为中日合作的地点。

对于中日高铁开展合作,日本东京大学教授、日本铁道技术协会副会长曾根悟就曾表示,应该把日本的经验和相关具有高可靠、安全性部件的专有技术与中国快速高效的建设制造能力结合起来,这将会为世界各地的高铁带去莫大的贡献。同时,中国国家发展改革委副主任宁吉喆也表示,中泰日三国高度重视"东部经济走廊"建设的三方合作,开展三方合作意义重大、前景广阔,要积极鼓励三方企业从具体项目做起,发挥各自优势,开展互惠合作。

2019 年 5 月 28 日,泰国内阁批准了泰国三大机场之间的高铁项目,中标该项目的是正大联合体。除泰国正大财团外,还包括中国铁建、中国中信集团、曼谷地铁运营商、泰国基础建设公司、德国西门子等。一直以来,泰国机场高铁项目都被看作中日的第三国重点合作项目,而与许多人预想中不同的是,日本在这场三国之间的谈判中似乎已经不见了踪影。

但实际上,在整个泰国高铁建设中,日本从未离开过。早在 2014 年 7 月,日本伊藤忠商事就与泰国最大的华商企业正大财团签约,结成以交叉持股为核心的资本与业务合作关系(跨国资本财团)。2015 年 1 月,正大财团再次联合日本伊藤忠商事,斥资 800 亿港元认购中信股份 20% 的股权,并成为其第二大股东,而中国中信集团正是此次泰国机场高铁项目的重要中标企业。

参考文献及来源:

1. 龚元义. 中国高铁的海外之旅[J]. 中国轨道交通,2016(7).
2. 徐飞. 中国高铁"走出去"应着力解决好既有项目建设[N]. 21 世纪经济,2017 - 08 - 26.
3. 高铁见闻. 高铁风云录[M]. 长沙:湖南文艺出版社,2015.
4. 袁玉青. "一带一路"倡议背景下的中国高铁外交探析[D]. 南京:南京大学, 2016.
5. 李毅,李梦生. 日本在中国高铁海外输出进程中的影响[J]. 东北亚论坛,2016(5): 16 - 27,127.
6. 齐慧. 飞驰吧! 中国高铁——看中国铁建如何克服"走出去"的水土不服[N]. 经济日报,2016 - 01 - 11.
7. 察网. 无声的战争:日本围剿中国高铁海外输出[EB/OL]. (2016 - 10 - 02) [2019 - 11 - 01]. https://www.sohu.com/a/115417955_355430.
8. 张伟. 卖力推销高铁日本瞄上哪些大项目[EB/OL]. (2015 - 12 - 11) [2019 - 11 - 01]. http://www.xinhuanet.com//world/2015 - 12/11/c_128521937.htm.
9. 曾根悟. 中国高铁与日本新干线技术比较[J]. 浙江大学学报, 2015(10):769 - 780.
10. 日本通. 三井物产将在国外参与铁路客运业务[EB/OL]. (2014 - 08 - 31) [2019 - 11 - 01]. http://jp.mofcom.gov.cn/article/jmxw/201411/20141100792322.shtml.
11. 孙远峰,等. IGBT:功率半导体皇冠,进口替代正当时[EB/OL]. (2016 - 08 - 14) [2019 - 11 - 01]. https://www.docin.com/p - 1729172605.html.
12. 以标动为契机,进口替代趋势愈发显著[R]. 华创机械,2017 - 10 - 27.
13. 辽宁忠旺集团有限公司官网,www.zhongwang.com/.

14. 青岛亚通达铁道设备有限公司官网,www. asiantongdai. com/index. html/.
15. 乐绍延. 日本持续发力海外高铁市场[N]. 经济参考报,2015 - 07 - 26.
16. 苏晓洲,阳建,刘诗平,等. 高铁出海要过哪些"火焰山"?[J]. 财经国家周刊,2015(7).
17. 张敬伟. 印度选择日本高铁的真实原因[EB/OL]. (2017 - 09 - 20)[2019 - 11 - 01]. http://opinion. china. com. cn/opinion_35_171635. html.
18. 陈率. 刘志军:"高铁之父"的末路[J]. 浙商,2011(7):79 - 82.
19. 王锦思. 刘志军把日本新干线悄然带入中国[N]. 日本新华侨报,2011 - 02 - 02.
20. 王静改. 商船三井任命巴西和墨西哥两国首席代表[EB/OL]. (2016 - 12 - 04)[2019 - 11 - 01]. http://www. ship. sh/news_detail. php? nid = 23345.
21. 张子宇. 中日高铁海外之战:日本"官民一致"推进新干线出口[N]. 时代周报,2014 - 08 - 21.
22. 陈立雄. JR 东日本社长:在高铁出口领域目前不考虑与中国合作[EB/OL]. (2017 - 11 - 10)[2019 - 11 - 01]. http://international. caixin. com/2017 - 11 - 10/101168592. html.
23. 李继宏. 中国高铁"走出去"面临的机遇与挑战[J]. 对外经贸实务,2015(1):74 - 77.
24. 刘丹. 中日竞投印尼高铁的焦点及启示[J]. 国际融资,2015(11):37 - 40.
25. 左辅强. 日本新干线高速铁路发展历程及其文化特征研究[J]. 城市交通轨道研究,2012(11):37 - 39.
26. 中俄财团向俄铁递交莫斯科至喀山高铁竞标申请[EB/OL]. (2015 - 04 - 24)[2019 - 11 - 01]. https://www. guancha. cn/economy/2015_04_24_317156. shtml.
27. 何帅. 日本在中日海外投资竞争中的手段动机和对策——以高铁竞争为例[D]. 昆明:云南大学,2016.
28. 宋宇. 日本夺泰国高铁项目外媒:日本对中国"扳回一局"[N]. 参考消息,2016 - 08 - 08.
29. 李琳. 中日高铁鏖战:日本 10 家公司联盟争夺新马高铁[EB/OL]. (2018 - 01 - 16)[2019 - 11 - 01]. https://money. 163. com/18/0116/08/D88OQ47C002581PQ. html.

第三章

小农经济的大格局

2007 年 8 月，日本三井物产株式会社（三井财团的综合商社）以参股的方式与美国最大规模农产品贸易公司 CHS 和巴西的 PMG 贸易公司联合成立了一家名为“Multigrain”的合资公司。其中，PMG 是由三井物产与在巴西的日裔移民共同成立的一家主营谷物业务的公司，长期参与到巴西的大豆进出口领域。

同年 10 月 8 日，新希望旗下山东六和集团（新希望六和）与日本三井物产株式会社就辽宁阜新六和农牧有限公司 30% 的股权转让达成协议。根据协议，三井物产将作为山东六合的国际经销商，将其产品打入日本肉禽类市场。新希望集团董事长刘永好表示，未来将继续同日本三井物产开展深度合作。

日本农协这个类似三井财团的“农业财团”，不仅为日本农民提供产前、产中、产后的服务和指导，还尝试保全所有农民的生老病死，并把所有的地方农协组织联结在一起，从而在全国形成一个集“产”（农业生产）、“商”（贸易供销）、“融”（信用保险）于一体的庞大组织结构。

——作者题注

【阅读提示】

“三井”告诉了我们什么(3)

中国自古以来就是一个农业大国,农业一直是国民经济的命脉,农业的发展与否直接关系着社会的稳定与发展。中国虽然土地肥沃,耕地广阔,但不可忽视的因素是人口众多,素有“中国人用7%的耕地养活了全世界20%的人口”的说法。截至2016年底,中国规模在50亩以下的农户有近2.6亿户,占农户总数的97%左右,仍以“小农经济”为主。

欧美的机械化农业生产是许多中国专家几十年来向往的方向,但是欧美的高度机械化农业模式往往是以人少地多、人均耕地面积大为前提的,这显然不符合现阶段中国基本农业情况。反观中国的近邻日本,相似的“小农”模式却发展出了适合自身国情的农业模式——集“产”(农业生产)、“商”(贸易供销)、“融”(信用保险)于一体的日本农协体系。

一开始,日本也曾尝试效仿美国的家庭农场模式。可是日本农户耕地面积平均每户只有1.2公顷(18亩),相当于美国家庭农场耕地面积的0.7%,加之日本农民特有的视土地为生命的传统观念影响,使日本不得不放弃实行美式家庭农场的做法,转而开展“农协综合事业计划化运动”。政府指导、农民出资、农民管理、农民利用、农民享受,是日本农协的一个明显特点。

在近百年的实践中,日本农协形成了一个包括地方性组织和全国性组织在内的完整体系,传统意义上的农协已经逐渐“财团化”。通过一套从中央到地方建立起的严密组织系统,日本农协不仅为日本农民提供生产服务指导,还尝试保全所有农民的生老病死。可以说,日本农协既是一种合作社组织,也是一家垄断农村市场的超级公司,还是日本农村的“第二政府”。

长久以来,粮食问题都是涉及国家战略安全的重要问题,粮食已成为个别西方国家的重要“武器”,未来中国将不可避免地受到西方国家“粮食武器”的干扰。为保证本国的粮食供给,除不断发展国内农业外,各国政府和企业开始纷纷在世界各地大举购置农地,土地抢夺大战一触即发。如何更好地在全世界范围内实现“海外屯田”战略,日本的成功经验值得借鉴。

日本“海外屯田”最大的特点就是共生。以南美粮仓巴西为例,三井物产通过“供销社式”的商业模式与巴西当地企业和农民进行合作开发,资源共享,基本上控制了巴西的整个农业产业链上下游。从农产品的生产、加工到仓储物流甚至是最后渠道分销都有着三井物产的身影,现在的巴西已经成为日本在海外最大、最稳定的粮食供货基地之一。

本章导言

在河南新乡小刘固村，这个常住人口不足700人的偏僻中国乡村里，住着一位73岁的日本老人，他的名字叫川崎广人。从2014年开始，川崎广人就在小刘固农场坚持推广日本的循环农业，他拒绝使用农药，主张通过堆肥方式来种植农产品，希望能够在中国的土地上种出“健康、安全、好吃”的农产品。

第一次知道川崎广人是通过日本导演竹内亮拍摄的纪录片《我住在这里的理由》，在影片最后导演问了川崎广人一个问题，中国农村和日本农村生活最大的区别是什么？老人沉思片刻回答道：“中国农民不能靠农业生活，很多人到城市寻找工作，接下来想做农业的中国年轻人也无法靠这个生活。”老人的这个回答很令人痛心，然而却是现在中国农村所面临的一个实实在在的问题。

在市场化、工业化、城镇化的大潮面前，中国农村以一家一户为单位的经营模式呈现高风险和低收入的状态。我国农村人口占全国总人口的45%，而农业增加值只占GDP的8%，农民收入的提高大部分来自二、三产的就业，进城打工。农民大规模进城打工，农村空心化，留在农村的大部分是老人、妇女和儿童，导致土地被不同程度地抛荒。

事实上，中国农村土地的抛荒和闲置已经是公开的秘密。如：贵州、湖南一些山区，抛荒地已飞籽成林；内蒙古乌盟一些多年弃耕的土地，政府种了防护林。尽管国家有各种粮补，其实大多数都于事无补。很多基层反映“承包地确权后，农民反而不愿意流转，因为他们认为土地确了权就是自己的了，转租出去可能要不回来，所以宁可抛荒”。

农村青壮年长期在外，很多村基层组织基本常年靠五六十岁的人维持，组织管理能力不足。农村基层组织涣散，缺乏资源，干部队伍能力不足。在这种大背景下，农村基层很难自发形成合作化农业潮流。同时，由于农村集体组织作用的缺失，国家资源的投入—产出比与社会公正性降低，很多情况下，这部分利益归了某些个人，造成进一步的贫富不均。

如何衡量农村的发展，农业收入是最直观的标准。和中国的农村不同，日本已经全面实现农业现代化。很多农业生产者收入水平已经超过了城市工作者，在“日本各职业年均收入”排名中，日本农民居第24位（年均约49万元人民币），排在它后面的有空姐、国家公务员以及程序员等热门职业。同时，日本农民的社会地位也不低，农民在养老待遇上和城市居民一样有年金制度。

农村居民的生活水平和生活条件也是衡量发展的重要因素，日本乡下的不少地方比东京、大阪、名古屋更干净舒适，更适合居住，河流清澈，绿化率高，看不到垃圾。在日本农村，道路、水电、卫生等生活必需设施齐备，超市、邮局、医院、加油站、体育设施也很常见。日本农村基本上都是自建的二层独栋房屋，带有宽敞的庭院，房屋采暖、清洁功能齐全，而且备有车库。

每到农产品上市的季节，网络上就会经常出现某地某村村民产品卖难的新闻，生姜滞销、柿子烂在树上、西瓜青菜用来喂猪……农民损失惨重，农产品“丰产不丰收”现象成为中国农村发展的一大难题。然而在日本，农民根本不用担心农产品的销售渠道问题，无论是通过分布在全国的生鲜集配中心进行分销，还是利用专门的运输公司进行配送，都有专门的机构全权负责。

不仅是在日本国内，日本的新鲜果蔬在亚洲也很受欢迎，中国香港就是日本农林水产品、食品的最大的输出地之一。通过一套完善的采购、运输、分销体系，快递运输公司、航空运输公司达成了从日本原产地把甜瓜和葡萄等时令品牌农产品发货，次日就送达到香港消费者手中的计划。无论是在日本国内还是开拓海外农产品市场，日本农民根本不用担心农产品滞销的问题。

为什么中日两国农民的生存生产环境会有如此巨大的差距？这是因为与中国不同，日本有着一套让专门做农民的人能很好生活的体系。依靠着这套体系，土地资源非常匮乏的日本可以一直走在世界农业的前列，而这套体系的缔造者、能够在不到38万平方千米的岛国上演绎这出农业奇迹的组织，正是日本农协（JA），全称为“日本农业协同组合”。

近年来，日本生产的各类产品都很受中国消费者的喜欢，许多人到了日本就是买买买，恨不得把整个日本都“扛”回来。但其实除了买买买，我们更应该学习和借鉴日本的完善产业体系，特别是在农业发展方面，日本的确是值得中国学习的榜样。建立在农业小规模经营基础之上的日本农协在促进日本农业现代化发展、提高农民收入、缩小城乡差距以及加强组织建设上都取得了较大的成就。

第一节 跨越历史的产业渗透

王震将军从日本买回拖拉机

1957 年 11 月，刚刚出任农垦部部长的王震将军率领一个人数庞大的农业代表团访问日本，这个代表团肩负了党和国家领导人的重托——向日本学习，把中国的粮食产量搞上去，解决老百姓的吃饭问题。王震此行被日本的一种小型手扶拖拉机强烈吸引，他不仅观看了日本人驾驶它在田间操作，还亲自进行了操作，最后决定买一台回中国。

这台由王震将军买回来的手扶拖拉机是由日本久保田公司生产的。久保田是日本最大的农业机械制造商，它是丸红株式会社（综合商社）重要的关联企业之一，同属于富士财团。1972 年中日邦交正常化以后，丸红便第一时间派代表团来华沟通交流，并开始布局发展中国的农业领域产业链。

帮助丸红打开中国市场的正是生产拖拉机的久保田。从 1979 年开始，日本政府向中国提供 ODA（官方开发援助）贷款，丸红不断向中国销售自己所代理的由久保田生产的大量农业机械与建筑机械。丸红一直都是久保田的中国总代理，久保田向丸红提供产品和配件，丸红株式会社向久保田提供客户反馈并要求久保田按照客户意见提供设计改进。

从 1957 年王震将军买回的第一台久保田拖拉机到现在，60 多年的时间里，久保田、丸红、富士财团逐渐成为中国农机领域的隐形霸主。2018 年 4 月，久保田农业机械（苏州）有限公司董事长南龙一表示，苏州公司自 1998 年建厂以来，合计生产销售的农业机械超过了 6.5 万台，年度销售额近 50 亿元，在水稻收获机、插秧机销售数量上双双排名第一。

不仅是农业机械，丸红在中国农业领域的布局还有很多。1988 年 9 月，丸红株式会社、日清奥利友集团株式会社（与丸红共同属于富士财团）、三菱商事株式会社与中方共同出资建立大连日清制油有限公司，总投资额 5000 万美元，注册资本 2254 万美元，日方: 中方投资比例为 97.34%:2.66%。合资公司通过从日本及欧美等国引进先进设备，主要生产加工大豆等油料产品。

日本丸红株式会社是日本六大综合商社之一，旗下的粮油食品部门也是全球最主要的粮食贸易商，多年来积极渗透布局中国的农业领域产业链，中国进口大豆的 15% 是通过该部门运作的。和三井物产、伊藤忠商事等日本大财团综合商社一样，丸红的诞生地也在日本的近江国（今滋贺县）。近江国位于日本本州东山道，被称为出产商人的地方，曾诞生出无数叱咤风云的日本商界奇才。

1996年，日本丸红株式会社与大连市第一粮食储运工业公司共同合资兴办了大连粮红食品加工有限公司，这是一家专营面粉加工企业。丸红将最早的合资制油企业与面粉加工厂都设在了中国东北，毫无疑问，它是看中了东北地区丰富的农业资源优势。东北地区提供着超过全国16%的粮食产出，想要渗透中国农业市场，东北地区是关键。显然，三井物产也有着同样的图谋。

1995年11月28日，由三井物产株式会社、日本国佐竹制作所与吉林省德惠市收储经销有限责任公司（隶属于德惠市粮食局）共同出资兴建的精制米加工企业——吉林省德惠佐竹金穗有限公司正式注册成立，总投资1000万美元，日方占55%，中方占45%。公司引进的是日本佐竹制作所的全套碾米设备，微机自动化控制，设备精良，工艺先进，是当时世界碾米业一流水平的代表。

2002年11月，由三井物产、中国华粮物流集团北良有限公司、黑龙江农垦北大荒物流集团有限公司、台湾统一企业食粮（BVI）控股有限公司和台湾鸿新船务股份有限公司5家公司成立了大连北良物流有限公司，主要在北良港经营粮食贸易、粮食物流服务、国际货运代理等业务。大连北良物流有限公司已形成了以大连为中心，辐射东北三省、内蒙古东部和南方主要港口的粮食物流网络。

2012年2月8日，三井物产宣布参与中国黑龙江省的粮食收购与销售业务，向北大荒商贸集团的全资子公司北大荒粮食物流有限公司注资2.05亿元人民币，占总股本的40%，北大荒商贸集团占60%。合资公司主要从事水稻、玉米、大豆、小麦、杂粮以及其他农副产品的收购、加工、运输、销售、货物进出口、仓储服务等。

2016年12月23日，三井物产首席运营官吉川美树到访吉林中粮生化能源销售有限公司，双方就玉米加工副产品及糖醇领域合作开展了业务交流。吉川美树表示，三井物产期待与中粮生化在玉米加工副产品领域深化合作，在糖醇领域加强技术交流，通过发挥各自专业的优势，创造出更多符合市场需求的特种产品，实现互利共赢。

肯德基背后的神秘供应商

1987年11月12日，美国快餐公司肯德基的中国第一家餐厅在北京前门正式开业。肯德基前门店刚开业时，餐厅售卖的品种非常简单，只有原味鸡、鸡汁土豆泥、菜丝沙拉、面包、可乐、七喜、美年达、啤酒等8种产品。虽然当时餐厅95%以上都是原装进口的设备，甚至包括店里的勺子、桌椅甚至墙上的装饰画都是进口的，但食品原料却需要国内供应。

1988年，日本三井物产联合北京华都肉鸡公司与美国爱拔益加家禽育种有限公司合资兴建了北京爱拔益加家禽育种有限公司，核心业务为肉鸡育种、养殖、屠宰、食品加工和物流配送。北京华都肉鸡很快就成为肯德基、家乐福、沃尔玛等知名企业的主要肉鸡供应商。随着肯德基等餐饮企业的发展,餐饮渠道的鸡肉需求增长快速,极大地拉动了国内肉食鸡市场的快速发展。

1990 年,台湾大成集团与辽宁省牧工商公司合资,成立了辽宁大成农牧实业有限公司,主要也是从事饲料生产和通过工厂加农户的方式进行肉食鸡的养殖、加工。目前,与大成集团有利益关系的农户已达 5 万余户,公司年创社会效益超亿元,公司直接安排下岗职工和农村剩余劳动力 5000 余人,增加农民收入 1.56 亿元。

1987年11月12日,肯德基的中国第一家餐厅在北京前门正式开业(图左)。1988年,三井物产联合北京华都肉鸡公司、美国爱拔益加合资成立了北京爱拔益加家禽育种有限公司,很快就成为肯德基的主要肉鸡供应商

台湾大成集团是由出生于大连的台商韩浩然创办的台湾企业,主要经营油脂、面粉和畜禽业,后来又成立了大成证券公司、黄河投资公司,将集团产业逐渐延伸到金融业。韩浩然毕业于大连商业讲习所,早年从事商业活动,1948 年前往中国台湾,经营贸易、五金业,后来创办了大成农工企业股份有限公司,即大成集团的前身,主要从事饲料、农牧业领域。

20 世纪 90 年代中后期,中日两国关系不断产生波折,影响两国正常关系的事件、因素不断出现,在这样的大背景下,日本企业直接投资中国势必会受到一定影响,而当时恰逢台商大陆投资热潮,选择与具有先天优势的台湾企业合作就成为丸红(富士财团的综合商社)的必然选择。

1995 年 12 月,由日本丸红株式会社与中国台湾大成集团共同投资的大成食品(大连)有限公司正式成立。这家位于大连瓦房店市炮台经济开发区的合资公司主要从事种鸡饲养、鸡雏孵化、饲料产销、肉鸡屠宰及深加工一条龙产业化经营。经过多年发展,大成食品(大连)公司已经成为国内肯德基、德克士等快餐连锁店的指定鸡肉供货商之一,还曾经是 2008 年北京奥运会鸡肉特许供货商。

此外,日本与中国台湾合资的大成食品不仅仅是肯德基在国内最大的鸡肉供应商,国内鼎泰丰、汉堡王、杜小月等二十多家知名餐饮品牌,在中国的真正的幕后力量其实也都是大成食品。通过与中国台湾大成集团的合作,日本丸红在 20 世纪 90 年代就已经进入中国农业生产养殖领域,伴随着大成食品的中国发展,正沿着产业链条不断向上下游悄然渗透。

日本丸红和中国台湾大成集团合作养殖业一方面可以借此进入富有潜力的中国市场,另一方面其实也可以为日本本土提供优质食品的供应。1995 年,中国台湾大成集团又与日本宫产株式会社共同投资设立了熟食加工品厂——大成宫产食品(大连)有限公司,主要从事鸡、猪肉食品深加工生产,是“国家级农业产业化重点龙头企业”。

大成宫产食品公司与日本贸易、伊藤火腿、伊藤荣堂、日本丸红、AMBIS、

STAMINA 等株式会社订立了长期销售合同,将产品全部出口日本,销往日本各大中城市,到2002 年时出口收入就达到了 1.84 亿元人民币。2007 年,日本丸红株式会社和中国台湾大成集团及上海良友集团共同出资建立大成良友食品(上海)公司,公司经营范围主要包括生产面粉、饲料粉、麸皮,销售自产产品。

其实,丸红在中国农业产品的布局远远不仅是鸡肉养殖加工这一单一领域。1995 年 12 月,日本丸红株式会社、日本丸红(中国)有限公司、日本株式会社佐竹与北京市粮食储运贸易总公司(北京市西南郊粮食仓库)共同投资设立北京佐竹精麦面粉有限公司,该合资公司也成为以生产优质专用面粉为主导产品的面粉加工企业。

整合供应链——丸红的撒手锏

1993 年 12 月 9 日,日本丸红株式会社就在上海外高桥保税区成立了第一家中外合资物流企业——上海外红伊势达国际物流有限公司(曾用名:上海外红国际物流有限公司),主要从事进出口货物的运输代理和保管配送。同样是在 1993 年 12 月,丸红联合日本藤友物流株式会社与上海交通(集团)公司和上海市浦东汽车运输总公司出资成立了上海远州物流公司。

1995 年,丸红又率先在浦东设立了一家投资性公司——丸红(中国)有限公司,后成为丸红中国区总部。2001 年 8 月,丸红与上海一百集团(现上海百联集团)共同投资设立中国第一家中外合资批发企业——上海百红商业贸易有限公司,针对零售商开展食品、化妆品、日用百货等消费品的批发和进出口业务。

2004 年,上海克莉丝汀食品公司开始通过丸红进口北美的优质小麦,丸红也就成为克莉丝汀的主要供应商。2005 年,克莉丝汀又收购了丸红在中国投资建设的上海双红面包有限公司。2006 年 12 月,两家公司再次合资成立阿露玛咖啡(上海)有限公司。

在丸红的上海供应链战略布局中,克莉丝汀糕点店具有重要的代表意义。上海克莉丝汀食品有限公司是台湾商人罗田安于 1992 年在上海创办的台资企业,主要生产各式中西糕点、面包等产品,在长江三角洲地区得到众多消费者的认可和支持,而克莉丝汀与丸红的关系十分密切。

2007 年 7 月 27 日,克莉丝汀与丸红株式会社签署初步投资意向书,丸红首期投资人民币 2.2 亿元,获得上海克莉丝汀食品有限公司母公司亚洲克莉丝汀国际控股有限公司 16.2% 的股份。2012 年,亚洲克莉丝汀国际控股有限公司在香港上市时,丸红也以 12.15% 的股份成为其主要股东之一。

此外,丸红还为克莉丝汀提供面粉原料。丸红选择与上海最大粮食经营企业上海良友集团,以及台湾食品企业大成集团在上海最大的粮食物流基地外高桥粮食储备库,合资成立大成良友食品(上海)有限公司,生产优质面粉。2010 年 4 月,在大成良友食品(上海)有限公司成立当天,除了三家资本方高层出席外,上海克莉丝汀食品有限公司董事长罗田安也现身并致贺词。

通过一系列的企业合作和金融投资,丸红与克莉丝汀其实已经共同打造出了一套非常完整的食品供应链体系,即丸红向中国供应小麦,并在上海郊区设立面粉厂,将其产品出售给本公司“出资”的上海地区最大的面包连锁店克莉丝汀,最后又通过克莉丝汀超过900家的店铺销售面包,从而形成了从原料到面包的产业价值链供应体系。

2009年4月27日,由丸红和上海交运股份以34:66比例共同投资的上海交运日红国际物流有限公司开始营业,其中冷链物流和城市配送都是该公司的核心业务。该公司目前拥有员工5000多人、车辆4000余辆、各类仓库面积超过12万平方米、覆盖全国120多个一级、二级城市的基础网络和40多个口岸城市的高密网络(尤其在长三角地区),已经是从事陆上运输的大型物流企业。

当然,不仅仅是在上海,丸红的供应链物流建设遍布中国各大重要消费及港口城市。1996年6月,由日本丸红株式会社与中国外运长航集团北京公司合资组建的北京外红国际物流有限公司正式成立。现在丸红株式会社占股已经达到了90%,合资公司通过北京总部、天津分公司以及沈阳分公司在中国北方地区(长江以北)建立了涵盖东北三省、内蒙古在内的广阔物流网络。

广州伊势红国际货运代理有限公司[即伊势湾(广州)国际货运代理有限公司]于2006年6月成立,是由日本丸红株式会社和日本伊势湾海运株式会社合资的物流服务公司。2009年4月13日,丸红与中国储备粮管理总公司签署了“全面合作”协议,丸红为中国进口海外优质粮食,并与中国企业一同对生产国港湾等物流设施进行投资。

2011年10月,丸红中国总代表鹿间千寻到访天津物产集团,双方就资源基地开发、贸易业务合作、网络建设、物流设施建设、贸易融资合作等领域开展了深入的沟通与交流,并在部分领域达成了初步共识。天津物产集团是天津市最大的国有生产资料流通企业,进出口贸易额超过40亿美元。与天津物产开展合作,丸红显然可以更好地实现中国供应链物流建设。

迎来农产品的消费升级

20世纪七八十年代,随着日本农业技术和经济的快速发展,日本国内稻米供给开始过剩,日本消费者对大米的核心消费诉求从饱腹、美观开始转向好吃、健康、美味。随后安全、放心、无农药残留、无重金属污染、健康、美容等新的诉求点逐渐产生,这些要求也不断促进着日本相关企业的发展进步。

近年来,随着中国中产阶层的崛起,一方面市场上出现越来越多的优质农产品,另一方面,新的消费群体需要符号意义和精神价值。他们的消费习惯也发生着改变，追求高性价比和私人定制。北京新发地农产品有限公司董事长张玉玺就表示，“现在是大众商品消费减少，中高端消费上升”。丸红也相信中国必然会迎来对农产品的“消费升级”，并为此提前做好了产业布局。

2012 年 5 月，丸红与日本著名育苗企业 Bergearth 以及从事“植物工厂”的 mirai 公司开展合作，为中国市场成套提供幼苗、人工培养土、设备管理方法等设施栽培所需要的技术。因此，丸红希望通过销售肥料和保水性好的人工培养土解决食品安全问题，而首选客户就是北京、上海等主要城市近郊生产蔬菜的农业公司，此外还将栽培的小番茄通过当地酒店和高档超市等渠道进行销售。

丸红的“植物工厂”即是一种完全不用农药、不需阳光、密闭式的农业生产。除了提到的 mirai 公司外，丸红还联合了日本千叶大学在试验“植物工厂”，希望未来这种企业能够在大城市周边兴起，以满足更大的消费需求。2013 年 7 月，日本丸红株式会社执行董事、中国副总代表藤川和则访问武汉时就表示未来希望就“植物工厂”模式在农业等方面与当地政府及企业展开合作。

2017 年 8 月，据《朝日新闻》网站报道，日本大型综合商社丸红与中国太平洋咖啡签订合作协议，丸红负责向华润集团旗下的太平洋咖啡提供所使用咖啡豆，同时也在中国超过 5000 家华润集团小型连锁店内出售丸红 AROMA（阿露玛）品牌咖啡。丸红表示希望通过此次合作能将日本式烘焙技术带入中国，以满足快速增长的市场需求。目前，丸红在上海拥有自己的咖啡豆烘焙工厂。

丸红表示，目前中国的咖啡销量为每年 10 万吨左右，近年急剧增加。有关研究数据显示，2017 年全球咖啡市场增速仅 2%。相比之下，中国咖啡消费的增速则高达 15%，2017 年中国咖啡消费市场规模超过 1000 亿元人民币。据分析预测，中国咖啡市场规模 2020 年有望达到 3000 亿元人民币，这显然是一个巨大的消费市场，而目前在日本咖啡豆市场占据约 30% 份额的丸红必然不会错过这样的商机。

2018 年 1 月，丸红株式会社农业化学品本部的相关负责人到访南泥湾平台（南博网络科技有限公司），双方就“互联网 + 农业领域”的战略合作进行了商谈，双方还就农业技术专家直播的形式进行深入探讨，希望架设一座技术交流的桥梁，将日本等国家的先进农业生产技术通过直播视频的方式推广到全世界。此次吸引丸红的正是南泥湾平台在现代农业产业链上全新的“互联网 + ”布局。

近年来，随着生活水平的不断提高，国人对食品安全的重视也逐渐增强，而粮食安全，作为食品安全中至关重要的一环，更应从源头上把握。南博网络的“南泥湾”项目就希望利用互联网技术，构建了一个农产品农资交易服务平台，从而实现“产、供、储、销”一条龙的完整产业链。

2019 年 2 月 13 日，日本丸红株式会社与深圳市中农网有限公司在东京签署了战略合作协议。根据协议，中农网与丸红将以农产品、水产品、乳制品等为对象，共同打造一个国际化的 B2B 在线业务平台。丸红通过产业互联网和全球贸易资源的融合，将更高品质的产品推广到中国和全球市场，实现了其在中国农业领域由“吃得饱”向“吃得好”的战略转变。

第二节 一碗方便面背后的东洋魅影

康师傅抓住了巨大的中国市场

1989 年，康师傅品牌创始人魏应行开启了顶新集团在中国大陆的首次投资，成立合资企业“北京顶好制油有限公司”，生产销售“顶好清香油”。顶新集团的前身是由台湾人魏和德于 1958 年在台湾彰化县永靖乡创立的“鼎新油厂”，从事油脂炼制工业，公司于 1974 年更名为“顶新制油实业有限公司”。1978 年，魏和德去世后，顶新由四兄弟（魏应州、魏应交、魏应充、魏应行）接管。

20 世纪 80 年代中期，顶新集团在台湾的发展始终不尽如人意，公司一度因欠下巨额债务不能及时偿还，被台湾地方法院查封资产，陷入极大的经营困境。1987 年底，顶新集团原本计划进行欧洲投资，但动身前台湾当局宣布开放大陆探亲，魏氏兄弟立即改变行程，决定到大陆市场寻求发展契机。

1989—1991 年，顶新集团先后在济南、秦皇岛、通辽开设 3 家合资企业，生产“康莱蛋卷酥”、蓖麻油等产品，但由于价格偏高，市场反响并不好，而此时魏应行带来的 1.5 亿新台币本金也几乎亏损过半。就在魏氏兄弟一筹莫展之际，机会悄然降临。

1991 年，魏应行在火车上泡吃从台湾老家带来的方便面，香味引来众人旁观，不时有人询问哪里能买到这种方便面。“大陆这么大，坐火车的人那么多，方便面的市场该有多大！”魏应行想。但经过市场调查后，却发现大陆市场已经有不少方便面企业，同样来自台湾的统一集团也已经有了 10 多年经营方便面的历史。

失望之余也有希望，当时方便面产品两极分化明显，品质和价格适中的中端产品留有大片空白。于是，原来准备在天津生产饼干的计划改成了生产方便面。1992 年 8 月 21 日，由魏应行投资 800 万美元的天津顶益国际食品有限公司在天津开发区正式开工，该公司生产出的第一款方便面——“康师傅红烧牛肉面”在短时间内便迅速成为中国方便面的代名词。

方便面这一食品是由出生于中国台湾的华裔日本人安藤百福（吴百福）在 1958 年发明的。方便面以其便宜、好吃、方便、保存时间长的特点迅速打开了日本国内市场，随后又开始向海外市场扩展。早在 1971 年中国大陆市场就已经出现方便面的身影。到了 20 世纪 80 年代中期，中国大陆已经有近 40 家的方便面厂商，而其中大部分方便面生产线都引进自日本。

1982年下半年，北京市粮食工业公司（北京市粮食局）从日本引进的首条油炸方便面生产线就落户在了北京市面粉二厂。这条生产线的产品“天坛牌”方便面，成为很多北京人记忆中的美味。“那时候方便面是稀罕物，有海鲜、麻辣、鸡汁、香菇等品种，连我们内部员工想买都得托人。”天坛方便面的热销让老员工们至今都印象深刻。

1992年，天津康师傅的成立掀起了大陆方便面的热潮。当年，中国提出发展“社会主义市场经济”，随着生活水平和购买力的提高，方便面不再是“奢侈食品”。亲民的价格、方便快捷的食用方法使得方便面的市场需求量骤增。此前在大陆已经投资失败两次的台湾顶新集团则迅速抓住了这一发展机遇，推出了更加适合国人口味的“康师傅”方便面，成功占领了市场。

凭借一款方便面打下的良好口碑基础，康师傅在中国大陆可谓是一路高歌猛进。1995年，康师傅开始在天津开发区生产糕饼，天津顶园国际食品有限公司、广州顶园食品有限公司等相继成立。1996年，开始在杭州生产饮料，同年，康师傅（天津顶益，00322）更是在香港成功上市，募资2亿美元。

在大陆方便面市场取得了成功的康师傅，并没有选择先巩固天津周边市场，等资金跟上以后再向全国扩张，而是坚持向全国范围打品牌、占市场，同时迅速扩张生产线。不到3年的时间，康师傅完成了全国七大生产基地布局，扩张速度令人眼花缭乱。1998年以前，中国方便面市场一直是康师傅一家独大，但这也给康师傅带来了一定的财务隐患。

日本三洋食品伸出援手

1997年，东南亚金融危机让正在全速发展的康师傅突然遭遇打击，对顶新集团及魏氏兄弟旗下产业造成了很大的负面影响。1998年，顶新集团对生产饮料的台湾味全集团的收购案也不被看好，使得味全股票大跌，顶新集团陷入了财务危机。为了缓解财政窘境，度过危机，魏氏兄弟决定通过出售顶益（康师傅控股）上市公司股权的方式求外界资金的支援。

一开始，顶新集团是寻求与同为台湾企业的统一集团进行合作。1999年4月24日，双方一度签订了一份没有约束力的投资备忘录，但此后双方一直无法在转让的价格及企业的经营权上达成共识。就在双方合作迟迟无法确定之时，日本三洋食品的创办人井田毅主动与顶新集团取得了联系，并释放出合作的意愿。三洋不但没有要求康师傅的经营权，甚至愿意接受顶新集团提出的条件。

1999年7月7日，顶新国际集团与日本三洋食品株式会社正式签约。三洋食品以高于市场价的每股0.8港元，共计1.43亿美元，买下了顶新集团手中所持有的顶益（康师傅控股）一半的股权。日本三洋食品株式会社在公司中占股

33.18%,仅次于顶新集团的33.27%。随后,日本三洋食品创办人井田毅出任康师傅控股集团副董事长。在上市公司的董事会中,日本籍人士一度占据了半壁江山。

作为日本市场占有率第二大的速食面厂商,三洋食品为什么会选择以高于市场的价格与台湾顶新集团共同投资经营康师傅?三洋食品的前身是成立于1953年的富士制面株式会社,1963年在三菱商事的帮助下开拓市场并取得了巨大的成功。其实早在与顶新集团形成"策略联盟关系"之前,三洋食品就曾经开拓过中国市场。

1999年7月7日,康师傅母公司顶新国际集团与日本三洋食品株式会社正式签约,三洋食品创办人井田毅出任康师傅控股集团副董事长

1995年,三洋食品与丸红商事及中国本土企业大连三发粮食集团共同合资成立了大连三洋食品公司,正式进军中国市场。但是仅仅三年之后的1998年,三洋食品作为独立品牌便从中国市场退出了。只是很快三洋食品就用一种更为"日本式"的策略重新杀回了中国方便面市场,不再大张旗鼓地拼杀而是选择精工细作的布局。

三洋食品于1999年投资康师傅,其实正是它的策略转变。三洋食品为危机中的康师傅带去的不仅是解其燃眉之急的资金,还有三洋先进的生产与品质管理技术以及数样制作速食面的关键技术。虽然现在日本三洋食品的名字对中国普通消费者而言依然很陌生,但是中国人却已经无法忽视它的存在了。

在台湾顶新集团与三洋食品的合力经营下,康师傅品牌得以迅速占据中国方便面生产企业金字塔的顶端位置。数据显示,2017年"康师傅"在中国方便面的市场占有率高达50.6%,排名第二的"统一"市场占有率则是21.1%。当然,二十年后的今天,康师傅控股在香港收盘价已经是每股11港元了,三洋食品的投资报酬率高达13倍之多。

2005年7月,康师傅糕饼有限公司与日本企业亀田制果株式会社结成战略联盟,向新的食品领域扩张。双方以各占50%股份的合资形式,共投资1200万美元,设立天津亀田食品有限公司,向中国米饼市场的龙头地位发起冲击。康师傅的糕饼部门2004年毛利率为34.8%,并具有天津、杭州、广州三个生产基地及庞大的组织完善的销售团队。

就在康师傅联姻全球米饼销售营业额最大的生产厂商日本亀田一个月以后,三井物产株式会社、和泉制果株式会社与台湾旺旺集团"闪电"结盟,合资成立合肥泉井旺食品公司,捍卫休闲食品领域的霸主地位,并涉足薯片等细分市场以丰富自身的产品线。旺旺公司于1992年正式投资大陆市场,是台湾第一家在大陆注册商标的公司,中国国内休闲食品王者地位之争一触即发。

获得伊藤忠的全方位支持

2002 年,康师傅携手日本伊藤忠商事在上海成立了全家(FamilyMart)便利店筹备处,开启了中国连锁便利店行业的新契机。第一劝银财团旗下的伊藤忠(综合商社)也是康师傅的重要合作伙伴,只是双方第一次选择的不是快消品的生产,而是销售终端的建立。2004 年,上海福满家便利有限公司获商务部批准成立,全家便利店品牌正式进入中国上海市场。

2004 年 1 月 5 日,康师傅控股把其饮料子公司 50% 的股权以约 3.85 亿美元的价格出售给了日本的 AI Beverage Holding Co.,Ltd(简称“AIB”)公司。AIB 是由伊藤忠与朝日啤酒合建的控股公司,其中朝日啤酒和伊藤忠在该控股公司中的持股比例分别为 80% 和 20%。除方便面及蛋卷食品领域外,康师傅饮品业务也是康师傅品牌重要的业务板块,2016 年康师傅在中国茶饮的市场占有率也高达 53.2%。

2004 年 3 月 29 日,康师傅再次与伊藤忠签订协议,转让旗下顶通物流有限公司已发行股本约 49.99% 给伊藤忠,涉及金额近 7800 万港元。顶通物流是康师傅控股旗下的专业物流公司,主营快速消费品的整体物流业务,自营网络遍及全国各省市。通过投资康师傅旗下的物流公司,伊藤忠可以很快了解中国食品领域特别是快消品的上下游产业链布局信息。

2008 年 7 月 5 日,伊藤忠商事与中国最大的粮油食品进出口公司中粮集团签订了全方位战略性合作协议,双方联手在全球范围内采购粮食等商品。根据协议,双方在全球内共同采购粮食、乳制品、食用肉等商品,以及进行仓库运营和物流各环节的合作。伊藤忠商事株式会社常务执行董事桑山信雄表示,战略合作框架协议的签署,是一个新的开端,希望通过双方的共同努力,积极推进合作,最终实现共赢。

2008 年 11 月,伊藤忠又以 7.1 亿美元的价格收购了康师傅母公司台湾顶新集团 20% 的股份,资金主要是由三井住友金融集团(三井财团与住友财团的主办银行)和瑞穗金融集团下属子公司提供。从合作销售终端的便利店,到收购康师傅的饮品及物流产业,再到最后的投资入股母公司,短短几年时间里,双方的“缘分”日益加深。借助康师傅的中国市场优势,伊藤忠也可以逐渐深入更多的领域。

2010 年 6 月,康师傅的母公司顶新集团旗下的台湾味全公司改选董监事,顶新集团安排伊藤忠食材公司中国事业推进部部长鹤岛孝保出任味全董事,此前顶新集团于 1998 年收购了味全。对于伊藤忠进驻味全董事会,味全董事长魏应充表示,伊藤忠是顶新集团的重要股东,双方又是战略伙伴关系,近几年来包括味全与 KENKO、PASCO 合作,都是伊藤忠牵的线。

2012 年 4 月 9 日,康师傅控股宣布,其附属公司与日本 Calbee 公司及伊藤忠商事签订合资协议,共同设立从事生产及销售休闲食品业务的合资公司。Calbee是一家在日本成立的公司,并在东京证券交易所上市,主要业务为生产及销售休闲食品以及其他食品产品。伊藤忠表示,将通过其在中国国内的农业基地构建上游粮食资源供应机制,为合资公司提供马铃薯等原料的供给。

伊藤忠在中国大陆市场最著名的投资莫过于2015年初联合泰国正大财团入股中信集团的企业了。2015年1月20日,伊藤忠与正大财团联手投资中信集团,通过设立的合营企业"正大光明",耗资803亿港元(约合644亿元人民币),认购中信股份(香港)20.61%的股份。其实,伊藤忠与中信集团的合作由来已久,早在2002年筹划上海全家便利店的时候,中信实业集团就是合资公司的五家股东之一。

如果说投资康师傅是因为伊藤忠看好中国方便快消食品市场的巨大潜力,那么入股中信集团则是说明伊藤忠押注中国经济的未来发展。2014年全年,日本所有公司对华投资总额才为5040亿日元,而伊藤忠在2015年开年第一个月的一次投资(6000亿日元入股中信股份)就超过了2014年全年日本所有公司对华投资总额。在中国,伊藤忠实现了从方便面、饮料到金融与实业的全面合作。

朝日啤酒开拓广阔市场

1994年,日本朝日啤酒株式会社正式进入了中国啤酒市场。成立于1889年的朝日啤酒株式会社是日本最著名的啤酒制造厂商之一,与札幌啤酒和麒麟啤酒齐名,拥有日本啤酒市场接近40%的占有率。和伊藤忠的选择不同,朝日啤酒似乎一开始就将目光放在了更广阔的领域。

1995年,日本朝日啤酒株式会社、伊藤忠商事株式会社与北京啤酒正式合资,成立了北京啤酒朝日有限公司,并开始生产和销售"朝日啤酒"。除北京啤酒朝日有限公司外,朝日啤酒还先后出资成立了福建泉州清源啤酒朝日有限公司、烟台啤酒朝日有限公司,主要生产和销售朝日旗下的"超爽"啤酒品牌。

1996年,朝日啤酒开始与青岛啤酒协商相关合作事宜,并于1997年合资成立了深圳青岛啤酒朝日有限公司。而后,朝日啤酒从2002年起,开始在日本国内市场代售青岛啤酒的产品。朝日啤酒中国总代表山崎史雄表示,在中国发展,仅靠自己不行,一定要有合作伙伴。朝日啤酒坚持与中国本土知名品牌合作,啤酒选择青岛啤酒,饮料选择康师傅,目标就是要使自己成为领头企业。

2009年8月27日,日本朝日啤酒与青岛啤酒签订"战略性合作协议",以6.7亿美元的价格收购青岛啤酒19.99%的股权

2009年8月27日,朝日啤酒与青岛啤酒签订了"战略性合作协议",以6.7亿美元的代价,从百

威手中收购青岛啤酒19.99%的股权。对于收购青岛啤酒股权,朝日啤酒总裁小路明善表示,对青岛啤酒的投资完全从财务角度出发,他更希望发展一种更广泛的、能够充分利用朝日啤酒技术或品牌的业务关系。

朝日啤酒总裁小路明善还表示,计划与青岛啤酒讨论建立一种更好的技术合作关系,或者让青岛啤酒销售"超爽"啤酒品牌,以巩固其作为高端啤酒品牌的地位。当时的青岛啤酒是中国第二大啤酒生产商,仅次于拥有雪花啤酒品牌的华润啤酒(控股)有限公司。

2010年9月,朝日啤酒斥资至少500亿日元取得顶新集团10%的股权。相较于2008年伊藤忠以7.1亿美元取得顶新集团20%的股权,朝日啤酒的花费显然比伊藤忠当年高了不少。虽然此消息曾遭到朝日啤酒和顶新集团的否认,但查询朝日啤酒的官方网站,仍然能够看到一段简短的介绍,"2010年向中国最大食品集团顶新注资"。

朝日啤酒的野心并不仅仅局限于中国的啤酒和饮料市场。早在2003年12月,朝日啤酒就开始组织日本农业专家先后对山东淄博、潍坊、胶南、章丘和莱阳等市8块农地的水及土壤等环境指标进行了严格的考察。2006年5月,朝日绿源公司由朝日啤酒株式会社、住友化学株式会社和伊藤忠商事株式会社在山东莱阳正式设立,这是一家以蔬菜、水果、牛奶等高附加价值农产品的生产、加工、销售为目的的农业公司。

2008年,朝日啤酒设立了山东朝日绿源乳业有限公司,从澳大利亚引进优良的奶牛,生产高质奶牛制品,并与绿源农业高新技术有限公司连动,将牛粪用于有机蔬菜的种植。朝日绿源公司在莱阳市沐浴店镇租下1500亩耕地,种植玉米、小麦和草莓,养殖奶牛,租期20年,然而朝日啤酒想做的不是普通的农业种植养殖,而是一种"循环型农业生产"。

租下土地后,朝日绿源公司做了一个让当地农民不解的举动:撂荒。这一撂荒就5年,当地农民嘲笑日本人不会种地,还有人热心地告诉日本企业去哪里买农药和化肥。然而当地人不知道的是,朝日啤酒之所以撂荒这么久就是因为发现了这里的土壤有问题,农药、化肥超标,随后还投资300万元人民币建造了堆肥工厂,利用农场奶牛的粪便和有机物生产有机肥料来改善土壤。

合资公司朝日绿源相关人士表示,找不到合适的土地,难以扩大种植规模,没有规模效应,朝日绿源很难实现盈利的夙愿。2016年底,日本朝日啤酒集团将投资多年、未能扭亏为盈的两家朝日绿源公司出售给了新希望集团。虽然由于各种原因,朝日啤酒"循环农场"的大胆尝试最终并没有取得成功,但其所代表的有机、生态农产品种植养殖方式,无论是乳制品还是高端农产品,都能够在未来帮助新希望实现在中高端产品领域的布局。

第三节　日本打造海外“供销社”

整合巴西农业产业链

1973年，由于受第一次石油危机以及美国本土干旱的影响，谷物价格急剧上涨，美国政府于是采取了禁止谷物出口的政策。这一出口禁令对日本的打击无疑是巨大的，因为当时日本的谷物进口几乎完全依赖美国。为了拓展与稳定谷物的进口源头，同时也为了保障国家食品安全，日本将农业合作的目光投向了远在南美洲东部的巴西。

同样是在1973年，巴西政府也决定推行国家的农业发展，并成立了专门的农业研究院，开始针对种子基因的优选、开发和培育以及实验耕种、土壤改良等科学技术进行推广普及。1974年，日本提出了与巴西共同开发塞拉多地区(Cerrado)的建议，两国签署了合作开发塞拉多的备忘录。塞拉多是此前一个一直被认为不适合发展农业的半干燥地区。

1979年9月，日巴合作的塞拉多项目正式开始实施。首先，日本企业的技术专家联合巴西政府和相关研究机构以及大学，根据巴西当地土壤情况，对以大豆为主的农作物进行技术调整，包括种子改良、土壤改良以采用中心旋转灌溉系统进行大规模灌溉等。利用这些技术，塞拉多地区的大豆生产率有了明显的升高，单产由1975年的0.5~1.0 t/hm^2 提高到了2012年的2.5~3.0 t/hm^2。

同时，日本与巴西成立了一家合资公司，名为“日巴农业开发股份公司”(CAMPO)，鼓励巴西农户迁入塞拉多地区。合资公司中，日本出资49%，巴西出资51%。迁入的农民，可以通过巴西的金融代理机构，得到农业生产设备和其他生产所需的资金贷款。

经过30多年的共同努力，塞拉多从曾经的稀树草原地区成功转化成了一个占全国农场总产量70%的广阔的农业垦殖前沿区。通过该合作项目，巴西也成为仅次于美国的日本第二大大豆进口来源国，这在一定程度上减少了日本对美国粮食进口的依赖。

2007年8月，日本三井物产株式会社以参股的方式与美国最大规模农产品贸易公司CHS和巴西的PMG贸易公司联合成立了一家名为“Multigrain”的合资公司，其中的PMG是由三井物产与在巴西的日裔移民共同成立的一家主营谷物业务的公司，其长期参与到巴西的大豆进出口领域。

三井物产持股的Multigrain公司所拥有的农场分布在巴西的3个州，占地面积将近12万公顷,同时还在巴西拥有23处仓储集散地、5家牛仔布纺织厂、1家配方肥料生产厂、1条专用铁路线、4处专供大豆出口的港口及设施、1处小麦出口港,此外还拥有专门进行非转基因大豆、玉米种植的子公司。

然而,三井物产的Multigrain公司自己并不是农作物种植公司,它有着独特的“商业逻辑”。Multigrain公司不仅为巴西当地的种植户提供种子贷款,还提供化肥、农药和农机,但到最后收获时,巴西种植户只能把大豆卖给该公司,并按照一定比例进行分红。利用这种模式,Multigrain公司不仅获得巴西丰富的农业生产资源,更是把粮食谷物的定价权也牢牢地掌控在了自己手中。

2008年,三井物产通过追加2.13亿美元的方式将Multigrain公司的出资比例上升到了39.35%,这也与美国CHS公司所持股比例相同,随后日美两家企业在合资公司董事会中各占4个名额。2011年1月,三井物产在Multigrain公司的股份达到了88%,开始全力组织规划适合市场需求的经营模式,最终起到了管理甚至是领导当地农业生产的作用。

2013年8月,三井物产又与名为“SLC Agricola SA”的巴西大规模农业生产公司合资成立了SLC－MIT Empreendimentos Agricolas SA公司,其中三井物产占股49.9%,巴西SLC公司占股50.1%,合资公司主要从事大豆、棉花、玉米的种植业务。巴西SLC公司成立于1977年,在巴西6个州拥有14座农场,占地接近32万公顷,其中15万～16万公顷用于种植大豆。

巴西地处热带和亚热带气候带,日照充足,雨水充沛,旱涝等自然灾害比较少,是世界上适于农林牧渔各业全面发展的少数国家之一。巴西拥有优质的高产良田3.88亿公顷,其中9000万公顷尚未开发利用,同时还有2.2亿公顷的牧场,可以说巴西未来的农业发展潜力十分巨大。以三井物产为代表的财团综合商社,作为日本海外农业战略的主角,显然是不会错过巴西这座“二十一世纪的世界粮仓”。

三井物产等日本企业从来不直接在海外的农场上种植大豆、玉米等日本需求量大的农作物,而是通过与当地农户签订购买合同的方式来确保供应。在这一过程中,再由三井物产或其关联企业为农户提供生产所需的各种材料。由巴西提供农场土地和劳动力,由日本企业提供资本和技术,从而满足日本需求产品的购销任务。很显然,三井物产扮演的正是日本海外农业供销社的角色。

打造渔业供应网络

天然鱼源枯竭问题,让养殖渔业逐渐转为全球水产业的发展重点。据日本经济新闻网的报道,自2013年起,全球养殖渔业渔获量已经超过了天然渔捞,靠人工养殖,就有可能确保全球海洋生态稳定,兼顾粮食供应,问题就在如何提高养殖渔业的效能。显然,日本各大商社也注意到这一领域的商机,三井物产就率先实现了低成本陆地人工海水养殖三文鱼的量产技术。

2017 年,日本三井物产株式会社收购了拥有陆上养殖专利的 FRD 日本公司。该公司拥有氨净化技术,形成了低成本养殖体制,如何处理三文鱼排放的氨此前属于陆上养殖的课题。利用最新的技术,三井物产开始在日本国内供应在陆地上利用人工海水养殖的三文鱼。三井物产在千叶县的自主设施内确立了能以低成本大量养殖的技术。

目前在日本市场上,用于制作生鱼片的三文鱼大部分进口自挪威和智利,全球的水产品需求到 2030 年预计比 2010 年增加三成,尤其是三文鱼在亚洲备受欢迎。三井物产首先会向东京的食品超市和回转寿司店供货,年产能力为 30 吨,相当于成鱼 1 万条。按计划,到 21 世纪 20 年代前半期,三井物产将成为日本国内最大的三文鱼养殖商;同时,三井物产还计划向中国等出口养殖设施。

2018 年 3 月,日本三井(美国)公司宣布投资总部位于纽约的银鳕鱼等高端海产品供应商 Mark Foods 公司。据了解,Mark Foods 公司成立于 2002 年,是美国高端野生捕捞海产品进口商和经销商之一,主打产品当属银鳕鱼,在美国市场上银鳕鱼供应量数一数二。

对于三井物产的投资,Mark Foods 公司 CEO 巴里·马克曼称:“日本三井在食品领域的多个投资案都显示很成功,也给被投资企业带来很显著的增长。而且日本三井在虾、三文鱼和金枪鱼等海产方面有所涉猎,所以我们非常期待和日本三井的合作能取得很好的成绩。”三井物产的投资会让该公司继续在高端海产品市场开发和销售中取得长足进步,尤其将目光锁定在高端海产品经销商、零售商和餐饮领域。

2019 年 4 月,日本三井物产又与厄瓜多尔最大的白虾出口商 Industrial Pesquera Santa Priscila(桑塔)进行谈判,拟收购公司 25% 的股份。2018 年,桑塔公司创造 4.92 亿美元的白虾出口收入,出口总量 76868 吨。这家总部位于瓜亚基尔的公司拥有南美白对虾全套产业链,拥有自己的养殖场、6 处孵化场、1 家饲料厂和 2 间加工厂。

除白虾外,桑塔公司还有 1 万吨罗非鱼产量,公司同时也是厄瓜多尔最大的杧果生产商。三井物产和桑塔的谈判已进行了数月,欲收购桑塔股份的投资者不止三井一家,但当前的这个谈判是独家的。其实这已经不是三井物产第一次投资南美洲的水产产业了,早在 2015 年,三井物产就向智利三文鱼生产商麦迪公司注资了 1 亿美元,增持 23.4% 的股份。

2019 年 5 月,三井物产与越南明富海鲜股份有限公司(Minh Phu Seafood Joint Stock Company)达成协议,以 170 亿日元(约合 1.5 亿美元)的价格收购该公司 35.1% 的股权。越南明富海鲜股份有限公司是全球最大的虾类综合企业,业务涵盖养殖、加工和销售。公司产品同时包括高附加值的海产品,出口到大约 50 个国家，特别是美国和日本。

明富公司在越南南部拥有两家加工厂和相当于900公顷面积的虾场。从养虾到加工、销售的各个环节垂直整合，形成了强大的市场地位，该公司的出口量约占越南虾总出口量的20%。三井物产还将通过在养殖池塘和加工厂应用包括人工智能在内的数字技术，以及提高从养殖到销售的虾供应链的效率，帮助越南明富实现进一步增长。

三井物产表示，收购越南明富海鲜股份使三井全球的分公司受杠杆效应，在物流和销售网络上有所增长。在三井物产的中期经营计划中，其将营养产品及农产品视为公司增长的支柱之一。当今，世界各国，尤其是亚洲地区高质量和可持续的蛋白质需求日益增高。三井物产希望通过不断地向海外市场投资，提高生产效率，确保高质量产品的供应稳定。

现在，以三井物产为代表的日本综合商社正在积极寻找任何可以并购水产系列行业的机会。目的是以占据各个产业阶段少数股份的方式来建造自己的产业链。为了补充欧洲和亚洲的销售渠道，三井物产表示愿意参与任何可投资机会。在当被问到是否会考虑特定的养殖培育方式时，三井物产发言人表示，他们愿意接受可以使他们的产业链扩大的任何投资。

瞄准全球农资市场

三井物产已经开展了50多年的农药业务，在全球各地建立起了完善的生产销售网络。2001年，日本三井物产收购了美国生物农药公司Thermo Trilogy，并于同年5月更名为"Certis USA"。这次收购也使得三井物产在美国作物保护市场有了生产实体，Certis USA也成为美国最大的生物农药固体发酵生产商。同时，三井物产还加入了美国有利来路化学公司在欧洲的销售联盟，在欧洲销售三井物产和有利来路特有的作物农药。

2014年4月，美国Summit Agro(墨西哥)公司获得了Certis USA公司独家授权的8款生物农药产品。通过这家美国的生物农药公司，三井物产成功开拓了墨西哥市场。美国Summit Agro(墨西哥)公司在墨西哥农业市场是一家高端的生产解决方案供应商，针对破坏水果、蔬菜和农田作物的疾病、细菌、害虫以及杂草提供广泛的防控及防治产品。

2017年10月，三井物产与武汉科诺生物科技股份有限公司签署了一项收购协议。根据协议，三井物产将从香港上市公司远大医药(中国)有限公司处收购其持有的武汉科诺4.9%的股份。武汉科诺生物科技股份有限公司创建于1999年5月，注册资本7920万元，是一家主要以研发、生产和销售生物农药、生物肥料、微生物饲料添加剂原药及其制剂的高科技公司，具有自主进出口经营权。

武汉科诺生物科技股份有限公司位于武汉国家级东湖高新技术开发区国家

级生物产业基地(关南医药基地)。公司主要产品苏云金芽孢杆菌(Bacillus thuringiensis,Bt)、井冈霉素(Validamycin)、枯草芽孢杆菌(Bacillus subtilis,Bs)广泛应用于国内外农业、畜牧业、水产养殖、水体防治等领域,产品远销欧洲、美国、日本、韩国、南美、东南亚等20多个国家和地区。

三井物产计划最大限度地发挥其覆盖全球的销售网络开拓种子业务,携手未能进军海外的中小型种子企业获得市场份额,力争扩大产品群,把种子业务推向事业化,实现100亿日元的销售额。随着世界人口的增长,预计种子市场将成为年均增速8%左右的成长市场,三井物产显然不会错过这一机遇。

2017年11月,日本三井物产株式会社以300亿日元收购ETG集团有限公司部分股份。ETG将成为三井物产的股权关联公司,三井物产将参与其重要管理决策。ETG总部位于迪拜,在全球36个国家的330个地区设有业务基地,主要集中在东非和印度洋沿岸国家。其业务范围广泛,包括农产品(从种植、加工到存储、运输)、农业投入品(化肥、农药、种子等),以及食品的生产和销售。

迪拜ETG集团拥有出货、仓储设施和物流车队,此外还具备每日将所需农资送达农村的能力,其优势在于复杂而全面的网络,以及长期服务多达200万个农场所建立的信任关系。ETG集团还在东非地区处理肥料和豆类业务,并是全球芝麻交易的领先公司。通过上述投资,三井物产将成立一个新的内部组织,致力于推动ETG的相关业务,并进一步扩展非洲及印度洋沿岸国家的营养和农业业务。

三井物产计划最大限度地发挥其覆盖全球的销售网络开拓种子业务,携手未能进军海外的中小型种子企业获得市场份额

2018年2月,三井物产成立了向海外推广蔬菜种子的“Japan Vegetable Seed”项目,正在意大利和以色列培育源于日本的种子。日本农林社和久留米原种育成会等参与了该项目。项目以2017年三井物产收购的以色列蔬菜种子新创企业Top Seeds International为主体推进育种,该公司在意大利、西班牙、墨西哥设有销售和开发网点。

全球的种子市场规模高达4万亿日元。在市场份额方面,美国孟山都(现为德国拜耳)占据最高份额,欧美的大型生物企业紧随其后。日本国内的大型种子企业Sakataseed和泷井种苗(Takii)等的市场份额仅为几个百分点,无法与海外大企业抗衡。

但是从种子品种来看,情况就不一样了。尽管在玉米和大豆方面,海外种子企业占据了日本六成市场份额,但蔬菜方面,泷井种苗占据9%、Sakataseed占据8%的市场份额,日本企业并不比海外大企业逊色。三井物产的农业科学部长渡边彻表示,“蔬菜品种太多了,规模经济不起作用,大型生物企业和专业种子企业势均力敌”。

中日携手“一带一路”

随着中国“一带一路”倡议的不断推进，中国对“一带一路”沿线国家道路和码头等其他基础设施的投资，已经在一定程度上使当地国的企业和民众开始受益。未来中国农业的海外“一带一路”也应慢慢成为发展的核心。早在2010年时，时任中国农业部长韩长赋就曾经表示，“中国农业公司实行‘走出去’战略的时机和条件已基本成熟”。

2015年，澳大利亚一家最好的养奶牛企业和农场由于种种原因要进行出售，新希望决定去和它谈判接触，但并不是简单地直接出资并购，而是决定选择联合一家澳大利亚大型农场、加工公司等三家企业成立一家澳大利亚鲜奶控股公司，生产的优质产品销售到中国市场，通过这家澳大利亚本土化的控股公司再去与大型牧场谈收购合作就顺利了许多。

2015年4月初，澳大利亚最大的畜牧公司Kidman表示有意出售旗下18处牧场的土地权益，连同近20万头牛，其中就包括世界最大的养牛场Anna Creek，Anna Creek的总面积逾10万平方千米，大小约等于中国的浙江省。消息一出，就吸引了多位中国买家的竞买，但这笔生意因为未得到澳大利亚国防部的许可，澳洲政府以“不符合国家利益”为由最终让出售暂停。

2016年4月，澳大利亚国库部长斯科特·莫里森表示，再次拒绝上海鹏欣集团旗下大康牧业收购Kidman公司，理由是其担心中国牵头的这起收购交易有违澳大利亚国家利益。不仅仅是有澳大利亚政府的介入，同样是在2016年有报道称，澳大利亚女富豪简·卡梅伦在堪培拉到处游说，希望联邦政府不要将该国历史最悠久、规模最大的奶牛农场企业范迪门土地公司（VDL）卖给中国投资者。

2016—2017年，大批中国企业奔赴澳洲购买牧场买农场，这也引起了澳洲当地媒体和政府的高度关注，导致最终许多收购都未获批。对此刘永好表示：“作为农牧企业收购一家面积巨大的养牛场，这大片的土地能带到国内吗？显然不能，也没有很大的价值，如何妥善处理与当地农民、企业、政府等之间的关系才是中国企业今后出海所应该思考的问题。”

在中国，最有希望在海外成功进行商业运作“海外农场”的就是新希望集团，新希望2007年曾与日本三井物产在辽宁阜新成立了专业化的合资公司——阜新六和农牧有限公司，专注农牧产业链模式的探索发展。三井物产与新希望的合作，未来很有可能成为中日合作建立新型“海外农牧供销社”的示范模板。

与其说阜新六和是养殖企业，倒不如说是服务当地的养殖“供销社”。阜新六和通过组织企业、政府、农民、金融、保险等社会各方面资源，从种苗提供到生产收购的整个产业链上都建立了完善的规范体系。这种产业化模式使得质量管理得以贯穿整个产业，在实现企业产品需求，提升当地养殖户收入水平的同时还为当地培养许多专业的养殖人才。

2017 年 11 月，刘永好在接受《新京报》采访时曾表示：“别人的国土买不到，但可以充分利用这片土地，进行本土化投资运营，与当地企业合作共赢。”当然，新希望集团不仅可以与当地企业实现合作共赢，未来还可以帮助更多的中国企业实现农业出海，要像以三井物产为代表的综合商社那样，不仅是先锋官更是情报员，帮助更多的企业发现投资机遇。

此前在“海外农场”方面，中国有一些事例，但主要是政府行为，或多为某一企业的单独行动，并没有像日本三井物产这样的综合性大型商社来进行整体的组织运营。“海外农场”并不应该是单纯地攫取土地资源或资金技术扶持，而是应该真正形成类似以前“农村供销合作社”的模式。投资者更多的其实是产业服务者、产业组织者，让当地国企业和农民也能够从投资中获益。只有这样的“海外农场”才能稳定高效地发展壮大，不断为国家粮食安全战略添砖加瓦。

中国农业海外战略如何选择伙伴，选择怎样的伙伴？携手日本或许是一个很好的开端。2010 年，新希望和双日株式会社（三和财团的综合商社）成立合资公司，共同参与柬埔寨的饲料事业。2013 年，新希望六和又与日本丸红株式会社达成了在非洲、中近东、东欧及南美等海外新兴国家开展饲料畜产总成事业的协议。

2018 年 10 月，日本首相安倍晋三访华，他在与中国国家领导人的会谈中明确表示：“一带一路”是一个很有潜力的构想，包括共同开拓第三国市场在内，日本将强化与中国的合作。未来，中日共同出海，打造互利伙伴关系，利用土地投资、资源投资促进当地生产效率不断提升，最终既能解决当地国的粮食短缺问题，又能够满足中日两国对粮食的需求。

2019 年 6 月 15 日，首届“一带一路”东京论坛在东京的日本新闻中心举行，中日两国专家、学者围绕“一带一路”、中日第三方市场合作等进行了深入讨论，论坛一致通过了 2019 东京宣言。宣言提出，期待“一带一路”的践行，积极推动中日第三方市场合作，携手促进广大发展中国家的基础设施建设，向农业与食品、健康与福利、资源与环境等产业提供日本先进技术，推动中日产业经营合作。

第四节　中国农牧综合商社的新希望

产业链构建时代的试验田

1982 年，刘永言、刘永行、陈育新（刘永美）、刘永好四兄弟一道辞去公职，到川西农村创业。随后不久，刘氏兄弟将育新良种场改为四川新津希望饲料厂，从此

“希望”成为刘氏兄弟事业的品牌。1990 年，希望集团初具规模，刘氏兄弟大胆调整产业，致力于饲料产品的研发和生产；1992 年，希望集团注册成立。

1995—1997 年，在希望集团的南方希望资产的基础上，刘永好组建了四川新希望集团公司，在以后的约 10 年时间里，新希望集团进行了大量的规范和创新，成为农业产业化国家重点龙头企业。2005 年，新希望与此前的主要竞争对手山东六和达成合作，随后经过几次股权的转让，新希望持有了六和集团 45.12% 的股权，成为山东六和的第一大股东。

要想适应变化的形势，并在激烈的竞争中生存、发展，仅仅通过兼并合作壮大企业体量显然是不够的，如何优化产业结构，调整战略布局就成为山东六和集团（即新希望六和）思考的重点。新希望集团计划通过打造一个为养殖户提供从种苗、兽药、饲料，到技术服务、合同销售等一条龙式的养殖整体解决方案，实现自身产业链内部协同，山东六和也因此成为新希望产业链构建时代的试验田。

2007 年 10 月 8 日，新希望旗下山东六和集团与日本三井物产株式会社就阜新六和农牧有限公司 30% 的股权转让协议在北京长富宫饭店举行签约仪式。根据协议，三井物产还将作为山东六合的国际经销商，将其产品打入日本肉禽类市场。新希望集团董事长刘永好与三井物产食品零售本部藤田本部长参加了签约。刘永好表示未来将继续同日本三井物产开展深度合作，“下一步合作将集中在农牧产业”。

其实早在 1997 年，三井物产就开始与中国农业龙头企业新希望打交道。最初三井物产主要是为给新希望供应饲料原料，由于当时中国国内饲料业务规模有限，所以双方合作范围不大。但是，三井物产一直在默默“观察”着自己的这个合作伙伴，直到相识 10 年后的 2007 年，三井物产才与新希望在辽宁阜新开始了第一次股权合作。

三井物产在选择合资项目时非常谨慎，表示对于阜新养殖项目整整考察了 12 年，才最后决定出手。一方面是因为随着中国经济水平的迅速发展，肉食消费的增长很快，饲料就成了整个食品产业链的中心环节，三井物产选择控制饲料也就控制了食品行业的核心。另一方面则是因为三井物产对新希望这个合作伙伴的信任。

为什么选择日本三井物产作为新希望的合作伙伴？刘永好表示，他曾经参观考察了三井物产、住友商事、伊藤忠商社等几家日本综合商社，感觉其国际化程度非常高，员工训练有素，在技术上确实居于领先水准。同时有不少日本商社企业在中国的投资发展过程中取得了很大的成就，这些企业与中国企业优势互补，共同提升，而这正是刘永好所希望看到的。

新希望与三井物产联合投资的阜新六和农牧有限公司，是山东六和集团在辽宁阜新成立的专业化养殖公司，带动了阜新当地 2000 多家养殖户，直接带动就业人员3000多人,为农民增收上亿元。阜新六和自投产以来,先后通过组织企业、政府、农业、金融、保险等社会各方面资源,建立了"公司+农户+基地"的合作养殖模式,不断完善产业链服务,与日本农协组织形式和综合商社经营理念极其相似。

与日本三井物产合作,一方面为阜新六和发展获得上千万元的投资资金;另一方面,通过学习,日本三井物产更好地实现和完善了这种贯穿整个产业的管理生产模式。随着阜新六和这种覆盖整体产业链的食品加工厂、种畜禽饲养场的不断增加,山东六和集团(新希望六和)在不断加快推动标准化、现代化养殖发展的同时,还进一步向产业链两端进行延伸,由单一产业链的构建向全产业链时代转化。

2010年7月,新希望集团彻底兼并山东六和集团,形成的新希望六和股份有限公司也一举成为国内最大的农牧类上市公司(000876)。围绕养殖产业,新希望六和在饲料、种禽、养殖、食品加工以及冷鲜禽供应销售终端等上下游都实现了产业建设。公司在华东、华北、中原区域集中发展标准化养殖基地,养殖量8亿多只,合同户10万余户。

农业养殖行业的市场化程度很高,因此周期性的影响对于任何一家养殖企业都不可忽视,特别是生猪养殖周期。正是全产业链布局的发展策略,才使得新希望六和在猪周期下行阶段保持逆势增长。2018年上半年,在新一轮猪肉价格下行行情的影响下,公司饲料业务逆势增长,共销售各类饲料795.10万吨,同比增长7.04%。尤其是其中的猪料销量203万吨,同比增加了14%。考虑到行业周期下行的困扰,新希望六和的全产业链优势已开始显现。

新希望+三井物产=新井物产

2010年3月24日,新希望集团与日本三井物产就合资设立新井物产贸易有限公司在成都正式签约,总投资达1.5亿元人民币。新井物产计划先在国内从事饲料原料、添加剂的贸易,此后将建立包含物流、饲料、乳业、化工、金融、人才、技术等全方位合作关系的平台。显然,新井物产的定位并不只是一家简单的合资贸易公司。

新井物产贸易有限公司作为由新希望集团和日本三井物产株式会社合资成立的具有贸易职能和战略发展职能的中日合资企业,其贸易职能主要是在原四川新希望贸易有限公司和日本三井物产的业务基础上扩大,其战略发展职能主要是在新希望集团和三井物产的战略发展规划基础上执行。新井物产贸易有限公司主要业务包括饲料原料贸易、食品原料贸易、化工产品贸易、农产品的期货、原料基地和物流基地建设与海外原料基地建设及海外市场拓展等。

此次合作成为三井物产首次在川投资,更成为新希望集团八大战略板块之一。签约当天,新希望集团董事长刘永好表示,此次和三井物产的合作,将推动新希望集团实现第二个五年计划的重点目标——成为世界级农牧企业。事实证明，新井物产不负众望。在成立的第一年，新井物产便开始盈利，以6000万元人民币注册资金创造出6亿元人民币的销售收入。

2012年8月6日，三井物产株式会社专务执行役员杂贺大介先生，在三井物产驻中国总代表濑户山贵则等人的陪同下，拜访新希望集团时赞扬说："合资企业在经营的第一年就盈利，我是第一次听说，新井物产是一个奇迹！"

为什么新井物产会成为一个"奇迹"？在2012年10月新井物产第三季度总结培训会议上，新希望集团副董事长王航直言，新井物产是新希望集团向三井物产学习做国际化百年企业的重要媒介。新井物产致力于把员工培养为供应链管理专家，员工在这里受到训练，希望未来成长为新希望重要的管理干部。

为了促进相互了解，共同加强对青年骨干人才的培养，新希望集团与三井物产在2010年达成企业战略合作协议的同时，一致认为应同时开展青年人才交流计划，并于同年还开启了互派研修生项目。通过人才间交流培养来反哺企业间合作，实现双方长久共赢。

根据新希望集团与日本三井物产签订的《新希望—三井交换研修生协议》，新希望、三井物产可就双方感兴趣的内容和话题，互派员工到对方公司交流学习。研修生派遣期间产生的费用由接收公司承担。研修生交换项目自启动以来，一直受到新希望集团、三井物产高层领导的重视。具有国际化视野和格局是对事业型经理人的基本要求，研修生项目正是培养国际化人才的有效举措之一。

此外，在有了新井物产这一合资公司的基础上，三井物产和新希望集团之间的关系也得以快速升温，在相互了解的基础上，各种合作不断延展。2013年8月，新希望集团联合三井物产与日本Seven & i控股公司合资成立了"新玖商业发展有限公司"，新玖公司获得了在重庆经营7－11的授权。

2013年底，重庆首家7－11便利店开业。2014年1月，重庆7－11旗舰店开业。这其实是新希望集团与三井物产合作向农牧业下游领域的一次尝试性合作。对于中日便利店的合作，新希望运营总监唐勇表示，"这是新希望集团一体化、打通全产业链的一次大胆而有益的尝试，也是新希望集团在打造世界级综合农牧商社的道路上迈出的重要一步"。

2016年，因自身经营及监管部门的要求，为避免同业竞争，新井物产停止了相关业务，但新井物产其实已经很好地完成了自己的历史使命。首先，通过新井物产，新希望集团从三井物产这家世界级的"供应链管理专家"那里学到了一整套产业链管理模式，帮助新希望集团更好地保障食品安全、降低企业成本和提高终端服务。

在与新希望集团的合作过程中，三井物产同时为多家企业提供原材料并帮助其销售成品，掌握了大量企业的采购与销售数据，就等于掌握了整个产业的主动脉。三井物产虽然名义上是贸易公司,但其贸易的净利润率却只有3‰,近90%的净利润来自资源、原料的投资收益。在三井看来,投资决策应该听从行业专家的意见而不是银行资本家。

金融服务助力实体经济

一直以来,刘永好的新希望集团都被看作中国农牧业企业的领军者,它拥有着中国最大的饲料生产基地和中国最大的农牧产业集群,但其实新希望并不仅仅是一家简单的农牧企业。很早之前,新希望集团就开始涉足金融领域了,它是中国第一家民营银行——民生银行的主要发起者和重要股东之一。

1993年,新希望集团董事长刘永好联合卢志强等一批民营企业家,发起建立中国第一家民营银行民生银行的提议。成立民营商业银行首先是为了解决民营企业贷款难的问题。在1982年创业之初,刘永好想从银行贷款1000元都最终被拒绝了。其次民营银行也为中国的金融体制改革、银行业的变革创新,做了试验田,而这次试验更是得到了时任国务院副总理兼中国人民银行行长朱镕基的首肯。

1995年,刘永好的议案得到批准,民生银行正式成立。银行筹建之初,刘永好艰难筹集5000万元作为股本金。1999年,刘永好以1.86亿的资金陆续收购民生银行股份,成为最大股东。此后,刘永好在民生银行中几经沉浮。2006年,在民生银行股东的角力下,刘永好意外被驱逐出董事会。三年后的2009年,刘永好又大举增持民生银行股份,上演强势回归。

20年来,在新希望等坚定的投资者的努力下,在中国的金融体制改革的推动下,民生银行从一家注册资本13.8亿元、净利润1.5亿元的小银行,一跃成为总资产近6万亿元、分支机构近3000家、净利润478亿元的全国性大型商业银行。入主民生银行20年来,刘永好享受着高额的财务回报,据统计,投资民生银行后通过股票分红、送股以及减持退出等行为,累计收益已超过百亿元。

刘永好曾对记者说:“我对民生银行非常有感情,不会轻易全部都退出。”但是情况在2014年前后发生了变化,新希望集团自2014年下半年以来,逐步清仓了民生银行H股,2015年7月8日,希望系再度减持,其占民生银行总股本也减少到了4.996%,2016年希望系将股权比例进一步减持到4.82%。

2016年12月27日,由新希望(30%)、小米(29.5%)和红旗连锁(15%)联手创办的四川首家民营银行——四川新网银行宣布成立,新网银行也成为继腾讯微众银行、阿里网商银行之后全国第三家同时也是中西部首家互联网银行。

根据原银监会在2010年发布的《关于加强中小商业银行主要股东资格审核的通知》,对于持有或控制中小商业银行5%以上(含5%)股份或表决权的主要股东,入股同质银行业金融机构不超过2家,如取得控股权只能投(或保留)一家。

这也就能解释新希望为什么会连续减持民生银行了。

上市公司年报显示，2014—2016 年 3 年间，民生银行投资收益占上市公司利润的 60% 以上，新希望却毅然选择进军互联网银行领域。新希望集团副董事长王航也表示，移动互联背景下的金融服务或金融化服务，早已不同于以前简单参股金融机构这种"初级形式"。

其实，无论是曾经话语权并不强的民生银行，还是如今自己唱主角的新网银行，银行金融业都一直是支持新希望集团主业发展的重要手段。新希望并不是为了金融而金融，其实是涵盖农牧产业上下游的产业链金融体系，通过一系列产业链金融和类金融机构，不断为集团主业上下游的中小企业和农户提供优质的金融服务。

2019 年 4 月 30 日，新网银行在官网披露信息显示：截至 2018 年末，新网银行全年实现净利润 3.68 亿元，较上年增加 5.38 亿元，首度扭亏为盈。资产总额为 361.57 亿元，服务客户总数 1905 万人，累计放款金额 1601 亿元，将近 80% 的客户来自三线、四线城市和农村地区，覆盖了大量信用记录缺乏、从未享受过正规金融机构信贷服务的群体。

新希望集团副董事长王航还认为，"新希望的金融服务应该从供应链管理、客户服务角度来考虑。金融监管机构也应该看到趋势，甚至可以让企业通过供应链管理来获得金融牌照，从而让金融更好地服务实体经济，这才是新阶段的产融结合"。打造现代"供应链金融"就是要打造一个"产、商、融"相结合的，有利于中小企业发展的商社金融模式。

在日本国民经济发展过程中，三井物产很好地发挥了产业与金融之间的纽带作用，并逐步形成了"产"（基础企业）、"商"（综合商社）、"融"（金融机构）"三位一体"的经济模式，这种模式奠定了日本商业数百年的生生不息与不断发展壮大。可以说，对于如何实现产融结合服务实体经济，新希望集团的老朋友三井物产就是一个很好的学习对象。

打造世界级综合农牧商社

2009 年，新希望集团创始人刘永好亲自带领近 20 名高管人员在日本展开系统的学习，考察了三井物产、住友商事、伊藤忠等几家综合商社。2011 年 3 月 12 日，在日本"3 · 11"大地震发生的第二天，新希望集团董事长刘永好向三井物产、丸红、住友、伊藤忠、双日 5 家日本综合商社发去了慰问信。三井物产食品 · 零售本部本部长福永尚在回信中表示，感谢刘永好董事长的关心、惦记和慰问。

2011 年 11 月 16 日，在香港举行的首届"中国海外投资年会"上，刘永好表示，新希望海外投资公司（厚生投资）11 月在北京正式成立。该投资公司由日本三井物产、新加坡淡马锡、美国 ADM 公司等投资，并由新希望的团队来管理，主要进行农业的国际并购。这也是继 2010 年刘永好重组新希望，提出打造世界级农牧企业蓝图后迈出的国际战略第一步。

以前新希望集团很多的对外投资其实就是拿钱到外面去买人家工厂的设备，买人家的土地建工厂。公开资料显示，新希望集团自 1997 年就开始海外业务的探索，并于 1999 年在越南建成第一家海外工厂。2001 年新希望还在委内瑞拉买了一部分土地，搞一个“中国现代农业示范农场”。二十载的国际化之路，新希望集团在海外 30 多个国家和地区含投产、建设、筹建、投资公司达到 52 家，累计投资额超过 40 亿元人民币。

厚生投资由四川新希望、日本三井物产、新加坡淡马锡、美国ADM公司等投资，并由新希望的团队来管理，主要进行农业的国际并购

像日本三井、丸红、住友等大型商社以及欧美 ABCD（ADM，Bunge，Cargil，Louis Dreyfus）这样的国际粮食贸易巨头，往往都是通过国际拓展不断控制物流、港口、技术服务和金融服务等核心资源，从而串起整个供应链，而鲜有单纯在某一国家购买土地的。因此，在发展中国家设立饲料厂及打造上下游产业，在发达国家购买品牌技术专利，在优势产业带整合农牧资源及产业链将成为新希望集团以及中国农牧企业未来国际化发展的主要途径。

在新希望的海外布局过程中，除三井物产以外，其他日本综合商社也成为其重要的商业伙伴与合作对象。2013 年，新希望六和与日本丸红株式会社达成了在非洲、中近东、东欧及南美等中国以外的海外新兴国家开展饲料畜产总成事业的协议，签署了战略联盟意向书，而此前在 2011 年，丸红刚刚收购了新希望六和旗下的饲料畜产事业公司青岛田润食品有限公司 40% 的股权。

2014 年 12 月，三井物产和双日株式会社组成的考察团到越南胡志明新希望有限公司交流考察。此前，双日株式会社已与新希望六和合资在柬埔寨建设饲料公司——四川新希望农业（柬埔寨）有限公司，参与柬埔寨的饲料事业。此次与三井物产共同到访新希望越南分公司，也是为可以与中国企业共同参与东南亚的饲料生产和销售事业。

2018 年 3 月，“两会”期间，刘永好在接受记者专访时表示，新希望近几年在柬埔寨的投资发展非常顺利，未来将会继续在柬埔寨增加投资，希望为柬埔寨现代养殖业的发展作出一些贡献。日本三井住友银行从 2014 开始就不断加码投资柬埔寨最大银行爱喜利达，持有的股份从原来的 8% 上升至 2016 年的 18.25%，成为该银行最大的股东。

2018 年 4 月，刘永好在博鳌亚洲论坛上表示，未来五年，新希望集团将在农业领域直接投资超 500 亿元，一方面投资用于中国乡村的振兴发展，另一方面则是继续加大对国家“一带一路”沿线的重点区域以及国家资源互补作用大的地方进行投资。通过对这些国家的投融资、收购、战略合作、本地化的人才战略等途径，围绕构建高端动物蛋白产业链进行布局，在服务国家及社会的同时也逐步实现新希望打造世界级综合农牧商社的战略目标。

2019 年 5 月 27 日，在以色列第二大城市特拉维夫，新希望乳业与以色列 SCR 签署了关于奶牛热应激和信息技术的合作协议，助推新希望乳业开启其科技“一带一路”的全新篇章。新希望乳业是刘永好先生领军的新希望集团旗下的集团化乳品企业，新希望集团借此提前打通了国际技术交流壁垒，实现了多方“备份”，为民族乳企参与全球乳业先进技术交流保留了多向通道。

第五节　超越中国农业 50 年

日本大力发展农村集体经济

在一定程度上，日本的农情和中国很是接近。日本列岛属于岛国，土壤贫乏，平原面积狭小，人均耕地十分有限。中国虽然土地肥沃，耕地广阔，但中国人口众多是不可忽视的重要因素。据农业农村部统计，截至 2016 年底，中国规模在 50 亩以下的农户有近 2.6 亿户，占农户总数的 97% 左右，仍以“小农”为主。

一百年来在世界贸易一体化的大背景下，没有任何一个国家能够固守自给自足的小农经济。起初，日本也曾效仿美国的家庭农场模式。早在 19 世纪 60 年代明治维新以后，从文化开始，由制度深入，日本方方面面都在主动向西方文明靠拢，其中也包括农业。

但是，日本农户耕地面积平均每户只有 1.2 公顷，相当于美国家庭农场耕地面积的 0.7%，加之日本农民特有的视土地为生命的传统观念影响，使日本不得不放弃实行美式家庭农场的做法。没有条件发展家庭农场，就需要找到符合自身国情的农业模式。

19 世纪末民间出现的“同业组合”给日本农业发展带去了新的思路。这种“同业组合”主要存在于茶叶、蚕丝等行业中，由农民和手工业者自发组织，从事产品和生产资料的销售和购买以及生产资金的相互融通，这其实正是农业经济组织的雏形。1900 年，日本颁布了历史上第一部关于合作社的法律——《产业组合法》，对合作组织予以扶持和鼓励，使得产业组合合作得以普及。

1925 年，日本开始开展了“产业组合刷新运动”，以当时的地主、富农为核心，吸收普通农民作为产业组合的会员，并成立了“全国购买组合联合会”“产业组合中央金库”和“大日本生丝销售组合联合会”等全国性的系统组织。1933 年，产业组合进一步发展，出现了“全国稻米销售购买组合联合会”“全国产业组合制丝联合会”和“大日本柑桔销售联合会”。

二战前后是日本农业组织机构发展的一个特殊阶段。1937 年日本发动全面侵华战争，战时阶段的产业组合失去了原有的“自主协同”作用，成为肥料、稻米等重要生产、生活资料的专营机构。1943 年，日本进一步颁布了《农业团体法》，通过对农户实施的强制性加入方式，把产业组合改组为统治性经济团体——“农业会”，由国家对农产品统一收购和分配。可以说，这一时期是由日本民众自发组织向日本政府主导机构转变的调整阶段。

1947 年 7 月，日本为建立农协制定了专门法律——《农业协同组合法》。农业合作组织以“农业协同组合”（农协）的形式得到恢复，在全国范围内组建了农协，使日本农协走上了法制化发展轨道。在《农业协同组合法》的推动下，到 1950 年全国建立了各级农协组织，全面完成了农协组织机构的建设工作，全日本 99% 以上的农民都加入了农协组织。

日本农协的建立，在缓和社会矛盾、保护小农和小工商业者的经济利益、加强中小产业者自立互助的产业组合等方面均发挥了积极和重要的作用。农民出资、农民管理、农民利用、农民享受，是日本农协的一个明显特点。

20 世纪 50 年代后期，日本农协迎来了爆发式的发展。1955 年，为将农协与会员紧密结合，振兴农户经济、提高农民收入，日本政府开始在全国各地开展“农协综合事业计划化运动”。

1961 年，日本制定了《农业基本法》《农业协同组合合并助成法》，再次强化了农协在农业中的领导地位。到了 20 世纪 70 年代初期，伴随着农业内外部条件的深刻变化，日本农协的发展出现了新的趋向：一是加速合并与大型化；二是农协经营的企业化和农协组织的脱农化；三是农协事业的综合化。

20 世纪 70 年代中期，日本农协的角色再次发生了变化，逐渐从一个半官半民的非营利性、以生产服务为主并涉及社员生活方面的合作组织，发展成为无所不包、无处不在的日本农业上的综合商社。实际上，这一时期的日本农协已经成为一个全国性的农村集体经济组织，通过其遍及全国各个角落的机构和广泛的业务活动，在农业发展的各个环节都起到重要作用。

随着日本农村集体经济的不断发展壮大，日本国内农产品开始出现过剩情况。农村城市化进程加快，客观上就要求调整农业结构、稳定农业收入、强化农业经营。单一的农业生产不再是日本农协工作的重点，如何把农业发展与农村发展结合起来成为农协下一步发展的核心。

“产商融”“三位一体”的日本农协

究竟日本农协是什么？有人认为它是一种合作社组织，协调农业生产、配给生活资源。有人则认为它是一家垄断了农村市场的超级公司,掌控农贸产品、决定市场走向。还有人将它称为日本农村的"第二政府",指导乡村建设、提供保障医疗。其实,在近百年的实践中,日本农协形成了一个包括地方性组织和全国性组织在内的完整体系,传统意义上的农协已经逐渐"财团化"了。

通过一套从中央到地方建立起的严密组织系统,日本农协这个类似三井财团的"农业财团"不仅为日本农民提供产前、产中、产后的服务和指导,还尝试保全所有农民的生老病死,并把所有的地方农协组织联结在一起,从而在全国形成一个集"产"(农业生产)、"商"(贸易供销)、"融"(信用保险)于一体的庞大组织结构。

日本农协在日本全国形成了一个集"产"(农业生产)、"商"(贸易供销)、"融"(信用保险)于一体的庞大组织结构

日本农协的主要工作之一是"指导事业",是指日本农协长期致力于农业教育、农业经营、农村生活等多方面的、没有任何收益的指导活动。"指导事业"是对会员的服务事业,同时也是强化会员对日本农协的理解与支持。当然这也十分符合日本农协的宗旨,即"提高农业生产力,提高农民的社会经济地位,实现国民经济的发展"。

日本全国有超过1.5万名的专业"营农指导员",每个农协都有15名以上,主要为耕作指导员、果树指导员、蔬菜指导员、畜产指导员和农家经营指导员等。相较于日本政府部门农业技术推广站的技术员,农民对农协的"营农指导员"更信赖一些。由于日本农民对于农协的信赖,日本市场销售的农产品绝大部分是由农协提供,其中大米和小麦占95%,水果占80%,家禽占80%,畜产品占51%。

1961年,为提高农业生产力和农民在社会上的经济地位,日本农协成立了组合贸易株式会社,这是一家独具特色的国际贸易公司,相当于日本农协(财团)的综合商社。组合贸易株式会社代理日本农协从美国、加拿大、澳大利亚、中南美、泰国、中国、欧洲等国家和地区大量进口所需要的原料和生产资材,同时还负责协助日本农协出口日本农民生产的产品。

对照三井财团的综合商社,可以看到三井物产将它的粮油食品部以食品消费市场为对象,在确保从上游至下游的各种食品的稳定供应的同时,把握消费者的生活方式和消费结构,致力于为消费者提供丰富的饮食生活。业务范围包含各种食品原料的进出口以及销售,零售支持以及以上各领域的相关投资业务。

2006年成立的日本JA全农(全国农业协同组合联合会)也主要承担农协贸易的服务职能,提供相关生产材料的供给和市场流通服务,实际上合并了组合贸易的商社功能。2015年4月,JA全农与亚马逊合作,正式在平台上开设"JA Town"的店铺,出售日本农畜产品和加工品。2018年1月,JA全农又宣布与阿里巴巴集团合作,在阿里旗下电商网站销售日本产的优质大米。

日本农协拥有自己的生产加工设备、储藏设施、运输、销售系统及其他有关设备、设施,几乎覆盖了日本整个农村地区。要运转和维护如此庞大体系就需要金融力量的支撑。日本农协为此成立了一个事业部,专门处理金融服务,事业部也被称为“日本农协银行”。日本农协金融系统的最高层机构是农林中央金库(Norinchukin Bank)。

总部位于东京的农林中央金库是各级农协内部以及农协组织与其他金融机构融通资金的渠道,也是中央银行为日本的农业、林业和渔业设立的合作体系,其拥有超过400亿美元投资组合和超过8400亿美元资产。2008年,日本农林中央金库拥有的美国房地美和房利美的债券及抵押贷款、担保证券,总计高达5.5万亿日元,成为日本国内拥有这两家房贷机构有价证券最多的金融机构。

通过农林中央金库,日本农协可以从事信用事业(银行信用社),日本法律规定农协可以自办信用事业,吸收和办理农协社员的储蓄,为农协社员提供了生产经营、生活和发展的资金保障。信贷服务也成为日本农协生存和发展的关键。此外农协还提供保险业务(共济事业),保险事业的收益较高,目前是综合农协经营的支柱事业之一。

如果按照日本农协所服务的人数计算,日本农协完全可以称为全日本第一大企业集团、第一大银行集团、第一大保险集团、第一大医疗集团和第一大供销集团,几乎涵盖了日本农民生产生活的方方面面。因此,日本农协既是一种合作社组织,也是一家垄断农村市场的超级公司,还是日本农村的“第二政府”。

日本农协的成功发展也给其他亚洲国家和地区带去了积极的借鉴意义,韩国农协组织最早要追溯到日本统治时期。20世纪50年代,韩国建国之初,在开展土地改革的同时建立起了农业协会。当时,韩国农业协会只负责农产品等经济活动,农业金融业务则是由韩国农业银行负责,主要用以解决农业协会的融资问题。

韩国政府于1961年制定了《农业协同组合法》,将原来的农业协会和农业银行整合成为全国性的农业合作组织。通过不断努力,韩国农协总资产规模达到了2万亿韩元,已成长为拥有中央会1200个分支、地区组合3500个分支、子公司30家、在职员工17万名的世界第四大协同组织。2000年7月1日,原来的韩国农协与韩国家畜协会联盟和韩国人参协会联盟合并形成了新的韩国农协。

目前,中国台湾的农会组织将1974年公布的现行“农会法”及“农会法实施细则”作为管理法源。台湾有301个农会,每一个农会给员工的薪水不同,农会主要是靠信誉在挣钱。实际上,台湾的农会组织(农会)最早也是起源于台湾日据时期,自1900年于台北三峡镇成立第一个农会至今,农会组织在台湾已存在100多年。

日本农协与美国对抗到底

2011年10月,日本全国农业协会中央会(JA全中)会长万岁章宣布将向国会提交请愿书，反对日本加入泛太平洋战略经济伙伴关系协定（TPP），请愿书还得到了日本众参两院350余名议员的支持。2011年11月8日，日本农协在东京都举行了6000人规模的集会，强烈反对日本政府加入TPP，表示日本加入TPP会对地区经济和食品稳定供给等产生恶劣影响。

2012年4月24日，日本农协又在《华盛顿邮报》上刊登有关反对TPP的广告，希望传达日本国内存在的诸多反对意见，并调动美国舆论加以反对，以阻止日本加入TPP谈判。

面对日本农协的反对意见，日本首相安倍晋三于2013年做出了部分妥协。他表示，TPP对日本农业而言"不是危机，而是巨大机遇"。他承诺政府会采取措施，帮助农业变得更具竞争力、增加农业产值，还把农林水产业五种重要产品作为TPP"禁区"，在谈判中确保日本农民的利益。

2018年10月31日，日本政府宣布不含美国的11国跨太平洋伙伴关系协定（CPTPP）将于2018年12月30日生效，CPTPP全称是"全面与进步跨太平洋伙伴关系协定"，是美国退出TPP后的新名字。

对于重启跨太平洋协议，日本农协负责人表示，日本政府以战略方式推进CPTPP"包含着巨大风险"，CPTPP更多基于日本的战略考虑而非实际经济效果评估，"农户可能会成为国家战略的受害者"。此前在TPP时代，日本农协就曾提出过反对意见。

为什么日本农协可以影响政府层面的重要决策？这还要从日本的选举制度说起。在1994年选举法改革之前，由于日本采用的是"中选区制"，同样一张选票在不同选区所代表的价值也就不同。可以理解为农村的1张选票平均相当于城市的5张左右，因此农民的选票十分"金贵"。选举法改革后虽然有所调整，但城市选票和农村选票的价值差仍然十分明显，平均1张农村选票还是可以相当于城市的3张左右。

因此，对于日本战后"一党独大"的自民党而言，与在农村形成垄断地位的日本农协保持好关系，就成为其一直能够执政的很重要的群众基础。作为相应的回报，日本政府在制定和实施相关政策时必然要考虑到日本农协和日本农民的需求。日本农协也依靠着自己巨大的政治影响力，担当起了日本农业守护神的角色，不遗余力地保护日本农业，保卫农民利益。

不仅如此，日本农协还与被称为"财界总理"的日本经济团体联合会（经团联）关系密切。2013年10月，日本最大的经济团体——经团联宣布与日本农协合作成立工作小组，加强两大组织间的合作力度。农协的指导机关"日本农业协同工会中央会"的万岁章会长和经团联的米仓弘昌会长，这两大机构的最高领导人共同出席了在东京JA大楼召开的工作小组第一次会议。

日本农协由于有众多联系紧密的会员，能够对议会选举产生重要影响。历届日本国会都有很多跨党派的支持农民利益的国会议员，一度曾被称为无敌的“农林族”，日本政府的许多惠农政策都是在这样的背景下出台的。在这些政策制定的过程中，日本农协与职业官僚以及“农林族”议员三者之间逐渐形成了共同利益集团，并以此为基础形成了“铁三角结构”。

日本农业现代化走了一条与美国、欧洲等先进国家实现农业现代化截然不同的道路，取得显著效果，被誉为“日本模式”。不同于美国大农业的现代化经营模式，根据国情，日本选择了小型精耕细作式的生产方式。采取多投入劳动及废料的土地节约型的生产方式，通过改善农业水利设施、推广优良的农业品种、广泛施用有机化肥，日本农协这种劳动密集和土地密集相结合的小型精耕细作式的生产方式，使日本农业现代化得到发展。

瑞安农协:探索中国新农村建设

2001 年，时任福建省省长的习近平在其于清华大学人文社会学院完成的博士论文《中国农村市场化建设研究》中，旗帜鲜明地提出“要走组织化的农村市场化发展路子”，并豪迈预言“新型的合作化道路将会越走越广阔”，同时提出了“探索像日本农协、台湾农会的机制”“组织农民是我们党的独特优长”等重要观点。

2005 年 4 月，清华大学公共管理学院博士后陈林，挂职担任浙江瑞安市副市长，分管金融、科技等。此前陈林一直十分关注农协模式的发展，曾在国际研讨会上发表过主题为《作为非营利中介组织的农协模式初探》的相关论文，而此次到瑞安的工作给了陈林实践农协模式的机会。2005 年 6 月 16 日，瑞安农村合作银行一致通过了《关于支持筹备瑞安农村合作协会的决议》。

2006 年，“引导成立农协”列入了浙江温州瑞安市政府的《政府工作报告》。同年 3 月，瑞安农村合作协会正式成立，它由合作银行、供销联社等 8 家核心会员单位及近百家农民专业合作社、农机合作社、村经济合作社作为基本会员单位组成，并且得到了瑞安市农办、农业局、科技局的支持。“三位一体服务三农，条块交融统筹城乡”正是瑞安农协的会训。

巧合的是，距离浙江温州瑞安市 100 多千米的天台山，是儒释道三教合一的思想圣地，也是日本三井财团的文化发祥地。位于天台山的万年寺旁有一个三井潭，是创建三井财团的三井家族姓氏的起源地（参见《三井帝国启示录——探寻微观经济的王者》，白益民著）。显然，具有 400 年历史的“产、商、融”三位一体的三井财团与瑞安农协在这里找到了文化交叉点。

进入 21 世纪，习近平开始主政浙江。担任浙江省委书记的习近平敏锐地发现了瑞安市农村经济体制改革创新的巨大价值，倡导并具体指导了把农民专业（生产）合作、供销合作和信用合作整合为一个强大农业社会化服务体系的改革，深受农民群众的欢迎，取得了初步经验，简称“三位一体”。

2006年10月,习近平听取试点汇报后指出,"三位一体"的新型合作与联合组织,把合作制农业产业化经营又提高了一个层次。习近平表示,从人多地少的现实条件到耕作习惯、人文背景等,日韩模式都与我们相似,但也不能照搬其经验。他们的体系、发展脉络,有其特定的历史背景。我们则不能抛开我们的历史,所以既要借鉴外面,又要走自己的路。

在习近平"三位一体"合作思想的指导下,瑞安先后探索成立了全国第一家综合性农村合作组织"瑞安农协"、全国第一家财险农村保险互助社"兴民互助社"、全国供销社系统第一家县级农信担保公司"瑞安农保",先行先试走出了生产合作(产)、供销合作(商)、信用合作(融)的新路子。

截至2017年,瑞安已经建立起了围绕18.8万亩的农业特色产业基地,联结农民合作社及联合社1263家、农户8.6万户,让农村居民人均收入从2006年的9439元增长到2017年的27903元,增长了近3倍。瑞安"三位一体"实践已在改造培养农民主体意识、创新农村组织方式及要素配置、处理政府与市场关系等方面创造出了优势。

不仅在温州瑞安,浙江省供销社作为各项改革的承载载体,将自身的深化改革融入构建生产、供销、信用"三位一体"农合联组织体系中,与农业经营体制、农村金融体制、涉农部门职能转变等改革有机结合起来。当年在慈溪、瑞安、平湖、上虞、诸暨、义乌、仙居7个县(市、区)开展先行试点。截至2018年,浙江省已经基本建立起了三大服务体系和有效运转的体制机制,初步形成以农合联为大平台的大合作、大服务、大产业全面发展的新格局。

农协模式之所以能够在瑞安迅速取得成功,除了得益于习近平"三位一体"思想的正确引导和当地政府的积极工作外,文化历史层面的影响也是不容忽视的。瑞安,地处中国黄金海岸线中段,隶属于中国浙江省温州市,南宋永嘉学派代表人物叶适就出生于此。永嘉学派主张"经世致用,义利并举",反对传统"重农抑商"的政策,认为应该大力发展商品经济。

2018年9月8日,习近平"三位一体"合作经济思想和瑞安实践研讨会在瑞安举行。来自中央党校、农业农村部、中国社会科学院等单位的专家学者齐聚瑞安,实地观摩"三位一体"瑞安实践样本,探讨总结瑞安经验模式,共谋瑞安"三位一体"改革升级版。瑞安模式是实施乡村振兴战略、开启新时代美丽乡村建设的一次成功的探索实践。

参考文献及来源:

1. 冯开文. 借鉴与反思——日本农协的近况及其对中国农村合作的启示[J]. 农村经济管理,2003(6):46-47,44.

2. 胡美林. 日本农民专业合作经济组织考察报告[EB/OL]. (2009-05-06)[2019-11-01]. http://www.timewollin.com/techsrv/nmzyhzszs1-04a.html.
3. 臧云鹏. 一号问题:中国农业真相[M]. 贵阳:贵州人民出版社,2017.
4. 苏晓晖. 域外势力加大对缅甸介入及其影响[J]. 当代世界,2015(6):34-37.
5. 日本农林中金库官方网站(日文),www.nochubank.or.jp/.
6. 徐冠杰. JA 全农:见证日本农产品高效的配送体系[EB/OL]. (2016-01-25)[2019-11-01]. https://wenku.baidu.com/view/b90af2380b4c2e3f57276326.html.
7. 曹彪. 克莉丝汀背后的丸红供应链战车[N]. 现代物流报,2013-07-19.
8. 杰里米·格兰特. 日本丸红的东南亚业务战略蓝图[N]. 金融时报(英),2013-12-16.
9. Charles Casta. 缅甸的经济特区:邻国博弈竞技场[EB/OL]. (2016-04-10)[2019-11-01]. http://myanmarob.com/2016/04/10/special-economic-zones-in-myanmar/.
10. 沙丁."日本大福现代物流经典案例之一"日本的农产品冷链物流——记 JA 全农果菜中心爱川集装送货中心[J]. 中国储运,2010(12):45-47.
11. 陈涤."天价大米"启示录[EB/OL]. (2018-04-01)[2019-11-01]. https://www.tech-food.com/news/detail/n0173382.htm.
12. 温铁军,侯宏伟,计晗. 日本高米价背后的农协垄断及其政党联系[J]. 农业经济问题,2016(2):100-109.
13. 白益民. 日本"海外农场"启示录[N]. 瞭望东方周刊,2008-05-19.
14. 农业协同组合. 日本粮商潜伏 30 年 控制中国近两成大豆进口[J]. 中国畜牧杂志, 2014(10):2.
15. 丛云峰. 日本农协势力渐弱难阻安倍加入 TPP[EB/OL]. (2015-09-17)[2019-11-01]. http://whb.cn/zhuzhan/huanqiu/20150917/37521.html.
16. 吕明宜."与农共存"的日本农协[J]. 农村财政与财务,2010(1):48.
17. 李媛. 魏应州:康师傅背后的隐身人[N]. 国际金融报,2008-09-17.
18. 冯青. 新希望:山东六合、日本三井股权交易[N]. 21 世纪经济报道,2007-10-11.
19. 驻坦桑尼亚经商代表处. 日本对坦桑尼亚援助额位居非洲国家前列[EB/OL]. (2017-11-16)[2019-11-01]. http://www.mofcom.gov.cn/article/i/jyjl/k/201711/20171102671270.shtml.
20. 张旭. 农业巨头国际化转型: 刘永好 30 年要再造一个新希望? [N]. 21 世纪经济报道,2016-07-30.
21. 王达非. 日本三井物产研修生新希望之行,碰撞出这些火花[EB/OL]. (2014-09-24)[2019-11-01]. https://mp.weixin.qq.com/s/9s54hs2BTEeRgglQZMw0oA.
22. 严雄. 日本在海外屯田备战粮食危机[N]. 世界新闻报,2009-11-04.
23. 章丽华. 日韩争相"海外垦田"御粮荒[J]. 观察与思考,2008(10).
24. 降蕴彰. 中储粮着手打造全产业链帝国遇阻合作生变布局不易[N]. 经济观察报,2011-10-15.

25. 王子. 三井潜行[J]. 中国企业家,2012(7):82 - 83.
26. 白益民. 三井物产引领北大荒出海[N]. 现代物流报,2013 - 01 - 30.
27. 三洋食品株式会社官方网站(日文),www. sanyo - foods. co. jp/.
28. 伊藤忠商事株式会社官方网站,www. itochu. co. jp/ja/.
29. 刘敏. 川崎广人:一个准备死在中国的日本老人[EB/OL]. (2018 - 09 - 04) [2019 - 11 - 01]. https://mp. weixin. qq. com/s/cAnMuj0ceKimfo0Ygu3ccA.
30. 徐继峰,罗江月,贯焰. 中日对非洲农业援助比较[EB/OL]. (2018 - 08 - 23) [2019 - 11 - 01]. http://ccrs. ccnu. edu. cn/List/Details. aspx? tid = 7221.
31. 陈林. 习近平的"三农"情怀.[EB/OL]. (2013 - 05 - 03) [2019 - 11 - 01]. http://theory. people. com. cn/n/2013/0503/c112851 - 21356817. html.

第四章

商业为王才是硬道理

被誉为当代管理大师的美国学者彼得·德鲁克(Peter F. Drucker)认为,市场营销的首次实践不是出自西方,而是来自17世纪中叶日本的三井家族建立的世界上第一家百货商店——三井越后屋。日本三井的许多营销观念直到250年以后才出现在美国的西尔斯·罗巴克公司。

2009年6月,由杉杉集团、三井不动产株式会社、伊藤忠商事株式会社、大东纺织株式会社、立荣投资有限公司多方共同出资成立了杉井不动产开发(宁波)有限公司,合资公司主要负责奥特莱斯项目的开发与运营。三井不动产(三井财团的核心企业)是日本最大的奥特莱斯专业运营商。

2018年,7-11便利店母公司Seven & i控股公司提供的股东大会公告显示,三井财团及其关联企业共同持有Seven & i控股公司接近14.3%的股份,超越伊藤家族(Ito-Kogyo Co.,Ltd.)成为7-11便利店的第一大股东。在7-11进军中国市场的过程中,三井财团功不可没。

——作者题注

【阅读提示】

“三井”告诉了我们什么(4)

从2016年开始,社区超市和便利店逐渐成为零售行业新宠,这一热度在2017年、2018年持续升温,不但阿里巴巴、京东、苏宁等电商巨头纷纷加码社区超市和便利店,物美、大润发等商超,以及保利、绿城、彩生活等物业也陆续入局。而与此同时,传统商超大卖场则面临巨大挑战,沃尔玛在中国连年关店,乐天玛特自2013年以来的五年内在中国亏损更是高达30亿元。

传统的大商超销售开始迈进“小时代”,由“大而全”开始向“小而美”“多而精”转变,中国商品市场的“新零售”转型势在必行。那么什么是真正的“新零售”模式呢?如今许多在谈“新零售”的人,大部分都在谈论“新”,却很少有人去思考“零售”的本质。其实无论是新与旧,销售的核心本质依旧脱离不了“货、场、人”这三个核心要素。

在这方面三井商人就是很好的典范,他们不太会去关注那些表面浮华的新概念或者是看似绚烂的新技术,他们更愿意从根本上去解构商品、服务、商业存在的意义。其实,中国与日本在饮食习惯、生活节奏、城市规划等方面均有很多相似之处,日本便利店的成功运作方式十分值得中国企业学习借鉴,特别是7-11、罗森等模式在中国国内已经普遍受到认可。

优秀的社区超市和便利店等销售终端绝不是简单的夫妻店、小卖部,其产业链条应该包括市场、研发、采购、生产、支付、金融、仓储、配送、营销和买家等多个方面,而要服务好整条产业链条就需要背后有一个强大的体系支持。以三井财团旗下的7-11便利店为例,它不仅在全球拥有超过6.6万家的便利店销售终端和庞大的自有品牌商品集群,还取得了金融牌照。

日本三井物产的经营重点往往呈现“两端业务”特色,一方面是注重对商品资源端的掌控,另一方面就是加强流通、销售传播领域的服务。从某种意义上讲,便利店就是一个小型的综合商社。套用现在流行的一个词语,好的便利店销售终端应该打造的就是一个“生态”,一个汇聚了生产、商品、物流、信息、生活的全方位“生态平台”。

究竟该如何学习日本的“新零售”模式?一时间7-11便利店、无印良品、茑屋书店等日本知名品牌企业成为标杆,前去观摩学习的中国企业家络绎不绝。可是要知道日本企业的成长发展有着它们独特的历史和文化背景,这一点是中国企业无法实现的。因此如何把日本商业文化、模式学以致用、融会贯通是中国企业家们需要思考的问题。

本章导言

2018 年 10 月 15 日，拥有百年历史的美国“宗师级”零售业巨头西尔斯百货(Sears)正式向美国法院申请破产保护。西尔斯百货自 2011 年以来累计亏损逾 110 亿美元，年销售额下降近 60%，公司每年需要筹集超过 10 亿美元的资金才能勉强维持运营。从世界商业零售模式的开创者、领军者乃至百货之王到如今陷入破产绝地，这个横跨三个世纪的百货公司最终走向了消亡。

西尔斯百货公司曾被管理学大师彼得·德鲁克称为 20 世纪“美国最伟大的公司之一”，德鲁克认为西尔斯的成功正是抓住了市场营销的本质，掌握了与客户相关的趋势变化。西尔斯首先为美国农民服务，而后为美国家庭服务，成为消息灵通和负责任的零售商。这使得西尔斯公司在短短 10 年内，从一家濒临破产倒闭的邮购公司一跃成为全球领先的零售商。

每当传来老牌百货商场关闭的消息时，人们总是会习惯性地把原因归结到电商领域的冲击，但是电商迅速崛起的冲击只是一方面，其根本原因还是老牌百货业的从业者缺少对商业的敏感度和执行力。日本百货业自 2005 年就开始尝试经营转型，一直在积极探索转型模式，包括自营、整合兼并、跨业经营、海外拓展等，到 2014 年百货业主体就已经基本完成蜕变转型。

向往去东京购物的国人一定不会对银座百货巨头“三越百货”的名字感到陌生，其前身是由三井家祖三井高利在 1673 年创办的和服商店“三井越后屋”。1905 年成为日本第一间真正意义上的百货公司，还被德鲁克誉为市场营销的首次实践。与中国国内百货业萧条的情况不同，拥有 300 多年历史的三越百货依然保持着旺盛的生命力。

2010 年 9 月，三越百货经历了一次大变革，从传统的百货商店摇身一变成为适合现代新贵的大型精品商场。从备受世界瞩目的时尚品牌到新兴设计师的个人品牌，从百年历史的老铺餐厅到米其林星级厨师餐厅，从各个县的传统工艺到传统美食，毫不夸张地说，仅仅是逛一逛三越百货，就能大致了解到当代日本人的生活方式和生活品质。

日本百货企业在转型的过程中一直牢牢抓住了销售的本质,品牌推广、文案策划、广告投放、模式创新这些都只是销售的手段而非核心,销售的本质其实是洞悉人性、洞察需求。这一点三越百货做得就非常成功,根据不同需求进行了差异化的清晰定位,银座三越重点应对30岁上下的中青年商务客群,日本桥三越则是重点关注老年的忠诚客群。

三越百货还积极调整经营理念,采取更大范围的跨业经营模式,东京银座三越百货的业绩结构划分为:男装占20%,女装占40%,超市及食品馆占30%,生活家居杂品占10%。同时拿出30%的营业面积用于其他功能类:季节主题展示区、入口接待、层间走动咨询、卖场休息区、休闲餐饮、道具景观、DP点(静态商品展示)变化,比以往更加专业化、人性化。

当然,由于日本国内日趋老龄化和年轻人消费习惯的改变,三越、伊势丹(2008年与三越合并,成为三井财团的关联企业)等知名百货也受到了一定程度的冲击。在这种环境下,日本百货为了迎合中国等外国游客,改变了一些服务方式,商品组合也有所调整。比如,银座三越特设了中国独生子女专卖区,伊势丹新宿的女性妇科检查、高岛屋的综合家居馆、电器的超市和美食街等项目。

可以看到,无论是调整定位还是迎合海外消费者,"以人为本"的经营理念一直都是三越百货坚持不变的准则。早在三井越后屋时期,三井高利就开创出了"想顾客所想、按需销售"和"明码实价、现银销售"等经营方式,在当时是极大的革新和突破,由此聚集了很大的支持和人气。这种独特的销售、贩卖与采购技巧也被称为"越后屋商法"。

在零售业领域,日本三井还有着一个"一个和十二个"的理论,它的内容就是大多数顾客购物的地点有80%是受到亲朋好友的影响,而一个人的影响力平均可达12人,也就是当你在和一个顾客做生意时,其实也就在和潜在的12个人做生意。如果你给这位顾客留下好的印象,你也就会多了潜在的12位客户。无论市场和行业如何变换,商业的核心本质从来都没有改变。

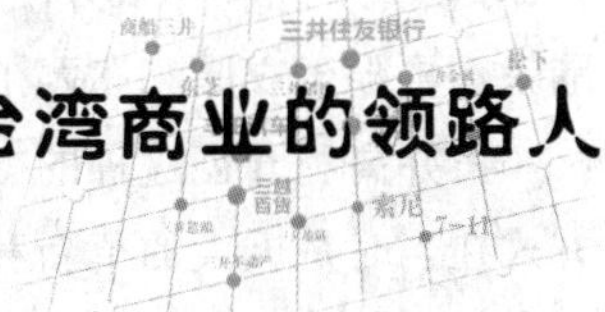

第一节 日本：台湾商业的领路人

三越百货：市场营销的首次实践

1991年10月，在台北南京西路上，三井财团旗下的三越百货与台湾新光集团合资开设了第一家引领台湾时尚潮流的高端百货品牌店，叫作“新光三越信义新天地”。从此，台北市最重要的商业区信义区有了一家标志性的购物中心，许多到台湾的大陆游客都喜欢去那里逛街购物，从台湾本土品牌到国际奢侈品牌应有尽有，能够满足各个层次顾客的需求。

时至2000年，日本和中国台湾合资的新光三越百货公司进驻台中七期重划区，台中店可以说开启了新光三越进入大型店铺经营的里程碑。2002年6月，新光三越又在台南地区开设新的分店“台南新天地”，楼地板面积达到23.5万平方米的台南新天地是新光三越在台湾地区最大的分店。

新光集团是新光三越的台湾股东，资产总额超3000亿元人民币的新光集团是台湾本土五大财团（家族）之一，连续多年被台湾评为总资产前十强与最具影响力的企业集团。不仅是商业百货，台湾新光集团产业还涉及金融、纺织、房地产、百货、证券投资、石化天然气、电子通信、建筑等众多领域。

三越百货作为新光三越的日本股东，是日本著名的大型百货公司之一，其前身是由三井家族的三井高利在1673年创办于东京的三井越后屋（吴服店）。因此，可以说三越百货其实就是日本三井财团的最初主体。而所谓的“吴服”，根据日本早期史书《古事记》《日本书纪》等记载，就是指从中国古代“吴”地带去的纺织手艺人和先进技术，因此在日本江户时代（1603—1867年）之前和服都被称作“吴服”。

当代著名管理学家彼得·德鲁克认为，市场营销的首次实践不是出自西方，而是来自17世纪中叶日本的三井家族建立的世界上第一家百货商店——三井越后屋（三越百货）

在日本当时的商业习惯里，布料是需要凑集几个伙伴一起去买一匹漂白布，但是人数却不易凑齐。用现在的话来说，当时布料只以匹为单位出售，是“不符合顾客需求的”。于是，三井高利便在自己的吴服店门口贴上了一张纸条，“不论多少都可以剪下来卖”，三井店里所有的漂白布很快便销售一空。

不仅如此，三井高利还发现日本家庭在女儿出嫁时需要购置许多东西，不仅是布匹衣服，还要备齐放置衣服的衣橱、箱包以及绸缎、梳子、簪子、餐具等种种东西，但是，新娘和她的母亲往往需要东一家西一家地去选购。如果这些东西可以在一个地方一次性购齐,对顾客来说该有多方便!因此,三井高利马上付诸行动,三井越后屋的经营范围就不再限于衣服和布匹了。

三井高利开创这种的"想顾客所想、按需销售"和"明码实价现银销售"的经营方式在当时是极大的革新和突破,由此聚集了莫大的支持和人气。被誉为当代管理大师的美国学者彼得·德鲁克就认为,市场营销的首次实践不是出自西方,而是来自17世纪中叶日本的三井家族建立的世界上第一家百货商店——三井越后屋。

早在100多年前的1905年,三越吴服店株式会社就发布"百货公司宣言",成为当时日本第一间真正意义上的百货公司,之后便开始以百货公司的形式继续经营。1913年,三越百货首次在东京的日本帝国剧场放置广告宣传,由滨田四郎创作的口号"今天去帝国剧场看戏,明天去三越购物"(今日は帝劇、明日は三越),正式拉开了日本消费时代的大幕。

三越百货是战前的三井财阀直至现在的三井财团的主要成员公司,其商号正是从"三井越后屋"中取"三越"二字而成的。如今,"三越"已经成为日本影响力最大的百货商场品牌。经过近30年的发展,日本三越百货和中国台湾新光集团合资创办的新光三越也已经成为台湾百货业"三巨头"(新光三越、太平洋、远东百货)之一。

借助台湾新光进入大陆市场

2007年4月,台湾新光三越与北京华联集团在北京大望路共同投资了7.5亿元人民币开设了新光天地百货商场,双方各占50%股份。其实,根据中国加入世界贸易组织后3年内全面开放商业零售市场的承诺,从2004年12月11日起,外资商业企业就可以在大陆任何地方开设商铺,根本无须寻找中方合作伙伴。但是,新光三越依然选择了和华联集团的合作。

日本和中国台湾合资的新光三越之所以选择华联集团作为首次进军中国大陆的合作伙伴,显然是看中了华联集团在中国零售领域的强大实力,希望借助华联更好地实现新光天地百货商场的中国大陆本土化经营。

北京华联集团是商务部重点扶持的十五家全国大型零售企业之一,也是国际百货协会(IADS)唯一的中国零售企业会员。成立于1996年的华联集团已建立起覆盖全国的连锁零售网络,一流的商品资源、品牌资源和人才资源也为后来新光天地的良好业绩奠定了基础。

事实上,当时来大陆投资的并不是单纯的中国台湾新光三越,而是股本构成重新组合后的企业。在大陆合资的华联新光天地百货商场,其股东其实是北京华联、中国台湾新光三越、新光集团、三越百货和以三井物产为首的几个综合商社的集体组合。

日本输出入银行和海外协力基金合资的国际协力银行就曾有报告分析说:中国大陆自2005年4月爆发抵制日货的情绪后,日本企业独自进入中国大陆的政治变量太多,而中国台湾地区则非常适合成为日本的策略伙伴。

对此,三井物产在台湾公司的董事长兼总经理小川隆为日本企业制定了一套相关的发展策略,即“第一阶段可以先进入中国台湾市场,了解中国人的胃口,打造好口碑;第二阶段再跟中国台湾业者合作,转进到中国大陆市场”。现在越来越多的日本零售服务企业也都意识到了这一点,要先把中国台湾地区当成“中继站”,进行本地化孵化发展,再以台商为商业伙伴,才是进军中国大陆市场的最佳策略。

虽然新光三越和北京华联各占公司50%的股权,但新光天地一直是由台湾新光三越派驻的台湾运营团队负责运营。由于没有任何一方绝对控股,且百货是非常区域化的行业,不同地区经营者的理念有很大差异,产生分歧很常见,特别是在重大决策上股东之间容易相持不下。

2007年8月,也就是北京新光天地开业仅仅4个月以后,华联集团派驻董事会的成员突然向北京警方举报,称台湾新光三越派驻的管理团队成员涉嫌贪污受贿,要求撤换台籍的管理团队。同时,华联方面还对台湾新光三越管理团队提出新光天地工程质量存在严重问题,要求台湾运营团队交出经营权,其间甚至还出现过限制台方人员离境的过激事件。

随后的9月12日,北京华联与新光百货就新光三越的问题发表了共同声明。声明指出,新光三越对双方理念及认知不同表示遗憾,台湾新光三越派任新光天地的管理人员将逐步恢复上班,双方将就争议即刻展开协商。北京华联则表示,事件纯属误会,并向新光三越表示歉意。华联集团高层一再澄清,并无意争夺新光天地的经营权,但是股东之间也因此埋下了“分手的种子”。

此后,在台湾新光三越运营团队的管理下,北京新光天地迅速发展成为中国“最大、最赚钱”的单体百货,销售额自2007年开业以来始终呈现惊人的增长态势。数据显示,新光天地2008年、2009年和2010年的销售额分别是25亿元、33亿元和48.29亿元,开业前3年新光天地几乎每年的营业额都以超过30%的同比增幅高速增长。

离船上岸,开辟新天地

2013年2月,北京华联新光百货有限公司多位员工向媒体证实,负责新光天地运营长达5年之久的台湾新光三越百货运营团队已经正式退出。一位不愿具名的北京华联新光百货有限公司员工表示,台湾运营团队的退出在公司内部早已经不是什么秘密,“所有的员工基本都知道,但是公司下达了相应的封口令,严禁我们对外透露”。

2015 年 5 月 1 日,北京新光天地百货正式更名为“SKP”百货,标志着新光三越和北京华联的正式分手。很多人都认为,这是因为双方在合作上出现了很多分歧,才最终“劳燕分飞”的。虽然台湾新光三越不再是商场的股东,但“SKP”正是新光天地“ Shin Kong Place ”的英文缩写,那么这背后的究竟隐藏着什么样的故事呢?

一方面,学到了台湾新光三越“百货真经”的北京华联 SKP 在几年时间里先后战胜杭州大厦、上海八佰伴等老牌商场。2017 年,北京华联 SKP 实现营收 127 亿元人民币,成为仅次于东京新宿伊势丹的亚洲百货业单店亚军,并蝉联中国百货单店冠军,也成为仅次于王府井百货的内陆第二大百货商场品牌。不仅如此,北京 SKP 还以平均每年开出 1 家新店的速度实现扩张。

2018 年 5 月 11 日,由华联集团投运的全国第二家 SKP 项目在西安正式开始试营业。此外,北京华联集团和昆明五华区政府、昆明城投公司还将投资 40 亿元,在昆明建设西南地区第一家 SKP 旗舰店。再加上华联旗下的 BHG 购物中心、BHG 综超、BHG 百货众多门店,北京华联发展势头可谓是十分迅猛,有望在未来几年成为大陆乃至大中华地区的“百货公司之王”。

另一方面,其实从 2011 年开始,台湾的新光三越就不断从合资公司中抽身,只保留了一小部分股权,并由北京华联一方逐步行使了经营管理的主导权。仅 2011 年一年,新光天地就创造了 65 亿元的销售额,如此出色的业绩下,新光三越却选择不断减少股权。

在北京新光天地更名后的一个月,由台湾三越百货独资运营的苏州新光天地正式营业,苏州新光天地充满了江南园林式的设计感

值得注意的是,2015 年 6 月,也就是在北京新光天地更名后的一个月,由台湾三越百货独资运营的苏州新光天地便开始开门迎客了,建筑面积 16.3 万平方米的苏州新光天地充满了江南园林式的设计感,新光天地的美丽市场超市将苏式传统市集特色与全球知名市场的风格完美融合。

同样是由台湾新光三越独资投运的重庆渝北区新光天地也于 2017 年 8 月正式开业。重庆新光天地的定位是“长江上游高端的购物及生活中心”,开幕 2 周累计超过 300 万来客,日平均来客数逾 22 万人次,假日最高达 45 万人次。在离开北京华联集团后,台湾新光三越也逐渐打开了大陆市场,而和台湾企业一起进入中国大陆的日本企业却一直躲在背后默默获利。

其实,不仅是新光集团的新光三越,与三井财团渊源深厚的台湾统一集团旗下统一超商也有相同的发展构想。统一超商总经理徐重仁曾说:日本可以借助中国台湾商人的本地化经验,中国台湾可以借助日本的专业知识,先把日本服务零售业引入中国台湾,进行本地化,未来再复制到中国大陆市场。

新光财团以日本为师

如今,台湾有日资血统的新光三越百货在台北、桃园、新竹、台中、嘉义、台南、高雄等多个城市拥有21家分店,年客流量超过1亿人次,连续多年位居东南亚及台湾百货业龙头地位。和新光三越共同发展进步的台湾新光集团,几十年间从一个小小的布料进出口商行,发展成为台湾地区赫赫有名的大企业财团。

新光集团的创始人吴火狮(1919—1986年),出生于台湾新竹县东势村的一个小商人家庭。1934年初中毕业的吴火狮因为父亲生病辍学,经人介绍到了台北一家日本人开的平野商店当学徒,这是一家在当时颇具规模的布匹进口批发商,正是这段经历为吴火狮后来的经商之路奠定了良好的基础。

平野商店的日本老板小川光定非常欣赏吴火狮,于是拿出3万元开设了一家分公司——小川商行,让年仅20岁的吴火狮出任经理。几年的工作时间不仅让吴火狮攒下了不少积蓄,同时由于工作的关系,他也要经常往来于中国台湾与日本之间。在往来日本期间,吴火狮逐渐开始对日本商业文化产生了兴趣。

吴火狮曾经表示自己会经常把一本书放在床边,晚上就拿出来看,这本书就是涩泽荣一(1840—1931年)的《论语与算盘》。涩泽荣一有着极具传奇色彩的企业家生涯,一生创办了500多家企业,有着“日本企业之父”“日本金融之王”“日本近代经济的领路人”“儒家资本主义的代表”等许多的称号。

如果说曾经的日本老板小川光定是吴火狮在实际经营层面的老师,那么涩泽荣一就是吴火狮在思想精神层面的老师。涩泽荣一提出“士魂商才”概念,认为:一个人既要有“士”的操守、道德和理想,又要有“商”的才干与务实;如果偏于士魂而没有商才,经济上也就会招致自灭。

1945年台湾光复后,吴火狮与兄弟吴金龙及洪万长、林登山等人合资在台北建立了新光商行,这就是后来新光集团的前身。之所以取名“新光”,是因为首先“新”代表着他是新竹人,而“光”则是为了感谢有恩于他的日本老板小川光定,同时意味着“新竹之光”、事业兴旺发达之意。

新光商行初期主要是从日本进口布料,再出售供应台湾岛内,同时由于当时的台湾刚刚光复不久,各种生活物资极度匮乏,新光商行还会从大陆进口面粉、豆类、棉布等生活必需品。

1949年,吴火狮正式出任新光商行负责人,商行事业颇有进展,此后又陆续增设了三家商行,还先后在日本设立了永光商事株式会社和新光商行大阪办事处。此时,新光商行和日本之间已经不只局限于纺织布料了,洋葱、鱿鱼干、罐头、螺肉甚至脚踏车零件等都是新光商行当时的主要贸易产品。

当时的台湾当局积极扶植本土的纺织业,这使得吴火狮和新光商行发现了新的商机。新光商行将日本先进的纺织机拆成零部件运往台湾,再重新组织成纺织机。有了设备后，吴火狮先后在新竹和新庄设立染整厂和印染厂，生产台湾本土的纺织品。到了1952年，吴火狮把这两个厂子和新光商行进行了合并，成立了台湾新光实业股份有限公司，此时的新光实业公司已经有了“商业＋产业”的雏形。

1967年，新光集团又与日本公司合作设立了新光合成纤维公司，这是一家专注聚酯纤维的专业厂商，其中日方投资公司是东丽株式会社（属三井财团）和三菱商事株式会社（三菱财团的综合商社）。新光合成纤维的产品得到了日本索尼（三井财团的关联企业）绿色伙伴（Green Partner）认证，也是惠普、戴尔、苹果、欧姆龙、松下、丰田、富士康等国际知名企业的直接供货商。

1972年，新光集团成立从事生乳、畜牧、农林生产与销售的中国兆丰公司，1978年与1979年分别成立从事生产机器、医疗设备、科技设备等租赁业务的台湾租赁与新光租赁公司。1992年，台湾当局首次开放民营银行，新光集团申请的台新国际商业银行跻身新批准的15家民营商业银行之一，成为新光集团继保险和证券投资后的又一大金融项目。

产业涉及保险、纺织、房地产、百货、证券投资、天然气、银行等众多领域的新光集团已经逐渐开始财团化，被誉为台湾五大财团之一。集团资产总额接近3000亿元，目前集团的负责人吴东进（吴火狮之子）是台湾第二大亿万富翁。

第二节　究竟是谁的乐天

在中国的“突进”与“弃局”

1994年8月，在三井物产的积极筹划和推动下，由三井物产、日本乐天株式会社、韩国乐天制果、中国四通集团共同投资2000万美元在北京建立了乐天四通食品有限公司。乐天四通食品有限公司主要负责生产乐天口香糖和奶油派，后来乐天四通改名为“乐天（中国）食品有限公司”。

虽然这家公司的名字始终看不到“三井”的字样，并且在最初的乐天四通也仅仅拥有10%的股份，但是实际上公司的原料和物流基本上都是交由三井物产的公司来经营的。正是在三井物产的助力下，乐天财团用它最拿手的制糖业顺利地打开了中国市场。刚开始进入中国，大多数人对乐天的印象更多的还是木糖醇口香糖，或者蛋糕派，显然乐天并不满足于此。

2006年7月，乐天财团旗下的乐天百货株式会社以出资50%的比例与中国银泰投资有限公司下属的浙江银泰百货集团合资成立了“乐天银泰百货”公司，这也是乐天百货在中国的“第一号店”。位于北京王府井的乐天银泰百货定位高端，开业初期主营国际顶级品牌，其中众多韩日知名品牌都是通过合资商场首次登陆中国大陆。

2007 年 12 月 17 日，韩国乐天超市和万客隆超市的外方股东——荷兰 SHV 集团签署了股权收购协议，乐天超市收购了万客隆超市 49% 的股权。随后 2008 年 1 月 23 日，韩国乐天又和中粮集团签署协议，中粮集团以 6.4 亿元的价格正式将此前持有的万客隆超市 51% 的股权正式转让给韩国乐天超市。自此，韩国乐天共先后花费 12.8 亿元收购了万客隆超市 100% 的股份，成为万客隆超市的唯一股东，正式拉开了韩国乐天超市全速进军中国连锁超市行业的步伐。

不仅仅是在食品、零售领域，其实乐天财团的业务已经涵盖了旅游、石化、建设、制造、金融、服务等众多领域。2006 年 5 月，韩国乐天财团下属的两大石油化工企业——湖南石油化学株式会社和 KP 化学共同投资成立了湖石化学贸易（上海）有限公司。

2010 年 5 月，韩国乐天投资 5.3 亿元成立了乐天化学（嘉兴）有限公司，生产 ETA（乙醇胺）、一乙醇胺（MEA）、二乙醇胺（DEA）等化工制品。2011 年，又成立了乐天融资租赁，主要向中国客户提供生产设备、工程机械、办公设备、通信设备等租赁服务。

乐天财团在中国的发展可以说是突飞猛进，2016 年在华的营业额就已经达到了 3.2 万亿韩元，这是 2009 年的 7 倍。在中国，乐天财团已经成功打造了属于自己的商业帝国，业务覆盖了中国的 24 个省、直辖市，累计投资近 10 万亿韩元（约合 600 亿元人民币）。此时，乐天在中国的事业已经占据其整个版图的 29%，成为仅次于韩国和日本的重要市场。

乐天百货商场(共5家)		
序号[/b]	门店名称[/b]	门店地址
1	乐天百货天津东马路店	天津市南开区东马路137号
2	乐天百货文化中心店	天津市河西区乐园道9号(乐园道与越秀路交口)
3	乐天百货威海店	威海市环翠区新城路17-4号 华联对面
4	乐天百货成都环球中心店	成都市高新区天府大道北段1700号新世纪环球中心
5	乐天百货沈阳店	辽宁省沈阳市皇姑区北陵大街9-4、9-5号
乐天玛特超市---北京市20家		
序号	门店名称	门店地址
1	北京洋桥店	北京市丰台区大红门西路19号1-3层
2	北京酒仙桥店	朝阳区酒仙桥
3	通州八里桥店	北京市通州区通惠北路甲27号一厅(八里桥农产品中心批发市场内)
4	北京望京店	北京市朝阳区广顺北大街17号(六佰本商业区)
5	北京四道口店	北京市海淀区四道口2号2号楼京果商厦地下一层、地上一层(原四道口果品批发市场)
6	北京崇文门店	北京市东城区崇外大街18号国瑞城中区3号楼地下
7	北京公益西桥店	北京市丰台区南四环中路城南嘉园益城区16号楼
8	北京安贞店	朝阳区胜古家园2号楼一层
9	北京上地店	海淀区上地佳园1号楼2楼一层
10	北京衙门口桥店	石景山区景阳东街67号院1号楼C1-101
11	北京鲁谷店	石景山区玉泉西里二区29号楼1层29-3
12	北京朝外店	朝阳区三丰北里18号/楼楼地下一层103内

韩国乐天财团的业务覆盖了中国的24个省、直辖市，累计投资近10万亿韩元（约合600亿元人民币）

2017 年初，美国在韩国部署“萨德”（THAAD）反导系统一事闹得沸沸扬扬，原本属于军事领域的事件却因为一家企业的加入而增添了些许商业味道。此前就有韩国军事专家指出，“萨德”入韩，韩国和韩国企业将成为最大受害者，真正的受益者其实是躲在背后的日本。

同年 2 月 27 日，韩国乐天财团董事局决定，为部署“萨德”供地，将旗下所属的星州高尔夫球场转让给韩国国防部，而转让的条件则是“以地换地”，即政府以南扬州 6.7 万平方米的军用地换取了乐天在星州 148 万平方米的球场。这一消息引发中国舆论对乐天的猛烈抨击，不少中国民众呼吁自发抵制乐天，突然到来的“萨德”风波也让乐天在中国的经营业务迅速陷入了瘫痪。

为了应对经营危机,乐天财团在短时间内两次紧急注资,希望能够稳定市场情绪。2017 年 3 月 24 日,乐天方面向乐天玛特中国卖场紧急注资 3600 亿韩元(约合 21.6 亿元人民币)。8 月 31 日,韩国乐天财团又再次向中国乐天玛特进行了第二轮紧急注资,这次“输血”的金额为 3 亿美元。但是,这样的“野蛮输血”最终并没有挽救乐天的中国市场。

2018 年 4 月 26 日,据海外网报道称,乐天购物以 2485 亿韩元(约合 14.6 亿元人民币)的价格,向中国的物美集团出售北京的 21 家乐天玛特门店。随后在 5 月 11 日,韩国乐天集团召开理事会,将上海、江苏等华东地区 50 多家店铺以 2800 亿 ~2900亿韩元(约合 16.6 亿元人民币)的价格出售给中国的利群集团。

同年 8 月 27 日,继乐天玛特后,乐天决定完全告别中国饮料市场。位于河南省漯河市的乐天澳的利有限公司已经全面停产,并进入设备厂房的拍卖阶段。除乐天澳的利外,位于北京的乐天华邦饮料公司和位于吉林省白山市的乐天长白饮料有限公司销售额也低于 100 亿韩元,处于亏损状态。北京工厂已经停工,生产矿泉水的乐天长白也面临退市危机。

从 1994 年进入中国市场到 2018 年的全面推出,乐天财团在中国市场的 20 多年布局发展最后仅留下一地鸡毛。2008 年,在收购万客隆的新闻发布会上,乐天超市北京代表处总经理朴正植意气风发地高喊,5 年内要在中国市场开设 100 家超市,实现 1000 亿元人民币营业额,成为中国超市的领军企业。如今回想起他的这些话,真是令人不胜唏嘘。

与日本首相安倍晋三是世交

乐天财团从一开始就是一家日本企业。2016 年韩国公平交易委员会对韩国乐天财团控股结构的调查结果显示,三家日本子公司(光润社、Family 和乐天 Green Service)占据了乐天控股结构的顶端。同样据韩国知名媒体《亚洲经济》的报道,从韩国乐天财团目前的交叉控股结构来看,日本法人才是站在集团最顶层的存在。

从具体控股关系来看,韩国乐天的核心关键是日本的乐天控股,而乐天控股实际上又被一家名为“光润社”的日本企业所控制。“光润社”是一家十分神秘的公司,这家 1967 年注册的日本公司职员数只有 3 人,分别是乐天集团的创始人辛格浩和他的两个儿子辛东主和辛东彬。

资料显示,这样一家 3 个人的企业在乐天财团的持股率却高达 89.6%。也就是说,真正对韩国乐天集团行使管理权的这两家企业都是不受韩国法律管辖的日本企业。不只是股权,甚至连掌门人都是日本人!

韩国《中央日报》报道称,2017 年 3 月 20 日,94 岁高龄的乐天财团创始人辛格浩因涉嫌虚假公示海外子公司股份被起诉。在韩国法庭上,辛格浩就用日语对法官吼叫:"谁敢判我!"辛格浩虽然并不出生于日本,可是却在日本生活了近60年,有日本国籍,同时还拥有一个日本名字——重光武雄。

乐天财团创始人辛格浩的两个儿子辛东主(日文名重光宏之)和辛东彬(日文名重光昭夫)也都是在日本出生和长大的,两人都毕业于日本的青山学院大学,这是一所日本极负盛名的私立大学,该校校友在日本政界、经济界、传媒界、演艺界及文学界都有着强大的影响力。

1985年,辛东彬与日本人淡河真奈美结婚。淡河真奈美是大成建设集团副会长淡河义正的女儿,曾任日本前防卫厅厅长伊藤宗一郎的秘书。日本前首相福田赳夫(福田康夫父亲)正是这桩婚事的媒人,也是安倍晋太郎(安倍晋三父亲)的老师。时任日本首相中曾根康弘、前首相岸信介以及现任首相安倍晋三当时都出席了婚礼。

时隔30年,2015年11月28日,乐天财团创始人辛格浩的孙子,即辛东彬的儿子辛裕烈(日文名重光聪)在日本东京帝国饭店举办婚宴,新娘也是日本人。日本首相安倍晋三及日本政商界人士500多人出席了婚宴。

安倍晋三的父亲安倍晋太郎,曾任中曾根康弘内阁外务大臣,如果不是因为过早病逝,很有可能会成为日本首相。安倍晋三的母亲安倍洋子是岸信介的长女,洋子对政治非常敏感,日本政界称她为"影子实力者"。安倍晋三的岳父松崎昭雄则是日本森永集团的社长,是日本财界的重量级人物,而安倍晋三的叔父还曾是日本兴业银行的董事长……

除了良好的私人关系,乐天与安倍家族还有着一条重要的联系纽带,那就是日本六大财团之一是三菱财团。1978年,辛格浩的大儿子辛东主从日本青山院大学毕业后并没有直接进入乐天财团,而是选择进入三菱商事工作,直到1987年才离开三菱商事回到乐天财团工作。而后,辛东主成为日本乐天的负责人,可以说日本乐天的实际领导者辛东主是受了三菱财团长达10年的"重点栽培",显然乐天集团和三菱财团之间的关系非常紧密。

事实上,安倍家族和三菱财团的关系则更为牢固。安倍晋三的兄长安倍宽信,曾经是日本第一大综合商社三菱商事中国分社的社长,后来又成为三菱商事的执行董事。2013年底,安倍晋三的母亲洋子,亲自指定了安倍宽信的儿子、时年23岁的安倍宽人作为安倍政治世家的第四代继承人,年轻的安倍宽人也就职于三菱商事。

此外,安倍晋三和他哥哥安倍宽信从幼儿园到大学都一直在与三菱财团关系密切的成蹊学园接受教育。二战前,成蹊大学就与三菱财团联系十分紧密,学校运营费用的大部分都要依靠三菱的捐赠,现在三菱对于整个成蹊学园的经营都有着很深的影响。

2018年2月9日,日本首相安倍晋三前往韩国参加平昌冬奥会的开幕式,这也是文在寅政府成立后安倍晋三的首次韩国行。然而，出现在机场接机的并不是韩国总统文在寅，而是乐天集团的会长辛东彬。在离开机场后，安倍晋三一行也是首先抵达了江原道束草市的乐天度假村。

虽然乐天家族和日本首相安倍晋三家族关系亲密早已不是秘密，但是由一名企业家迎接并招待外国元首还是非常罕见的事情。据韩联社报道，乐天集团的创始人辛格浩与日本首相安倍晋三的父亲、日本前外务大臣安倍晋太郎关系十分亲近，同时他与安倍晋三的外公岸信介也相识已久。

乐天财团创始人辛格浩的两个儿子辛东主、辛东彬和安倍晋三也是年龄相仿，辛东主和安倍晋三都出生于1954年，而辛东彬则要比安倍晋三小上几个月。三个人之间的私人关系也非常好，特别是辛东彬与安倍晋三之间关系尤为亲密，安倍曾多次单独会面辛东彬谈生意。

归化日本的重光家族

乐天财团创始人辛格浩，1922年出生于韩国蔚山的一个小村子。1941年，19岁的辛格浩瞒着父亲坐上了去日本的轮船，那时他的兜里仅揣着83日元。到了日本以后，辛格浩一边在日本早稻田大学学习化学，一边做一些送报纸、牛奶的兼职工作。

1945年日本投降以后，很多住在日本的朝鲜人选择回国，而辛格浩则选择留了下来。他当时打工的当铺老板花光氏非常欣赏他，借给他5万日元开了一家油脂工厂。到了1946年，辛格浩建立的花光特殊化学研究所取得了成功，他不仅还清了债务，还给花光氏买了栋房子谢恩。

1948年，辛格浩发现了由驻日美军带来的口香糖商机，于是便成立了专门负责生产口香糖的日本制果公司，这也是乐天集团的第一家正式企业。也就是在日本制果公司成立的同一年，辛格浩在日本迎娶了他的第二任妻子重光初子，还给自己重新取了一个日本名字——重光武雄。

这次婚姻可以说是彻底改变了辛格浩的人生轨迹。二战后，大量朝鲜半岛移民留在日本谋生，由于日本人的内向性和血统方面的优越感，在日朝鲜人往往被社会边缘化，与日本人通婚是融入社会的最好方式。

1998年韩国出版的《辛格浩的秘密》一书中披露，辛格浩的妻子重光初子，原名竹森初子，后来过继给了舅舅重光葵，并改名为“重光初子”。重光家族可是日本赫赫有名的政治家族，重光葵在二战期间曾先后担任日本驻华大使、日本外务省次官、驻苏联大使以及驻英国大使等职务。1945年9月2日，重光葵作为日本外务大臣兼大东亚大臣代表日本天皇和政府签署了日本无条件投降书。

1946年4月，重光葵被定为甲级战犯，由于有16个英美著名外交官替他说情，他只被判处有期徒刑7年，而后在1949年11月便获假释出狱了。1952年，获特赦减刑的重光葵重新回到了日本的政治中心,当选为众议院议员及改进党总裁。1954年,改进党与新民主党合并成立了自民党,作为自民党的创始人之一,重光葵成为自民党的副总裁。

1945年9月,乐天财团创始人辛格浩的岳父重光葵(中间戴眼镜者)作为日本外务大臣代表日本天皇及日本政府在两份投降书上签字

1954年12月,自民党总裁鸠山一郎成为日本首相后,重光葵被任命为了日本外务大臣,主要负责与苏联重建外交关系以及恢复日本在国际外交事务中的声望。也正是在其任职期间,日本正式加入了联合国。由重光葵担任副总裁的自民党是日本最大的政党,自1955年直到1993年败选为止,自民党在日本曾经保持了长达38年的"一党独大"制。

辛格浩正是凭借着重光家族在日本的强大势力背景,才使得乐天财团在短短10年的时间里资产就翻了100倍。其实早在20世纪50年代,日本警务厅就曾怀疑辛格浩有逃税、行贿等行为,但是仰仗着妻子家族的政商人脉资源,乐天财团一直以来都安然无恙。

有了背景,下一步需要的就是发展资金了,而为乐天财团带来发展资金的人名叫刘彰顺。1950年,辛格浩结识了由韩国银行东京分行行长的刘彰顺。当时正值朝鲜战争初期,为了应对战争带来影响,由美国扶植的傀儡政权李承晚当局下令支援旅日企业家。于是,刘彰顺所在的韩国银行就给予了辛格浩"特别"融资,这笔资金为处于企业扩张期的乐天提供了巨大支持。

1967年,当乐天决定进入韩国市场以后,刘彰顺便顺利成为韩国乐天制果会社的第一任会长,负责韩国乐天事业长达14年。离开乐天后,刘彰顺还于1982年短暂出任过韩国国务总理。有了强大的政治与经济"后盾"支持,辛格浩和他的乐天财团不再满足日本市场的需求。

20世纪60年代初期,乐天在日本的业务从口香糖扩大到了饼干、巧克力、冰激凌、蛋糕等零食产业。辛格浩于1961年成立了乐天房地产,1967年建立乐天世界,1968年建立乐天物产。成立不到20年,乐天在日本和韩国的事业版图就已经从最初的制糖业开始不断向商业、地产业、流通业等方面发展了。如今的乐天财团除传统的食品、流通、地产外,在金融、制造、旅游、化工及建筑等领域也都达到了世界一流企业的水平。

2015年,乐天财团内部发生了著名的"两子夺嫡"的"宫斗大戏",大儿子辛东主在父亲辛格浩的支持下,解除了二儿子辛东彬及6名集团公司董事的职务。他的母亲重光初子利用重光家族的社会地位,找到了优衣库会长柳井正,瑞穗银行以及三井住友银行等日本财团势力为儿子辛东彬助阵,逼迫丈夫辛格浩就范。随后辛东彬立即宣布“解职令”无效，甚至还召开了董事会，逼迫父亲“退位”，仅保留其“名誉会长”头衔。

与朴正熙父女亲密无间

1961年5月，朴正熙发动军事政变推翻了李承晚政权，随后于1962年12月正式当选韩国总统，开启了其长达18年的执政。对于刚刚掌握政权的朴正熙而言，发展韩国经济是其首要任务，而他选择的合作对象就是日本。1965年6月，韩日建交。

之所以选择日本，一方面是因为日本曾在1962年为韩国提供了6亿美元的经济援助，而更重要的是因为朴正熙的“日本情结”。1940年，朴正熙以日本姓名高木正雄考试进入了满洲军官学校，1942年又到了东京日本陆军士官学校攻读本科，毕业后还曾作为日军军官到中国参战。

1967年，“韩裔日本商人”辛格浩回到韩国成立了生产口香糖的韩国乐天制果。当时，辛格浩的投资很有特点，他一半以韩国人身份进行投资，另一半则以日本人身份投资，以符合外资企业要求，取得税务优惠。

1973年11月13日，辛格浩在驻日韩国大使李厚洛的陪同下，由东京飞往汉城（首尔），此行的目的地是韩国政府所在的青瓦台。在青瓦台，辛格浩和时任韩国总统朴正熙进行了会面。随后，辛格浩便加大了在韩的投资规模，约为50亿美元，并且接手了位于小公洞的半岛酒店。

起初由于并不了解酒店行业，辛格浩对于接手半岛酒店是持犹豫态度的，但1973年发生的一件事加速了辛格浩接手酒店的进程。那一年，韩国乐天制果生产的口香糖中被查出了铁粉，要求停产3个月，这使得乐天不得不向韩国政府妥协，迅速加大在韩国的投资。

1974年，朴正熙政府公布了半岛酒店的民营化计划，仅有乐天一家企业进行投标并顺利中标。不仅如此，半岛酒店旁边的国立图书馆也在朴正熙的指示下被乐天收入囊中。时任韩国国务总理的金钟泌还曾将汉城市（首尔）市长、城市计划局局长叫到办公室，要求他们不遗余力地支持乐天的酒店建设工作。

经过5年的筹建，半岛酒店最终被乐天财团重建为当时韩国最高规格的乐天酒店，而乐天也通过半岛酒店项目与韩国政府建立了良好的关系，为其随后的发展打下了坚实的基础。此后，越来越多的韩国政府官员曾在韩国乐天任职或从政府离任后到韩国乐天工作。仅以1986年5月而言，韩国乐天聘任的10名公司负责人中就有8名为原政府官员，朴正熙时期的首任中央情报部次长全在德就曾是乐天铝业公司的代表理事。

到了20世纪80年代末期，韩国乐天就已经完全超过日本乐天的销售额。乐天财团在韩国的产业也随着韩国经济发展逐渐扩展到零售、石化、金融等许多领域。2013年,韩国乐天的销售总额就已经是日本乐天的整整20倍了。从1967年正式进入韩国市场以来,经过几十年的商业积累和人脉布局,韩国乐天成功的背后是强大的政商关系。

不仅和韩国政府建立起了合作关系,乐天财团与韩国军方也有着十分密切的联系。2002年,乐天财团决定在距离首尔机场仅5.5千米的土地上建造112层的超高层大厦,当时就受到了韩国空军的强烈反对。然而到了2007年,军方的态度却发生了变化,以机场改建跑道、飞行安全设施经费由乐天提供为条件,赞成了建设方案。

2013年2月,韩国前总统朴正熙的女儿朴槿惠正式当选为第18届韩国总统以后,乐天财团与韩国政府之间的关系再一次变得“亲密无间”。乐天财团开始重用了苏镇世(对外合作团长)和卢柄容(乐天物产社长),这两人与朴槿惠政权中最大的实权人物崔炅焕是同门师兄弟,崔炅焕当时是韩国主管经济的副总理。当年,乐天集团在遭遇大规模税务调查时也只缴纳了600亿韩元就了结了事端。

如今,可以说乐天财团已经渗透到了韩国人生活的方方面面。韩国人可以买到乐天巧克力,在乐天影院看电影,在乐天超市购物,用乐天信用卡付钱,然后回到由乐天保险保护的乐天公寓中。乐天购物以韩国第一大百货连锁和第三大折扣店连锁企业分别占据43%和12%的市场份额。虽然主要从事食品加工和服务业,但乐天财团的实力不容小觑,和三星、现代、SK、LG并称韩国五大财团。

第三节 抓住冷链物流的战略机遇

携手北京二商探路中国冷链

2000年前后,正是中国冷链物流发展的初期阶段,冷链物流基础设施极为薄弱。仓库就是仓库,运输就是运输,物流企业甚至还没有冷库的概念。当时国内很少有专业的冷链物流企业,仅有的几家也面临着服务水平低、基础成本高的问题;加之当时的社会环境限制和制造业的落后,中国冷链物流发展举步维艰。学习借鉴日本的成功经验是一条行之有效的发展途径。

20世纪末,在技术设备、系统控制、运营管理以及市场成熟度等方面,日本冷链经过长期发展已经达到世界领先水平。当时,日本国内拥有冷藏仓库约有2800座,占地约3400万立方米,先进的冷链物流产业也成为日本综合商社开辟国际市场的重要手段,三井物产就将进军中国的第一站放在了北京。

2001年1月1日,北京三新冷藏储运有限公司成立。北京三新冷藏储运有限

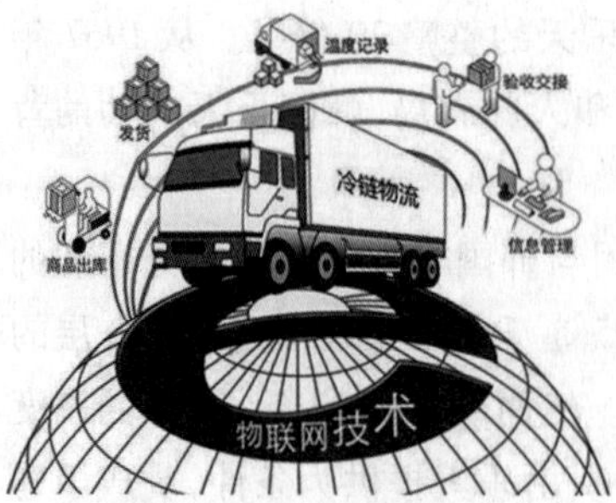

2001年1月1日，日本三井物产联合北京二商集团成立了北京三新冷藏储运有限公司，来自三井物产的内田龙太郎出任合资公司董事

公司是一家由日本三井物产、三井物产（中国）有限公司、日新株式会社和北京二商集团有限责任公司合资组建的专业从事全国干线运输、区域配送、仓库管理、零担混载等业务的第三方冷冻冷藏物流公司。合资公司决定由曹立新出任三新冷藏储运的董事长，来自三井物产的内田龙太郎等人则出任合资公司的董事。

随着生活水平的不断提高，国人对生鲜食品的需求不断增加，同时对食品新鲜度也提出了更高要求。大量需求催生了中国冷链物流行业的快速发展。正是在这样的大环境下，三井物产选择将冷链物流作为其布局发展中国的重要产业之一，希望可以凭借其发达的冷链物流体系和完善的服务制度迅速占领中国这一庞大的消费市场。

作为三井物产进军中国冷链物流领域的首位合作者，北京二商集团的背景可谓非常强大。二商集团是位列中国食品制造加工业第四的大型国有产业集团。它不仅是北京地区较大的食品提供商之一，还负责完成党和国家及北京市重大活动、重要会议的食品供应任务。

北京二商集团主要生产经营猪肉、牛羊肉及其制品，禽蛋制品，海鲜及制品，糖、酒、烟、茶，腐乳、酱油、食醋、调味品、糕点、水果、蔬菜、酱菜、豆制品、饮料、冷藏设备等 20 多个大类万余种商品。麾下拥有六必居、王致和、月盛斋等 17 个中华老字号，生产的许多知名品牌在国内外也都享有较高的知名度和美誉度。

三井物产投资的三新冷藏储运有限公司，其前身是北京市第二商业局汽车队（1973 年）以及北京市菜蔬公司汽车队（1988 年），2001 年成为合资公司的主体。成立之初，公司仅有 50 余名员工，年营业额也只有 700 多万元人民币。经过多年的发展，三新冷藏已经形成了以北京为中心，涉及沈阳、青岛、武汉、西安、成都、上海、广州 7 个重要城市的物流网络，其业务范围覆盖东北、西北、华北、华中、华南等国内经济发达城市和地区。

如今的北京三新冷藏储运有限公司已经从当年只有麦当劳一家客户的企业，发展成为拥有包括 7－11、养乐多、肯德基、希杰（CJ）、正大公司、面包新语、京日集团、汉堡王、麦德龙超市在内的一大批客户群体的优秀第三方冷链物流服务企业，年配送商品额超 10 亿元。

绑定上海锦江，布局仓储物流

2003 年 7 月 31 日，三井物产将自己的物流领域布局第二站放到了上海。三井物产、大众交通集团和上海新亚集团以30%、33%和37%出资比例合资成立了上海新天天大众低温物流公司(即现在的上海新天天低温物流有限公司),投资总额1.3亿元人民币,也成为上海市首家以低温商品为主要服务对象的第三方物流企业。由于在市场上占了先机,麦德龙、味全食品、思念、光明食品、伊藤火腿等27家大型企业都成了其主要客户。

三井物产选择与锦江集团合作在很大程度上实现了双赢发展。合资股东中的上海新亚集团,隶属于大型国有独资企业锦江国际(集团)有限公司。锦江集团是由上海市国资委全资控股的中国规模最大的综合性酒店旅游企业集团之一,旗下拥有新亚股份有限公司(现为上海锦江国际酒店股份有限公司)和上海市食品(集团)公司等子公司。单单只是上海食品集团一家,就占有上海近40%的冷库资源设施。

2006—2010年是中国冷链物流业发展的黄金时期,政府和社会对冷链物流的关注日益增加,特别是在中国物流采购联合会成立以后,冷链物流基础工作得以全面展开。冷链物流标准化建设,冷链物流信息化建设,冷链物流科学与技术工程,冷链物流理论研究以及冷链物流业总体规划被提上了日程,中国国内的冷链物流公司进入了发展的快车道。

2010年5月24日,三井物产与锦江国际集团再次开启合作模式。双方共同签署了低温物流合资项目,努力打造安全、高效、全程监控的低温冷藏供应链,项目合作期为15年。三井物产以入股增资方式参股上海锦江国际低温物流发展有限公司,并由三井物产全资子公司MITSUI & CO.(ASIA PACIFIC)PTE. LTD.通过上海联合产权交易所获得增资权,参股比例达到该公司总股本的49%,投资规模2.5亿元人民币。

签约第二天,时任上海市市长韩正在会见日本三井物产株式会社董事长枪田松莹时表示,希望通过此次在冷链运输系统领域的崭新合作,促进双方共同发展,上海企业能进一步汲取先进的管理经验。枪田松莹则表示,希望合资公司以上海地区业务为发展平台,通过双方优势互补,将锦江国际低温物流发展有限公司打造成中国冷链配送产业的龙头企业。

2012年3月,日本三井财团旗下的三井仓库株式会社在上海自贸区内投资4000万美元设立仓储业务总部,成立了三井仓库(中国)投资有限公司。随后在同年10月,日本三井仓库株式会社联合三井仓库(中国)有限公司,与锦江集团旗下的子公司上海锦江航运集团,成立了上海锦江三井仓库国际物流有限公司,三方共同注资4.3亿元,在外高桥5号码头建设5万平方米的大型的现代化多功能的仓库。

同样在10月,与三井仓库项目共同签约还有住友仓库项目,建设方是上海锦江住仓国际物流有限公司。与上海锦江三井仓库国际物流有限公司相似,在合资公司中,上海锦江航运集团占股51%,日本住友仓库株式会社占股49%。住友财团和三井财团一直合作紧密,2001年4月,住友财团的住友银行与三井财团的樱花银行合并成为现在的三井住友银行。

伸向各领域的触角

在上海冷链物流扎下根的三井物产,开始联网周边地区。2010年12月10日,三井物产(上海)贸易有限公司及三井物产(青岛)有限公司负责人在山东济南与鲁商集团旗下银座集团股份有限公司开展第三方冷链物流合作达成初步合作意向。双方计划在山东省合作建立鲜活食品物流配送中心,并且联网上海,将山东鲜活食品源源不断地输送到上海。

鲁商集团全称为山东省商业集团有限公司,是1992年底由山东省商业厅整建制转体组建的大型国有企业,经营范围包括现代零售、房地产、生化制药、酒店旅游、文化传媒、物产、教育、汽车贸易、小额支付等多个领域,零售业是鲁商集团主业,连续多年居山东服务业首位,银座公司则是鲁商集团旗下的重要的现代零售企业。

2011年6月,时任三井物产物流管理有限公司社长的山中义博带领考察团就冷链物流、中央厨房等项目到济南考察并与山东银座集团高层进行了座谈。2012年4月22日,在山东潍坊举办"双百"外商潍坊行投资合作洽谈会上,一共达成的7个合作意向中,便有三井物产与鲁商集团在潍坊的物流项目,此后该合作项目被山东省定为省重点建设项目之一。

事实上,山东银座集团和三井物产所在三井财团早已打过交道。2007年时,日本三井财团的伊势丹百货败走济南,银座集团便向济南伊势丹多位高层发出招聘邀请,接收伊势丹人员。从2008开始,山东银座集团又与三井财团关联企业丰田叉车公司开始合作,先后购买后者所产叉车百余辆。

三井物产在河南同样拥有一处冷链物流省重点建设项目——三井物产驻马店国际农产品冷链物流园项目。该项目由三井物产与上海华井股权基金有限公司投资25亿元建设,运营实体为河南华井物流园区运营有限公司。为推动该项目的实施,河南省商务厅在2011年9月与日本三井物产签订了战略合作框架协议。

日本财团的海外谋略从来都不是单枪匹马地一味蛮干,而是更习惯于多兵种合作的体系化作战模式。在三井物产先后通过二商集团和锦江国际打开中国冷链物流市场的同时,丰田集团作为三井财团体系中的重要成员,也在积极地推进冷链物流产业的全面布局。

2011年7月,丰田通商(中国)有限公司、天津滨海泰达物流集团股份有限公司、上组(Kamigumi)香港有限公司三家合资成立了泰达行(天津)冷链物流有限公司。从名字中就可以看出,泰达行就是一家专业化的冷链物流企业,主要负责建设运营冷链物流中心等相关项目。丰田通商是丰田财团的综合商社，是一个隐形的小三井物产。

天津滨海泰达物流集团股份有限公司是天津泰达投资控股有限公司（泰达集团）旗下的一家专业化的综合性物流国有企业。泰达集团成立于1994年，是一家综合性大型国有企业集团，目前拥有1家上市公司以及100余家全资、控股和参股企业，业务涵盖了区域开发、商业地产、住宅地产、石油仓储贸易、金融投资、物业管理、进出口贸易、高端酒店、商业运营等多个领域。

2011年7月，丰田通商与天津滨海泰达集团、上组（香港）有限公司合资成立了泰达行（天津）冷链物流有限公司。丰田通商是丰田财团的综合商社，是一个隐形的小三井物产

中日合资的泰达行（天津）冷链物流有限公司很快就得到了协助天津出入境检验检疫局现场查验与检疫的工作资格，在2011年还被天津市发展改革委选定为落实国家《农产品冷链物流发展规划》重点支持项目。2012年，泰达行的冷链物流项目又获得了亚洲开发银行1.5亿元的贷款，这是亚洲开发银行在天津地区发放的第一笔非主权贷款，也是首次面向国内物流企业发放的贷款。

进退有序的产业投行

2016年，被许多人称为中国冷链物流发展“黄金十年”的元年，国务院、国家发展改革委、商业部和各地方政府纷纷推出了相关的冷链政策。4月6日的国务院常务会议特别强调指出，要突破信息基础设施和冷链运输滞后的“硬瓶颈”。中国冷链物流发展前景可谓是一片大好。然而，三井物产却选择了悄悄地撤退。

2016年8月8日，上海锦江国际低温物流发展有限公司发生了投资人股权变更，锦江国际集团旗下的上市公司锦江投资以1.47亿元受让了三井物产全资子公司MITSUI & CO.（ASIA PACIFIC）PTE. LTD.持有的49%的股份，这也就意味着此前在2010年三井物产与锦江国际签下的15年低温物流合作提前到期。同年10月18日，上海新天天低温物流有限公司也发生了投资人的股权变更，日本三井物产和三井物产（中国）有限公司从合资公司中退出。

无独有偶，2016年11月8日，丰田通商、泰达集团与正大集团签署三方协议，丰田通商（中国）有限公司及上组（香港）有限公司分别将所持有泰达行（天津）冷链物流有限公司的25%及15%的股权转让予香港正大物流，转让完成后，正大物流持有泰达行40%的股权，而以丰田通商为代表的日本企业则全部退出泰达行。

正大物流是由正大集团执行副总裁谢炳全资拥有的一家香港企业，隶属于泰国正大集团。早在2014年7月，泰国正大集团就与日本另一大综合商社伊藤忠商

事签约，双方结成了以交叉持股为核心的资本和业务合作体。丰田通商的退出，并不意味着日本综合商社放弃了在中国冷链市场的领地，而是相互之间的利益调整。

为什么三井物产和丰田通商这样的综合商社会在中国冷链物流产业即将进入“黄金十年”的关口选择“退出”？要想读懂这些就需要先了解一个概念，那就是日本综合商社的产业投行定位。产业投行是一种与金融投行相对应的概念，如果说欧美金融投行做的是资本投资，那日本产业投行做的便是事业投资。

欧美式的金融投行往往更加关注的是融资、兼并、财务等资本运作，而日本式的产业投行则习惯将金融与产业结合，以金融手段支持产业发展，在产业链的上下游层层布局，以最终实现对整个产业链条的控制。产业投行（综合商社）习惯从有利于产业发展的角度出发，它们所进行的投资、并购等经济活动往往更侧重于中观或微观层面，最终的目的也是促进产业的培育和实现良性发展。

以中国冷链物流领域为例，2000 年前后，是中国冷链物流产业发展的起步期，三井物产选择和二商集团等企业合作，利用自身成功的管理模式和经验帮助基础薄弱的中国企业建立起相关的配套设施与机制。产业投行思维实际上就是商人思维——进行产业投资并不是为了资本控股，而是为了编织产业链。

经过 10 多年的发展，中国冷链物流早就摆脱了“一穷二白”的局面。到了 2010 年，三井物产其实就已经从与二商集团的合作中悄然退出，选择更为合适的锦江国际集团作为合作伙伴，共同布局冷链物流供应链相关的产业发展了。像三井物产这样的日本综合商社实际上才是真正意义上的现代化物流体系的集大成者。

传统冷链物流企业的不断进步发展，以及顺丰、京东等新势力的加入势必会引来资本市场对冷链物流领域的更多关注。2017 年中国冷链市场已达到近 4000 亿元的规模，以三井物产为代表的日本综合商社则选择了在这个时候从台前“隐身”，但这种“隐身”却并代表着真正的“退出”，实际上通过中国市场十几年的默默耕耘，作为产业投行的三井物产已经渗透到了全球冷链物流的产业链条中。

全球冷链物流体系是一项在运输过程中以保证食品质量、减少食品损耗为目的的技术，而中国市场只是庞大物流体系中的一小部分。只有先建立起完善的物流体系，再以此为依托才能真正打造冷链物流产业，完善的物流体系就包括了足够宽广的国际市场以及庞大的码头仓储网络，这正是日本三井物产的全球野望。

三井财团拥有日本三大海运公司之一商船三井（MOL），其纯利润及市价总值居日本第一位，除了之前提到的上海、天津，三井的业务已经遍布南至深圳、广州，北至大连的各大港口码头。三井住友金融集团则是三井财团冷链物流的最大“金主”，在 2018 年 7 月 19 日《财富》世界 500 强排行榜中，三井住友金融集团位列 192。

第四节 7-11便利店是个大财团

三井物产助力7-11进入中国

2004年1月2日,由日本7-ELEVEN株式会社、北京王府井百货(集团)股份有限公司、中国糖业酒类集团公司共同出资的柒—拾壹(北京)有限公司成立,投资比例分别为:65%、25%和10%。同年的4月15日,北京首家7-11便利店东直门店正式开业,这也是7-11便利店首次以合资的形式在中国大陆进行运营。

7-11便利店最早原是美国品牌,1973年由日本的伊藤洋华堂(日本Seven & i控股公司的子公司)将其引入日本。2005年,7-11成为日本公司,目前是Seven & i控股公司的子公司。Seven & i控股公司是日本的大型零售、流通事业控股公司,旗下拥有7-11、伊藤洋华堂、SOGO(崇光百货)、西武百货等公司。

在日本7-11便利店进军北京市场的过程中,三井财团功不可没

在7-11进军北京的过程中,三井财团功不可没。早在2000年11月,三井物产就联合日本日新株式会社和北京市二商集团共同投资组建了北京三新冷藏储运有限公司,公司主要从事冷冻冷藏保鲜食品储藏运输及市内配送,承担便利超市及其他大公司的货物运输业务。

在2004年7-11进入北京之后,7-11便利店的同城配送业务就是由这家三新冷藏储运公司主要负责的。对于便利店而言,强大的供应链和物流体系才是核心命脉,特别是在冷藏保鲜食品等领域,三井物产很好地解决了7-11的冷链物流难题。

2008年4月,日本7-ELEVEN株式会社全资在北京成立了柒—拾壹(中国)投资有限公司,主要负责在中国大陆投资经营7-11便利店。2010年,由柒—拾壹(中国)投资有限公司独立出资的柒—拾壹(成都)有限公司正式获批,2011年,成都第一家7-11便利店正式开业。

2012年,日本7-ELEVEN株式会社又联合柒—拾壹(中国)投资有限公司共同与山东众地集团有限公司合资成立了山东众邸便利生活有限公司,2012年11月,山东首家7-11便利店在青岛开业。

2013年8月,日本Seven & i控股公司(7-11便利店的母公司)、日本三井物产株式会社、四川新希望集团合资成立了"新玖商业发展有限公司",新玖公司获得了在重庆经营7－11的授权。同年底，重庆首家7－11便利店开业，2014年1月，重庆7－11旗舰店开业。

此次7－11能够牵手新希望集团很大程度上也要归功关于三井物产，早在2010年，三井物产就与新希望集团共同投资设立了“新井物产贸易有限公司”，双方建立起了良好的商业伙伴关系。对于中日便利店的合作，新希望运营总监唐勇表示，“这是新希望集团在打造世界级综合农牧商社的道路上迈出的重要一步”。

新希望集团是中国最大的民营农牧企业之一，拥有着中国最大的农牧产业集群，在四川和重庆地区拥有巨大的产业和竞争优势。同时在金融投资领域，三井物产还是北京厚生投资管理中心的主要境外投资人，厚生投资是一家由新希望集团设立的PE基金管理公司。

7－11便利店进入中国市场，三井物产为何会如此卖力地“吆喝”？其实，对于三井物产而言，Seven & i控股公司只是其上千家关联企业中的一家，因为Seven & i控股公司和三井财团之间存在密不可分的股权关系。

7－11便利店母公司Seven & i控股公司官网提供的2018年第十三届股东大会公告显示，目前三井物产株式会社直接持有Seven & i控股公司1622万股，占股1.8%，是公司的第七大股东。此外，“三井系”的日本第一信托银行和日本信托服务银行也分别持有公司5.7%和4.8%的股份，而与三井财团关系密切的日本生命保险公司也持有Seven & i控股公司2%的股份。

也就是说，三井财团及其关联企业共同持有Seven & i控股公司接近14.3%的股份，已经超过目前公司大股东伊藤家族（Ito－Kogyo Co.，Ltd.）所持有的7.8%股份。不只是在公司股权上有着极大的相关度，其实在经营理念很多方面7－11都有着“三井系”文化的影子。

早在20世纪60年代，三井财团旗下的丰田汽车提出了“Just In Time”（JIT，准时生产体制），采取的是多品种少批量、短周期的生产方式，实现了消除库存，优化生产物流，减少浪费的目的。7－11在物流配送领域也十分推崇丰田的JIT，起到减少库存储量，增加商品品类的作用，同时也避免了严重资源浪费的现象。

多渠道全面布局

2007年5月，7－11创建了自有品牌——7－Premium。这一品牌在日本拥有1000多个品项，涵盖了几乎所有的日用品。7－11自有品牌推出的第一年总销售额超过800亿日元。2017年，7－Premium品牌的销售额就已经达到了1.15万亿日元。

随后，7－11又推出定位更高的自有品牌7－Gold和7－Select系列，以及和台湾统一集团合作推出的Uni系列。在中国市场，7－11的自有品牌主打差异化市场分布，Uni主要是果汁和卤味系列；而7－Premium包含干果、蜜饯类食品和果汁饮料;7－Select 则是进口的茶饮料和膨化食品。

日本便利店不同于普通的社区商店,它更注重顾客的体验和自身的品牌价值。目前,便利店的自有品牌商品比例已经超过 50%,未来自有品牌商品将达到 70%～80% 的水平。7－11 旗下的各线自有品牌商品占总销售的份额已达到 20%,这远远超过了罗森、全家等其他日本便利店。也正是通过这些不断开发的自有品牌,7－11 逐步实现了自身多领域的产业布局。

2013 年 1 月,7－11 便利店推出了 SEVEN 咖啡。现磨咖啡的业务使得 7－11 成为日本排名第一的现煮咖啡销售连锁店,一杯 10 元左右的咖啡最后成为便利店利润率最高的商品。在中国台湾,通过 7－11 卖出的咖啡也超过了 2 亿杯,因此 7－11 也是台湾地区名副其实的最大“咖啡店”。

2017 年,7－11 在美国推出了最新的自有美妆品牌线,名为“Simply Me Beauty”,彩妆种类多达 40 种,包括粉底、眼影、口红等化妆品和美妆工具,价格在 3～5 美元,第一年就实现了 3000 万美元的销售业绩。美国的美妆产业已经发展成了一个 460 亿美元的超级大市场,其中彩妆占据了整个市场的 17%,显然 7－11 是看中了这一广阔的市场。

2018 年 6 月,7－11 宣布与丰田汽车以及日本快递企业雅玛多控股(HD)合作,以丰田箱式纯电动汽车为基础,共同开发移动便利店,该移动便利店最核心的支撑载体就是丰田研发的箱式纯电动汽车服务 e－Palette。

虽然 7－11 的自有品牌很多都是“贴牌”产品,但是 7－11 却能通过控制物流、销售渠道和市场掌握产品产业链的主导权。通常 7－11 寻找的都是知名厂商,并配有专人审核厂商的资料,生产过程也会严格把控质量。

以食品领域为例,7－11 会和厂家签署 NDF(日本鲜食联合会)协议,签署协议的厂家就只能为 7－11 生产相关商品,然后再由 7－11 根据市场需求来协调卖方和生产方。当然 7－11 需要为分布在全日的 160 家 NDF 生产企业投入资金或新品的生产设备,在这一过程中,7－11 扮演的其实就是一个产业组织者的角色。

7－11 便利店是当之无愧的世界第一便利店品牌,仅 2014 年 7－11 便利店就创造出了 8.8 万亿日元(约合 4500 亿元人民币)的销售业绩。2017 年 4 月 6 日,7－11便利店的母公司 Seven & i 控股公司宣布以 33 亿美元从美国便利店企业 Sunoco LP 手中合计收购约 1100 家便利店和加油站,Sunoco 旗下的“A＋”等店名将陆续变更为 7－11。

截至 2018 年 3 月,7－11 已经在全球 17 个国家和地区已经开设了 66043 家便利店,其中日本国内就超过 2 万家,泰国 1 万家,美国 9400 家,中国台湾地区 5200 家,中国大陆 2600 家。此外,韩国、新加坡、马来西亚等亚洲国家以及加拿大、挪威、瑞典、丹麦等欧美国家也都有 7－11 开设的便利店。

深入社区的微型商社

2012年,7－11与北京朝批商贸股份有限公司开始合作运营共同配送中心,目前已经实现7－11北京地区全部200余家门店的收货免验。这样一来,7－11就将生产商、配送中心和便利店与总部之间结成了“利益共同体”,多方共享利益成果,共担商业风险。这种共同配送中心不仅使得7－11成功地掌控物流权,同时所有的商品销售、在途和库存的详细信息7－11也都一目了然。

2012年，三井财团的7-11便利店与北京朝批商贸股份有限公司开始合作运营共同配送中心。北京朝批是京客隆、家乐福、沃尔玛等大型商超的合作伙伴

北京朝批商贸股份有限公司隶属于北京市朝阳副食品总公司(大型国企),作为国内最大的快速消费品代理企业之一。北京朝批商贸股份有限公司为雀巢、五粮液、蒙牛、娃哈哈等国内外知名品牌提供物流服务,同时还是京客隆、家乐福、沃尔玛等大型商超的合作伙伴。

7－11通过独具特色的“共同配送”模式很好地解决了商业活动中物流和信息这两大难题,按照不同的地区和商品群划分。7－11与生产商、批发商组成共同配送中心,在7－11成熟的运营模式下多方共同投资建立、共同使用和参与经营。7－11在每个商圈或地区都设立一个共同配送中心,以实现高频度、多品种、小单位配送。

2013年以来,大数据成为影响企业决策和运营管理的热点词汇,然而早在几十年前,7－11便利店就已经是大数据的核心用户了。1978年,日本7－11就和NEC(住友财团)成功合作研制出了订货终端机。1982年,7－11又在日本首次引进了美国的POS系统。通过订货终端机和POS系统,7－11就可以把每天收集到的销售数据全部纳入数据库,构建信息系统。

通过这种“大数据思维”,便利店可以很快地了解到货物的出售情况,从而及时做出调整,甚至可以通过追踪顾客的消费轨迹,分析出不同地域,不同季节的消费者购物习惯。在发展过程中,7－11非常注重与时俱进,跟随潮流。

为了方便各个时间工作的群体,1975年6月,7－11在日本福岛县就推出了24小时营业的便利店;2000年9月,7－11又推出了送餐服务,服务周边写字楼的外卖需求;2014年12月,随着越来越多的中国游客前往日本旅游购物,7－11又适时地推行了免税店服务。

7－11在日本东京23个地区的店铺设有灾害时特用公共电话以及警报系统,提供了安全生活的基础设施,帮助加强对未成年和青少年的保护。7－11甚至与地方政府达成全面联盟,协助政府制定了本地消费和指定产品的政策,服务社区,为留守老人送货送服务。

零售业有一种说法,“世上只有两家便利店,7 - 11 便利店和其他便利店”。在 7 - 11 不仅仅可以买到日用百货和最新鲜的果蔬牛奶,还可以通过门店直接收取网上购买的优衣库服装,甚至购买理财产品和商业保险等金融服务也非常方便。

在日本,7 - 11 不仅仅是一个普通的便利店那么简单,套用现在流行的一个词语,7 - 11 打造的其实是一个“生态”,一个汇聚了生产、商品、物流、信息、生活的全方位“生态平台”。

其实,每一个小小的 7 - 11 便利店都可以看成一个“微型的综合商社”。它们规模庞大(全球数万家门店),实力雄厚(年销售几万亿日元),经营产品多样(几乎涵盖所有日用百货)。除此之外,不要小瞧只有几十平方米的便利店,它们和大财团的综合商社一样涉及广泛的行业。

打造 ATM 网络银行

7 - 11 便利店其实在很早便开始涉足金融领域了。早在 1999 年,日本政府为了推动改革,修改了金融交易法,7 - 11 就开始在便利店内设立 ATM 了。2001 年 4 月,7 - 11 与伊藤洋华堂合资成立了 IY BANK 株式会社,并取得了银行牌照,2005 年改名为“SEVEN 银行”。

提到 7 - 11 的 SEVEN 银行就不得不提银行的第一任行长安斋隆,他可以说是一个中国通。20 世纪 90 年代,中国面临金融系统改革,安斋隆曾作为国际顾问积极参与其中。1998 年,在胡锦涛担任中央党校校长期间,安斋隆还曾应邀到中央党校进行演讲,谈日本金融危机的现状及其应对方法。

现在,SEVEN 银行在全日本的近 2 万家的 7 - 11 便利店里设立了超过 2.1 万台 ATM,ATM 保有量更是全日本第一,打造了日本国内仅次于日本邮储的第二大 ATM 网络。同时,SEVEN 银行在全世界 200 多个国家拥有超过 40 万个以上的 ATM 网点。

通过 SEVEN 银行覆盖全日本的 ATM 机网络,7 - 11 便利店构建起了完善的金融服务体系。和传统银行不同,7 - 11 便利店里并没有现金柜台,而是通过 POS 机、ATM、手机银行等设备开展银行金融服务业务。

日本的各类金融机构(包括银行、农协、信用金库、信用卡发卡机构)共有 1557 家,而 SEVEN 银行可以为本银行及 590 家以上的合作金融机构提供金融业务,统计数据显示,仅 2010 年 SEVEN 银行就吸引了 3685 亿日元的存款。

SEVEN 银行的金融服务并不仅限于简单的银行存储服务,还为客户提供与指定的证券、外汇交易、网上商城、通信服务、代缴水电物业等机构之间的结算服务,顾客甚至还可以通过店里的 ATM 获得最高达 50 万日元的自由贷款。此外,包括 SBI 住信银行(属软银集团)、索尼银行(属三井财团)在内的多家提供贷款的网络银行,也都可以在 SEVEN 银行的 ATM 上取现。

很多人都在讲SEVEN银行是一家新形态银行，在日本全国仅6家有人的店铺，但是实际上每一家7－11便利店都是一家“微型银行”。通过数万家这样的“微型银行”，7－11和SEVEN银行早已构建起了一个庞大的金融帝国。

当然，SEVEN银行的快速发展是与日本财团的帮助密切相关。资料显示，SEVEN银行在创立之初曾经得到过三菱日联金融集团前身之一的三和银行的大力协助。

同时，三井住友银行还持有SEVEN银行1.25%的股份，顾客可以在7－11便利店通过打印机直接购买由三井住友海上火灾保险株式会社提供的一天汽车保险。除三井住友银行外，与三井财团相关联的日本信托服务银行和日本第一信托银行也分别持有SEVEN银行2.89%和3.01%的股份。

近年来，7－11的SEVEN银行非常重视发展中国市场。SEVEN银行与中国农业银行、中国邮政储蓄银行、中国光大银行、中国银联等各主要金融机构都建立了密切合作关系。针对在日华人华侨在其他日本银行汇款时往往都有固定的营业时间的问题，SEVEN银行在2012年专门推出了“全天候汇款服务”，5分钟之内就可以把钱从日本送到中国，同时客户还可以直接从国内发行的银联卡中取出日元进行消费。

在日本，不仅有7－11的便利店金融服务体系，还有很多其他的“便利店金融”。2007年，7－11的竞争对手日本永旺零售集团也开设了永旺银行。实业与金融相结合成为越来越多日本便利店集团选择的发展方向。正是“产业＋商业＋金融”的发展模式，铸就了日本便利店在世界零售业中不可撼动的王者存在。

2015年，日本的罗森便利店与三菱日联金融集团共同出资，设立新银行，可以实现新开账户、个人贷款、现金贷款等一系列金融业务。2018年3月，《朝日新闻》报道，日本连锁便利店罗森向金融厅提出预备审查申请，在获得银行业许可资格后，将开设“罗森银行”。

7－11便利店的成功模式的不只表现在“单品管理”“产品策略”“精益物流”“店铺结构”等许多实际经营方面，更重要的是其背后所蕴含的商业哲学。遍布全球各地的数万家便利店，完善成熟的信息物流交互体系，以及能够提供金融服务的SEVEN银行……如果说7－11便利店是一个个微型的“综合商社”，那么Seven & i控股就构成了全新的“便利店财团”。

第五节　杉杉集团力挺商社文化

伊藤忠为杉杉找来了三井

1993年，日本伊藤忠商事和杉杉集团开启了最早的合作，那时伊藤忠主要将出口品质的衬衫生产委托给杉杉集团。到了1996年，杉杉集团开始实施“多品牌、国际化”战略，投入巨资在宁波建立了现代化的服装工业生产基地。生产基地引进了日本、意大利先进的技术设备，管理上则由日本大东株式会社和意大利法拉奥公司的专家直接主持运营。

通过与日本伊藤忠、日本大东纺织、意大利法拉奥、法国高级时装公会、美国杜邦等国际一流公司和组织的合作，以不同风格和定位的品牌服装满足不同层次的消费者。杉杉集团先后拥有了9个著名国际合资品牌、13个自主品牌共计22个品牌，近3000家专卖店（厅）遍布中国各大中城市及部分欧美主流商场，很快就成为中国服装行业的代表性企业之一。

进入2008年，由于受国际金融危机和人民币升值等因素影响，国内服装纺织业出口贸易受到抑制，销售量大幅萎缩。杉杉集团2008年营业额达118亿元，与2007年的112亿元营业额相比增长了5.3%。相对于国内服装产业的震荡，杉杉集团能保持稳定已经不易，但增长放缓已经让杉杉集团创始人郑永刚感受到了企业发展的“天花板”，改变转型成为当务之急。

2009年2月16日，经过近1年的谈判，杉杉集团与日本伊藤忠商事株式会社在浙江宁波签署全面战略合作协议，双方就管理、品牌、技术以及国际化运作等多个领域展开全面合作。根据协议，杉杉控股将其持有的杉杉集团28%的股份转让给伊藤忠，同时伊藤忠商事株式会社将有4名人士进入杉杉集团管理层。

2009年2月，杉杉集团与日本伊藤忠商事签署全面战略合作协议。随后在伊藤忠的帮助下，杉杉集团成功牵手了日本最大的奥特莱斯专业运营商——三井不动产

同年3月18日，日本伊藤忠商事的代表中分孝一被任命为杉杉集团董事总经理。杉杉集团提出了“大集团进入大行业”的战略，希望结合国家大力拉动内需的宏观形势，打造奥特莱斯产业的发展战略。在公司股东伊藤忠商事的帮助下，杉杉集团成功牵手了日本最大的奥特莱斯专业运营商——三井不动产株式会社（三井财团的重要企业）。

三井不动产是日本规模最大的房产开发商之一，旗下共有200多家子公司、1.7万名员工，总资产规模为5.37万亿日元，市值2.53万亿日元（约合1500亿元人民币）。三井不动产起源于旧日本的三井财阀，从诞生之日起就拥有核心资产和资源，与金融、经贸企业之间产生千丝万缕的联系，经过多年发展，已经形成了“开发＋持有＋管理”的房地产领域生态圈。

2009年6月，由杉杉集团有限公司、三井不动产株式会社、伊藤忠商事株式会社、大东纺织株式会社、立荣投资有限公司多方共同出资成立杉井不动产开发（宁波）有限公司，合资公司主要负责奥特莱斯项目的开发与运营。

在杉井不动产开发（宁波）有限公司成立后，奥特莱斯项目就进入了快车道发展模式。合资的奥特莱斯项目地址确定在了宁波市望春工业园区，定位成为类似于大型购物商场的城市综合商业体。一期注册资本就达到了2.1亿元，项目占地面积11万平方米，后来几年内又完成了多次扩建工作。

宁波奥特莱斯是三井不动产在中国开发的第一个综合商业设施，也是伊藤忠商事入股杉杉集团后的第一个大型合作项目，因此日本方面非常重视。2009年7月，日本三井不动产株式会社和伊藤忠商事株式会社的相关高层领导还专程到宁波考察项目前期准备情况。

中日合资的奥特莱斯项目也获得了宁波当地政府的大力支持。2010年6月8日，时任浙江省委常委，宁波市委书记、市人大常委会主任巴音朝鲁在会见日本伊藤忠商事株式会社社长冈藤正广一行时表示，对伊藤忠商事投资宁波东部新城商业商务综合体项目（奥特莱斯）表示欢迎和祝贺。

巴音朝鲁在会谈中还表示，宁波正在加快转变经济发展方式，积极推进城市化进程，大力发展现代服务业和新能源、新材料等新兴产业，而伊藤忠商事在这些领域具有很强的优势，双方的合作空间很大。除去宁波拥有不输于上海、北京等一线城市的消费人口和消费市场外，文化因素也是三井不动产和伊藤忠商事选择宁波的重要考量标准。

宁波作为“海上丝绸之路”的始发港之一，自古以来就是中日之间商业、文化交流的重要地区，大量的青瓷、茶叶、丝绸、书画等都是通过宁波等地源源不断地输入到日本的。同时，一批批的工匠和僧人也把宁波的建筑、书画等技艺传播到日本，积淀为日本文化基因保存至今。日本人甚至还用“圣地宁波”来形容一衣带水的宁波。

积累连锁化经营的经验

2011年9月23日，杉杉集团联手三井不动产株式会社以及伊藤忠商事共同开发的宁波杉井奥特莱斯商业广场正式开业，“杉井”分别取自杉杉集团和三井不动产。三井不动产株式会社旗下的三井奥特莱斯约占整个日本奥特莱斯业态市场1/3的份额，其超过20年的发展经验可以为杉杉集团的奥特莱斯产业在招商、开发和运营等许多领域提供技术及管理的支持。

时任三井不动产集团代表，杉井奥特莱斯常务副总经理的下町一朗，在2011年接受采访时表示，三井不动产很久之前就已有进军中国市场的计划，而杉杉集团一直与众多的日本企业有过良好的合作，比较了解日本企业的运作方式。因此，在伊藤忠商事的牵线下，杉杉与三井最终走到了一起，选择共同在中国开展奥特莱斯项目的发展。

2015年9月26日，哈尔滨杉杉奥特莱斯广场开业，占地面积17万平方米，是目前中国最大的室内奥特莱斯项目，也是杉杉集团首个独资的奥特莱斯项目。显然，经过了与三井不动产和伊藤忠的几年成功合作运营后，杉杉集团积累了奥特莱斯项目在全国的连锁化经营的经验，并且能够提供可复制的管理团队、运营经验和品牌资源。

虽然哈尔滨奥特莱斯项目是由杉杉集团主导的，但是依然离不开老伙伴三井不动产的助力。早在2014年4月，哈尔滨杉杉奥特莱斯广场的招商发布会上，原宁波杉井奥特莱斯常务副总经理的下町一朗就作为重要嘉宾发表了致辞。2016年1月，下町一朗成为台湾三井不动产董事总经理，主要负责推进三井奥特莱斯在台湾地区的发展。

哈尔滨杉杉奥特莱斯在开业当天销售业绩就达971万元，迎来了12万人次的客流高峰，次日销售业绩更是高达1017万元，客流量达10.1万人次。正是宁波和哈尔滨两地奥特莱斯的良好业绩，给了杉杉集团不断在全国拓展项目的信心。

2016年9月15日，就在哈尔滨奥特莱斯开业一年以后，郑州杉杉奥特莱斯也正式开门纳客，开业单日销售1216万元，客流突破15万人次，一举打破了中国奥特莱斯项目开业首日的纪录。郑州杉杉奥特莱斯是由杉杉集团和河南信和置业共同开发的。

河南信和置业是由加拿大华人徐益明于2003年创立的外资房地产开发与经营公司。杉杉集团和信和置业都拥有雄厚的企业资本，但是经营奥特莱斯仅仅拥有资本是不够的，品牌资源和运营管理才是关键。杉杉集团的日本股东伊藤忠商事就很好地弥补了两者在这方面的不足，伊藤忠商事拥有130多个国内外知名品牌，能够为郑州杉杉奥特莱斯带来强大的品牌运作招商团队。

2017年9月，太原天美杉杉奥特莱斯和南昌杉杉奥特莱斯相继开业。于9月15日开业的山西天美杉杉奥特莱斯则再次刷新了国内奥特莱斯的销售纪录，开业前3天总销售额7050万元，客流量更是超过72万人次。虽然名字里不再出现“三井”相关的字样，但在项目的运营理念上，杉杉集团的几家奥特莱斯都依然传承了日本三井奥特莱斯一贯的精细化管理模式，取得成功绝非偶然。

南昌杉杉奥特莱斯选择在2017年9月23日开业，这距离宁波杉井奥特莱斯开业整整过去了6年。在这6年的时间里,杉杉集团先后完成全国5个奥特莱斯项目的开业运营,项目已经覆盖了华东、东北、华北以及华中地区,同时还完成了乌鲁木齐、呼和浩特两地奥特莱斯项目的战略部署,计划在2020年前将完成打造10个奥特莱斯,进入全国奥特莱斯市场前三强。

与伊藤忠的合作全面开花

早在2009年2月,杉杉集团与日本伊藤忠商事签署战略合作协议时,杉杉集团董事长郑永刚就表示,出让股权给伊藤忠的目的就是希望借助外资的管理和资源优势,帮助杉杉集团转型为一家“综合商社”。日本财团商社企业之间往往喜欢通过相互持股、人事互派等纽带加强集团与集团之间的联系,这一点也非常明显地表现在了伊藤忠与杉杉集团的合作中。

首先,不仅是杉杉投资控股将其持有的杉杉集团25%的股份转让给了日本的伊藤忠商事株式会社,董事长郑永刚还将其个人持有的杉杉集团3%的股份转让给伊藤忠(中国)有限公司。其实这次股权转让也是一次“对赌”:三年后如果伊藤忠参与运营杉杉集团未能达到预期目标,则杉杉集团可以单方面提出原价回购股权。当然,如果伊藤忠无法融入杉杉的管理,也可以单方面提出原价转让股权。

2009年4月,日本伊藤忠的代表中分孝一被任命为宁波杉杉股份公司总裁,他此前在3月董事会上刚刚成为杉杉集团董事总经理。和中分孝一同时上任的还有伊藤忠的另外三名高管,一人担任中分孝一的助理,协助处理产业对接实体,其他两人分别担任杉杉集团的副CFO(首席财务官)和COO(首席运营官)。

杉杉集团选择中分孝一也是希望能够积极和国际品牌合作。毕业于日本北海道大学的中分孝一,从1984年开始就一直在伊藤忠工作,曾任伊藤忠纤维公司品牌营销部门长,长期负责伊藤忠国际服装品牌的运营工作。在中分孝一担任杉杉股份总裁的前7个月里,就接触了10多个希望进入中国市场的国际品牌,而它们都是由伊藤忠介绍过来的。

2010年11月,在接受《商务周刊》专访时,杉杉集团董事长郑永刚表示:“我们跟伊藤忠合作了十几年,伊藤忠对我们的做事风格、经营理念、价值观比较认可,我们也想嫁接伊藤忠的成功经验,双方可以说是一拍即合。同时,资源整合很见成效,伊藤忠通过关联企业的触角给予了杉杉更多技术支持,通过伊藤忠的关系我们与日本户田工业在锂电池正极材料方面达成了合作。”

同年12月12日,杉杉集团旗下的湖南杉杉新材料有限公司与日本户田工业株式会社、伊藤忠商事株式会社在长沙签署了锂电池正极材料合资协议,三方合资设立湖南杉杉户田新材料有限公司,其中杉杉新能源持有75%的股权、户田工业和伊藤忠的合资公司T&I则持有25%的股权。合资公司主营顶级锂离子电池用LCO正极材料的制造销售,目标是打造世界一流的新材料供应商。

日本户田工业株式会社在动力电池材料领域拥有世界领先的技术研发实力。对于和户田工业的合作，杉杉集团董事长郑永刚表示，“如果没有伊藤忠，这桩合资不可能实现”。他还表示，“今后三方企业将加强合作，在全球范围内整合上游矿产、中游材料、下游产品等资源，为湖南培育发展战略性新兴产业做贡献”。

2011 年，户田工业就曾和三井造船（三井财团的重要企业）联合成立了合资公司——M & To-livine，三井造船看重的也正是户田工业所拥有的正极材料技术和经营能力。合资公司中，三井造船持股 51%，户田工业持股 49%。M & To-livine 主要生产锂电池正极材料磷酸铁锂，其位于千叶县市原市的工厂也于 2013 年建成，年产能 2100 吨。

2011 年 9 月 23 日，就在宁波杉井奥特莱斯开业的同一天，杉杉集团与伊藤忠商事共同投资的城市地标综合体宁波中心设计方案也首次亮相。宁波中心项目计划总投资达到 97 亿元，占地 11.38 万平方米，中心建筑高度 398 米，为宁波未来的城市中心和地标，它更将承接长三角都会圈南翼经济与浙江海洋经济核心。

2014 年 6 月，日本最大的百货集团之一的阪急阪神百货店宣布签约入驻宁波中心，作为阪急阪神的中国首店。宁波中心阪急商业总投资达 30 亿元，为宁波打造一个全新的繁华商业中心。2017 年 11 月 27 日，宁波中心超高层项目开发合作正式启动，项目由杉杉、绿城、上海建工和日本伊藤忠共同投资，宁波都市房产开发有限公司进行开发建设。

从多元化到综合商社

1985 年，27 岁的退伍军人郑永刚从县外贸部门被派到鄞县棉纺厂当厂长，由于业绩突出后又被调到甬港服装厂。1989 年，郑永刚创立了杉杉品牌。凭借高品质的西装，杉杉在短时间内便成长为中国服装的龙头品牌，并于 1996 年成为中国服装行业的第一家上市的规范化股份公司。

1999 年，杉杉集团将总部移到了上海。在董事长郑永刚的带领下杉杉集团开始了多元化的产业发展模式。当时，中国的负极材料还只是鞍山热能研究所承担的一项科技研究课题，郑永刚敏锐地发现这一技术在未来市场的巨大商机。于是，1995 年 5 月，杉杉集团与鞍山热能研究院签署合作协议，杉杉以资金、鞍山热能研究院则以“中间相碳微球”项目技术共同投资成立上海杉杉科技有限公司。

为了提高研发实力与推出新的产品，从 2012 年初开始，杉杉集团还在广东东莞投入千万元资金组建了占地近千平方米现代化、专业化的工程研发中心。现在，杉杉集团已成为全球规模最大的锂电材料供应商，正极材料产销量全球第一，负极的人造石墨产销量也是国内第一、全球第二。

2010 年 6 月，杉杉股份向电池产业链最前端的核心环节进发，收编澳大利亚 Heron Resources 公司的 Yerilla 镍钴矿项目时，郑永刚就采取了综合商社惯常的

"小股份进入,逐渐渗透"的方法。根据协议,杉杉股份认购 1204.694 万股 Heron 的股票,占其发行股本的 4.99%。"这样,我们既可以控股矿山,又可以参股上市公司。因超过 15% 的股权,当地审批起来有一定的难度。"郑永刚解释股权如此安排的原因。

依托锂电池材料优势,杉杉集团也在积极布局新能源汽车领域,2015 年就先后成立了宁波杉杉运通新能源系统有限公司、宁波利维能储能系统有限公司、宁波杉杉八达动力总成有限公司,布局新能源汽车动力电池及储能系统。同时杉杉集团还与中国兵器工业集团内蒙古第一机械集团有限公司、北奔重汽集团有限公司共同成立了新能源客车生产企业内蒙古青杉客车有限公司。

杉杉集团的多元化发展与通常所理解的"多元化集团"有所区别,杉杉集团打造的其实是一种综合商社化的发展模式

除了在实业领域充分布局外,杉杉集团也十分重视贸易物流。2006 年 5 月,宁波杉杉股份于宁波栎社国际机场、宁波望春工业发展有限公司共同投资成立了宁波空港物流发展有限公司。宁波空港物流拥有 10 万平方米通用标准仓库,同时享有特殊的监管政策。杉杉集团已经建立了庞大的贸易网络,旗下拥有上海杉鼎国际、杉杉物产、宁波工艺国贸、宁波工艺品进出口公司、杉杉医药投资、宁波国际合作公司和汇星贸易等物流贸易平台。

杉杉集团其实是很早就涉足金融投资的民营企业之一,早在 1997 年杉杉就作为创始股东发起成立了宁波银行。2007 年,宁波银行在深圳证券交易所挂牌上市。截至 2018 年 3 月,杉杉集团仍是宁波银行的第五大流通股股东。杉杉集团还财务投资了浦发银行、徽商银行、稠州银行等。

如今的杉杉集团已发展成为拥有时尚服装、锂电材料、新能源汽车、奥特莱斯、贸易物流、银行及金融投资、医疗健康和旅游文化等多个产业集群的多元化集团。然而,杉杉集团的多元化发展却与通常所理解的"多元化集团"有所区别,杉杉集团打造的其实是一种综合商社化的发展模式。

郑永刚说:"杉杉是总部投资多元化,产业公司经营专业化,但你不能说你是一家多元化公司,总得有个让大家看得懂、听得懂的概念。所以我选择了综合商社这个形式,但是不同于日本一般以贸易公司为平台融合产业资本和金融资本,我们是从实业起家进入金融投资等多元领域。希望将来大家看到杉杉就想到这是中国的商社,它的特点是投资多元化、经营专业化的。"

郑永刚还说:"日本商社的眼光非常长远,在大多数人不知道的时候,日本商社已经完成了海外布局。我们企业去国外买矿,很可能发现绕了一圈原来是要去东京谈。30 年前他们就开始研究和行动了,我们要想学到他们的水平,可不只是说说而已。杉杉的发展路径是从实业进入投资、金融、贸易等领域,未来或许会呈现出与日本不一样的商社模式。"

"日本的企业不追求领袖企业家,比如三井,他曾经是世界500强第一位,可能很多人不清楚。有一本书叫《三井帝国在行动》,大家去看看,它的子公司或者是关联公司,像索尼、汽车行业巨头丰田、松下都是他的子公司。他的子公司都是世界500强,但是它的社长,两届就到期。跟美国不一样,他是追求团队,团队协作、合力,精细化管理。"郑永刚如是说。

对于如何塑造具有中国特色的综合商社,郑永刚表示:"杉杉将会以日本成功的商社性管理模式,作为重要的学习体制和模式,也会结合美国模式的先进性,但最终杉杉集团会有自己的创新,不会照抄照搬。杉杉集团是以中国特有的企业文化为基因,只不过在选择的过程中,觉得日本的综合商社管理模式更适合杉杉集团未来的发展。"

参考文献及来源:

1. 王国培. 中国:下一个日本?[M]. 杭州:浙江人民出版社,2012.
2. 淮君. 染指7-11 王府井强势介入便利店[N]. 财富时报,2005-12-07.
3. 绪方知行,铃木敏文. 7-11 零售圣经[M]. 刘锦绣,译. 北京:科学出版社,2014.
4. 陈卫. 7-11 零售圣经[M]. 北京:企业管理出版社,2005.
5. 日本全家便利店是如何成功进军海外市场的?[EB/OL]. (2016-02-12)[2019-11-01]. http://news. winshang. com/html/056/3353. html.
6. 袁瑛. 隐者三井[J]. 商务周刊,2008(1):29-35.
7. 7-11 成都官方网站,www. 7-11cd. cn/.
8. 蒲哲. 深度解读:日本便利店7-11 都"+"了些什么?[EB/OL]. (2015-05-22)[2019-11-01]. http://www. linkshop. com. cn/web/archives/2015/334108. shtml.
9. 周萍萍. 正在崛起的杉杉奥莱帝国[EB/OL]. (2016-06-08)[2019-11-01]. https://mp. weixin. qq. com/s/FG7IKwC4UjszXwwDPtXWhg.
10. 金水. 杉杉进军奥特莱斯和商业地产携手三井伊藤忠[N]. 华夏时报,2011-09-24
11. 杉杉集团官方网站,www. shanshan. com/.
12. 支维墉. 杉杉能成为中国"伊藤忠"吗?[EB/OL]. (2011-04-14)[2019-11-01]. http://www. ceibsreview. com/show/index/classid/27/id/967.
13. 针木康雄. 世界首富堤义明[M]. 胡汉兵,杨则瑞,译. 北京:中国经济出版社,1992.
14. 深度起底乐天:安倍家族世交姓韩还是姓日[EB/OL]. (2017-04-01)[2019-11-01]. http://finance. sina. com. cn/chanjing/gsnews/2017-04-01/doc-ifycwyns4132201. shtml.
15. 颜菊阳. 韩国商业巨头乐天全面布局"零售中国"[N]. 中国商报,2008-07-01.
16. 刘冰. 日本物流的发展经验与借鉴[D]. 长春:吉林大学,2004.

17. 杨洋,李晓晖. 日本电子商务物流的发展经验及对中国的启示[J]. 中国流通经济,2014(4):34 - 39.

18. 张毓辉,范大良. 7 - ELEVEN:物流战略体系的特色[J]. 连锁与特许,2006(4):16 - 18.

19. 贵州省供销社办公室. 省供销社关于赴日本学习农村电子商务建设与农村互联网金融服务风险控制培训总结的报告[R]. 2018 - 09 - 09.

20. 安宏瑞. 中日两国物流行业发展对比分析[J]. 现代物流报,2017(3):3.

21. 刘俊. 日本三大船公司之商船三井:集运是关键[N]. 航运交易公报,2015 - 05 - 23.

22. 陶健,蒋心和. 日本三井物产参股锦江国际[N]. 解放日报(上海),2010 - 05 - 25.

23. 杨品文. 还你一个最真实的德鲁克[J]. 新远见,2009 (9):88 - 95.

24. 张起燕. 台湾五大家族企业财团之一——新光集团崛起的内幕[J]. 海峡科技与产业,2010(3):39 - 45.

25. 中国指数研究院. 台湾百货业三巨头之一:新光三越百货[EB/OL]. (2011 - 09 - 19) [2019 - 11 - 01]. https://fdc.fang.com/news/2011 - 09 - 19/5912952.htm.

26. 郭歆晔,周松平. 分手4年后,SKP与新光天地如今是何局面? [EB/OL]. (2018 - 04 - 26) [2019 - 11 - 01]. http://www.linkshop.com.cn/web/archives/2018/401193.shtml.

27. 窦少杰. 三井财阀:创始人三井高利和他的颠覆性商法[J]. 家族企业杂志,2016(4).

28. 肖妍茹. 杉杉郑永刚:打造"中国式商社"[EB/OL]. (2014 - 02 - 18) [2019 - 11 - 01]. http://www.linkshop.com.cn/web/archives/2014/280821.shtml.

第五章

让产业金融伟大起来

1998 年 9 月，身为政经学者的石原慎太郎与日本三井财团的三井战略研究所研究员市川周共同出版了《对美宣战：说“不”的日本经济，从美国金融奴隶的身份中解放出来》一书，以日本经济战略为题，矛头直指美国金融霸权，此书在日本国内引起了很大的反响。

2008 年，曾在日本三井住友银行工作过，后加入美国高盛的神谷秀树出版了《贪婪的资本主义》一书。在书中，作者神谷秀树认为，当日本人不再一味地学习美国，重新找回自己价值观的时候，日本很可能会提出一个“为万民造福的资本主义”方案，找到新的资本主义形式，并成为今后世界经济社会的范本。

2012 年 1 月，日本三井物产战略研究所所长寺岛实郎在接受新华社采访时表示，“美国式金融资本主义已经病入膏肓”。作为当代日本国际政治与经济领域的著名学者，寺岛实郎的思想对日本前首相（2009—2010 年）鸠山由纪夫的影响颇大，他甚至还被称作“鸠山的大脑”。

——作者题注

【阅读提示】

“三井”告诉了我们什么(5)

日本财务省公布的统计数据显示，截至2017年，包括国债、借款、政府短期证券在内的日本“国家债务”为1071万亿日元(约合67万亿元人民币)，论债务占比，日本总负债是其GDP的245%，为国民总收入的822%。国际货币基金组织(IMF)曾发出警告：“日本银行业持有巨额国债已经使其面临的风险大幅增加，且这些债务的持有比重还在不断攀升。”

然而，在过去20多年债务增长过程中，日本不仅发债一路畅行，没有发生像希腊、意大利和西班牙那样的国家债务危机，也没有出现美国那样的财政悬崖或者政府停摆的尴尬，被欧美金融市场看作“定时炸弹”的日本国家债务并未引爆。债台高筑但国债收益率始终处于低位，日本国债问题真有西方金融资本家说的那么严重吗？

从意识形态的角度来看，西方金融资本主义与东方的产业资本主义是两种不同意识形态，两种不同的思维文化会形成不同的经济文化，即西方自由资本主义经济学和东方产业经济学。日本的金融结构是典型的产业金融，高度的产融结合，日本的财团商社金融体制特征使得整个国家构成了一个“大日本株式会社”，因此不能完全用西方式的思维方式去考虑日本的情况。

2017年10月，《日本经济新闻》公布了一组与日本国家债务形成鲜明的对比的数据，过去5年，日本海外资产增长近50%，日本财团企业和个人在海外持有的资产首次突破1000万亿日元。而日本进行海外投资扩张的主力军正是财团旗下的综合商社，几十年间，以三井物产为代表的综合商社先后投资数百亿美元在秘鲁铜矿、澳洲铁矿石、北海油田、汽车产业、粮食产业等进行布局。

不仅是在海外资产投资收购领域，综合商社对于日本产业调整方面也发挥了积极作用。商社金融不同于普通的商业银行，它的本质其实是一种“供应链金融”的模式。日本金融体系是财团综合商社以巨大的筹资能力为基础，以广泛的金融服务为纽带和手段，建立起的产业、贸易、金融相互联动发展的一种符合本国企业发展的金融运作机制。

如今，我国中小企业的生存状况普遍都非常不理想，而导致中小企业发展困难的一个主要原因就是贷款难度的增加。这种情况下，商社金融(供应链金融)可能会成为一种破解中小企业“融资难、融资贵”的有效途径。20世纪70年代，在日本产业资金不足的大时代环境下，商社金融就成为当时日本中小企业筹措资金的重要路径。

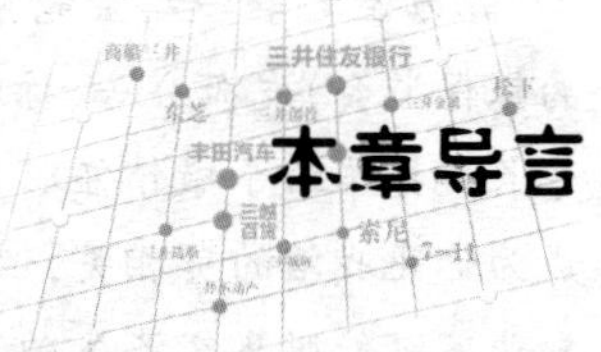

本章导言

2015 年 1 月，宝能系旗下的前海人寿第一次通过证券交易所买入万科 A 股股票，随后宝能系便开启“买买买”的节奏，前海人寿以及同属下宝能系的钜盛华连续购入万科 A 股股票。2015 年 12 月 4 日，宝能系对万科的持股比例增至 20.008%，取代华润集团成为万科第一大股东。12 月 17 日，万科创始人王石在内部讲话公开挑战宝能系，“万宝股权之争”拉开大幕。

2016 年 7 月，宝能系要求罢免万科现有管理层，旨在终结万科的“王石时代”，这也标志着这场中国 A 股历史上规模最大的公司并购与反并购攻防战进入白热化。一时间，宝能系、万科管理层、华润、安邦等纷纷入场，万宝之争俨然成为一场金融大戏。直到 2017 年 6 月 9 日，恒大集团宣布将其持有的 15.53 亿股（14.07%）万科股份转让给深圳地铁才打破了“万宝之争”的僵局。

最终，华润与恒大退出，宝能系无缘董事会，王石宣布退休，万科大股东成为国有独资大型企业深圳地铁，“万宝之争”最大的两个主角，宝能系与万科之间唯一的联系仅剩下 25% 的“财务投资”股权。回顾这场金融领域对实业的并购纷争，宝能系和它背后的实际控制人姚振华往往被媒体加以“野蛮人”的称号，可是门口的“野蛮人”未必就是敌人。

“野蛮人”一词最早出自美国商业畅销书《门口的野蛮人》，是一部精彩的华尔街商战纪实巨著。然而这本书是建立在美式的金融基础之上，美国在立法上构建了完整的银行业与工商业分离框架，美国坚持银行业与工商业分离的政策已逾百年。但是在日本，财团的主办银行帮助财团体系内的制造业企业渡过难关却是“产融结合”的悠久传统。

不同于欧美等地的产融结合模式，日本的产融模式更像是修了一个水库，保护产业链内的企业旱涝保收。日本的产商融模式是别的国家没有的，商贸成为连接产业和金融的环节。作为产业与金融融合最好的实践者，日本模式中融入了更多时代的特色。在日式产商融的模式下，日本造就了 5 万多家百年企业，以及新一代的财团，丰田财团就是其中一个。

对于日本紧密的产融结合模式，东京私募股权机构CLSA资深银行分析师布莱恩·沃特豪斯分析说："对于许多外国投资者而言，他们对于银行作为债权人参与公司日常管理的做法十分反感，但这的确是日本企业的长期传统，并且往往会诞生一个实力比以往更为强大的公司。"这种模式，不仅会诞生一个实力比以往更为强大的公司，更会造就一个更为强大的日本产业帝国。

"万宝之争"后，宝能系的实际控制人姚振华几乎被处以"极刑"，保监会（现为银保监会）发布公告，称对前海人寿有关违法案件作出处罚，对时任前海人寿董事长姚振华给予撤销任职资格并禁入保险业10年的处罚。金融与实业之间，似乎成为你死我活的负相关，但是金融与产业本应该是伙伴关系，共生共荣的关系，金融业不可能脱离经济基础而孤立发展。

如今，在实体经济常常面临"融资难、融资贵"的情况下，金融市场更应发挥其积极作用，帮助解决企业在生产发展过程中面临的资金难题。如何通过产融结合破解当前中国经济发展的难题？如何通过产融结合来更加有力地推动中国的对外开放，实现国家的发展战略？借鉴日本产融经验，结合中国古代商业思想，构建以产业为主、金融为辅的模式具有重要的实际意义。

我们可以看到全球的经济实际上正在实施"日美国""合治"的方式，日本是以产业为主体，美国是以金融为主体，二者做了很好的分工。美国通过金融，通过宏观经济统治世界；日本通过微观经济，通过产业统治世界。也就是说，二者实际上是在宏观和微观领域里以一种合作的方式来统治世界的经济。

回到中国的问题上来。中国要做什么？是要做一个"美国"吗？不是。是要做一个"日本"吗？也不行。中国一定是"一体两面"，即以日本的产业模式为主体，以美国的金融模式为辅助这样一种模式。中国很多古代的商业思想，与日本、韩国是贯通的，只有建立中国自己独立的经济学体系，即一套东方经济学体系，我们才能慢慢地将中国的经济模式确立起来。

第一节 日本金融对美国说“不”

三井银行与财团的复活

1945 年 8 月 15 日,日本在第二次世界大战中战败并宣布投降。9 月 22 日美国政府发表了《美国初期对日方针》,把解散财阀(财团)作为日本非军事化的重要一环。方针中明确提到,“对在产业以及金融上支配日本大部分工商界的大企业组织(即以三井、三菱、安田为代表的财团)进行解体的计划是占领政策的重点之一”。

同年 11 月 6 日,美国政府向日本政府发出促使三井和三菱等四大财团立即解散的备忘录。然而,财团的解散工作于 1946 年 8 月才正式进入了具体实施阶段,这是因为解散工作起初曾遭到日本方面的抵制,日本约 80% 的工业和金融财富控制在像三井、三菱、住友、安田这样的大财团手中。

为了能够迅速解散财团,美国占领当局先后制定发布了《排除财阀同族支配办法》《经济力量过度集中排除法》《禁止垄断法》等一系列法律法规。美国占领当局还公布了日本财团家族成员名单,并规定财团企业必须交出所控制的股票,交出的股票。一半以上作为财产税上缴,其余则由“控股公司整理委员会”公开出售。控股公司整理委员是于 1946 年 8 月专门成立的负责财团解散的机构。

1945年9月22日,美国政府发表了《美国初期对日方针》,并把解散财阀(即以三井、三菱、安田为代表的财团)作为日本非军事化的重要一环

1947 年 7 月,三井物产正式解散,被拆分成包括日东仓库建筑物公司在内的 200 余家公司。三井物产的拆分也就标志着三井财团战后的彻底瓦解。

1950 年 6 月,朝鲜战争爆发,日本成为美军在亚洲的后勤基地。同时考虑到当时苏联在远东地区的巨大影响,美国改变了日本的定位,将其作为美国在远东的军需工厂和重要的反共堡垒。朝鲜战争的爆发使得日本工商业各种产品的生产量急剧增加。

1950 年,日本财团体系下的银行提供的资金总额达到了 7666 亿日元,与上年相比,增加了 30% ,1950 年日本全国银行的总贷款额为 4077 亿日元,强大的金融资本力量也为日本战后财团的“复活”奠定了良好的基础。日本国内工业生产水平在 1950 年 10 月就突破了战前的水平,商品需求量及出口量的增长不仅带来了企业利润的增长,而且带动了投资活动的增加。

1951年7月,日本政府宣布解散财团的工作正式结束。短短不到5年的时间里,财团的解体显然不够彻底,虽然以三井物产为代表的综合商社不复存在了,但财团体系下的三菱银行、帝国银行(三井银行和第一银行1943年4月合并成立帝国银行)、安田银行、住友银行四家,却都未受到解散或是改革。

同年9月8日,日、美两国在旧金山美军陆军第六军司令部签订了《日美安全保障条约》,出于推行"冷战政策"的需要,条约规定了日本承认美国有权在日本驻扎陆军、海军、空军,日本不得将任何基地给予第三国等条件。作为对日本的补偿,美国决定"还政"于日本政府。1952年,此前三井、三菱、住友等财团商号的使用禁令被正式解除,恢复财团的时机也逐渐成熟。

1954年1月,帝国银行(Teikoku Bank)的名字恢复为三井银行。同年,三井银行开始联结过去三井财团的直系核心公司,发起成立了"月曜会",接着又以促进三井物产公司的合并为目的而成立了总经理一级的"五日会"(后来更名为"二木会")。在一定程度上,三井银行逐渐成为"新"三井财团的核心统筹领导机构。

经过三井银行的不断努力,到了20世纪50年代末,原三井财阀的直系、旁系公司又以企业集团的新形式集结而恢复成为现在的三井财团,综合商社、大型制造业企业和主办银行构成了日本财团的核心。虽然看起来战后的日本财团只是一个松散的联合体,但是却在很大程度上促进和影响着日本经济的发展。

二战后重新集结的日本财团,由于受到法律限制而不能成立大的控股公司,因此财团内部的各个成员企业都保有其相对的独立性,企业之间通过相互持股、投融资或业务合作、重要干部派遣与主办银行居中协调等方式,形成了财团内部成员企业之间彼此坚固且紧密的特殊合作关系。

谁拯救并驾驭了丰田?

1912年,丰田家族创始人丰田佐吉最困难的时候,正是三井财团的鼎力支持,才为丰田保全了希望的火种。1949年4月,日益尖锐的矛盾最终导致了丰田劳资纠纷的爆发,使得本来就已步履维艰的丰田随时都面临着破产的危机,而此时拯救丰田的又是三井财团。

然而,经历了二战的重创,日本国内购买力不断下降、市场供求失衡、汽车大量囤积、企业资金回笼情况急剧恶化。丰田汽车陷入了严重的经营危机,拖欠员工工资的现象愈发严重,公司一度背负高达10亿日元的债务。

1950年6月5日,丰田汽车第二任社长丰田喜一郎和其他经营管理人员全体引咎辞职。7月18日,石田退三听从了由三井财团主导的董事会的决定,接管了丰田汽车,出任社长。

被称为丰田"中兴之祖"的石田退三早年间也来自三井体系。在三井物产古屋支店长儿玉一造的推荐下,石田退三于1915年进入了三井财团旗下的"服部商店”工作，另外他还是丰田喜一郎的姐夫丰田利三郎的表弟。后来，石田退三作为丰田常驻上海的代表，从事对中国和东南亚的纺织品出口，1948 年就任丰田纺织社长。

1950 年，石田退三接管丰田汽车后，首先就与公司财务部长花井正八到处奔走去筹措资金，然而却遭到冷眼，四处碰壁。最终，以帝国银行（即三井银行前身）和东海银行为首的银行团借给了丰田汽车 1.88 亿日元的贷款，帮助公司渡过了难关。

当时，以帝国银行为代表的日本银行服务于经济的复苏，所以规定的利差（cost of carry）是 90 个基点，也就是 0.9%。现在中国银行业的利差多数是在 2.5% 以上，因此可以想象，日本银行给予丰田汽车的贷款利润有多薄。可以说，战后日本财团银行的存在就是为了方便政府控制资金的有效分配，压低利差，就相当于用居民储蓄的廉价资金去支持实体产业，日本财团银行的家国情怀由此可见一斑。

1950 年，在提供贷款的同时，帝国银行又调派了中川不器男出任丰田汽车专务。在当时的丰田管理层中，副社长中川不器男的地位仅次于社长石田退三，中川不器男之下是大野修司，丰田家族的丰田英二仅在公司排第四位。

1961 年 8 月，石田退三离开了社长（总经理）职位，转任会长（董事长），来自三井银行的中川不器男成为丰田汽车的第四任社长，一直到 1967 年 10 月病逝。虽然中川不器男在丰田汽车的历史上并没有扮演多么重要的角色，但他为后来的“丰田神话”打下来良好的基础。

当然，三井财团带给丰田汽车的不仅是资金的援助和人员的输出，更重要的是教会了丰田汽车如何实现产业和金融的高度结合。如今的丰田汽车早已不再是单纯的汽车制造企业，而是已经形成了自身的银行、保险等完善的金融服务体系。以丰田财团的爱和谊保险公司为例，通过对保费测算、产品研发以及汽车产业链业务的协同，保险等金融机构就可以有效地配合推动丰田的汽车销售。

爱和谊公司隶属于日本保费排名第一的 MS & AD 保险集团，而 MS & AD 保险集团的最大股东正是丰田汽车。在经营管理上，爱和谊和丰田彼此保持相对的独立，但其产品却只围绕着丰田上下游和客户提供保险相关的服务。2017 年，丰田汽车又挖来了三井住友银行的常务执行董事福留朗裕，让他就任丰田金融服务公司的社长，专门负责强化车贷等金融服务。

如今，现任丰田汽车集团社长丰田章男的夫人田渊裕子，是原三井物产副总裁田渊守的女儿，而丰田章男的母亲则是原三井银行董事三井高长的女儿三井博子。另外，丰田章男堂兄丰田达娶了原住友银行行长堀田庄三的女儿真理。2001 年 4 月，三井财团的樱花银行（1992 年三井银行改名为“樱花银行”）与住友财团的住友银行合并成为三井住友银行。

从美国金融奴隶的身份中解放出来

从20世纪70年代初"布雷顿森林体系"的瓦解开始,美国逐渐放弃了实体经济的发展而转向虚拟经济。此后,日本企业对美国累计直接投资从1985年的87亿美元增至1991年的1480亿美元,美国对日本累计直接投资仅170亿美元。但是,日本并购的大都是哥伦比亚影片公司、洛克菲勒中心这样传统产业和企业,美国始终严防外资并购其关键高技术产业和核心大企业。

美国通过发行国债,让大量在海外流通的美元重新回到美国,进入美国的三大市——期货市场、国债市场和证券市场。美国人通过这个方式钱生钱,然后再向海外输出,这样循环往复地生利。美国由此变成一个金融帝国,同时也逐渐将整个世界金融纳入其中。由于美国金融市场不断外溢带来的巨大"红利",以日本为代表的亚洲国家在20世纪90年代初期获得了充足的美元支撑和充足的投资支持。

1995年日本经济发展到巅峰时,GDP已经达到了美国的七成,成为美国最大的威胁。1997年,美国对冲基金大鳄索罗斯的量子基金做空泰铢,亚洲金融危机爆发,波及整个东南亚,在东南亚深耕细作多年的日本损失惨重,日本经济泡沫彻底破裂,日本陷入所谓的"失去的十年"。甚至有经济专家估计,1945年第二次世界大战结束后日本从美国获取的经济利益几乎在1997年东南亚危机爆发后的几年中迅速地归还给了美国。

日本汉字能力鉴定协会为1997年发布的"年度汉字"是"倒",许多日本企业几乎是在一夜之间全都倒了下来,其中尤以金融企业最甚。

1997年4月,日产互助人寿保险公司被勒令停业,10月,京都共荣银行倒闭,11月3日,日本第七大券商三洋证券破产,11月24日,日本第四大券商山一证券倒闭……1998年日本政府还专门成立了一个3000亿美元的安全基金用来支持各家银行,其中180亿美元用来买各家银行优先股,但依然无法阻止银行倒闭的宿命。

就在东南亚金融危机的第二年,1998年9月,当时身为政经学者的石原慎太郎与日本三井财团的三井战略研究所研究员市川周共同出版了《对美宣战:说"不"的日本经济,从美国金融奴隶的身份中解放出来》一书,以日本经济战略为题,矛头直指美国金融霸权,此书在日本国内引起了很大反响。

早在1989年,竞选自民党总裁失败的石原慎太郎,就与日本索尼公司创始人盛田昭夫合写了《日本可以说不》一书。该书因为表达日本应该在包括经济和外交的各个领域提高自主地位尤其是相对美国的自主地位等观点而著名。在日本经济增长的大气候下,该书迅速成为讨论热点,被翻译成英文并在美国流通。

毕业于一桥大学的石原慎太郎实际上是个商人,他的父亲石原洁曾担任过三井财团旗下的商船三井公司东京支社的副社长，因此石原代表了日本财团的利益。此时，日本财团发现，如果继续跟随美国的脚步，日本的金融市场乃至整个国家的经济都会陷入深深的泥淖中无法自拔，所谓的经济繁荣也只不过是在为他人作嫁衣。

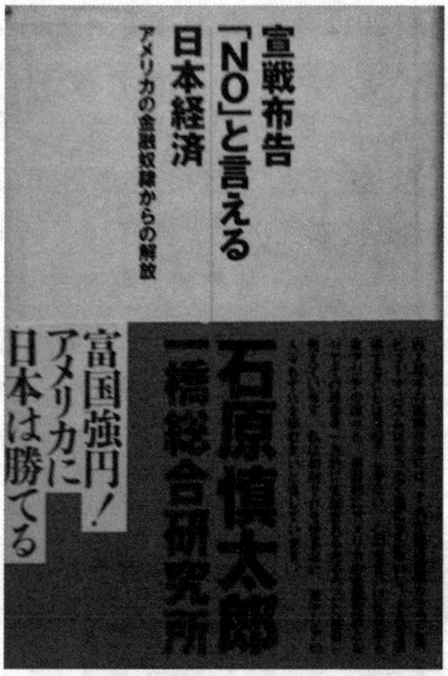

1998年9月，石原慎太郎与三井战略研究所研究员市川周共同出版了《对美宣战：说“不”的日本经济，从美国金融奴隶的身份中解放出来》一书

在1999年中央电视台和上海电视台联合举办的“财富”对话节目中，时任三井物产社长的上岛重二也毫不避讳地谈到日本泡沫经济对于综合商社的影响，他说道：“90年代后半期，可以说是我们一个非常困难的时期。我相信泡沫经济大家也有所耳闻，三井物产也有这种泡沫的包袱，日本的银行也非常困难，日本银行在恢复的过程当中，日本国内商业也难以发展，这是事实。”

日本从1998年开始实施金融体系改革，通过提高央行的独立性、决策的透明度，促进金融机构间的重组和整合，实现混业经营等一系列行之有效的措施不断改善金融体系，使之能够更好地抵御外来大幅经济波动的冲击，其中就包括解除对金控集团的限制。

在金融控股公司制度解禁后，日本财团间的金融机构进行了大规模的合并和重组。1998年8月20日，日本兴业银行、第一劝业银行和富士银行宣布合并，正式标志着日本金融业进入一个改革与整合的新阶段。随后在2001年4月1日，三井财团的核心金融机构樱花银行又与住友财团的住友银行合并成立全新的三井住友银行。

经过几年时间的合并与重组，日本金融业最终形成了六大财团的银行、保险、信托等金融机构整合成的三大金融集团的全新局面：三井财团与住友财团组成的三井住友金融集团、三菱财团与三和财团组成的三菱日联金融集团，以及富士财团与第一劝银财团组成的瑞穗金融集团。

美式金融资本主义已病入膏肓

2008年8月，美国房贷两大巨头——房利美和房地美股价暴跌，由次债危机引发的金融海啸席卷美国进而波及全世界，金融机构破产，投资基金被迫关闭，股市剧烈震荡。许多美国金融机构在这次危机中“中标”，而且金融危机所带来的问题也远远超过人们的预期。在华尔街的投行接二连三地倒下后，隐藏在华丽外表下的资本主义的问题和弊端开始逐渐显现。

2012年1月,日本著名战略经济学家寺岛实郎在接受新华社采访时表示,“美国式金融资本主义已经病入膏肓”。寺岛实郎是三井物产战略研究所所长、日本综合研究所理事长、多摩大学校长。此外,他还担任日本文部科学省中央教育审议会委员、政府审议会主席等多项职务,同时在日本政、经、学各界担任多个要职,出版有《新经济主义宣言》《了解世界的力量》等20多部著作。

三井物产战略研究所所长寺岛实郎作为当代日本国际政治与经济领域的著名学者,他的思想对日本前首相鸠山由纪夫的影响颇大,他甚至还被称作“鸠山的大脑”。在担任日本首相期间,鸠山由纪夫就曾多次发表“批评”美国模式的言论,他表示,“美国主导的市场理念使人失去尊严”。鸠山所批评的“全球主义”也是美国式的“资本主义”。

寺岛实郎是三井物产战略研究所所长、日本综合研究所理事长。同时在日本政、经、学各界担任多个要职,出版有《呼吸历史》《新经济主义宣言》等20多部著作

在新华社的采访中,寺岛实郎认为,金融的主要功能应该是以银行为代表的借贷活动,为实业提供资金,并从实业成功中获得利息等回报。美国的金融产业发生了“异变”,不再是从投资实业中获利,而是试图通过管理风险获利,即利用各种算法,产生了形形色色的金融新模型,也就是所谓的“金融工学”。这种金融工学把各种风险分散后重新组合,导致一旦出现破绽,就波及各个领域。

这种美国式的“金融商业”模式发展越来越快,典型代表就是对冲基金,后来还出现了风险更高的金融工具。在实体经济中,人们通过生产制造、提供服务等经济活动获取报酬;但在金钱游戏中,获利模式就是钱生钱。由此,产生了所谓的“贫富分化的资本主义”,这种机制中,富人越来越富,穷人越来越穷。

日本表面是资本主义国家,却被称为“比社会主义还要社会主义的国家”。瑞士信贷集团2014年发表的46个国家地区贫富差距研究报告显示,日本是贫富差距最小的国家地区。有人说是因为日本受东方传统文化的影响较深,教导人要有节制,奉行诚信、勤勉、奉公等思想。以财团机制为主体形成的日本经济制度被某些西方经济学者称为“公社制资本主义”。

日本既是资本主义又是社会主义,又两者都不像。在《日本经济史》(2002年版)中,日本经济体制被形容为“会社主义”或“企业主义”,意思是说日本整体就是一个会社(企业),可称为“大日本株式会社”。《日本经济入门》作为日本大学经济专业的参考书,从1985年开始,一年一版,此书直接称呼日本的经济社会形态为“日本型社会主义”。日本不是资本主义吗,怎么又变成社会主义了?其实名字不重要,关键要看是如何运作的。

日本的经济和政治体制围绕“全套完整产业链”而构造。金融部门向重点产业低利融资。如果银行清理坏账,追求经济效益,日本立即休克。日本对输出产业进行奖励，因为日本没有资源，要靠出口换取资源，而对输入则严格限制，强制进口替代，积极导入技术。整个产业采用“护送船团方式”，即协调统一发展，不是某个行业超常发展，也不让另一些行业掉队。

在观察日本企业的社会功能时，首先需要探讨一下日本国民对于企业的认识。在普通国民的层次上，日本国民首先是将企业视为自己终生寄托的归属集团。他们认为，自己在归属日本社会之前，首先是归属于一个具体的集团——企业。尤其是在日本大企业中，许多公司职员自称为“三井人”“丰田人”或者“东芝人”，正是这种作为企业一员心态的反映。因此，这些企业的职工首先是将自己视为企业的成员，并且经过企业这一中介与日本国家和政府联系在一起。

法人交叉持股形成了从按所有权支配到不按所有权支配，即经营者支配的结构。法人股东更多情况下与其说是为了“支配”本身，不如说是为了反映企业的关系程度，特别是稳定的交易关系。银行和金融业为财团制造业的发展提供充足的资金，商社为财团制造业提供资源保障和控制商权。同时，这些法人股东几乎很少干涉持股企业的具体经营活动，甚至不要求过高的分红，这些都为日本的职业经理人提供了充分展示自己能力的舞台。

日本财团内部的相互持股是日本长期以来禁止持股公司存在的一种变通形式，以法人持股代替过去自然人的家族财阀持股。20 世纪 90 年代，日本六大财团的内部平均持股比率为 55% 左右。日本把这些本国的巨型财团企业称为“社会型企业”“国民企业”，这些企业虽然有特定的股东，但是普遍的观念是这些象征国家的企业是全体国民所有的，并非个人财产。这些企业的兴衰存亡直接影响到“国运”，从而形成“民有国营”的经济制度。

东京大学教授佐藤康邦用“从外面看是资本主义，从里面看是社会主义”来形容日本社会的特性。其实，他想说明的是日本的经济资源具有极强的统合性，这种统合性兼备了灵活性与战略性。日本的精英对他们建立起了既有社会主义的国家干预和民众福利特征，又比正统的社会主义国家更灵活的制度很自豪。三井财团的索尼公司前总裁盛田昭夫就持有上述同样的观点。

三井物产战略研究所所长寺岛实郎认为，自冷战结束以来，美国式的金融资本主义风行全球，我们冠以“全球化”之名，但冷静思考后就能意识到，其实质是华尔街的“金钱游戏”全球化。现在的问题是，美国式金融资本主义已经病入膏肓，以后如何制约，如何控制问题，将是这场危机中大家苦思冥想试图破解的一大难题，或许只能从东亚商业文明的复兴中找到答案。

第二节　三井与高盛的三十年

相互持股，构筑美日同盟

1986年，时任日本住友银行(现三井住友银行)的董事长矶田一郎专程从东京赶往纽约，他此行唯一的目的就是希望能够投资高盛，为此住友银行还特意聘请了美国麦肯锡咨询公司作为投资顾问。最终，住友银行花费5亿美元获得了高盛集团12.5%的股份，成为高盛的两家外部机构投资者之一，另一家是夏威夷的毕舍普地产公司，而这一价格高出了高盛当时账面价值的4倍。

高盛集团虽然在当时只能算是华尔街上的二流投行，但是却有着其他投行所没有的特质——与时俱进的自我调整和适应外部环境的能力。高盛是20世纪80年代唯一一家反对敌意收购的投资银行，这使得它在业界声誉大增。到了90年代，高盛意识到只靠做代理人和咨询顾问，公司不会持久繁荣，于是又开设资本投资业务，进行长期投资，然后出售获利。

对于高盛而言，日本最大金融集团的现金投资能为其带来一个快速发展壮大的机会，特别是当时投资银行业的业务普遍不景气，而其重要的竞争对手JP摩根又在1986年通过IPO公开发行股票融到了一大笔的资金。事实证明，住友银行和高盛的选择没有错，仅仅10年之后，1997年高盛集团并购部门的收入就已经上升到了10亿美元，高盛也真正成为投资银行界的“世界级选手”。

日本的金融结构是典型的产业金融，高度的产融结合。以贡献了日本全国GDP总量的1/3东京湾区为例，首先依托东京湾的优良港口建设起了以纺织、机械加工和钢铁产业为核心的完善临港工业，随后得益于市场环境和政策扶持，东京湾区逐渐形成了贸易中心，在产业与商业的基础上，才有了后来的金融中心地位。因此，产业结构的调整变化对于日本金融领域的影响也就非常显著。

从20世纪90年代末开始，以东京湾区为代表的日本产业出现了大量的空心化现象，国际分工及经济全球化、新兴国家的参与、低廉的人工成本等使得日本产业模式受到了前所未有的挑战。本土实体经济的收益率不断被挤压，日本不得不将制造业向海外转移以应对压力，国内产业经济的不景气直接影响了以中小企业为代表的制造业企业。

2002年9月底，相比日本其他银行，三井住友银行在中小企业贷款市场上份额较大，由于日本破产企业数量增多，三井住友的坏账也急剧增加，已经达到了惊人的480亿美元。为解冲销坏账之急，三井住友银行出售了所持有12.5%的高盛集团股份。

一年以后，高盛又反过来开始向三井住友银行注资。2003 年 1 月 15 日，三井住友金融集团宣布将向美国高盛集团发行可兑换优先股。消息公布当日，三井住友银行的股价就暴涨 8.46 个百分点，报价 35.8 万日元。2 月 8 日，三井住友金融集团向高盛集团正式发行可兑换优先股，以获得 1500 亿日元（约合 12.5 亿美元）的投资，高盛因此获得三井住友银行 7% 的股权。

三井住友银行向高盛发行的可兑换优先股发行后 2～25 年内可以转换为普通股，年息为四厘半。根据双方的协议，三井住友银行还向高盛提供 10 亿美元的亏损补偿，可能还有额外保证。时任三井住友金融集团董事长的西川俊文在东京记者会上表示，高盛入股对三井住友意义重大。

高盛集团如此积极购入日本银行的不良资产，此举在常人看来未免过于大胆。然而，时任高盛总裁亨利·保尔森（Henry Paulson，2006 年 7 月 10 日就任美国财政部长）却认为，注资三井住友银行是加大高盛在日本市场影响的重要机会，同时也是高盛与三井住友金融集团成功保持长久合作关系的又一举措。

高盛总裁保尔森口中的“合作关系”并没有让高盛集团和三井住友银行等上很久。2004 年夏天，在外国投资者对日本武富士消费信贷公司（简称“武富士”）股份的争夺战中，高盛公司从幕后走到台前，一度获得排他性的交涉权并宣称要收购武井家族的 58% 的全部股份。

高盛此次收购项目的负责人是高盛证券（日本）公司总裁持田昌典，他与三井住友银行行长西川善文关系密切，而三井住友银行是高盛收购武富士强有力的后盾（提供贷款安排）。武富士一度是居日本业界首位的消费金融企业，此前曾被高盛集团看好。

打造“投行共同体”

2006 年 3 月，为缓解财务紧张状况，日本三洋电机（属住友财团）向三井住友金融集团、大和证券 SMBC 株式会社（三井住友金融集团和大和证券的合资公司）和高盛定向增发优先股，三洋最初只是希望三井住友银行投资，不料后者拉来了高盛。

三家金融机构共购买了三洋电机总额约 3000 亿日元的优先股，其中高盛购买了价值 1250 亿日元的优先股。作为交换，三井住友银行、大和证券 SMBC 和高盛共获得了三洋 60% 的投票权，在三洋董事会的 8 名董事中，这三家公司派出的董事占了 5 名。

2008 年 12 月 18 日，松下电器（属住友财团）就收购三洋电机与三洋三大股东达成协议，公开购买三洋股票的价格为每股 131 日元。早前在三洋电机发展遇到困境时，高盛逢低买入的价格仅为 70 日元每股。其实从 2006 年买入三洋电机开始，高盛就不断小规模地出售三洋家电业务，先是将手机业务卖给了三井财团体系下的京瓷，后又将冰箱业务卖给了中国的海尔。

松下电器和三洋电机同样隶属于住友财团。时任松下电器中国副董事长张仲文表示，三洋与松下在历史上本来就是一家。两家公司渊源颇深，三洋的创始人井植岁男是松下电器创始人松下幸之助妻子的弟弟。在松下幸之助创立松下电器时，井植岁男也是公司的合伙创办人之一，曾担任松下电器的专务董事（相当于副社长），后来在 1946 年井植岁男才离开松下另起炉灶创立了三洋。

三井住友银行是此次收购的核心，是由三井财团和住友财团于 2001 年各自主办银行合并而成的。三洋所欠缺的家电业务，正好为松下所擅长，而三洋手中极具潜力的电池业务，与松下发展环保产业的方向也吻合。可以说，松下收购三洋是日本财团内部“左手换右手”的典型玩法，只是这次加入了美国的高盛。考虑到高盛与三井住友银行此前的关系，高盛的介入丝毫不显得突兀。

2010 年 1 月 28 日，高盛将其所持有的日本三井住友银行的 11.1 亿美元优先股转换为了普通股，此举帮助高盛间接持股了巴西淡水河谷。巴西淡水河谷是世界最大的铁矿石生产和出口商，被誉为巴西“皇冠上的宝石”和“亚马逊地区的引擎”。而此时，巴西淡水河谷最主要非国有股东正是三井财团旗下的三井物产。

2010 年 10 月 21 日，继间接持有巴西淡水河谷之后，高盛将淡水河谷公司未来 12 个月股价目标从 36 美元上调至 40 美元，给出的原因是目前铁矿石市场需求旺盛，市场供求不平衡。通过股票来操纵大宗商品的价格走向是高盛一直惯用的手法。而高盛的重要盟友三井财团的企业群基本掌控着铁矿石产业链的上下游企业，因此也成为此轮涨价重要的获益者之一。

2018 年 11 月 11 日，日本监管机构和东京证券交易所批准了日本软银集团旗下的移动电信业务分拆上市。软银集团的日本电信业务实体为“软银公司”（SoftBank Corp），计划于 2018 年 12 月 19 日首次公开发行，股票将在东京证券交易所交易。软银集团将通过此次子公司上市融资 2.4 万亿日元（约合 211 亿美元），成为日本有史以来最大规模的首次公开招股（IPO）。

在这起创日本历史的最大 IPO 背后当然也少不了三井和高盛的身影。路透社援引知情人士的消息称，软银集团已选定包括野村证券在内的 5 家投资银行作为其日本电信业务部门 IPO 的主承销商，除野村证券外，另外 4 家投资银行分别为高盛集团、三井住友金融集团、德意志银行和瑞穗金融集团。

美日联手重创欧洲

2009 年 11 月 25 日，迪拜财政部突然宣布，由迪拜政府持有的迪拜世界公司及旗下的房地产分支棕榈岛集团将推迟偿付数 10 亿美元的债务最少 6 个月。据《纽约时报》估算，当时“迪拜世界”的对外债务已高达 590 亿美元，占迪拜总债务的74%，从而导致了一系列的金融机构和投资者巨大财富蒸发和破产的“迪拜危机”。

很多人将这次的“迪拜危机”完全归咎于迪拜房地产的疯狂开发以及本身过度宽松的金融政策，认为美元的贬值和国际金融危机的持续影响是导致危机的重要原因，而没有注意到真正的幕后导演。在迪拜危机爆发的第一时间里，整个剧情的发展简直就和“中航油事件”（参见白益民著《三井帝国在行动——揭开日本财团的中国布局》第七章）如出一辙。

第一个向迪拜施压的并不是高盛，而是日本的三井住友银行，日本人为迪拜债务偿还设定了最后6个月的期限。只是这一次高盛持有的迪拜债权并不多，三井住友银行也只是持有迪拜世界2.25亿美元。从表面来看，高盛和三井住友银行似乎并不能从这次危机中获得什么，但是实际上这又是一次高盛集团与三井财团合起伙来的“金融围猎”。

在“迪拜世界”的到期债务名单中，可以看到有汇丰银行、巴克莱银行、渣打银行、劳埃德银行、法国巴黎银行、荷兰国际银行、苏格兰皇家银行……随着迪拜危机的爆发，迪拜的信用评级不断下调，甚至低于冰岛。这使得包括汇丰银行、渣打银行在内的对迪拜贷款众多的欧洲银行机构陷入了巨大的恐慌，欧洲的股市也因此出现下跌。

日本三井住友银行第一个向迪拜施压，整个剧情和“中航油事件”（白益民著《三井帝国在行动——揭开日本财团的中国布局》第七章）如出一辙

2010年1月，据《英国金融时报》报道，高盛集团积极向中国政府及中国国家外汇管理局（SAFE）推销希腊国债，价值在200亿~250亿欧元，而中国未同意购买。另据报道，高盛此前曾提出由中国银行入股希腊国民银行，并向中投公司也提出过类似的建议，希腊方面则拒绝了由中国一家银行收购希腊国民银行战略股权的提议。

当时，希腊政府的财政赤字占GDP的比重已高达12%，远远超过欧元区设定的3%的上限，希腊公共债务余额占GDP的比重则高达110%。因为债务问题日益严峻，惠誉、标准普尔和穆迪三大国际评级机构2009年12月先后宣布降低希腊的主权债信评级，一度引发金融市场剧烈动荡。

为什么高盛会努力向中国推销如此“危险”的希腊国债呢？时间要推回到2001年。2001年美国的投行高盛主动找到希腊政府，提出可以帮助希腊政府掩盖一笔高达10亿欧元的公共债务，这样希腊就可以符合加入欧元区的标准，而高盛则可以通过成功将希腊送入欧元区获得3亿美元的“服务费”。然而，这3亿美元仅仅是高盛攻陷希腊的开始。

首先希腊政府发行一笔100亿美元的国债，然后由高盛将希腊政府这100亿美元兑换成欧元。但在兑换过程中，高盛为希腊政府提供一种更优惠的汇率，将原本应该兑换的74亿欧元提升到了84亿欧元，因而这“多出来”的10亿欧元变成了希腊政府的“盈利”，进而使得财政赤字仅为GDP的1.5%。

希腊政府“盈利”的这10亿欧元也就相当于是高盛为其提供的贷款，而后高盛向一家德国银行购买了10亿欧元的信用违约互换保险(CDS)以分散投资风险。也就是说，一旦希腊政府出现支付危机导致高盛的投资无法收回，那么出售CDS的德国银行就要支付高盛投资的亏空。

其实从一开始，高盛就知道希腊政府根本没有偿还能力，希腊财政早晚有一天会瓦解，但它却大量吃进CDS，在希腊主权债务要到期时又大力唱衰希腊，迫使希腊债务CDS上涨了3倍多，高盛一时间赚得是盆满钵满。高盛的“特洛伊木马”不仅攻陷了希腊，而且将整个欧元区牢牢套住，而向中国出售希腊国债只是高盛希望能够为自己的计划“锦上添花”罢了。

2010年1月29日，希腊财政部长帕帕康斯坦丁努表示，未与中国商定购买希腊债券的协议，希腊仍将目光主要投向欧洲，“希腊与中国政府没有达成任何协议，中国政府也没有这方面的需求”。同时中国官员也表示，中投对此(希腊国债)不感兴趣，而监管机构也不会允许中国银行机构进行如此高风险的投资。

贪婪的资本主义

2008年国际金融危机之后，一本书创造了日本书业的销售神话——单周销售10万册，并被《泰晤士报》《钻石周刊》《现代周刊》等争相报道。这本书就是由长期从事投资银行资本运作的日本银行家神谷秀树创作的《贪婪的资本主义：华尔街的自我毁灭》，该书的中文译本于2009年3月在中国出版。

神谷秀树，1953年生于东京，1975年从日本早稻田大学第一政治经济学部毕业后，进入住友银行工作，1984年加入高盛集团后定居纽约。在书中，神谷秀树探究了雷曼兄弟、AIG等公司的破产原因，同时也揭露了美国投资银行家道德准则——“今天赚到的给我，明天赔掉的归你”，他认为“投资银行家是这个世界上最贪婪的职业。一旦被金钱迷住，那么连人格也会变了”。

书中最大的看点则是对于欧美资本主义现状的悲观论调：“美元信用开始下降，如果美元回流停止……债务国美国，也将因资金筹措的不利而破败”；“日本和美国的经济社会都产生了泡沫经济，都在被贪婪和拜金主义席卷的时候，人的心中失去了最重要的东西”；“……资本主义最终走向的居然是金融市场的国有化，这是一件极具讽刺意味的事情”。

美国的“贪婪资本主义”一直以来都是世界的楷模，但这次轰然坍塌。神谷秀树认为现今情势下应该深思的问题是：我们究竟要建立什么样的经济社会。他认为，“当日本人重新找回自己价值观的时候，说不定能找到新的资本主义形式，作为今后世界资本主义的范本”，“日本很可能会提出一个‘为万民造福的资本主义’方案”……

2011 年，中国经济出版社出版了《起诉高盛：中国企业当直面金融欺诈》一书，这是中国第一本深入分析和研究高盛如何欺诈中国企业的专著。同阴谋论不同，这本书没有揣测，没有杜撰，而是基于真实的案例和作者同高盛直接对抗的第一手材料，有坚实的证据和事实基础。

《起诉高盛：中国企业当直面金融欺诈》的作者张晓东，时任中投证券金融衍生品部总经理，同《贪婪的资本主义》作者神谷秀树一样，具有丰富的中外证券（投行）市场经验。张晓东毕业于哥伦比亚大学，获金融工程硕士，是金融衍生品领域的专家，在衍生产品的开发、定价和交易上有深厚的造诣，曾受聘国资委为金融衍生品顾问，代表中央企业同高盛对抗谈判。

通过深入浅出的语言，作者张晓东将复杂的衍生产品欺诈陷阱形象生动地展现出来，使读者不必像作者那样经受严格的金融工程训练就能了解高盛是如何在产品结构上设下陷阱来欺诈中国企业的。对于在国际市场上开展业务的企业来说，对于关心中国金融市场发展的相关人员来说，此书具有很大的参考价值。

同时，作者张晓东还理性地分析了中国企业惨遭血洗的深层原因，探讨了中国企业尤其是央企在风险管理、业务开展、企业治理上等存在的问题，总结出过于简单的金融市场和非常弱小的金融机构是“为何受伤的总是我”的症结所在。当悲剧不断上演，中国如何才能自强？“最大的敌人是自己，最好的老师是敌手。”

2014 年，前高盛员工格雷格·史密斯出版了《我为什么离开高盛》一书。史密斯出生于南非的约翰内斯堡，2001 年从美国斯坦福大学毕业后便进入高盛成为正式员工，从履历来看他是典型的“高盛人”。到 2012 年辞职之前，史密斯已经是负责高盛在欧洲、中东和非洲地区的美国金融衍生品主管，同时也是高盛集团的执行董事。

在作者史密斯的描述中，早期的高盛十分重视企业文化的培养，过去高盛的文化一直围绕着团队协作、正直、谦逊，以及永远为客户的利益考虑。然而，随着金融危机的爆发，世界经济形势充满不确定性，高盛不再以彰显思想、树立榜样、正确行事作为筛选领导人的要求，而是将“为公司赚更多钱”作为标准，道德品行的沦丧便成为对高盛长期生存最大的威胁。

被称作“投资银行中的劳斯莱斯”的高盛在这十几年的时间里到底发生了什么？作者格雷格·史密斯在书中写道：金融主管们不再将客户的利益作为优先选项，甚至将他们的客户称作“提线木偶”。每天分析师们最常问的问题是“我们可以从这个客户身上赚到多少钱”。当高盛的管理人员毫不掩饰地讨论怎样榨取客户的时候,高盛的文化便已经开始发生了质的转变。

今天的高盛已经被充斥着金钱、欲望的资本市场所控制,渐渐丧失了对公司文化的掌控。作者格雷格·史密斯通过自己十几年的华尔街经历告诉我们:如果没有正确的价值观引导,企业将很容易陷入盲目追求利益的旋涡中,这样做的后果是非常可怕的,不仅在法律上有风险,聪明的客户也会很快反应过来。

第三节　金融扩张背后的东亚谋局

以东亚银行为跳板,进军中国

2008 年底,日本三井住友银行与中国香港东亚银行签订了商业合作谅解备忘录,此后双方的合作步伐不断加快。从 2009 年 6 月开始,三井住友银行开始持续买进东亚银行股份,12 月 30 日,宣布向香港东亚银行投资 14.16 亿港元。加上此前的投资,三井住友银行在东亚银行的持股比例上升到 4.05%,至此,三井住友银行正式进入了香港金融市场。

东亚银行成立于 1918 年,目前是香港地区最大的独立本地银行,也是中国内地首批通过本地注册验收的外资银行。截至 2015 年 12 月 31 日,东亚银行的综合资产总额已达 7814 亿港元,不仅在中国内地拥有广泛的支行网点,同时也有着强大的政商背景。

香港东亚银行的第一大股东是日本三井住友银行

现任东亚银行主席的李国宝是东亚银行创始人李石朋的曾孙。李氏家族是香港历史最悠久、地位最显赫的传统世家之一,家族成员横跨政治、立法、司法、教育及经济等领域。李国宝的叔叔李福善是香港高等法院的首位华人法官,参与起草了香港《基本法》,李国宝的亲弟弟李国章曾担任过香港中文大学的校长。

对于入股东亚银行,三井住友银行发言人多次对外强调,加强亚洲运营是其全球化战略的支柱,而中国是亚洲的最重要部分,三井住友银行期望借助东亚银行在中国内地拥有的近 100 家运营机构的力量,进一步打开中国内地市场的大门。

2012 年 12 月,三井住友银行与东亚银行达成了配股协议,金额达 33.01 亿港元,令三井住友银行的持股量升至 9.63%,成为东亚银行的第三大股东。与此同时,东亚银行的第一大股东为西班牙巴塞罗那储蓄银行(Caixa Bank),第二大股东是国浩集团(香港上市公司,0053)。

三井住友银行十分重视与东亚银行的合作关系。2014 年 9 月 5 日,三井住友银行宣称,与香港东亚银行就继续增持东亚银行股份达成基本协议,涉资约 1000 亿日元。2015 年 3 月 18 日,三井住友银行与东亚银行正式订立了认购协议,三井住友银行以主事人身份以每股 29.5576 港元的价格认购 2.22 亿股东亚银行股份。

认购配发新股完成后,三井住友银行也一举超过西班牙巴塞罗那储蓄银行成为东亚银行的第一大股东,持股比例达到 17.43%(2016 年 5 月持股比例上升到 19.01%)。东亚银行主席李国宝表示,欢迎三井住友银行此次投资的决定,认为可进一步加强东亚的核心资本,同时也重视与三井住友银行于过去 40 多年的关系,期望未来能更紧密地合作。

三井住友银行成为东亚银行最大股东以后,委派一名董事级人员出任东亚银行的非执行董事。同时,三井住友银行还计划将东亚银行变为权益法适用公司,有望将三井住友金融集团的年合并最终利润提高 150 亿日元左右。也就是说,三井住友银行有望将东亚银行纳入日本的财团体系当中,抢滩香港银行业,并以此为跳板,三井住友银行将全力进军中国金融领域。

2017 年 12 月,三井住友银行常务执行役员东亚地区总裁国贺久德表示,未来将会把 2016 年 4 月成立的东亚区总部,从东京迁至中国香港,以及把营运功能转移至香港及上海。国贺久德指出,中国香港为全球领先的东亚区商业中心,提供高度商业自由,同时扮演着连接中国内地的角色,因而吸引很多日资企业在港设立分公司。作为东亚银行的股东,三井住友银行将继续奉行扎根香港的策略,期望通过有关合作,能够更有效地回应中国内地和香港企业的需求。

瞄准华南,窥伺全中国

2009 年 4 月 27 日,原三井住友银行株式会社中国地区分支行改制成为三井住友银行(中国)有限公司,正式获得中国法人资格,为三井住友银行在中国这个新兴经济体提供金融产品铺平了道路。其实,三井住友银行对深入开拓中国市场的尝试却早已悄悄开始,而这第一站正是中国的华南地区。

早在 1992 年,住友银行(三井住友银行前身)就设立了广州分行,在中国最早的 7 家分行中,也有 2 家分布在广东省。从整个亚洲全域来看,广东的位置无论往北上到北京,到韩国、日本,向西到新加坡、泰国、印度尼西亚等地,坐飞机都不会超过 5 个小时,这是非常便利的地理优势。

曾担任过三井住友银行(中国)有限公司董事长、如今是三井住友银行顾问的大久保克表示:“对于全球企业来说,在考虑自己业务发展战略时,脱离中国市场几乎都是不可能的,而华南市场,特别是广东地区,包括香港都是三井住友发展业务非常重要的区域。”

2011年7月，大久保克亲自率三井住友银行的高层参加广东省在日本东京召开的大型招商大会，这个招商团由11个市的市长和副市长负责带队。

在华南地区站稳脚跟后，三井住友金融集团的视野开始不断扩大。2009年12月23日，三井住友海上火灾保险株式会社以基础投资者的身份认购了中国太保在香港的上市股权。2010年4月，三井住友海上火灾保险又斥资24亿日元入股总部设在杭州的信泰人寿，持股比例为7%，从而正式进军中国寿险市场。

与此同时，广东政府的大力支持，加之如人工费等生产成本上涨的客观情况，可以说广东的产业构造已经逐步从劳动密集型向知识密集型转变。

2012年5月，经营日本公共养老金公积金的日本年金积立金管理运用独立行政法人(GPIF)宣布，将向中国等新兴经济体的股市进行投资，初始投资额约为1000亿日元(约合78亿元人民币)。在积累投资经验后将增加投资额，业内人士称，该投资将通过三井住友信托银行进行。GPIF也表示，正在研究向代理机构三井住友信托银行增资。

三井住友信托银行前身是住友信托银行。在2010年，住友信托银行就成为首个进入中国信托业的日本金融机构，当年3月，16亿日元的价格收购了南京信托投资有限责任公司约20%的股权。2012年4月1日，住友信托银行与中央三井信托银行、中央三井资产信托银行合并成立了三井住友信托银行，成为日本最大的信托银行。

2015年12月11日，三井住友银行株式会社、三井住友银行(中国)有限公司与清华大学五道口金融学院签署《关于在教育、人才等领域交流合作的备忘录》。三井住友银行常务执行董事兼三井住友银行(中国)有限公司董事长国贺久德、三井住友银行执行董事兼三井住友银行(中国)有限公司行长龙田俊之及五道口金融学院副院长康以同分别代表三方在备忘录上签字。

三井住友银行不仅积极参与中国金融市场的发展，更加注重相关金融人才的建设培养。三井住友银行长期以来以派遣讲师开办讲座、选派职员研修、接受研究生实习等多种形式与清华大学五道口金融学院积极合作，此次备忘录的签署旨在强化现有合作的同时，设立新的奖学金制度。

2018年5月23日，三井住友海上火灾保险株式会社发表声明称，将出资收购交通银行的人寿保险子公司、上海市交银康联人寿保险公司37.5%的股份，积极进军中国人寿保险市场。交银康联人寿公司于2000年成立，交通银行保有其62.4%的股份。2017年12月期的保险费收入总额为131.3亿元，在中国人寿保险市场上排名第28。

同年10月26日，三井住友海上火灾保险株式会社与中国太平洋保险(集团)股份有限公司共同提案并签署的《为“走出去”中国项目提供风险预防、风险管理的全面合作项目》，被纳入第一届中日第三方市场合作论坛成果。近年来，三井住友海上火灾保险株式会社与中国太平洋保险通过共同努力,成功为上海电气土耳其 Hunutlu 大型火力发电站、日本板硝子株式会社(NSG)阿根廷新工厂及在斯里兰卡境内开展业务的中国企业及其工程项目等一批海外项目提供保险保障。

陈水扁的"幕后银行家"

2005 年 7 月 14 日,台湾地区前领导人陈水扁女婿赵建铭受邀到位于台北的三井日本料理店与台湾土地开发公司董事长苏德建、宽频房讯总经理游世一等人吃饭。苏德建透露"将推动联贷案,把信托部切割给日盛银行,处理一些不良债权"。随后,赵建铭把消息告诉父亲赵玉柱,和游世一连手低买高卖,在台开股价上涨时脱手、赚取暴利,这就是后来曝光的著名"三井宴"事件。

此后不久,台开董事长苏德建又了解到彰化银行将公开释股台开股票,于是利用二次"三井宴"的机会,继续向陈水扁女婿赵建铭、宽频房讯总经理游世一、"国票证券"前董事蔡清文游说购买。由"三井宴"引发的台开内线交易案是陈水扁家人在陈水扁"执政"时期第一件遭法办的案子。赵建铭曾被羁押 47 天,一审被判刑 6 年,后来以 1700 万元交保。

2008 年,台湾《壹周刊》报道称,陈水扁为了处理金控贿款,曾经找兆丰金控前董事长郑深池、新光医院副院长黄芳彦、台湾当局前领导人副幕僚长马永成及台湾中信金控前副董事长辜仲谅组成"四人小组"。该小组专门处理台湾中信金控合并及海外洗钱事宜,其中大部分巨款都流向了日本,甚至"连日本首相麻生都十分关注洗钱案的案情发展"。

台湾《壹周刊》爆料说,尽管查案阻力不少,但台湾地区检方还是查出陈水扁家族想要当海外"幕后银行家"的诸多证据。众多线索表明,陈水扁金控公司的 30 亿元新台币贿款大部分用来购买日本三井住友银行的股权,且实力大到足以拿下一席董事。对此,台湾资深媒体人周玉蔻在台湾东森新闻的政论性节目《拦截新闻》中曾表示,假如吴淑珍(陈水扁夫人)和陈致中(陈水扁长子)真的当上了三井住友的"幕后银行家",陈水扁家族三代都"吃"不完。

如果真如《壹周刊》爆料的那样,早在陈水扁担任台湾地区领导人期间(2000—2008 年),陈水扁家族就利用他妻子吴淑珍的堂兄吴景林等人充当人头账户将 30 亿元新台币贿款汇往日本,并用来购买了日本三井住友银行的股权,考虑到中信金控前副董事长辜仲谅与陈水扁家族的关系,那么三井住友银行入资中信金控就算是另类的"交叉持股"了。

卷入陈水扁受贿案的前台湾中信金控副董事长辜仲谅(图左)出自台湾五大家族之一的"鹿港辜家",他的爷爷是海基会原董事长辜振甫(图中),辜振甫的姑父则是清末大买办、大实业家盛宣怀(图右)

2008 年 11 月 24 日,中信金控前副董事长辜仲谅接受台湾"检调特别侦察组"劝说同意返回台湾,帮助厘清陈水扁贪污弊案。12 月 3 日，台湾“特别侦察组”三度约谈了辜仲谅。在接受数小时的约谈后，辜仲谅就以 1 亿元交保候传了。其实早在 2006 年，辜仲谅就因涉入家族企业中信金海外结构债弊案而遭到通缉，并持第三国护照避居海外，主要在美国及日本徘徊。

台湾中信金控的背后也拥有着强大的政商家族背景，银行由“鹿港辜家”所创办，现在是辜濂松家族握有经营权。“鹿港辜家”是台湾五大知名家族之一，至今仍是台湾政商大家族，家族企业“和信集团”名列台湾五大集团（财团）之一。辜濂松的叔父就是海基会原董事长辜振甫，而辜振甫的姑父则是清末大买办、大实业家盛宣怀，当时日本的台湾总督特别“恩赐”辜家在鹿港建造一座宅邸，即今天的台湾“民俗博物馆”。

由于“鹿港辜家”在中国台湾地区强大的影响力，一直以来中信金控都与中国台湾当局关系密切，而其中最出名的就是台湾地区前领导人陈水扁的贪污弊案。中信金控前副董事长辜仲谅就是案件中的重要人物。辜仲谅是辜濂松的长子，13 岁起便被送往日本留学，后毕业于台湾东吴大学日文学系。

2010 年 4 月，有媒体报道称，三井住友银行将入资中国台湾地区最大的民营金融机构——中国信托金融控股股份有限公司（简称“台湾中信金控”），以增强其亚洲业务。据报道，三井住友银行预计取得台湾中信金控1% ~2% 的股份，出资额可能达 70 亿 ~80 亿日元，这也是三井住友银行第一次与中国台湾地区的金融机构进行资金合作。

2014 年 10 月 28 日，据日本共同社报道，三井住友银行宣布与台湾中信金控签订了正式业务合作备忘录，三井住友信托希望利用台湾中信金控在亚洲的众多网点，加强对自身客户开拓海外市场的支持力度。两家公司将主要针对日本和中国台湾的客户企业在中国大陆和东南亚提供融资支持，此外，还将共同开展企业并购中介业务和研发基金等金融产品。

加紧布局南亚、东南亚

2010 年 6 月 30 日，日本三井住友银行宣布斥资 260 亿 ~270 亿日元入股印度私营银行科塔克银行。根据协议，三井住友银行参股比例为 4.5%，接近印度银行外资出资比例的上限，双方将在投资及投行业务方面开展合作。科塔克银行是日本国内银行首次参股印度的银行，成为日本进军印度金融市场的桥头堡。

科塔克银行是由印度商人乌代·科塔克于 2003 年创办于孟买的一家综合性金融集团，自创办以来就被业界称为印度最有活力的银行，并且一直保持着稳定的高增长。现在有很多外国投资者看到了印度高速发展的机会，拿着他们的钱用来买股票，有些人还会投资印度股市。乌代·科塔克说，印度人的投资选择很重要，而他选择的则是日本的三井住友银行。

在印度至今仍有4亿人没有银行账户,至于信用卡持有者的比例则只是个位数,很多没有账户的印度人还是习惯把钱藏在床垫底下,还有很多人习惯把钱换成黄金首饰。乌代·科塔克表示,政府要想办法降低民众对黄金资产的兴趣,这样才能把更多的钱用于发展,从而有利于推动经济增长,同时银行则要想方设法地让在印度有存款的人对印度股市感兴趣,这样企业才能更好地融资。

与三井住友银行的合作,让科塔克银行得以在印度金融市场迅速崛起。截至2017年3月,科塔克银行拥有1369家分行和2163台自动取款机。按市值衡量,科塔克银行已经是印度的第二大私人银行,仅排在HDFC银行之后。日本三井住友银行2010年入股时,科塔克银行仅列印度私营银行的第五位,科塔克银行总资产也由2010年的97亿美元,上涨到了2017年的310亿美元。

不仅是印度,日本金融资本在东南亚一带也加紧布局。早在2007年,三井住友银行通过股票直接配售的方式收购越南进出口银行相当于2.25亿美元(15%)的股份。越南进出口银行的业务包括从贸易相关的金融服务到零售银行业务,该银行始建于1989年,是越南首家私营银行。以财团金融机构为代表的日本投资商被视为越南各家银行的潜力巨大伙伴。

2011年,继三井住友银行投资越南进出口银行之后,日本瑞穗金融集团(富士财团与第一劝银财团的核心金融机构)也选择投资越南外商银行。2012年12月27日,三菱东京日联银行和越南第二大上市银行越南工商银行签订合作协议,三菱东京日联银行购买越南工商银行两成的股份,耗资超过7亿美元,从而成为越南银行业历史上最大规模的一次并购。

除参股当地金融银行外,三井住友银行也十分重视培育越日两国之间的金融战略伙伴关系,并不断追加对越投资。三井住友银行河内分行行长渡边敬之表示,三井住友银行将帮助其更多的客户企业在越南开展业务,近年来,日本加工制造企业正在考虑"中国+1"战略,寻求降低对中国的过度依赖。

2012年5月,日本三井住友银行与缅甸KBZ银行签署合作备忘录,在投融资风险管理、金融人才培训等方面提供业务指导和合作,扩大在缅甸的影响力,开拓在缅金融服务市场。KBZ银行从属于缅甸大型财团KBZ集团,拥有约50家店铺。三井住友银行通过无偿支援、构筑亲密关系来推动准备工作,并在缅甸经济开放和解除制裁时,迅速构筑正式的合作关系。

2016年4月27日,三井住友银行亚太地区首席执行官森章介在会见越南政府总理阮春福时表示,三井住友已在首都河内与胡志明市开设分行,同时还向这两家分行共发放约5亿美元的资本。目前约有1000家日本在越企业是三井住友银行的客户,日本在越共有2400多个投资项目,合同额超过365亿美元,日本已经成为越南最大的外资来源地。

2017年8月,日本三井住友保险公司和加拿大保险公司Fairfax Financial

Holdings Ltd. 达成协议，以 16 亿美元现金收购新加坡的第一资本保险，这项交易可实现的税后投资收益约 9 亿美元。2018 年 6 月，日本三井住友保险集团的新加坡子公司与区块链船业公司 Inmediate 签订了一份谅解备忘录，以探索利用区块链和智能合约技术的新保险产品。

第四节　日本产业的压舱石

“造反有理”的外籍 CEO

2011 年 10 月 1 日，三井财团旗下的制造业企业奥林巴斯，迎来了日本企业历史上的首位非日籍总裁（CEO）——迈克尔·伍德福德，这次人事任命在当时看来可谓是意义非凡。英国人迈克尔·伍德福德此前一直是奥林巴斯欧洲控股公司 GmbH 的执行经理，具有医学设备的知识背景。从 2011 年 4 月起，伍德福德接替 70 岁的菊川刚出任奥林巴斯总裁，而菊川刚则出任奥林巴斯董事长一职。

2011年，三井财团旗下的制造业企业奥林巴斯迎来了日本企业历史上的首位非日籍总裁（CEO）——迈克尔·伍德福德。图左：董事长菊川刚；图右：总裁伍德福德

创立于 1919 年的奥林巴斯是三井财团的关联企业之一，1920 年在日本第一次成功地将显微镜商品化，在癌症防治领域起着极其重要的作用，内窥镜也是 1950 年由奥林巴斯在世界上首次开发的。经过近百年的发展，如今的奥林巴斯已成为日本乃至世界精密、光学技术的代表企业之一，事业领域包括医疗、影像、生命科学产业三大业务领域。

绝大多数的日本企业都主要是由日籍高管管理，他们的大部分职业生涯都是在这家公司中度过的，比如菊川刚就是自 1964 年以来一直效力于奥林巴斯的老员工。此时，伍德福德能够成为公司 15 人董事会中唯一一位非日籍董事，可见奥林巴斯对他的认可和厚望。

在为新总裁伍德福德举行的新闻发布会上，奥林巴斯董事长菊川刚表示，选择让英国人出任公司的 CEO 预示着公司已向国际化迈出了重要的一步。然而，令奥林巴斯和菊川刚始料未及的是，正是这次“意义非凡”的任命差一点就断送了整个公司的前程。

伍德福德出任 CEO 后的第一件事不是想方设法扭转公司业务和拓展国际化，而是请来了英国普华永道会计师事务所，调查奥林巴斯在此前进行的并购事件中出现的多项涉嫌违反法规的事项。在获得普华永道提供的调查报告后，掌握了

“第一手材料”的迈克尔·伍德福德以此为资本,公开向公司董事会提议罢免一手提拔他的董事长菊川刚。

在2011年10月12日,拿到调查报告的那个晚上,伍德福德便交给菊川刚一份报告的复印件,附带着一封要求他辞职的信,同时还向其他董事分别提供了英文和日文版的报告。10月14日,董事长菊川刚宣布,公司CEO伍德福德因为与公司利益存在冲突而被罢免了CEO职务,并被委任为奥林巴斯欧美分部总裁。

从2011年10月1日到10月14日,日本公司历史上首位非日籍CEO就这样结束了他在奥林巴斯短暂的任期。从表面上看,伍德福德向公司董事会提议罢免董事长菊川刚这一缺乏深思熟虑的举措,让他的CEO之路走到尽头。但仔细回想一下,10月1日出任CEO,10月12日普华永道的“调查报告”就出现在了所有董事的办公桌上,这件事是很难用“缺乏深思熟虑”解释的。

那么普华永道的这份调查报告的内容究竟是什么呢?这件事还要追溯到20世纪80年代中后期,“日本泡沫经济”盛行,大量的日本企业将手上的剩余资金投资到与主营业务无关的金融商品中,奥林巴斯也在其中。但后来由于“泡沫经济”的破灭加之实体企业并不善于金融投资,奥林巴斯的金融投资也因此遭受到了一定的损失。

后来,奥林巴斯虽然不再进行金融投资活动,但这部分亏损却依然存在,只是并未引起企业管理者的重视。对于日本大财团体系下的企业集团而言,这部分亏损可以被逐渐分散消化到整个产业链中,并不会对单独企业的实际经营产生任何影响,这也是当时奥林巴斯的管理者对这部分亏损不重视的原因。

然而在21世纪初,日本引入了西方的“公允价值计量方法”,按照这套会计计量方法,奥林巴斯十几年前的金融投资亏损就会出现在上市公司财务报表上并被公之于众。为了避免此类事件的发生,奥林巴斯采取了所谓的“损失分离”和“亏空填补”计划。

作为计划的一部分,奥林巴斯在2006—2008年斥资近8亿美元收购三家日本小公司,其中一家是面霜和营养补品生产商Humalabo Corp.,一家是医用废物再生公司Altis Co.,还有一家是生产可微波食品包装盒的News Chef Inc.。2011年7月,伍德福德就曾发现公司曾收购了这样三家与主业无关的企业,因而质问菊川刚,却得到了菊川刚“这只是在日本的问题”的答复。

普华永道之所以可以在短短十几天时间里就提供出完善的“第三方调查报告”,瑞士毕马威会计师事务所和美国安永会计师事务所可谓是“功不可没”。调查报告显示,在为奥林巴斯服务期间,毕马威和安永均存在较大过失,毕马威没有勤勉尽职,尤其是相关的银行函证程序都没有完成,安永也没有认真履行后任审计师的询问职责,仅仅在形式上完成了法律要求的程序。

凶相毕露,西方资本开始逼宫

2011年10月中旬,刚刚被解除CEO职务的伍德福德出现在了伦敦中心区的维亚警局。据时任奥林巴斯欧美分部总裁的伍德福德描述,他是刚刚从东京经中国香港逃到英国伦敦的。伍德福德坚称,自己被解雇的原因是自己坚持公司应该清理自2006年以来一系列有问题的交易,交易涉及金额达1.6亿元,却从没在公司合并财务报表时充分报告。

伍德福德还表示,在奥林巴斯公司的一些财务报表中,甚至连收到款项的当事人身份都不清不楚,Yakuza(日本黑帮)可能是其中一些黑幕交易的受益者,因此他不得不为自己的生命奔波。而听完伍德福德的求助后,伦敦大都会警察局便将他和他的家人保护了起来。

伍德福德的突然被罢免和他的伦敦报警事件,让奥林巴斯迅速陷入巨大的困境中。解雇伍德福德当天(10月14日),奥林巴斯股价在东京证券交易所就暴跌18%,报收于2045日元,创下自1974年以来的最大单日跌幅。在奥林巴斯总裁被解雇的6个交易日里,这家全世界最大内窥镜制造商的股价已下跌了一半,蒸发的市值就超过了40亿美元。

2011年11月10日,日本警方开始对奥林巴斯财务丑闻展开全面调查。据日本《读卖新闻》报道,东京警察局与日本证券交易监察委员会和东京检察院合作,并与美国证券监管机构和联邦调查局(FBI)交换信息。就在奥林巴斯股价跌去3/4之际,奥林巴斯的海外大股东、英国Baillie Gifford基金公司呼吁该公司应该重新聘请伍德福德出任CEO,并全面"清理"董事会,而该英国基金公司持有奥林巴斯4%的股份。

英国Baillie Gifford基金公司合伙人贝利·吉福德(Baillie Gifford)和亚洲股权投资主管伊莱恩·莫里森(Elaine Morrison)还在一份声明中表示:"奥林巴斯现在需要彻底清理董事会,我们相信伍德福德是完成这一任务的最佳人选。奥林巴斯现有的管理层已经失去信誉,我们希望解雇所有董事或与这一不当行为有关的员工,并断绝他们与公司的联系,最初公司对伍德福德的指控也是不当的。"

持有奥林巴斯5%股份的奥林巴斯最大海外股东东南资产管理公司(Southeastern Asset Management)也与英国基金公司一同向奥林巴斯发难,呼吁召开临时股东大会,清理奥林巴斯所有现任董事和内部审计委员会。里昂证券日本股权战略主管尼古拉斯·史密斯说:"问题是无论他们做什么,管理层都会受到质疑。他们需要撤换整个董事会。"他同时也补充道,引入新的管理层或许还不足以解决问题,奥林巴斯的未来只有被收购一条路可走。

2011年11月24日,奥林巴斯发布声明宣布,已接受前董事长菊川刚、前执行副总裁森久志及审计师山田秀雄辞去公司董事的请求。此前早在10月26日,菊川刚就已辞去了董事长和总裁职务，由高山修一接替担任总裁一职，菊川刚只担任无代表权的董事。此次辞去董事职务则表明在供职奥林巴斯47年后，奥林巴斯董事长菊川刚在迈入古稀之年时无奈选择被迫离开。

紧接着，11月30日，奥林巴斯的故事再次发展到了高潮。奥林巴斯前任CEO伍德福德在纽约召开记者会，声称自己将发起股东代理权争夺战逼宫现任管理层，并谋求恢复其CEO职务。对于此前奥林巴斯被收购的言论，伍德福德则表示他并不希望奥林巴斯倒闭或者被并购，也不希望其从日本股市退市，“很乐意重返奥林巴斯，并领导其成为世界级的企业”。

与此同时，和伍德福德、海外股东一起逼宫奥林巴斯的还有西方各国媒体，英国《金融时报》对奥林巴斯公司及其审计机构进行了严厉批判。该报表示，投资家们难免开始对其他日本企业的财务内容产生怀疑。美国《华尔街日报》则称这一手法使人联想起“20世纪90年代初期，企业为掩盖泡沫经济崩溃造成的损失所使用的臭名昭著的手法”。

日本银行最爱日本企业

2011年12月6日，日本方面公布了调查结果，奥林巴斯此前的确存在财务数据造假的情况。奥林巴斯进行这些收购交易的目的，就是“掩盖”公司在过去数十年内因为金融投资失败而导致的大量亏空，从而使得上市公司的财务报表符合审计要求。据估计，累计发生的损失至少有17亿美元之巨，最早可追溯至20世纪80年代经济泡沫时期，时间跨度则囊括了此后的数任公司董事会主席。

而后，12月11日，日本检方搜查了菊川刚的住宅以及奥林巴斯总部办公室。2012年1月，奥林巴斯起诉了19名现任以及前任高级管理人员，其中包括菊川刚和数名董事会成员。同样在这一年的1月，东京证券交易所对奥林巴斯处以1000万日元的罚款，理由是“伪造金融交易掩盖投资损失”。

在奥林巴斯2012年1月2日几乎陷入绝境之时，它的最大股东三井住友金融集团果断选择出手救场。时任三井住友金融集团总裁宫田孝一表示，三井住友将继续对奥林巴斯提供支持，帮助它维持在全球的领先地位。奥林巴斯公布的文件显示，截至2011年9月30日，奥林巴斯所欠三井住友的长期债务总共为1537亿日元（约合19.8亿美元）。

在奥林巴斯几乎陷入绝境之时，三井住友金融集团总裁宫田孝一表示，三井住友将继续对奥林巴斯提供支持，帮助它维持在全球的领先地位

三井住友金融集团此时坚决为奥林巴斯站台，董事长宫田孝一在接受采访时表示：奥林巴斯开发出了日本最重要的技术之一，作为与奥林巴斯关系最密切的债权人，我们将站在奥林巴斯一边，因为这样做对保护这项技术十分重要，奥林巴斯在相关市场占据

70%的市场份额。就算奥林巴斯被东京证券交易所摘牌,三井住友仍会对其进行金融支持。

2012 年 2 月 27 日,奥林巴斯宣布,日本综合研究所所长、三井住友银行前专务董事木本泰行将就任董事长一职,并于 4 月 20 日公司临时股东大会后正式就任。木本泰行 1971 年毕业于东京大学经济学科,随后即入职于三井住友银行,2005 年起开始担任专务董事兼专务执行董事。

与此同时,奥林巴斯还计划起用花王株式会社(同样隶属于三井财团)前董事长后藤卓也和伊藤忠商事前副董事长藤田纯孝出任外部董事。为加强董事会的监督管理职能,新董事会成员中的 6 人属于"外部董事"。除后藤卓也和藤田纯孝以外,其他 4 个人也均出自与奥林巴斯没有直接商业关系的公司外人士。

三井住友金融集团选派了一位前银行家出任奥林巴斯的董事长,这引起了奥林巴斯海外投资方东南资产管理公司的不满和担忧。此前,他们就一直希望可以吸纳与奥林巴斯及其投资银行或主要股东没有任何联系的独立人士加入董事会,比如前 CEO 伍德福德。但实际上,日本财团体系下的银行选派代表帮助相关借款方渡过难关是日本企业的悠久传统,而且往往能够奏效。

20 世纪五六十年代,三井银行就曾派出中川不器男帮助丰田汽车渡过了难关。对此,东京私募股权机构 CLSA 资深银行分析师布莱恩·沃特豪斯就分析说:"对于许多外国投资者而言,他们对于银行作为债权人参与公司日常管理的做法十分反感,但这的确是日本企业的长期传统,并且往往会诞生一个实力比以往更为强大的公司。"

很显然,三井住友银行的迅速入场,让伍德福德和他背后海外股东的"夺权"美梦化为了泡影。当部分外资股东再次鼓动伍德福德重新回到奥林巴斯时,伍德福德选择了拒绝,他表示,"已经在一家健康和消费电子公司找到新的职位"。

2012 年 9 月,在三井住友银行前高管木本泰行成为奥林巴斯董事长半年以后,奥林巴斯宣布正式接受同样是来自三井财团旗下的索尼公司 490 亿日元(约合 6.3 亿美元)的投资。此后,索尼持有奥林巴斯 11.5% 的股份,代替三井住友银行成为奥林巴斯的最大股东。根据协议,未来双方还注册成立一家合资公司,主要开发医疗设备和便携数码相机产品。

2013 年 4 月 16 日,索尼和奥林巴斯的医疗业务合资公司"索尼奥林巴斯医疗解决方案"成立,两公司预计外科用内窥镜及其相关市场到 2020 年将增长到 3300 亿日元,合资公司的目标是在该市场所占份额达到 20% 以上。合资公司没有大规模的投资计划,打算有效利用索尼和奥林巴斯持有的技术资产,同时计划利用奥林巴斯的销售渠道,在全球扩大销路。

产融结合的悠久传统

无论是 20 世纪 50 年代的丰田和索尼,还是近年来的奥林巴斯,在日本产业制造业企业陷入困境的时候，三井住友银行都会及时出现，力挽狂澜，拯救企业于水火之中。这种日本产融结合的悠久传统和模式，不仅会催生一家实力比以往更为强大的公司，更会造就一个更为强大的日本产业帝国。

2006 年 2 月 6 日，东芝公司与英国核燃料公司（BNFL）达成协议，决定以 54 亿美元（按当时汇率约合 6216 亿日元）收购 BNFL 所属的核电设备企业美国西屋公司。但其实这笔交易的初始报价仅为 18 亿美元，也就是说最终东芝主导的核电收购案是以高了将近三倍的价格完成的。当时，日本政府正在积极采取能源调整战略，不断加大核电领域的布局，不仅是东芝，日立与 GE、三菱与法国阿海珐也先后构成了核电联盟体，政府政策的鼓励让东芝敢于放手一搏。

2011 年 3 月 11 日，日本大地震导致的福岛第一核电站的放射性物质泄漏震碎了东芝的核电梦，发生泄漏的福岛核电站正是由东芝建造的。福岛核电站事件后，全球范围内核电站业务发展速度骤减，已经拿到的美国 8 基待建核电站中，有 4 基中止。2009 年签下 12 单核电站建设预定中仅剩的 8 单，也全部推迟了建设进度，其中东芝的西屋电气在中国建造的 4 座核电站工程也是大幅延误。

2015 年 7 月 21 日，有一组图片几乎登上了各大国际媒体的头条：三位西装革履的男士在新闻发布会时一齐鞠躬。这三位举止谦卑的男士都是（或曾经是）东芝集团的掌门人，日本企业界最大的财务造假案——“东芝财务造假丑闻”被揭发。连续 7 年造假，至少涉及四大业务部门、三任社长参与其中，虚报利润 1562 亿日元（约合 12.7 亿美元），造假丑闻对于东芝的打击可谓是致命的。

2016 年 3 月，为扭转亏损，东芝推行重组计划，相继出售电视、白色家电、医疗设备等业务。为了给重组计划筹集资金，东芝计划裁减 1 万名员工。与此同时，三井住友银行和瑞穗银行等主流银行决定对东芝施以援手，三井住友银行、瑞穗银行和三井住友信托银行提供大约 2000 亿日元的贷款以帮助东芝的此次重组行动。

2017 年 3 月 29 日，东芝在东京宣布，东芝在美国的核电子公司“西屋电气”已经启动破产程序。受日本核电政策收紧和 2015 年收购失败影响，东芝将面临 7125 亿日元的资产减值。受美国破产法的影响，资产减值还会出现部分增减，最终可能达到 1 万亿日元。但东芝方面表示，此举有望起到防止今后损失无限扩大的效果，西屋电气的破产彻底将东芝推向了崩塌的边缘。

2018 年 4 月 2 日，三井财团旗下的东芝集团对外发表声明，宣布车谷畅昭正式接管东芝集团，成为东芝 CEO 兼董事长，而东芝的原 CEO 纲川智则将出任首席运营官协助车谷畅昭共同管理公司。据悉，此次车谷畅昭的任命，是东芝集团在近 50 多年内首位空降董事长兼首席执行官。

新任东芝 CEO 车谷畅昭毕业于东京大学经济学系，曾担任过欧洲私募股权公司 CVC Capital Partners 日本子公司的总裁，他也是东芝主要债权人三井住友金融集团的副总裁兼董事。车谷畅昭可谓是临危受命，因为迎接他的是一个深陷业绩亏损泥潭且“一点也不让人省心”的东芝。

公开资料显示，东芝截至 2017 年 3 月 31 日的 2016 财年净亏损为 9657 亿日元(约合 88 亿美元)。对履新东芝，车谷畅昭表示：“我非常清楚东芝集团现阶段所面临的困境、机遇和挑战，以及我需要承担的责任，我会帮助东芝回归辉煌。”“东芝不仅仅是一家公司，更是实现了日本乃至世界无数个首创技术和产品，使东芝成为日本近 145 年的骄傲之源，同时也使我们成为全球领袖。”

创办于 1875 年的东芝是日本百年技术产业的骄傲，曾研发出了日本第一台国产冰箱、洗衣机、微波炉等家电产品，是日本最大的半导体制造商，也是第二大综合电机制造商。隶属于三井财团的东芝在日本制造业有着举足轻重的位置。2005 年爱知世博会期间，东芝和三井物产联合参展推出了独具特色的三井·东芝馆，是唯一由两家企业联合参展的企业馆，可见东芝与三井物产关系的密切程度。

第五节　商社金融：供应链金融的王者

日本产业的“影子银行”

日本财团的综合商社素有“第二银行”之称，有的文章则称之为“影子银行”或“幕后银行”，这说明了综合商社在日本金融界的地位。综合商社的“商社金融”主要是指综合商社在市场中所发挥的金融功能，主要有融资、投资、租赁国际性大宗借款的安排等。

这种商社金融不同于普通的商业银行，而本质其实是一种“供应链金融”的模式。像三井物产、三菱商事这样的日本综合商社的资产负债率都很高，其外部负债一般为自我资本的 30 倍，主要靠借贷资金推动贸易规模的扩展，充分反映了借贷资本在综合商社金融功能中的地位。

1853 年“黑船事件”后日本被迫开放，进出口贸易发展十分迅速，商人充当出口代理商的角色，势力逐渐强大，他们利用自己的资金向地方贷主和生产者的融资，经营押汇业务，从而控制地方转手商人和生产者，支配出口商品的流通。明治维新(1868 年)后，商业发展很快。随着专业商行及中间商的增多，交易环节复杂，资金流量大，综合商社作为物流媒介，其金融功能得到初步发展。

二战以前，日本垄断集团的自有资本率一般都较高，多通过发行股票、债券等方式筹资，综合商社的金融功能表现得相对较弱。二战后，日本各大财团综合商社的金融功能得到了较充分的发展。可以说，日本综合商社的金融功能最早可以追溯到 19 世纪末期，但真正的发展是在 20 世纪 50 年代以后。

20 世纪 60 年代,日本经济高速增长,资金明显不足,加上金融机构风险意识增强,许多中小企业出现筹资困难。像三井物产这样的综合商社长期进行庞大的经营活动,因而比银行更接近需要资金的客户,对一般企业经营状况的审查能力也远较金融机构强。

金融机构如果直接投资或贷款给企业,虽然可以获得较大的收益或利息,但一旦该企业经营不善或倒闭,金融机构将无法收回本息;而如果金融机构将贷款交给综合商社,再由综合商社贷给一般企业,风险可由综合商社承担。

1977 年,日本输出入银行对三井物产等 5 家商社提供的贷款共计 8800 亿日元。像三井物产这样的日本综合商社,由于经营规模大、品种多、策略灵活,具有较强的承担和化解风险的能力,形成了较高的资信度。银行经综合商社将贷款贷出,可以大大降低银行的投资风险,因而在这一时期综合商社的金融功能得到迅速而全面的发展。

日本综合商社是贸易与金融紧密结合的产物,特别是商社与大金融机构的密切协作关系,使商社获得了充足的资金。同时,它的股权结构是一种贸易、实业、银行环形持股的结构,其最大的股东是金融机构。20 世纪 80 年代初,三井物产一家商社的长期贷款合计就达到 4450 亿日元,所提供的信用达 26731 亿日元,规模与营业额和一般的城市银行贷款额大体相等。

总体而言,综合商社之所以能从银行借入大量资金,主要原因是商社的主要股东都是包括大银行在内的金融机构,且拥有一流的情报信息网,在大量的日常业务交往中比银行更能接近告贷的客户,也就更了解它们的经营状况和资信能力,故由商社放贷较银行更有把握。

以综合商社三井物产为例,其背后的三井财团不仅拥有三井住友银行这样世界级的银行机构,其金融体系还包括中央三井信托银行(2009 年与住友信托银行合并成为三井住友信托控股)、三井生命株式会社(保险业)、三井住友海上火灾保险、三井住友融资租赁等一系列企业。

株主名	持株数(千株)	占比
日本マスタートラスト信託銀行株式会社	161738	8.84%
日本トラスティ・サービス信託銀行株式会社	131219	7.17%
SSBT OD05 Omnibus Account Treaty Clients	42987	2.35%
日本トラスティ・サービス信託銀行株式会社	42870	2.34%
株式会社三井住友銀行	38500	2.10%
日本生命保険相互会社	35070	1.91%
中央三井信託銀行株式会社	24799	1.35%

日本综合商社之所以能从银行借入大量资金，以三井物产为例，主要原因是商社的主要股东都是包括大银行在内的金融机构

这些商社的股东同时也将大量的资金贷款给综合商社使用。综合商社所发行的股票中有一半以上为这些金融机构所持有。这些金融机构包括城市银行、信托银行、地方银行、产物保险、人寿保险等。同时,综合商社具有多元经营的优势,可以"失之桑榆,收之东隅",其承担风险的能力远大于工商企业。所以银行也乐于将资金交由商社贷放,如有意外,也可少受损失。

日本的商社金融的功能主要包括商社信用、直接投融资和租赁服务等几个方

面。综合商社的资金来源主要有三个方面,即所属金融机构和社会金融机构的间接金融、直接金融和政府政策性金融。金融功能是日本综合商社以巨大的筹资能力为基础、以广泛的金融服务为纽带和手段建立起的,产业、贸易、金融相互联动的,符合其本国企业发展的金融运作机制。

中小企业急需金融支援

追溯近邻日本的产业金融史,不难发现商社金融的身影。日本一家银行的调查显示,综合商社的金融授信对象九成为中小企业,供应资金的八成用于中小企业,特别是在日本二战后产业资金不足的大时代环境下,商社金融成为中小企业筹措资金的重要路径。

日本三井物产的商社金融是供应链金融的鼻祖。提到"供应链金融"一词,很多人习惯性地将其划归到专业的金融领域范畴,甚至还有人把"供应链金融"和"区块链"放到一起进行概念炒作。如果要想弄明白什么是"供应链金融",就要先明白"供应链"是什么。

"供应链"就是从扩大生产概念发展而来的一种产商结合模式。通俗来讲,"供应链"就是一棵大树。生产企业构成树根,大代理商则是主干,分销商是树枝和树梢,满树的绿叶红花是最终用户。

如今,我国中小企业的生存状况普遍都非常不理想,而导致中小企业发展困难的一个主要原因就是贷款难度的增加。尽管国家和社会都在尽力解决中小企业"融资难、融资贵"的问题,但其实效果并不明显。

2018 年 4 月 13 日,中国中小企业协会专职副会长刘纪恒在相关会议上表示,"3000 多万家的中小企业,能够真正保持和银行不断往来的大概是 400 万家,有 2000 多万家都不能在银行间渠道获得真正的贷款"。

一直以来,中小企业在中国经济中都占据着举足轻重的地位,中小微企业对 GDP 的贡献超过了 65%,税收贡献占到了 50% 以上,出口超过了 68%,吸收了 75% 以上的就业,可以说是中国社会主义经济体制的重要组成部分。但多年来,中小企业却并未走出贷款难的泥淖。为什么中小企业贷款会成为一个老大难问题?为什么银行不愿意贷款给中小企业?

究其根源,主要是中小企业自身成长与我国目前金融发展环境的要求不匹配。由于中小企业规模较小,信用等级较低,发展很容易受到经济是否景气、金融环境是否良好以及行业变化大小等因素的影响,同时,可用于抵押担保的企业资产也明显不足,这几方面原因的叠加就导致了银行出现"恐贷、惜贷、拒贷"的情况。

那么,该如何解决中小企业融资难的问题呢?供应链金融就是一种有效破解中小企业"融资难、融资贵"的途径。打造现代供应链金融就是要打造一个"产、商、融"相结合的、有利于中小企业发展的、类似日本财团的商社金融模式。

专门从事中小企业研究的日本商工经济研究所在20世纪70年代的调查显示,接受调查的中小企业中有61%认为商社金融为小额信贷提供了帮助。它们选择商社金融的主要原因是:在日常的商品贸易中,综合商社能够对自己的企业有充分的认识;从综合商社处贷来的钱与企业自身真实价值相近;中小企业很难从银行获得贷款。

在一条完整的产业链中大概80%是中小企业,资金紧张是这些中小企业面临的普遍问题。围绕核心企业的综合商社金融体系,通过管理上下游中小企业的物流、信息流和资金流,就可以把单个企业的不可控风险转变为供应链企业整体的可控风险,从而实现最合理的金融服务,帮助中小企业获得发展所需的资金融资。

中国商社金融的新希望

2010年3月24日,新希望集团与日本三井物产就合资设立"新井物产贸易有限公司"在成都正式签约。新井物产总投资达1.5亿元人民币。在国内从事饲料原料、添加剂的贸易,建立包含物流、饲料、乳业、化工、金融、人才、技术等全方位合作关系的平台,显然,新井物产的定位并不只是一家简单的合资贸易公司,更具备供应链和供应链金融的雏形。

2011年11月16日,在香港举行的首届"中国海外投资年会"上,新希望董事长刘永好表示新希望海外投资公司(厚生投资)11月在北京正式成立,该公司由日本三井物产、新加坡淡马锡、美国ADM公司等投资,并由新希望的团队来管理,主要进行农业的国际并购。

2015年1月,新希望六和股份有限公司(新希望集团旗下上市公司)与南方希望实业有限公司(新希望旗下饲料生产子公司)、北京首望资产管理有限公司共同出资设立了新希望慧农(天津)科技有限公司。3月18日,"希望金融"平台正式上线。

"希望金融"是中国农牧巨头新希望集团旗下的一家金融平台,依托新希望30余年的农村市场积淀和千亿级产业集群,目前已经发展形成了农业产业链金融、农业供应链金融、农村消费金融等多个业务方向。

"希望金融"的农业产业链金融在相当程度上解决了涉农借款"小、散、差",银行不愿意做的问题。农业供应链金融由于存在上下游的联动效应,畅达的信息保证了相关各项投入能及时到位,促进了农民增收,农村消费金融则致力于满足农民日益发达的消费需求。农业产业支付作为三农贸易结算工具,满足三农从业者的日常支付和出借需求。

对于为什么要发展农村产业链、供应链金融,新希望集团副董事长王航表示,在农村发展金融,单位服务成本很高,风险也很大,算不过账来,因此许多金融机构逐步撤离了农业。

王航举例说,可能1978年以前农村有5000万农户养猪,现在农村养猪的不到250万户,他个人预计再过5年养猪的农户仅剩60万户,但他们的规模在很多大型金融机构的眼中还是显得很小,而新希望长期在农村,和农民打交道,知道农民在金融上的需求,再结合自身的产业,可以很好地发挥作用。

新希望集团可以为农民及养殖户提供普惠担保,新希望的担保一方面降低了银行的风险,另外一方面相当于帮银行做了“批发业务”。把若干养殖场捆绑后批发给银行,这是银行、新希望、农户三方都获利的优秀模式。

新希望集团以“希望金融”平台为切入口,通过“农业+供应链金融”(商社金融)相结合的形式,建立农村综合服务生态圈,为广大“三农”从业者提供更多服务,在供应链金融快速发展的基础上,“希望金融”也必将发挥更大的力量。

自2013年6月国务院常务会议提出设立民营银行后,全国各地掀起了民营银行申报的浪潮。新希望集团也开始筹划自己的银行金融机构,期待银行金融业可以成为支持集团农牧主业发展的重要手段。虽然早在20世纪90年代初,新希望集团就和很多民营企业一起共同倡议发起创立了中国民生银行,但那并不是新希望自己的银行,新希望集团30几年也没在民生银行贷过一分钱。

2016年12月,新希望(30%)、小米(29.5%)和红旗连锁(15%)联手创办了四川首家民营银行——四川新网银行

2016年12月27日,由新希望(30%)、小米(29.5%)和红旗连锁(15%)联手创办的四川首家民营银行——四川新网银行宣布成立。新网银行也成为继腾讯微众银行、阿里网商银行之后全国第三家,同时也是中西部首家互联网银行。作为中国第7家获批筹建的民营银行,新网银行注册资本为30亿元。

除“希望金融”与“新网银行”外,新希望集团还是中国民营企业里投资金融门类比较全的,从银行、保险、信托、基金,到财务公司、保理、担保等。新希望集团利用投资逐渐打造起一个涵盖农牧产业上下游的产业链金融体系,通过一系列产业链金融和类金融机构,不断为集团主业上下游的中小企业和农户提供优质的金融服务。

主管金融的新希望集团副董事长王航认为,民营企业做金融要让金融和产业做一个紧密的结合,这是民营企业做金融的根本,“新希望的金融服务应该从供应链管理、客户服务角度来考虑。金融监管机构也应该看到趋势,甚至可以让企业通过供应链管理来获得金融牌照,从而让金融更好地服务实体经济,这才是新阶段的产融结合”。

中国目前还没有能与日本大型综合商社实力相比拟的企业,也没有严格意义上的商社金融体系,在农业领域上被赋予了一定金融功能的新希望集团还只是一个发展的雏形。未来金融资本、产业资本与商业资本相互融合是市场经济发展的必然趋势，在外部环境和自身条件允许的情况下，新希望集团将在金融和其他功能的辅助下继续不断壮大，可能成为真正的国际化综合商社。

阿里巴巴：互联网的综合商社

虽然中国并没有传统意义上大型综合商社的存在，但实际上已经形成了一个互联网上的新型综合商社——阿里巴巴集团。创始人马云曾说过，"我不懂互联网，我只是在思考商业模式"。马云以及阿里巴巴践行的商业模式正是综合商社的模式。阿里巴巴先做相当于商社的淘宝、天猫，再以此为基础开始做金融的支付宝和蚂蚁金服，然后利用金融支持产业发展。

马云的祖籍在浙江省嵊州市，位于儒释道三教合一的天台山脚下。2006 年中国档案出版社出版的《三井帝国启示录——探寻微观经济的王者》(白益民著)一书揭示：近江国(现位于日本滋贺县)是三井财团起家的地方，这里的商业与文化与浙江天台山一脉相承。不可否认，以三井商道为代表的东方商业文明，跨越时空地造就了传统的三井财团(400 年历史)和现代的阿里财团(20 年历程)，并非偶然的现象。

事实上，儒学大家王阳明(1472—1529 年)就出生于浙江天台山地区(宁波余姚)，在日本，他的学说被近江国(三井起家的地方)的中江藤树(1608—1648 年)发扬光大。近年来，日本京瓷公司创始人稻盛和夫的书籍和讲学被广泛推广，引起中国商界尊崇王阳明及其思想的热潮。稻盛和夫早年大学毕业时，进入三井财团的松风工业公司工作，出来创业后一直秉承着浸染阳明心学的三井商道。

稻盛和夫遵循阳明心学和三井商道，于 1983 年设立了盛和塾，在全球培养了众多商业精英，同时不断向中国企业家传播阿米巴经营模式(实质是综合商社模式)。日本软银公司创始人孙正义是盛和塾的大弟子，他既是马云的天使投资人，又是他的商业导师，以此将阳明心学和三井商道又悄然带回了浙江天台山，这是一个马云祖籍地、王阳明诞生地、三井财团文化发源地的时空交汇点。

2015 年是中国 B2B(Business - to - Business)电商的黄金时代，融资不断、估值飙升，甚至被许多媒体称为"2015 年最大的风口"，而 B2B 电商背后的商社金融(供应链金融)，更是被封为"最完美的供应链金融场景"。众多企业开始打造所谓的 B2B 模式和供应链金融，这些玩家里有的是资讯网站转型，有的是从事专业物流的企业，还有许多软件公司甚至是 P2P 平台。

然而时至 2019 年，4 年多的时间过去了，B2B 的声音渐渐微弱，成批量的公司悄然倒闭，即便还活着的公司，几乎也是全面不盈利，而在其中真正践行了商社金融的玩家，更是寥寥无几。这是因为对于许多 B2B 公司来说，商社金融绝对是一个盈利利器，是与第二名、第三名拉开差距的重要手段。

商社金融绝不应该是企业赚钱盈利的手段,更不是企业获得风投融资的噱头,而应该是"物流""商流""资金流""信息流"等多流合一的产商融结合模式。商社金融的真正玩家首先应该具备将供应商、制造商、分销商、零售商、直到最终用户连成一个整体的产业组织者的能力。

商社金融最大的特点就是在供应链中寻找出一家大的核心企业,以核心企业为出发点,为供应链提供金融支持。这样的核心企业应该是新希望集团这样的商贸企业,或者是阿里巴巴、京东这样的新时代电商企业,而不应该是咨询网站、专业物流企业,更不应该是软件公司和 P2P 平台。

在商社金融体系的发展中,阿里巴巴具有其天然优势,淘宝、支付宝等电子商务平台上客户积累的信用数据及行为数据,引入网络数据模型和在线资信调查模式,将客户在电子商务网络平台上的行为数据映射为企业和个人信用评级。目前,阿里巴巴共有三种主要的商社金融产品:淘宝小贷、阿里小贷和合营贷款,额度从 5 万 ~200 万元不等,可根据企业需求按日计息,随借随还。利息水平略高于银行利率水平,但每日最高不超过万分之六。

再以京东为例,它的商社金融利用大数据体系和供应链优势在交易各个环节为供应商提供贷款服务,具体可以分为六种类型:采购订单融资、入库环节的入库单融资、结算前的应收账款融资、委托贷款模式、京保贝模式、京小贷模式。京东有非常优质的上游的供应商、下游的个人消费者、精准的大数据,京东的商社金融业务水到渠成。

大型电商集团(类综合商社)可以利用平台上交易流水与记录,进行风险评测,确认信用额度进而发放贷款,除了赚取生态圈上下游供应商的金融利润,也保证了生态圈健康发展。通过多年积累和沉淀,电商集团逐渐形成一套以大数据为驱动的供应链体系,其中涉及从销量预测、产品预测、库存健康、供应商罗盘到智慧选品和智慧定价的各个环节。

无论是阿里巴巴的小微信贷还是京东的供应商贷款服务,都与综合商社的金融功能有着异曲同工之妙,即利用强大的融资能力,发挥自己的信誉优势,与银行合作,搭建融资投资平台,开展相关的借款、租赁业务,这不仅可使各企业能够获得较大的金融收益,平台本身还可以掌握数据、了解各企业的征信信息,牢牢把控上下游企业。

参考文献及来源:

1. 陈颖,郭家轩. 东京湾区启示录:金融与实体经济唇齿相依[N]. 南方都市报,2018-06-01.

2. 李德林. 干掉一切对手[M]. 成都:成都时代出版社,2009.

3. 嘉琳. 商社金融:日本的产融“插件”[J]. 环球财经,2014.
4. 投资界. 新希望集团王航:产业资本应和金融因子结合[EB/OL]. (2013 - 10 - 16)[2019 - 11 - 01]. https://pe. pedaily. cn/201310/20131016355842. shtml.
5. 韩启. 东亚银行与股东 Elliott 未了局[J]. 新金融观察,2016(28).
6. 杨斌. 美式金融资本主义病入膏肓[EB/OL]. (2012 - 01 - 09) [2019 - 11 - 01]. http://news. ifeng. com/c/7fbDoM8rv8N.
7. 东亚银行拟配股给三井住友遭对冲基金狙击[EB/OL]. (2015 - 02 - 12) [2019 - 11 - 01]. https://finance. sina. com. cn/stock/hkstock/hkstocknews/20150212/072321535918. shtml.
8. 张奕. 财务丑闻像好莱坞大片奥林巴斯前 CEO 欲重掌帅印[N]. 新京报,2011 - 12 - 02.
9. 奥林巴斯深陷巨额财务丑闻[EB/OL]. (2011 - 11 - 11) [2019 - 11 - 01]. http://tech. hexun. com/2011/olympus/.
10. 浦泓毅. 日本养老金有意中国股市或将借道三井住友[N]. 上海证券报,2012 - 05 - 09.
11. 三井住友银行官方网站(日文),www. smbc. co. jp/.
12. 肖小蓓. 前三井住友银行高管将任奥林巴斯公司会长[N]. 广州日报,2012 - 02 - 23.
13. 三井住友否认试图暗中操控奥林巴斯董事会[EB/OL]. (2012 - 02 - 22) [2019 - 11 - 01]. https://tech. sina. com. cn/it/2012 - 02 - 22/18256755982. shtml.
14. 明彦华. 东芝集团首位空降董事长车谷畅昭履新[EB/OL]. (2018 - 04 - 02) [2019 - 11 - 01]. http://news. cheaa. com/2018/0402/531620. shtml.
15. 乔良. 金融与战争美国如何利用美元指数周期“剪羊毛”[EB/OL]. (2015 - 07 - 09) [2019 - 11 - 01]. http://www. 81. cn/jkhc/2015 - 07/09/content_6579303. htm.
16. 白益民. 三井帝国在行动:揭开日本财团的中国布局[M]. 北京:中国经济出版社,2008.
17. 肖君秀,孟俊莲. 2000 多万中小企业嗷嗷待哺一家科技公司解决融资难“痛点”[EB/OL]. (2018 - 04 - 14) [2019 - 11 - 01]. http://www. chinatimes. net. cn/article/76187. html.
18. 黄颖川. 三井住友银行瞄准中国华南市场[N]. 南方日报,2011 - 09 - 27.
19. 张晓东. 起诉高盛:中国企业当直面金融欺诈[M]. 北京:中国经济出版社,2011.
20. 黄菁菁. 三井住友信托结盟中信金控[N]. 中时电子报,2014 - 10 - 24.
21. 王鑫. 丰田马自达合作促成者:三井住友银行[EB/OL]. (2015 - 06 - 09) [2019 - 11 - 01]. https://www. sohu. com/a/18121477_183181.
22. 王欢. 清水喜彦将升任 SMBC 日兴证券社长系三井住友银行出身[EB/OL]. (2016 - 03 - 11) [2019 - 11 - 01]. https://finance. huanqiu. com/article/9CaKrnJUta3.
23. 希望金融官方网站,www. xwjr. com/.
24. 日本三井住友银行将参股印度科塔克银行[EB/OL]. (2010 - 07 - 01) [2019 - 11 - 01].

http://finance.chinanews.com/fortune/2010/07-01/2374379.shtml.

25. 李瑞娜. 东芝再陷财务造假风波中国市场成翻身关键[N]. 中国经营报,2016-11-27.

26. 高国华. 我国第三家互联网银行四川新网银行创立[EB/OL]. (2016-12-28)[2019-11-01]. http://finance.jrj.com.cn/2016/12/28085021897571.shtml.

第六章

有路就有丰田车

以三井物产为核心的三井财团是日本产业、商业力量的代表和象征，而丰田财团可以看作制造型企业成功学习三井商道、升级为财团的典型案例。深受三井商业文化影响的丰田集团内部已经悄然孕育出了一个“新三井物产”——丰田通商。像三井物产一样，丰田通商承担起了培育构建全球汽车产业链的重任。

丰田之所以与一般汽车企业不同主要是因为它深受三井商业文化的影响。丰田的模式中蕴含了很深的“三井商道”。实际上，“三井商道”来源于中国的浙江地区。中国江浙地区，如“温州商人”“浙江商人”等古老商帮的经营理念，在“三井”“丰田”的经营哲学和经营文化中都有所体现。

自 1994 年成立以来，丰田财团投资的丰田金杯技师学院共培养出了近 3.3 万名奋战在中国汽车产业第一线的中高级技能人才，真正进入丰田体系内工作的人数仅为 1000 人左右，学院的大部分毕业生最后都进入大中型国有企业、外商独资或中外合资企业工作，其中包括宝马、通用、三菱等国际著名汽车企业。

——作者题注

【阅读提示】

“三井”告诉了我们什么(6)

2019年3月,由中国财政部发布的“2019新能源补贴政策”正式落地,新版政策的补贴强度,与2018年相比足足缩水了50%。首先是取消了地方补贴,这在一定程度上断了新能源汽车企业的“财路”。其次是补贴降档又降费,从过去的四档变为两档,最高额度则从9万元直接降至3万元。盈利空间缩小,行业洗牌或将在所难免。

与补贴缩水形成鲜明对比的却是国产新能源汽车产量的猛增,中国汽车工业协会数据显示:2019年一季度中国新能源汽车产销量翻倍,达到了30.4万辆,预计全年数字150万辆。但是,100多家新能源品牌,真正推出新能源车型的品牌很少。除特斯拉、比亚迪、吉利、北汽、奇瑞、长城等主流品牌外,互联网新造车势力销售刚刚破万。

政策降温,产量翻番,国内新能源热潮因何而起?显然,中国汽车产业是希望可以凭借新能源汽车,绕过发动机和变速箱这两座大山,实现对现有欧美等汽车强国的“弯道超车”。但是,汽车不仅是工业产品,也是商业产品,核心应该是质量和安全性,而所谓的“新能源”“车联网”“智能出行”只能是保证其质量与安全之后的附加产品。

对于新能源汽车未来的发展问题,“混合动力之父”、丰田汽车会长内山田竹志表示:“要实现新能源汽车的普及,一方面要解决成本问题,另一方面则是要考虑方便可行性,从目前来看,还做不到用纯电动车完全取代传统动力车辆。汽车全电动化的时代还没有到来,如果现在快速普及纯电动汽车,那么几乎所有车企都会亏损。”

丰田汽车一直认为,新能源汽车的意义是在可实现(技术、商业)的基础上为环保做贡献,在此理念下丰田于1997年推出了混合动力车普锐斯,并取得了超千万辆的销售成绩。而后,随着科技的进步也开始逐渐推出越来越多的电动化车型,但是对于未来布局,丰田汽车并没有选择把鸡蛋都放在同一个篮子里,同时还启动了氢燃料电池技术的开发。

由于种种原因,中国现阶段的混动技术汽车发展状况并不好。丰田通过“借道”吉利汽车这个民族自主品牌,将丰田先进的混合动力技术推广到中国市场就会减少许多阻力和不必要的耗损。同时,从产业层面出发,如果丰田和吉利的混动技术合作顺利,就可以让国家及政府看到效果,从而引发扶持政策的调整或倾斜,最终也会带动丰田混动汽车夺取中国市场。

本章导言

2019年1月7日，美国特斯拉超级工厂在上海临港产业区正式开工建设，该项目总投资高达500亿元人民币，第一期投资160亿元，这是上海有史以来最大的外资制造业项目。根据特斯拉的规划，这座超级工厂将集研发、制造、销售等功能于一体，上海工厂产能预计初期将达到年产约25万辆，并将逐步增长至年产50万辆。

作为第一个获批在中国独资建厂的外资车企，特斯拉上海工厂数百亿元的投资资金从何而来？早在2018年8月2日财报电话会议上，马斯克就披露上海建厂的资金将来自中国本土融资，包括银行贷款和“地方债务”，无须靠变卖股票筹资。“我认为，对于中国而言，我们的计划基本上是利用中国本地银行提供的一笔贷款，为上海的超级工厂提供资金。”

据《新京报》报道，在上海市政府的重视和大力支持之下，上海部分银行已为特斯拉上海工厂提供了低息贷款。对于外企自贸区建厂，中资银行贷款帮忙，有汽车业内人士就曾质疑，“特斯拉进驻中国市场是想圈钱，从而回暖资金链，寻求中方投资人，重新取信华尔街”。要知道当特斯拉宣布投资中国工厂的消息后，其股票一度大涨逾9.73%，极大地挽回了美国市场对于特斯拉的信心。

与500亿元人民币投资上海超级工厂形成鲜明对比的是特斯拉惨淡的经营状况，2019年第一季度，特斯拉亏损超过7.02亿美元。尽管已采取了关闭店铺以及裁员等措施来削减成本，但特斯拉仍在困境中挣扎。其实，从2006年成立至今，在13年的时间里，特斯拉从来没有在一个财务年度实现过盈利，它一直是靠着在资本市场融资和发行各种债券熬过来的。

在融资方面，美国特斯拉简直就是一个无底洞，它的烧钱速度令人惊叹。根据彭博社的数据，特斯拉平均每分钟就要消耗掉至少6500美元，从2016年底到2017年的整整12个月周期内，特斯拉每季度的负自由现金流量至少有5亿美元。2019年一季度财报还显示，截至3月31日，特斯拉流动资金只剩22亿美元，而负债总额高达103亿美元。

除了高昂的负债，特斯拉在欧美市场也可谓是危机四伏。一方面，特斯拉已然不再完全能够从美国联邦政府对电动汽车的退税补贴中获益，美国国内对 Model 3 的需求量也显著减少。另一方面，大众、梅赛德斯－奔驰等传统汽车巨头开始接受新款电动汽车的订单，计划在未来几年推出一批新产品，奔驰首款纯电动车型 2019 年第二季度也将在美国发售。

目前，特斯拉首席执行官（CEO）马斯克的两大债主高盛集团和花旗银行对特斯拉的股票评级都是“卖出”。马斯克曾以个人名义向以上两家银行借款 5.7 亿美金。“这在华尔街很少见，但也不例外。”路透社分析认为，华尔街对其销量下滑和生产能力依然保持怀疑。高盛 2019 年 4 月对特斯拉 12 个月内的股票定价为 200 美元，远低于目前的 254 美元（截至 2019 年 5 月）。

“内忧外患”之际，特斯拉将目光转向了潜力巨大的中国市场，中国成为它不得不抓住的一根救命稻草。为了稳住中国市场，2019 年 3 月 1 日，特斯拉宣布下调全系车型在华的销售价格，其中，Model 3 降价区间为 2.6 万～4.4 万元、Model S 降价区间为 1.13 万～27.75 万元、Model X 降价区间为 17.43 万～34.11 万元，降幅之大令人震惊。

但无论是上海的超级工厂还是接近腰斩的大降价都无法掩盖特斯拉只是一个电动汽车“组装厂”的事实，电池成本占到一辆电动汽车成本的 50% 左右，可以说电动汽车的核心就在于电池。而特斯拉生产的 Model S 和 Model X 汽车电池组是由 7000 多枚日本松下生产的锂离子电池组成的。这种在品牌宣传和情怀塑造上花费大量精力的“工业组装品”究竟还有多少市场？值得消费者深思。

一直以来，特斯拉都不同于传统的汽车制造业企业，经常被各种噱头、光环和炒作事件围绕，几乎很少去关注真正的工业核心基础。2008 年一辆初期售价为 8.5万美元的特斯拉 Roadster 生产成本竟然高达 17 万美元之巨，作为汽车品牌，特斯拉或许从一开始就没有将自己定位为商业产品，在金融市场里翻云覆雨、不断获取融资才是其生存之道。

第一节　特斯拉向左，丰田向右

各取所需的短暂合作

2010 年 4 月，刚刚解决了丰田北美“召回门”事件的丰田汽车社长丰田章男出访美国。显然，丰田章男此行并不是为了再次出席美国国会众议院听证会，这一次他的目的是去洛杉矶拜访一位“新朋友”——埃隆·马斯克，美国电动车及能源公司特斯拉董事长兼 CEO。

马斯克非常热情地邀请丰田章男到自己位于加利福尼亚的家中做客。丰田章男在亲自驾驶着特斯拉生产的红色 Roadster 敞篷跑车，绕着马斯克的豪宅转了一圈，之后便取消当天其他所有的会议日程安排，因为他决定和马斯克洽谈合作事宜。

2010 年 5 月 21 日，特斯拉与三井财团旗下的丰田达成战略合作。丰田汽车先是拿出 5000 万美元购买了特斯拉 2.5% 的股份，随后又将自己的新联合汽车制造公司的大部分工厂以 4200 万美元的价格转让给了特斯拉。这家由丰田汽车和通用汽车联合建立的汽车工厂曾经价值高达 10 亿美元，更重要的是这家汽车工厂就位于硅谷的旁边弗里蒙特，而硅谷正是特斯拉的总部所在地。

2010年5月21日，美国特斯拉与三井财团旗下的丰田达成战略合作。图为特斯拉CEO与丰田汽车董事长丰田章男合影

就在双方达成战略合作一个月之后的 2010 年 6 月，特斯拉股票也正式上市了，发行日当天股票就涨了 40% 多。可以说，与丰田汽车的合作在一定程度上帮助了年轻的特斯拉，吸引到了足够多的投资者关注。作为回报，特斯拉则从 2010 年 10 月开始，为丰田汽车提供电池和动力系统开发的服务，双方也就此踏上了合作发展的快车道。

然而，合作的蜜月期总是短暂的。2014 年第一季度，特斯拉单方面表示将停止为丰田汽车供应锂电池。同年 10 月，丰田汽车则宣布出售一部分自己持有的特斯拉股票，并且停止生产双方合作项目 RAV4 电动版汽车。2016 年 11 月 30 日，丰田汽车社长丰田章男出任电动车战略团队领导人。2017 年 6 月 3 日，丰田将所持有的特斯拉股票全部出售，这也就意味着丰田与特斯拉联合开发纯电动车的计划正式结束。

从表面上来看，分手是因为丰田和特斯拉在 RAV4 电动版汽车的设计上产生了一些矛盾和分歧,双方又都不愿意做出妥协,到了不能调和的地步,最终只好草草收场。但实际上,这正是由于东西方商业文明之间巨大的差异所造成的,东方的农耕商业文明与西方的游牧商业文明在价值观的取舍上完全不同,一个坚守诚信、责任的商道准则,另一个则推崇自由、财富的思维逻辑。

虽然在合作之初,马斯克曾表示特斯拉希望学习丰田"世界级的产品质量管理流程",从一开始就更加崇尚的是开放、激进的行为模式。与丰田汽车的合作,也不过是看中了丰田的汽车工厂和借机推销特斯拉的电动跑车。这款红色的Roadster敞篷跑车的"试驾者"中,除了丰田章男外,还包括谷歌创始人拉里·佩奇、美国加利福尼亚州前州长施瓦辛格以及著名影星乔治·克鲁尼等人。

另一方面,丰田汽车之所以选择终止与特斯拉的纯电动汽车项目合作,不仅仅是因为其与特斯拉合作的RAV4电动版汽车几年来一直销量一般,更重要的顾虑则是来自特朗普政府对于新能源汽车的"反感"。特朗普甚至还在2016年宣布美国退出《巴黎气候协定》,叫停美国的新能源汽车补贴,收紧碳排放交易政策,势必会给美国新能源汽车制造企业的发展带来巨大的负面影响。

三井财团的丰田汽车在这一时刻选择全面退出特斯拉,显然也是出于更全面的政治和商业因素考量。另外不得不说,此次与特斯拉的合作也让丰田汽车"大赚了一笔"。丰田汽车2010年购入特斯拉2.5%股份的时候,特斯拉的IPO发行价仅每股为17美元,而2017年6月丰田汽车将股票全部出售时,特斯拉的股票已经涨到了每股339.8美元,7年时间,特斯拉股价涨了20多倍。

马斯克:烧钱的极客工程师

提到特斯拉汽车,大家首先想到的都是被称为现实版"钢铁侠"的埃隆·马斯克,但实际上马斯克并不是特斯拉最早的创始人。特斯拉最初的创业团队主要来自美国硅谷,马丁·艾伯哈德和马克·塔彭宁两人于2003年7月1日合伙成立了特斯拉汽车公司。

有别于以底特律为代表的传统汽车厂商,特斯拉一开始就是在用IT理念来造汽车,这也是为什么现在许多中国互联网造车企业将特斯拉奉为"神明"。无论是之前的艾伯哈德、塔彭宁还是后来的马斯克,他们都不能算是传统意义上的商人企业家,反而更像是狂热追求技术革新的极客。

2004年,马斯克作为投资人向特斯拉投资了750万美元,并出任特斯拉董事长。随后,马斯克又通过一系列的注资操作不断掌握公司话语权,终于在2008年1月将"特斯拉之父"艾伯哈德和塔彭宁双双踢出了特斯拉的管理层,特斯拉也正式成为马斯克一个人的特斯拉。

听起来甚至有些疯狂,特斯拉的动力模式源于一个斯坦福大学能源系统工程硕士的"异想天开"。热衷于电动汽车的斯特劳贝尔告诉马斯克,他认为将1万枚笔记本电脑使用的18650锂离子电池(由日本松下公司生产)串联起来大约可以让汽车行驶1000英里。

后来斯特劳贝尔加入了特斯拉,并且担任了公司的CTO(首席技术官)。事实上,特斯拉生产的Model S汽车电池组正是由7000多枚18650锂离子电池组成的,新款的特斯拉Model 3更是更换成了日本住友财团旗下的松下公司最新研发的21700锂离子电池。

以特斯拉生产的第一款跑车Roadster为例,这种利用英国莲花汽车公司已有车型(Lotus Elise)现成的底盘和车身结构,把电池和电动机装进车内的模式听起来非常简单,也是目前许多互联网造车公司惯用的模式,但实际实现商业化却几乎难于登天。初期售价为8.5万美元一辆的Roadster生产成本竟然高达17万美元之巨,而2009年前后的一辆日本丰田RAV4普通汽油动力汽车的美国价格则是2.1万美元。

巨大的成本压力使得马斯克不得不通过各种融资来为特斯拉“输血”,而美国完善的金融体系和庞大的金融市场则造就了特斯拉今日在新能源(纯电动)汽车领域的霸主地位。特斯拉更被称为汽车界的苹果,似乎不会再为缺少资金而烦恼。

2004年,马斯克再以750万美元A轮投资进入特斯拉董事会。随后不久,马斯克又以1300万美元领投了B轮融资。2006年7月,马斯克再次以4000万美元领投特斯拉的C轮融资,此轮融资投资者还包括了谷歌创始人拉里·佩奇和谢尔盖·布林以及eBay前总裁杰夫·斯科尔等人。

2007年5月,距离上轮融资过去不到一年的时间,特斯拉再获4500万美元的D轮融资。2008年2月,特斯拉完成了4000万美元的E轮融资。与此同时,马斯克还自掏腰包为公司贡献了7000万美元资金。

特斯拉的初期成长资本来源于马斯克对“工程师梦想”的执着,短短不到4年的时间里,马斯克个人就投入进了1.3亿美元。虽然在2005年,34岁的马斯克身价就超过了3亿美元,但是稍稍了解电动汽车行业的人都知道,“造车”无异于“烧钱”,所以马斯克和他的特斯拉需要更多的资本支持。

2009年5月19日,特斯拉将约10%的股份以5000万美元的价格出售给了戴姆勒公司。此时的戴姆勒公司是全球最大的商用车制造商,全球第一大豪华车生产商和第二大卡车生产商。仅仅一个月后,特斯拉就被批准获得来自美国能源部的4.65亿美元的计息贷款。正是与戴勒姆的合作让美国政府看到了特斯拉纯电动汽车领域的重要价值和巨大潜力。

2010年5月21日,日本丰田汽车向特斯拉投资5000万美元获得特斯拉2.5%的股份。2010年6月,特斯拉成功在纳斯达克上市,募集资金达2.26亿美元。2013年5月和2016年2月,特斯拉又先后通过出售股票及可转债,以及大规模发行股票的方式,融资再次超过 17 亿美元。2017 年第三季度,特斯拉又一次发行价值 20 亿美元的债券。

除金融市场的翻云覆雨外,特斯拉独特的经营模式也为它在短时间内获得了充足的流动性资金。不同于传统汽车厂商的生产销售结构,特斯拉采用的是预定—采购—生产—发货—再回款的模式。也就是说,直到最终发货前,特斯拉都不需要给零件供应商打款,同时还能获得不菲的预订金。据报道,特斯拉近年来的订购金额已经超过 10 亿美元。

丰田抓住市场的实际需求

1992 年 6 月 5 日,联合国在斯德哥尔摩召开了第一次人类环境会议,并发表了《人类环境宣言》,全世界开始认识到环境保护与经济发展是两个息息相关的并存生命体。当时在汽车领域,绝大部分企业依然专注内燃机的燃效提升研发,在这片机械森林里,环保这个课题似乎太过遥远。

作为汽车制造的先驱之一,丰田汽车敏感地洞悉到了这一社会变革,并悄然开始了新一轮的创变。1993 年,丰田成立 G21 小组,这个神秘小组的组长由内山田竹志担任,任务也很明确,那就是研发"面向 21 世纪的汽车"的任务。在这种情况下,混合动力技术就成为一种非常现实有效的节能环保选择。

究竟是什么原因让丰田做出如此大的战略转弯呢?在回答这个问题之前,首先要弄清楚丰田到底是什么。丰田既不是制造汽车的工程师,更不是研发新技术的科学家,丰田的本质其实就是商人。因此在日本企业界,一直以来都流传着这样一句谚语:"商人的丰田,技术的本田。"

作为商人就要一切从商业角度考虑问题。丰田汽车会长内山田竹志就曾经在采访中表示:"要实现新能源汽车的普及,一方面要解决成本问题,另一方面则是要考虑方便可行性。就目前看来,还做不到用纯电动车完全取代传统动力车辆。汽车全电动化的时代还没有到来,如果现在快速普及纯电动汽车,那么几乎所有车企都会亏损。"

1997 年,丰田推出全球首款量产混合动力车普锐斯(PRIUS),普锐斯成为世界上第一辆混合动力车型。2000 年丰田将第一代普锐斯正式推广到北美和欧洲市场,取得了非常不错的销售成绩。截至 2017 年 1 月,丰田在全球的混合动力车累计销量已突破 1200 万辆,取得了很好的商业回报。

2015 年 10 月,丰田汽车发布了"丰田环境挑战 2050"战略。根据这一战略内容,丰田汽车将自己未来的发展方向定位在了混合动力与氢燃料电池领域,纯电动车领域几乎被忽略不计。然而到了 2016 年 11 月,丰田汽车却组建了由社长丰田章男亲自挂帅的电动汽车部门,并且宣布将在 2020—2025 年按照中国、日本、印度、美国、欧洲的顺序在全球至少推出 10 款以上的纯电动汽车。

既然丰田汽车的混合动力技术取得了很大的成功,那么为什么还要向“并不成熟”的纯电动汽车领域发力呢?丰田技术专家久保馨表示:“2015 年的时候我们确实没有计划全面推广纯电动车,我们计划首先推广混合动力,未来终极目标是燃料电池。不过,这两年我们考虑到包括中国消费者在内的大批消费者有实际的纯电动车需求,所以才把纯电动车加入未来的新能源战略当中。”

这里的“实际需求”其实就是指中国政府最早于 2015 年 10 月出台的新能源汽车积分政策(《乘用车企业平均燃料消耗管理办法(草稿)》),而在美国可以计入积分的混合动力汽车在中国却完全不被考虑。工信部苗圩部长在接受采访时表示:“2020 年中国新能源车要占比达到 10%,预计 2020 年我国汽车销量将达到 3000 万~3500 万辆。”如此巨大的市场,丰田汽车显然不会视而不见。

2017 年才正式进军纯电动汽车领域,许多人认为丰田的动作有些太过迟缓了。但其实除了拥有迅速的判断市场方向的能力外,未雨绸缪、提前布局也是商人的重要特质。对于企业而言,技术永远只是手段而不是目的,除了为迎合“中国市场”的纯电动汽车以及已经成为丰田新能源领域重要象征的混合动力技术外,已有百年历史的丰田其实早已将目光放得更为长远了。

在混合动力汽车不断取得成功的同时,丰田汽车也在不断布局未来市场。早在 1992 年,丰田便启动了 FCV(fuel cell vehicles,氢燃料电池)技术开发,并于 2014 年 11 月推出了一款名为“Mirai”(日语“未来”的意思)的氢燃料电池,而首辆量产的 Mirai 的车钥匙也正是由丰田汽车会长丰田章男亲自交到了日本首相安倍晋三手中的。

截至 2017 年,丰田汽车已在全球 21 个国家和地区、2 个国际知识产权组织申请了 15867 件与燃料电池相关的专利。三星、现代、通用、戴姆勒、UTC Power 五大厂商专利加总之后的总量只相当于丰田一家的 77%。八成以上的专利数量都集中在日本厂商手中。也就是说,只要使用和推广氢燃料电池技术,想要绕开丰田汽车和日本厂商,几乎是不可能的。

以夺取商权为根本目标

丰田早在 20 世纪 70 年代便开始研究电动汽车了,并于 90 年代在美国市场研发并推出了 RAV4 - EV 款纯电动车,其时间几乎与首款量产混合动力乘用车普锐斯一致。1998 年,丰田还在中国广东南澳岛开始了电动汽车的示范运行,并从中总结电动车何时能真正实现大规模商业化运营。然而“以夺取商权为根本目标”是丰田最大的特点,丰田的商人基因来自企业文化的传承。

丰田之所以与一般汽车企业不同,主要是因为它深受三井商业文化的影响。丰田的模式中蕴含了很深的“三井商道”。实际上,“三井商道”来源于中国的浙江地区。

《三井帝国启示录——探寻微观经济的王者》（白益民著）一书揭示了“三井商道”来源于中国浙江等地区的古老商帮的经营理念

《三井帝国启示录——探寻微观经济的王者》（白益民著）一书，揭示了中国江浙地区，如“温州商人”“浙江商人”等古老商帮的经营理念，在“三井”“丰田”的经营哲学和经营文化中都有所体现。

事实上，日本丰田是三井财团二木会（总经理会议）的重要成员，其与三井财团之间有着割舍不断的历史渊源。1894 年，丰田佐吉（丰田喜一郎的父亲，丰田财团创始人）与纺机工厂老板石川藤八共同开办了“乙川绵布合资会社”，为其提供周转资金的正是三井财团的综合商社——三井物产。在三井物产的帮助下，丰田织机在日本被迅速推广，并于 1906 年成立丰田织机公司。

1905 年底，在三井物产两名高管的陪同下，丰田佐吉开始对美国进行访问，正是在这次访问中丰田佐吉敏锐地意识到了汽车未来将成为工业文明的主角。当年 1 月举办的纽约汽车展上，美国通用汽车公司展出了旗下第一款别克品牌汽车，并获得了近 1000 辆的订单。

1912 年 5 月，丰田佐吉急需资金，从三井财团关联的“服部商店”的社长服部兼三郎那里很快就借到了 25 万日元。原来，三井物产古屋支店长儿玉一造在三井银行支行长矢田的介绍下，认识了服部兼三郎，并把他介绍给了丰田佐吉。1915 年 10 月，儿玉一造的弟弟儿玉利三郎（曾在伊藤忠工作）入赘到丰田家，娶了丰田佐吉的长女爱子为妻，并改名为“丰田利三郎”，他就是丰田汽车的第一任社长。

1927 年，儿玉一造又将曾经在三井财团关联的“服部商店”工作过的石田退三介绍到了丰田公司，出任丰田常驻上海代表，从事对中国和东南亚的纺织品出口。二战后，石田退三接替丰田喜一郎成为第三任丰田汽车的社长，他利用以三井银行为首组成的银行团的 2 亿日元贷款帮助丰田渡过了难关。石田退三也因其出色的商业才能而被誉为“丰田中兴之祖”和“日本的商魂”。

通过联姻，丰田与三井日益紧密地融合成一体，当某家单一日本企业出现严重问题时，只是伤一指却不足以动全身，这种金融、商业、产业“海陆空”三位一体的强强联合，给其中某单一企业以极大支撑，能有力地助其渡过难关。现在的丰田已发展成为庞大的财团体系，不仅仅局限于汽车行业，而是涉足银行、证券、保险、商社、电气、通信、化学、钢铁等众多重要行业。

以三井物产为核心的三井财团是日本产业、商业力量的代表和象征，而丰田财团可以看成制造型企业成功学习三井商道、升级为财团的典型案例。事实上，深受三井商业文化影响的丰田汽车集团内部已经悄然孕育出了一个“新三井物产”——丰田通商。像三井物产一样，丰田通商承担起了培育构建全球汽车产业链的重任。

当中国的造车新势力在各路资本的扶持下“扶摇直上”之时，以商人思维重新审视新能源汽车产业的发展方向，应该更加符合中国汽车企业现阶段的基本需求。新能源汽车未来究竟应该选择什么样的道路，丰田汽车或许给我们指明了方向——“左右逢源，面向未来”，既时刻关注市场（混合动力）与政策（纯电动），又不忘记把握住未来（氢燃料电池）。

第二节　搞定美国不是事儿

站在丰田肩膀上的特斯拉

熟悉特斯拉纯电动汽车的人都知道，特斯拉目前最主要的工厂位于美国加利福尼亚州的弗里蒙特，这里在2012年诞生了第一辆特斯拉 Model S。这家如今是全美最先进汽车制造基地的工厂曾经有一个非常著名的名字——新联合汽车制造公司（NUMMI），这是1984年由日本三井财团旗下的丰田汽车公司与美国通用汽车公司共同成立的合资公司。

20世纪七八十年代，日本汽车产品在美国的销量快速攀升。1979年，日本汽车在美国市场的占有率为17%，1980年这一数字就达到了24%。到了80年代中期，美国与日本之间的贸易逆差造成两国关系紧张，美国不得不对日本进行贸易限制，以保护美国的本土产品，其中就包括美国国会开始不断限制外国车进口。

此时的丰田意识到，自己想要进一步打开美国市场，在美国找到合作伙伴并在本土建厂造车就是最有效的途径。其实一开始，包括通用汽车在内的美国国内汽车制造商们并不愿与日本企业合资建厂，但碍于美国政府的大力推进和数百万美元的税收激励才勉强同意了这个决定。

1984年，丰田汽车与通用汽车在美国加利福尼亚州成立了新联合汽车制造公司，这也是美国第一家合资汽车公司，后来成为丰田进军北美市场的重要基地。就以新联合汽车制造公司为例，通用拿出的其实是自己两年前就已经关门歇业的最差厂房——弗里蒙特工厂，这家工厂此前经常生产出一些通用系统内部质量最差的产品。

美国汽车制造商们还认为,就算日本制造商进入,也会与自己有相同的成本结构,也会面临同样的工会问题。日本汽车制造商大多选择将工厂设在美国南部,如肯塔基、田纳西、南卡罗来纳、密西西比以及得克萨斯这样没有工会组织的地方,以降低人工成本。

但是,丰田选择的加利福尼亚州弗里蒙特工厂却有着工会撑腰,旷工人数经常超过20%。一旦企业想要严明法纪、惩戒工人就会激怒工会,工会甚至可以在几分钟内就让整个工厂全线停产。然而,丰田接手工厂后的做法却让那些想看热闹的美国汽车制造商们大跌眼镜。

在新联合汽车制造公司开工后首次招聘中,丰田选择的就是那些从前闹得最凶的工会领导成员们。1984年春天,丰田将这些重新上岗的美国汽车工人们以30人为一组的规模陆续送到日本丰田的工厂开始学习丰田的造车模式。经过两个星期的培训,美国工人们被丰田的工作方式深深震撼了。在返回弗里蒙特临行前的寿司告别会上,穿着和服的美国工人和他们的日本同行深情地拥抱。

通过这种实地学习和言传身教,丰田完全改变了弗里蒙特工厂美国工人们的工作习惯。短短一年时间里,新工厂的旷工率从20%多骤减到了2%。新联合汽车制造公司还是原来的那批工人,唯一改变的事情就是生产和管理体系以及企业文化。此后,这家工厂生产出了800万辆高质量汽车,用每百辆汽车产生多少瑕疵品的数据来衡量,新联合汽车制造公司的成绩在全美是最优秀的。

利用在新联合汽车制造公司积累的生产和销售经验,丰田随后几年内又投入了超过163亿美元在美国多处建厂,同时还投入150亿美元在北美发展零配件,并在服务方面投入40多亿美元。如今,丰田在北美获取的盈利几乎与在日本一样多,因此成了世界上盈利最多的汽车公司。新联合汽车制造公司也成为日、美汽车合作的经典公司,许多企业教科书都以此合资公司为成功案例。

2009年6月,美国通用汽车发布声明表示,无法与丰田就"打造一家对合作各方都有利的生产工厂"达成一致意见,通用将撤出在合资企业的股份,丰田和通用汽车25年的合作关系正式宣告结束。2010年,丰田将这家曾经估值10亿美元的新联合汽车制造公司以4200万美元的低价出售给了特斯拉,因此可以说特斯拉其实是建立在丰田生产体系的大平台上。

美国本土化+日本丰田化

在美国丰田的工厂里,工人们的工资普遍要比通用、福特、克莱斯勒工厂的工人们低,可是他们却能够像丰田日本工厂中的工人一样拼命地工作。就像此前的新联合汽车制造公司,同样的一批美国工人,在通用的工厂里就酗酒、赌博、旷工,一旦被日本丰田雇用,却变得非常投入地工作。这些改变都要得益于丰田的生产管理方式和独特的企业精神文化,日本式的敬业、苦干与细致。

培养这些企业文化的前提其实就是丰田对员工的尊重。丰田虽然采用的是日本的终身雇用制，员工无失业风险，可是美国员工们的积极性却非常高。丰田的“自动化”被称为带“人”旁的自动化，这种东方化的管理理念是美国资本家们所无法理解的，它为丰田汽车带来更低的成本和更高的性价比。

丰田的每个工人都可以拉停生产线，丰田内部称这一系统为“安东拉绳”。当员工自己感到“这不行”“不合格”时，就可以马上使生产线停车。这在通用和其他美国汽车制造公司是绝对不可能发生的，因为生产线停一分钟，至少会带来5000美元的损失。丰田认为每一个拉停生产线的工人都想要公司生产出完美无瑕的产品，这给员工带来的是责任感和归属感。

美国JD Power调查公司多次的调查数据显示，日本工厂生产的汽车质量问题最少。每100辆车中，丰田有103个问题，而克莱斯勒有130个。过硬的质量也帮助丰田迅速地打开了美国汽车市场。丰田汽车旗下的汉兰达品牌还多次获得美国公路安全保险协会（IIHS）“最安全SUV”称号，IIHS是世界安全标准的重要组成部分。

数据从来都不会说谎，在2017年7月美国汽车集团榜单中，丰田汽车以单月22.2万辆的销量超越了福特，升至第二位，美国市场占有率达到了14%，这也是自2010年“刹车门”事件后丰田首次超越福特。虽然丰田仍不及本土的通用多，但是两者7月的差距仅为4050辆，并且近年来通用汽车在美国市场的销量一直呈下滑的趋势，未来被丰田赶超也不足为奇。

三井财团的丰田打败美国汽车产业的另一大利器就是丰田拥有遍布全美的销售网和强大的销售能力。丰田公司几十年来在美国市场实现了前所未有的增长，甚至还抵御住了“刹车门”事件的影响。2017年丰田全年的销量更是达到了164.1万辆，并且已经连续三年创下了新的销量纪录。

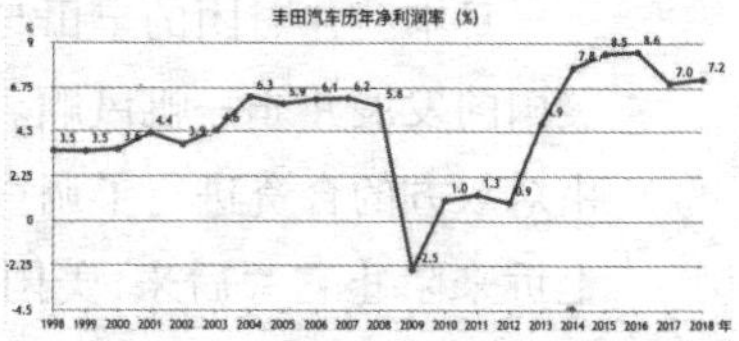

2018年丰田汽车主营业务收入达到了2626亿美元，其中净利润为189亿美元

在美国某些地区，丰田的市场占有率比美国三大汽车制造商的还要高，特别是在洛杉矶近郊，苹果公司生产的电子产品和丰田的普锐斯汽车几乎成了当地人们的必需品。2018年1—5月，丰田混合动力汽车品牌普锐斯在美国累计销量达到了1.2万辆，并且呈现出很强的增长势头。

同时，丰田通过强大的销售网络不断收集市场对于产品的需求，制定相应的技术数据。丰田认为汽车的性能并非越强越好，而是要在各种因素之间综合平衡，消费者的心声和感受才是最重要的，永远将客户的需求作为第一参考。这集中体现了三井商道中“想顾客所想、按需销售”的市场营销理念。

在美国，丰田汽车发动机的功率和性能比同为进口车的大众汽车提高了一倍，甚至连汽车扶手长度和腿部活动空间都是按美国人的身材来设计的，舒适的座椅，柔色的玻璃都非常适合美国大众消费者的口味。此时的丰田不再是汽车工厂中的傲慢工程师，而是倾听顾客反馈的虚心商人。

丰田第一位非日籍董事会成员、曾担任丰田北美销售公司总裁的吉姆·普莱斯表示，与其他在美国的外国企业不同，丰田更像是在向美国进行“企业移民”。丰田虽然不是美国的选民，但却一直在美国国内缴纳税金，并努力试图融入美国社会。在工厂日益本土化的背后隐藏着的其实是丰田精神对于美国企业管理者潜移默化的影响，而这又何尝不是日本企业文化在美国生根发芽的本土化之旅呢？

人们很少能在丰田美国公司中看到日裔员工、日本文字标识等日企元素。虽然销售和研发的“一把手”都来自日本，但执行委员会是美日各半，而各个工厂和销售大区也全部由美国人负责。目前，美国市场上销售的丰田汽车2/3是在本土制造的（包括部分加拿大和墨西哥工厂）。

然而，与制造工厂“美国本土化”相对应的却是企业文化的“日本丰田化”。在本土化生产的表象之下，丰田的理念和精神已经贯彻到每个角落。提到管理经验，丰田的美国高管们经常说起都是“kaizen”和“genchigenbutsu”这样的日本词汇，分别代表“改善”和“现地现物”（实事求是的意思）。这样的词汇已经成为体现美国丰田企业精神的专有名词。

“丰田议会网”渗透美国政治领域

日本三井财团的丰田与美国通用合资成立的新联合汽车制造公司，一开始在美国的发展并非一帆风顺。美国联邦贸易委员会以反托拉斯和反不正当竞争为由对双方的合资进行了调查，而美国另外两个汽车巨头福特和克莱斯勒甚至不惜上诉来阻止它。后来，美国联邦贸易委员会终于批准了这次合资，不过限定了产量不超过25万辆、合资期限最多为12年，一直到1993年才取消这些限制。

为了应对这些遭遇，丰田并不会将成品车组装厂、发动机厂以及零配件厂都集中在某一个州或城市里，而是将其分散在不同的地区。通过这种方式，丰田可以在美国发展其由各州州长、地方议员以及各州选出的联邦议会议员所组成的关系网，然后再邀请这些州长、议员们到访日本并参观丰田工厂，最后利用这些政治家们对丰田的好感来遏制保护主义政策的抬头。

丰田曾将这种政治网称为“丰田小组”，但考虑到这种称谓太过政治露骨并有可能会激怒某些人，后来改称“丰田议会网”。由于丰田独特的企业性质，这些高级的外交策略甚至连日本外务省都无法学会。此前，从没有哪个国家的组织机构可以像丰田这样渗透进美国的政治领域。正是得益于“丰田议会网”的努力，丰田才可以在当时日益恶化的日美贸易战中实现稳定发展。

有媒体报道揭秘，三井财团旗下的丰田汽车有7名职员为注册说客，他们以华盛顿事务所为据点，日夜忙于与政治家们进行隐秘活动和收集各类信息，以不断提升丰田在美国的政治影响力，而这种政治影响力也为丰田立下了不少功劳。另据《华盛顿邮报》，丰田还通过各州政党及政治行动委员会，每年额外向国会议员提供至少100万美元的竞选经费。

2000年前后，丰田普锐斯刚刚进入美国市场时，情况并不乐观。当时的美国消费者几乎都还不知道什么是混合动力技术，并且根据加利福尼亚州1998年制定的法规规定，州内各家汽车制造商的售车总数的2%必须为“零排放车”，而混合动力究竟属不属于“零排放车”也没有定论。为此，丰田公司和大气资源委员会之间达成了某种交易，美国则把这一招数称为“院外活动”。

丰田将普锐斯带到了美国加利福尼亚州政府负责零排放限制的机关“加利福尼亚大气资源委员会”的委员们那里，并让委员们当场试乘。同时，丰田还将大气资源委员会的委员们邀请到日本，听取有关普锐斯开发过程的介绍，并参观生产现场。随后不久，加利福尼亚州政府便决定修改“零排放车”限制，作出让步，承认除了电动汽车外，混合动力车也算是零排放车。

2010年，在“丰田召回门”事件的国会听证会中，时任美国交通部部长拉胡德严厉斥责丰田汽车，并要求所有正在驾驶丰田汽车的美国人马上把车子开到维修店去检查。然而，在2011年2月的发布会上，拉胡德的态度却发生了根本改变，他一直在强调丰田的安全性，称赞丰田“非常配合也很有诚意”，并表示：“丰田汽车可以安全驾驶，我女儿正考虑买一辆2011年款的丰田汽车，我已经首肯了。”

拉胡德之所以对丰田汽车的态度发生了180度的转变，媒体普遍认为主要在于调查结果的权威可信。但是，这所谓的调查结果却很难解释为什么在不到一年的时间里美国政府和官员对于丰田态度的巨大反差。

不仅仅是交通部部长拉胡德，丰田在美国政坛的影响力不容小觑。据美国媒体披露，美国国会众议院负责调查“丰田召回门”事件的能源与商务委员会成员简·哈曼及其丈夫就持有丰田公司价值11.5万美元的股票，同时哈曼丈夫旗下公司还在从事与丰田汽车有关的配件销售业务。

此外，参议运输委员会主席、西弗吉尼亚州参议员杰伊·洛克菲勒和丰田的关系也非常密切。在领导运输委员会的调查时，洛克菲勒就曾主张减轻丰田召回事件的影响。杰伊·洛克菲勒是石油大亨约翰·洛克菲勒的曾孙，家族背景显赫，曾在东京学过三年日语，随后回到美国工作，1976年曾当选西弗吉尼亚州州长，在第110届美国国会参议院中担任情报委员会主席。

此前炒得沸沸扬扬的“丰田刹车门”事件最后的结局居然是“消费者投诉的自动加速问题，绝大多数是驾驶者操作失误造成的，和汽车本身并没有关系”。事实上，参与此次调查的还包括美国国家航空航天局，而由其介入汽车安全调查的，丰田可是历史第一次。

与美国总统特朗普的恩怨情仇

2017 年，特朗普正式成为美国第 45 任总统。这位想要重塑美国制造业，坚持“American first”（美国优先）的贸易保护主义者，面对目前被世界几大汽车工业巨头瓜分的美国汽车市场的现状，自然是颇有微词。为了给美国人创造更多的就业机会，特朗普对这些在美国市场“闷声发大财”的日系车企显然不会手软。

2017 年 1 月，特朗普在其推特账户上“点名批评”丰田汽车，称：“丰田汽车宣称将要在墨西哥 Baja 建造一家新工厂，制造卡罗拉轿车销往美国。没门儿！要么在美国建工厂，要么支付高额边境税。”在这条推文发出来的 5 分钟之后，丰田汽车在美国的股价迅速下跌，在 5 分钟内市值蒸发了约 12 亿美元。

作为对特朗普“点名”的回应，丰田社长丰田章男在 2017 年 1 月下旬举办的底特律汽车展上宣布，丰田今后将开启 5 年 100 亿美元的在美投资计划，用于开发新款车型和提升工厂生产能力以及投资位于得克萨斯州的“丰田北美总部”。同时，丰田章男还表示，“过去 60 年里丰田累计在美投资 220 亿美元，为美国创造了 13.6 万个工作岗位”。

2017 年 3 月，特朗普造访美国汽车业重镇底特律近郊，与包括丰田在内多家车企高层会谈，再次要求他们在美国建立新工厂并增加雇用。丰田汽车高层福市得雄马上回应道：“今后还想在美国继续做贡献。”于是在 2017 年 4 月 10 日，丰田宣布将对其美国肯塔基工厂投资 13.3 亿美元，同时会新雇用 700 多名员工。

2019年5月，美国总统特朗普宣称进口汽车及零部件对美国国家安全构成了“威胁”，并点名批评了日本丰田等汽车车企

肯塔基工厂是丰田在美国设立的第一家工厂，于 1988 年正式投入使用。北美产丰田的 1/3 出自该工厂，2016 年共生产了约 50 万辆汽车。在此次新的投资后，肯塔基工厂将配合新版凯美瑞生产做准备，导入全新技术平台 TNGA（Toyota New Global Architecture）以提升生产效率。

2017 年 8 月，丰田公司又和马自达公司宣布计划斥资 16 亿美元在美国建设大型汽车工厂。据悉，这家代号为“Project Mitt”的工厂能为美国创造 4000 个高收入工作岗位和数以万计间接工作岗位。与此同时，丰田还宣布将在墨西哥工厂的计划投资额减少 30% 至 7 亿美元，并将计划年产能减半至 10 万辆。

丰田和马自达的话音刚落，特朗普当时立马发推又称赞合资公司：“丰田和马自达将在美国建立一家价值 16 亿美元的新工厂，并为美国创造 4000 个新的就业机会。这是美国制造业的一项伟大投资！”

2018年1月,丰田与马自达的合资公司在美国阿拉巴马州正式成立,名为“马自达丰田美国制造公司”,生产马自达新款跨界SUV和丰田卡罗拉。在新合资公司中,丰田和马自达持股比例相同。这家新合资工厂是在美国总统特朗普当政后车企宣布建立的唯一一家全新的汽车工厂,而此前双方已将工厂定址在了墨西哥。

2019年5月,特朗普再次宣称进口汽车及零部件对美国国家安全构成了“威胁”,并点名批评了日本丰田等汽车车企。对于特朗普的威胁,丰田汽车罕见地做出了回怼:“丰田已经在美国深耕60多年,包括我们在这里的研发中心、生产基地、销售网络、完善的供应链体系等,我们直接或间接地在美国雇用了超过47.5万人。但美国政府的声明显示,丰田在美国的投资是不受欢迎的,我们在全美的每名员工做出的贡献也没有受到重视。”

实际上,丰田此前一直避免就特朗普的贸易政策表明立场,此次罕见的强硬回应似乎也是在释放一种信号。面对丰田的强硬态度,特朗普也毫不示弱。2019年5月27日,特朗普开始对日本进行为期4天的访问,抵达日本后的特朗普选择撇下安倍,宴请了众多日本企业家。特朗普在致晚宴开幕词时当众“调侃”了丰田公司社长丰田章男,称他一点都不像大老板。

第三节　丰田财团的中国谋划

打造全球最大研发基地

2010年11月17日,总投资6.89亿美元的丰田汽车研发中心(中国)有限公司在江苏常熟正式成立,这是丰田全球研发体系中最大规模的研发基地。丰田常熟研发中心颇受日方重视,丰田汽车专门委派总部研发的第二号人物山科忠担任研发中心的总经理。

按照相关规划,丰田汽车将以常熟研发中心为主推进节能车、新能源车的国产化,同时还将建设全球规模最大的汽车测试跑道,再现中国所有的路况,对开发阶段的试制车辆以及市销车辆进行测试。

2011年10月22日,丰田汽车研发中心(中国)有限公司在江苏常熟东南经济开发区开工建设。作为中国第一家外商独资的汽车研发中心,丰田汽车株式会社社长丰田章男,时任江苏省委书记、省人大常委会主任罗志军,商务部副部长蒋耀平,省委常委、苏州市委书记蒋宏坤等许多省市级领导都出席了开工仪式。

其实,在确定最终选址投资前,丰田汽车的核心领导层就曾多次到常熟考察。

不到两年的时间里，常熟东南经济开发区先后接待丰田考察团45批141人次，双方进行了70多轮的项目洽谈。真正打动丰田汽车的是当时常熟东南经济开发区内已经拥有超过30家的汽车零部件生产相关企业，基本形成了市场份额高占的区域性汽车零部件生产、配送中心。

早在2003年成立之初，常熟东南开发区就将引进日资汽车零部件企业作为发展的核心。为了能够给日本投资方留下好印象，开发区还专门请常熟夏普公司（属三菱财团）负责人接待日资汽配企业考察团。经过半年多的努力，第一家日资汽配企业——日本精工株式会社（属富士财团）落户常熟，从此拉开了常熟打造外资汽配产业高地的序幕。

如今，常熟市共有200多家各类日资企业，常熟东南经济开发区也成为江苏省唯一一个经省外经贸厅批准的日资产业园。随着丰田汽车研发中心（中国）有限公司的成立，常熟也成为丰田在中国的重点发展区域。

2012年7月16日，日本丰田首个海外无级变速箱生产基地——丰田汽车（常熟）零部件有限公司，在距离丰田汽车研发中心（中国）有限公司2千米处成立。该工厂投资2.85亿美元，产能为24万台/年，其中丰田汽车公司占股70.5%，丰田汽车（中国）投资有限公司占股19.5%，丰田汽车北海道公司占股10.0%。

2013年7月，丰田通商（上海）有限公司常熟分公司成立，而这已经不是丰田通商第一次涉足常熟的物流运输领域了。早在2007年9月，专门从事物流运输事业的丰通上组物流（常熟）有限公司就已经成立了，注册资本为620万美元，其中丰田通商株式会社占股51%，是公司的大股东，上海上组物流有限公司和株式会社上组分别占股25%和24%。

2013年8月，丰田新能源汽车的核心项目——车载动力电池合资项目正式签约，落户常熟高新区。该项目分为电池单体模块和电池箱两个子项目，分别生产搭载于混合动力汽车的镍氢电池单体模块和电池箱系统，总投资约1.8亿美元。

除丰田汽车研发中心（中国）有限公司以外，丰田财团在常熟先后投资了丰田汽车（常熟）零部件有限公司、新能源汽车动力系统项目以及丰田汽车仓储贸易（常熟）有限公司等多个项目。如今，丰田在常熟投资的相关企业已经达9家，在短时间内就将常熟打造成继天津、广州之后非常重要的在华战略据点，形成了集汽车核心零部件的研发、生产、物流和销售于一体的产业基地。

不仅是汽车核心零部件领域，丰田在常熟的相关布局也在不断展开。2011年4月，丰田财团旗下的综合商社丰田通商就与日本东洋纺织合资在常熟成立公司，共同生产和销售汽车安全气囊用尼龙布料。日方看中的正是常熟是纺织服装之乡与汽车零部件中心的集合体。

2015年7月，丰田通商又收购了中国特殊钢板制造商常熟宝升精冲材料有限公司5%的股票。常熟地区汽车部件企业密集，对耐久性出色的特殊钢板的需求必将会日益增加，丰田通商有意通过此举涉足中国汽车用特殊钢板行业。

2017 年 10 月 20 日，丰田氢燃料电池车“MI－RAI 未来”国内实证实验，在位于江苏常熟的丰田汽车研发中心（中国）有限公司正式启动。丰田也在中国建成了首个加氢站，根据现场演示，填充 1.35 千克的氢气用时 1 分 52 秒，可供汽车行驶 120 千米左右。由此，常熟作为丰田全球研发体系中最大规模的研发中心，承担起丰田新能源汽车研发的重任。

位于常熟的丰田汽车研发中心（中国）有限公司的电池实验楼扩建工程将于 2019 年正式完工。丰田汽车研发中心除了负责丰田氢燃料电池车的实证实验外，外插充电式混合动力车、电动汽车的研发生产也是其重要工作之一。此前，搭载由丰田研发中心研制的油电混合动力中国国产化动力总成的雷凌双擎和卡罗拉双擎两款车已经售出了 15 万辆。

爱信精机：丰田零部件生产商

成立于 1949 年的爱信精机是世界第九大汽车零部件生产商，是丰田汽车零部件的主要供应商，同时也为 GE、大众等公司供应零部件，其汽车零部件制造技术闻名于世。可以毫不夸张地说，爱信精机占了自动变速器的半壁江山。

实际上，爱信精机在股权上早已成为丰田财团的子公司。丰田财团拥有爱信精机的绝对控制权，因此任何一款新的变速器都要先应用在丰田车型上，而后才能将一定产量后的产品分给其他汽车企业使用。回顾爱信精机的中国发展，不难发现其中的丰田财团身影。

1994 年，丰田财团的丰田通商（综合商社）和爱信精机与台州瑞丰投资开发有限公司共同出资成立了浙江爱信宏达汽车零部件有限公司，主要生产硅油风扇离合器、水泵、机油泵、气缸盖等以铝压铸为基础的汽车发动机零部件，产品广泛应用于丰田、东风、江陵、航天三菱、北京福田等国内主机厂。

1996 年，丰田财团旗下的爱信精机与唐山齿轮集团合资成立了唐山爱信齿轮有限责任公司。唐山齿轮集团是国有大型综合型企业，也是国内汽车零部件行业大型骨干企业之一。随后，合资公司在 2003 年变更为由丰田通商、爱信精机、日本爱信 AI 株式会社共同出资的日本在华独资企业，北京吉普、郑州本田、沈阳金杯、柳州五菱、厦门金龙等国内汽车公司都使用唐山爱信生产的配套变速箱。

2001 年，爱信精机、天津汽车集团、台湾信昌国际投资有限公司和丰田通商又共同成立了爱信（天津）车身零部件有限公司，注册资金 5000 万元，其中爱信精机持股 60%，信昌国际持股 12%，丰田通商持股 3%，主要是为了提升天津及全国范围内丰田的配件供货。

伴随着 2010 年 10 月丰田汽车研发中心（中国）有限公司在江苏常熟成立，爱信精机也开始加大了中国市场的开拓力度。从 2011 年 2 月到 2012 年 4 月，短短的15个月的时间里，爱信集团便在中国设立9个基地或公司，其中就包括位于南通的研发中心。

2011年6月，丰田财团的爱信精机株式会社在中国天津成立中国总部——爱信精机（中国）投资有限公司，逐步强化在中国的地域统筹体制，谋求战略策定与意见决定的迅速化，进军中国市场的步伐明显加快。

同年7月，爱信南通汽车技术中心有限公司在江苏南通设立，这是爱信精机继美国之后设立的第二家海外研发中心。对于研发中心为何选址南通，爱信精机（中国）投资有限公司副总经理三津田和弘解释道，南通距离丰田常熟研发中心很近（两者相距仅68千米），具有地理优势，可以照顾华南、华北两大区域。

当中国人欣喜于越来越多的自主品牌汽车不断迈入市场时候，丰田财团旗下的爱信精机却已经悄然占领了中国汽车市场的高端领域。爱信精机生产的6AT变速器已经到了严重供不应求的地步，一汽、吉利、广汽、长安、长城等国产车企大量采用爱信精机的变速器产品。2017年，爱信精机在中国市场的销量已占据其总销量的32%，但显然这一数据在未来还会有很大的提升潜力。

2018年4月24日，爱信精机旗下的爱信AW株式会社与国内两家自主整车厂分别签署合资协议，一家是广汽乘用车，另一家是吉利汽车。资料显示，爱信分别与吉利和广汽的合资公司从注册资金、股比分配、产能方面都保持一致，这就说明爱信精机将来会在合资公司中占据主导地位。

2019年4月，爱信精机株式会社全资子公司爱信精机（中国）投资公司与珠海信至盟投资合伙企业合并，成立了面向售后市场进行销售的爱信精机（上海）贸易有限公司。合资公司将整合中国的售后市场部门与信至盟双方开展的经营活动，目的在于以北、上、广三据点推进销售活动落地，缩短服务半径，进一步扩大爱信品牌、产品及服务在经销商、修理厂以及消费者层面的渗透及落地。

如今丰田在日本的地位可以视为与六大财团（三井、三菱、住友、三和、第一劝银、富士）并立的较独立的财团企业，旗下拥有5家世界500强级别的企业，分别是丰田汽车、丰田自动织机、丰田通商、爱信精机、日本电装。十几家丰田的一级企业集团也都是世界知名企业，产业链覆盖汽车产业从上游原料生产到下游物流销售的所有环节。

日本电装：与丰田交叉持股

丰田财团的中国战略中不只局限于丰田汽车、丰田通商和爱信精机，低调的日本电装株式会社也是其中非常重要的一环。在此前的全球汽车零部件配套供应商百强榜上，日本电装仅次于来自德国的巨头博世集团，排名第二，在环境保护、发动机管理、车身电子产品、驾驶控制与安全、信息和通信等领域都名列前茅。

1949年12月16日，继承了原丰田汽车电气部件分部的电装公司正式成立，虽然名义上脱离了丰田,但当时丰田占有公司的 22.5% 股份。日本电装也是丰田汽车配件的主要供应商,2015 年整个丰田集团的销售额就占到了电装全年销售额的 43.5%,而排名第二的本田销售额仅占公司的 7.9%。

日本电装公司于 1987 年进入中国,1994 年首次在中国合资成立烟台首钢电装有限公司,生产空调压缩机和冷凝器等汽车空调系统部件,随后在 1995—1997 年的 3 年时间里分别在天津和重庆成立了 5 家公司。然而,1997 年东南亚金融危机让日本电装突然停止了在中国市场扩大的脚步。直到 5 年后的 2002 年,电装在上海成立了电装(上海)信息技术有限公司。

2002 年 11 月,丰田财团的日本电装公司与北京中汽联合汽配贸易有限公司在北京正式签署合作协议,扶植中联汽配成为电装公司产品在中国汽车售后零部件市场的销售主渠道。通过中联汽配的流通渠道,日本电装公司向中国消费者提供价格合理的优质零部件。如今,北京中联汽配已经成为日本电装公司在中国汽车售后零部件市场主要销售渠道。

2003 年 2 月,日本电装公司又在北京成立了独资子公司——电装(中国)投资有限公司,随后在三年内便连续成立了 14 家公司,迅速发力中国市场。截至 2016 年,丰田财团的日本电装在中国共有 28 家企业,平均不到一年时间就会成立一家。

考虑到中国的汽车市场还处在成长期,日本电装不断开拓中国市场。如今的日本电装公司已经不仅仅是为丰田汽车提供一部分电气零配件的供应商了,它的产品遍布汽车、工业、建筑、农业、能源等各个领域,成为丰田财团体系中一家令人骄傲的公司。

2018 年 9 月 15 日,世界物联网博览会在无锡太湖国际博览中心开幕。日本电装作为汽车零部件厂商也出展了本次物博会,主要通过一辆酷炫模型车描绘未来移动核心技术,车身搭载了电装目前重点研发的自动驾驶、智能网联驾驶等核心技术。

2019 年 5 月,《日本经济新闻》报道,日本电装将在中国建设纯电动汽车(EV)等新能源汽车零部件的新工厂,总投资额达到 20 亿元,力争 2021 年投产。日本电装公司将应对世界最大纯电动汽车市场中国的需求增长,预计零部件的供应将扩大至日本汽车厂商等。在广州,日本电装的当地法人与当地政府就建设工厂达成协议,计划建设总建筑面积约为 10 万平方米的工厂。

丰田汽车持有电装公司 24.77% 的股份,是日本电装的第一大股东,丰田工业则持有 8.72%,为第二大股东。同时,丰田工业还持有丰田汽车 6.73% 的股份,为第一大股东,日本电装则持有丰田汽车 2.59% 的股份,为第三大股东。不难看出,丰田汽车、丰田工业和日本电装已经形成了典型的日本交叉持股的公司结构。

隐藏在丰田汽车、爱信精机和日本电装这些实体制造企业背后的则是丰田强大的金融实力。荒木隆司副社长就曾经说过,“丰田保留了 2.3 万亿日元作为开拓将来的事业和应对风险的准备金”。1997年，三井财团的樱花银行出现经营不善情况时，就曾向丰田要求增资。制造商援助银行无论在哪里都是一个特例，丰田强大的金融实力可见一斑。

丰田战略：造车先育人

20世纪90年代初，随着汽车开始进入中国人民的生活，中国汽车工业迎来快速发展，而汽车生产作为技术密集型、劳动密集型产业，面临大量技能人才紧缺的状况。1990年9月，在中国汽车工业总公司提议和政府有关部门的支持下，丰田汽车与金杯汽车共同创立了辽宁丰田金杯技师学院的前身——中国汽车工业丰田金杯技工培训中心。

1998年2月，丰田金杯技工培训中心经当时的国家劳动部和国家计委批准晋升为辽宁金杯高级技工学校，2009年5月经辽宁省政府批准后晋升为现在的辽宁丰田金杯技师学院。相较于其他外国车企，丰田进入中国很早，日本汽车厂商“正式”进入中国其实是20世纪90年代后期的事情了。丰田汽车在进入一个新市场之前，往往习惯先培育优秀的专业人才，因为丰田知道人才才是实现高品质生产、提供优质服务的基础。

辽宁丰田金杯技师学院开创了中国职业教育的先河。几十年来，丰田汽车持续不断地对丰田金杯技师学院提供投入与各类支持，从校园规划，教师队伍建设，无偿提供教学设备、教材，到安排教师赴日研修，派遣专家，接待学生到丰田在华相关公司参观学习、提供奖学金等，至今已累计投入金额超过18.5亿日元。

通过丰田汽车的不断坚持投入，如今的丰田金杯学院已成为一所集中高等职业教育、技能培训、职业鉴定于一体的综合性职业院校，其中折射出的正是丰田汽车能够在全球发展的“软实力”。一向尊崇工匠精神的日本，格外重视专业技术性人才的培养，而正是这些专业匠人们成就了近代日本汽车工业的全球领先地位。

值得一提的是，丰田汽车并非通过该学院直接为自己的企业定向培养员工。据统计，自成立至今丰田金杯技师学院共培养出了近3.3万名奋战在中国汽车产业第一线的中高级技能人才，而真正进入丰田体系内工作的仅为1000人左右。学院的大部分毕业生最后都进入大中型国有企业、外商独资或中外合资企业工作，其中包括宝马、通用、三菱等国际著名汽车企业。

“人才就是核心竞争力”，位于常熟的丰田汽车研发中心（中国）有限公司深知这个道理。从2010年成立之初，研发中心就一直坚持“核心研发人才·管理人才现地化”的宗旨。通过该项目平台，培养出3000多名汽车研发人才和众多汽车产业技术工人，为江苏全省乃至全国输送一批国际化汽车研发、生物环保高端技术复合型专业人才，也为丰田的中国发展提供了强大助力。

丰田财团在中国的人才战略并不仅仅局限于坚持培养职业技术人才。1997

年4月，丰田向清华大学、天津大学提供科研项目援助资金，并开展相关交流活动，举办技术讲座。之后每年定期举办两次，与这两所大学的广泛技术交流活动一直持续至今。2005年3月，丰田还与清华大学共同在该大学公共管理学院内成立了“产业发展与环境治理研究中心”。

2005年9月，丰田汽车面向全国11所著名高等学府（北京大学、中国人民大学、南开大学、中山大学、北京理工大学等）的经济、法律、机械、外语等专业的优秀学子设立了“丰田奖学金”，与此同时，丰田还在吉林大学和天津大学设立了“丰田特别班”，招收汽车相关专业的优秀在校生，利用业余、假期时间，定期开办日语讲座，组织丰田工厂、经销店参观等实践活动，并对成绩优异者颁发奖学金，帮助同学们早日接触社会和了解日本企业文化。

2005年9月，丰田汽车面向全国11所著名高等学府（北京大学、中国人民大学、南开大学、中山大学、北京理工大学等）的经济、法律、机械、外语等专业的优秀学子设立了“丰田奖学金”

2006年，由中日两国著名经济学泰斗吴敬琏先生、青木昌彦先生牵线，丰田汽车向中国宋庆龄基金会捐赠2800万元人民币，共同设立了“丰田助学基金”，旨在2006—2010年帮助中西部1060名家境清贫的大学生完成学业。随后在2010年，丰田汽车继续出资1680万元人民币启动第二期“丰田助学基金”，并将对象院校扩大到25所。2014年，丰田汽车再次出资2700万元人民币启动了第三期助学项目。

2017年7月，“丰田助学基金”第四期项目正式启动，预计到2023年，丰田将累计投入8730万元，帮助近3000名学生圆大学梦。助学项目不仅包括奖学金，还包括在全国范围内组织大学生夏令营、就业指导、实地工厂参观以及受助学生访日等活动。

如今，中国宋庆龄基金会的“丰田助学基金”项目共包含26所院校，其中中国科技大学、哈尔滨工业大学、西北工业大学、合肥工业大学以及太原理工大学等10余所院校都是国内制造业领域的重点院校。丰田希望不仅为这些中国学生提供经济上的帮助，还针对更深层的心理、意识方面全方位助力学生成长。

第四节　国产汽车品牌的丰田缘

把中国一汽的底都摸清了

中国汽车企业学习丰田最早要回到20世纪70年代。改革开放伊始，位于吉林长春的中国第一汽车厂（简称“一汽”）决定要实行改革，只是当时一没资金二没技术，这种情况下到底要怎么改？去日本学习和取经就成了最佳的选择。1978年，时任一汽厂长的刘守华带队去日本丰田学习TPS（TOYOTA Production System，即丰田生产方式）管理，回厂后便组织干部学习。

当时，中国一汽还邀请丰田TPS的创始人大野耐一到工厂讲课，计划在生产线上搞试点，建TPS样板线，同时也希望能够和日本汽车企业谈合作，引进先进的生产技术。据时任一汽副厂长的沈永言回忆，一些日本汽车厂代表到一汽来谈判，其中最厉害的就要数丰田汽车了。

厂长刘守华刚刚坐下，丰田第一个问题就是：“你们一汽有钱吗？”刘守华硬着头皮说：“我们没钱，请你们来干吗？”但实际情况却并不像刘守华厂长说的那么有底气，用当时任一机部副部长周子建的话来讲，一汽真是“要钱没有，要命一条”。其实，早在来中国谈判之前，丰田就已经把一汽的底全摸清了，而中方却对人家一无所知。

20世纪90年代，一汽变速箱厂引进日本日野汽车（丰田财团的成员企业）的变速器，同时也再次引进了丰田TPS。当时的厂长耿昭杰提出：把推行精益生产方式作为一汽继换型改造、产品结构调整之后的第三件大事来抓。结果，在没有增加多少设备、人员和资金的情况下，生产能力由8万辆提高到12万辆。

到了2002年，一汽甚至还专门成立了竺延风总经理亲自挂帅的丰田生产方式领导小组。9月，一汽轿车公司由副总经理刘树华带领20多个车间领导和生产骨干花一个多月的时间去日本继续学习TPS。同年，丰田公司专门派生产调查部的专家朝仓正司到一汽轿车公司指导一汽的生产管理。

日本丰田专家朝仓正司在生产现场巡视一圈后来到了会议室，并在黑板上写了一句话——“打倒日本鬼子”。他脸上没有一丝笑容，接着说：“我希望你们打倒我，但是你必须先强过我，你强不过我，对不起，你就必须老老实实跟我学习。”当时，学习丰田的不仅是一汽集团，世界上各大汽车企业也都把丰田当成自己学习的标杆。

2002年8月29日，一汽集团与丰田汽车公司在北京人民大会堂签署了战略合作协议,将2000年6月成立的天津丰田汽车有限公司纳入整体合作框架之中。2003年9月,天津丰田正式更名为"天津一汽丰田汽车有限公司"。如今,一汽丰田共有三大生产基地,分别位于天津、吉林长春、四川成都,公司员工超过1.2万人。

2003年10月28日,为满足迅速发展的中国汽车市场、满足日益多样化的消费者需求,日本丰田汽车与中国第一汽车集团合资成立了一汽丰田汽车销售有限公司,并于同年11月1日起正式营业。从此,在中国汽车市场,经销商逐渐开始拥有了更多话语权。

一汽丰田销售的总部设在北京,同时在天津、长春、成都、上海及广州设置分支机构,开业第一年在中国开设的经销店就达到了66家。通过合资销售公司,丰田汽车不仅迅速地拓展了中国汽车市场,还能够在第一时间获取最新的市场消息和情报。

2018年5月,一汽丰田全新产品奕泽IZOA和插电式混合动力卡罗拉双擎E+在北京车展中正式亮相。其中,此次发布的卡罗拉双擎E+(PHEV,插电式混合动力)将作为新能源需求1号车在2019年正式导入。到2020年,2号车奕泽IZOA EV(纯电动)也将率先进入中国市场。

可以明显地看到,一汽丰田此次推出的两款新能源汽车都是主打中国市场的电动车,而非丰田一贯坚持的混动技术。对此,一汽丰田汽车销售有限公司常务副总经理水谷雅史也毫不避讳地说:"在丰田整体战略里面,PHEV以及EV车型是以中国作为优先考虑的。"

在一汽丰田中,虽然中日双方各自占有50%的股份,但是很显然一汽丰田的新能源汽车主要话语权是由丰田掌握的。通过一张一汽丰田供应商体系名录就会发现其中原因:"丰田系"的企业早已为一汽丰田编织好了一套完善的产业供应链。在发动系统中,有丰田工机、丰田纺织、丰田发动机,在底盘系统中,有爱信精机,宝钢新日铁和丰田通商则为其提供汽车钢材等许多专用材料,还有前面提到生产车用动力电池的科力远,这些都是丰田系的企业。

2019年5月,一汽丰田单月销量为71180辆,同比增长10%,1—5月销量达316819辆,同比增长5%,旗下多款车型增长幅度更是达到两位数。其中,普拉多5月销量大幅增长35.2%。在当前中国经济下行和中国国内汽车市场增量整体放缓的大背景下,一汽丰田销量依然稳中有升,足见其必有过人之处。

长城汽车:紧跟巨人的脚步前进

1989年,长城汽车董事长魏建军的父亲魏德义发现当时国内汽车独立前桥这一零部件都是依靠进口,本土化有着很大的市场空间。于是,魏德义便从日本丰田买来了一部拥有独立前桥的面包车,组织技术人员一起拆开来研究,一年以后就研制成功了第一台国产的汽车独立前桥。总部位于河北省保定市的长城汽车目前是国内规模最大的皮卡、SUV 生产企业，年汽车销量超 100 万辆。

1995 年，当魏建军接手长城汽车、准备开始研发生产皮卡车的时候，也买来了一辆日本丰田的皮卡汽车，并把它停放在了车间中央，将其作为标杆时刻鞭策提醒自己。在二十几年的发展过程中，长城汽车都在以丰田汽车为榜样，坚持着稳扎稳打、按部就班、心无旁骛的发展理念。

魏建军的父亲魏德义和叔叔魏德良都是河北著名的民营企业家，与丰田家族从零开始制造汽车非常相似。此前曾有记者向魏建军提问："保定离北京不过 2 小时车程，长城为何不把总部建在首都？"他的回答是："丰田的总部也不在东京，但这并不妨碍它成为世界级的大公司。"

长城汽车在不断学习丰田精益管理模式、主推丰田生产方式的同时，更重视学习丰田通商的"商道"，认为这才是丰田文化的核心。在中国，丰田通商（丰田财团的综合商社）有超过 200 家控股或持股的企业。而除了丰田通商，丰田持有主要股份或控股的爱信精机、日本电装、新日铁等企业也为其提供产业链上下游的各类服务。

长城酷熊（下图）与丰田bB（上图）从外观上看几乎相同，简单的模仿不失为快速进入市场的捷径

2000 年前后，为了避免在汽车零部件供应链上受制于人，魏建军仔细研究了欧美和日本传统汽车厂商的供应链发展，发现几乎所有成功的世界级车企都经历过或延续着供应链垂直整合之路；特别是日本的丰田汽车，其体系下整合了超过 300 家供应商，其中丰田通商控制了丰田汽车的供应链、物流等重要环节。

魏建军认为这是长城汽车从地方车企向国际化大集团发展的必经之路，"有人认为垂直整合就是造了多少发动机、变速器或座椅，但它的准确定义是由主机厂主导的组织，主导就是绝对地掌控"。于是魏建军通过一系列的并购与合资，为长城汽车建立了一条能够生产发动机、车身、前桥、后桥、内饰件和空调器等重要零部件的供应链。

其实，此时的长城汽车从某种意义上来讲已经不再是单纯的汽车制造商，而是变成了整个汽车生产领域的产业组织者。事实上，丰田通商扮演的就是丰田汽车的产业组织者角色。在全球，丰田通商有超过上千家控股或持股的企业，打通了丰田汽车的所有供应链、物流环节，创造出了一套完善的汽车零部件供给、汽车物流配送的产业体系。

2013 年，魏建军在谈到企业发展战略时表示，车企发展需要经历制造、技术和品牌三个阶段。当时长城汽车还处于第二个阶段，显然现在的魏建军认为长城汽车已经有能力跨越第二阶段、进入“品牌”增值的第三阶段了。

丰田于1983年创立豪华汽车品牌雷克萨斯，准备一改当时人们对丰田廉价、低档的印象。其实回顾丰田汽车的发展史就会发现，长城汽车的“WEY”品牌汽车就如同当年丰田的雷克萨斯。没有人会忘记丰田的Lexus LS400 1989年正式上市时在全球高级车坛所引起的震撼。凭借着丰田过硬的品质和强大的体系，仅用了十几年的时间，雷克萨斯在北美地区的销量便赶超了奔驰、宝马。

2018年7月10日，在中国国务院总理李克强和德国总理默克尔的见证下，长城汽车与宝马正式签署了合资经营合同，双方各持股50%，合资公司命名为“光束汽车有限公司”，将致力于发展新能源汽车，加快电动汽车的推进步伐。2018年8月20日，长城汽车新能源汽车独立品牌——欧拉(ORA)，在河北保定哈弗技术研究中心正式对外发布。

有人认为，在过去几年中，许多国产汽车企业已经先后推出数十款新能源乘用车，长城汽车现在进入新能源汽车已错过最佳时机。事实上，长城汽车始终坚持正向研发做新能源汽车，不做“油改电”，不做“政策车”，更多考虑的是政策退坡后新能源汽车市场的健康发展。长城汽车一直想打造真正有价值的新能源汽车。

就像丰田在很早就开始关注新能源领域一样，长城汽车的新能源汽车发展其实一点也不晚，甚至还可以说是最早的探索者之一。早在2008年北京车展上长城汽车就已发布了欧拉的概念车，并且在2009年专门设立“欧拉新能源汽车特别小组”，并在当年的上海车展上第二次展出了欧拉汽车，此后长城在新能源汽车方面的投入研发就一直没有停止过。

对于新能源汽车的发展，丰田其实走的是一条“左右逢源，面向未来”的发展道路，即时刻关注市场(混合动力)与政策(纯电动)，又不忘记把握住未来(氢燃料电池)。按照规划，长城汽车也将采用混动+纯电动+氢燃料的技术路线，打造四个平台与四个品牌，并基于四个平台，分别衍生出多款产品。显然这和丰田汽车的新能源发展方向几乎完全吻合。

奇瑞控股走综合商社之路

1997年1月8日，奇瑞汽车成立于安徽芜湖，现在已发展成为国内最大的集汽车整车、动力总成和关键零部件的研发、试制、生产和销售于一体的自主品牌汽车制造企业，以及中国最大的乘用车出口企业。除了中国一汽，奇瑞是第二个高调宣布自己学习TPS管理的车企。奇瑞当时曾提出：丰田管理理论+奇瑞实践=奇瑞管理模式，足见当年学习丰田的力度和决心。

早在成立之初，奇瑞就着力学习日本汽车企业。2003年9月，奇瑞从日本聘请了寺田真二先生为顾问，专门组织了TRMS小组在奇瑞全面推行TPS管理。寺田真二此前在日本三菱集团供职超过30年,原来是三菱发动机厂的副厂长。在奇瑞,以寺田真二名字命名的东方之子的装配线"寺田生产线",通过他的先进管理与指导,在生产率与质量上都得到了充分的提高。

奇瑞汽车董事长尹同跃曾多次到日本、韩国考察,在被它们的经济奇迹所震撼的同时,他也发现:第二次世界大战以后,日韩之所以能在资源匮乏的弹丸之地快速崛起,并在海外形成强大的资本繁殖能力和品牌渗透力,得益于一大批诸如"三井""三菱""三星""现代"的综合商社,并孕育出丰田、松下、索尼、现代汽车等世界级品牌。

2007年春节前,尹同跃给奇瑞最高决策层"经管会"的12位成员每人发了两本书——《丰田的研发体系》和《怎么让你的客户满意》,他希望能够从日韩汽车企业的管理模式和发展经验中得到更多的启发。尹同跃丝毫不掩饰自己对综合商社模式的向往,他曾表示,"希望有一天,奇瑞也能成为(三井、三菱)这样的综合商社和世界级品牌"。

怀着对这个梦想的美好期冀,奇瑞尝试用多元化方式来实现它:一是由单一的轿车行业扩大到更为广阔的交通运输设备制造领域,包括乘用车、商用车、汽车零部件、船舶等,将奇瑞多年积累的技术、人才、原材料、供应链等优势呈几何级数式放大;二是发展以汽车制造为平台的"互联网+"和生产性服务业,如汽车金融、物流、汽车出租与租赁、露营地、循环经济、大宗商品贸易等,与汽车等制造业务相辅相成,实现集团各类生产要素的互补和共享。

2010年10月20日,为实现奇瑞多元化、集团化的发展目标,奇瑞控股有限公司正式成立,对旗下汽车板块进行整合,逐步形成了以汽车产业为基础,汽车零部件生产与研发、金融投资、服务贸易、仓储物流、船舶、旅游&地产等业务共同发展的集团公司。目前,奇瑞集团拥有员工4.8万余人,业务范围遍布海外80余个国家和地区,总资产1200多亿元。

2017年10月19日,奇瑞控股有限公司正式更名为"奇瑞控股集团有限公司"。位于安徽芜湖经济开发区的奇瑞汽车股份有限公司是奇瑞控股集团旗下最大的子公司,除汽车业务外,集团旗下还拥有奇瑞新能源、开瑞汽车、奇瑞徽银、奇瑞科技、途居露营等控股子公司,以及奇瑞捷豹路虎、奇瑞安川电驱动等合资公司共200多家。

2018年9月2日,中国企业联合会、中国企业家协会公开发布了"2018中国企业500强"排行,首次以集团名义申报入围的奇瑞控股集团有限公司成功跻身500强榜单。低调潜行多年的奇瑞控股,与人们更为熟知的奇瑞汽车紧密关联却又有所不同:奇瑞控股不仅有"汽车制造企业"这一个身份标签,更是一个以汽车价值链为主导、关联多元化产业的大型综合性集团。

在逐渐形成多元化发展的同时,奇瑞控股同样也起到了综合商社的"产业组织者”角色。作为安徽省特别是芜湖市的骨干企业之一，奇瑞还积极带动当地汽车及相关产业的发展。围绕汽车产业链，奇瑞在芜湖集聚汽车及零部件企业870多家，因为与奇瑞有紧密合作来到芜湖投资的世界500强企业近40家，整体提供就业岗位约15万人。

同时，依托奇瑞还衍生出工业机器人、现代农业装备、新能源、通用航空等新兴产业，安徽省12个战略性新兴产业中，有4个新兴产业源于奇瑞。根据奇瑞控股集团的发展规划，未来将继续以汽车产业链为核心，加快向汽车后市场、移动出行、军用汽车装备、无人机发动机等高附加值业务延伸，打造“产业生态圈”，努力成为像三井物产、丰田通商这样的综合商社。

丰田牵手吉利布新局

2018年8月27日，在中国青岛举行的丰田电动化技术交流会上，丰田汽车(中国)投资有限公司执行副总经理董长征透露，丰田汽车正在与中国最大民营汽车公司——吉利汽车合作推广混合动力技术。8月30日，吉利控股集团总裁、吉利汽车集团总裁兼CEO安聪慧也在成都车展上证实了吉利与丰田汽车进行混合动力技术方面对接合作的消息，双方牵手几乎已成定局。

美国《财富》杂志公布的2018年世界500强排行榜显示，日本丰田汽车排名第六。虽然从全球销量来看，丰田逊于德国大众和法国雷诺－日产－三菱联盟、位居第三，但它却以225.1亿美元的集团利润收入排在世界车企第一位。此时，丰田汽车可谓是名副其实的“混动霸主”，汽车圈一直流传着这样一句话：世界上有两种混动，一种是丰田混动，另一种是其他。

世界最赚钱的丰田汽车为什么要选择与吉利合作推广混合动力？其实，丰田与吉利汽车的结缘离不开一家位于湖南长沙的电池企业——湖南科力远新能源股份有限公司。科力远是丰田汽车在中国最大的混合动力核心零部件供应商，而科力远的第二大股东正是吉利集团。

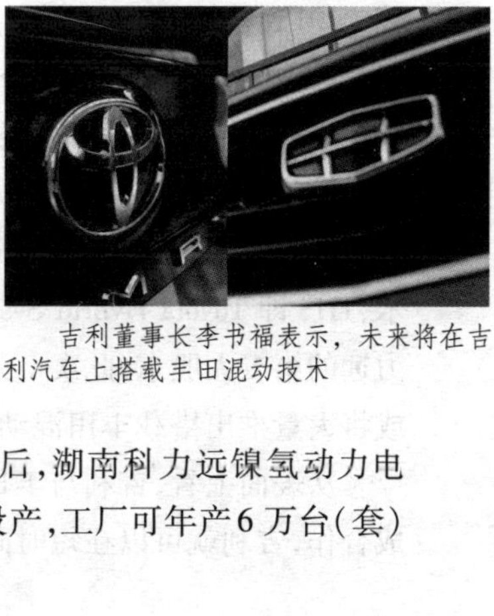

吉利董事长李书福表示，未来将在吉利汽车上搭载丰田混动技术

科力远是由钟发平于1998年创立的一家专业生产混合动力汽车使用的镍氢电池的企业，钟发平在创业前是清华大学现代物理学的副教授。科力远与丰田的首次合作是在2011年，科力远当年收购了日本松下公司位于神奈川县工厂的100%股权，成立了湘南科力远株式会社。这家日本工厂从1997年初，从丰田普锐斯诞生开始，就一直是丰田镍氢电池的供应商。

2013年2月，在获得了松下先进电池生产技术之后，湖南科力远镍氢动力电池全自动生产线工厂正式投建，并于同年10月28日投产，工厂可年产6万台(套)

全球先进的镍氢汽车动力电池。对于动力电池工厂的生产情况，科力远董事长钟发平表示，丰田国内普锐斯的混动电池全部将来自这条生产线，而与此同时科力远在日本的工厂也已经开始在给丰田和本田的汽车供货了。

同年5月，科力远发布公告称，公司计划与丰田汽车在中国成立合资公司，主要负责生产汽车配套用动力电池。2014年8月，湖南科力远新能源股份有限公司、常熟新中源创业投资有限公司、丰田汽车(中国)投资有限公司、丰田通商株式会社以及Primearth EV Energy株式会社(PEVE)共同出资在江苏成立了科力美汽车动力电池有限公司，其生产的动力电池主要用于配套一汽丰田、广汽丰田国产化混合动力汽车。

在合资公司中，中日双方各持股50%，其中中方股东为科力远(持股40%)和常熟当地的一家创投公司(持股10%)，日方股东则为PEVE(持股41%)、丰田中国(持股5%)和丰田通商(持股4%)。虽然表面上来看，丰田系仅持有9%的股份，但丰田实际上持有PEVE公司80.5%的股份。PEVE前身是松下电动汽车能源公司，这正是1996年由丰田与松下电器及松下电池合资成立的环保车用电池公司。

同样是在2013年，混合动力汽车不再享受政策补贴，国家对其支持力度也明显降低。为了实现中国燃油混动技术的突破性发展，科力远于2014年选择与吉利集团共同注资成立了科力远混合动力技术有限公司(CHINA HYBRID SYSTEM，CHS)。

2018年4月3日，科力远与吉利集团在上海签署《合作协议》，双方在吉利集团车型上批量搭载国际合作所(与丰田、松下合作)集成研发的混合动力总成系统产品，开发、制造和销售油电混合动力汽车(HEV)。收购交易完成后，吉利集团直接及间接持有的科力远股份达到11.09%，成为科力远第二大股东。紧接着在9月10日，拥有吉利背景的两名高管杨健和徐志豪被列为科力远董事候选人。

随着科力远与丰田汽车及吉利汽车的合作日益加深，三方的互动也愈加频繁。2018年6月27日，在吉利控股集团与科力远新能源股份有限公司、长安汽车以及云内动力四家企业联合投资的CHS公司佛山工厂正式投产的剪彩仪式上，丰田汽车公司专务、中国本部长、丰田汽车(中国)投资有限公司董事长兼总经理小林一弘就曾经现身。

2019年1月，湖南科力远新能源股份有限公司1元购买了丰田THS核心技术，THS即Toyota Hybrid System，是丰田研发的双擎混动系统。吉利汽车是湖南科力远的第二大股东，此次1元购买丰田THS技术，也进一步预示着吉利汽车未来或将大量推出搭载丰田混动技术的车型，这也符合吉利此前发布的新能源规划。

从表面上看，吉利与丰田合作似乎对于吉利而言好处更大，因为一旦双方达成合作，吉利就可以在短时间内获得丰田成熟、稳定且口碑极佳的混动技术；但从另一方面来看，其实丰田才是最大的赢家，像丰田这样的大财团更习惯于促进某一产业的基础培育和帮助其产业内部企业实现良性发展，然后再从中获取应得的利益。

出于种种原因，中国现阶段的混动技术汽车发展状况并不好。丰田如今通过“借道”吉利汽车这个民族自主品牌，将自身先进的混合动力技术推广到中国市场，可以减少许多阻力和不必要的耗损。同时，从产业层面出发，如果丰田和吉利的混动技术合作顺利，就可以让国家及政府看到效果，从而引发扶持政策的调整或倾斜，最终也会带动丰田混动汽车夺取中国市场。

第五节　互联网造车的天方夜谭

8000 万元猛砸发布会

2016 年 4 月 20 日下午，在北京五棵松体育中心，“北京乐视生态中心”举办了一场名为“无破界不生态”的发布会，推出了号称世界上第一台生态出行工具——LeSEE 超级汽车。乐视创始人贾跃亭甚至还流下了激动的眼泪。仅仅两三年的时间，乐视汽车早已风光不再，只是不知道如今远在大洋彼岸的贾跃亭是否还会想起那句“让我们一起，为梦想窒息”的口号。

2017 年 12 月 16 日，同样是在北京五棵松体育中心，一场名为“NIO Day”的新车上市发布会几乎刷爆了媒体朋友圈。主办方包下了 8 架飞机（上海机场还设置了专门的登机口）、60 节高铁车厢。五棵松附近的 19 家五星级酒店更是一房难求，据说现场表演的当红乐队 Imagine Dragons（梦龙）拿到了 150 万美元的出场费。有媒体透露，单单这一场发布会就烧掉了 8000 万元人民币。

公开资料显示，这场发布会的主办方是成立于 2014 年的蔚来汽车（NextEV），是由资深互联网人李斌（易车创始人）、李想（汽车之家创始人）共同发起成立的互联网造车企业。而发布会的主角则是一款名为“ES8”的高性能 7 座纯电动 SUV，其中基准版指导价为 44.8 万元，创世版指导价为 54.8 万元，车辆的综合续航里程为 355 千米。此外，ES8 还提供电池不买只租的“电池租用方案”。

8000 万元人民币一场的发布会只能说蔚来汽车真的是“有钱任性”，这样的投入至少相当于 ES8 基准版 180 辆的销售额。事实上，截至 2018 年 7 月 31 日，蔚来汽车的交付量也仅仅是 481 辆。2018 年 8 月 13 日蔚来向美国纽约证券交易所递交的上市招股书披露，蔚来在 2016 年、2017 年以及 2018 年前 6 个月，净亏损分别为 25.733 亿元、50.212 亿元和 33.255 亿元，两年半累计亏损超 109 亿元人民币。

超百亿元的亏损似乎并未影响蔚来汽车的前进步伐,此时的蔚来汽车已经在中国上海、美国圣何塞、德国慕尼黑以及英国伦敦等19地设立了相关的设计、研发、生产、用户中心与商务机构。位于加利福尼亚州圣何塞的蔚来汽车北美总部据称占地达8.5万平方英尺,也是其全球软件研发中心。不知道这个毗邻特斯拉的北美硅谷总部是否能够帮助蔚来汽车实现创始人李斌的“颠覆模式”。

除了在全球许多地区设立各式各样的研发机构以外,蔚来汽车更喜欢“收集”专业人士,前玛莎拉蒂全球CEO马丁·里奇、摩托罗拉首席技术官伍丝丽、菲亚特中国董事长兼总裁郑显聪、特斯拉构建ERP系统的领袖级人物Ganesh V. Lyer都成了蔚来汽车的联合创始人,此外这份核心团队名单中还有来自通用、奇瑞、上汽、江铃等传统汽车企业的众多高管。

之所以能够在短时间内吸引到如此众多的精英级人才,蔚来汽车显然依靠的不是什么工程师情怀,而是极具诱惑力的薪资水平,当然还有就是所谓的上市公司“期权”条件。连年亏损的背后却是中国互联网造车企业的不断全球版图扩张和用高薪期权汇聚而来的所谓的“梦幻团队”,或许这就是“互联网经济”也被称为“想象力经济”的原因,而这些仿佛都成了中国互联网造车企业的标配。

如今,我们翻开任意一家互联网造车企业华丽的宣传图册,在核心团队一栏中如果不出现几个“行业大牛”的名字似乎都抬不起头来,上汽集团副总裁、一汽技术研究院副院长、大众汽车研发部技术总监、前特斯拉Autopilot机器学习技术主管……甚至还有前摩托罗拉(中国)董事长、前百度美国研发中心资深架构师,以及宝洁大中华区市场部副总裁这些看上去貌似和汽车领域毫无关系的“专业人才”。

2018年8月15日,小鹏汽车创始人何小鹏在广州举行的品牌发布会上表示,“智能汽车的核心在于运营,而不是制造”,硬是将一场汽车发布会变成了炫耀融资的“闹剧”,而这也只不过是如今这场“热热闹闹”的互联网造车大剧中的一幕罢了。对于这些互联网汽车企业而言,只要讲好故事就不会担心资本市场不给予它们相应的回报。

“互联网公司造车就是一天到晚在瞎忽悠老百姓。”2018北京车展期间,浙江吉利控股集团董事长李书福的一番言论把传统车企和造车新势力之间的矛盾直接公开化。从本质上讲,汽车作为一个工业产品,核心应该是质量和安全性,而所谓的“车联网”“智能出行”“生态圈(链)”只能是在保证其质量与安全之后的附加产品。

没有自己的工厂也造车

蔚来汽车虽然成立于2014年11月,但是它的第一款量产车蔚来ES8直到2017年4月的上海国际车展才首次揭开面纱并提供预订,这是因为蔚来汽车一直在物色合适的“代工企业”。2016 年 4 月，蔚来汽车与江淮汽车正式签署战略合作框架协议，双方将全面推进新能源汽车、智能网联汽车产业链合作。

考虑到实际生产情况和运营能力，其实蔚来主打的 ES8 纯电动汽车的真正“母亲”是江淮汽车，汽车尾部甚至还都要打上“江淮蔚来”的标志。事实上，作为国内互联网造车巨头的蔚来汽车，当时并没有拿到国家发展改革委颁发的新能源汽车“准生证”。根据协议，蔚来汽车负责主导工厂整体运营，江淮汽车则是凭自身的丰富造车经验来给予支持。

不仅如此，2018 年 5 月江淮汽车的公告显示，鉴于此前合作的首款车型 ES8 项目的顺利开展，江淮汽车将与蔚来汽车继续合作生产蔚来 ES6 电动汽车，合力打造“世界级全铝车身工厂”，总合作规模为 100 亿元，规划年产能 10 万辆。位于安徽合肥的江淮汽车在国内根本算不上一线品牌，其主打车型也以小型车辆为主。

为什么看上去主打科技、高端、豪华的蔚来汽车会选择江淮汽车呢？除了其具有新能源汽车的生产资质外，或许最重要的一点原因正是看中了江淮汽车的“土”（地方性车企）和“小”（产量销量一般），而这一特点在其他几家互联网造车企业的合作中也体现得非常明显。江淮汽车 2018 年前 8 个月整体累计销量为 9.21万辆，在国内销售的所有品牌中仅能排在第 34 位。

2017 年 9 月，小鹏汽车与海马汽车签署合作框架协议，双方将合作开展研发、生产、销售小鹏新能源汽车，海马汽车实际上就成为小鹏汽车的代工厂。小鹏汽车是由 UC 创始人、阿里游戏前董事长何小鹏在 2014 年创办的一家互联网汽车品牌。相较于江淮汽车，郑州海马汽车的日子更不好过，2018 年上半年的销量几近腰斩，只有 3.51 万辆，上半年净利润更是亏损 2.75 亿元。

2018年4月26日，吉利汽车董事长李书福在“2018中国汽车论坛”上“炮轰”互联网电动汽车。事隔一日，蔚来汽车董事长李斌隔空回应李书福，称新公司新创新是值得被尊重的

由之前乐视汽车高管重组而成的电咖汽车，则选择了位于福建福州的东南汽车为其提供产品代工。进入 2018 年以来，东南汽车的销售量也出现了断崖式下滑，4S 店更是门庭冷落。不仅仅是江淮、海马、东南等车企，中国互联网汽车在选择代工厂的时候都十分倾向于国内三、四线地方车企。

更有甚者，智车优行 2015 年推出奇点汽车，对于代工厂是谁的问题，奇点方面表示由于对方要求十分严格，暂时还需保密。直到 2018 年 10 月 17 日，工信部公示了申报第 313 批《道路机动车辆生产企业及产品公告》，公告显示，奇点汽车申报单位是江西昌河汽车有限责任公司。提到昌河汽车品牌,恐怕早就淡出消费者的视线了,2018 年一季度昌河汽车整体销量为 9183 辆,环比下降 42%……

之所以互联网造车新贵们频繁出现产能严重不足、交付困难甚至无车可交的问题,其最核心的问题就在于这些创业者们的过度"互联网思维",巴不得将一切产业都互联网化。造车不等同于造手机,并不是利用几家代工厂进行简单的硬件终端组合,就可以通过增值业务实现收入的"小米模式"。

一直以来互联网造车都被大家戏称为"PPT 造车",抛去部分戏谑的成分,最主要的原因就是无法量产。特斯拉在 2018 年 7 月整月才一共下线了 1.5 万辆 Model 3,而对于这一数据,特斯拉前工程师 Martin Tripp 向美国证监会 SEC 的告密办公室提供线索,称 Model 3 产量不实,虚报了 44%。

2018 年 8 月,就"新造车公司今年是否有人能够交付 1 万台车",蔚来汽车创始人李斌还与小鹏汽车创始人何小鹏立下了赌局和赌注。前文也提过,截至 2018 年 7 月 31 日,蔚来汽车首款量产车型 ES8 的交付量只有 481 辆。作为国内最早起步的新能源汽车厂商之一,小鹏汽车在立下赌局之时仍未明确量产车的具体交付日期。

不断推迟的交付时间成了互联网汽车企业最大的"头条新闻",就以目前最成功的蔚来汽车为例:2018 年 2 月初,在蔚来汽车的直播间中,李斌正式确定了蔚来 ES8 将在 4 月开始首批交付。但是,到了 2018 年 4 月 25 日的北京车展上,李斌表示,由于产品需要进行安全性检验,要达到质量标准,造成实际交付时间比此前内部计划有所延迟,ES8 将于 2018 年 5 月初开始实现交付。

到了"实现交付"的 5 月下旬,在一场 ES8 的试驾活动中,李斌再次表示,蔚来在 2018 年 6 月会向外界交付首批 550 辆车,到 9 月底就要完成首批 1 万辆创始版的交付工作。可是,截至 2018 年 8 月底,蔚来汽车实际交付量也仅为可怜的 1381 辆,显然未能实现李斌口中的"产能爬坡",并不确定蔚来汽车是否能够实现一个月内交付 8000 辆 ES8 的"量产奇迹"。

和地方政府玩套路

回顾蔚来汽车 2017 年那一场盛大的发布会,你会发现一个有趣的细节,李斌在发布会上介绍自己的合作伙伴江淮汽车时,全程回避使用大家都非常熟悉的中文名称,而只是用"JAC"代替。可是,所有人都知道"JAC"就是江淮,江淮就是"JAC"。对于代工厂造车模式,威马汽车创始人沈晖(前吉利控股集团副总裁、沃尔沃中国区董事长)表示,"没有一款好的车是代工出来的"。

事实上,互联网汽车企业本身也是非常排斥大家将"互联网造车"与"代工组装生产"画上等号的。还是以如今互联网汽车龙头企业蔚来汽车为例,成立短短几年的时间里,蔚来汽车在全国乃至世界各地建立起了多个产业基地、研发中心和生产工厂，相比于每月还不到千辆的交付速度，其建设基地的签约速度简直快得惊人。

地方新能源汽车产业园火爆其实和相关地方政策扶持关系很大。此前是华东江浙等地的政策力度非常大。2016 年 3 月，江苏省率先在全国发布了《2016 年江苏省新能源汽车推广应用省级财政补贴实施细则》，在当地政府的积极响应和扶持力度之下，江苏省 8 个城市就出现了 10 家新能源汽车企业，其配套的产业园区也自然而然地随之上马。

2016 年 4 月 28 日，蔚来汽车宣布在江苏南京砸下 30 亿元，建立自己的高性能电机及电控系统生产基地。此次建立的生产基地落户南京经济技术开发区，投产后具备年产 28 万台(套)高性能电机及电控系统的产能。据悉，南京不仅是蔚来电驱动系统制造基地，还是蔚来汽车的整车试制线，全国首台蔚来汽车 ES8 就是在南京市上牌的。

同年 12 月 11 日，蔚来汽车与长江经济带产业基金、武汉东湖高新区签署三方合约，拟在东湖高新区设立总规模 100 亿元的“长江蔚来基金”，并在光谷投资不少于 200 亿～300 亿元建设智能化新能源汽车产业园，其中包括年产 20 万辆智能化新能源汽车整车项目、研发及标准检测中心等，致力于打造下一代新能源汽车的全产业链。

2017 年 5 月 18 日，蔚来汽车又与武汉东湖高新区正式签署合作协议，双方就蔚来能源项目继续展开合作，此次合作并不是汽车量产，而是主要围绕蔚来汽车的充换电研发项目。根据协议，项目分三期进行，将围绕电动汽车用户的充电需求进行充换电设备的研发、制造、布设，提供基于移动互联技术的智能充换电服务，发展基于动力电池梯次储能的能源互联网业务。

2018 年 2 月，上海《嘉定报》报道，蔚来汽车的整车基地将搬到嘉定，已选址在外冈镇，规划土地 800 亩左右。这也是继位于安徽省合肥市的蔚来整车制造技术第一工厂(即江淮蔚来新能源乘用车制造有限公司)之后，蔚来汽车的第二工厂，此次将采取自建模式。同时，作为蔚来汽车所在地的上海国际汽车城的汽车创新港，还被上海市经信委授予了“上海新型工业化产业示范基地(智能网联汽车)”称号。

同年 8 月 17 日，由蔚来汽车与长安汽车共同出资打造的合创公司“长安蔚来新能源汽车科技有限公司”落户南京江宁开发区，业务也将覆盖智能网联与新能源汽车产业技术研发、零部件生产、运营服务等全产业链。南京江宁开发区是国家级经济技术开发区，规模以上工业总产值达 2000 亿元，其中汽车产业产值突破 800 亿元。

上海、南京、武汉、合肥——在很短的时间内蔚来汽车打造了多个规模庞大的生产基地，只是这签约与落地之间似乎还存在很大差距。事实上，就算已经率先量产的合肥江淮汽车工厂，其工厂入口处一块硕大的项目规划牌也显示，到2018年12月31日，才能完成量产评价、组织档案存档验收以及国家项目验收工作。

一时间，互联网汽车的“自建工厂”如同雨后春笋一般迅速铺满全国各地：小鹏汽车在2017年5月确认自建工厂落户广东肇庆，预计总投资超过100亿元；温州威马新能源汽车智能产业园于2016年11月奠基，历经16个月一期工程已经基本完工并开启试生产；奇点智能新能源汽车产业园80亿元项目落户安徽铜陵；电咖汽车投资55亿元在绍兴建立全新电池工厂和整车工厂；零跑汽车斥资26亿元建设金华生产制造基地……

还有浙江湖州、江苏常州、江西九江等地，动辄十几亿元甚至上百亿元的产业园区投资规划。虽然在工信部注册的造车新势力的数量只有60家，但仅2014年下半年，全国各地设立的新能源汽车产业园就已经多达十余个，按照这样的签约速度，也许用不了多久国内的这些经济开发区就不够用了。

和不停签署的战略合作协议相比，另外一组数据就值得大家冷静思考一番了。全国乘用车信息联系会公布的数据显示，2018年上半年，国内新能源乘用车总销量为35.2万辆，比上年同期增长120%，其中造车新势力的销量仅为4544辆，占比不到1.3%。

在工信部注册的60家造车新势力中，截至2018年9月，共有16家拿到了国家发展改革委的核准目标，而只有6家通过了工信部新能源汽车生产资质的审核。也就是说，在未来有许多互联网造车企业所谓的“自建工厂”将会面临没有生产资质的“裸奔”局面。

一面是数据惨淡的实际现状，另一面却是大干快上的各种地方新能源产业园区、产业新区，几乎每个地区都打着“发展新能源汽车是推动汽车产业转型升级、实现工业强省强市战略、培育经济新动能的重要举措”的口号，似乎每个城市都有着“雄厚的汽车产业基础和完善的产业链配套”。

产业报国还是资本游戏？

动辄花费上千万元的产品发布会，频繁亮相全世界各大车展，几倍的高薪挖角传统车企高管，几十亿元甚至上百亿元的工厂投资……一直以来互联网造车企业给大家最深刻的印象就是“有钱，真有钱”。然而，在新能源汽车领域有一个共识，那就是要想维持这样一家公司至少需要200亿元人民币。于是，进入资本市场成为互联网造车企业的“终极目标”，融资和上市也就成为其重要手段。

2015年6月，蔚来汽车获得1亿美元的A轮投资，投资方为高瓴资本、腾讯、京东、易车网和顺为资本等；2015年9月获5亿美元的B轮融资，投资方分别是红杉中国、愉悦资本、和玉另类投资；2016年6月，蔚来汽车再获1亿元人民币融资，投资方为淡马锡、新桥资本、厚朴基金和联想集团。

2017 年 3 月 16 日，蔚来汽车新一轮 6 亿美元融资已经全部敲定，由百度资本、腾讯共同领投。其他投资方还包括华平、IDG、厚朴、联想、高瓴、兴业、GIC、TPG、信中利、中金、今日资本、海通国际等。

2017 年 11 月，蔚来迎来 10 亿美元的 D 轮融资，由腾讯领投，投资方还包括 Baillie Gifford、Lone Pine、中信资本和华夏基金等几十家新投资人和原有投资人。从 2015 年 6 月到 2017 年 11 月不到两年半的时间里，蔚来汽车的融资总额已经高达 24.5 亿美元之多。

蔚来汽车不只是融资速度远超“对标企业”特斯拉，它的花钱速度更是让特斯拉望尘莫及。蔚来汽车上市招股书显示，截至 2018 年 6 月 30 日，公司账户还剩现金 6.71 亿美元（约合 45 亿元人民币）。具体来说，自 2016 年至 2018 年 6 月 30 日，蔚来汽车公司的现金流出是 126.4 亿元人民币，其中销售、运营和日常开支费用共计支出就高达 52.1 亿元，平均下来每天支出近千万元。

2018 年初，蔚来汽车便聘请了摩根士丹利、高盛、美银美林、瑞士信贷、花旗集团、德意志银行、摩根大通和瑞银集团 8 家投行，为其赴美上市计划做准备工作，2018 年 7 月，只有几百辆成品车的蔚来汽车估值甚至已经高达 300 亿美元。

2018 年 9 月 12 日，正式登陆美股的蔚来汽车，收盘价为 6.60 美元。

上市次日，蔚来汽车股价狂飙，盘中一度大涨 90%，最终收涨 75.76%，市值甚至一度超越长城汽车。实际上，2018 年前 8 个月长城汽车共计销售 58.99万辆，而蔚来汽车还在为量产担忧。

在纽约证券交易所上市的蔚来汽车，股价可谓是经历了“过山车”式的起伏。第三个交易日，蔚来汽车虽然开盘延续狂飙，最大涨幅超 20%，但收盘前大幅跳水，并出现两次触发熔断暂停交易，最终收盘跌 14.66%，报收 9.90 美元，市值仅剩 102 亿美元。到了 9 月 25 日，蔚来汽车的市值已经跌到了 80.7 亿美元，这和曾经的 300 亿美元估值相去甚远。

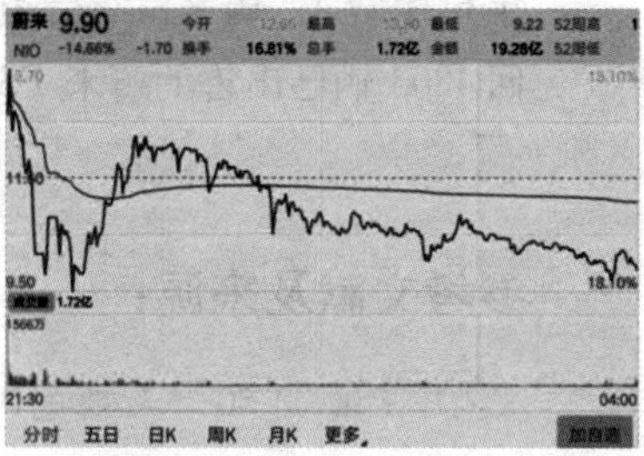

在纽约证券交易所上市的蔚来汽车，股价可谓是经历了“过山车”式的起伏。但实际上，作为蔚来汽车两个锚定投资者之一的日本软银集团早在其上市前就选择了撤资

2018 年 9 月猎云网的一则消息显示，蔚来汽车的两个锚定投资者（即可以在上市推介前认购一定数量的股票，但没有禁售期）已经基本选择撤资了，其中一家就是日本的软银集团。2018 年 4 月，软银集团曾与蔚来汽车进行商谈，拟在后者 IPO 时购入约 2 亿美元股份，但是现在它却放弃了购买蔚来汽车股份，这显然给蔚来汽车的后续资本运作蒙上一层灰暗的色彩。

与此同时，2018 年 2 月，威马汽车创始人沈晖透露威马已募集近 200 亿元人民币的资金。2018 年 4 月 25 日，奇点汽车销售总经理陈育松表示，在完成 30 亿元人民币规模的 C 轮融资后，奇点汽车已经累计融资达 170 亿元人民币。2018 年 8

月2日,小鹏汽车正式宣布完成签约总额40亿元的B+轮融资,据悉小鹏汽车整个B轮融资达到了62亿元人民币,其累计融资额也已超过100亿元人民币。

但是要注意的是,沈晖用了“募集”这个词,其实威马汽车、奇点汽车和小鹏汽车也有类似情况。这些企业习惯将从地方政府承诺协助发行的债券融资和未来开工,甚至销售后承诺的税收返还以及各类“共享汽车”订单,一并算到自己的资金池里提前宣布,用来“撬动”更多资源和空间,但这些数字更多只能算是期货,甚至是购买期货的期权。

2019年5月28日,蔚来汽车宣布与北京亦庄国际投资发展有限公司签订框架协议,再次获得百亿元人民币的融资。亦庄国投将通过其指定的投资公司或联合其他投资方,对蔚来汽车在亦庄设立的新实体“蔚来中国”以现金方式出资100亿元人民币。北京亦庄国投成立于2009年2月,是一家以服务北京经济技术开发区科技创新和产业发展为使命的国有投资公司。

与获得百亿元人民币融资形成鲜明对比的一组数据是,2019年第一季度蔚来汽车净亏损26.236亿元,同比增长71.4%,汽车销售额15.352亿元人民币,环比下降54.6%,截至2019年4月30日交付车辆为16461辆,数量远少于预期。2019年6月27日,蔚来汽车受委托向国家市场监督管理总局备案了召回计划,共计召回4803辆已出售的蔚来ES8电动汽车。

参考文献及来源:

1. 王维. 用50年打败美国[EB/OL]. (2010-04-06) [2019-11-01]. http://finance.ifeng.com/news/hqcj/20100406/2012392.shtml.
2. 丰田英二. 汽车巨子丰田英二[M]. 杨国兵,陈冬梅,译. 北京:中国经济出版社,1992.
3. 肖莹莹. 以美国方式出牌丰田美国化站稳北美市场[N]. 经济参考报,2005-05-30.
4. 揭秘特斯拉崛起历史:一度处于破产边缘[EB/OL]. (2017-11-20) [2019-11-01]. https://tech.qq.com/a/20171120/032737.htm.
5. 日本丰田立足美国的经营之道[EB/OL]. (2008-02-17) [2019-11-01]. http://news.cri.cn/gb/13524/2008/02/18/2425@1946668_1.htm.
6. 张向东. 丰田挤进“美国三大”的秘诀在哪里[EB/OL]. (2016-11-16) [2019-11-01]. https://auto.huanqiu.com/article/9CaKrnJYEfB.
7. 张锐. 丰田公司的美国化[J]. 上海汽车,2002(11):43-44.
8. 中国汽车研究中心. 中国汽车行业周报[R]. 2016-10-31.
9. 袁璐. 全面解读“丰田体系”的多元化之路[EB/OL]. (2008-07-26) [2019-11-01]. http://www.cfmif.com/n4480c42.aspx.
10. 白洁,周禹,刘书岑. 丰田传奇[M]. 北京:机械工业出版社,2010.

11. 谢志才,陈燕平,刘千琳,等.跟随主机厂全球化:电装启示记[EB/OL].(2018-08-14)[2019-11-01]. https://www.docin.com/p-2130069585.html.
12. 靳卫明.跑马圈地丨新能源汽车产业园建设现状堪忧[EB/OL].(2016-07-15)[2019-11-01]. http://chuneng.bjx.com.cn/news/20160715/751977.shtml.
13. 蔚来“未来”未知:缺钱只是困难之一[EB/OL].(2018-09-03)[2019-11-01]. http://dy.163.com/v2/article/detail/DQPFE5M10519D4UH.html.
14. 王慧.新能源汽车补贴是怎样被骗的[EB/OL].(2016-02-02)[2019-11-01]. http://www.rmlt.com.cn/2016/0203/416947.shtml.
15. 刘珊珊.新能源汽车产业园遍地开花借机圈钱圈地搞项目[N].华夏时报,2016-05-27.
16. 蔚来汽车仍需大量烧钱面临量产难题[EB/OL].(2018-09-14)[2019-11-01]. http://stock.eastmoney.com/news/1437,20180914946337454.html.
17. 林蔚仁.日本电装:丰田系零部件巨擘的励志之魂[J].中国工业评论,2016(7):86-94.
18. 丰田燃料电池汽车核心技术及专利剖析[EB/OL].(2018-03-26)[2019-11-01]. https://www.sohu.com/a/226354638_180520.
19. 独家:美国加州体验特斯拉及工厂探秘[EB/OL].(2014-06-13)[2019-11-01]. https://tech.sina.com.cn/mobile/special/forefront/tesla/.
20. 石劼.松下在华建首个电动车电池厂耗资500亿供20万辆车[EB/OL].(2015-12-31)[2019-11-01]. https://auto.gasgoo.com/News/2015/12/31021657165760352269172.shtml.
21. 闫磊.全球电动车全产业链竞争加剧竞相抢占原料供应源头[N].经济参考报,2018-02-26.
22. 陶胜.丰田汽车研发中心落户常熟[EB/OL].(2010-12-07)[2019-11-01]. http://www.changshu.gov.cn/zgcs/InfoDetail/?InfoID=597eb340-90ed-4449-b4d4-1e35adff7700&CategoryNum=001006002
23. 杨健.常熟汽车产业:从配角到主角[N].解放日报,2013-02-28.
24. 日本为何举全国之力研发燃料电池和全固态电池?[EB/OL].(2018-10-29)[2019-11-01]. https://www.in-en.com/article/html/energy-2274435.shtml.
25. 杨小林.丰田曲线谋求中国稀土:与中企成立合资公司[N].经济观察报,2013-06-07.
26. 芦楠.丰田内山田竹志:混动仍是现实选择[EB/OL].(2011-11-03)[2019-11-01]. https://auto.163.com/11/1103/11/7HUDC1DD00084TV4.html.
27. 徐静波.丰田的氢能源汽车是如何铸成的?[EB/OL].(2018-08-14)[2019-11-01]. https://mp.weixin.qq.com/s/2SMZOXISjDJ7eI5AuKTKyQ.
28. 童济仁.两年之内,丰田新能源战略为何方向突变?[EB/OL].(2018-01-08)[2019-11-01]. http://news.bitauto.com/hao/wenzhang/522109.
29. 刘欢.丰田章男亲自挂帅新成立电动车部门[EB/OL].(2016-12-05)[2019-11-01]. http://www.cnautonews.com/jxs/201612/t20161205_509048.htm.

30. 陈昊. 新能源进化论：可怕的丰田[EB/OL].(2016－06－08)[2019－11－01]. http://www.12365auto.com/news/20160608/234741－all.shtml.
31. 丰田中国官方网站,www.toyota.com.cn/.
32. 李昊鹏. HYBRID 技术奠基者丰田 Prius 历史回顾[EB/OL].(2016－05－04)[2019－11－01]. https://www.autohome.com.cn/culture/201605/887913－2.html.
33. 汪中求. 细节决定成败[M]. 北京：新华出版社,2004.

第七章

海洋重器谁来打造

建造中国首艘 LNG 船的沪东中华造船厂的前身是马勒机器造船厂，由犹太商人爱立克·马勒创办于上海。1941 年 12 月 8 日，“太平洋战争”爆发的第二天，日军宣布对马勒船厂实施军事管理，并将其更名为“三井造船所”，使其成为日本在华的重要兵工厂，主要用于生产内河快艇、柴油机和军火。

2012 年 9 月 4 日，时任中国船舶工业集团董事长、党组书记胡问鸣在京会见三井造船社长加藤泰彦时就曾表示：“三井造船给予了中船集团大量技术、管理等方面的支持和帮助，中船集团（沪东中华造船厂）LNG 船发展到今天，饱含着三井造船的贡献。”

2013 年 8 月，中石化与日本商船三井签署了新的对华 LNG 购销运输合同，以满足其对澳大利亚太平洋 LNG 项目的需求。在 LNG 供应链中，背靠三井物产、三井造船、三井住友银行组成的联合军团（产商融三位一体的财团），商船三井成为全球 LNG 供应链名副其实的掌控者。

——作者题注

【阅读提示】

“三井”告诉了我们什么(7)

世界造船业的发展史表明产业的转移存在一个基本规律:总是从先行工业化国家向后起工业化国家转移,由劳动力成本高的国家向成本低的国家转移。1958 年前后,欧洲造船业江河日下,日本造船业凭借着战前积累下来的雄厚家底杀出了一条血路,牢牢占据了世界头名的位置。1973 年,以韩国现代蔚山造船厂建成投产为标志,韩国造船业异军突起,开始和日本平分秋色。

2003 年以后,中国造船业搭上了世贸组织的大船,一路乘风破浪,后来者居上,快速占领全球市场,从而形成了“三国演义”的局面。在船舶订单总量上,中国已多次超越日本与韩国成为世界第一,从造船转移趋势来看,欧洲—日本—韩国—中国的转移似乎也是历史必然,甚至已经有媒体打出了“中国造船业三大指标世界第一”的标题。

虽然整体上中国获得的订单总量经常会超过韩国,但韩国在高质量船舶上的优势非常明显。英国造船海运研究机构克拉克森的数据显示,在 2018 年的 76 艘 LNG 船订单中,韩国三大船企获得了全部 65 艘 17 万立方米级超大型 LNG 船,而中国船企一单未获。同样在 VLCC、超大型集装箱船等几个先进船型领域,绝大多数新船订单也大都由韩国船企接获。

反观订单量世界第一的中国造船业,数据繁荣景象的背后却又是另外一番光景。据统计,2009—2017 年,我国约有 150 多家造船厂关停倒闭,平均不到 1 个月就会破产 1 家,同时约有 90 多家船厂被兼并收购,其中不乏拥有 10 万吨船坞的大型企业。放眼中国整个造船行业,大多数船厂都是举步维艰,中国想要真正承接造船业的转移仍然任重而道远。

实际上,韩国造船业承接的不仅仅是日本的技术产业,更重要的是一套行之有效的发展模式。日本造船企业从政府金融机构获得的金融支持并不算多,一般都是由所属财团融资,而综合商社作为日本财团的核心,发挥了举足轻重的作用。更重要的是,日本三井造船等造船企业集团都与其所属的财团紧密结合在一起,商业资本而不仅仅是金融资本已构成日本造船集团和航运企业的纽带。

经过多年的发展,韩国也已基本形成了以财团核心企业(现代重工、三星重工、大宇造船)为开发主体,国家承担基础服务、政策先导、公益研究和相关战略储备技术开发,产学研结合和有健全法律保障的产业发展模式。正是依靠着“财团 + 政府”的发展模式,20 世纪 90 年代,韩国才逐渐从“造船大国”走向了“造船强国”,造船业也成为韩国崛起的象征。

【第七章 海洋重器谁来打造】

本章导言

2019年5月28日，日本首相安倍晋三邀请正在日本进行访问的美国总统特朗普参观日本海上自卫队“加贺”号出云级驱逐舰。美国“国家利益”网站曾指出，日本的这一型号驱逐舰其实就是伪装的航空母舰。日本防卫省发布的文件证实，出云级驱逐舰接下来将彻底摆脱其驱逐舰的名号，进行部分改造从而成为彻底的航空母舰。

事实上，早在2017年特朗普第一次访问日本时，安倍晋三就曾想邀请他一起视察出云级驱逐舰，可惜因为特朗普“日程不便”，安倍政府未能得偿所愿。出云级直升机驱逐舰此前也曾被日本多次用作外交途径，菲律宾总统杜特尔特以及英国前首相特蕾莎·梅，都先后登上过该日本军舰。日本方面把这一级别的军舰作为展示日本军工实力、与外国进行军事合作的重要象征。

如今这艘日本准航母就停泊在横须贺海军基地内，从1884年开始，横须贺就被日本辟为军港，并成为日俄战争中的海上要塞，号称“东洋第一军港”。二战结束后，美军在此登陆，现在的横须贺港的第一区是美国在远东最大、功能最全的海军基地，美国的“中途岛”号航空母舰、第七舰队的大脑“蓝岭”号指挥舰都是在日本横须贺基地进行改装和维护升级的。

在横须贺基地，为美国海军军舰甚至航母进行修理维护的是住友财团旗下的住友重型机械工业公司。对于选择由日本企业负责军舰维护，美军评估表示，美国本土船厂通常需要12～14个月才能完成改装，而日本厂商只需8个月，费用也更为便宜，而且省去往返太平洋的时间。其实除去日本拥有强大海工实力外，美国造船业面临的制造业危机才是问题的关键。

二战和冷战时期，由于现实需要，美国造船业曾十分繁荣。冷战结束后，美国造船业开始走下坡路。美国海军研究协会承认，美国的造船业已经严重衰落，丧失了竞争力。美国曾经一度拥有20余万名海员，如今商业注册海员仅有11768人。过去20年，美国造船业不断萎缩，整个国防工业损失2.5万家本土制造企业，这严重制约了美海军发展。

为应对制造业危机,美国海军出台了《2018 年舰队规模评估报告》,报告认为,如果美国想要保持目前的海军地位以及应付新兴大国的威胁,必须要扩军至 355 艘军舰。美国国会部分军工代表表示,只有通过规模宏大的造舰计划,美国军工才能阻止衰落的势头,维持仅有的造船业。这样一方面是为了在未来的海上竞争中占据主动,另一方面也是想重振造船业。

一直以来,造船业和军工产业之间都有着密不可分的关系。因此,在没有重大外部威胁和战争需求的情况下,美国国内对海军"扩军计划"颇有微词,造船业对该计划能否全盘执行存在较大疑虑,美国民主党人正努力削减美国海军这一耗资万亿美元的造舰计划。华盛顿州民主党众议员亚当·史密斯声称"355 艘战舰计划"是"随口胡诌出来的数字"。

与美国不断提出"扩军计划"的振兴船舶业手段不同,日本政府先后推出一系列新的船舶产业创新政策。从提升产品和服务能力、开拓商业领域、提升船舶制造能力和加强人力资源储备四个方面,助推日本船舶工业进一步创新做强,以扩大产品出口量,提升产业价值。紧跟科技革命,做好物联网、大数据等技术在船舶领域的应用,在市场深度调整期,谋好排兵布阵的大局。

日本及时把握新一轮科技革命的机遇,瞄准先进信息技术,推动大数据、物联网、虚拟现实等技术和产业发展深度融合,抢先打造智能船厂。将新一代信息技术作为推动船舶行业转型升级的关键手段。日本提出"I – Shipping"概念,即将物联网、大数据技术运用到船舶运营和维修中,通过及时反馈信息达到设计、建造、运营和维护一体化的效果,全面提升产品的竞争力。

同时,日本船舶业还积极开拓新兴地区的市场需求。进一步加强政府开发援助贷款(ODA)的应用,进一步加强北极航线新船型开发、破冰船的设计和建造能力,抓住冰海水池相关维护设备更新的需求。日本提出要加强对新兴国家的需求调研,并利用 ODA 获得新兴国家新建和维修船舶需求;支持冰海水池维护设备的更新,加强企业与大学之间的合作;等等。

第一节 中国 LNG 钻入迷魂阵

三井、三菱掌控上游权益

20 世纪 60 年代，日本政府决定开始从国外引进 LNG(liquefied natural gas，液化天然气)生产电力，用以减少对石油产品的过度依赖。1970 年，日本东京电力公司和东京瓦斯公司联合进口 LNG 用于横滨电厂 1－2 号机组发电，自此天然气发电在日本迅速得到推广使用。之后，天然气电厂在日本开始大规模修建，大型发电企业也开始积极建设 LNG 电厂。

目前，全日本可使用的 LNG 发电装机容量占总发电装机容量的 65% 以上。由于受资源条件的限制，日本本土并没有天然气，且无法修建跨境管道，只能完全依赖进口 LNG，日本国内天然气 97% 的消费量都要依靠海外进口。庞大的需求迫使日本向海外主要 LNG 资源产地渗透布局，特别是以三井物产、三菱商事为代表的综合商社成为日本海外能源战略的急先锋。

1985 年，三井物产与三菱商事分别出资 50% 在澳大利亚珀斯成立了日本澳大利亚 LNG 公司 Japan Australia LNG(MIMI)，公司以向日本 10 家主要客户销售液化天然气(每年约 1000 万吨)为主要业务，同时还向澳大利亚国内销售天然气，向国际市场销售燃气冷凝物、原油及液化石油气(LPG)。

日本澳大利亚 LNG 公司拥有位于澳大利亚西北部的西北大陆架气田项目(North West Shelf，NWS)1/6 的权益。该项目是由日本澳大利亚 LNG 公司联合必和必拓、澳大利亚伍德塞德公司以及英国 BP 石油公司、雪佛龙、壳牌等 6 家石油公司联合开发的，年出口 LNG 量超过 1600 万吨。

澳大利亚必和必拓公司是以经营石油和矿产为主的全球著名跨国公司，是澳大利亚也是全球第一大的资源公司。澳大利亚伍德塞德则是仅次于必和必拓的澳大利亚第二大石油天然气公司。伍德塞德公司首席执行官唐·沃特曾向媒体承认说："80 年代中期，项目(西北大陆架气田)的关键投资人都来自日本，而绝大多数的产品也都出口去了日本。"

2003 年 3 月，澳大利亚西北大陆架气田项目与日本东北电力公司签订了一个总金额为 20 亿澳元、周期为 15 年的 LNG 供气合同，同年 9 月又与日本 Kansai 能源公司签订数十亿澳元的 LNG 出口合同。仅以 2008 年为例，西北大陆架气田产量达到 1230 万吨，其中约 950 万吨直接出口日本，这相当于日本当年进口 LNG 总量的 1/7。

同年5月15日,中国海洋石油有限公司(简称"中海油")与澳大利亚西北大陆架气田项目的现有股东签订协议,以3.48亿美元取得在西北大陆架气田项目内新组建的合资实体——中国液化天然气合资公司(CLNG JV)25%的股权。中国国内日益增长的天然气需求,让中国能源巨头也盯上了澳大利亚油气资源这块"大蛋糕"。

根据协议规定,中海油还将获得该项目特定生产许可证、租赁所有权和勘探许可证大约5.3%的权益,以及享有未来在已探明储量之外勘探的参与权。同时,新组建的中国液化天然气合资公司将于2006年开始向位于广东的LNG终端接收站供气,气源则来自澳大利亚西北大陆架气田项目。

2006年5月26日,日本三井物产株式会社驻中国总代表副岛利宏在第九届中国循环经济发展高层论坛上的讲话中说道:"我在这里告诉大家一个消息,今天我们在澳大利亚开发的石油天然气资源就会运到中国的深圳,这是中国首次从澳大利亚进口石油天然气,这也是中国第一次从国外进口液化天然气。"

当天,一艘名为"海鹰"号的运输船载有6万吨LNG到达深圳大鹏湾LNG接收站,正式拉开了中国从海上进口LNG的序幕,而这艘船上的LNG正是来自澳大利亚的西北大陆架气田项目。根据中国政府与澳大利亚政府签订的总额250亿澳元的LNG出口合约,从2006年开始,为期25年,每年将稳定供应广东370万吨LNG。

2006年5月26日,日本三井物产株式会社驻中国总代表副岛利宏表示:"我们在澳大利亚开发的石油天然气资源就会运到中国的深圳,这是中国第一次从国外进口液化天然气。"

广东的LNG接收站项目是我国第一个LNG引进的试点项目,其中负责本次接收的深圳大鹏湾LNG接收站是由广东大鹏液化天然气有限公司建设和经营的。广东大鹏液化天然气是一家中外合资的能源企业,共由11家中外企业股东组成,其中,中海石油气电集团有限责任公司是其最大股东方(33%),BP为合作外方(30%)。

中海石油气电集团为中国海洋石油集团的全资子公司,统一经营和管理中国海油气电板块的业务。此前正是中国海洋石油集团与澳大利亚西北大陆架气田项目现有股东签订的协议,将产自澳大利亚的LNG运送到中国。对于中国第一次从澳大利亚进口LNG,日本综合商社的表态却意味深长。

其实,日本综合商社对澳大利亚油气资源的渗透不仅仅是西北大陆架气田项目。在澳大利亚另一大型天然气Browse项目中,三井物产拥有3份勘探许可证的20%股份,丰田通商拥有10%的股份。2009年4月20日,澳大利亚政府资源和能源部颁发了13份位于联邦海域的新海上石油勘探许可证,三井物产又与伍德赛德联合获得了其中4份。

商船三井:渗透中国海运供应链

1983 年,三井财团旗下的商船三井(Mitsui O. S. K. Lines, Ltd.,MOL)便开始了 LNG 运输业务。作为目前世界最大的 LNG 运输公司,商船三井拥有 70 余艘 LNG 运输船,其参与管理的 LNG 船舶占全球 LNG 船队规模的 1/3,其参与承运的 LNG 项目超 30 个,占全球 LNG 项目的 20%。

1995 年,商船三井在中国成立了分公司,总部设于上海。2001 年,时任商船三井社长的生田正治公开表示,LNG 将会是日本未来能源运输主要增长来源,而中国将是日本航运企业 LNG 运输的最大客户。2002 年,商船三井成立了"中国事务战略委员会"和秘书处,专门研究、制定和实施在中国业务拓展战略。

2009 年,中国远洋运输集团旗下的中海发展和中石油集团的下属公司合资成立了北方 LNG 运输投资有限公司。2010 年,中海发展又与中石化集团的下属公司合资成立了东方 LNG 运输投资有限公司。中海发展是一家大型的航运企业,中石油、中石化与中海发展的合作,意在建立起属于自己的 LNG 运输船队。

中远的北方 LNG 运输公司和中石油的东方 LNG 运输公司很快就被商船三井盯上了。2011 年 4 月 26 日,商船三井分别与北方 LNG 运输公司和东方 LNG 运输公司签署了 20 年的合资协议,并成立 2 家单船公司,意味着中国海运与商船三井长达 20 年的合作关系的开始。商船三井分别以 70% 股份成为两家合资公司的控股股东。

看似简单的合资,背后却有着商船三井全产业链的精心布局,即锁定中石油、中石化的 LNG 国际能源供应链。两家合资公司主要负责承运美国埃克森美孚从巴布亚新几内亚和澳大利亚出口给中石油、中石化的 LNG。为什么中日的合作时间是 20 年? 这里面大有文章。

正是在 2009 年,中石化与埃克森美孚签署的从巴布亚新几内亚每年进口 200 万吨 LNG 的协议,供应期限是 20 年。同年 8 月,中石油以 410 亿美元与埃克森美孚签订了澳洲高更气田 LNG 采购协议,每年向中石油出口 225 万吨 LNG,供应期限同样也是 20 年。这样一来,通过合资的航运公司,商船三井牢牢地将中石化和中石油的 LNG 运输业务掌控在自己手中。

在埃克森美孚巴布亚新几内亚的 LNG 项目中,新日本石油公司占有 5.4% 的股份,是该项目的第四大股东。新日本石油是由日本石油与三菱石油合并后成立的日本最大的石油进口商和营销商,也是日本最大的石油精炼商,在日本汽油市场占有 23% 的份额。

2011 年 10 月 27 日,中国航运企业中海发展宣布与中石化下属公司冠德控股在香港合资设立中国能源运输投资有限公司,中海发展占股 51%。2012 年底,中国能源运输投资有限公司决定与商船三井继续合资成立 6 家单船公司,6 艘 LNG

船将全部由沪东中华船厂建造,每艘造价为2.5亿美元。在15亿美元的建造资金中,12亿美元由三井住友银行和中国进出口银行等6家中日两国银行提供银团贷款。

2013年8月,中石化为满足其澳大利亚太平洋LNG项目的需求,另与商船三井签署了新的对华LNG购销运输合同。根据合同规定,自2016年起的20年里,商船三井每年将从澳大利亚向中国运输760万吨液化天然气,这相当于中国全年进口量的约50%,占全球需求的3%。

2013年正值东海钓鱼岛危机,在中日两国关系恶化的背景下,之所以能签署合同,恰恰是因为中国缺乏LNG船的运航管理经验,在这个领域需要借助世界最大航运企业商船三井的经验。在LNG供应链中,背靠三井物产、三井造船、三井住友银行组成的联合军团(产商融三位一体的财团),商船三井成为全球LNG供应链名副其实的掌控者。

2016年10月31日,日本三大航运企业——商船三井、日本邮船、川崎汽船发布联合声明,成立新的合资公司,整合各自旗下集装箱航运业务。新公司名为"Ocean Network Express"(ONE)控股公司总部位于日本东京。在世界各地高水平、全球链接的组织支持下,ONE可提供85个服务环线和一个连接世界上200多个主要港口的全面网络。

丸红布局下游接收站

LNG接收是由众多相关设备组成的一个有机整体,其作为LNG运输产业链上的最后一环,也是最重要的一环,具有极高的工业水准要求。中国南海的周边国家乃至美国都不具备完善的LNG接收站建设技术,中国当然也是其中之一。目前,国际上LNG接收站建设所需的主要设备和技术,基本都被垄断在日本制造商的手中。

1969年,日本首个LNG接收站——根岸接收站开始接收美国阿拉斯加LNG。日本作为拥有世界上最多LNG接收站的国家,将LNG接收站建造技术和主要设备牢牢地掌握在财团企业手中。日本制造LNG接收站的公司主要为石川岛播磨重工(属三井财团)、三菱重工(属三菱财团)和川崎重工(属第一劝银财团),这些生产商生产完成后交给运营LNG接收站的大阪燃气公司、东京燃气公司和东邦燃气公司用于销售使用。

LNG输送泵是LNG接收站的关键设备,这方面的技术一直被荏原制作所(第一劝银财团所属)为代表的日本制作企业所垄断。荏原制作所是世界上最大的专业泵生产公司,1984年合并了专注于潜液式电动机和泵设计的美国Cryodynamics公司。荏原制作所把自己擅长的离心泵专业技术与美国潜液式泵结合起来,成为该领域的领导者。

日机装株式会社(属第一劝银财团)从1982年开始专门致力于低温潜液泵的生产,长时间为日本和亚洲市场提供LNG低温泵。1987年,日机装株式会社收购了美国J. C. Carter公司的低温潜液泵业务。Carter公司所设计、制造、测试、开发设计资料和方法都转交给了日机装株式会社。至此,日机装株式会社获得在美国、加拿大和墨西哥等市场的销售权。

2006年8月10日,以日本三井财团的石川岛播磨重工为核心,在日本丸红株式会社的协助下,由中国台湾大型工程公司中鼎工程公司,以及中国的设计单位五环设计院等3家单位所组成的跨国联合体,以约300亿日元中标了上海液化LNG接收站项目的设计、采购和建设的总包合同。

上海液化天然气接收站拥有3座容量为16.5万立方米的储罐,每年可接收300万吨LNG的大型项目。这是中国国内继深圳和福建省之后的第三个液化天然气接收站项目,也是以石川岛播磨重工为代表的日本厂家在中国LNG接收站项目中实现的首次中标。

2007年,三井财团旗下的石川岛播磨重工又在中国接到了3笔LNG接收站用压缩机订单,订单总额达20亿日元。石川岛播磨重工表示,在中国经济持续高速发展和可能增加LNG进口的情况下,会增加一成的LNG接收站接单份额。

2008年11月15日,第一艘运载1000万立方米LNG的专用运输船顺利靠泊上海五号沟LNG项目专用码头。鲜为人知的是,这艘名为"阳剑"号(Sun Arrows)的巴哈马籍LNG船正是由三井财团的商船三井负责运营。

2011年,石川岛播磨重工与丸红株式会社再次合作中标中国液化天然气储备基地建设项目,并于8月2日正式签约。该项目计划于2014年在海南省西部建成2个16万吨储备库,年储备量可达200万吨。和此前上海LNG接收站项目一样,中标联合体同样包括了中国台湾的中鼎工程和中国五环设计院。石川岛播磨重工负责接受站的设计及建设等工作,同时担任EPC项目的总承包商,还负责在日本采购、加工镍合金钢材等主要建材。

2019年3月26日,三井物产与山东海洋能源有限公司在日本东京签署了《战略合作协议》。根据协议,双方在互利共赢的原则下有意愿拓展天然气产业链业务合作,近期共同推进以罐式集装箱方式为主的LNG贸易、仓储物流业务,未来双方将更加发挥各自优势,着力寻求中国清洁能源领域合作机会,为清洁能源利用贡献积极力量。

山东海洋能源有限公司是山东省属国有大型企业山东海洋集团的全资子公司,围绕液化天然气、液化石油气等清洁能源,积极布局生产开发、远洋运输、仓储物流、终端开发、能源贸易等清洁能源供应链服务体系,拥有海洋油气钻井平台6座、生产平台1座,16艘清洁能源运输船队位居国内首位、世界前列,目前正积极布局以LNG罐式集装箱为载体的清洁能源物流体系。

三井物产的合纵连横

2009 年 9 月，时任俄罗斯总理普京邀请日本三井物产株式会社和三菱商事株式会社参与亚马尔天然气项目，并认为三井与三菱参与过 2003 年库页岛周边的资源开发项目“萨哈林 2 号工程”，在面向亚洲及日本的销售力和资金力方面也具备很强的实力。亚马尔半岛拥有世界上最大的天然气储存量，被俄罗斯媒体形容为“俄战略性石油天然气储备区”。

其实，日本三井物产与三菱商事一直都希望能够拥有亚马尔天然气项目 10% 的权益份额，但由于美国发起针对俄罗斯的金融制裁，日本并未能如愿参与项目融资。不过，日本企业并不甘心，最终成为该项目的总承包商。日方虽然没有缔结直接的购买合同，但日本日挥株式会社（属三菱财团）及千代田化工（属三菱财团）与法国德希尼布公司一起担任了工程设备的建设总承包。

2014 年 7 月，商船三井宣布开通北极定期航线，随后亚马尔 LNG 项目向商船三井等订购了共计 15 艘破冰型 LNG 船用于运输。中国海运公司与商船三井的合资公司订购了 3 艘破冰级 LNG 船，并交由韩国大宇造船制造。2017 年 12 月，亚马尔项目冰区首制 LNG 船在韩国大宇玉浦船厂下水，该船是中远海运能源与商船三井为亚马尔项目订造的 3 艘冰区加强型 LNG 船中的首制船。

2018 年初，商船三井和丸红商事与俄罗斯诺瓦泰克公司签订了谅解备忘录，共同推进在勘察加半岛上建立 LNG 转运和市场综合体的可行性研究。同年 2 月，商船三井又与俄罗斯远东开发省远东投资出口厅在莫斯科签署了备忘录，双方就合作开发北极航道相关项目展开合作。

2018年6月，日本商船三井公司所有并运营的“VLADIMIR RUSANOV”破冰型LNG油轮开始从俄罗斯经由北极航线东北航道前往中国

同年 6 月 25 日，日本商船三井公司旗下的“VLADIMIR RUSANOV”号破冰型 LNG 船，装载约 8 万吨俄罗斯亚马尔项目的 LNG，从北极圈内的俄罗斯亚马尔半岛萨别塔港出发，经由北极航线东北航道航行，7 月 17 日最终抵达中国江苏省南通市如东港口。这是商船三井 LNG 船首次向东航行，按照计划天数如期抵达。

日本是俄罗斯 LNG 的最大买家，进口量占据俄罗斯 LNG 出口的 36%。商船三井通过与俄罗斯政府的密切接触，进一步掌控北极航道，不仅掌握了新的能源供应渠道（这对于依赖能源进口的日本来说十分重要），而且由于俄罗斯远东地区位于北极航道的入口，商船三井可在保证能源安全运输到港的同时，进一步增加北极航道能源贸易量，提升航运业务。

日本的能源触角不只限于俄罗斯。2018 年，三井物产与美国阿纳达科石油公司、莫桑比克国家石油公司携手在东非莫桑比克启动全球最大规模的天然气田开发。项目总投资额预计达到150亿美元,三井物产承担1600亿日元左右(约合15亿美元)。此前,三井物产早在2008年就取得了该区块20%的权益。

其实,三井物产对于全球范围内的LNG上游资源的渗透由来已久。三井物产早在2005年就和丸红商事以及美国马拉松石油和赤道几内亚国营瓦斯公司合作开发了年产340万吨的赤道几内亚LNG项目。目前,三井物产在中东、东南亚、澳大利亚及北美地区拥有大量油气田开发权,还曾获得开发美国墨西哥湾海上油气区块的权益。

值得注意的是,2018年3月,三井物产与中国保利协鑫能源控股有限公司成立了一家合资企业。6月25日,由保利协鑫成立及全资拥有的基金GCL－Poly Investment ILP,与三井物产订立最终股东协议。据此,该基金与三井物产同意成立或促使成立合营公司,以投资位于中国及其他选定海外国家的新一代能源及基础设施的相关业务。

保利协鑫拥有丰富的海外油气资源,早在2013年11月就与埃塞俄比亚矿业部共同签订了“埃塞俄比亚—吉布提油气项目”合同,其开发区块合同期限为39年,勘探区块合同期限为45年。保利协鑫天然气集团计划于2021年开始出口天然气。

当然,三井物产之所以选择与保利协鑫的合作,也是瞄准了保利协鑫背后的“靠山”。保利协鑫天然气集团有限公司是协鑫集团与中国保利集团、中非产能合作基金合资共建的混合所有制跨国清洁能源企业,专业从事勘探开发、储运加工、贸易销售、终端利用的一体化石油天然气公司。

在保利协鑫的股东中,除了具有军工背景的中国保利集团外,另外一大股东协鑫集团与日本三井财团的合作也超过了15年,合作领域涉及新材料、新装备、新产品等方面。其中与三井物产合作的储能电池和电站、与日产和三井物产合作开发的燃料电池等项目联系紧密、发展势头强劲。

2018年10月,正值日本首相安倍晋三访华之际,首届中日第三方市场合作论坛在京召开。在李克强总理和安倍晋三的共同见证下,协鑫集团副董事长朱钰峰与日本三井物产(中国)有限公司基础设施项目本部长米谷佳夫签订了《关于在中日及第三国共同投资开发的协议》,将共同参与建设第三方市场重大光伏发电项目和天然气开发项目。

第二节　三井造船的中国布局

全方位扶植沪东中华

三井财团是世界上最早掌握 LNG 全产业链技术并进行贸易的日本财团之一。早在 1973 年,三井物产作为三井财团的综合商社就合资参与成立了日本印尼液化天然气公司,并于 1977 年 8 月将第一船 LNG 运送至日本。1983 年,三井财团旗下的航运贸易企业商船三井也开始进入 LNG 贸易与运输领域。

三井造船作为三井财团的船舶制造企业,是全球最早建造大型 LNG 船的造船企业之一,专业性极强,技术实力雄厚。三井造船还是日本重要的军事防务供应商,在第二次世界大战期间曾为日本海军主要的海防舰建造商,现代更是建造了大隅级登陆舰和村雨级护卫舰等日本海上自卫队主要舰只。

1988 年,在中国船舶工业总公司(即现在的中国船舶工业集团有限公司)的安排下,中国造船企业远赴日本三井造船学习考察。当时,日本先进的造船技术和管理让中国同行惊叹——庞大的船身,甲板上隆起 4 个直径足有 40 米的巨大球体,这正是当时三井造船在建的 LNG 船。

LNG 船是将液化天然气从供应终端运往接收站的专用特种船舶。由于 LNG 船装载的是 -163℃ 的液化天然气,易燃易爆,还要在各种复杂情况下长期漂洋过海,安全性要求极高,技术复杂,是国际公认的高技术、高难度、高附加值的“三高”产品,是世界上最难建造的货船,被称为世界造船“皇冠上的明珠”。

1993 年,三井财团所属的石川岛播磨重工开发了 SPB 独立液仓技术的 LNG 船,此类 LNG 船也被称为 IHI 型,这使日本成为欧洲之外唯一可以独立设计并制造 LNG 船的国家。1994 年,三井造船又交付了 13 万立方米 LNG 船“AL Khaznah”号,这是当时世界上最大的 LNG 船。

1997 年,中国船舶工业集团有限公司旗下的沪东中华造船厂开始了中国第一艘 LNG 船的前期预研,并于 1999 年正式立项。沪东中华造船厂 LNG 项目副总建造师何江华表示,“当时国内没人建造过 LNG 船,很多技术都不了解”,沪东中华第一个“吃螃蟹”自然是困难重重,建造 LNG 的梦想不是那么容易实现。

整个 20 世纪 90 年代,LNG 船市场几乎都为日韩的财团企业所垄断。当时,LNG 船的 LNG 存储技术和综合自动化技术被日本、法国、挪威三国占有,韩国虽然也建造了大量的 LNG 船,但上述两项最关键的技术仍然需要购买这三国的专利才可以。由于日韩船厂希望持续垄断 LNG 船建造市场,在与之接触无果的情况下,沪东中华转向欧洲寻求技术。

到了20世纪90年代末,由于西方国家制造业的人工成本高,一些成熟技术开始向外转移,这使得中国得以从法国大西洋造船厂购买到了LNG船的制造专利。1999年底,沪东中华引进了法国GTT公司(拥有薄膜型液舱技术专利)和法国大西洋船厂(拥有设计建造经验)技术。

遗憾的是,空有高度超9米的2000多份数据和图纸并不足以让沪东中华完成LNG船的建造,只靠购买专利技术和图纸的模式无法解决船只建造时的工艺难题。以焊接工艺为例,沪东中华建造的薄膜型LNG船要求货舱内部必须用殷瓦钢全部覆盖,并通过焊接殷瓦钢形成一个“天衣无缝”的“内胆”,其所能允许的变形度必须控制在0.7毫米之内。

2004年,年仅24岁的焊接技师秦毅被选派去日本三井造船厂学习殷瓦焊接技术,成为中国第一个掌握焊接殷瓦技术的工匠。可以说,殷瓦钢焊接技术是LNG船建造的关键,因此培养合格的殷瓦焊工关系到LNG船建造的成败。如今的秦毅已经成为沪东中华造船集团的首席技师,主要承担LNG船焊接技术攻关和殷瓦焊工培训等工作。

2008年4月3日,由沪东中华造船集团有限公司自主建造的中国第一艘LNG船“大鹏昊”在沪东中华5号码头成功交付。2011年1月15日,商船三井、埃克森美孚公司和沪东中华共同签署《友好合作协议》,时任商船三井株式会社社长芦田昭充宣布沪东中华将为其中国LNG运输项目建造4艘LNG船,这也是中国船厂首次接获LNG船出口订单。

2012年9月4日,时任中国船舶工业集团董事长、党组书记胡问鸣在京会见三井造船社长加藤泰彦时就曾表示:“三井造船给予了中船集团大量技术、管理等方面的支持和帮助,中船集团(沪东中华造船厂)LNG船发展到今天,饱含着三井造船的贡献。”

2012年12月,三井造船专家一行三人来到沪东中华,针对LNG船建造过程中的精度问题进行了为期一周的交流,对双艉双舵总段总组搭载精度控制、分段制造中下料、切割破口、分段装焊阶段的精度问题进行了详细的沟通。2013年7月,沪东中华再一次邀请三井造船专家开展为期一周的LNG项目精度交流活动,以解决提升精度管理、分段建造及总组搭载过程中的疑难问题。

2018年2月6日,商船三井与道达尔船用燃料全球方案公司(TMFGS)达成长期租约协议,合同标的为1艘1.86万立方米的LNG加注船,该船是目前全球最大LNG加注船,由沪东中华造船厂承建。此次建造的LNG船已经是商船三井与沪东中华的第四次合作,除了此前为埃克森美孚建造的4艘LNG船外,还包括5艘17.4万立方米的LNG船,以及正在建造的俄罗斯亚马尔天然气项目的4艘17.4万立方米的LNG船。

自2008年第一艘LNG船“大鹏昊”算起，沪东中华截至2018年已完工交付了19艘大型LNG船。此时，沪东中华在建和手持LNG装备订单9艘，包括6艘17.4万立方米的LNG船、2艘浮式液化天然气存储及再气化船（LNG－FSRU）和1艘世界最大型LNG加注船。

沪东造船的前世今生

建造中国首艘LNG船的沪东中华造船厂的前身是马勒机器造船厂，1928年由英籍犹太商人爱立克·马勒创办于上海。从1938年到1941年，马勒机器造船厂先后修造柴油机动力拖轮等大小船舶40余艘。

1941年12月7日，日本海军联合舰队偷袭美国珍珠港，“太平洋战争”爆发。第二天，日军宣布对马勒船厂实施军事管理，并将其更名为“三井造船所”，使其成为日本在华的重要兵工厂，主要用于生产内河快艇、柴油机和军火。

1952年8月15日，上海市军事管制委员会宣布征用该厂，将其更名为“国营沪东造船厂”，该厂成为上海第一家直属船舶工业局的造船企业。后经上级批准，沪东造船厂合并和购置了附近的华兴铁工厂、华一船厂、建中船厂、德和船厂、恒源福轧花厂等小厂及其所有的房地产，扩大了厂区面积，于1957年底初步建立起一家能建造新型舰船的工厂。

1969年，根据周恩来总理关于要立足于建造万吨级货船的指示，六机部（造船）决定在沪东厂新建万吨级船台2座。改革开放以后，沪东造船厂再次进行了扩建和技术改造，通过学习国内外先进造船经验，1994年造船产量达到35万吨，1995年达到40万吨，创造历史纪录。船舶制造合同订单逐年增加，产品远销亚洲、欧洲、拉丁美洲等10多个国家和地区。

建造中国首艘LNG船的沪东中华造船厂的前身是“三井造船所”（下图）

2001年4月8日，沪东造船厂与中华造船厂实现重组，更名为“沪东中华造船（集团）有限公司”，隶属于中国船舶工业集团。2013年5月13日，沪东中华实现了对上海江南长兴造船有限责任公司的控股。如今的沪东中华造船集团，已经成为拥有两大总装造船基地、3座30万吨级干船坞、年造船近200万吨、年销售规模超过188亿元的综合性海洋装备集团。

2005年7月15日，三井造船将其在新中国的第一笔投资放在了上海。同年7月28日，沪东重机有限公司上海新基地一期工程正式开工。沪东重机成立于1998年5月，其前身正是沪东造船厂的造机车间（柴油机事业部），现在沪东重机已经发展成为集研发、制造、服务三位于一体的世界一流的船用动力装备企业。

2006 年 8 月 16 日，时任国务院总理温家宝主持召开的国务院常务会议上，审议并原则通过《船舶工业中长期发展规划》，要求积极引进境外先进船用设备制造技术、经营管理技术和专业人才，鼓励国际上有实力的船用设备制造企业前来投资。一个月后，9 月 16 日，上海中船三井造船柴油机有限公司（中船三井）于上海宣布成立，沪东重机的新基地成为中船三井的驻地。

中船三井由中国船舶工业集团、沪东重机和三井造船共同投资组建，股权比例分别为：中船工业 15%，沪东重机 51%，三井造船 34%，由日本人水原修平担任总裁。三方合资的中船临港船用柴油机生产基地，是中国规模最大的船用配套建设项目，也是世界上最大的船用柴油机生产基地之一。2014 年，中船三井船用柴油机在国内市场占比已超 70%，是“中国第一船用主机厂”。

2017 年 4 月，三方股东对中船三井二期工程第二阶段增资 2.4 亿元，将中船三井的产能提升至 300 万马力。增资后，中船三井由三家股东变更为四家股东，股权比例分别为：中船工业 15%，沪东重机 51%，三井造船 25.27%，三井造船（中国）8.73%。三井造船和三井造船（中国）合计持股 34%，保持了相对控股的地位。

除了资本运作和技术帮扶，2012—2016 年 5 年间，双方高层开启了密集的互访。中国船舶工业集团总经理吴强曾表示：“三井造船在设计、技术、管理等方面世界领先的优势与中船集团的基础能力、规模优势进行了充分结合，感谢三井造船在大型 LNG 船、海洋工程船及船用柴油机领域大量技术和管理等方面的支持和帮助。”

2017 年 6 月 15 日，三井造船（中国）投资有限公司开业典礼在上海举行，中国船舶工业集团副总经理陈琪出席典礼并致辞。陈琪表示：“中船集团与三井造船在造船、造机和配套等方面的精诚合作取得了十分丰硕的成果。在三井造船的支持下，沪东中华已发展成为具备建造大型 LNG 船等高技术船舶能力的知名企业，上海中船三井已发展成为中国生产效率最高、市场占有率最大的骨干船用低速机生产企业。”中船三井自成立以来，国家领导人温家宝、俞正声、贾庆林等都先后亲临造船现场视察调研。

面对中韩船企的价格竞争，作为日本三大船企之一，三井造船逐步改变了长久以来的一体化造船生产体系，加强设计和管理输出，造船业务退至次要位置，这也是三井造船选择和中船集团合作的重要原因之一。目前，三井造船通过合资合作等方式先后在中国成立了包括上海沪东三造船舶配套有限公司在内的船用柴油机、船用配套设备等 4 家制造公司及 1 家提供主机售后服务的公司。

力主造船业的“国退民进”

1998 年 9 月 16 日，三井物产作为三井财团的综合商社，率领日本川田工业株式会社与上海船厂合资组建了上海上船川田钢结构有限公司。上海船厂船舶有限公司(简称“上海船厂”)始创于1862年,距今有156年的历史,是中国最早的修造船厂之一,其在特种海工产品领域全国领先,也是中国船舶工业集团旗下的五大造修船基地和三大海工生产基地之一。

2009—2011年,上海船厂共接受订单39艘,但由于缺乏充分论证,船舶建造计划严重拖期。自2012年以来,上海船厂没有接到任何新海工项目,截至2012年底,36艘船的建造出现亏损,总金额共计10.18亿元。2013年,沪东中华开始托管上海船厂。沪东中华及中船工业集团急切地寻找合作方以挽救这家历史悠久的中国船厂。

考虑到与三井财团旗下的三井造船有着长久合作基础,中船集团对上海船厂进行重新定位,希望和日本三井造船进行合作,通过建立合资企业把上海船厂打造成为一家世界级的一流船企。其实,面对世界造船业市场转向低迷的情况,三井造船也在积极寻找合作的机遇。

2013年,三井造船曾与川崎重工协商合并,后因川崎重工社长撤换而导致这一计划突然中止。当时,三井造船瞄准的是川崎重工与中远海运集团的合资船厂大连中远川崎和南通中远川崎。

2015年4月13日,三井造船株式会社代表团一行四人到中船集团所属的上海船厂进行考察访问,结果却不了了之。2016年初,沪东中华结束了对上海船厂的托管,上海船厂由中船工业集团直接领导。2018年9月,上海船厂不得不宣布暂停造船业务,其员工将被中船集团位于上海的其他船厂,包括上海外高桥、沪东中华和江南造船,接收。

为什么三井造船突然放弃了对上海船厂的“追求”? 看看三井财团的动作,这不过是三井财团布局中国造船业的常规操作。三井造船通过综合商社(三井物产)、制造企业(三井造船)和贸易企业(商船三井)与中国造船业双巨头之一的中国船舶工业集团长时间的合作,摸清了中国造船业的行业后,便插手中国民营造船业。

其实,三井物产很早就是中国最大的民营造船企业“扬子江船业集团”的船东了。位于江苏江阴的扬子江船业集团资产超过630亿元人民币,年造船生产能力600万载重吨,入围全球造船十强企业。目前,三井物产在扬子江船业订造了8艘散货船,包括3艘180000载重吨好望角型散货船订单和5艘82000载重吨散货船。

2018年初,扬子江船业集团决策将扬子海工规划为以LNG、LEG(液化乙烯气体)、LPG(液化石油气)等高技术含量和高附加值清洁能源船建造基地。9月17日,扬子江船业集团公司与日本三井物产签订合作协议,成立合资航运公司。新成立的合资航运公司在巴拿马首期注资1320万美元,后续将根据董事会批准的投资方案和投资计划继续增资,扬子江船业集团与日本三井物产各持有50%的股权。

同年10月11日,扬子江船业集团与三井E&S造船、三井物产签署合资协议,在中国成立新的合资造船公司"江苏扬子三井造船有限公司",新合资公司的注册股本达到9990万美元,预计使用总资本为2.99亿美元。

根据协议,扬子江船业集团持有新合资公司51%的股权。合资公司以江苏省太仓市为据点,将主要建造三井E&S公司擅长的液化天然气运输船等能源相关船舶。三井物产将在营销方面提供协助,并预计2019年4月投产。三井E&S是原三井造船改制而成的"三井E&S控股"旗下的造船子公司。

值得一提的是,自2005年上海船厂基地整体搬迁到崇明岛后,船厂所在区域被开发成陆家嘴滨江金融城,其船台和靠近浦江的老厂房则被作为历史遗迹被保存下来。2011年,三井不动产"御用"建筑师隈研吾亲自主持了这家155岁高龄老船厂的改建项目。三井不动产同三井物产、三井住友银行一起被称为三井财团的三大支柱企业。

2014年下半年,老厂房在隈研吾团队的设计下动工,目的是改建为集商业、办公、演出、艺术展览于一体的多功能综合体。2018年4月,"上海船厂1862改造项目"顺利完工,改造后的"船厂1862"由剧院、多功能厅、商业店铺3个功能区组成,完成了从工厂到商圈的转换。

与中国地方经济共进退

2018年2月1日,日本三井财团旗下的三井造船与常石造船正式宣布就业务合作达成了一致,双方同意组建商业联盟。三井造船与常石造船因商船设计技术提供而有着密切的交流。三井造船希望进一步扩大与常石造船的合作范围,从商船业务设计和建造技术人员的相互沟通开始,未来还计划在销售和采购部门合作,尝试联合接单、共同供应。

此次选择与常石造船合作,主要是因为三井造船将常石造船视为"少数几家在海外扩张中取得巨大成功的造船企业"。常石造船拥有两家海外船厂,分别是1994年在菲律宾宿雾岛成立的常石造船宿雾船厂,以及2003年于中国浙江舟山成立的常石造船舟山船厂。如今,常石造船在海外船厂建造比例已经扩大到70%以上。

常石造船在日本国内船舶建造量排名中只位居第九,但加上宿雾船厂和舟山船厂之后,建造量仅次于今治造船和日本造船联合(JMU),位居第三。三井造船是日本传统的三大船企之一,通过此次合作,三井造船不仅可以获得足够的市场,提高自身竞争力,同时,借助常石造船在中国舟山的造船厂,也可以进一步拓展其中国市场。

事实上，早在2013年，三井造船就曾计划与第一劝银财团旗下的川崎重工协商合并。当时，三井造船瞄准的正是川崎重工与中国中远海运集团的合资船厂大连中远川崎和南通中远川崎。但是，后来由于主导合并计划的川崎重工社长谷川聪被撤换，川崎重工就终止了与三井造船关于合并事宜的谈判。

常石造船希望以位于舟山的常石集团舟山造船有限公司为中心，扩大中国国内的造船业务。作为外资单独出资的企业，常石集团舟山造船有限公司在2017年5月首次入围中国造船企业“白名单”。实际上，日本常石造船在中国的成功并非偶然，不同于一般的外资企业，常石造船选择了与当地经济共进退。

常石造船于2003年开始进入浙江舟山，不仅建设造船厂，还对船厂所在地的舟山秀山岛进行了开发支援。先后支援建设了员工子弟幼儿园以及隧道等基础设施。岛上的居民一半以上都与造船厂有关系，甚至有当地人称这座9000多人的小岛为“常石岛”。常石集团还在秀山岛上建起了一所技校，集团对学校每年都有约230万元的投入。

近年来，随着造船市场环境的不断恶化，外资船厂在中国的发展前景并不乐观。韩国造船巨头STX集团在大连的造船厂在2015年被迫破产，这里曾经是外资企业在中国规模最大的造船厂。为了避免这一问题的发生，常石造船在舟山积极推进经营本地化。

常石集团舟山造船厂的高层领导里中国人所占比例达80%，较5年前增长了2.5倍。对此，常石集团的企业领导骄傲地表示：“我们培养的技术人员比日本人更优秀。”与当前造船市场低迷、造船企业削减产能的趋势相反，位于浙江舟山的常石集团舟山造船有限公司正在扩大产能和增加员工数量。

舟山常石造船总经理佐藤二郎表示：“舟山常石造船希望建造更多船舶，将专注于建造散货船、集装箱船和LR1型油船。为了提高生产力，舟山常石造船正在考虑更新设备。目前，舟山常石造船拥有两座船台和一座干船坞，每年最多能够交付30艘大灵便型散货船。”佐藤二郎还表示，舟山常石造船建造的船舶中有70%是“日本制造”，用于建造船舶的钢材有50%以上从日本进口。

由于造船材料的采购工作由日本常石集团负责，因此舟山常石造船不会全部使用中国设备和材料。舟山常石造船建造的船舶质量几乎与日本常石造船相同，但由于中国的成本更低，因此舟山常石造船的价格更具竞争力。常石造船集团的目标是将舟山常石造船打造成为中国乃至世界范围内极具竞争力的造船企业之一。

第三节　熔盛重工的春秋大梦

绑定中国造船第一民企

2000年,看到钢铁业形势大好,靠房地产起家的江苏商人张志熔曾有意进入钢铁业。但在2001年结识了时任上海外高桥造船有限公司(隶属于中国船舶工业集团)总经理陈强后,他将发展方向转向了造船业。因为陈强告诉他"钢铁业是被国家限制的,而造船业现在还很落后,又受到国家扶持,市场空间很大"。

2001年,在太平洋的另一端,三井物产帮助巴西淡水河谷成功并购巴西资源公司CMM公司之后,就与淡水河谷走向了实质性的产业联合。2002年4月,二者签署了战略联盟协议,正式将合作关系扩展到铁矿石业务之外,包括三井物产向淡水河谷出售采掘机械、提供运输铁矿石的铁路车厢,以及建立沿海集装箱运输和物流合资企业等。

在三井物产的官方网站上,我们可以看到如此清晰的叙述:"三井物产2003年收购了世界最大铁矿石生产销售商Vale(淡水河谷)公司的母公司Valepar公司15%的股份,并且持续地扩大了与力拓公司和必和必拓公司之间共同合作的铁矿石事业。基于三井物产拥有权益比例的铁矿石控股产量已跃居世界第四位,年开采权益已超过4000万吨。"

合作中,三井物产积极地参与投资开发铁矿石资源,为巴西淡水河谷公司提供金融援助,派人出任淡水河谷的客户经理,建立密切的人员交流和情报互换机制。同时,三井物产还派遣业务主管直接进入了淡水河谷的行政委员会,成为事实上的公司经营决策者。

2003年,中国铁矿石海运市场异常火爆,时任国家发展改革委副主任、国家能源局局长张国宝给国务院总理朱镕基写了一封信,称中国有望成为世界第一造船大国。这份文件辗转经过很多领导圈阅,一个偶然的机会被张志熔看到了。这封信再一次让张志熔下定决心进军造船业。

张志熔将造船起始选在了自己的老家江苏省南通市如皋市,这里地处长江出海口,与长三角的另一造船中心宁波不同,几乎不受台风影响,确实是最适合熔盛重工的立足之地。此外,如皋到上海的车程仅为2小时。更重要的是,如皋所属的南通市,有着深厚的造船背景。日本川崎造船厂在当地培养了一大批造船技术人才,众多南通籍的员工在全国各大船厂工作。

熔盛重工异军突起的另一个重要原因是当地政府的大力支持。在看得见的未来，能够带动如皋地方经济和大规模就业的熔盛重工，一开始便受到了地方政府乃至江苏省的力捧。2004年5月，时任如皋市委书记的陈惠娟带队找到江苏省政府副秘书长韩庆华。为此，韩庆华专门召集协调会议，推动各部门为项目放行。项目也得到时任江苏省党政负责人的支持。10个月后，所有项目审批基本完成。

2005年10月，在江苏如皋的一片滩涂上熔盛打下建厂第一桩。4个月后，船厂厂区的大部分地方还是一片芦苇荡，熔盛重工便拿到了来自挪威Frontline公司旗下金海洋船运公司的首批6艘冰区加强型散货船（铁矿石船）的建造合同。Frontline公司是陈强在上海外高桥时期的老客户，其将这一合同交给熔盛，是出于对陈强团队的信任："我只认识你，陈强。我可不认识熔盛。"

2008年8月，中国熔盛重工与日本三井物产持股的世界最大铁矿石供应商巴西淡水河谷公司签约，为其制造12艘40万吨超大型矿砂运输船

由于如皋、南通、江苏三级政府的支持，熔盛重工迅速脱颖而出，2006年即成为手持订单最多的民营船厂。张志熔、陈强与时任如皋市委书记陈惠娟被称为"熔盛三剑客"。凭借着强大的政商关系，2007年熔盛造船基地厂房还未完全建成的时候，熔盛重工已持有49艘船舶制造合约，总值32.37亿美元，迅速跻身全球前20大船厂之列。

随着中国经济和房地产的进一步繁荣，中国对铁矿石的需求快速增长。中国巨大的市场需求自然引起了全球最大贸易商三井物产和全球铁矿石巨头巴西淡水河谷的关注。三井物产一方面频频涉入中国钢铁业如上海宝钢的发展，另一方面与淡水河谷及投行高盛合作，联合从中国钢铁相关的全产业链中攫取利益。

2008年8月，熔盛重工与三井物产持股的世界最大铁矿石供应商巴西淡水河谷公司签约，为其制造12艘40万吨超大型矿砂运输船，订单总额高达16亿美元，这是迄今为止全球金额最大的单笔造船订单。而这个2005年才开始建厂的民企，其发展速度实在令人震惊。

就这样，在市场需求和当地政商关系的裹挟下，熔盛以难以置信的速度迅速成长。截至2008年国际金融危机之前，中国船舶工业依旧保持强劲增长势头，三大造船指标大幅增长，主要经济指标显著提高，船舶出口增长强劲，中国造船行业和航运业一跃成为"暴利行业"。与此同时，在熔盛重工快速发展的背后，三井、高盛和淡水河谷的身影时隐时现。

落入无底的资本陷阱

2005年，也是熔盛重工成立的元年，随着全球航运市场景气周期的到来，中国造船业开始呈现出迅猛的发展势头。在当年资本市场大热和造船业基本面良好的双重推力下，中国船舶股价在不到一年中从30元扶摇直上到最高300元，被认为是中国造船业的标志性事件。2007年上半年，中国船舶工业企业完成工业总产值1017亿元，同比增长48%。

当时，由于国家实行紧缩的信贷政策，熔盛重工这个新兴民营企业无法和国有造船厂相比，很难从银行渠道融资，这就给了国际大资本进入的可乘之机。2007年10月8日，高盛集团、德劭基金、新天域资本等5家投资机构签署了一项认购协议，上述5家战略投资者以2.5亿美元（当时约合人民币18.775亿元）认购熔盛重工16.18万股系列A优先股。

由高盛集团、德劭基金牵头的基金资本方在入股后参与熔盛的管理和运营，在重大事务上参与董事会决策。高盛集团是全球最大的投资银行之一，与日本三井住友银行关系紧密，是三井财团金融体系的组成部分，二者经常合作围猎世界范围内的产业资产。而德劭基金是全球排名前十的对冲基金，与高盛集团合作紧密。新天域资本的背后金主是新加坡淡马锡和日本软银国际。

国际资本打了一手如意算盘：此次入股，如熔盛重工上市，可以将优先股转换成普通股，享受IPO（首次公开募股）带来的财富盛宴；如上市不成，则可以强制熔盛重工按一定固定股息赎回优先股。同时，招股书显示高盛等要求的优先股每年复合回报率高达18%。也就是说，熔盛重工争取风投资金的代价十分高昂。

2008年初，国际金融危机愈演愈烈，全球航运业的情况急转直下，波罗的海干散货综合运价指数从当年5月的历史最高点11793点直线下行，一度跌破700点。与此同时，全球新船的需求量也急速缩水，订单下滑，船东弃船、延期的现象开始屡见不鲜。然而新成立的熔盛重工，却在整体行业低迷期间逆势上行，拿下了不少订单。

同年8月，熔盛重工与巴西淡水河谷签订了新的船舶订单，包括12艘40万吨级的超大型矿砂运输船，合同总额高达16亿美元。这笔订单创下了世界造船史上单笔订单金额、吨位的两个纪录。而与熔盛重工世界级订单形成鲜明对比的是，从2008年9月到12月，中国拿到的新船订单从318万吨迅速降到2万吨。

这里值得注意的是，2008年9月，中国进出口银行、中国银行与巴西淡水河谷达成协议，贷款给淡水河谷12.29亿美元用来购买由熔盛重工建造的12艘矿砂船，两家银行的贷款数额相当于造船所需资金的80%。

随后，三井物产持股的巴西淡水河谷开始“绞尽脑汁”地进行刁难，企图令正在建造的大船延期交付。业内资深分析人士表示，船东企业一般是根据船舶的建造进度分批次付款，淡水河谷方面会经常提出“某项产品不合格”“某项技术不达标”的理由，要求造船厂重新整改，这样一来就耽误了船舶的建造进度。

2008年12月1日，有香港媒体援引英国海事媒体《劳氏日报》的报道称，全球当时共有14艘超大型矿砂船的订单已被取消，其中可能就包括巴西淡水河谷在江苏熔盛订造的12艘矿砂运输船。虽然后来这则消息被证明是谣言,但显然成为压垮骆驼的最后一根稻草。

此后,熔盛重工的财务情况开始不断恶化,净亏损额由2007年的4.4亿元扩大至2008年底的5.4亿元,资产负债率高达100.3%,平均未偿还借款增长为上一年度的3倍,这使得其融资成本支出急剧增加。当然,更重要的原因是,原材料价格在金融危机前后的大幅上涨。

熔盛重工财报显示,钢材及管道价格提升使其2007—2008年增加此项支出18.643亿元,特别是2008年支付的每吨钢材均价同比增加约1100元,涨幅达两成。

此前,日本新日铁(三井财团关系企业)就曾与巴西淡水河谷公司单方面达成协议,将铁矿石价格涨幅定为71.5%。随后新日铁与另一铁矿石巨头澳大利亚必和必拓公司也达成类似协议。2008年2月18日,日本新日铁又与巴西淡水河谷率先达成了涨价65%的协议,而这些都由中国企业在背后默默埋单,其中当然也少不了熔盛重工。

2009年5月,熔盛重工与供应商爆发拖欠货款的纠纷,熔盛重工一时处于口诛笔伐的风口浪尖。为支撑这个局继续做下去,2009年6月,淡水河谷宣布租用阿曼航运公司的4艘同类型超大型矿砂船,而这4艘船依然由熔盛重工负责建造。

然而,巴西淡水河谷的“大单”并没有真正拯救深陷困境的熔盛重工,也掩盖不了熔盛重工的危机,熔盛上市计划被迫停滞。2009年10月31日认购协议到期,高盛集团等国际投资者果断放弃了熔盛。按照合约,张志熔以3.99亿美元的代价赎回了高盛等5家投资机构所持的股份,溢价59.67%。从2007年10月到2009年10月,恰好2年,张志熔为了熔盛重工的上市梦付出了1.4亿美元的高额代价。

地方政府携中资银行入局

危难关头,中国国内的金融机构给予了熔盛重工非常有力的支持。首先在2008年11月,中国银行江苏分行与熔盛重工签订了高达69.5亿元人民币总体授信协议,而后国开行江苏分行也与熔盛重工签订7亿元船坞改造项目建设中长期贷款意向协议。

2009年,熔盛重工新接获总价值7.614亿美元、共计12艘船舶的订单,其中有8艘来自民生租赁,订单价值约18亿元。民生租赁共向中国熔盛重工订购28艘7.6万吨巴拿马型散货船,成为熔盛重工最大的国内船东。民生租赁还多次以金融租赁的方式向熔盛重工提供资金支持,熔盛重工2009年以6亿元向民生租赁销售若干厂房与机器。

熔盛重工的造船合约通常规定客户根据项目进度分五期支付造船价款,而根据国际贸易惯例，每次支付进度款项前，必须先向船东发出银行出具的退款担保。所谓退款担保，是作为建造方未能履行合约责任情况下退还客户所作分期付款的保证，其作用实际是将造船方"拿钱之后干不好活"的风险转嫁给银行。

银行出手的背后，地方政府的影子无处不在，而地方政府强有力的财政补贴是熔盛重工发展的巨大助力。2010 年 8 月 17 日，江苏如皋市政府向熔盛集团补贴 8.3 亿元，其中 5.2 亿元于上市前已到账，熔盛集团使用该补贴抵销销售成本、一般及行政开支以及财务成本，实质上就是增厚了公司当年净利润，占熔盛集团 2010 年 1—8 月 11.47 亿元净利润的 45.34%。

2010 年 8 月 17 日，中国进出口银行在尽职调查的基础上，为熔盛重工提供了最高金额达 500 亿元人民币的授信。这一授信额度仅次于中国进出口银行给中船工业集团 600 亿元的授信额度，是中国进出口银行给船舶类民营企业的最高授信额度。至此，外界对于熔盛资金紧张的猜测才彻底停止。

2010 年 11 月 19 日，熔盛重工终于在香港证券交易所挂牌上市，融资约 140 亿港元，成为 2010 年香港市场仅次于友邦保险和农业银行的第三大 IPO，并排在非金融企业集资额首位，成为当年在港上市市值最高的内地民营企业。

2010—2012 年，熔盛重工每年都获得如皋市政府的退税和补贴，2010 年为 8.3 亿元，2011 年扩大到 12.5 亿元，2012 年为 12.7 亿元。地方政府对熔盛重工的支持力度令人刮目相看。2012 年 5 月，一直支持熔盛重工的陈慧娟辞任江苏如皋市委书记，在很大程度上影响了熔盛重工在政府中的地位。

不过，此时的熔盛已经危机重重，许多所谓的订单，不过是自买自卖充充门面而已。熔盛重工以持续发展的假象，源源不断地从金融机构获取资金，分别与农业银行、光大银行签署 80 亿元和 100 亿元授信合作协议，2011 年 6 月底还获得中信银行 110 亿元高额授信。此后，农行将授信协议追加到 280 亿元。

2011 年熔盛重工年报显示，其现金流同比下降近 40%，应收合约工程客户款项增加 31.1 亿元至 72 亿元，同比增加 76%，这令熔盛重工原本脆弱的资金情况雪上加霜。截至 2012 年 6 月底，熔盛重工借贷总额为 286.6 亿元人民币。其中中国银行是熔盛重工最大的债权行，也是手中固定抵押资产最多的银行，贷款规模一度突破 100 亿元。

在发生多次未能按时交付订单后，熔盛重工危机浮出水面，此前极力向熔盛重工放贷的银行，纷纷开始抽贷，但熔盛重工早已深陷债务泥潭。为了拯救熔盛重工，江苏省金融办 2014 年 4 月发文，明确由中国银行江苏分行、进出口银行江苏省分行、民生银行上海分行牵头，成立债务优化银团，帮助熔盛重工走出流动困境。

除协调银企关系，当地政府还积极推动熔盛重工重组。2014 年 5 月，江苏省政府、如皋市政府和中国船舶工业集团公司三方开会，希望由中国船舶工业集团牵头对熔盛重工进行重组,但双方最终未能谈妥。2015 年 1 月,熔盛交付了最后一艘淡水河谷的铁矿石船。

2015 年 2 月,因未能偿还 15 个债权人 1110 万元的债务,熔盛重工被告上法庭。如皋市人民法院出具的判决文件显示,这批债权人全部为船厂的供应商。在 2013 年和 2014 年债权人就收到要求熔盛重工还款的法院裁决。然而,由于熔盛重工一直未偿还这些债务,债权人已经申请法院强制执行。3 月 13 日,上市公司熔盛重工宣布更名为"中国华荣能源有限公司"。

2018 年 10 月 9 日,华荣能源在香港证券交易所发布"非常重大出售"公告,向可换股债券的持有人王鸣清拥有的东唯有限公司以 1 港元作价出售造船及工程业务相关资产及债务。出售事项完成后,公司将不再进行造船及工程业务,而专注于新的能源勘探及生产业务,这也就意味着曾为中国最大民营造船厂的这家企业最终惨淡落幕。

淡水河谷实施政商离间计

2006 年,三井物产持股的巴西淡水河谷公司为争夺中国市场,制订了针对中国的"Chinamax"航运计划。2012 年以后,淡水河谷将"Chinamax"改成了"Valemax"(超大矿砂船),这是当时一种新型干散货船船型,拥有 40 万吨载重量,是当时最大的干散货船型。根据计划,淡水河谷希望拥有一支由 60 艘船舶组成的大型矿砂船超级舰队,其中包括 35 艘 Valemax 型。

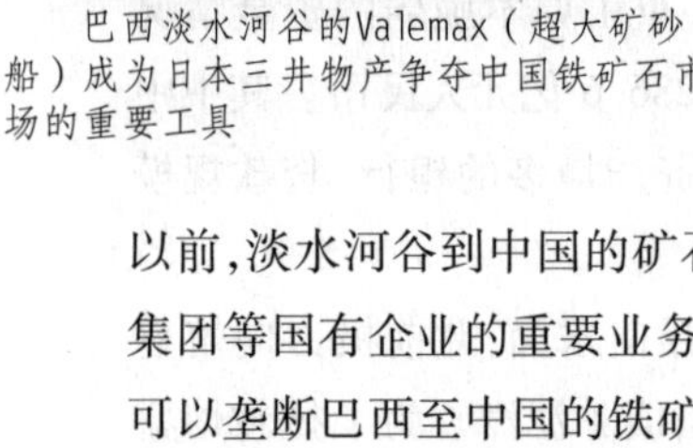

巴西淡水河谷的Valemax(超大矿砂船)成为日本三井物产争夺中国铁矿石市场的重要工具

"Valemax"计划的实施背后是淡水河谷试图抢夺中国市场的战略举动,该计划一旦付诸实践,淡水河谷不但可以摆脱长久制约其竞争的运距掣肘,而且可以包揽铁矿石生产、供应、销售及运输四大业务,以"一条龙"垄断性经营方式向中国市场供应铁矿石。

巴西淡水河谷的举动,遭到了以中远集团为首的中国船东们和钢铁业的抗议。在"Valemax"出现以前,淡水河谷到中国的矿石运输,一直是中国远洋运输集团、中国对外贸易运输集团等国有企业的重要业务。中国船东协会认为"淡水河谷用不了三年时间,就可以垄断巴西至中国的铁矿石运输"。

事实上,中国航运业的担忧不无道理。作为最大的铁矿石进口国,中国并不具备相应的贸易权,几乎 70% 的运输权掌握在出口商手中。淡水河谷有超过 80% 的海运铁矿石由自己安排船东运输,剩下的不到 20% 才由买方派船,这正是"Valemax"计划实施的一个重要基础条件。中国船东协会常务副会长兼秘书长张守国认为:"中国没有贸易主动权,这是我们担忧'Valemax'的主要原因。"

为了打压中国船东协会和中远集团反对的声音、增加大船停靠中国港口的博弈砝码，淡水河谷与背后的三井财团重重布局，围绕中国的航运、造船、港口和钢铁采用了各种离间计。

首先，淡水河谷不断向中国造船厂释放订单，以拉拢造船厂，通过局部形成与中国经济共同成长的景象，来为巨轮靠港铺路。淡水河谷的大多数 Valemax 型船舶均通过中国的银行进行融资，其中的24 艘甚至直接由中国船厂建造。拿下淡水河谷造船大单的熔盛重工就曾公开表态支持"Valemax"计划，称其为"不可逆转的趋势"。

同时，淡水河谷利用了国内港口计划扩张的心理，促使国内码头纷纷开启扩建计划，花费巨资建造40 万吨级的码头。2011 年 12 月，淡水河谷旗下一艘40 万吨级巨型货船在大连港成功停靠，而后在 2012 年 2 月，淡水河谷的高层还曾亲自到大连港拜访。

作为应对，代表中国远洋运输集团和中国对外贸易运输集团利益的中国船东协会多次上书交通运输部、国家发展改革委等国家部委，反对淡水河谷大规模扩张船队计划，建议主管部门否决淡水河谷 40 万吨级矿砂船停靠中国港口的计划，中国船东协会的建议最终还是得到了政府的支持。

2012 年 1 月 9 日，中国交通部出台十三号文件，取消了各港口自行决定接靠超过其原设计靠泊能力的大型船舶的权限。紧接着，1 月 31 日，中国商务部颁发了禁止超过 30 万吨散货轮停靠中国港口的禁令，这直接导致"Valemax"计划陷于停滞。3 月，淡水河谷开始拒绝使用中远的船舶，以此抗议中国政府的禁令。

除拉拢中国造船厂地方港口外，淡水河谷还期待着中国钢铁业站出来支持"Valemax"计划。淡水河谷驻新加坡的铁矿部业务发展总监 Joao Mendes Faria 公开表示："如果中国是唯一拒绝'Valemax'的国家，中国钢厂将享受不到既便宜又品位高的巴西铁矿石，并且只能受到澳大利亚矿商的单一控制。"

2012 年6 月，三井物产帮助淡水河谷的 Valemax 型船舶首次停靠日本大分县别府港口，所载矿石交运给新日铁大分钢厂，以降低日韩钢铁厂成本。此外，淡水河谷的菲律宾和马来西亚的分销中心也如期建设。对此，Joao Mendes Faria 表示，如果日韩钢厂能够使用淡水河谷的铁矿石降低成本，中国钢铁业必将在竞争中面临压力。

2012 年中，淡水河谷曾与中国政府及相关利益方进行了商谈，但分歧很大，没有成果。2013 年4 月，淡水河谷用"打擦边球"的方式试探进入中国港口的可能性。4 月 15 日，"Vale Malaysia"以非满载的状态停靠连云港。对此，中国船东协会向交通部提出抗议，然而这一次中国政府却未表态。事实上，中国的各大港口此时正在心照不宣地发展能够容纳这些超大型船舶的码头。

直到2014年7月,淡水河谷的“Valemax”中国计划才算真正解决:中国与巴西两国签订多项合作协议,其中包括中国进出口银行与巴西淡水河谷50亿美元融资框架协议、中国银行与巴西淡水河谷全球融资安排协议等。

2014年9月,淡水河谷宣布与中远集团就运输铁矿石订立长期运输合同,中远集团将建造10艘大型矿砂船并收购淡水河谷所拥有的4艘Valemax型船以匹配上述运输合同。同月,中国招商局集团旗下的招商轮船与淡水河谷签署铁矿石运输合同。这些协议的签署代表了中国港口对“Valemax”的禁令已经解除。

2015年5月,中远和中海的合资公司“中国矿运有限公司”以4.45亿美元的价格收购了熔盛重工建造的4艘淡水河谷“Valemax”。同年7月,第一艘官方认可靠泊的40万吨级矿砂船停靠青岛港董家港港区。熔盛重工此前为淡水河谷建造的剩余8艘大船,也在2015年年内分别被招商轮船公司和工银租赁公司以4.48亿美元和4.23亿美元收购。

第四节　产业转移的舍与得

韩国承接日本造船转移

造船业是韩国崛起的象征,是“汉江奇迹”(20世纪70年代韩国经济飞速发展)的代表。几乎每个韩国人都会骄傲地讲述韩国是如何白手起家发展造船业的,都会讲述韩国现代集团会长郑周永拿着印有龟船(韩国古代战舰)的纸币说服巴克莱银行家的故事。

但事实上,世界造船业的发展历史表明造船业的转移存在一个基本规律:转移总是从先行工业化国家向后起工业化国家转移,由劳动力成本高的国家向成本低的国家转移,从工业发达国家向发展中国家转移。因此,从亚洲地区内部来看,转移的路径是由欧洲经由日本转向韩国。

1973年,以韩国现代蔚山造船厂建成投产为标志,韩国造船业迅速兴起。起初,韩国也大量引进日本和欧洲先进的造船技术。通过集中引进外国技术这种投资少、风险小、见效快的模式,韩国的造船技术水平一跃而起,超出了中等发达国家水平甚至接近发达国家水平。

但是,仅仅依靠引进技术,做世界加工厂,没有竞争力,不可能成为经济强国、技术强国。这种简单的“世界工厂”不仅造成了韩国对日本及欧美造船技术的严重依赖,还在一定程度上形成了经济损失。为此,韩国从法律政策、资金投入、人才培养等方面采取了一系列有效措施。当时,韩国每引进1美元的技术要拿出8

美元的配套资金来进行消化。

韩国政府不仅进行规划、管理,还进行长期不懈的资金投入和政策扶持,以帮助韩国造船业迅速发展。与此同时,韩国的造船企业不仅不断学习日本造船企业的先进经验,不断改进其生产工艺和治理,不断研究、开发和应用新的生产技术,还十分注重学习日本的"大财团 + 政府"的发展模式。

韩国现代重工(韩国三大船企之一,隶属于现代财团),起初工厂生产的连续性差,各流程操作分散,整体控制力薄弱,各种技术全都是"拼凑"而成,无法形成竞争力。为了解决这一问题,现代重工背后的现代财团利用自身强大的财团体系,不断发展集团的基础设计能力,开始生产韩国人自己的发动机及船舶核心机电设备,进行产业一体化发展。

经过多年的发展,韩国已初步形成了以财团核心企业(现代重工、三星重工、大宇造船)为开发主体,国家承担基础服务、政策先导、公益研究和相关战略储备技术开发,产学研结合和有健全法律保障的国家产业发展模式——"大财团 + 政府"。

其实韩国这种"大财团 + 政府"的发展模式最早正是源自日本。明治维新过后,为了释放经济活力、刺激民间经济发展,日本率先开启了工业化的道路。日本只保留了军事、铁路、电信行业由国家管控,其他一切的炼钢、煤炭、造船、玻璃、轴承等企业全部低价出售给了日本财团企业。正是这种"财团 + 政府"的决策,才最终为日本经济的均衡发展和后来的腾飞打下了坚实的基础。

20 世纪 90 年代以前,LNG 船的设计、建造和运营主要掌握在日本和欧洲造船企业的手里。进入 90 年代以后,韩国船舶企业开始有目的有计划地引进 LNG 船相关技术,对该项技术进行消化、吸收,并在引进技术的基础上进行自主创新。同时,韩国还在高技术含量、高建造难度、高附加值的 VLCC(超大型油轮)、LPG、LNG 等高端船舶领域取得了一定的成绩。

2004 年 3 月 16 日,三井财团的石川岛播磨重工和三星财团的三星重工签署了液化天然气(LNG)船设计技术转让协议。根据协议,石川岛播磨重工向三星重工转让 LNG 船的 LNG 储罐设计技术。三星重工将建造和销售石川岛播磨重工开发的 LNG 船,至此石川岛播磨重工成功将造船订单位居世界第一的三星重工拉入本方阵营。

2005 年,韩国大宇造船海洋(韩国三大船企之一,隶属于大宇财团)在 LNG 引进技术的基础上,开发出世界上第一艘多功能天然气运输船,这种新概念 LNG 船被称为 LNG - RV(Regasification Vessel)型船,是当时世界上技术最先进的 LNG 船。2005 年 8 月,美国新奥尔良遭到卡特里娜飓风的强袭后,所有燃气供应设施都瘫痪,唯有这艘船乘风破浪,为一片废墟的都市提供了"复苏之源"。

2018 年全年,全球新船订单量共计 1195 艘、2892 万修正总吨(船舶大小度量单位)。其中,韩国船企接单量共计251艘、1236万修正总吨,占比达到42.7%,特别是在大型LNG船、VLCC、超大型集装箱船等几个船型领域,绝大多数新船订单均由韩国船企接获。在2018年的76艘LNG船订单中,韩国三大船企获得全部65艘17万立方米级的超大型LNG船,而中国船企一单未获。

融资+订单=产业维稳

2008年国际金融危机以后,国际航运低迷不振,全球造船业迅速陷入低谷。与中韩造船企业相比,日本企业在2008年国际金融危机后的发展一直相对稳健,这一方面得益于上一轮全球船市繁荣时期,日本并没有像中韩两国一样盲目地大规模升级硬件设施扩充产能;另一方面则是由于日本造船业背后拥有强大的财团体系支持。

在日本国内,造船企业与所属财团的上下游相关企业构建起牢固的海事产业联盟,在市场低迷时期造船企业与船东可以重新协商交船期、付款,可以与钢厂、配套设备企业协商资材采购价格与交货期等,互相支持、共同御寒。与此同时,日本船东优先选择本国船厂下单造船,船厂也优先选择本国配套企业供货,通过整个产业链上下游合作提升自己的竞争力。

造船企业间结盟以及重组整合,也是日本造船业提升规模生产、技术研发、采购成本等方面优势的有效途径。同时,造船及航运业属于资金密集型行业,在基础设施建设、船舶制造、航运治理与交易等各方面均需要巨大的资金投入。因此,造船业和金融与生俱来就有着密不可分的关系,而且金融服务业对造船业的发展起到了十分重要的支撑作用。

与西方国家不同的是,日本财团产融相结合的商业体系在船舶金融领域的效果尤为显著,日本造船业的生存密码就是其完善的船舶融资配备。日本的三井住友银行(属三井财团+住友财团)、瑞穗实业银行(属富士财团+第一劝银财团)、三菱东京日联银行(属三菱财团+三和财团)的船舶融资业务都十分发达,曾一度居世界银行榜单的前五位,它们往往以为本国造船业服务为主。

2009年12月,日本协力银行与土耳其最大的私营商业银行土耳其商业银行签署了一项有关船舶出口信用额度的协议,其价值高达1.11亿美元。2010年3月,三井住友银行与日本协力银行、韩国发展银行签署一项价值约5700万美元的贷款协议,以支持日本船舶出口至韩国船运公司。

2013年10月,三井财团旗下的全球最大船运公司商船三井向以日本国际协力银行(前身为日本进出口银行)为首的日本银团融得资金2.2亿美元,用于建造两艘运输澳大利亚太平洋LNG项目船舶,而商船三井将拥有每条船30%的股权和管理权,关西电力分得剩余部分股权。

2014年底,三井住友银行与法国农业银行旗下一家企业签署合同,共同成立一家名为 Sea Bridge Finance Limited 的合资企业,为航运企业提供联合贷款,双方投资比例为 50∶50。该企业贷款不仅面向日本造船企业和船东,还向其他国家的船东开放,可为全球船东提供 10 亿美元贷款。

2015 年 12 月,三菱商事和日本邮船的两家合资 LNG 船公司获得 416 亿日元(约合 3.4 亿美元)的贷款,与日本国际协力银行(JBIC)、三井住友银行、三菱东京 UFJ 银行、住友三井信托银行签署贷款协议,用于美国卡梅伦液化天然气项目进口液化天然气。

实际上,日本造船企业从政府金融机构获得的金融支持并不算多,一般都是由所属财团融资,而综合商社作为日本财团的核心,提供了举足轻重的作用。更重要的是,日本三菱重工、三井造船等造船企业集团都与其所属的财团紧密结合在一起,商业资本而不仅仅是金融资本已构成日本造船集团和航运企业的纽带。无论是船市繁荣还是萧条,日本这种金融资本和产业资本相结合的模式都起到了“波动稳压器”的作用,显示出很强的优越性。

日本国际协力银行(JBIC)是日本对外实施政府开发援助(ODA)的主要执行机构之一,其前身是成立于1952年的日本输出入银行和成立于1961年的海外经济协力基金(OECF)

除金融支持外,日本财团往往还会为造船企业带来大量的订单支持。相对中韩两国而言,日本建造的船舶虽然精细、工艺好,但因为其人工成本导致生产造价高。由于财团企业彼此间合作密切和更加信赖,大多数日本船东还是会把订单投给日本造船企业去建造,更好地支持本国产业发展。

特别是 2008 年国际金融危机之后,面对国际船舶市场持续低迷、各国新增订单量全面萎缩的严峻形势,日本船企接获的新船订单大部分来自日本国内船东,也就是日本财团相关公司集团,其订单数尽管下降,但是下降速度在中日韩三巨头中是最慢的。

在造船业相对活跃的 2012 年和 2013 年,日本造船企业的订单更多来自希腊及其他欧美国家。但按 CGT(修正总吨)计算,自 2015 年起,日本船企手持订单中已有超过 70% 是来自国内船东。日本邮船(三菱财团)、商船三井(三井财团)、川崎汽船(第一劝银财团)及其各自子公司的订单在日本船企手持订单中占比约为 16%。

截至 2018 年 7 月,日本第二大造船企业日本海事联合(2012 年由日本钢铁巨头 JFE 控股公司和石川岛播磨重工双方造船子公司合并成立)最主要的船东是商船三井和日本邮船,二者占比共计 50.7%。2018 年 9 月,三井物产转向日本国内今治造船订购了两艘 24 万吨载重吨散货船,而在这之前,三井物产一直在中国扬子江船业订造散货船。

掌握造船的科技密码

早在2012年12月,三井财团旗下的航运公司商船三井就联合日本船级社、大发船用柴油机(属丰田财团)、川崎重工(属第一劝银财团)等29家企业和单位开展了“智能船舶应用平台”(SSAP)项目研究,开发船舶智能信息与控制系统,打造可远程监控的统一数据交互平台,实现气象导航、主机监测、状态监测、能效管理、远程维护等功能。

现在该智能应用平台已经在日本的一艘渡船和一艘原油运输船上进行了安装应用。同时,商船三井也在推动“SSAP”项目成为国际海事组织“E－航海”战略的一部分,在国际海事组织、国际标准化组织、国际电工委员会(IEC)等层面积极推动标准化工作。

2016年,商船三井、商船三井技术贸易公司和三井造船昭岛实验室联合开发推出圆弓形新一代设计的节能汽车运输船,该船可运输6800辆标准汽车,最大限度地降低风阻,相比此前的汽车运输船能减少约2%的二氧化碳排放。2017年,商船三井在南日本造船厂订造的4艘新一代节能汽车运输船成功交付。

2017年,日本政府先后出台了针对“海洋产业革命”(I－ocean)和造船业竞争力强化方案(I－shipping)的配套政策,用于提升海洋资源开发的研发能力和船舶建造的市场竞争力。日本希望提升在高附加值船舶领域的核心竞争力,以数字化造船来提高日本造船业的生产效率,告别成本竞争,力争在2025年实现全球高端船舶市场份额占比33%的目标。

同年4月,日本国土交通省宣布对海洋资源开发技术研究进行补贴,三菱重工的船用LNG装置研发、川崎重工的自主式水下潜器技术研发和海上支持船舶推进器研发等项目获得资金支持。5月,国土交通省决定对创新型建造工艺技术研发进行补贴,共涵盖10项物联网和人工智能相关技术,如三井造船的数字孪生造船工艺研究、今治造船的三维激光扫描在船体建造中的应用研究、三菱重工的3D与物联网技术在节能制造方面的应用等。

为此,日本各大财团将其各关联公司、组织聚集起来,为旗下造船企业提供相关支持。日本相关企业新成立了船舶IT研究协会,囊括了日本185家造船企业、造船厂、船舶配套机械设备制造企业、研究机构和社会科研团体等组织。

2017年5月,由商船三井、三井造船、国家海事研究所、港口和航空技术协会、东京海洋大学、日本船舶技术研究协会,以及三井造船昭岛实验室等联合开展的自主远洋运输系统技术概念项目,入选日本的“FY2017交通运输研究和技术推广计划”,项目将为实现可靠安全的海运自主船舶提供技术基础。

2017年6月,商船三井和三井造船就共同开发基于实时数据的下一代船舶监测和支持系统达成合作，数据来源包括导航信息数据和由三井造船制造的设备机械信息数据等。双方还就短周期数据和采集的大数据分析方法进行了研究。

2017 年 8 月，三井造船协助日本船舶技术研究协会，开发了一类能够分析工人行动的系统。企业通过工作现场的摄像设备来把握建造作业的进展等各种信息，以缩短作业时间，提高生产效率。这一系统可应用在钢板零部件连接时的焊接及磨光程序上，根据船厂具体情况，可将工作时间减少最多 40%。

2017 年 11 月，商船三井与旭化成株式会社（第一劝银财团）达成合作，联合进行振动传感器预测船用设备异常情况的验证研究。该研究将利用分析软件和振动传感器，对正在建造的汽车运输船和 VLCC 上的关键辅助机械，如泵和净化器状况进行监测。该项目还是“最新智能船舶项目”的一部分。

2017 年 12 月，商船三井、商船三井技术贸易公司与古野电气共同开发了一项使用增强现实（AR）技术支持船舶运行的监控系统，可通过自动识别系统数据在平板电脑等显示器上显示航标、地图等船舶运营信息，这些图像将通过增强现实重叠，以便为船上船员在航行过程中提供视觉支持，保持监视。

2018 年 8 月，三井 E&S 造船（2018 年 4 月由三井造船分出的三家子公司之一）、商船三井、东京海洋大学（TUMST）、三井造船昭岛实验室，拟建的涉及船舶安全自动靠泊和离泊联合演示项目，入选日本国土交通省（MLIT）2018 财年自主船舶示范项目。在该项目开展之前，三井 E&S 造船和商船三井就已经开展了旨在实现更加安全和更加可靠远洋运输的自主航行实际应用技术和开发，最早可以追溯到世界上第一艘全自动船“KINKASAN MARU”号（1961 年建造）。

此外，商船三井还与罗尔斯 · 罗伊斯公司达成协议，进行智能感知系统开发合作。据罗尔斯 · 罗伊斯公司表示，智能感知系统通过为船员提供对船舶周围环境的感知信息，从而使船舶能够更安全、轻松、高效运行。该系统将一系列传感器的数据与现有船舶系统信息融合以实现其主要功能。

包括商船三井和日本邮船在内的日本公司还计划组建一支无人驾驶商用船队，船队包括 250 艘货运船只，将在 2025 年投入使用，船队将会装备物联网，从而可以收集数据。有了数据之后，将使用人工智能软件来分析天气及其他信息来调整船舶的航线。而且，通过监控船只的运行情况，可以在问题发生之前预测故障，避免发生海上事故。

日本三井财团参与甚至主导的日本造船业发展，无论是无人船舶、智能船舶还是相关产业，都体现了对产业链的深入融合和综合考量，像商船三井是船东航运公司，三井造船是制造业公司，三井造船昭岛实验室是研究机构，财团相关组织合力开展了大量研究开发工作，最大限度地确保了技术开发的可行性和实用性。

船企也能造飞机

2018 年 11 月 30 日，石川岛播磨重工公司旗下骨干船企——位于日本本州岛中部的爱知造船厂正式关闭停产，仅剩下约10名员工在岗维系部门日常业务运转。成立于1973年的爱知造船厂，曾是日本造船业的中流砥柱，先后承担了超大型油船（VLCC）、海工装备、LNG船等产品的建造任务，曾位列日本三大船厂之一。

近年来，由于韩国和中国造船业强势崛起，作为日本传统强项的造船业面临极为激烈的竞争。尤其是在价格方面，与产能过剩的中国造船企业相比，日本传统造船企业并无优势。许多媒体还将爱知造船厂的倒闭看作日本造船企业已经无望翻身的例证。但实际上，造船早已不再是石川岛播磨重工的产业核心了，爱知造船厂也不再是中流砥柱。

一方面，爱知造船厂最后一次造船已经是2011年的事情了，之后便一直生产隧道挖掘机和LNG储罐。另一方面，2013年1月，石川岛播磨重工联合住友重工，同JFE钢铁进行了造船业务的整合，合资成立了日本海洋联合公司（JMU），爱知工厂作为造船厂的存在意义就已经变得十分淡薄了。

事实上，石川岛播磨重工目前大部分营业利润是来自飞机发动机业务，公司计划于2020年在日本埼玉县建成新的工厂，新工厂将主要生产飞机发动机的相关配件，爱知造船厂的部分员工也将转移到该工厂工作。石川岛播磨重工承担了占日本喷气发动机生产60%～70%的制造任务，同时还参与了从大型到小型的各种民用飞机发动机的国际共同开发。

位于日本东京都福生市驻日美军空军横田基地旁的石川岛播磨重工瑞穗工厂，每天都在运进或运出着来自世界19个国家的民机或军机的飞机发动机。每年约有150架民用飞机发动机在这里进行维修调试。海外航空公司将瑞穗工厂比作综合医院"Mizuho Hospital"，瑞穗工厂在支撑世界航空产业的同时成为牵引石川岛播磨重工业绩的主力。

由石川岛播磨重工参与的飞机发动机项目最先进的波音"787"已经开始进入投资回收期；并且，石川岛播磨重工还参与了法国空客公司和美国波音公司畅销飞机的后继机"A320neo"和"波音777X"的发动机项目，以及加拿大庞巴迪公司"CRJ"项目引擎开发的工作；同时，由石川岛播磨重工研制的XF9－1涡扇发动机也正在进行核心机试验，该发动机目标瞄准2030年的战斗机。

不仅在发动机领域，三井财团旗下的石川岛播磨重工还建设有世界级的物流体系。20世纪60年代，石川岛播磨重工就设立了物流系统部，开发了日本最早的计算机联机自动仓库系统。70年代，研发了日本最初的冷冻自动仓库系统，同时世界上最早的成品汽车整车库交付使用。80年代，石川岛播磨重工开始自动搬运系统的研发，并进军汽车组装、焊接生产线领域。到了90年代，进一步拓展了物流配送中心业务。

如今，石川岛播磨重工打造的冷冻自动仓库在日本市场占有率第一，在国际上也属于技术领先，汽车整车保管自动仓库技术更是在全球市场居于领先地位。

石川岛(上海)管理有限公司总经理藤森洋一表示:“我们就是要做物流合理化的先驱者,做别人不敢做而且做不到的事情,力争独一无二。凭借自身技术实力,在别人不愿做、不能做的领域拔得头筹。”

经过几十年的不断转型升级,石川岛播磨重工早从一家产业单一的造船所发展成为大型综合性的重工业集团,同时也是日本非常重要的军事防务品供应商。主营业务包括四大板块,即资源、能源,社会基础设施和海上事业,产业系统和通用机械,以及航空引擎、宇宙应用。依托背后三井财团强大的产业体系,石川岛播磨重工在产业转移过程中另辟蹊径,积极寻求新的增长点。

第五节　军民融合的日本造船业

日本已经拥有四艘航母

早在第二次世界大战以前,日本就是世界上屈指可数的军舰建造大国。由三井财团、三菱财团和住友财团等大企业组成的日本造船业曾经建造了堪称当时世界顶级水准的“大和”号战列舰、“武藏野”号战列舰,还有“赤城”号、“飞龙”号等大大小小数十艘航空母舰。

位于日本广岛县吴市的吴海军工厂就是日本海上军事实力的象征。作为二战时期日本海军最大的海军专用船厂,成立于1903年的吴海军工厂当时被誉为“帝国第一海军工厂”,设有造船、造机、电气、潜艇、火炮、火工(弹药)等多处工厂,先后生产出“赤城”号等6艘航母和数十艘战列舰、巡洋舰以及潜艇。

二战以后,由于受到“和平宪法”的制约,日本没有官办的专门从事武器装备生产的工厂,而是在政府的大力扶持下,建立政、商、军一体的利益共同体,打造日本独有的“寓军于民”的军工体制。吴海军工厂在战后被分拆,其中冷轧设备转入演川制钢所、发电设备则转入了日亚制钢所。

1960年,吴海军工厂剩下的造船设备、船坞和“石川岛重工”以及“播磨造船所”合并组成了“石川岛播磨重工业公司(IHI)”,隶属于三井财团。20世纪70年代,石川岛播磨重工便开始为日本海上自卫队承建作战舰艇,并生产出了日本的第一批直升机驱逐舰。

1995年,三井财团旗下的石川岛播磨重工与住友财团旗下住友重工舰艇事业部门联手成立了海洋联合公司(MU)。后来又经过一系列的合并重组,最终于2013年1月1日成立了现在的日本海洋联合公司(JMU)。日本海洋联合公司的股东中除了有石川岛播磨重工和住友重工之外,还包括了第一劝银财团的JFE

钢铁。

在日本海上自卫队的舰艇总装厂中，三井财团的日本海洋联合公司横滨矶子造船厂的地位谈不上特别突出。三井造船、三菱重工、川崎重工等旗下的造船厂，几乎承包了日本海上自卫队的大部分驱逐舰、潜艇、登陆舰、补给舰等舰艇的生产工作，军工实力不容小觑。对日本而言，建造航母并不存在任何技术上的问题，财政上也完全负担得起，最主要的障碍就是其国内政治（和平宪法）。

日本财团造船企业的民用造船实力雄厚，庞大的民用船订单不仅可以养活工人和设计团队，而且可以投资先进的军用技术，再反过来反哺民用船技术。由于军舰的利润和技术要求往往较高，对于某个财团的造船厂也是一种很好的锻炼，因此日本的财团十分乐于参与军舰的制造。

三井财团和住友财团主导的日本海洋联合公司（JMU）旗下的横滨矶子造船厂，是现在日本海上自卫队最重要的舰艇总装厂之一，为日本海上自卫队建造了其绝大多数直升机驱逐舰，同时也具有建造准航母的能力。两艘日向级直升机驱逐舰与两艘出云级直升机驱逐舰直接构成了日本海军自卫队的四艘潜在航空母舰。

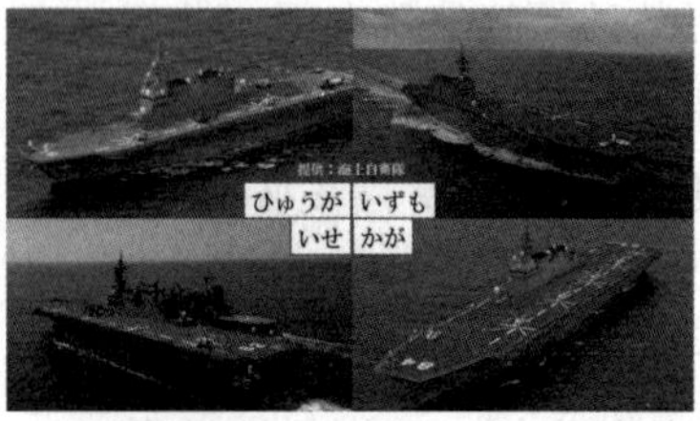

日本海上自卫队的日向级、出云级四艘大型直升机护卫舰实际上就是四艘航空母舰，均是由三井财团和住友财团主导的日本海洋联合公司（JMU）旗下的横滨矶子造船厂建造生产的

2009年3月18日，由横滨矶子造船厂制造的满载排水量1.9万吨的日向级直升机驱逐舰正式交付日本海上自卫队。虽然名义上是驱逐舰，但其排水量已经超过意大利海军1.38万吨的“加里波第”号航母、西班牙1.7万吨的“阿斯图里亚斯亲王”号航母。2011年3月16日，同样由横滨矶子造船厂制造第二艘同等级别的直升机驱逐舰也交付日本海上自卫队。

如果说日向级驱逐舰还只是准航母级别，那么于2015年3月25日和2017年3月22日先后交付日本海上自卫队的两艘出云级直升机驱逐舰就已经是名副其实的航空母舰了。这两艘直升机驱逐舰（实质性航母）同样由三井和住友财团的横滨矶子造船厂负责生产制造。

出云级拥有与航母相似的全通式甲板，满载排水量达到了2.7万吨，航速最高可达30节。排水量已经超过了英国的“无敌”级轻型航母（2.1万吨），与意大利的新航母“加福尔”号（2.7万吨）不相上下，但是其飞行甲板要大于上述两个国家的航母。

出云级直升机驱逐舰全长248米，宽38米。资料显示，出云级直升机除了可搭载14架先进的SH－60K“海鹰”反潜直升机外和MCH－101运输直升机外，还能起降V－22“鱼鹰”旋转翼和F－35B垂直起降战斗机。可以说，这就是一艘能够进行远洋作战的航母。

值得注意的是，就算是如出云级直升机驱逐舰这般的尺寸，放进日本横滨矶子造船厂的船坞里也显得绰绰有余。所以，即使要建造类似英国“伊丽莎白女王”号或者中国“辽宁”号这种尺寸的中型航空母舰（满载排水量6万吨），横滨矶子造船厂也不会存在任何硬件上的障碍。

住友重工的美军横须贺基地

横须贺海军基地位于日本本州岛东京湾三浦半岛南端的横须贺港，港内水域开阔，地势隐蔽，具有很强的驻泊能力。同时，又因其扼守东京湾而具有重要的战略地位。从1884年开始，横须贺就被日本辟为军港，并成为日俄战争中的海上要塞，号称“东洋第一军港”。

二战结束后，美军在此登陆，直到1947年，美军又陆续设立舰船修理部、补给站和港务部，形成事实上的美海军基地。1952年，日本根据《日美安全条约》将横须贺基地正式提供给美军。经过多年的建设，横须贺基地不仅是日本海军最大的综合性作战基地和东京的海上门户，而且是美国海军在西太平洋地区最大的综合性海军基地和最大的舰船维修基地。

自1973年10月起，为加强美海军在日本周围海域的作战能力，美第7舰队“中途岛”号航母编队开始常驻横须贺基地，使之成为美军在海外唯一的航空母舰母港。1984年6月，美国宣布部署“战斧”式巡航导弹后，以中东为防区的第5舰队也将其潜艇部队驻扎在横须贺。此外，横须贺基地附近还有美国在西太平洋地区最大的海军航空设施，驻有美国第5航母战斗机联队。横须贺也因此被戏称为“穿着两只草鞋”（第5舰队、第7舰队）的基地。

此后，日本的横须贺美海军基地就主要扮演起了中间维修基地的角色，这里设有海军供应站、通信站、医院和军械库，而最关键的是海军舰船修理厂的6个干船坞。它们均是旧日本海军时期建成的，至今仍完好无损可用。

现在1～3号船坞为美国海军与日本海上自卫队共用，4～6号船坞为美国海军与住友财团旗下的住友重型机械工业公司（简称“住友重工”）共用。其中，最大的容积为22万立方米的6号船坞是美国在夏威夷以西海区内能容纳航母的唯一船坞，该船坞曾在二战期间建造过日本的巨型航母“信浓”号，还进行过大和级战列舰的维修。

1986年4月—1987年10月，美国功勋卓著的航母“中途岛”号，就在日本横须贺美国海军基地的6号干船坞中，由日本住友重工等六家公司负责其生涯中的第三次大规模改装。当时，美国评估美国本土船厂通常需要12～14个月才能完成改装，而日本厂商只需8个月，费用也更加便宜，而且省去往返太平洋的时间。在横须贺，美国海军的军舰甚至航母都是由住友重工负责修理维护的。

2007年10月，美国海军曾授予诺斯罗普·格鲁曼公司一份180万美元的合同,为2008年“乔治·华盛顿”号航母驻扎日本做准备。美国诺斯罗普·格鲁曼公司是美国唯一一家能够进行核动力航母设计、建造和换料的厂商。根据合同,美国军方指定诺斯罗普·格鲁曼公司与住友重工共同履行其航母的支持合同,作为支持驻日本核动力航母多年工作的组成部分。

2016年5月16日,美国海军第7舰队的大脑“蓝岭”号指挥舰在结束了其春季亚太巡视返回日本横须贺军港后不久,就径直开向旁边的横须贺海军舰艇修理设施与日本地区维护中心(SRF JRMC)的6号干船坞,进行必要的维护和升级,以延长其使用寿命。为“蓝岭”号进行改造升级的正是住友重工位于横须贺海军基地,从事船舶和半导体制造装置等业务的横须贺制造所。

住友财团的住友重工之所以能够成为美国海军舰队的“御用”维修企业,完全得益于其强大的军舰建造能力。住友重工的横须贺造船所原名为“追浜造船厂”,在1976年12月,这里就下水了当时世界上最大的船“诺克·耐维斯”号,它一度是世界上最大的船只与最大的人工制造水面漂浮物,排水量达到惊人的82万吨,是辽宁舰的15倍左右。由其生产的5艘高波级驱逐舰也已全部装备在了日本海上自卫队。

日本财团造船企业的单位模式也是日本强大海工实力的重要原因,每个大财团往往都拥有多家分布于全国的不同造船单位,如果其中1家具备了较先进的军舰制造经验,集团内部的人才流动可以将新工艺、新经验扩散到其他船厂。同样,在军舰制造厂技术人员不足的情况下,平时从事民用船生产的工人只要经过一定的培训就可以从事军舰生产。

被美国利用的“东芝事件”

众所周知,战后日本的防卫产业是在美国的扶植下发展起来的,从1954年美日签署《共同防卫援助协定》到1980年为止,美国国防部总共向日本防卫厅技术研究本部提供了110余种军事技术,其中包括F－86F、F－104J、F－4EJ、F－15J战斗机和P－2C、P－3C反潜巡逻机等第一流的喷气式飞机的制造技术。

依靠财团体系的支持,日本在军工防卫产业的发展很快就有了赶超美国之势,美国武器系统中的高级电子部件有40%是来自日本。1976年2月,日本前首相三木武夫甚至在众议院宣布的《关于武器出口的政府统一见解》中称:美国也不能进口日本的防务技术。

1980年9月,美国政府就引进日本防务技术问题非正式地征求日本方面的意见。1981年6月,美国国防部部长温伯格正式向日本提出引进防务技术的要求,同时美国还希望能够与日本联合开发FSX型战斗机,因为这样美国就可以得到日本的自动相控阵雷达和机翼整体造型技术。

首先,日本对于防务技术出口十分谨慎。同时,日本一直都主张独立研制FSX

型战斗机，这既是日本工业界与美国工业界竞争的表现，也是日本在政治上要求与美国对等地位的象征。日本政府经过长期的意见调整，直到1983年1月时任首相中曾根康弘访美前，才决定取消对美国的防务技术出口禁令。但在出口的具体对象和审批程序问题上，依然存在诸多限制。

1984年11月，美日双方建立了防务技术联合委员会。1985年12月27日，美日双方缔结美国《转让军事技术的详细安排》。要求日本转让的军事技术有36种之多，日本政府只同意向美国输出与便携式地对空导弹有关和与美国海军建造、改造舰船有关的3项技术，这显然与美国政府的要求还有相当距离。

1985年12月，日本和光交易公司驻莫斯科办事处首席代表熊谷独向美国商务部和巴黎统筹委员会组织举报了东芝机械公司（属三井财团）向苏联波罗的海造船厂出口9轴数控机床的事件。波罗的海造船厂是苏联军事工业企业，它为苏联海军舰艇和潜水艇生产螺旋推进器。这就是冷战期间对西方国家安全危害最大的军用敏感高科技走私案件之一的“东芝事件”。

按照熊谷独的说法，东芝机械公司从挪威国营军事工业企业康斯伯格公司进口NC2000型2轴数控机床，在日本改装成为9轴数控机床，并利用伊藤忠商社在通产省享有的信誉申请出口许可证，仍然作为2轴数控机床向挪威出口。当这批设备到达挪威以后，再由和光交易公司组织运送到苏联口岸。

这种9轴数控机床能够由1个人操纵加工直径40英尺、重达130吨、11个螺旋桨叶片的潜水艇推进器，违反了巴黎统筹委员会对社会主义国家实行禁运和贸易限制的管制规则。当时，凡是属于2轴、加工能力在直径10英尺以上的数控机床一律禁止向苏联出口。

实际上，三井财团的日本东芝机械公司卖给苏联的设备包括潜水艇螺旋推进器铣床型号MBP－110（9轴）、潜水艇螺旋推进器铣床型号MF－4522（5轴）、SAW声呐制造设备（村田机械制造公司），其余高新技术项目还包括来自伊藤忠精机的离心机设备等。苏联人购买这些数控机床的用途，除了使潜艇的推进性能改善之外，还能使当时正在建造中的新型航空母舰的推进器得到改进。

很快，美国就将“东芝事件”与美日贸易摩擦问题、美日防卫经费负担问题直接联系起来，指责日本“我们向日本提供了防卫保护伞，日本却占领了我们25%的汽车市场”。日本政府在1986年4月、6月、12月和1987年3月数度断然否认美国对于“东芝事件”的指控。直到1987年4月，美国人掌握了苏联从日本获取精密机床的真凭实据。

1987年4月17日，里根总统签署了战后以来第一个对日本实行经济制裁的法令，对日本出口到美国的价值3.3亿美元的存储器征收100%的关税。在美国的压力下，日本政府才不得不开始转变立场。日本警视厅对东芝公司进行突击检查，查获了全部有关秘密资料，并逮捕了日本东芝机械公司铸造部部长林隆二和机床事业部部长谷村弘明。

此后的几个月里，美国朝野群情激愤，再三谴责日本，并希望对东芝公司进行制裁。时任日本首相中曾根康弘不得不向美国公开道歉，日本方面还花费1亿日元在美国的50多家报纸上整版刊登“悔罪广告”。与此事件有关的挪威政府，除了向美国保证今后绝不再发生类似事件外，还关闭了康士堡公司驻莫斯科办事处，并停止了该公司正在与东欧国家进行的全部贸易。

1988年，美国国会通过法案，3年内禁止东芝机械的产品进入美国市场，却取消了参议院制裁法案原案中的“在今后5年以内，禁止东芝集团所有产品进入美国市场”的规定。处罚程度之轻微、反差之巨大，都是史无前例的。之所以呈现这样的局面，归根结底是美国政府从日本得到了巨大的实际利益。

“东芝事件”在战后美日关系史的发展进程中具有特殊的意义，不仅使美国政府乘机解决了引进日本防务技术问题和联合开发FSX战斗机问题，而且导致巴黎统筹委员会提高数控机床的管制标准、“类巴统管制”体系的建立和日本出口管制政策的重大变革。当然在一定程度上，“东芝事件”更像是1985年“广场协议”在军工防务领域的一次延续。

日本军工融合中国民用

三井财团旗下的石川岛播磨重工业集团的历史可追溯到1853年日本成立的第一家现代化造船工厂——石川岛造船厂，也是石川岛重工业株式会社的前身。该公司在日本现代化进程中发挥了至关重要的作用，它将造船技术拓展到了许多新的领域，如重工业制造、桥梁建设、成套设备建设和航空发动机制造。

1960年，石川岛重工业株式会社与播磨造船厂合并，成立了现在的石川岛播磨重工业株式会社，如今已经发展成为一个集造船、飞机、重型机械于一身的大型集团企业。石川岛播磨重工是三井财团的核心企业之一，于2007年更名为“IHI Corproation”，强化了集团在全球的品牌效应。

1965年4月，时任石川岛播磨重工董事长的日本经济界泰斗土光敏夫在东芝社长石坂泰三的邀请下就任东芝公司总经理。后来，土光敏夫还担任了号称日本“资产阶级大本营”的经团联会长。一直以来，三井财团的两家核心企业东芝和石川岛播磨重工就有合作关系，双方会经常互换董事会成员。

20世纪80年代，日本已经通过引进美国的F15J战机，接触到了F100这种当时世界最先进的军用涡扇发动机，后来与美国合作研发F2战机后，更是得到美国授权在国内组装生产F110－GE－129发动机，其组装厂家正是如今的石川岛播磨重工。如今，石川岛播磨重工已经是日本最大的航空发动机制造商，可生产世界上最先进的第四代战斗机之一——F－35的引擎。

2018年7月，石川岛播磨重工研发的XF91涡轮风扇发动机的验证机正式交付测试。根据日本公布的数据，XF91 的最大军用推力达到了 11 吨，加力推力更是达到了 15 吨，整机推重比在 10 以上。XF91 的数据指标已经完全超过了中国的涡扇 10（最大军推接近 9 吨，最大加力推力 12 吨，改进型达到 14 吨），甚至达到了美国F－22“猛禽”战机所使用的 F119 发动机水平。

日本三井财团旗下的石川岛播磨重工已经是日本最大的航空发动机制造商，可生产世界上最先进的第四代战斗机——F-35的引擎

三井财团的石川岛播磨重工还是最早参与日本宇航技术开发的重工企业之一，曾设计并生产作为火箭发动机核心部分的涡轮泵和喷气装置，担任了火箭涡轮泵、固体火箭增压泵、2 级喷气装置、点火装置等的开发与制造。同时，在宇宙空间站的建设中，石川岛播磨重工承担了宇宙空间实验舱“希望号”的舱外实验平台等开发与制造。

作为日本重要的军工企业，三井财团的石川岛播磨重工在民用领域也取得了非凡的成就。石川岛播磨重工建机株式会社也是世界著名建机制造商，产品包括中小型挖掘机、大型履带式起重机、混凝土泵车等成套设备。1965 年进入中国市场的首台石川岛挖掘机，如今仍可以在吉林长白山参田清理现场正常作业。石川岛的挖掘机，如今已经走遍中国，从海拔 4000 米、气温 －20℃ 的甘肃省天峻县，至作业环境被高盐碱性海水浸泡的西沙群岛，无不涉足。

1997 年，石川岛播磨重工在中国成立了第一家合资企业，目前在中国设立了 17 家合资或独资企业，参与建机、农机、涡轮增压机等工业领域，并积极参与上海、北京、天津、沈阳等地的地铁以及市政建设项目，在中国的事业规模达到了 24 亿元人民币以上。2011 年 4 月，该公司在上海成立了中国地区总部，以石川岛（上海）管理有限公司为平台统括 IHI 的中国事业。

2015 年 7 月 17 日，沈阳远大企业集团与石川岛播磨重工株式会社正式签署协议，合资成立远大石川岛农机（沈阳）有限公司，主营玉米收割机及小型农用拖拉机。远大石川岛农机（沈阳）有限公司注册资本为 1.5 亿元人民币，投资总额达 4.5 亿元人民币，投资比例为中方占 51%，日方占 49%。

2018 年 7 月 6 日，石川岛播磨重工旗下的 IHI 运搬机械株式会社与华通集团在青岛合资成立了青岛华通石川岛停车装备有限责任公司，注册资金 1000 万美元，主要生产高端智能停车机器人、塔式停车设备和平面移动停车设备。IHI 运搬机械株式会社打造了日本第一座塔式立体停车场，停车装备在日本市场占有率始终第一。

三井财团的石川岛播磨重工还是世界五大涡轮增压器制造商之一，占据全球市场份额的 13%，占据中国市场的 18%。在国内，一汽大众生产的迈腾、速腾、高尔夫、宝来等车型的1.4TSI涡轮增压发动机都是石川岛播磨重工的产品,并由其在国内的全资子公司无锡石播增压器有限公司及合资公司长春富奥石川岛增压器有限公司等生产。

参考文献及来源:

1. 卢建,林滨. 世界高附加值船舶产业转移规律探析[J]. 船舶物资与市场,2004(8):15-16.

2. 李宝华,谢宝康. 日本大船东首次在中国订船[N]. 中国经济时报,2004-01-13.

3. 金航,孙崇波. 日船企:新接订单何以逆市回升?[J]. 船舶经济贸易,2016(2):27-32.

4. 张晨. 大航运时代的金融潜流[J]. 首席财务官,2010(12):63-67,12.

5. 赵芸. 银团贷款:"一带一路"让老朋友成为新选择[N]. 中国船舶报,2015-04-30.

6. 三井住友融资租赁有限公司官方网站,www. smfl-global. com/.

7. 李赪. 全球造船业出现竞争新格局[EB/OL]. (2017-10-27) [2019-11-01]. http://www. eworldship. com/html/2017/ship_market_observation_1027/133055. html.

8. 十年铸剑:我国第一艘LNG船研发纪实[EB/OL]. (2011-11-07) [2019-11-01]. http://uzone. univs. cn/news2_2008_302848. html.

9. 曾晓光. 日本造船的智能化突围[J]. 中国船检,2018(7):36-37,107.

10. 包志明,吴红毓然,于宁. 熔盛重工的秘密[J]. 财新周刊,2015(9).

11. 戴喆民. 熔盛的赌注:行业巨头的转型[J]. 中国企业家,2012(22).

12. 肖隆平,高扬. 熔盛三剑客彻底决裂:船王裸退 外资PE不愿蹚浑水[EB/OL]. (2013-01-25)[2019-11-01]. http://www. ce. cn/cysc/newmain/pplm/czrw/xw/201301/28/t20130128_78907. shtml.

13. IHI株式会社官方网站(日文),www. ihi. co. jp/.

14. 刘庆. 日本军用造船又添新巨头[J]. 环球军事,2012(12).

15. 白益民. 财界武装的日本海军[J]. 环球财经,2012(11).

16. 日本能否造航母?由舰船型号剖析日本军用造船工业[EB/OL]. 军事文摘,2017-10-22.

17. 庞晓宇. 东南亚造船业:风生水起 不容小觑[EB/OL]. (2015-04-03) [2019-11-01]. http://www. cnshipnet. com/news/11/53753. html.

18. 王宥臻. 向外谋新生——三井造船的战略选择[EB/OL]. (2018-11-27) [2019-11-01]. http://www. ship. sh/news_detail. php? nid=32329.

19. 王欢. 日本三井物产将启动全球最大规模天然气田开发[EB/OL]. (2018-05-30) [2019-11-01]. https://finance. huanqiu. com/article/9CaKrnK8R3R.

20. 刘萧. 日本造船业的沉浮与转型[J]. 中国船检,2017(3).

21. 谭松,王熙. 从手持订单看全球重点造船集团竞争格局[J]. 中国船检,2018(5):

78 - 89,118 - 119.

22. 蔡敬伟,屠佳樱. 市场低迷,日本航运与造船业谋变[J]. 船舶物资与市场,2017(12):30 - 34.

23. 三井 E&S 集团官方网站(日文),www. mes. co. jp/.

24. 民用船舶工业发展"十五"计划纲要[R/OL]. (2007 - 11 - 14) [2019 - 11 - 01]. http://zizhan. mot. gov. cn/zhishu/zhuhangju/guanlipindao/guanliwenjian/201110/t20111027_1093248. html.

25. 国务院办公厅. 船舶工业调整和振兴规划[R/OL]. (2009 - 06 - 09) [2019 - 11 - 01]. http://www. gov. cn/zwgk/2009 - 06/09/content_1335839. htm.

26. 中国船舶工业集团有限公司官方网站,www. cssc. net. cn/.

27. 诺斯罗普·格鲁曼公司争取到两份航母维护和现代化改装合同[EB/OL]. (2007 - 09 - 29) [2019 - 11 - 01]. http://www. dsti. net/Information/News/36903.

28. 杨颢. 瓦锡兰最大螺旋桨厂落成 外资掘金中国船舶配套业[EB/OL]. (2007 - 07 - 03) [2019 - 11 - 01]. https://finance. sina. com. cn/chanjing/b/20070703/10563748479. shtml

29. 屠佳樱,万鹏举. 世界造船业"三足鼎立"态势延续[J]. 船舶物资与市场,2018(4):19 - 22.

30. 冷战后日本防卫产业的调整和日美关系[EB/OL]. (2001 - 10 - 14) [2019 - 11 - 01]. http://japan. people. com. cn/95927/40041/40064/2953461. html.

第八章

家电市场的攻守道

1993 年,三井物产携手昭和电线电子元件技术株式会社帮助东芝大连有限公司在中国进行管理运营。注册资金增加至 84 亿日元,其中三井物产占股 3.8%。最开始东芝大连有限公司就是租用大连三井物产的一间办公室作为办公场所的。在三井物产的统筹串联下,东芝大连逐渐在中国成长起来。

1998 年,三井财团的东芝向长虹提供碱性电池的生产设备和技术;同年,东芝与长虹建立技术开发战略联盟;1999 年,东芝与长虹合作生产"大清快"空调;同期,三井财团的索尼公司向长虹提供 VCD 机芯;三井物产也与长虹签订了长期的出口代理协议。

一直以来,中国企业都希望能够通过市场换技术,可是日本企业在维系核心的高科技方面都有着很高的防线,三井财团的东芝 2016 年出售家业也坚守"高科技不外流"这一潜规则。此次收购交易,东芝仅考虑把白色家电业务出售给外资,但空调、电脑和医疗等核心领域都保留给了日本厂商,如佳能和富士通等。

——作者题注

【阅读提示】

“三井”告诉了我们什么(8)

近年来,越来越多的日本家电企业正剥离在中国的资本和业务,三洋、先锋、松下、东芝、夏普先后离开了公众视野。如今,在各大卖场中人们已经很难再找到这些日本品牌原装进口的电视机了,在中国的业务要么是被收购,要么是被合资。看衰日本家电业的论调和声音也开始频繁出现,日本家电企业难道真的已经日落西山?

其实不然,日本家电企业销售亏损、在中国市场份额不断下滑的确是事实,但这在很大程度上是日本家电企业转型期所带来的阵痛。中国社科院日本研究所副所长张季风表示:“日本的传统制造企业正在逐步剥离家电及消费电子业务,他们在往产业链条的上游走,这是一种经营理念的改变。加大了在核心技术上的追求而不是对整机市场占有率的争夺。”

日本企业习惯将利润最丰厚的核心及高端产业牢牢掌握在自己手中。以三井财团旗下的家电制造企业东芝为例:2016 年 7 月 1 日,美的集团收购了东芝家电业务主体——东芝生活电器株式会社(TLSC),该家电主体以冰箱、洗衣机、吸尘器等普通家电产品为主,而东芝的空调产业则隶属于社区解决方案事业公司,并不在此次交易范围之内。

事实上,空调才是东芝家电产业的核心,世界第一台变频空调、第一台分体空调都是由东芝发明生产的。如今,上海地铁 1 号线至 16 号线都采用的是东芝空调,更是创造了压缩机零故障的佳话。在上海浦东、上海虹桥、广州白云、南京禄口、杭州萧山国际机场等处,东芝空调的身影也是无处不在。可以说,东芝依然占据着中国国内高端空调产品的市场份额。

20 世纪 30 年代,日本经济学家赤松要提出了产业发展的“雁行模式”,即:首先以日本财团企业为雁头,掌握上游产品和技术;其次是韩国和中国台湾,主要为日本技术做配套;最后是中国大陆地区所扮演的“雁尾”角色,做组装生产。而随着中国经济和技术实力的持续增长,传统的“雁行模式”被“雁群模式”所替代,产业“控心化”就逐渐成为日本企业的发展趋势。

随着移动互联网、物联网等新技术的兴起,家电产品的界限也会变得越来越模糊,依靠单一的某一类家电商品来定义家电产业兴衰的时代已经过去了。对此,松下电器社长津贺一宏表示,日本已经看到了传统家电业务的天花板,正在积极谋求转型,即有意识地收缩竞争激烈的 B2C 市场,转而将精力投向市场更为广阔的 B2B 领域,用产业链上游的核心技术攫取更高利润。

本章导言

2012年5月，董明珠从格力电器创始人朱江洪手中接过了公司董事长一职。在这位网红董事长的带领下，格力电器逐步走上多元化扩张之路。董明珠明确提出要将格力电器从一家专业生产空调的企业发展成为“一家多元化的集团性企业”，打造小家电、电冰箱品牌，进军手机领域，投资新能源汽车，甚至放言投500亿元开发芯片。

格力的每一次多元化尝试都会引起热议。在网红时代，拥有知名度就能得到流量，而流量又可以转换成金钱。但是经营企业并不等同于网红经济。百度指数显示，“格力”的搜索指数大概只有“董明珠”的一半不到，也就是说董明珠在网络上的知名度和关注度要比格力高出一倍以上。“网红”董明珠的一次次热搜为她自己带去了明星效应和知名度的提升，但是在此过程中格力电器又真正收获了什么？

2013年，格力电器成立了大松生活电器，主推小家电产品。同年9月，董明珠以代言人的身份出现在了晶弘电冰箱的新广告片中，该广告在中央电视台黄金时间播出。然而，格力电器在相关领域的第一次多元化尝试现在来看似乎并不成功，2017年的公司年报显示，其生活电器业务占公司营收的比例只有1.55%，空调业务的营收仍占到了83.22%。

2015年3月，不甘寂寞的董明珠决定试水智能手机市场，声称2015年要卖5000万部，“三年内灭掉小米”。相较于小家电和电冰箱，智能手机对于格力可谓是全新的领域，那么在这一领域格力电器成绩如何呢？事实上，格力手机并未在第三方平台进行销售。格力自有的官方商城显示，在格力手机面市的4年多时间中，仅卖出了10余万部，而其中的大部分还是通过内部渠道消化的。

2016年3月，格力宣布收购珠海银隆新能源有限公司，进军新能源汽车制造业。据公开介绍，珠海银隆通过收购美国公司获得了其技术、生产线和销售体系，拥有可与磷酸铁锂电池、稀土锂电池媲美的钛酸锂电池技术。但是，这家珠海银隆可并不是什么优质资产，截至2018年12月31日，银隆的资产总额为388.41亿元,而负债总额竟高达315.59亿元。

其实,收购珠海银隆的并不是格力电器,而是董明珠本人。2016年10月,收购珠海银隆相关议案在临时股东大会上被投票否决。此后,董明珠迅速以个人名义联手王健林、刘强东,拿下了银隆新能源22.388%的股权。其中,董明珠一人投资10亿元,随后开始不断砸下真金白银。截至2018年末,董明珠持有银隆17.46%的股份,是银隆新能源的第二大股东。

2018年8月14日,珠海零边界集成电路有限公司成立,经营范围为半导体、集成电路、芯片、电子元器件、电子产品的设计与销售等。该企业法人代表正是董明珠,珠海格力电器为其大股东,出资比例为100%。对于空调芯片,董明珠放出豪言:“哪怕投资500亿,格力也要把芯片研究成功!”然而,芯片是纯粹的高科技、高资本产业,期望两三年内见成效,无疑是痴人说梦。

“格力做什么都做不好,就是空调做得好。”一位格力经销商曾对格力电器的多元化战略做如此评价。的确,在经历了多年的多元化转型之后,格力电器的空调业务营收占比仍然超过了八成。可以说,现在格力电器的企业文化越来越具有董明珠色彩,但产业结构却依旧停留在朱江洪时代,董明珠和格力电器也似乎陷入了越努力越失败的怪圈。

对于格力电器多元化发展出现的问题,部分专家学者认为是由于格力多元化布局过快,在多元化上既无经验,业务之间又少了些协同性,才导致风险不断加大。

同样是多元化布局,与格力同台竞技多年的巨头美的集团,似乎就靠谱得多。如今的美的早已从以家电生产营销为主的制造业企业,进化成了在泛家电领域全产业、物流及传媒商业和金融全方位扩张的财团化企业。

其实,格力电器所面临的问题正是今天许多中国制造业企业转型发展时期所面临的问题,追踪热点和多元化布局并没有错,但是在这一过程中,需要建立起一套行之有效的体系。传统的工厂模式和家族企业模式,在没有财团商社体系支撑的环境下,无法实现向产业链上下游领域的延伸,既缺乏在上游的研发、设计,也没有下游的流通、服务等领域持续盈利的能力。

第一节 海尔：日本家电厂商的继承者

日本三洋，海尔的兄弟

1984 年，山东青岛两个集体小厂合并成立了青岛电冰箱总厂，由当时担任青岛市家电公司副经理的张瑞敏出任电冰箱厂厂长。这家当时已经严重资不抵债、濒临倒闭的青岛电冰箱总厂正是海尔集团（Haier）的前身。35 岁的张瑞敏临危受命，决心改变工厂现状，在收集了 30 多个国外厂家的技术资料进行对比之后，最终决定采用德国电冰箱制造商利勃海尔（LIEBHERR）的技术和设备。

第二年，海尔集团通过引进德国公司的先进技术和设备，生产出了亚洲第一代“四星级”电冰箱，为体现出双方的合作，海尔集团将产品名称定为“琴岛－利勃海尔”，并且成功地设计了象征中德儿童的吉祥物“海尔兄弟”，寓意着中德双方的合作如同这两个小孩一样充满朝气和拥有无限美好的未来。其实，海尔的“兄弟”不仅有德国的公司，还有日本三洋电机（SANYO）。

三洋电机株式会社是一家总部位于日本大阪的大型家电制造企业，曾与索尼、夏普、松下、东芝、日立并称为日本家电的六大巨头。20 世纪 80 年代，日系家电在中国市场可谓是风头无两，拥有日系家电成为当时的潮流。三洋电机凭借独创的喷流式洗衣机，更是让“三洋”成了当时家喻户晓的明星品牌。

同样是在 1985 年，海尔集团通过引进日本三洋电机株式会社的空调技术和生产线，研发生产出了中国首台分体式空调，这成为当时海尔品牌的一大卖点。1993 年，海尔集团又从日本三洋电机引进了交流变频技术，开始生产更为先进的变频空调，也带动了二者后来在电冰箱领域的进一步合作。

1998 年，海尔集团再次引进了日本三洋电机的冰箱变频压缩机技术，在中国投产建立了新一代的三相直流变频压缩机工厂，由此改写了国内企业只能进口电冰箱变频压缩机的历史，使得中国国内家电厂商同样可以低成本大批量地生产变频冰箱。海尔集团也因此成为当时国内唯一一家可大批量多规模生产变频冰箱的企业。

日本三洋电机株式会社会长井植敏（图左）曾表示：“在访问海尔的过程中，我与海尔集团的张瑞敏（图右）先生有着共同的世界观和价值观。”

2001 年 9 月 25 日，时任日本三洋电机株式会社会长的井植敏第一次访问海尔集团。对于这次的访问，井植敏表示：“在访问海尔的过程中，我与张瑞敏先生有着共同的世界观和价值观。”正是由于有了这次井植敏与张瑞敏的友好接触，双方的洽谈进行得十分顺利,不到3个月就达成了全面合作的意向。

同年12月19日,海尔集团与日本三洋电机正式达成了广泛领域内的全方位合作协议。在中国青岛海尔总部大楼举行的签约会上,张瑞敏也表达了他对日本三洋电机由来已久的敬佩:“80年代我就读过介绍井植会长父亲井植岁男(三洋电机创始人)先生的文章,井植岁男先生说的‘没有钱不可怕,最可怕的是没有奋斗精神’给我印象很深,三洋就是靠这种精神发展起来的。我们有一句话:把别人认为办不到的事办成。我相信我们在这方面是有共同认识的,海尔一直在学习三洋公司的创新精神和开拓国际市场的战略。”

2002年1月8日,海尔集团又与日本三洋电机在大阪新大谷酒店举行了新闻发布会,宣布双方合资成立一家新公司——三洋海尔株式会社,该公司将以中日两国市场为基础,互换市场资源,在网络竞争的时代,建立一种新型的竞合关系,以创造更大的市场。

成立合资公司的消息在日本各界引起强烈反响,日本有50多家媒体的记者出席了1月8日在大阪举行的新闻发布会。日本《朝日新闻》当日甚至用头版头条报道了海尔三洋合作的消息,并指出:“这种对等的合作在日本来说是第一次!”井植敏在新闻发布会上回答记者提问时表示,三洋电机与海尔集团合作之后,应该为促进全球经济的发展创出一个“亚洲模式”。

张瑞敏则对中日企业合作的“亚洲模式”做了进一步解释,他认为:“当今世界经济一体化,国际化公司发展的最佳战略是竞合关系,在竞争中有合作,实现双赢,这样的关系符合未来全球经济的发展趋势。海尔与三洋电机的合作由来已久,此前主要在空调产品的技术合作以及零部件采购等领域,此次双方的合作一定会为日中经济乃至亚洲经济的发展探索出新的模式。”

放弃自有品牌,融入日本体系

2002年6月,海尔日本控股公司成立,负责管理海尔在日本的相关公司。根据三洋电机与海尔集团达成的合作协议,创造出了“Sanyo by Haier”的营销模式,即三洋电机为海尔集团在日本提供营销渠道,作为回报,海尔集团帮助三洋电机在中国销售电池。

2003年8月20日晚8点,海尔集团在日本东京银座点亮了自己的灯箱广告,这是中国企业第一次在此世界级黄金广告地段竖起广告牌。海尔的大广告牌竖立于银座四丁目七保楼,高12.3米,外形为三面立柱状,其中正面宽12.3米,两个侧面宽分别是9.1米、9.4米,正面图案为蓝色背景并印有“Haier”标识,而侧面图案则为产品图案。

日本东京银座,可谓是家喻户晓。它不仅是日本许多百年老铺与本土品牌的发祥地,更与巴黎的香榭丽舍大街、纽约的第五大街齐名,并称“世界三大名街”。

从地理位置来讲,东京银座是全日本最昂贵的黄金地段,而四丁目又是其中最昂贵的中心地段。可以说,海尔是怀揣着“登陆”日本市场的野心把自己的灯箱广告插进了日本的商业心脏。

海尔花了大价钱在银座街头投放巨幅广告,也在设计上力求简约时尚,但由于海尔产品结构过于单一、产品性能普通、渠道终端铺设力度不够等原因,在更广泛的日本消费群体中,海尔品牌并不能获得认可。

海尔也曾试图推广自己的高端产品品牌。2007 年海尔曾在东京设立了一个研发中心,员工全部为日本本土研发人员,并成功研发了一些新产品。但由于缺少足够的品牌影响,这些新产品在投放日本市场之后业绩收效甚微。海尔在与松下、日立、东芝等日本本土品牌的竞争中遭遇了瓶颈。

为了解决这一困境,也为了更好地融入日本市场,海尔集团选择了“曲线救国”,瞄上了日本本土家电品牌“AQUA”。诞生于琵琶湖畔滋贺县的“AQUA”品牌是三洋电机洗衣机事业的代表产品,具有“空气洗”和“水处理”这些全球首创并领先的创新技术,被誉为“珍惜水源的洗衣机”,符合日本用户的需求,一直以来受到众多消费者的青睐。

2011 年 10 月 18 日,海尔集团和曾经的合作伙伴日本三洋电机株式会社达成协议,海尔集团收购三洋电机在日本的洗衣机和家用冰箱业务及其在印度尼西亚、马来西亚、菲律宾和越南的洗衣机、家用冰箱和其他家用电器销售业务。三洋电机将所持有的研发、生产及销售家用和商用洗衣机的日本三洋 AQUA 株式会社股份转让给海尔。

2012 年 2 月 15 日,海尔集团在日本东京举行新闻发布会,宣布海尔集团在日本市场推出“海尔”和“AQUA”的双品牌战略。担任海尔“AQUA”品牌销售总裁的中川喜之此前正是原三洋 AQUA 公司的总裁。中川喜之率领的海尔 AQUA 销售公司 70 多名日本员工,是海尔产品开拓日本市场的主力军。

海尔的双品牌营销战略中,“AQUA”品牌主要利用原品牌的影响力,对准日本市场的高端人群。未来海尔亚洲的产品全部冠以“AQUA”之名,包括在东南亚依然使用的“SANYO(三洋)”品牌产品,海尔品牌的存在感逐渐被削弱,而强化日本品牌特色。

海尔集团 2012 年在日本全年实现 500 亿日元的销售目标,其中“AQUA”品牌 350 亿日元,“Haier”品牌 150 亿日元。对比 2011 年海尔集团在日本市场的销售额仅为 108 亿日元,海尔集团在日本的双品牌战略初见成效。日本《每日新闻》报道称,推出“AQUA”后,海尔也许将成为日本同行业的一个强有力的竞争对手。

2015 年 6 月,海尔在日本举行了“AQUA”品牌的新品发布会。对此,日本知名媒体《日本经济新闻》的看法是,“海尔是日本家电厂商的继承者”。日经新闻还引述了这样的观点:“海尔亚洲有创造新市场的日本家电过去的身影,如果源自日本的海尔亚洲产品走向世界，或许能成为‘日本家电复兴’的先导。”

2016年1月11日，鉴于“AQUA”品牌的广泛知名度，海尔旗下的子公司“海尔亚洲”正式更名为“AQUA”，以继续利用三洋的品牌号召力，实现家电产业的再度起飞。现在的“AQUA”已经转型为涵盖冰箱、洗衣机等60多种型号家电产品的综合独立子品牌。截至2017年上半年，“AQUA”在日本共铺设店铺2000余家，它的智能商用社区洗衣机占领了75%的市场，成为绝对引领的主流品牌。

家族企业走到了穷途末路

1947年，43岁的井植岁男辞去松下电器（属住友财团）行政管理主任的职务，并和他的兄弟井植佑郎、井植薰在日本大阪创办了三洋电气厂（三洋电机的前身）。井植岁男是“日本经营之神”松下幸之助的内弟，14岁时就随同松下幸之助参与了松下电器的创立与发展。井植家族的兄弟三人也都是松下电器的创业元老。

起初，松下电器就让出了自行车车灯业务给三洋负责生产。以此为起点，三洋电机先后进军收音机、洗衣机、电视机等领域，很快就取得了成功。1955年，三洋电机在大阪证券交易所及东京证券交易所上市。到了20世纪60年代，三洋已基本确立其家电巨头的业内地位。鼎盛时的三洋年销售额超过2万亿日元，股价远超松下、东芝等竞争对手，员工数一度超过10万人。

20世纪90年代，由于具备了日本电器企业的明显优势——精细的生产质量控制、完备的零配件供应等，三洋电机开始为其他企业代工生产（OEM），这为三洋电机在短期内创造了巨额利润，与同时期其他日系家电企业的苦苦挣扎相比尤为抢眼。靠代工就能赚取利润，三洋电机便没有了创新的动力和危机的紧迫感，产业升级转型更是难以实施。

追求短期利润的做法让三洋电机最终陷入了绝境。代工的辉煌固然令人陶醉，但是当市场形势发生变化时，代工厂模式往往首当其冲，出现产能过剩的现象，这也是三洋电机最大的隐患。2004年，代工策略的缺陷最终导致三洋电机全面溃败，三洋出现了1715亿日元的经营赤字。三洋电机最重要的利润来源业务也因缺乏创新，市场份额不断被索尼、松下、三星等品牌蚕食。

2005年4月，面对家族企业经营机制的弊端，三洋电机也曾经做过努力，记者出身的野中知世接替井植敏（公司创始人井植岁男之子），就任三洋电机董事长兼CEO。后来，野中知世希望公司对一起发生于2003年的财年虚报亏损案件进行全面调查，遭拒后离职。这起亏损案的直接责任人正是井植家族第三代的掌门人，井植敏的儿子井植敏雅。

2006年3月，为缓解财务紧张状况，三洋电机向三井住友金融集团、大和证券SMBC公司（三井住友银行和大和证券的合资公司）和美国高盛定向增发优先股。

三洋电机最初只是希望三井住友银行投资，不料后者拉来了美国高盛。三洋电机共筹集了3000亿日元(约合26亿美元)资金。作为交换，三井住友银行、大和证券SMBC和美国高盛共获得了三洋60%的投票权，在三洋电机董事会的8名董事中，这三家公司派出的董事占了5名。

与此同时，三洋电机宣布将逐步从综合家电制造商转型为以充电池、太阳能发电等绿色能源业务以及手机等移动通信业务为主的科技企业，大幅缩小白色家电业务。2006年12月，由于电池质量问题，三洋电机宣布召回130万块手机电池。2007年3月，联想和美国消费品安全委员会联合宣布，将主动召回20万块三洋生产的笔记本电脑锂电池。

2008年11月，松下电器宣布收购三洋电机，并决定将三洋完全子公司化

2007年5月，美国通用电气(GE)获得三洋电机信贷公司的全部股份。2008年1月，日本京瓷收购了三洋的手机部门。最终，2008年11月，松下电器宣布收购三洋电机。到2010年8月，松下通过股票公开买卖，获得三洋电机80.77%的股份，之后决定将三洋完全子公司化。2011年10月18日，海尔集团又宣布收购了三洋电机在日本和东南亚地区的洗衣机、家用冰箱和其他家用电器销售业务。

2011年12月，三洋电机大阪总部的"SANYO"(三洋)标识被撤下，由"Panasonic"(松下)取而代之。2015年3月，随着三洋电机在日本国内最后的子公司——三洋鸟取技术解决方案公司(三洋TS)所有股份的转让，同年4月三洋电机所有职员转往松下，曾经辉煌一时的日本三洋电机彻底消失。

日本三洋电机就这样被松下和日本国内外的企业完全"肢解"。一方面，把"代工厂"列入核心业务的三洋电机为了利润忽略了品牌塑造和技术创新。另一方面，作为一家制造企业，三洋危机的根本原因在于缺乏整体的"产业观"和来自企业外部的利益共同体的稳定支持，单打独斗的家族企业模式根本无法在危机到来时获取足够的支援。

相比之下，三洋电机的"老师"松下电器却是典型的财团体系中的制造企业。松下幸之助是以住友财团的贷款起家，自1927年从住友银行借入第一笔3万日元的无条件约束贷款开始，松下电器的存贷款主要都是由财团银行操作的。所以，松下幸之助说："松下所有利益都以住友财团为先，不产生冲突。"

松下电器布局整个家电产业链，形成从研发、设计、整机生产、物流、销售到金融各个节点互相支持的格局。更重要的是，松下电器持续进行整合资源，以加强与"三井—住友财团体系"内企业的联系与合作。此时，在没有财团体系的支撑环境下，三洋无法将产业链由零部件向整机生产延伸，也缺乏从上游的研发、设计到下游的流通、服务等领域持续盈利的能力。

海尔金控蒸蒸日上

2001 年,在海尔创业 17 周年纪念会上,海尔集团创始人张瑞敏表示,“从发展角度看,产融结合不一定能保证跨国集团的成功,但跨国公司一定要成功地进行产融结合。世界 500 强中有 80% 以上都是成功地进行产融结合的运作”。当时,中国的整个金融市场还没有现在的开放,海尔集团的金融产业布局是从入股青岛银行开始的。

同年,海尔集团便通过旗下青岛海尔投资公司、海尔空调电子公司,合计持股 26.1%,成为青岛银行的实际控股股东。2002 年,海尔财务公司由央行批准成立,从此成为海尔金融板块的“主干”,负责海尔金融的业务延伸。

除银行外,海尔集团在保险和证券也早有布局。2002 年,海尔与美国纽约人寿保险设立海尔纽约人寿保险公司,双方各持股 50%。同年,海尔集团以 4.7 亿元入股长江证券(原湖北证券),获得 20% 的股权并成其第一大股东,目前海尔持有长江证券 16.03% 的股权,仍为第一大股东。

2007 年,海尔财务公司还获批成为第一家地方非央企财务公司,可以发行 3A 级金融债的企业集团财务公司。专业的评级机构会根据发债人的情况给发行的债券评级,级别越高说明将来还本付息能力越强,投资的价值越高、风险越小,3A 级是最高级别。2009 年,海尔财务公司又成为首批获准开展电子银行承兑汇票业务的财务公司。

2010 年,海尔资本成立,业务涉及风险投资、私募股权投资、产业并购、政府引导资金等领域,先后投资了广茂达(教育机器人)、华图教育、博纳影业、安达科技(锂电池行业)等。海尔资本旗下拥有农业产业投资基金和青岛蓝珊瑚医疗并购基金两大基金用于产业并购。

2011 年,海尔国际商社成立,总部位于青岛,在青岛、香港、上海设立 5 家法人公司。海尔国际商社致力于打造第三方的通路平台,为资源的产生、流通和使用所涉及的全流程攸关方提供增值服务,主要面向 B2B 客户。依托海尔全球营销、研发、网络和物流资源,海尔国际商社从交互、交易和交付三个方面切入,以用户最佳体验为目的,搭建价值交互平台。

2013 年,海尔融资租赁公司成立,成为海尔金控旗下专注于产业金融服务的主体,其官网上的口号是“我们来自产业,我们更懂得产业的金融需求”。同年,海尔收购的快捷通当年就获得了支付牌照,是集技术开发、资金清算、数据分析于一体的第三方支付企业,主要提供互联网支付的收款和付款服务。

2014 年,海尔云贷、海尔消费金融、海融易成立。海尔云贷是首批获得全国牌照的小贷公司之一;海尔消费金融是中国首家由产业发起设立的产融结合消费金融公司。同年，原银监会选取了海尔、北汽、上汽、格力、武钢5家企业集团财务公司作为试点，延伸产业链金融服务。

2015年，在海尔财务公司的基础上，海尔集团（青岛）金融控股有限公司（以下简称“海尔金控”）正式成立。海尔金控几乎囊括了“海尔系”旗下所有的金融机构，目前已涉及9家金融机构、5家投资机构、2家参股银行保险企业的布局，拥有法人公司30余家，并拥有70多项金融牌照资源，成为海尔实施网络化战略的支柱产业，目前资产规模超千亿元。

海尔金控推崇的是“产业投行”模式。海尔金控董事长和法定代表人谭丽霞表示：“在对待产业上，我们并不仅限于金融和投资，而更多的是以‘产业投行’的模式帮助客户提升管理能力，通过‘引入新要素、重构新生态、创造新价值’的方式，促进产业转型升级，实现双方彼此间的‘共创共赢’。”

虽然海尔集团涉及众多金融领域，但海尔金控却有着“金融+交易+投资”三条清晰的业务主线。在谭丽霞看来，当前金融服务在为目标企业提供基础融资、现金流支持的同时，更重要的意义在于利用资源优势帮助其提升管理运营，促进其实现产业层面的转型升级。通过“产业投行”模式的帮扶与引领，金融企业与实体产业或许才能在更长周期的价值链上获得真正的共赢。

在湘西，海尔金控发现当地有品质非常好的湘西黄牛，但它的价格不到日本和牛的1/10。海尔首先从海外引进牧草种植技术、喂养技术、屠宰技术、包装技术等，提高牛肉品质，进而提升价格。其次，海尔为当地养殖户提供保证金，为养殖基地建设提供启动资金融资。最后，通过海尔轻厨的线上平台为湘西牛肉引来用户，海尔集团让这种高品质牛肉能够走进消费者家中。

产业升级后，肉牛的出栏时间由原来的平均30个月缩短到18个月，料肉比提高了38%，整个利润提高了27%。肉牛生态圈辐射全国9个省市1900个乡村，惠及4万个家庭，令16万人在这个生态圈致富。这种产业模式在提升畜牧养殖业的同时还带动了当地经济发展，获得了当地政府的认可。

可以说，通过产业资本的进入，打通了相关企业的价值链，使竞争模式有了很大升级，海尔金融体系不仅输出资本，还输出了管理和思想，最终靠经营生态实现各方共赢。在海尔金控成立之初，张瑞敏就曾指出，海尔金控将会成为是“产业里最懂金融的、金融里最懂产业的”。

第二节　小天鹅：与松下的失败“联姻”

“经营之神”的中国政商之路

1978 年 10 月 22 日至 29 日，中国国家领导人邓小平应日本首相福田赳夫（福田康夫的父亲）的邀请访问日本。这是 1972 年中日邦交正常化后，中国领导人第一次访问日本。10 月 28 日，邓小平一行冒着细雨参观了住友财团的松下电器公司茨木工厂，已经 83 岁高龄的松下幸之助作为松下电器公司最高顾问亲自到工厂门口迎接，陪同他的还有松下幸之助的女婿——松下电器董事长松下正治。

邓小平在展厅参观了松下双画面电视机、高速传真机、汉字编排装置、录像机等产品，并挥毫题词：中日友好前程似锦。邓小平对松下幸之助说：“松下老先生，你能否为中国的现代化建设帮点忙？”松下当即允诺：“愿为中国实现现代化提供协助。”他说：“世界繁荣的中心曾经由亚洲转到欧洲，近百年来又转到美洲。相信到 21 世纪，世界繁荣的中心将回到亚洲。日中两国要加强合作，为世界的繁荣、和平和幸福做出贡献。”

1979 年 6 月 25 日至 7 月 4 日，受中日友好协会会长廖承志的邀请，松下幸之助访问了中国，并再次受到邓小平同志接见。邓小平邀请松下幸之助帮助中国改造电子工业，松下提出了一个由日本电子工业界联合起来帮助中国发展电子工业的宏大计划。这个构想得到邓小平的赞同，时任国务院副总理谷牧、康世恩以及有关部委领导对此做了具体研究。

回到日本后，松下幸之助通过约见日本电子工业巨头、接受媒体采访等多种方式，积极介绍中国改革开放政策。但是，由于当时的日本电子业界竞争十分激烈，加之不了解中国的具体情况，尤其是对合资经营缺乏信心，松下幸之助提出的构想并未能启动。为此，松下幸之助于 1980 年再次访华，特意向邓小平表达了歉意，并表示松下电器将单独同中国合作，愿为中日合资合营企业树立一个典范。

此后，松下电器公司的山下俊彦社长多次访华，最终在 1987 年，松下电器与中国企业合资成立了北京松下彩色显像管有限公司。双方投资规模达到 248 亿日元，是当时最大的中日合资企业，投产当年就获得盈利，在日本经济界引起巨大轰动。此后，其他日本企业纷纷开始进入中国。

1994 年，松下电器（中国）有限公司率先在中国合资成立，其主要职能是在科、工、贸三大领域内开展多种经营活动，作为综合支援性公司对在华松下各企业的法务、财务、人才培养、质量、技术、知识产权、销售、售后服务、公共关系等方面进行支援。松下电器先后为中国企业提供的技术合作项目有160多个，也为中国电子工业培养了大批技术人才。

从2003年4月起，松下电器（中国）正式转变为地域统括性公司，其职能包括：代表松下进行品牌管理、风险管理，促进投资回收；实施地域发展战略，提供销售、售后服务平台，促进事业领域的开发生产、销售一元化；对各个事业领域进行支援、提供共同平台。

2008年，正值邓小平访问松下公司30周年。5月10日，时任国家主席胡锦涛驱车由奈良赶往位于大阪附近的松下电器。胡锦涛与60名松下员工和获得松下奖学金资助的中国留学生亲切交谈。胡锦涛希望松下电器能在环境保护方面与中国展开新的合作，对北京奥运会给予的支持表示感谢。

可以说，被誉为日本"经营之神"的松下幸之助是最早引起中国公众关注的日本企业家，他所创办的松下电器也是改革开放后最早进入中国市场的跨国公司之一。松下电器为国人所熟知，松下幸之助的管理思想也深刻影响了中国企业界。松下幸之助虽然已经去世多年，但他对中日友好和支持中国改革开放的热情却由松下人继续传承下来。

2018年12月18日上午，庆祝改革开放40周年大会在人民大会堂举行。本次大会旨在表彰为改革开放做出杰出贡献的人物，松下集团创始人松下幸之助获得中国改革友谊奖章，评语为"国际知名企业参与我国改革开放的先行者"。松下幸之助的外孙、现任松下集团副会长松下正幸作为代表前往北京领取了中国改革友谊奖章。

小天鹅急忙迎娶松下"爱妻"

1986年，曾经生产出中国第一台全自动洗衣机的无锡洗衣机厂改名为"无锡小天鹅电器工业公司"。更名后的小天鹅洗衣机销售情况一直不容乐观，生产经营跌入低谷，大量的产品积压、经济效益滑坡、账本上利润为负。到了1988年，一家小小的工厂竟亏损197万元，完全处于要崩溃的边缘。在当年国家轻工业部组织的"产品满意度"消费者调查中，小天鹅洗衣机被评为"最不满意产品"。

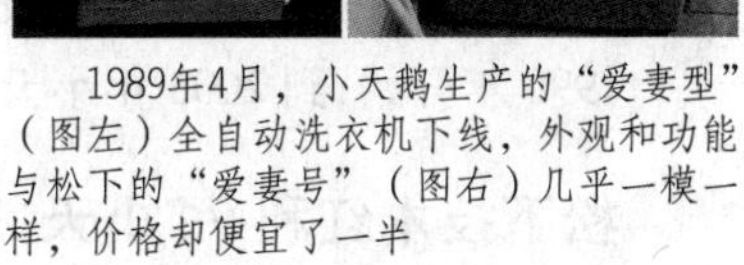

1989年4月，小天鹅生产的"爱妻型"（图左）全自动洗衣机下线，外观和功能与松下的"爱妻号"（图右）几乎一模一样，价格却便宜了一半

为了尽快摆脱破产倒闭的阴影，小天鹅开始寻找"外援"。一开始小天鹅和海尔一样也希望能够寻求日本三洋电机的帮助，但三洋电机的排他性合作要求让小天鹅无法接受。随后，小大鹅转向松下寻求合作。其实，小天鹅和松下的缘分由来已久，因为无锡洗衣机厂的中国第一台全自动洗衣机就是通过拆解松下全自动洗衣机一点点仿造

出来的。

1989 年,小天鹅终于和日本住友财团的松下电器谈妥,以 411 万美元的价格引进了松下“爱妻型”全自动洗衣机包括模具、注塑机等配套设备的全套技术,其中 59 万美元是软件技术及培训费用。为了与松下“联姻”,小天鹅付出了 2900 万元人民币的巨额成本。

1989 年 4 月,小天鹅生产的“爱妻型”全自动洗衣机下线,外观和功能与松下的“爱妻号”几乎一模一样,价格却便宜了一半,迅速引起国内市场轰动。小天鹅洗衣机也开始成为知名品牌,当年秀恩爱的最好方式就是买一台小天鹅“爱妻型”洗衣机。

同年,在北京举行的“全国名轻工产品展销会”上,一位泰国华侨一下子给小天鹅“爱妻型”洗衣机 5000 台的订单。根据小天鹅集团原副总裁徐源回忆,之所以下这么大的订单,就是因为小天鹅洗衣机的功能及外观与日本松下洗衣机毫无二致,但是价格却便宜很多,为此北京国际展览会还授予了小天鹅国际金奖。

1990 年,时任国务院副总理朱镕基到无锡召开企业座谈会,要求小天鹅对标日本松下电器的质量标准。这是因为当时小天鹅的“爱妻型”虽然外表和松下的“爱妻号”一模一样,但是在质量和性能上却有着巨大差异。中国洗衣机的标准是 400 次无故障,国际上最先进的松下标准则是 5000 次无故障。

直到 1991 年 10 月,小天鹅利用松下电器的技术与质量要求,终于达到了 5000 次运行无故障标准。经过相关部门认证,厂领导写信给无锡市政府,通过无锡市政府打报告给国务院,为此还收到了朱镕基总理的贺电,国务院专门给小天鹅发放了 20 万元的奖金。

突破质量关后,小天鹅进入高速发展期,年产能也从 1989 年的 2000 台一下跃至 1990 年的 3 万台。此后逐年翻番,1993 年 25 万台、1994 年 47 万台、1995 年 80 万台,至 1996 年已达到 100 万台,并且提前还掉了租赁公司的贷款,企业也从最开始的亏损状态发展到 1996 年创下 3 亿元利润。

随着洗衣机在百姓家庭的普及,“小天鹅”成为那个年代家喻户晓的品牌。“全心全意小天鹅”的广告语和大拇指“我承诺”的形象进入千家万户,彼时的中国家庭都以拥有一台小天鹅洗衣机、一辆飞鸽自行车和一台海尔电冰箱为荣。从 1996 年开始,到 2008 年小天鹅洗衣机连续 13 年全国销量第一。

松下技术红利 vs 小天鹅经营亏空

1995 年,小天鹅洗衣机销量突破 192 万台,正式成为拥有全列洗衣机的世界第三大洗衣机制造商。也就是这一年,日本松下电器主动找到了小天鹅,期望与其合作开展技术研发。对于松下抛来的橄榄枝,当年科研能力尚显不足的小天鹅选择了接受。

同年7月和12月，无锡小天鹅股份、小天鹅集团与松下电器、松下电器（中国）先后合资成立了无锡松下冷机有限公司（以下简称“无锡冷机”）和无锡松下冷机压缩机有限公司（以下简称“无锡冷压”），松下方面共占合资企业80%股份，其余20%归小天鹅集团及小天鹅股份公司，合资股份的领导均由松下派驻的员工担任总经理。

自松下与小天鹅的合资公司投产以来，冰箱和压缩机的产量、销量和销售额均持续攀升，但利润却并未同步增长。无锡冷机仅在2002年和2003年实现盈利，其余年份均大幅亏损；无锡冷压则从1997年到2007年的10年间，除2002年微利外，一直处于亏损之中。小天鹅股份公司的年报显示，它对无锡冷压的初始投资0.43亿元在2004年已丧失殆尽；而它对无锡冷机的初始投资0.72亿元，截至2005年底仅剩0.28亿元。

“产量、销量节节攀升，可利润却连年亏损。如今无锡冷机资产殆尽，无锡冷压早在2005年就已资不抵债。”对于与日本松下电器合资创办的两家企业的经营迷局，2007年时任小天鹅集团董事长的王锡林也表达了自己的不解和不满。那么，在销量繁荣与利润亏损的迷局背后究竟又隐藏着什么？

尽管小天鹅在无锡冷机和无锡冷压中的投资几乎全部打了水漂，但松下却每年从合资公司获取稳定的收益，收取技术提成费就是松下最重要的收益来源之一。从1996年到2006年的11年间，松下共从无锡冷机收取技术转让费1.6591亿元；从1997年到2006年的10年间，松下共从无锡冷压收取技术转让费1.4397亿元。

原来，1995年合资企业筹建之初，在二者《合资合同》的《技术转让合同》9.1款中，松下就已埋下了伏笔。无锡冷机“同意向松下支付按本合同制造并且在中国国内外销售的所有合同产品的销售价格乘以3.5%的技术提成费”。无锡冷压则需按压缩机销售价格的5%向松下支付技术提成费。

因此，尽管两家合资企业亏损累累，但松下从合资过程中获取的技术提成费却高达3.0988亿元。2007年3月16日，时任小天鹅集团董事长王锡林神色凝重地告诉记者：“这种状况很不正常，我们已要求松下把亏损的原因解释清楚。”而松下唯一正式的回应是，松下冷机株式会社社长滕井康照就合资10年来没有分红一事向小天鹅表达了歉意。

在松下的“技术支援”下，本来应该以独立开发新型产品为目的的无锡冷压及无锡冷机，成为山寨松下成品的皮尺部。在小天鹅荒废了合资公司科研团队的同时，松下给予的连续三年的技术支援，却极大地促进了小天鹅成品电器的品质提高。到2006年时，表面上依旧叱咤中国市场的小天鹅，其各种家用电器设备中，超过60%均与松下电器有直接关系。

除此之外，对于两家合资公司，松下不仅完全控制着技术和生产的命脉，而且掌握着产品销售和原材料采购大权。在长达十多年的时间里,无锡冷机生产的冰箱全部由松下电器(中国)包销,无锡冷机仅仅是日本松下电器在无锡的一个生产车间。

事实上,松下电器与它在无锡的子公司之间存在关联交易。无锡冷机卖给松下的冰箱平均按31%的扣率结算,并且由无锡冷机承担运输费用。无锡冷机以高出小天鹅4~5个百分点的销售扣率委托松下销售冰箱,松下由此获得的收益远超过技术提成费。无锡冷压生产的压缩机38%外销,由松下负责;其余62%在中国内销,其中的一半也委托给松下销售。凡是松下销售的产品,它都要向无锡冷压收取3%~5%的销售提成费。

2007年8月14日,小天鹅最终决定将持有的无锡松下冷机压缩机有限公司19%的股权以及无锡松下冷机有限公司19%的股权,以1.537亿元的价格全部出售给松下电器产业株式会社。本次交易实施后,松下电器及其关联方持有合资公司100%股权。从合资公司中完全撤出,也意味着小天鹅与松下电器多年的合作正式宣告分手。

对于这次合资"战役",松下(中国)顾问张仲文宣称:"一头猪和一只母鸡合资开餐馆,鸡用自己下的蛋出资,猪用自己的肉出资,当猪肉割完后,合资还进行得下去吗?"

虽然"摆脱"了日本松下电器的合资迷局,但小天鹅已不再是那个叱咤中国家电市场的风云企业了。2008年2月,美的电器以16.8亿元正式收购了小天鹅公司24.01%的股权,并成为其控股股东。此后,经过一系列的动作,美的逐步对小天鹅的持股比例提升至52.67%。美的集团与小天鹅一直保持母子公司的模式,而在品牌上则保持双品牌运行。

2018年10月23日,美的集团(000333)和小天鹅A(000418)双双发布公告,美的集团以发行A股方式,换股吸收合并小天鹅。此次吸收合并的总交易金额预计为143.83亿元,完成后,小天鹅终止上市并注销法人资格,美的集团或其全资子公司将承继小天鹅全部资产及其他一切权利与义务,无锡小天鹅终于成为历史。

成功转型,松下再出发

松下在2011年和2012年连续两年超过7000亿日元巨额亏损。与此同时,2009年、2013年,住友财团旗下的松下电器先后两次转让了合资公司北京松下彩色显像管有限公司的股权,2013年又关闭了在上海的等离子电视工厂。2015年1月,山东松下电子信息有限公司宣布生产终止,开始清算手续,松下电器电视机生产业务全部撤离中国。

2012年以来,新上任的松下社长津贺一宏对松下进行了大刀阔斧的改革,并逐渐剥离亏损业务。2013年,松下进行了重组,设立AVC、环境、住宅、汽车四大事业部。2014 年，松下逐步恢复元气，净利润比上年增加了 49%，达到 1794 亿日元，主要来源于包含汽车导航系统、电动汽车电池等业务的汽车设备部门，而不再是此前的家电部门。

随着 2010 年新能源汽车被列入中国七大战略新兴产业之一，松下针对中国市场的相关布局也正式开始启动。有关电池、充电、电控及元器件等产品，松下在中国都有广泛布局。松下通过向低速电动汽车企业提供铅酸阀控电池、充电装置及电控单元的方式，介入国内的新能源汽车行业。

“松下绝对不会把自己最先进的产品和技术率先投入中国市场。同时，考虑到国内低速电动车保有量较大、低价电机资源丰富等因素，松下最初的规划，是希望通过原有铅酸阀控电池向低速车辆的拓展应用，撬动国内市场。日本企业向来强调市场和产品，他们没有从政府关系做起的习惯，选择低速电动车，也是出于这样的考虑。”曾在松下研发部门任职的中国节能与新能源汽车推广的调研课题负责人这样评价。

2013 年，日本松下电器与美国特斯拉签订协议，共同投资生产汽车锂离子电池。2014—2017 年，松下向特斯拉提供 20 亿块锂离子电池。松下寄予厚望的汽车电子和机电系统公司占松下集团总收入的 29%，松下与特斯拉共同投资的动力电池工厂 Gigafactory 即属于该部门。松下已为该工厂投下 16 亿美元，并根据特斯拉的需求而追加投资，而特斯拉的电池此时几乎由松下独供。

2015 年，中国机器人用伺服系统（自动控制系统）市场规模约为 10.6 亿元。2013—2016 年，中国连续三年成为全球第一大工业机器人消费市场。机器人需求在全球范围内不断扩大，而中国现在是全球增速最快的机器人市场。有关机构预测，到 2020 年，中国机器人市场规模将达到 594 亿美元。中国市场将占全球机器人市场总量的 30% 以上，市场空间巨大。

机器人市场的高速增长必将带动伺服电机需求的增加，松下电器也看到了其中潜在的巨大商机。伺服电机是指在伺服系统中控制机械元件运转的发动机，是一种补助马达间接变速装置，作为控制系统中的执行元件，是伺服系统的核心部件，也是影响机器人工作性能的主要因素之一。

目前，中国国内机器人伺服电机市场中，前三名松下、三菱、安川均为日系品牌，总份额已经达到了 45%，而国内企业整体份额则低于 10%。相较于松下生产的高性能伺服电机，国产厂商的小功率伺服电机不够小型化，普遍偏长，外观粗糙，这在一些高档的应用上达不到要求。尤其是在轻载 6kg 左右的桌面型机器人上，由于机器人手臂的安装空间非常狭小，对伺服电机的长度有着严格要求。

在发力机器人与新能源领域的同时，松下也并没有放弃家电市场。然而市场的格局却在悄然发生转变。市场调查机构中怡康公布的 2017 年线下数据显示，在中国家电市场，松下目前几大主要产品中，空调产品零售量未进前十，冰箱排名第七，洗衣机排名第四。曾经全球家电“三足鼎立”的格局正在变成“二加一”，中日韩三大品牌中，日本似乎正在慢慢掉队。

松下销售乏力的背后究竟是日系家电的逐渐衰弱，还是一次成功的转型呢？对此，中国社科院日本研究所副所长张季风认为：“日本的传统制造企业正在逐步剥离家电及消费电子业务，他们在往产业链条的上游走，这是一种经营理念的改变。过去日本企业追求的是世界第一，而现在追求的是世界‘唯一’，即加大了在核心技术上的追求而不是对整机市场占有率的争夺。”

2018 年 3 月，在松下百年纪念论坛上，社长津贺一宏表示，创业 100 周年是一个阶段性的时点，不管松下成为历史多么悠久的企业，始终要以“一介商人”的姿态，谦虚且坚定地面向未来。对于未来的发展，津贺一宏也明确表示，松下已经看到了传统家电业务的天花板，松下家电业务正在积极谋求转型。在松下 2018 年度既定的规划中，松下减少了家电业务的占比，开始积极转战机器人关键配件、汽车关联业务和住宅关联业务等。

第三节　长虹悲歌：一场游戏一场梦

以产业报国、民族昌盛为己任

四川长虹电子控股集团始创于 1958 年，前身为国营长虹机器厂（780 厂），是中国“一五”期间的 156 项重点工程之一，也是当时国内唯一的机载火控雷达生产基地。在 20 世纪七八十年代“军转民”的浪潮中，“以产业报国”这句富有民族自强色彩的口号让人很快记住了长虹品牌。

长虹通过对电视技术的引进和消化再创新，在遵循以提高质量和降低成本为主线的过程中，逐步走出了一条独具特色的企业发展之路。然而，长虹的兴业、发展壮大过程和日本却颇有渊源。从 1978 年引进松下电器（属住友财团）的彩电生产线开始，长虹就逐渐融入了日本财团利益统合的体系中。

1978 年，长虹从松下电器引进了彩色电视机生产线，并在短时间内仿制出 13 条生产线。长虹“生产线上的竞争力”开始引起住友财团的松下和三井财团的东芝以及其他一些日本电子企业的关注。1985 年，机载火控雷达专家倪润峰入主长虹，出任国营长虹机器厂厂长，他提出要效仿日本松下电器。当时，松下正在为自己的第 1 亿台电视机下线庆功。

长虹提出的“以产业报国、民族昌盛为己任”的广告语，正是学自松下公司的“七大精神”。松下是日本第一家用文字明确表达企业精神或精神价值观的企业。

松下精神可以总结为：产业报国之精神，光明正大之精神，团结一致之精神，奋发向上之精神，礼貌谦让之精神，改革发展之精神，服务奉献之精神。

倪润峰对松下企业精神的学习可谓是细致入微，十分推崇松下并加以模仿。松下幸之助让职工反复诵读公司的目标、使命，认为这是能让公司精神永久传扬的途径。倪润峰也要求每天早上的晨会，要背诵长虹精神，他认为透过这种小技巧，可以提升员工的向心力。日本企业密切注意倪润峰，并称倪润峰为“中国的松下幸之助”。

1986年，在彩电生产线普及的大潮中，长虹又从松下引进了中国国内第一条彩色电视机自动流水生产线。松下不仅向长虹低价销售高性能的生产线，还提供大量彩电关键部件，其中比较有名的就是松下彩管。

1986年，四川长虹从日本松下公司引进了国内第一条彩色电视机自动流水生产线，举行彩电工程奠基剪彩仪式

长虹从松下公司引进了国内第一条自动化彩电生产线之后，便走上了规模化发展的道路，并依靠买来的生产能力于1989年第一次发动了大规模的价格战。在这一过程中，松下电器虽然暂时损失了部分利润，但却换取了中国企业在未来长期内对自己的依赖。长虹开始加速融入日本财团企业的体系之中。

长虹通过1989年、1996年和1998年三次大规模的价格战，结束了中国彩电工业诸侯林立的局面，中国彩电工业开始进入以长虹为代表的寡头竞争阶段。长虹在获取市场份额优势的同时，依赖松下提供核心部件的习惯使自己在被日本财团统合的道路上越走越远。

此后，长虹领导人倪润峰数次带队去日本，寻求松下、东芝的技术帮助。以三井财团为例：1998年，三井财团的东芝向长虹提供碱性电池的生产设备和技术；同年，东芝与长虹建立技术开发战略联盟；1999年，东芝与长虹合作生产“大清快”空调；同期，三井财团的索尼公司向长虹提供VCD机芯；三井物产也与长虹签订了长期的出口代理协议。

2002年2月，日本东芝高层告诉倪润峰，东芝的海外工厂，只有大连东芝赚钱，因为大连东芝主要是生产背投电视。倪润峰回来后，立刻以背水一战的决心，开始大规模地投入背投电视的研发和生产。同年2月28日，长虹总裁倪润峰、东芝映像网络事业部部长岛津雅和分别代表长虹、东芝签署了相关的技术合作协议。

在随后3年多的时间里，长虹迅速掌控了中国国内背投市场40%以上的份额，给企业带来了良好的回报。但是，从2004年开始，液晶电视的迅速崛起，开始压缩包括等离子和背投电视在内的高端电视的市场份额，长虹才决定转向投入液晶和等离子。背投电视已经让长虹在平板电视市场竞争中整整落后于国内同行一个身位。

其实,早在长虹全力投入背投电视生产的时候,彩电业内人士就曾表示,作为一种过渡性产品,背投彩电短期内会有一定市场,但长远来看,必然会被市场淘汰。就当时的市场表现力来讲,长虹电视确实具有鹤立鸡群的优势,但问题是这种优势究竟有多大意义。在很多日本企业眼中,与长虹类似的中国电视机生产企业虽是他们的竞争对手,但却不难对付。

2004 年 11 月 15 日,日本《日经产业新闻》刊文断定:中国厂家拿手的大幅降价、附加赠送等攻势已蒙蔽不了中国消费者,消费者开始摒弃精细不够、性能不高的中国品牌,转而把目光投向虽贵但质量高、功能好的日本品牌。中国厂家长期激烈的价格内耗,最终导致无力也无资金转向开发,因此也就无法跟进产品提升的要求。

日本企业在美国的蛋糕动不得

2000 年,中国彩电出口开始迎来爆发性增长,当时中国彩电业年总生产能力高达 8661 万台,而国内每年平均需求不足 3000 万台。巨大的产能销售差迫使中国彩电生产商“走出去”。长虹将自己的海外市场的第一站放在了美国。虽然当时长虹已与三井物产、日本松岩、美国 GE、荷兰飞利浦等签订了出口代理协议,但是很显然长虹不想把这块大蛋糕拱手让人。

2001 年 2 月,长虹领导人倪润峰亲自前往美国,对华人季龙粉创办的 APEX 公司进行了两个星期的考察,并达成大规模合作,由 APEX 公司开始帮助长虹在美国销售彩电。从当年 7 月开始,长虹彩电便源源不断地发向美国,由 APEX 公司在美国直接提货。APEX 公司一度成了长虹最大的合作伙伴,季龙粉也成了长虹的红人。倪润峰把 APEX 公司称作“在一定业务范围内的长虹在美国的主要代理商”。

这一年,长虹出口收入增长超过 10 倍,公司主营业务收入增加 30 亿元,其中出口收入增长幅度超过 600%。此时,彩电出口已经成为长虹的两大支柱之一,而且目标市场几乎全部集中在美国。长虹在其公司网站上称,“在美国销售的近 400 万台中国彩电中,有 300 多万来自长虹”。

通过打价格战,长虹在美国市场上压制了日本索尼的霸主地位,并一举成为第一个在美国获得彩电市场占有率冠军的中国企业。2001 年,长虹的出口收入达到 7.7 亿元;2002 年这个数字变成了 55.4 亿元;2003 年,长虹出口收入跌至 50.3 亿元。2003 年 1—3 月,中国家电企业向美国累计出口额同比增长 37.7%,达到 8.6亿美元,占中国家电总出口额的 31.5%,美国已经成为中国家电企业的第一大出口市场。

事实上，由于长虹在美国的经营活动严重依赖APEX公司，在美国市场已经丧失了主动权，与出口额一同增长的还有高额的债务。2001—2003年，虽然APEX帮助长虹一共销售了价值50亿元的彩电，但是三年期间，APEX只付了5.53亿元。APEX的赖账导致长虹彩电直接亏损36.81亿元，濒临破产边缘。

2003年5月2日，美国五河电子发明公司联手国际电子业兄弟会和国际电子产品、家具和通讯工会两家劳工组织，针对中国和马来西亚出口到美国的彩电产品，向美国商务部和国际贸易委员会提出反倾销诉讼。反倾销商品涉及范围为21英寸以上显像管彩电，包括普通显像管彩电、高清晰数码彩电和背投彩电，其中83%的产品为四川长虹集团生产。

诉讼方美国五河电子发明公司认为，中国彩电业的发展得益于中国政府的直接支持，特别是促进了军工产业技术向消费类电子生产转变。此前，参与诉讼反倾销的国际电子业兄弟会所代表的日本夏普工厂已经停止了彩管的生产，法国汤姆逊和日本三井财团企业东芝及荷兰飞利浦工厂也因大屏幕彩电市场受到巨大冲击而缩小了规模。

2004年5月15日，美国国际贸易委员会在华盛顿裁定，中国彩电在美倾销成立，对中国彩电征收反倾销税。其中，长虹反倾销税率为26.37%，TCL、康佳、厦华分别为21.25%、9.69%、5.22%，其他应诉企业加权平均税率为22.94%，未应诉企业的统一税率为78.45%。至此，历时整整377天的中美彩电倾销纠纷尘埃落定，中国彩电企业最终还是败给了名不见经传的美国五河电子公司。

事实上，美国当时已几乎不生产相关的CRT(真空管)彩电，美国五河公司只是一家很小的木工和彩电组装厂。值得一提的是，美国彩电工业早已经被日本摧垮，美国当时基本没有自己的彩电生产企业和品牌，因此中国彩电对它们构不成很大的利益威胁。那么，中国电视机制造企业到底动了谁的蛋糕呢？

人民网驻联合国记者从华盛顿发回的报道揭示，日本企业主要是索尼、松下、三洋、东芝和ORION等彩电业巨头，从“反倾销案”开始，就为美国五河电子公司和两家工会组织等申请方提供信息、数据和技术等方面的全力支持。这些日本企业一边为诉讼方提供支持，一边又对中国政府和彩电行业一再表示自身与该案没有关联，不支持诉讼方。

当时的现实情况是，中国企业的低价格彩电对日资企业构成很大威胁，迫使他们基本撤出美国本土转到墨西哥等国家办厂。日资企业尽管在墨西哥生产彩电，但中小尺寸彩电竞争力仍不及中国产彩电，为了保护自身的利益，必须阻挠中国彩电在美的进一步深入。因此，所谓的中美彩电企业的竞争本质上是中日彩电企业之战。

2004年12月，《中国财富》杂志访问了索尼、东芝、日立、夏普、三洋等7家日本企业。这些企业对中国家电企业看法基本相同，只是说辞不一。客气的说法是

"中国企业没有核心技术的研发能力,甚至连自主开发都谈不上";也有部分评价相当刻薄,"中国企业的竞争力,就是根据市场行情购买成型技术或进行辅助性开发,实际是一群水果贩子,专门做产品包装,什么水果好卖,就包装什么水果"。

等离子电视的孤家寡人

2004年以来,国内外彩电厂商都在中国力拼平板电视市场,等离子还是液晶电视,谁将成为未来平板电视的主流,一直是业内争论不休的问题。此前,被东芝背投电视拖累的长虹坚持上马等离子生产线,这也是唯一一家在等离子市场跟进松下的企业。有业内人士指出,长虹是被松下忽悠了,松下给长虹画了一个饼,告诉长虹借助等离子能让松下和长虹成为业内双雄。

2006年4月,长虹斥资60亿元建设中国第一条等离子屏(PDP)生产线,并在2007年抛出了20亿美元的宏大投资计划。2007年,四川长虹电器股份有限公司与四川世纪双虹显示器件及美国M P基金投资公司三方共同出资,组建合资公司虹欧显示器件有限公司,作为长虹旗下负责生产、销售和开发等离子以及其他新型显示产品的主力公司。

然而,就在长虹跟随松下脚步发展等离子电视时,其他电视机公司却逐渐放弃了等离子技术。2004年底,索尼宣布在中国的高端电视市场战略是加大液晶背投电视和液晶电视的投入,事实上放弃等离子技术。2005年年初,东芝继索尼之后,成为第二家宣布从等离子电视市场收缩的大型家电制造商。

等离子电视曾经是"大屏幕""高端"的代名词。在液晶电视还无法解决大屏幕的良品率和成本问题的2005—2008年,等离子电视几乎霸占了全部大屏幕市场。其动态效果出色、对比度高以及色彩还原真实等诸多优点,即便是和现在顶级的液晶电视相比也相差无几。当时的等离子电视阵营内日本松下无疑是个中翘楚。

2008年3月,日本先锋宣布退出等离子面板领域,改向松下采购面板,并且希望与松下在等离子技术方面展开深层次合作。9月,日立宣布退出等离子电视的上游核心部件——等离子面板的生产,转由向松下采购。与此相反,同年10月底,长虹等离子屏实现量产,60亿元巨资是国内彩电企业向上游进军最大手笔的一次投入。

随后,韩国的三星和LG电子也放弃了等离子面板新的投资计划,中国台湾的中华映管等也出售了等离子业务。在等离子面板行业,渐渐只剩下松下和长虹。到2009年,等离子电视的市场份额已经降至一成,特别是在大屏幕超薄电视市场领域,液晶电视的总销量已经远远超过了等离子电视。但是,这些并没有让长虹有所警醒。

2009年3月,投资20亿美元、历时2年建设的长虹虹欧等离子面板生产线正式量产。2010 年 1 月 21 日，长虹宣布虹欧等离子面板生产线产品月综合良品率已经超过 80%，并进入全面量产阶段。然而，虽然长虹虹欧等离子生产技术当时实现良品率达 80%，掌握了 8 面取技术（一块母板切割 8 张等离子面板），但相对于三星和 LG 高达 99% 的良品率，松下的 16 面取技术，并无优势可言。

2013 年初，松下总裁津贺一宏宣布，松下将摆脱对电视的依赖，实现“去电视化”。同年 12 月，松下宣布正式停止等离子显示器的生产，并将在 2014 年 3 月底以前结束一切等离子业务。中国家电网副总编辑马聪指出，松下退出等离子业务，等离子失去了扛大旗的企业。

长虹终于成了等离子电视的“孤家寡人”。此时，市场上等离子和液晶的份额对比已经从当初的 30∶70 变成 1∶99，而四川长虹当时在国内等离子市场的份额已占 70%。根据长虹 2012 年年报，负责等离子屏业务的虹欧显示器件有限公司营业收入 15 亿元，亏损 7.38亿元。2013 年，虹欧公司营业收入 17.4 亿元，净利润一项显示为亏损 3.47 亿元。

2007年4月，在离子屏生产线奠基仪式上，长虹董事长赵勇带领团队宣誓立志通过自主创新做强等离子产业

2014 年 11 月 2 日，在因“策划重大事项”停牌一个多月后，四川长虹连发 16 份公告，其中一份资产出售公告称，公司拟以协议转让的方式向绵阳市经济开发区国资委旗下的绵阳达坤投资有限公司转让持有的四川虹欧显示器件有限公司 61.48% 的股权，交易价格为 6420 万元。出售等离子电视研发生产的主力企业四川虹欧，也标志着长虹等离子电视产业的结束。

事实上，长虹从 2010 年开始走下坡路，家电企业排名逐渐跌出前三，沦为二流阵营。2015 年 10 月，已经危机四伏的长虹接手了松下抛弃的三洋电视业务，此时长虹已经亏损近 20 亿元。2017 年第三季度，四川长虹扣除非经常性损益后的净利润为 7576 万元，而青岛海尔同期的盈利达到 49.65 亿元。同样是主营电视机生产的海信电器，其第三季度盈利也有 4.85 亿元，几乎都是吊打长虹。

海信成为松下新宿主

2009 年，在长虹的家电业务走向衰败之际，与长虹形成鲜明对比的就是位于山东青岛的海信集团。当时，海信在国内的液晶电视销量占有率已经接近了 17%，其平板电视占有率自 2002 年以来，已经连续七年稳居国内市场第一的领先地位。其实，海信的成长也与日本松下有着历史渊源。

1984 年 12 月，时任海信集团副厂长的李德珍顶着巨大压力，选择了日本住友财团的松下电器，引进松下技术和生产线，生产出第一台 14 寸彩电。在松下的协助下，海信在电视机领域的实力突飞猛进。海信电视组装厂内的先进设备，也往往来自松下等日本家电企业。

海信贵阳工厂可以视为松下援助海信的缩影。作为海信电视西南大区的市场支柱，海信贵阳工厂通过模组整机生产线的连线工作、自动化设备的导入、信息化系统引入等智能升级措施，生产能力由2012年的86万台提高到2015年的150万台，增长幅度高达74%。海信贵阳工厂前工序的贴片设备为业界最先进的，正是松下CM602自动贴片生产线，可以生产出130台电视所需的所有电路板。

不仅是在电视机领域，海信冰箱公司还与松下零部件事业部签署了战略合作协议，就冰箱内材VIP板、压缩机、洗衣机热泵等零件采购等方面达成了合作。从最初的产品核心零部件采购到以后的技术研发合作规划，进行深入合作，充分发挥各自优势，提升产品技术领先性与精细化水平，拓展高端市场。

2004年10月27日，海信地产与松下战略合作框架协议签字仪式在海信大厦会议中心隆重举行。海信地产总经理刘浩表示："海信看中的不仅仅是松下的品牌，也不仅仅是松下全方位系列化的产品链，而是松下所拥有的世界上独一无二的住宅部品整体解决方案，以及高超的研发能力。松下正在进行的住宅部品课题的前瞻性研究，为双方日后更高层次、更广范围的合作提供了空间。"

海信地产隶属于海信集团，致力于中高端住宅的开发和建设，是山东省综合实力最强的房地产企业之一，也是青岛地区最大的高端物业开发商。海信地产与海信多媒体和家电产业互动与结合，进行数字化智能家庭、智能社区的研发与推广。松下选择与海信地产合作，可以更好地在中国提供其多样化的家居整体解决方案，同时又可以悄然实现隐身。

2013年，松下提出"从B2C（面向个人消费）领域向B2B（面向企业商用）领域做业务延伸"。松下AVC网络系统社（互联网解决方案公司）社长榎户康二认为："虽然我们在每个领域都会遇到竞争对手，但是他们更多只是硬件上的竞争者。我们不只是提供硬件，还为客户提供整体的技术解决方案。我们认为，松下B2B业务在全球目前还没有遇到非常大的竞争对手。"

同年8月13日，青岛市公安局发出青岛市城市道路智能交通管理服务系统采购项目单一来源采购的公示，供应商确定为青岛海信网络科技股份有限公司。该项目金额超过2亿元，为BT投资模式项目。在该方案中，松下成为海信的技术合作方，为其提供综合的硬件和软件服务。在一定程度上，海信也就成为松下在中国开展相关业务的"宿主"。

2016年，海信集团总裁刘洪新在企业大会上讲述了松下通过降低对消费电子产品的依赖，将业务重点转移至前景广阔的汽车关联产业和住宅电器等B2B业务以及高端家电产品，最终走出经营困局的故事。刘洪新表示："松下的转型给中国提供了样本，未来我们在做好家电产业的同时，必须优化产业结构，拓展B2B产业，将B2B业务逐步培养成支撑海信发展的又一主导产业。"

2017 年 1 月，日本松下电器社长（总裁）津贺一宏在接受《中国政府采购网》采访时表示："过去松下在中国有很多的合资企业，都是生产型的，一起做工厂，一起做产品，最后把产品卖出去。而现在这种意识也要改变了，在寻找新的事业合作伙伴的时候，要明确主辅。比如松下与特斯拉的合作，松下是辅，为其提供电池技术，最终的产品里面体现不到松下的品牌。"

第四节　美的：从工匠到财团的华丽转身

三井物产的牵线搭桥

日本财团的制造业企业开拓海外往往遵循一条规律，就是综合商社以产业组织者身份当开路先锋。东芝第一次直接在中国进行投资、正式进入中国市场就是通过三井物产的牵线搭桥。以三井物产为首的综合商社在东芝进入中国市场、争夺商权的过程中起到了关键性作用。可以说，没有综合商社的全力扶助，就不会有今天东芝成功的中国市场。

东芝和三井的关系可以追溯到 130 年前东芝成立之初。田中制作所是 1875 年成立的专门制造电机、通信机械的个人企业，1893 年经济危机时，由于经营困难而被三井财团兼并，改为芝浦制作所。当时同样属于三井财团的东京电气公司的前身是 1890 年设立的白热舍合资公司。

1939 年，东京电气公司与芝浦制作所合并成为"东京芝浦电气公司"后（简称"东芝"），与石川岛播磨同属三井矿山的直系企业。2005 年爱知世博会期间，东芝和三井物产联合参展推出了独具特色的三井・东芝馆，这是唯一由两家企业联合参展的企业馆，东芝与三井物产关系的密切关系可见一斑。

1981 年 8 月 15 日，日本三井物产株式会社在大连设立三井物产大连办事处，这也是外商在辽宁第一次设立常驻机构。1989 年，大连开发区管委会副主任周海斐、发展公司总经理王永观到日本去招商，在日中会馆拜访了三井财团旗下的东芝公司最高顾问渡里杉一郎，周海斐邀请东芝公司访问开发区，渡里欣然同意。

1990 年 1 月 29 日，三井财团的东芝公司组成了 12 人的赴中国投资考察团。第二天，时任大连市市长魏富海特意在中山广场的大连宾馆（原大和宾馆）招待了东芝考察团。1983—1992 年，魏富海在担任大连市市长期间，推行多项对外开放政策措施，吸引众多日本企业到大连投资，为了招商引资他也想了很多办法。

大连市长魏富海是一个日本通，通过关系把日本东芝的渡里杉一郎、佳能的贺来龙三郎和御手洗富士夫、岩谷产业的斋藤兴二、东京大学的校长村井隆等 6

人拉进了一个朋友圈。其中,渡里杉一郎不仅是东芝最高级顾问,也是日中经济协会会长。这个朋友圈当时叫“槐花会”,就是每年五月魏富海请这几位来大连赏槐。

东芝公司考察团回日本之后,在东芝内部的研讨会上,东芝生产本部部长山本哲也强烈支持在大连投资建第一家中国的独资企业,认为“包括市长在内的官员,没有官僚主义而是拥有企业家精神”。

1991 年 9 月 25 日,东芝大连有限公司(简称“东芝大连”)成立,出资人为东芝株式会社,法定代表人隅田敏,公司经营范围包括生产电动机、泵、彩色电视机用偏转线圈,印刷线路板组件及录放像机用磁鼓组件等。以中山武司为代表的东芝大连管理层,最开始就是租用大连三井物产的一间办公室作为办公场所的。

1993 年,三井物产携手昭和电线电子元件技术株式会社(昭和电线)帮助东芝大连在中国进行管理运营,注册资金增加至 84 亿日元,投资总额为 185 亿日元,其中三井物产占股 3.8%。同年 4 月 1 日,东芝大连正式投产,主要生产小型电动机、彩电用偏转线圈、线路板组件、录放像机用磁鼓组件、电磁延迟线等电子零部件、元器件。

在三井物产的统筹串联下,东芝大连逐渐在中国成长起来。1995 年,东芝(中国)有限公司成立,以强化东芝在华企业的综合管理职能和战略制定职能。2000 年,作为东芝在中国地区的事业统筹,逐渐熟悉中国市场的东芝(中国)参股东芝大连,三井物产持有的股份缩减至不足 3.6%。

2002 年,东芝大连开始其医疗器械部件、组件的生产及销售事业。2004 年,日本东芝医疗系统株式会社参股东芝大连。此时,三井物产已经在中国布局成立 157 家合资公司,其影响力对于东芝在中国业务的拓展作用不言而喻。

日本作家荒川直树到大连采访并写了一本题为《东芝大连的挑战》的书,这本书也成为许多日本企业到大连乃至全中国投资时的必读书

2005 年,三井物产完全退出东芝大连。东芝大连的经营范围也逐步扩大,由电子元器件逐渐发展为涉及计算机、铁路机车及零部件、医疗器械、新能源汽车等九大领域,东芝大连也完全由东芝集团旗下的子公司完成持股。可以说,三井物产扶植了东芝在中国的成功。东芝在大连的成功投资,拉动了一大批日资企业来到大连。

2010 年 10 月 26 日,日本驻沈阳总领事馆常驻大连办事处举行授勋传达仪式,首席代表远山茂代表日本皇室和政府授予大连市前市长魏富海奖章和证书,以表彰他为中日交流作出的杰出贡献。后来,日本作家荒川直树到大连采访并写了一本题为《东芝大连的挑战——把制造业引进中国》的书,这本书也成为许多日本企业到大连乃至全中国进行投资时的必读书。

在帮助东芝(属三井财团)开拓中国市场的过程中,三井物产作为三井财团的综合商社,主要职能正是保障企业的原料供应,培育新兴产业和大型制造业,为日本国内企业海外贸易和投资铺路搭桥。三井物产少量参股相关企业,以产业资本和商业资本结合的高效形势渗透到产业的上下游链条,通过强大的贸易能力和物流网络建设能力,将资源链接联动,逐步占领商权制高点。

美的与东芝的不期而遇

1985 年 4 月,美的集团创始人何享健发起成立了“美的空调设备厂”,从原来的风扇行业正式进入空调行业。同年 5 月 17 日,何享健赴日本考察,形成了引进日本先进技术设备的经营思路。20 世纪 80 年代,随着改革开放的深入发展和中国经济水平的提高,人们开始追求更好的生活方式,国内空调市场出现供不应求的局面。但当时仍是进口机的天下,许多国产品牌的生产都是引进配件加以组装的模式。

1991—1992 年两年间,美的通过购买东芝注塑机、东芝空调模具,早早地与三井财团的东芝公司建立了关系,后来美的又与东芝签下了技术合作的合约。1993 年 5 月 8 日,在广州中国大酒店,美的与东芝举行第一次技术合作的签约仪式,美的分体式空调也由此而来。

1997 年,广东顺德市政府有意让科龙并购美的,何享健当时坚决反对被兼并,他说:“我们美的要走自己的路,我们自身要去突破,去改变。”为此,何享健率领当时事业部总经理以上的高层考察日本,与东芝、松下商谈技术合作,拓展新产品。从日本考察归来后,何享健开始在美的推行事业部制改革,引导企业走向股东、董事会、经营团队“三权分立”的经营模式,使美的迎来真正的腾飞。

1998 年 12 月,美的第一次收购东芝压缩机的会议在东京东芝总部大楼 28 层举行,美的以 5435 万元受让万家乐集团持有的东芝万家乐 40% 的股权。东芝万家乐是东芝公司与广东万家乐集团于 1995 年合资成立的大型压缩机生产企业,资产总额达 7.7 亿元人民币,拥有年产 150 万台压缩机的生产能力,当时是国内第三大压缩机生产供应商。

1999 年 6 月 18 日,何享健与东芝株式会社常务取缔役、东芝家电机器社长中川惇在广东顺德签署协议,以 2700 万元人民币受让后者持有的广东东芝万家乐制冷设备有限公司 20% 的股权。加上 1998 年收购的 40% 股权,美的集团以 60% 的股权,正式成为“东芝万家乐”的控股股东,东芝公司以 40% 股权成为第二股东,合资公司也更名为“广东美芝制冷设备有限公司”。

同样在 1999 年,美的从东芝引进中央空调系统技术。在中央空调行业,东芝空调被称为“直流变速双转子压缩机之父”,其他空调品牌所使用的双转子压缩机都来自东芝空调的授权。现任中央空调事业部副总经理兼研发中心主任伍光辉表示,美的当时所开发的空调存在技术缺陷,引进东芝的技术以后,美的商用空调产品得到迅速完善,开辟了第二战场,成为美的新的利润增长点。

美的收购东芝压缩机、开展商用空调技术合作以后,两个项目都得到空前的成功。而东芝通过美的的营销策略,在中国空调市场大放异彩。当时,美的的市场口号就是"美的空调,东芝技术"。中国空调事业的蓬勃发展吸引了美的进一步加深合作的诉求,而这个过程中,东芝开利顺理成章地成为东芝开拓中国空调事业的主角。

美的收购的东芝压缩机是空调机的心脏,它不仅关系到空调机的使用寿命,也关系到其使用效果。同时,美的集团成为国内唯一掌握了从工业设计、模具制造、电机制造、电子控制到压缩机制造的全部核心配套生产能力的空调制造专业企业,美的集团的核心竞争力大大增强。

2001—2004 年,东芝与美的进行了多轮合资模式磋商,双方持续深度技术合作,在精益生产、品质管理等方面互派人员交流。2004 年 11 月,在当时美的制冷综合楼举行了美的东芝开利合资公司成立挂牌仪式,合资公司由美的绝对控股占 80%,东芝开利占 20%。美的创始人何享健、时任制冷家电集团总裁方洪波、时任空调事业部副总经理吴文新等出席。

2004 年 6 月 3 日,美的与东芝开利在北京正式签订合作总协议,双方共同投资 3 亿元,在顺德开建一个年产 300 万台压缩机的生产基地,并由美的控股 60%,东芝开利持股 40%。2005 年,美的派顺德、芜湖、武汉三地的技术骨干、生产班组长到日本东芝工厂实习研修。2006 年,时任变频开发组组长李强率领美的变频先遣部队到日本潜心研究东芝技术。

2008 年 2 月 18 日,美的电器与日本东芝在美的电器总部广东顺德签署协议,合资成立安徽美芝制冷设备有限公司。该合资公司初始注册资本为 3.25 亿元人民币,其中美的电器出资 3 亿余元,持有公司 95% 的股份,东芝开利持有公司 5% 的股份。东芝开利向安徽美芝转让现有的产品技术,并提供技术支持。至此,美芝在空调压缩机市场份额达 16.20%,高居行业榜首。

2011 年,美的与东芝开利合作成立变频技术研发中心,并签订核心技术合作协议,合作内容涉及变频空调芯片、模块、控制算法等最核心技术的共享。时任美的制冷家电集团 CEO 方洪波坚定地说:"要学习日本技术员那样的工匠精神,埋头钻研,不管花什么代价,都要给我搞定,一年学不会两年,两年不行再三年,老火煲靓汤,彻底掌握核心技术,这是我们的战略转型核心所在。"

在美的与东芝开利的合资工厂,一直都有来自东芝的技术人员担任技术顾问。作为当初引进中央空调项目的东芝技术总工程师,樋口逸生从 1999 年到 2015 年一直在美的做技术辅导并担任空调合资工厂的日方厂长。双方核心技术合作后,美的自主开发了一晚一度电空调,从而掌握了国内市场变频空调技术的话语权。

东芝“瘦身”，主攻顶级标配

2016 年 3 月，美的与东芝签署了一份股权转让协议，以约 537 亿日元(约合 5 亿美元)收购东芝家电业务的主体——东芝生活电器株式会社(TLSC)80.1%的股权，东芝保留 19.9%的股权。同时，美的获得 40 年的东芝品牌的全球授权及超过 5000 项与白色家电相关的专利，还将进入东芝家电在日本、中国、东南亚的市场、渠道和制造基地。

同年 7 月 1 日，该交易正式交割完成。然而，美的收购的东芝家电业务主体——东芝生活电器株式会社(TLSC)，并不是收购空调和彩电，而是以冰箱、洗衣机、吸尘器等其他家电产品为主。东芝的空调事业则是由东芝开利空调株式会社负责，在东芝集团隶属于社区解决方案事业公司，并不是家电事业部。

东芝的空调产品诞生于 1935 年，是日本最早的空调企业之一。而东芝开利空调成立于 1999 年 4 月，是由东芝空调设备事业部门单独分离出来，与美国开利公司合并，组成的一家全新公司，其中东芝株式会社持股 60%。东芝开利的股东公司之一美国开利公司则是世界空调的发明者，被誉为“世界空调之父”。

东芝空调在产业发展的 80 多年中，创造了空调史上的诸多革命。例如，1961 年第一台分体空调，奠定了现代家用分体空调的雏形；1980 年世界第一台变频空调，奠定了现代节能空调的基石；1988 年发明双转子压缩机，奠定了现代变频空调最理想的压缩机形式；1998 年研发出日本第一台 R410A 新冷媒空调，奠定了环保节能空调的里程碑。

近年来，由于全球经济大环境的影响，日本家电事业持续下滑，东芝也不例外。东芝把生活电器部门卖给美的，是个双赢的结果。对美的来说，可以学习东芝的技术和制造精细化的经验，而东芝把家电部门这个唯一亏损的不良资产消化掉可便于轻装上阵，东芝空调产业作为拥有核心领先技术的优质资产则能够拥有更多的优势资源来精耕细作、开拓高端市场。

目前，没有卖给美的而保留下来的东芝空调产品已成为国内顶级豪宅的“标配”，融创·紫禁壹号、融创·北京壹号、上海黄浦湾、天津融创王府壹号、三亚凤凰岛、重庆玖玺台、杭州蓝色钱江、深圳中心等诸多城市最高端的地产项目都选择了东芝的空调。

在大型公建项目上，三井财团的东芝公司在地铁、机场等场所上的表现出类拔萃。上海地铁 1 至 16 号线均采用了东芝空调，更是创造了压缩机零故障的佳话。在上海浦东、上海虹桥、广州白云、南京禄口、杭州萧山等国际机场，东芝空调的身影也都无处不在。可以说，东芝“统治”着中国国内高端空调产品的市场。

2018 年 10 月 18 日，总投资 4 亿元人民币的东芝开利空调(中国)有限公司的新基地在杭州经济技术开发区正式开工建设,新基地集总部、研发和生产于一体,将于2020年3月前竣工,并实现正式投产。东芝开利空调(中国)总裁山下哲司表示:“我们对中国的市场前景非常看好,全球中央空调市场中,中国占了一半,这是一片非常大的蓝海。”

东芝开利新基地项目,除了生产工厂外,还将建立120米高的落差测试塔及最尖端的实验室。东芝日本总部的测试塔只有50米高,新基地将建成的测试塔是其2倍多高。山下哲司表示,“20米的测试塔可以模拟40层的高楼及各种极端环境,测试空调的制冷、制热效果,还有各种零部件的反应。有了这幢120米高的落差测试塔,新产品的研发速度会比现在快一倍以上”。

盈峰系——隐形的美的财团

2012年8月25日,年届70的美的集团创始人兼董事长何享健宣布卸任,美的集团全权交棒给以45岁的方洪波为首的职业经理人打理。美的集团提供的资料显示,方洪波从1992年加入美的开始,从基层员工一步步历练,最终成为企业业务骨干,曾先后担任美的电器副总裁、副董事长等职。何享健表示,“自己子女均不进公司,坚决不做家族企业”。

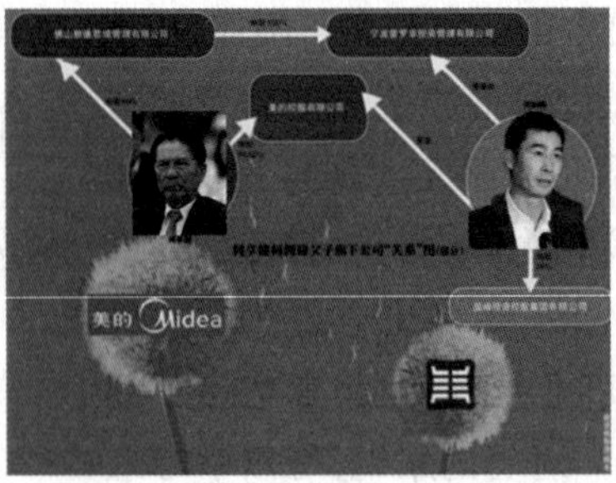

美的公司背后还有一个不为人知的“隐形财团”,其关键就在于“盈峰系”的存在,由何享健的儿子何剑锋全盘操控

即便将帅印交予了他人,何氏家族依然暗地里握紧美的的命脉,这是因为在美的背后还有一个不为人知的“隐形财团”,其关键就在于“盈峰系”的存在,由何享健的儿子何剑锋全盘操控。何享健卸任后,他的儿子何剑峰仅以大股东代表的身份列席美的集团董事会,但不参与集团日常经营管理,他的主要精力都在“盈峰系”的金融业务上。

资料显示,何剑锋出生于1967年,华南理工大学本科毕业。毕业后,先后从事广东美的家用电器公司车工、钳工、质检员、生产部副经理,美的贸易公司经理,美的房产公司经理,美的投资发展部部长等职位。

1994年,何剑锋离开美的,在美的电器大本营顺德北滘成立顺德市现代实业公司,主要为美的贴牌生产电饭煲、电磁炉、电热水器等产品。随后,何剑锋又成立多家与电器有关的公司。2002年,广东盈峰集团有限公司注册成立,何剑锋掌控的企业开始进入集团化运作时代,形成了涵盖风扇、电暖器、电饭煲等几乎所有小家电产品。

2003年,何剑锋开始转卖旗下资产变现。次年,何剑锋将盈峰集团旗下的两家公司(现代实业、金科电器)卖给美的电器,套现近7000万元,这成为何剑锋商业生涯中一笔丰厚的原始积累。其中现代实业是美的电饭煲的代工合作厂,

2001—2003 年主营业务收入分别为 3.54 亿元、1.92 亿元、2.63 亿元，金科电器则是小家电产品的 OEM（代工）企业。

2004 年 6 月，美的集团公告，以 4.28 元高价受让上风高科第一大股东浙江风机风冷设备公司持有的 2329 万股和股东绍兴市流体工程研究所持有的 160 万股，收购价 1.06 亿元，成为上风高科第二大股东。

2006 年 2 月，上市公司上风高科（ST 上风）公告，公司第一大股东浙江上风产业集团有限公司及二股东美的集团拟将其各自持有公司的 957.5027 万股和 2489.7984 万股法人股，分别以每股 2.97 元和每股 4.28 元的价格转让给何剑锋的盈峰集团，转让总价额分别为 2843.7830 万元和 10656.3372 万元。

这意味着何享健控制的美的集团只是按原价将上风高科股份转让给他儿子何剑锋的盈峰集团，并没有取得投资收益。对于何剑锋而言，此时也取得了生平掌舵的第一家上市公司。此后的上风高科顺利摘帽成功，何剑锋在上风高科的董事会选举中也如愿当选成为董事长。2016 年，上风高科改名“盈峰环境”。

2007 年 4 月 19 日，美的电器公告称，以 1.65 亿元的价格向盈峰集团转让本公司所持有的易方达基金管理有限公司 25% 股权。这是出售上风高科一年之后，美的再度向盈峰集团转售资产。如今，易方达基金已经成为盈峰集团内部金融板块的主要成员。

2008 年 9 月，何剑锋掌控的广东盈峰集团有限公司正式更名为“广东盈峰投资控股集团有限公司”（以下简称“盈峰控股”），实现从实业公司向投资公司的转型，目前已成为一家多元化的投资控股集团，注册资本 40 亿元，涉足金融、环保、消费、文化、新材料等多个领域。盈峰控股本身就披着浓厚的美的色彩，在其官方发布的关联企业名单中，美的控股、美的集团、美的地产赫然在列。

2012 年，何剑锋还创立了盈峰资本，这是一家由盈峰控股旗下合赢投资和盈峰创投在 2012 年合并成立的综合型资产管理公司，注册于深圳前海，注册资本 5000 万元。盈峰资本先后涉猎证券投资基金、股权投资基金等多个领域。此前的合盈投资也是何剑锋于 2007 年在深圳设立的。因为同受美的集团最终控股股东直系亲属控制，盈峰控股成为美的集团的关联方之一。

何剑锋在“盈峰系”的一批左膀右臂、得力干将几乎都来自美的集团。比如，盈峰环境总裁马刚，2001 年从美的基层业务员做到集团高层，在 2014 年加入了盈峰环境。盈峰环境董秘刘开明和新闻发言人焦万江同样来自美的集团，盈峰环境从高管到员工有 40 余位来自美的集团。

不只“盈峰系”，何氏家族的其他子女也一直在美的上下游供应链里扮演着一定的角色，尽管不直接参与经营，但都深入美的的生态链中。以会通新材料为例，其背后是何享健的两个女儿何倩嫦、何倩兴。工商资料显示，何倩嫦持股比例 62%，为主要控制人，而她的妹妹何倩兴也曾出现在股东名单中，直到 2015 年才退出。

会通新材料是一家专业聚焦改性材料研发、生产和销售的技术企业，曾获美的洗衣机事业部2016年度“优秀供应商”称号。根据美的集团最新发布的2017年年报，关联交易中的采购商品栏目显示，会通新材料的交易金额为4.6亿元。

据《新京报》报道，何倩嫦与何倩兴姐妹俩人与何剑锋旗下的“盈峰系”也多有交集，且扮演小股东角色。比如佛山市顺德区盈海投资有限公司，第一大股东为盈峰集团，持股比例27%，何倩嫦、何倩兴持股分别为4.55%。再如广东顺德睿盈投资管理有限公司，第一大股东为盈峰集团，持股比例27%，何倩嫦、何倩兴持股分别为4.54%。

可以说，美的早已经从以家电生产营销为主的制造业企业，进化成在泛家电领域全产业、物流及传媒商业和金融全方位扩张的财团化企业，在竞争日趋激烈的营商环境和不断变革的产业中，形成了强有力的支撑。其供应链体系像极了日本财团的综合商社，互相交叉持股，你中有我、我中有你，保证对整个产业链的牢固控制与共同利益。

第五节　日益严重的日本“控心化”

彩管之殇，记忆犹新

为了使中国的电子工业赶上世界先进水平，提高人民群众的生活质量，国家第四机械工业部（简称“四机部”）1973年就向中央建议，从彩电工业比较发达的国家引进彩色显像管生产线。1977年4月，党中央、国务院正式批准了引进彩色显像管成套技术和设备项目，并将其列为国家重点引进项目，陕西彩虹彩色显像管总厂（四四〇〇厂）随之成立。

1977年7月，由中国技术进出口公司邀日本、美国多家公司来北京进行彩色管线成套设备及技术的介绍。先后有日立公司、东芝公司、松下公司，就年产22寸彩管32万只、14寸彩管64万只生产线做了技术介绍。大日本印刷公司、大日本网版公司、旭硝子公司、大日本涂料公司分别做了彩管配套的荫罩、玻璃屏、锥、荧光粉等方面的技术介绍。

1978年6月，陕西彩虹彩色显像管总厂正式与日立公司、旭硝子公司、大日本网版公司及大日本涂料公司签订了彩管合同、玻壳合同、荫罩合同、荧光粉制造合同，内容不仅包括产品规格、生产产量及研究开发等相关的设备和仪器，还包括各项设计文件及技术规格。

在与日本公司的谈判合作过程中，日方毫无保留地如期把资料交给了中方工作人员。在合同的执行和建厂过程中，中日双方和日方四家公司每周末还会就技术问题及进度问题分别开碰头会，协商解决。可以说，是日本的技术与公司支撑起了中国彩色显像管事业的发展与壮大。

1982 年 12 月，经过双方五年的通力合作，中国国产彩色显像管顺利通过国家验收，第二年产出 96 万只产品。中国第一个生产彩色显像管的现代化企业建设成功，不仅填补了中国彩电工业高科技项目的空白，结束了中国不能生产彩管的历史，而且为北京、南京、上海、长沙等地先后建设彩管厂铺平了成功的道路。

1989 年 4 月，以陕西彩色显像管总厂为主体组建的彩虹电子集团公司正式成立。1995 年，彩虹电子集团公司总部由陕西迁往北京。1996 年 1 月 1 日正式更名为“彩虹集团公司”。自 1982 年建成投产至 2007 年底，彩虹公司共生产彩色显像管 151 亿只、彩色玻壳 23 亿套、发光材料 8710 吨；累计实现利税 103 亿元，实现工业总产值 1066 亿元，出口创汇 157 亿美元。

2004 年 9 月，执掌彩虹集团的马金泉做出一个惊人的决定：投资 6 亿多元引进日本日立的超大屏幕显像管生产线（K 线）。那时，彩虹集团 2003 年全年的净利润才 6.8 亿元。马金泉对这笔豪购有信心，他认为有彩电就得有彩管，这是历史与当下共同告诉马金泉的道理。“阴极射线显像管（CRT）至少还能辉煌十年”，尽管市面上已经出现了更为先进的液晶平板显示器（LCD）技术。

然而，一场狂风骤雨突如其来。2004 年 12 月，国内外所有彩电企业都开始打出平板彩电的旗号，显像管彩电销量大跌，全国彩管业库存量同比上升 367%。仅仅 3 个月后，彩虹集团的职工就发现，自己花大价钱买回的生产线成了被淘汰设备。一位彩虹员工回忆道，当初去日本拆 K 线的时候，日本员工还流着眼泪说彩虹捡了大便宜，“其实人家流的是‘鳄鱼的眼泪’”。

2005 年，彩虹集团净亏损 5.5 亿元。而那个始终未建成投产却耗尽企业所有元气的 K 线，也成了彩虹内部员工口中的“钱坑”。此后，伴随着液晶平板的高歌猛进，国内彩管企业迅速凋零。2007—2012 年，一度赫赫有名的中国“八大彩管厂”相继破产，中国显像管产业在历经数十年辉煌后，彻底成为历史。

最致命的是，液晶平板显示器对彩色显像管的替代，使中国彩电工业再次陷入了对国外供应商的高度依赖之中。当国外很多厂商已经确信一定有新东西替代，不能再做显像管时，中国企业却还在往上冲。全力布局过时技术的后果就是，中国彩电企业所需的平板电视屏在很长一段时间内几乎都完全依赖进口。

相比之下，日本家电企业在这方面显得游刃有余。家电产业分析师刘步尘表示，回顾全球家电产业重心转移可发现：1950 年前美国一统天下，欧洲家电亦有一席之地；1970—2000 年，日本家电称霸家电江湖；2000 年后，韩国企业快速崛起；如今，中国和韩国家电企业占据市场的主导地位，但背后却是日本的技术掌控。

转移的规律和国家经济发展阶段息息相关,在成为发达国家后,家电行业的主导地位往往就被其他国家夺走。反过来看,美国虽然退出制造链,但是没有退出产业链,而是专攻标准和技术。日本目前也在按照这一路径走,3D、4k、量子点等技术都是由日本开发,并由中国企业制造产品。日本家电的没落不是失败,而是主动的产业转移。

格力“掌握”日本核心科技

“格力,掌握核心科技”,这是最脍炙人口的格力广告宣言,提到格力电器,大家想到的一定是空调。2017 年,格力空调依然占到格力电器总营收的 83.2%。对于空调制造而言,真正称得上核心技术的只有两个:一个是空调的本能制冷、制热功能,其核心就是压缩机;另一个则是空调的控制系统,其核心实际是集成电路,即芯片。

目前中国大小家电在核心器件如控制芯片和功率器件、模拟集成电路等方面仍严重依赖进口,尤其是功率器件 IGBT(绝缘栅双极型晶体管)及高端 MCU(单片微型计算机)。IGBT 是能源转换与传输的核心器件,相当于电力电子装置的“CPU”,对于变频空调而言极其关键,该领域基本已被欧美日供应商垄断,如日本三菱、日本富士电机、德国英飞凌、美国仙童等。

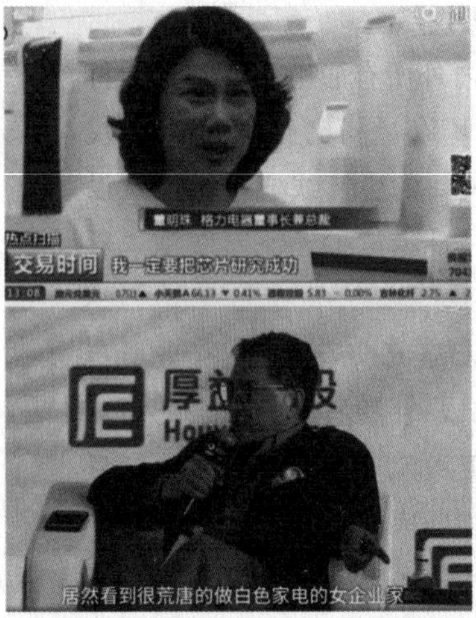

格力电器董事长董明珠在媒体上发言称，自己将投资500亿元研究芯片。对此，瑞银投行亚洲区主席蔡洪平认为她是不自量力、信口开河，所谓的决心只不过是为了炒作

对于空调芯片,格力电器董事长董明珠曾放言:“哪怕投资 500 亿,格力也要把芯片研制成功!”但外界却并不看好格力造芯片。空调芯片是一种模拟芯片,设计较数字芯片复杂得多。全球的模拟芯片企业均是通过数十年积累了大量技术而逐渐形成的,没有谁能一蹴而就。另外,模拟芯片虽然研发难度大,市场规模却远小于数字芯片。

资金是制约空调芯片的又一大难题。据格力自己公布的数据,目前每年其采购的空调芯片金额大约在 40 亿元人民币,看起来这个数字是不小,然而比起芯片研发的投入却只能算是个小数目。即使是实力最强的华为,也选择进入这个行业里相对简单的数字芯片。华为的营收、利润分别是格力的五倍、两倍多都没有选择高风险的模拟芯片,显然,格力的空调芯片之路并不好走。

再来看看空调的另一项“核心科技”压缩机,一台压缩机可以占到整台空调成本的 30% ~40%,制冷系统的好坏也与压缩机有着密切的关系。格力空调的压缩机主要由其全资控股子公司珠海凌达压缩机有限公司负责生产。珠海凌达是国内最早、最大的集研发、生产、销售、服务于一体的空调压缩机专业化企业之一，在国内压缩机领域的市场占有率仅次于美芝压缩机（美的与东芝的合资品牌）。

格力集团旗下的珠海凌达压缩机有限公司，前身为创建于1985年的珠海家用电器有限责任公司。1994年11月，珠海家用电器引进了日本日立公司及美国公司的高精度机械加工整套设备，以及全自动现代化检测仪器，并借鉴日立的先进工业布局模式成功地进行了第一期技术改造。1998年，珠海家用电器有限责任公司更名为“珠海凌达压缩机有限公司”。

2004年9月，格力电器以现金方式收购珠海凌达压缩机有限公司，珠海凌达正式并入格力集团工业板块。2006年5月，珠海凌达成为格力电器的全资子公司，专门为格力空调提供压缩机。格力电器投资建设的现代化压缩机生产基地，使得格力电器龙山分公司也成为凌达压缩机的主要生产基地。

从2008年开始，格力电器旗下的珠海凌达把掌握制冷压缩机的核心技术作为立足之本，先后研发生产出了新冷媒压缩机、高能效压缩机、高效定频压缩机、新型高效无稀土变频压缩机等产品，为格力电器的高速扩张奠定了坚实的基础。珠海凌达的产能从2004年的120万台连年跳跃，如今压缩机年产能已高达5000万台。

凌达压缩机奠定了格力在空调领域霸主地位的基础，而这背后一直有着日本日立公司（属富士财团）的默默技术支持。同时，格力通过和日本大金株式会社（属三井财团）合作才进一步加强了空调的电路设计和内部规划，甚至有媒体人表示，拆开两个品牌的空调会发现，格力和大金除了壳、遥控器及部分压缩机不同，其他完全相同，特别是电路板设计，几乎是一个模子印出来的。

大金氟化工（中国）有限公司是首家进驻中国的氟化工外资企业，也是凝聚了日本和美国工厂经验和智慧建立而成的最新型工厂，成立于2001年4月8日，占地49.2万平方米。主要出资方有大金工业株式会社、大金（中国）投资有限公司、三井物产株式会社、三井物产（中国）有限公司。氟化工产品是制冷剂的重要组成部分，因具有良好的热力性能，广泛应用于冰箱、家用空调、汽车空调等消费领域，占据了制冷剂市场的主导地位。

2009年2月，格力电器和日本大金在珠海举行盛大的全球战略合作发布会，时任格力电器董事长朱江洪和大金工业株式会社会长兼CEO井上礼之出席签约仪式。发布会上，双方在珠海合资建立生产变频压缩机、电控器的工厂和制造精密模具的工厂，联合采购空调的原材料、零部件，以及联合开发面向全球市场的更加节能环保的新型变频家用空调等几个项目达成了共同意向。

日本大金工业株式会社社长井上礼之在接受采访时表示：“大金进入中国市场之后，在家用空调市场则致力于高附加值的中央空调产品，家用中低档空调一直没有介入。此次通过与格力合作,未来大金将涉足中档家用空调制造,格力也会通过合作获得更多的市场份额。与全球同行相比,中国的空调企业在设计和研发方面还处于发展阶段,但在生产制造方面却具有很强的实力与丰富的经验。”

2017 年 4 月,在上海举办的中国制冷展上,日立工业制品的压缩机展台参观的人群络绎不绝,成为展会的最大亮点。在展台上,格力电器旗下的凌达出产的三缸双级变容积比压缩机格外引人关注,它是日立在第一代双级增焓压缩机技术的基础上创新升级而来。该压缩机也是全球首次在单台压缩机上实现了可变容积比的双级压缩,目前已申请发明专利 66 件,已获授权专利 11 件,广泛应用于中央空调(多联机)、家用空调等多系列产品上。

海立股份的日立血统

借助日本日立和大金空调的技术支撑,格力迅速成为国产空调机的标杆品牌。2018 年上半年,中国国内空调市场近四成份额都由格力把持,达到了惊人的 38.8%,格力电器的珠海凌达压缩机产能已远不能满足其需求。同年 12 月,格力经过几次增持,合计持有中国第三大空调压缩机生产商海立股份(600619)10.41% 的股份,成为海立股份的第二大股东。

海立股份的前身是上海冰箱压缩机股份有限公司。1993 年 1 月,上海冰箱压缩机股份有限公司、日本日立制作所株式会社合资创建空调压缩机专业生产企业——上海日立电器有限公司,由上海冰箱压缩机股份有限公司控股 75%、日本日立家用电器持股 25%,并从日本引进压缩机生产线。

合资公司开始完全依靠日本技术,引进日立空调压缩机机种,以市场换技术,使用“日立/HITACHI”品牌。“贴牌生产”打开了销路,开创了上海日立电器的起步。但是,合资公司始终不掌握核心技术,在销售时还会强调使用了日立压缩机。根据合同约定,使用“日立”的商标技术使用费为收入的 3%,即每销售一台贴有“日立”商标的压缩机,须付日方 100 日元的商标使用费。

1995 年,在日方技术人员主导下,公司研制出了 2.5P 压缩机,实现引进技术并加以改进。1996 年,合资公司建立业内唯一的国家级企业技术中心,并在日方研究人员的帮助下,研发出世界首台 TH 双转子压缩机。上海冰箱压缩机公司也成为国内第一家有能力生产双转子压缩机的企业,也就是在这一年,正式申请注册了“海立/HIGHLY”商标,开始打造自己的品牌。

2000 年,上海冰箱压缩机公司更名为“上海海立集团”,上市公司为海立股份(600619)。2001 年,海立在美国 AHR 制冷展上第一次推出“HIGHLY”品牌压缩机,得到国际认可,这标志着“海立/HIGHLY”自主品牌的市场化。此后,海立相继在美国、日本、英国成功注册商标。

2004 年 4 月,海立股份使用“日立”商标合同期满,日方有意赋予公司“日立”

商标永久使用权,并将商标费由原先占收入的3%降至0.9%,但条件是中方不得使用其他品牌,这意味着公司以后不能再生产“海立”牌产品。但是海立股份的目标是要将“海立”打造成为知名的空调压缩机品牌,因此拒绝了新的商标合同。

2007年7月,海立股份收购了青岛三洋电机有限公司100%的股权。青岛三洋是日本三洋在中国的独资公司,成立于2002年5月,当年12月投产,注册资本81亿日元。进入中国伊始,青岛三洋的主打产品即为世界领先的无氟变频冰箱压缩机。

2013年底,海立在日本千叶市美浜区成立技术研发中心,主要肩负配合上海日立电器有限公司的国家级技术中心,进行高端技术的海外同步研发任务,同时收集以制冷产业链为主线的先进技术和市场需求的情报,为海立股份和上海日立电器有限公司提供技术服务。

2017年9月18日,成立20多年的合资公司上海日立电器有限公司正式改名为“上海海立电器有限公司”,中方股东上海海立(集团)股份有限公司和日方股东江森自控日立空调有限公司占股不变,仍为75%和25%。经过海立集团和日本日立的共同努力,双方合资的海立电器已经成为全球领先的空调压缩机研发、制造、销售企业,产能规模2000万台/年,全球市场份额15%,位居全球第三。

美的与东芝:市场换技术

1993年5月,美的与东芝签署第一次技术合作协议,双方的合作正式开始,国内第一款东芝机型空调就诞生于美的的老家——广东顺德。1998年、1999年,美的先后两次收购合资公司广东东芝万家乐制冷设备有限公司中方股东万家乐集团持有的股权,以60%的股权正式成为东芝万家乐的控股股东,东芝公司以40%股权成为第二股东。

1993年5月,美的与东芝签署第一次技术合作协议,双方的合作正式开始,国内第一款东芝机型空调就诞生于美的的老家——广东顺德

该合资公司名称由广东东芝万家乐制冷设备有限公司更名为“广东美芝制冷设备有限公司”,生产美芝牌压缩机,成为美的集团的核心资产之一。不仅负责美的自身压缩机的供应,还为东芝、三菱(日本原装)、富士通进行代工生产。2003年,美芝压缩机净利润达1.6亿元,成为美的旗下第二盈利大户。

美的集团在拥有中日合资的广东美芝制冷之后,成为中国国内唯一掌握了从工业设计、模具制造、电机制造、电子控制到压缩机制造的全部核心配套生产能力的空调制造专业企业,大大增强了企业的核心竞争能力。

2004年6月,美的与东芝开利空调事业部(东芝空调的核心企业)签署了合资合作协议,双方签订“美的·东芝开利空调事业业务合作总协议”,携手成立美的制冷设备有限公司等四家合资公司，在家用空调、商用空调的研发、制造、销售、服务等领域开展更深层次的合作，并结成了全球性的战略联盟。

2010年，美芝空调压缩机的销量超过2500万台，全球市场占有率超过26%，成长为全球规模最大、最先进的空调压缩机制造企业，并且在变频压缩机的市场占有率也突破了30%。在《电器》杂志2015年空调压缩机采购指南中，美芝公司的空调压缩机总产能已经达到5100万台，2015年的总产销量达到4700万台，全球市场份额占比超过30%。

空调微电机是空调除了压缩机之外的又一核心部件，而美的倚重的是其位于广东顺德的子公司威灵电机制造有限公司。威灵电机的技术也与东芝息息相关，早在1992年，威灵电机就与日本三井财团的东芝株式会社进行技术合作，全套引进塑封电机的生产设备，生产出国内第一台空调用塑封电机，实现了中国电机领域的初步发展。

"当时，日本空调市场已经全面普及全直流变频空调，交流电机对他们来说是濒临淘汰的产品。但是，对中国来说，空调还是奢侈品，'塑封'交流电机更没有工厂生产，中国本土生产的电机都是铁壳交流电机，因此威灵的起点很高。"时任威灵电机总经理周向阳曾如此回忆。

2008年，威灵电机在香港上市（HK00382），在广东顺德、安徽芜湖、安徽合肥、江苏淮安、江苏常州分布五大电机制造基地，年产能超过1.5亿台。2014年空调电机总产量超过8500万台，全球市场份额近30%，洗衣机串激电机的全球市场份额超过40%。2015年，威灵电机空调压缩机的年产能达到2.2亿台。

2015年7月，美的集团旗下两大上游零配件公司——美芝压缩机公司与威灵电机公司整合为美的"部品事业部"。这事实上意味着，在空调压缩机领域占据半壁江山的美芝，和空调电机及滚筒洗衣机串激电机领域的龙头企业威灵电机已经开始全面合并。

2016年3月，美的斥巨资收购东芝白色家电业务受到各方瞩目。作为日本的老牌家电龙头企业，东芝的白电业务在日本占据着不小的市场份额。此次剥离白电业务，难免引发关于东芝是否缺失了一大营收引擎的猜测。然而，日媒对美芝合作关注度并不大。日本共同社表示，东芝只是希望通过出售已经亏损严重的白色家电业务，努力改善经营业绩，争取在2016财年恢复为正收益。

总部位于名古屋的日本制造业研究中心总经理徐亮认为，"美的与东芝处于不同的发展阶段，双方的交易是一次双赢，都满足了自身的需求"。在很多人看来，这是一次合乎常理的交易，交易中双方谁都未曾扮演"失败者"的角色。但是在中国企业一次次通过烧钱和"蛇吞象"的简单方式进行外资品牌收购的背后，中国制造业究竟得到了些什么？

一直以来，中国企业都是希望能够通过市场换技术，可是日本企业在维系核心的高科技方面都有着很高的防线，东芝这次出售家业也坚守“高科技不外流”这一潜规则。此次收购交易，东芝仅考虑把白色家电业务出售给外资，但空调、电脑和医疗等核心领域都保留给了本土厂商，比如佳能公司和富士通公司等。

参考文献及来源：

1. 徐静波. 张瑞敏：海尔零利润生产白色家电[N]. 第一财经日报，2007－11－19.
2. 蒋佩芳. 三洋棋局之变：海尔海外发力合肥三洋另辟蹊径[N]. 每日经济新闻(上海)，2011－10－26.
3. 冯武勇. 海尔公司的日本成长路——访海尔 AQUA 销售公司总裁中川喜之[EB/OL]. (2012－12－10)[2019－11－01]. http://news.ifeng.com/gundong/detail_2012_12/10/20017996_0.shtml
4. 张瑞敏. “亚洲的未来”国际交流会上的演讲[EB/OL]. (2002－05－22)[2019－11－01]. http://www.people.com.cn/GB/jinji/33/174/20020530/741034.html.
5. 海尔官方网站，www.haier.com/cn/.
6. 樊则顺，崔延宇. 跨越蔚蓝——张瑞敏和海尔管理文化的启示[J]. 管理观察，2002(2)：15－19.
7. 韦尔奇，拜恩. 杰克·韦尔奇自传[M]. 曹彦博，孙立明，丁浩，译. 北京：中信出版社，2010.
8. 长濑株式会社. 长濑株式会社综合报告书 2017[R]. 2017.
9. 张瑞敏. 海尔是海[M]. 青岛：青岛出版社，2005.
10. 青岛银行官方网站，www.qdccb.com/.
11. 侯雪莲. 接盘三洋 海尔背上“包袱”？[EB/OL]. (2011－08－06)[2019－11－01]. http://finance.ifeng.com/roll/20110806/4358859.shtml.
12. 剑萍. 小天鹅公司：“末日管理”[J]. 管理科学文摘，1998(3)：17.
13. 蔡恩泽. 从辉煌到黯淡：远去的朱德坤[J]. 企业研究，2004(6).
14. 杨瑞法. 松下无锡十年亏损调查中日合资伙伴裂痕非一日[N]. 21 世纪经济报道，2007－03－22.
15. 李群. 松下在华家电生产大撤离揭秘三大要因！[EB/OL]. (2015－01－06)[2019－11－01]. http://www.clii.com.cn/zhhylm/zhhylmhyzmqy/201501/t20150114_3865901.html.
16. 李薇. 小天鹅松下分手[N]. 北京商报，2007－07－31.
17. 木元哲. 松下中国区前总裁：那些你以为衰落了的日本企业，其实活得更好了[J]. 中外管理，2018(10).
18. 李洪力. 小天鹅“复活”后的野望：引发美的与海尔过招的过度诠释？[EB/OL]. (2018－09－19)[2019－11－01]. https://www.sohu.com/a/254835893_698311.
19. 林寰宇. “美的”号航母引领中国制造全球化[EB/OL]. (2017－09－24)[2019－11－

01]. http://www.cs.com.cn/gppd/tzpj/201709/t20170920_5484701.html.
20. 吴祖垲.改革开放腾彩虹——记我国第一个彩色显像管厂的成长[EB/OL]. 2009 - 06 - 15.
21. 杨瑞法.四川长虹:彩电海外分销之虞[N].21 世纪经济报道,2003 - 09 - 16.
22. 兰丽娜."彩电大王"落幕:四川长虹苦苦挣扎是否还有未来[EB/OL]. (2018 - 04 - 24)[2019 - 11 - 01]. https://new.qq.com/omn/20180424/20180424A0QW77.html.
23. 杨明炜.小天鹅重组的偶然与必然[N].中国经济时报,2005 - 01 - 28.
24. 黄河,仇勇.揭开三洋坠落的真相[EB/OL].(2007 - 04 - 01) [2019 - 11 - 01]. http://blog.sina.com.cn/s/blog_492fc1d10100091x.html.
25. 周剑振.产业金融新思维[EB/OL].(2016 - 08 - 29) [2019 - 11 - 01]. https://www.sohu.com/a/112560907_475956
26. 辽宁对外开放大事记[J].今日辽宁,2008(5):26 - 30.
27. 司欢.松下家电中国总经理:该我们向中国的民营企业学习了[EB/OL].(2017 - 06 - 30) [2019 - 11 - 01]. https://www.sohu.com/a/153284035_167921.
28. 谢漪珊, 金志芳. 中国彩电难过"美人"关?[J]. 中国经济周刊, 2003(23):7 - 10.
29. 陈学东.美的集团和小天鹅筹划资产重组[N].新快报,2018 - 09 - 11.

第九章

掌控稀土产业主导权

1984 年 11 月 14 日，日本三井财团旗下的三井金属矿业株式会社经理真岛公三郎公布，为了确保尖端技术和生产企业中不可缺少的稀土原料来源的稳定，三井金属及其有关的冈谷机商社与中国有色金属进出口公司、江西省冶金进出口公司签订了长期进口江西省稀土精矿的合同。

2010 年 10 月 1 日，日本经济产业大臣大畠章宏表示，“为了摆脱稀土进口严重依赖中国的现状，准备实现稀土的多渠道供应”。2014 年，由三井海洋开发株式会社和东京大学等参加的“稀土泥开发推进财团”正式成立，开发从水深 5600 ~ 5800 米处挖掘稀土泥进行生产的技术，并寻求实现商业化的可能性。

三井物产作为日本三井财团的综合商社，每年都会代表日本企业来中国商谈稀土贸易。三井物产表面是以稀土贸易为主，但实际上更像是一个稀土产业组织者的身份，其通过贸易代理、生产参与、融资服务、仓储流通、信息咨询以及科技开发等方式达到了整合中国稀土产业资源的目的。

——作者题注

【阅读提示】

“三井”告诉了我们什么(9)

稀土,是一组金属元素的简称,目前被广泛用于电子、石化、冶金、军工等领域。对于稀土的重要性,有一个常用比喻:如果说石油是工业的血液,那么稀土就是工业的维生素。稀土在军民两方面的用途都十分广泛,同时也是先进装备制造业、新能源、新兴产业等高新技术产业不可或缺的原材料,是宝贵且关键的重要战略资源。

日本在全球稀土市场中占据着重要地位,是仅次于中国的全球第二大稀土消费国,虽然其国内并没有稀土资源,但它却是仅次于中国的全球第二大稀土产品出口国。在中国实行稀土出口限令期间,日本稀土应用产业并未因此陷入困境,而当中国取消稀土出口配额限制时,其受到的实质影响也相当有限,这一切都要得益于日本拥有一套完善的稀土资源储备和发展战略。

早在1974年,日本通产省就出台相关政策,选定部分有条件储备的矿产资源作为战略资源进行储备。随后1976年,日本又通过设立“特殊金属储备协会”这一社团法人,采取“政府出资、民间管理”的形式进行矿产资源的民间储备。1985年,日本在茨城县开始着手建设占地面积达3.7万平方米的国家储备仓库,据日本“稀有金属”数据库的统计,日本已成功完成了50年稀土储备。

目前,包括氧化镧、氧化铈、氧化镝等10种稀土材料的稀有金属已经成为日本四大战略储备之一(其他储备为锂矿、天然气和石油)。日本政府认识到,建立矿产资源储备制度的第一受益者应该是国内财团的制造业企业。因此,日本不仅有国家层面的战略储备体系,还建立了以各大财团的综合商社为核心的企业层面储备体系。

最近几年,日本在越南、哈萨克斯坦、印度和澳大利亚等国所获得的稀土供应已经超过日本年需求量的一半以上,而综合商社正是日本努力构建多元化稀土资源供给模式的先锋官。三井物产和住友商事瞄准了萨哈(雅库特)共和国稀土矿藏,并积极与当地政府官员进行会谈。丰田通商则买下了位于越南西北部的都巴奥稀土矿山,该矿山的稀土储量居世界第三位。

在实现稀土多渠道供应的同时,日本还积极进口国外的“稀土洋垃圾”,进行稀土的资源回收。2010年12月,中国商务部接到四川省稀土企业的举报,举报者称,日本三井物产等综合商社从中国进口碎玻璃等“废弃物品”,从中提取获得镧、铈等稀土元素。在攫取全球稀土资源领域,日本可谓是“机关算尽”,这个并不出产稀土的国家俨然已经成为稀土大国。

【第九章 掌控稀土产业主导权】

本章导言

2019年5月20日，习近平总书记在江西赣州考察时实地调研了相关稀土企业，并就推动稀土产业绿色可持续发展做出重要指示。赣州拥有不可比拟和无法替代的稀土资源，门类齐全、品位优越，素有“稀土王国”的美誉。稀土资源的高效开发利用，可以有力促进我国的多领域产业升级，实现众多新兴战略产业的崛起，对于国家发展意义重大。

根据国务院新闻办公室2012年发布的《中国的稀土状况与政策》白皮书，中国拥有较为丰富的稀土资源，稀土储量约占世界总储量的23%。中国以23%的稀土资源承担了世界90%以上的市场供应。中国的稀土材料、器件以及节能灯、微特电机、镍氢电池等终端产品，满足了世界各国特别是许多发达国家高技术产业发展的需求。

值得关注的是，自2018年以来，美国将一轮又一轮的关税大棒挥向中国的时候，在其长长的加征关税产品清单中，中国稀土却一直不在其列。2019年5月，美国甚至决定不再对中国的稀土和其他重要矿产征收进口关税。因此有舆论认为，当前中美经贸摩擦持续升级，稀土作为中国的优势战略资源，很有可能成为中国对美反制的重要筹码。

在回答稀土是否有可能成为中国在贸易战中对美反制的重要筹码这一问题时，国家发展改革委有关负责人表示：“作为世界最大的稀土材料供应国，中国一直秉持开放、协同、共享的方针推动稀土产业发展。一方面，我们坚持稀土资源优先服务国内需要的原则；另一方面，我们也愿意满足世界各国对于稀土资源的正当需求，更好满足世界各国人民对美好生活的需要。”

国家发展改革委人士强调说：“我们乐见中国的稀土资源及稀土产品能够被广泛用于制造各类先进产品，但如果有谁想利用我们出口稀土所制造的产品，反用于遏制打压中国的发展，那么我想赣南原中央苏区人民、中国人民都会不高兴的。”一份美国地质调查局的报告显示，2018年中国对美国稀土出口占美国稀土进口的78%。那么美国利用这些稀土究竟做了些什么产品呢？

对于稀土的用途，美国《华尔街日报》2009年9月28日就曾发表文章称，如果没有稀土，人们将不再有电视屏幕、电脑硬盘、光纤电缆、数码相机和大多数医疗成像设备。另外，稀土材料制成的强力磁铁是美国国防库存所有导弹定向系统中至关重要的因素，没有稀土材料就无法进行航天发射和卫星发射，重要的炼油系统也会因此停转。

目前几乎美军所有的高科技武器都有稀土的身影。美军F－22战斗机的座舱盖正是采用稀土材料制造而成的，具备优良的隐身性能。美国"爱国者"导弹之所以能精确拦截来袭导弹，得益于其制导系统中使用了大约4千克的钐钴磁体和钛铁硼磁体。美国"宙斯盾"战斗系统的SPY－1雷达也使用了由稀土所制成的磁铁，没有稀土元素，美国"宙斯盾"就要"失明"。

如果说美国更多地将稀土用于涉及高科技、军事等关乎国家战略竞争安全的核心领域，那么日本对于稀土的使用则显得更加商业化。一辆丰田普锐斯汽车的电池就有含有9千克的稀土元素镧，大型风力发电组的磁铁则需要227千克钕。事实上，钆及其同位素都是最有效的中子吸收剂，可用于核反应堆的抑制剂，能够有效屏蔽核辐射带来的影响。

其实，就稀土矿储量来说，美国占全世界的15%，排名世界第二，但自从2015年芒廷帕斯矿关闭后便一直从海外进口稀土。日本也早早地就将稀土当作重要的战略资源储备，媒体声称日本至少已成功完成了50年的稀土储备。但即便如此，美国和日本发达国家依然每年要从中国大量进口稀土进行战略储备，不断地对中国"薅羊毛"。

未来世界的竞争，就是科学技术的竞争。在未来相当长的一段时间内，全世界所有的高科技产品都离不开稀土，而且这种特殊矿物几乎没有替代品，目前美国认定的35种战略元素和日本选定的26种高技术元素中，都包括了全部的稀土元素。如何充分利用现在中国在稀有金属资源领域内的优势，打好这场战略资源争夺战，值得我们认真思考。

第一节 流失到日本的中国稀土

肥水流了外人田

为了更好地了解中国稀土资源，从 1978 年 11 月到 1979 年 7 月，日本曾先后 5 次派出稀土考察团共计 24 人次到中国进行实地考察。日本稀土考察团由三井金属矿业、三德金属公司、白水通商、同和矿业、和光物产、井上 japax 研究所等指派的专业人员组成，其中有专家教授、科技人员、稀土实业家等。

1984 年 11 月 14 日，日本三井财团旗下的三井金属矿业株式会社经理真岛公三郎公布，为了确保尖端技术和生产企业中不可缺少的稀土原料来源的稳定，三井金属及其有关的冈谷机商社与中国有色金属进出口公司、江西省冶金进出口公司签订了长期进口江西省稀土精矿的合同。合同规定，从 1985 年起 5 年内每年进口 200 吨，未来根据稀土矿开采进展情况适当延长期限或扩大进口额。

自1985年三井金属矿业从中国江西进口稀土精矿开始，中国稀土资源源源不断地被日本企业廉价获取

三井金属矿业株式会社大约占当时日本稀土市场规模 20% ~25% 的份额，但此前每年都要与主要稀土原料产地进行订货洽谈，无法保障货源的稳定性，此次与江西签订精矿合同后，中方可以为三井财团的制造企业提供长期稳定的稀土原料。三井金属矿业从江西进口的稀土矿是江西省寻乌矿产中的混合稀土精矿，这种矿轻稀土（镧、镨等）和中重稀土（钇、钆、铕、钐等）共存，是世界上少有的优质原料。

1985 年，中国开始实行稀土产品出口退税政策，稀土的对外出口逐年递增。而日本为了保证自身在紧急时刻对储备物资的有效运行并降低储备成本，于 1985 年开始在茨城县建设占地面积达 3.7 万平方米的国家储备仓库，并将共同储备物资分批转移到国家储备仓库。稀土就是日本重要的国家储备物资，据日本 2008 年稀有金属数据库的统计，日本已成功完成了 50 年稀土储备。

20 世纪八九十年代是中国稀土产量急速增长的时期，由于改革开放确立用市场和资源换技术和资本的大方向，出于换取大笔外汇的需要，中国推行了“大矿大开、小矿小开、有水快流”的指导方针，以刺激稀土资源的大量出口。1993 年日本从中国进口稀土 5025 吨，1994 年增长到了 7041 吨，1995 年这一数据就上升到了 9226 吨。

在稀土资源不断被日本企业廉价获取的同时，留给中国的却是巨大的环境和资源代价。稀土开采造成了山体、植被的极大破坏，选矿分类产生的水源污染、土地污染也非常严重。南方稀土矿山含量低，开采中植被破坏、水土流失非常严重。例如，池浸工艺每开采一吨稀土，就要破坏200平方米的地表植被，剥离300平方米表土，造成2000立方米尾矿，每年造成1200立方米的水土流失。

1994年，三井金属矿业株式会社稀土金属事业部部长小川久雄在采访时表示："日本国内的稀土粗分类企业已经全部停产，而是将这一工序委托给处理离子矿的中国冶炼厂，以确保日本客户需求。如果条件允许，日本考虑将部分稀土的分离制精也委托给中国方面加工。"小川久雄还表示："中国的稀土产品并不能直接使用，最后的质量调整还需要在日本国内完成。"

中国稀土之父、中国科学院院士徐光宪曾表示，"因为低价出口稀土，十年时间就造成中国外汇损失高达数百亿美元之多"。1990—2005年，中国稀土出口量虽然增长近10倍，但价格却下降了50%。1987—1991年，稀土每千克价格为9.5~13.5美元，2002—2005年，价格跌至每千克5.5美元。

2013年12月4日，全球最大的ITO靶材生产商——日本三井金属矿业株式会社的铟采购负责人西山宗良室长、日本金友株式会社肖长波社长和三活株式会社田中巧董事，到访泛亚有色金属交易所昆明总部。泛亚有色金属交易所董事长兼总裁单九良、副总裁杨国弘与来访的客人进行了深入广泛交流。

日本三井金属矿业西山室长表示："三井金属是全球数一数二的铟消费商，而泛亚有色金属交易所是全球最大的铟交易平台，因此双方具有很强的合作基础。三井金属将积极寻求和探讨与泛亚在稀有金属合作的可能性。"西山室长还表示："希望泛亚有色金属交易所能够为中日韩的稀有金属企业提供一个套期保值的场所，降低企业库存量，从而规避稀有金属企业经营方面的风险。"

日本展开"曲线救国"之路

1998年，中国开始实施稀土产品出口配额许可证制度，并把稀土原料列入加工贸易禁止类商品目录。但很显然，中国的稀土出口配额政策限制并没有难住日本企业。事实上，日本早已经展开"曲线救国"之路，长期利用稀土合金、合资公司的形式躲避贸易限制，获取中国大量稀土资源。

日本企业选择了一种"合法"的方式从中国继续获得更多的稀土资源：先通过同中国本土企业合资与入股的形式取得正式身份，然后让中国子公司把稀土原料做成合金胚料，再通过永磁合金胚料类出口科目进行出口，就可以避过稀土出口配额的制约。

同年7月，日本三井财团旗下的东芝株式会社与江西稀有稀土金属钨业集团有限公司合资成立了江西东芝电子材料有限公司，合资股东中还包括了三井物产和中国有色金属进出口江西有限公司。其中,东芝高新材料公司持股47.87%,江西稀有稀土金属钨业集团持股31.92%,东芝(中国)有限公司持股10.64%,三井物产持股5.32%。

江西东芝电子材料有限公司位于江西省赣州市。赣州被誉为世界钨都、稀土王国,拥有丰富的稀土资源,和内蒙古包头、四川冕宁地区并称为中国稀土生产三大基地。赣州是南方离子型稀土的发现地,也是南方离子型稀土矿山开采技术的发明地,是全国最大的稀土金属生产基地和资源综合利用基地。

2002年9月,隶属日本富士财团的昭和电工株式会社联合日本东海贸易株式会社在内蒙古包头合资成立了包头昭和稀土高科新材料公司,中方股东为中国北方稀土(集团)高科技股份有限公司。在合资公司,中日方股东占股比例已经达到了70%。合资公司的经营范围主要是生产和销售各种钕铁硼合金,以及其他稀土应用金属及合金等。

2006年12月,日本住友商事与江西稀有稀土金属钨业集团、安泰科技以45%、35%、20%的比例合资成立了赣州江钨友泰新材料有限公司,投资1亿余元,主要生产钨粉、碳化钨粉、碳化钨合金粉等工业原材料。次年9月,日本昭和电工又与日本东海贸易、赣州虔东实业集团有限公司和赣州红金稀土有限公司合资成立了江西赣州昭日稀土新材料有限公司。

在2010年之前,由于中国政府对稀土产业并没有特殊的政策规定,国内一些地区允许外资在当地投资参与稀土的加工分离领域。部分日本企业在内蒙古以及江西等地,大量买入稀土原料和金属,进行简单加工后便运到日本国内进行深加工或者直接储备起来,成功地规避了中国出口配额限制。直到2009年,日本90%以上的稀土上中游产品都是以这种形式从中国进口的。

2012年初,天津一家生产磁材的企业总经理在一次内部会议上表达疑问:"2011年国内钕铁硼原料硼铁用了4500吨,足足比上年多用1000吨,各家钕铁硼企业产量都减了,为啥硼铁却大量增加了?"

为什么会发生这样奇怪的现象?这是因为稀土原材料硼铁经过甩带炉后能制成一种甩带片的材料,甩带片中含30%~40%的稀土镨、钕、铽、镝等元素,可用于制作永磁体材料、储氢合金粉,主要应用于电脑磁盘、混合动力汽车马达等。但含较高稀土元素的甩带片却不需要使用配额,有业内人士表示,正是由于配额的漏洞,2011年日本企业大量从中国进口甩带片。

包头稀土研究院顾问窦学宏表示,出口甩带片较多的企业是包头昭和稀土高科新材料有限公司和赣州昭日稀土新材料有限公司,而这两家企业的背后正是日本的昭和电工。中国有色金属设计研究总院教授王国珍表示,在出口稀土方面,国家主要考虑到甩带片有一定的技术含量,因此并未将其纳入稀土配额管理。

2013年6月,昭和电工准备重启在中国自2012年8月起实质处于停产状态的两家稀土合金工厂。此次重启两家工厂生产能力合计4000吨，相当于世界整体需求（约10万吨）的4%。原因是日系车在华生产出现恢复迹象，面向混合动力车（HV）用电机的稀土合金需求有望回升。昭和电工希望以此维持在中国的人员雇用和生产技术。其产品除了向中国磁铁厂商供货外，也出口日本。

日本昭和电工是生产钕及镝元素稀土与铁的合金的大型专业企业，其在日本和中国生产的合金销往各磁铁厂商。公司自1987年开始着手稀土永磁合金的研究和开发。此后，昭和电工钢经过不断的努力开发，先后在日本国内申请了77项发明专利，在国际上也申请了约80项的发明专利。

走私稀土涌入日本

2009年4月，为了进一步降低国内产能，冻结新的开采许可证，中国国土资源部（现自然资源部）发布了新的《稀土矿开采总量控制指标》。2010年5月，工信部发布了《稀土行业准入条件》，这是中国第一次从生产规模方面设置稀土准入门槛。2011年5月，《国务院关于促进稀土行业持续健康发展的若干意见》提出坚持控制总量和优化存量，建立国家稀土战略储备体系。

与此同时，世界贸易组织研究会常务理事、清华大学中美关系研究中心高级研究员周世俭公开表示："日本从中国采购稀土的渠道和策略发生了明显的变化，从大量、公开、集中采购转为多批、少量、分散采购。还有一些通过中国香港、中国台湾以及泰国等东南亚地区进行转港贸易进口，甚至还大量收购广西、云南一带走私的稀有金属原料或半成品。"

一些地方通过权钱联姻展开疯狂盗采，利用海运走私将稀土偷运出国，而其最终都流向了稀土资源严重依赖进口的日本（漫画作者：刘道伟/《上海证券报》）

其实，早在20世纪八九十年代，日本企业就开始从中国江西等地走私稀土。江西赣州地质调查大队总工程师张祖廉介绍："那时候老百姓家家有个水缸，底下安个龙头，沉淀完了出来的就是稀土，就有日本人来收了。这种小作坊里的稀土买卖持续进行了几十年，我知道日本人是积少成多，拿回去也是囤放起来。"日本客户把价格压得很低，这样大量的优质稀土材料就被一点点地运到了日本。

随着2010年前后国家不断收紧稀土政策，加上受到稀土专用发票即出的影响，国内大量私采滥挖的原矿没有了出路。走私贸易成了这些黑户新的出路，有的非法原矿就通过集装箱走私到香港，或者从福建转往台湾进行转口，最终流向日本、越南等地进行分离冶炼。

进入2011年，稀土私采走私不仅屡禁不止，而且有"升级之势"。据江西省稀土行业学会从原矿和分离物公开数据统计得出的粗略估算，最火的2011年上半年,江西省至少有一半以上的原矿系私采。中国稀土协会秘书长马荣璋表示,“2011 年海外稀土进口统计是中国海关出口统计的 1.2 倍,也就是说走私量是正常出口的 120%,走私十分猖獗”。

此时,国内社会舆论开始关注到了稀土私采走私问题,包括《经济参考报》《三联生活周刊》《新闻晨报》在内的多家媒体都报道了江西赣州、广东潮汕等地稀土被低价走私的新闻。这些媒体调查发现,当地通过权钱联姻展开疯狂盗采,利用海运走私将稀土偷运出国,而其最终都流向了稀土资源严重依赖进口的日本。

日本稀土需求的持续以及中国国内政策的收紧,推动了稀土价格的上涨,高额的利润让很多人选择铤而走险。最疯狂的 2010 年 6 月到 2011 年 6 月 1 年间,南方中重型稀土代表品种氧化铽价格由 250 万元/吨涨到 2200 万元/吨,涨幅近 8 倍;氧化镝价格由 100 万元/吨涨到 1200 万元/吨,涨幅甚至超过了 10 倍。

此前,一些民营企业长期以资源回收利用为名,变相建设冶炼分离生产线,收购加工稀土矿产品,并通过黑市进行走私交易。虽然随着相关部门的重点整治,走私风潮有所收敛,但人们对稀土暴利的追逐就像对毒品一样上瘾,赣州地区的私采并未真正停止。

如何从源头杜绝稀土走私成为江西这个稀土大省的头等大事。2014 年 9 月 24 日,江西省工信委印发了《清理规范稀土资源回收利用项目实施方案的通知》,要求赣州多家稀土废料回收企业加入赣州稀土、包钢稀土,或与这两家集团签订协议。江西省工信委表示,由国有企业收购这些企业可以大大控制稀土的非法走私。

但实际情况又如何呢?这则通知背后的一个隐情就是并购条件,赣州稀土集团的收购条件很苛刻,以政策为令牌,只出少部分资金,却要对这些废料回收企业控股。这种“政策性”的收购,很难保障今后这些民营企业主可以抵得住高额利益的诱惑,不重新从事非法的稀土交易。

其实,赣州的民营稀土企业完全可以学习以综合商社为核心的日本财团产业组织模式,由国企和民营稀土企业进行交叉持股和产业关联,形成真正的利益共同体,共同为江西、为中国稀土事业的发展提供助力。通过交叉持股,各大财团之间和商社与制造企业之间都建立了联系,加上背后还拥有金融资本的支持,日本各大企业从来不会为资金的匮乏和能源的短缺而发愁。

专利垄断,雁过拔毛

近年来,伴随着新能源汽车、风力发电、变频家电等新兴产业的兴起及发展,稀土永磁材料(即钕铁硼永磁材料)的需求高速增长。同时,钕铁硼是新能源汽车永磁电机的重要原材料,传统汽车 EPS(电动助力转向系统)、工业机器人和智能手机领域对钕铁硼也有一定需求。未来,中国新能源汽车尤其是纯电动汽车的增长将推动稀土永磁材料需求快速增长。

中国已经逐渐从稀土生产出口大国转向为稀土消费大国，稀有金属贸易商"日本先进材料公司"社长中村繁夫在媒体采访中指出，"中国国内（稀土材料）的需求有所企稳"。特别是在稀土永磁的需求推动下，预计未来几年中国稀土需求将保持7.8%的增速。2017—2020年稀土（折合氧化物）消费量预计将分别达到10.9万吨、11.8万吨、12.7万吨、13.7万吨。

2013年5月，日本TDK公司联合东海贸易株式会社与广晟有色金属股份有限公司合资成立了生产稀土磁铁的新公司，名为"广东电化广晟稀土高新材料有限公司"，主要生产环保汽车等马达使用的高性能钕磁铁。日本TDK公司在2012年曾讨论与昭和电工进行合资，在中国生产高性能磁铁，但由于日本经济产业省实施技术转移限制，结果不得不中止。

2016年9月2日，日立金属株式会社宣布，在中国设立了一家生产钕磁铁的合资公司——日立金属三环磁材（南通）有限公司，投资总额10亿元人民币，注册资本4.5亿元人民币。股权结构为：日立金属持有51%的股权，中科三环持有49%的股权。日立金属拥有控股权、决策权，生产线及质量标准依据日立金属的生产理念设计，产品质量和性能将达到日立金属的标准。

合资公司的中方股东——北京中科三环高技术股份有限公司是中科院旗下的核心上市公司。虽然中科三环在钕铁硼行业是业内公认市场份额仅次于日立金属的世界第二，但由于日立金属在美国申请了钕铁硼专利，所以只有拥有日立金属的专利授权，才能将产品出口到海外。中科三环是8家取得日立金属钕铁硼专利授权的中国企业之一，中科三环的产品50%～60%用于出口。

关于稀土专利，这也是中国稀土企业不能言说的痛。早在2000年前后，住友特殊金属株式会社就曾假借客户的名义到中国的企业进行参观。当时，中国企业的知识产权意识还不强，几乎所有企业都把自己的生产工艺详细地告知了来访者。随后，住友特殊金属便针对中国企业的生产工艺申请了大量专利。

为什么中国企业不自己提前申请专利呢？一是因为当时国内企业根本没有知识产权的概念，二是因为到国外申请专利动辄需要十几万甚至几十万美元，这让很多企业望而却步。结果就是自己出口的产品却需要花高价买人家的专利。

无论是从日本经济产业省的技术转移禁令中，还是从稀土永磁材料市场份额占比很大的中科三环的无奈中，我们都不难发现，虽然今天中国的稀土消费份额（56.5%）远超日本（21.2%）和欧美（16%）占到了世界第一，但中国稀土企业的产品实际上仍然被压制在产业链的最低端。高端稀土功能材料专利和生产基本被国外公司掌握，而其中占据绝对地位的是日本的财团企业。

北京安泰科信息开发有限公司的数据显示，在稀土研发专利排名前十的专利权人中日本三菱的专利申请量位居首位，随后依次是韩国三星、中国科学院、日本住友、日本日立、日本TDK、日本东芝、日本宇宙航空研究开发机构、丰田汽车、美国通用电气。除了三星为韩国企业、通用电气为美国企业、中国科学院为中国科研机构外,其他7家均为日本的财团企业。

中国并非世界上唯一拥有稀土的国家,却在过去几十年承担了世界稀土最大供应商的角色。中国稀土储量一度占全世界的71.1%;国务院新闻办2012年发布的《中国的稀土状况与政策》白皮书显示,我国稀土储量约占世界总储量的23%。从71.1%到23%,按现有的生产速度,中国的中重类稀土储备仅能维持15~20年,在2040—2050年前后就必须从国外进口才能满足国内需求。

第二节 聚焦“稀土之都”

稀土专家与日本紧密合作

1992年11月,内蒙古包头市稀土高新技术产业开发区被国务院批准正式成为国家级高新区。在全国117个国家级高新区中,包头稀土高新区是唯一冠有稀土专业名称的高新区。“世界稀土看中国,中国稀土看包头”,据统计,当时中国稀土资源占全球总量的36.4%,而包头市的稀土储量则占国内储量的87%,产品出口量更是占到全国一半以上。

就在包头稀土高新区获批的一个月以后,中国著名稀土专家、时任包头(包钢)稀土研究院院长的胡玉林女士应邀到东京向日本稀土界的专家学者作学术报告,并受到日本方面的一致好评。1993年10月,胡玉林再次应邀赴日本做了题为“中国稀土产业发展现状与未来”的主题演讲。

胡玉林女士是中国稀土领域著名的专家,多年来一直从事稀土湿法冶炼、稀土材料的科学研究、技术开发、组织管理等工作。除曾担任过包头(包钢)稀土研究院院长兼党委书记外,胡玉林还先后担任过包钢稀土高科技股份有限公司独立董事、包钢集团副总经理、包钢集团监事会主席以及国家计委稀土专家组资源组组长等重要的企业和政府职务。

包头(包钢)稀土研究院是1963年在聂荣臻副总理的指示下建设成立的,直属原冶金工业部,1992年并入包钢集团公司,是全国最大的综合性稀土科技研发机构。建院50多年来,共承担“863计划”“973计划”等国家级科技项目,省部、地市级研发项目和为企业服务的各类项目2000余项,同时还承担着中国科学院包头稀土研发中心的科研开发任务。

此后在胡玉林院长等人的积极促成下,包头(包钢)稀土研究院与日本三菱材料公司中央研究所在内的4家日本科研单位开展了相关领域的长期合作研究。稀土被誉为“工业维生素”，具有极其丰富的物理、化学性能，添加到传统材料中，会使其性能呈几何级幅度提升，是影响世界未来经济、国防等重要领域发展的战略元素，因此中日双方开展稀土的合作研究具有重要意义。

包头（包钢）稀土研究院与日本三菱材料公司中央研究所在内的4家日本科研单位开展了相关领域的长期合作研究

日本在全球稀土市场中占据重要地位，是仅次于中国的全球第二大稀土消费国。虽然日本国内并不开采稀土资源，但却是全球第二大稀土出口国，这得益于日本政府完善的稀土发展战略。除官方的日本石油天然气金属矿产资源机构外，打造“官民一体”的稀土储备体系也是日本构建多元化资源供给模式的核心，财团企业自然就成为日本稀土海外战略的急先锋。

1995年12月，中日合资的包头天骄清美稀土抛光粉有限公司正式成立，公司由内蒙古包钢稀土(集团)高科技股份有限公司、日本AGC清美化学株式会社以及日本三菱商事株式会社共同出资运营，主营稀土抛光材料的开发、生产及销售，目前已经发展成为世界最大的稀土抛光材料生产研发企业。日本AGC(旭硝子玻璃)与三菱商事同属于日本军事和国防核心象征的三菱财团。

2001年2月，日本三大稀土企业之一的日本三德株式会社在包头稀土高新区投资设立了包头三德电池材料有限公司，注册资本为5600万元。其中，日方投资5286.70万元，占有公司总股份的94.4%，中方股东内蒙古高新控股有限责任公司占股5.6%。日本三德隶属于富士财团，2017年11月28日，富士财团体系的日立金属株式会社通过收购三德公司股权使其成为日立金属的子公司。

绑定“中华稀土第一股”

2002年8月，国家计委(国家发展改革委前身)发布了《外商投资稀土行业管理暂行规定》(以下简称《暂行规定》)，禁止外商在中国境内建立稀土矿山企业，不允许外商独资举办稀土冶炼、分离项目(限于合资、合作)。对于稀土冶炼、分离类项目，不论投资额大小，一律由各省、自治区、直辖市及计划单列市计委上报国家计委审批。

不过，《暂行规定》在禁止开采稀土矿山的同时又积极鼓励外商投资稀土深加工、稀土新材料和稀土应用产品项目，这让日本企业在被限制稀土产量、出口配额之后又找到了能够轻易获得中国稀土资源的新途径：把生产基地搬到中国来，这样便可以继续以低价获得稀土，随后再将加工成品进行出口。

同年9月，日本昭和电工株式会社(属富士财团)联合日本东海贸易株式会社、中国冶金进出口总公司与中国北方稀土(集团)高科技股份有限公司合资成立了包头昭和稀土高科新材料公司,注册资本为10亿日元。日本昭和电工株式会社、北方稀土、日本东海贸易株式会社分别持有其60%、30%、10%的股权,主要从事稀土永磁合金的制造、销售工作。

中国北方稀土高科技股份有限公司前身是包钢8861稀土实验厂。1997年9月,由包钢公司联合嘉鑫有限公司(香港)、包钢综企公司,以包钢稀土三厂、选矿厂稀选车间资产为基础,发起成立股份有限公司并成功上市,成为"中华稀土第一股",股票代码"600111"。其中,包钢公司持股38.92%,为控股股东,香港嘉鑫公司持股8.62%。

2004年1月,日本东海贸易株式会社、日产稀元素株式会社又和中国北方稀土高科技股份有限公司合资成立了包头科日稀土材料有限公司。通过同中国本土企业合资与入股的形式,日资加大了在中国稀土产业链中的投资力度,绑定"中华稀土第一股"还可以让日本企业获得许多土地、税收等方面的政策优惠。

日本从中国低价进口的稀土加工后便转手获利10倍,或者干脆封存不用,储备量早已可供使用数十年。与此同时,中国稀土储量在1996—2009年大跌37%,只剩2700万吨。2005年前后,中国政府开始取消稀土出口退税,逐渐压缩出口配额企业名额。2009年4月,国土资源部发布了新的《稀土矿开采总量控制指标》,进一步降低国内产能,并继续冻结新的开采许可证。

2010年9月,日本当局逮捕了进入钓鱼岛附近的中国渔船船长,中日两国关系陷入紧张局面。受此次危机影响,中国短暂停止了对日本的稀土出口。由于当时日本企业所需稀土九成以上依赖从中国进口,因此稀土也被看作中日之间重要的"外交牌"。稀土出口的收紧以及相关禁令使得2011年夏天稀土的市场价格较上年同期上涨约10倍。

但是,中国的稀土出口配额政策限制并没有难住日本企业。2011年8月,日本昭和电工宣布,将扩大其中国合资企业包头昭和稀土的稀土合金产量,并称他们计划将其中国合资企业产能增加50%,届时稀土合金年产量将达3000吨。昭和电工表示:"面对稀土价格的狂涨,加大在中国的生产,至少是加大我们向中国出口的这部分产品的产量,是一种合理的决定。"

然而,加强对稀土出口的限制和管理以及短暂停止对日本出口却让中国稀土企业迅速陷入了困境。截至2012年10月24日,中国全国的稀土生产相关企业约300家,其中有25%的产品精制和加工企业已停产,那些还在维持的企业生产率也只有正常水平的三成到四成。国内一家稀土企业负责人表示:"对日本交易的锐减及全球经济低迷导致稀土需求减少,因此不少企业都出现亏损。"

WTO 裁决中国败诉

2011年前后,日本TDK、昭和电工、信越化学等行业内领先企业都准备在中国投资建厂,但是后来由于中国稀土政策的调整便都没有了大动静。一位在中国从事稀土贸易的日本三井物产公司负责人曾对《21世纪经济报道》说:"我们是很想做大,但是现在的政策越来越严格,所以还是比较难的。"此前三井物产也正在寻求在包头投资稀土深加工领域的机会。

2011年9月,刚刚宣布增产的包头昭和稀土高科新材料有限公司遭业内人士投诉其"变相出口"。投诉者认为,包头昭和稀土等公司绕开出口配额,加大钕铁硼薄片、稀土磁粉等产品出口量,从而变相加大稀土出口量,并建议政府部门研究开征钕铁硼薄片出口关税,将钕铁硼薄片等产品纳入稀土出口配额的可能性。

受工信部、商务部等对稀土合金出口政策的调整以及相关投诉事件的影响,中日合资的包头昭和稀土高科新材料有限公司从2012年便一直处于停产状态,也没有办法继续向日本方面出售稀土合金材料。此前,按中国的相关政策,出土含有稀土的加工品并不受配额的限制,在中国生产加工材料半成品就成为日企获得稀土材料的重要"出路"。

2012年3月13日,日本经济产业省向WTO提交了《关于中国违规限制3种原材料出口》的报告,认为中国对稀土、钼、钨三种原材料实施的加收出口税、限制出口数量、设定最低出口价格等不合世贸规定。3月15日,日本联合美国及欧盟向中国提出了有关稀土、钨、钼的出口管制问题的磋商请求。4月25—26日,日本、美国、欧盟在世贸组织争端解决机制下与中国进行协商。

2012年5月,日本再次联合美国与欧盟,向WTO争端解决委员会提出专家组仲裁申请。同年6月,WTO设立了专门的争端解决专家小组,日本、美国、欧盟希望WTO争端解决委员会仲裁"中国违规限制出口"。日本政府如此大动干戈,甚至不惜拉上美欧联盟到WTO告中国的状,显然不只是为了一家合资企业,其背后隐藏着更大的野心。

日本经济产业省此次WTO诉讼涉及的除稀土外,还有钨、钼等稀有资源,它们在冶金、机械、化工、航天等领域应用广泛,属于不可再生的珍贵资源。但是,由于稀土及钨、钼在生产、加工过程对生态环境影响巨大,因此均被中国列为实行出口配额许可证管理的货物,而日本方面诉讼的目的无非是想要以最低的价格从中国继续买到稀土资源,以黄土价购入稀土。

2013年10月,"WTO稀土案"还在审理进行的过程中,日本《读卖新闻》等媒体便爆料称WTO已裁决中国败诉,而这一爆料也一度造成了国际稀土市场的价格动荡。2014年3月20日,《日本经济新闻》则再度宣称中国已输。作为原告方,日本有直接的利益,选在裁决公布前违规报道,其压低国际稀土价格、从中渔利的意图很明显。

2014年3月26日,历时两年,世界贸易组织公布了美国、欧盟、日本诉中国稀土、钨、钼相关产品出口管理措施案专家组报告。初步裁决中国败诉。4月17日,在商务部举行的新闻发布会上，发言人沈丹阳表示，中国决定就“中国稀土出口政策案”向世贸组织争端解决机构提出交叉上诉。

同年8月7日，世界贸易组织宣布维持专家组关于中方涉案产品的出口关税、出口配额措施不符合有关世贸规则和中方加入世贸组织承诺的裁决。为应对WTO裁决的结果，自2015年1月1日起，中国正式取消实施多年的稀土出口配额管理，企业只需拿出口合同即可申领出口，无须再提供批文。一同取消出口配额管理制的还有矾土、焦炭、钨及钨制品、碳化硅、锰、钼和氟石。

伴随着中国稀土出口配额管理制度的取消，显然以财团为代表的日本企业获得了这场“中日稀土对决”的阶段性胜利。然而令人意外的是，日本企业并没有蜂拥般地再次杀入中国稀土市场，反而是显得异常平静。日本相关业界甚至认为，中国本次出口政策调整对日本影响并不大，东芝社长田中久雄则表示，“现在价格已经有所回落，中国本次政策调整没有什么影响”。

伺机而动的三井物产

从包头往南140千米的地方有一块还未被开发的稀土“处女地”——鄂尔多斯，这里最著名的四样特产非“扬眉吐气”莫属了。“扬”就是指的“羊绒”，而“眉”“吐”“气”三个字，则分别代表了鄂尔多斯储量最大的“煤炭”“稀土”和“天然气”三种资源。鄂尔多斯拥有亚洲储量第一的天然气和世界储量第二的稀土资源，储备量仅次于包头。

相比于包头经过多年的无序挖掘和出口贱卖，优质稀土储备量已经大量减少，鄂尔多斯世界级高端稀土合金储备量资源正在显现。随着2018年6月《外商投资准入特别管理措施》的发布，鄂尔多斯的稀土必将成为众多外国资本争夺的重要资源，其中日本的财团企业则有着巨大的“先行”优势，三井物产作为三井财团的综合商社早在改革开放之初就已经进入了鄂尔多斯。

1981年10月，内蒙古鄂尔多斯扩建绒毛厂项目竣工剪彩。该厂以“补偿贸易”方式建立，总资产3355万元，其中日本三井物产出资2433万元

1979年5月25日，日本三井物产株式会社与内蒙古自治区纺织工业公司签署合同，开始筹建伊盟羊绒衫厂（即鄂尔多斯羊绒公司），王林祥出任安装副总指挥。1981年，30岁的王林祥担伊盟羊绒衫厂厂长。该厂以“补偿贸易”方式建立，总资产3355万元，其中政府出资222万元，三井物产2433万元，银行贷款700万元。

三井物产开始帮助当时工业基础还很薄弱的鄂尔多斯购置纺织设备，并且将生产的原毛和羊绒产品出口到日本，充抵设备款项，从此鄂尔多斯经济起飞。目前，鄂尔多斯纺织产业，已经占世界羊绒市场的40%，地位难以撼动。时机成熟，三井物产便深入鄂尔多斯的资源产业。

2000年，鄂尔多斯集团改制，国家控股67.5%，鄂尔多斯职工持股会占股32.5%。2003年，鄂尔多斯集团注册成立了鄂尔多斯电力冶金股份有限公司，随后初步构筑起了煤炭开采—煤炭洗选—发电—供电—硅铁及其他硅系产品冶炼的循环经济产业链条。三井物产一直希望将鄂尔多斯电力冶金公司打造为其中国区的战略伙伴，并且通过自身强大的组织力，帮助后者在新项目中实现拓展。

2004年，三井物产、鄂尔多斯电力冶金公司与第一劝银财团旗下的JFE钢铁共同投资建设了EJM锰合金事业项目并达成协议，并于2005年4月正式成立了合资公司——鄂尔多斯EJM锰合金股份有限公司。其中，鄂尔多斯电力冶金持有该公司51%的股份，三井物产、JFE钢铁各持有剩余的24.5%的股份。此举进一步加深了鄂尔多斯集团与三井物产的业务联系。

鄂尔多斯EJM锰合金股份有限公司位于内蒙古鄂尔多斯市鄂托克旗棋盘井镇工业园区，依托鄂尔多斯电力冶金股份有限公司大型自备电厂和当地丰富的煤炭矿产等资源，采用当今最先进的技术装备，建设中国最大的锰硅合金生产基地。

2006年4月，鄂尔多斯集团向三井物产发出邀请，希望将旗下鄂尔多斯电力冶金公司的部分股权转让给三井物产。同年9月，三井物产与鄂尔多斯电力冶金公司就最终获得公司25%的股权之事宜，达成了基本协议。当确认该协议中规定的具体条件被满足之后，三井物产正式对电力冶金公司进行投资14亿元。

2007年8月，该项协议得到了中国商务部有关部门的批准。8月7日，鄂尔多斯集团在首府举行新闻发布会，就所属鄂尔多斯电力冶金股份有限公司已与三井物产成功进行战略合作向媒体进行了通报。三井物产的社长枪田松莹、鄂尔多斯集团董事局主席王林祥都出席了新闻发布会。三井物产中文官网显示，在三井物产30多年的对华投资中，该项目是单一项目投资金额最高的。

2010年7月2日，三井物产与内蒙古鄂尔多斯集团再次达成相关增资协议。根据该协议，三井物产继续向鄂尔多斯电力冶金股份有限公司追加投资3.5亿元，以维持原先的25%股权不变，此次投资意味着三井物产已向该公司投资了共17.5亿元。与此同时，三井物产一直和电力冶金公司的母公司鄂尔多斯集团保持着密切的联系，鄂尔多斯集团也成为三井物产一手栽培起来的“摇钱树”。

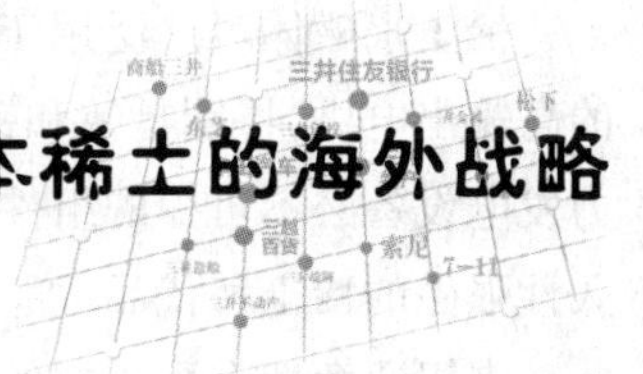

第三节 日本稀土的海外战略

丰田拿下了越南整座稀土矿

2005年，中国政府取消了稀土的出口退税政策，同时还压缩了出口配额企业名额。2006年4月，中国国土资源部停止发放稀土矿开采许可证，并开始了对“稀土矿的开采、加工和出口”的国家调控。在此之前，中国大量出口的稀土价格十分低廉，世界主要的工业国家没有感到稀土资源的稀缺性，但随着中国出口政策的收紧，稀土价格开始上涨，国际稀土供应压力倍增。

2007年3月，日本丰田汽车公司（三井财团成员企业）前董事长、公司资深顾问奥田硕组织发起了一个论坛，专门讨论自然资源与外交的问题。在论坛上，奥田硕设置了一个大胆的议题：“我们有没有可能买下海外的整座稀土矿?”随后，丰田汽车集团旗下的综合商社“丰田通商株式会社”便派出几个考察团前往澳大利亚、越南等地寻找稀土资源。

丰田通商于2008年成立了稀土子公司丰通株式会社，还特意收购了专门从事稀土贸易的日本和光物产株式会社。稀土元素是制造电子产品的关键物质，每台丰田普锐斯的发动机需要使用大约1千克的稀土金属，就算在汽车产业境况并不好的2017年，丰田普锐斯的销量仍达到了16万辆。

2008年，丰田通商联合日本双日株式会社（三和财团的综合商社）与越南国有企业越南煤矿工业集团共同成立了合资公司，从而获得了越南莱州省都巴奥（DongPao）稀土矿的开采权，日本两家公司拿下了合资公司49%的股份。位于越南西北部的都巴奥稀土矿山的稀土储量居世界第三位，矿可年产5000吨，相当于日本年需求的1/4，持续20年时间。

丰田通商的越南稀土开发也获得了日本政府的支持。日本政府通过向越南提供大量的政府优惠贷款（ODA），在越南矿山周边地区修建道路等基础设施，并支援当地人才培养，为丰田及其他日本企业在当地开发资源创造条件。

2011年10月31日，时任越南总理阮晋勇和日本首相野田佳彦在东京签署“落实越日战略伙伴关系的联合声明”“在越南合作开发稀土及发展稀土工业的协议”等文件，日本的越南稀土战略也进入了快车道。

同年12月25日，日本昭和电工（富士财团）决定投资3亿日元在越南扩建稀土合金原料工厂，生产电动汽车用镝、钕铁合金原料。次年6月，日本石油天然气和金属矿物资源机构（JOGMEC）又与越南设立一个旨在克服中国稀土“近乎垄断”影响的稀土研究技术合作中心。

稀土永磁体可广泛用于电动汽车、电动助力转向、机器人和家用电器等产品的高输出电机,特别是钕和镝。它们用于产生强磁,是电动汽车、混合动力车和风力发电设备必不可少的组件。目前,科学家们还没有发现或者发明出用于产生永久性强磁的稀土替代品。

丰田通商拥有采矿权的氟碳铈矿稀土矿山位于越南北部的莱州省,这里是越南最大的稀土矿山所在地。莱州省已发现的稀土、封土等矿床氧化稀土的储藏量估计是1000万吨,含量丰富的稀土矿床占10% ~30%的比例。此外,越南其他地方也发现了大量的稀土矿床,如安沛省的安富、义安省的葵合。越南是世界上稀土储备量最大的国家之一,总储备量预计超过2000万吨。

2018年6月,越南政府总理阮春福在接受路透社采访时表示:“希望越南能够利用其约2000万吨的稀土储备,通过合作研发和转让先进技术等方式,开采和深度加工稀土,以创造高附加值和环保产品。”可以预计,在未来的很长一段时间里,越南将成为重要的稀土资源生产国,丰田在2008年买下的不仅仅是一座矿山,更是一个稳定的海外稀土供应源。

日越同盟,吸纳印度入伙

2010年10月20日,印度重要的门户网站雷迪夫网(rediff. com)发表文章称:受到中国扩张战略威胁最大的印度、日本和越南三国应同心协力商讨如何对付中国,同时避免不必要的冲突。三国可以考虑参照中国、俄罗斯以及一些中亚国家在数年前成立的上海合作组织而设立一个类似的组织——河内合作组织。稀土资源的合作开发也就成为这个所谓的“河内合作组织”的重要议题。

同年12月8日,据英国《金融时报》报道,丰田通商与印度国有稀土公司达成了协议,共同在印度东部的奥里萨邦设立一家稀土加工厂。该加工厂主要提取稀土元素,例如镧、铈、钐、钕和镨等用于生产永磁材料,计划到2012年为日本每年供应大约3000~4000吨的稀土材料。

日印合作的稀土项目一期投资为150亿卢比,稀土加工厂主要由丰津稀土有限公司负责运营,丰津公司系丰田通商株式会社与印度国有稀土公司的合资企业。早在2008年11月,丰田通商以5亿日元购买了印度Wako Bussan公司,拥有了印度国有稀土公司的稀土产品销售权。2009年1月,Wako Bussan更名为“丰津稀土”,成为丰田通商重要的稀土子公司。

成立于1950年的印度国有稀土公司是全球历史最悠久的稀土公司之一,此前是一家私营公司。目前,这家公司由印度政府负责其管辖权,是印度核能电力公司旗下的子公司。2013—2014年,公司收入为456亿卢比(约合7200万美元),净利润为46.78亿卢比(约合730万美元)。印度国有稀土公司的总裁R. N. Patra表示,“印度希望到2012年将其国内稀土产量扩大两倍”。

印度有悠久的加工独居石及小规模生产稀土的历史。二战前后,印度的稀土矿供应量曾占世界总量的一半。目前,印度国有稀土公司正计划大量从独居石中提取稀土,以适用于稀土价格低时的低成本战略。此外,印度拥有近35%的世界海滩砂矿,这是稀土的重要来源,但印度一直以来都“没有意识到它的稀土工业的潜力”。

虽然2010年日印双方就达成了协议,但直至2014年秋天,印度稀土和丰田通商才正式达成了关于稀土勘探和生产的深海采矿合作,因为印度并不会无条件地把稀土资源拱手让给日本。日本需要印度的稀土,而印度需要日本的民用核能技术和相关设备,以及为所谓的“河内合作组织”提供地缘保护,而这是一场漫长的拉锯谈判。

2014年9月1日,在东京召开的日印首脑会谈上,日本和印度基本达成协议共同生产稀土。据日本媒体报道,这一稀土联合开发项目仍然由印度稀土有限公司和日本丰田通商公司承担。印度稀土有限公司将从东海岸开采出的铀矿和钍矿中提取混合化合物原料,丰田通商公司再从中生产钕、镧、铈、镨等稀土金属,此后每年至少将有1000吨稀土从印度出口到日本。

2014年9月1日,在东京召开的日印首脑会谈上,日本和印度基本达成协议共同生产稀土

2015年2月12日,印度国有稀土公司宣布投资7200万美元开发一处储量约300万吨的稀土项目,该新工厂将从位于印度东海岸的奥里萨邦海滩470千米处的1亿吨海滩砂重矿物中提取稀土原料。

随着丰田通商等日本企业的不断投资,以印度为代表的南亚和东盟正在全球稀土供应市场悄然崛起。美国地质调查局发布的报告显示,按稀土氧化物统计,2016年印度产量为1700吨,排在全球第四位,与中国的10.5万吨仍有较大差距。在未来的5~10年中,印度有望成为一个主要的稀土生产国,而日本也在借此不断摆脱对中国稀土的依赖。

中国有色让位日本投资人

2008年,当金融危机扩散到全球时,澳大利亚是少数经济仍可称得上健康的发达国家。尽管如此,极度依赖资金支持的澳大利亚矿业也受到了极大冲击。澳大利亚莱纳股份有限公司也像大多数澳大利亚的矿业公司一样,面临着资金断裂无以为继的命运。

澳大利亚的韦尔德山稀土矿由于拥有较高的稀土品位,多年来备受国际稀土业界人士的关注,而韦尔德山稀土项目的拥有者正是澳大利亚莱纳股份有限公司,莱纳公司甚至还有着“澳大利亚稀土公司”的说法。

2009年第一季度,莱纳公司宣布,由于项目资金链的断裂,公司的稀土项目包括西澳的选矿厂以及马来西亚的新材料厂的建设全部暂停,一旦寻求到令人满意的资金基础,可以快速重新启动项目。

面对资金困境,莱纳公司董事长尼古拉斯·柯蒂斯第一时间想到的是自己的“老朋友”——来自中国的中国有色矿业集团。

外交官家庭出身的莱纳公司董事长柯蒂斯,是最早到中国闯荡的外国企业家之一。20世纪90年代,柯蒂斯离开澳大利亚麦格里银行后,受到了当时中国有色金属工业总公司聘请,加盟该公司从事交易业务。中国有色矿业集团的总经理罗涛,当时正是中国有色金属工业总公司人事教育部的负责人。因此,澳大利亚《悉尼先驱晨报》关于中国有色入股莱纳这一交易报道的标题就是“老朋友来拯救莱纳”。

2009年5月1日莱纳公司宣布,与中国有色矿业集团签署了一份具有约束力的契约协议。中国有色矿业集团将筹措莱纳稀土项目的全部资金,根据具有约束力的契约协议,中国有色集团将以每股0.36澳元的价格以现金形式认购莱纳公司7亿只普通股,这些股票的总认购金额为2.52亿澳元。

一旦股票认购完成,中国有色矿业集团就将成为莱纳公司的大股东,持有该公司51.6%的股份,莱纳公司董事会将由8名董事组成,董事会还将新增4名由中国有色矿业集团任命的董事。此外,中国有色矿业亦会提供银行担保,以使一家中资银行向莱纳公司提供贷款1.04亿美元,帮助莱纳公司稀土项目第一阶段的融资。

然而,收购的过程并不顺利。2009年9月23日,中国有色收到澳大利亚外国投资审查委员会(FIRB)的指示,可以批准交易,但是要有两个“小的修改”:中国有色必须降低持股比例至50%以下,同时降低在董事会中的代表人数至半数以下。但中国有色矿业集团拒绝接受这样的修改要求。

2009年9月24日,中国有色矿业集团收购莱纳稀土项目宣告终止,这对“老朋友”最终没有牵手成功。随后在9月29日,莱纳公司宣布将发行新的普通股,筹集资金用于稀土项目的建设。不久,莱纳公司便表示资金已筹集成功,但是并没有明确具体资金来源。那么,莱纳公司在这么短的时间里重新找到的投资伙伴究竟是谁呢?

中资放弃收购的当天莱纳股价已涨至0.9澳元/股,远远高于中国有色入股时的要约价格。很快工程与采购工作便恢复正常,西澳选矿厂和马来西亚工厂的建设工作也于2010年2月开始恢复。

2010年11月24日,据《华尔街日报》报道,澳大利亚稀土公司莱纳当日发布公告称,已经与日本贸易公司双日株式会社签订了稀土供应合同,在未来10年内,每年向日方出售8500吨以上的稀土。就在这一消息发布的前一天，时任澳大利亚外长陆克文在会晤日本外务大臣前原诚司之后公开表示，澳大利亚已做好准备，确保对日本的长期稀土供应。

2011年5月24日—6月7日，三菱日联金融集团从市场买进了1.7亿股莱纳公司的股票，按当日的股价计算，这些股票的市值为3.24亿澳元，三菱日联金融集团共取得莱纳公司9.99%股权。日本企业花费了3.24亿澳元换取了莱纳公司接近10%的股权，而就在两年之前，中国企业本来有机会通过2.52亿澳元得到莱纳公司48%的股权。

2014年9月27日，澳大利亚莱纳稀土公司在与日本投资人进行重新商谈后，最终又获得了2.25亿美元（约合2.43亿澳元）的贷款支持。依据结构重组后的贷款方案，莱纳将向两家日本公司分多次偿还贷款，最终一笔1.05亿澳元须于2016年6月偿还，贷款利率固定为7%。

作为对贷款支持的回报，澳大利亚莱纳稀土公司将继续致力于向高增长型高能效尖端技术行业的日本企业提供稳定的稀土产品供应。莱纳公司董事长柯蒂斯表示，“全世界都在为即将来临的稀土短缺危机寻找解决方案，莱纳将成为中国之外的第一个新的稀土供应来源”。

有稀土的地方就有日本商社

近年来，日本在越南、哈萨克斯坦、印度和澳大利亚等国所获得的稀土供应已经超过日本年需求量的一半以上。未来日本还将继续从这些国家获取稀土资源，并计划将对中国的稀土进口依赖从90%降至40%。日本的稀土资源并不稀少，可以说，世界上只要有稀土的地方就一定会有日本企业的存在。

2011年2月11日，萨哈（雅库特）共和国总统叶戈尔·鲍里索夫在接受采访时称，三井物产和住友商事这两大日本综合商社对雅库特的稀土矿藏表示出浓厚兴趣，并就雅库特地区的铌和钪资源与当地官员举行了会谈。俄罗斯虽然不会让日本轻易接触这种“战略性储存”，但确实有兴趣以自身丰富资源填补目前国际稀土市场的“缺口”。

美国政府数据显示，俄罗斯是除中国之外拥有最大稀土储藏的国家，可探明储量占全球的19%。此次三井物产和住友商事瞄准的雅库特位于俄罗斯西北部，面积与印度国土面积相当，虽然人口不足100万人，但是却蕴藏着大量的稀土资源。特别是雅库特的Tontorskoye矿储藏有大量的稀土资源，其在质与量上都远超巴西多个著名矿山。

2012年5月1日，日本经济产业大臣枝野幸男出访哈萨克斯坦，促成了日本住友商事与哈萨克斯坦国家原子能公司合作成立合资公司，从事稀土镝的生产和出口。日本信越化学公司提供技术指导，日本石油天然气和金属矿物资源机构提供资金援助。JOGMEC是由日本金属矿业事业团和日本石油公团合并重组的专门组织实施境外地质调查战略的机构。

同年11月上旬，日本住友商事和哈萨克斯坦国家原子能公司的合资公司SARECO正式开工，2013年实现1000吨稀土精矿的供应，初期有先处理铀矿的尾矿，供应中重稀土的精矿。2015年，SARECO在哈萨克斯坦开始开采新的矿床，在日本信越化学公司和法国Rhodia的援助下，建立起萃取分离生产线，生产以中重稀土为主的稀土氧化物等分离制品。

就储量来说，美国稀土占15%，是世界第二。但自从国内的芒廷帕斯矿关闭后，美国便一直从海外进口稀土。美国地质调查局2018年的最新数据显示，在美国稀土进口中，78%来自中国，6%来自爱沙尼亚，4%来自日本，4%来自法国。

2017年12月20日，据英国《金融时报》网站报道，美国总统特朗普签署的一项行政命令中说，美国应该推动国内对关键矿产的勘探、生产和回收利用，并支持寻找技术替代品的努力。特朗普表示："美国对外国资源的这种依赖导致了美国经济和军队的战略脆弱性，使它们容易受到外国政府敌对行为、自然灾害和其他可能中断此类关键矿产供应的事件影响。"

此次特朗普下令增产稀土等关键矿产也令美国加利福尼亚的芒廷帕斯矿重新开工，该矿一度是世界稀土的主要来源，后因矿山的前东家美国Molycorp公司于2015年破产而被封存。美国Molycorp公司曾经是美国唯一的稀土元素生产加工商，此前公司还曾与日本住友商事和日立金属洽谈过稀土开发合作。

这项早期的合作计划主要由日方提供出资、融资和技术输出，在美国合作开发稀土矿，开采的稀土主要提供给日本市场。2011年11月，公司董事长兼CEO Mark Smith在回应东京都内产业新闻社采访时曾强调："日本市场对本公司来说是非常重要的，公司决定将其稀土类产品生产量的50%供应给日本市场。"

日本的稀土企业并不是孤立的，在国际上划分各自的"攻坚"范围，丰田通商在越南和印度布局，双日选择进军澳大利亚，住友商事把目标指向了哈萨克斯坦，三井物产则挺进俄罗斯，从而避免了恶性竞争。因此，在面对"稀土危机"时，日本各大财团商社之间可以相互扶持，联袂出击，当一处遇到困难，各大企业也可以随时伸出援手，渡过难关。

2019年7月1日，土耳其总统埃尔多安借参加G20大阪峰会对日本进行访问，在东京与日本经团联进行会谈时埃尔多安呼吁，"希望日本向土耳其的稀土和基本金属领域进行更多投资"。值得一提的是，此前土耳其一家矿业公司还打算与中国稀土信息中心合作该国稀土资源的开发问题。但土耳其国内的稀土开发产业一直未能成形。

第四节 日本成为稀土大国

变废为宝的“城市矿山”

2010年12月，中国商务部接到四川省稀土企业的举报称，日本三井物产等综合商社从中国进口碎玻璃等废弃物品，从中提取获得镧、铈等稀土元素。举报材料显示，由于中国对稀土开采及出口实施控制政策，三井物产大幅提高了碎玻璃的进口量，其进口的碎玻璃含有丰富的稀土元素，而从废碎玻璃中提取稀土元素在日本早已形成了规模化的产业。

日本在2010年发布的科学技术白皮书中提到要开发稀土高效回收系统、稀土替代材料，还通过设立环境废物管理研究基金优先资助稀土回收提炼的研究。稀土提取技术已经成为日本提高资源再利用效率的关键，目前不少经营资源回收的日本公司都在用新技术，将本国以及从国外进口的废旧电子设备元件、金属和玻璃再次回炉熔炼，或采取其他工艺提取各种稀土元素。

日本三井物产等综合商社从中国进口碎玻璃等废弃物品，从中提取获得镧、铈等稀土元素

同样是在2010年12月，日本日立制作所宣布公司研发出一种装置，能从废弃的硬盘及压缩机中高效回收含稀土的磁铁，以及不利用化学药品即可从粉碎的磁石粉中提取钕与镝。一台装置每年可处理20万个硬盘，压缩机的相应装置也可处理6万台。从一个硬盘中可回收2～3克稀土，从压缩机中可回收20～30克，每年稀土回收量相当于日立集团年使用量的10%左右。

2011年9月，三井财团旗下的三井金属矿业公司与日本九州大学等机构联合发布消息称，经过研究，已经可以从日常使用的废旧荧光灯管中回收到包括稀土在内的多种稀有金属。据科研人员估算，仅九州与冲绳两个地区，一年内淘汰的废旧荧光灯管就可提取出大约57吨包括稀土在内的各类稀有金属，相当于挽回经济价值25亿日元。

2013年3月，日本本田汽车公司正式实现利用电解技术，从混合动力汽车的废旧镍氢电池中提取稀土原料，从而在世界上首次实现汽车燃料电池的循环利用。本田汽车提取的稀土纯度达到了99%以上，与矿山开采的用于销售的稀土相同，稀土回收率则可达到80%以上。本田表示，除了镍氢电池以外，还将努力尝试从所有种类的废旧零部件中提取稀土，从而进一步推动稀有资源的循环利用。

同年5月，据日本《产经新闻》报道，日本广岛大学和爱信精机集团（属丰田财团）旗下研发公司的科研小组表示，可以利用三文鱼的鱼白有效提取稀土，较此前利用特殊树脂提取效率更高，成本更低。此外，日本技术人员还利用生物技术，制成可以从工业废水中提取稀土的“微生物胶囊”。

2018年日本公布了一项统计数据，数据显示，日本是世界上最大的金、银、铅和铟的资源国，其铜、白金和钽资源也位居世界前三，稀土资源储备也非常充足。从这些数字来看，日本的各类金属资源储量非常可观，而这些都要得益于日本东北大学选矿精炼研究所教授南条道夫等提出的“城市矿山”的概念。

“城市矿山”的开采是日本稀土资源战略近些年来的一个侧重点。所谓的“城市矿山”，是对废弃的电子产品中所含有的金、铂等贵金属以及钯、铟等稀有金属的一个形象比喻，因为很多城市里那些废弃产品所含的资源总量之大已经相当于一座矿山的含量。可以说，因为在资源回收再利用技术上的飞速进步，这些“城市矿山”对于日本的价值不亚于甚至超过了许多的天然矿藏。

早在2009年初，日本政府就专门拿出7000万日元支持“城市矿山”开发，环境省选定秋田县大绾市、福冈县大牟田市、茨城县日立市作为小型消费家电、电子回收再利用，稀有（贵）金属可再生资源提炼循环再利用试点地区。日本国家材料科学研究所曾指出，在日本的废旧电子产品中约含有30万吨稀土物料。

日本前国土大臣冬柴铁三在考察日本小坂地区的“同和环保再生事业有限公司”的回收再造工厂时曾形容：“我们可说是在手机里掘到稀土和黄金。”冬柴铁三感叹于“同和环保再生事业有限公司”所属炼制所从LCD显示屏、半导体中提取出铟、锑等稀有元素的技术。

丰田绑定科力远，进军湖南稀土

稀土是混合动力车和电动车所采用的电机、电池的关键原材料，每生产一块车用电池需要10～15千克的镧，这是因为负极材料的主要成分就是稀土储氢合金粉。中国拥有丰富的稀土资源，所以在中国生产镍氢蓄电池单体模块再出口到日本进行整体装配就具有很大的成本优势，当然也可以应对中国国内一直对稀土出口实行的严格配额管理制度。

湖南科力远公司是由钟发平创立的一家专业生产混合动力汽车使用的镍氢电池的企业。钟发平在创业前是清华大学现代物理学的副教授，还是比亚迪董事局主席王传福在中南大学时的师兄。由科力远生产的镍氢动力电池正负极片达到世界一流标准，国内凡是搞非插电混动的车企，几乎都会采购科力远的电池。

从2011年开始，科力远就试图参股或控股多家稀土开采企业。2012年6月6日，科力远发布公告，将通过增发股份的方式，收购益阳鸿源稀土有限责任公司（鸿源稀土）100%的股权，这也是继2011年11月底重组中止后，科力远首次正式公布收购鸿源稀土方案。鸿源稀土作为当时湖南省唯一拥有稀土出口配额的企业，占全国稀土出口企业配额总量的5%左右。

2013年12月19日，科力远发布对外投资公告称，包括科力远在内的8家企业和单位共同签订了《湖南省稀土产业集团有限公司发起人协议》，设立湖南稀土集团。公告显示，湖南稀土集团注册资本为3亿元人民币，国有单位占股51%，民营单位占股49%。其中，科力远出资9000万元，占股30%，与湖南黄金集团有限责任公司同为大股东。

2014年8月，由湖南科力远新能源股份有限公司、常熟新中源创业投资有限公司、丰田汽车（中国）投资有限公司、丰田通商株式会社以及"PEVE"株式会社共同出资常熟科力美汽车动力电池有限公司正式成立，丰田汽车公司还持有另一股东PEVE公司80.5%的股份。

2016年11月8日，中日合资企业常熟科力美开业投产。日本Primearth EV Energy株式会社（简称"PEVE"）社长铃木茂树介绍说，作为丰田汽车在海外设立的唯一生产油电混合动力汽车车载镍氢动力电池的合资公司，常熟科力美主要辅助生产镍氢电池的电芯和极片，然后将产品运往日本本土的丰田电池工厂，在日本完成整个动力电池组的装配。

科力远董秘办的相关人士称："丰田选择我们，动机不是奔稀土来的，主要是他们看中了科力远在镍氢电池上的专业技术储备。"有数据显示，科力远的镍氢动力电池生产成本要比日本湘南工厂降低了40%，这正是得益于湖南科力远对上游稀土领域的产业布局。科力远的总部位于湖南省长沙市高新技术产业开发区内，获得过"湖南省首批出口名牌"等称号。

湖南省稀土资源丰富、矿种齐全，稀土资源潜力达130.5万吨，独居石储量位居国内第一。同时，《湖南省稀土产业"十二五"发展规划》数据显示，截至2010年底，湖南全省共发现稀土矿产地36处。其中，重稀土矿（磷钇矿）保有资源量400吨，轻稀土矿（独居石矿）保有资源量34.56万吨，离子吸附型稀土矿保有资源量10.58万吨。

在南方6个拥有稀土资源的省份中，除广东省稀土产业集团外，江西依托赣州稀土集团（南方稀土），广西、四川依托中铝集团，福建依托厦门钨业也都分别成立了稀土开发平台，唯独湖南的稀土矿资源主要掌握在地方政府和当地小企业手中，并没有完成兼并整合。

科力远有意通过成立湖南稀土集团，将产业链向上游稀土领域拓展，未来实现对湖南省内稀土矿资源进行重新整合。对于科力远而言，目前稀土材料在镍氢动力电池负极所用的储氢合金材料的成本中占了50%以上的比例，进军稀土上游产业链，可为其主营车用镍氢动力电池的日本湘南工厂提供强大的原材料支撑，有利于进一步降低电池成本，促进企业更好地发展。

另外,从长远发展考量,丰田势必要打破中国稀土政策不断收紧对其发展混动技术的掣肘,而科力远有能力在中国国内整合上游稀土资源,一旦科力远主导的湖南稀土集团成功整合湖南省的稀土资源,便可以在很大程度上帮助丰田绕过这一原材料的壁垒。

摆脱严重依赖中国的现状

2010 年 9 月,日本立命馆大学的一个研究小组成功地开发出了一种容易获得的金属来替代稀土的技术:通过对铈的替代研磨剂进行调查,研究小组发现可以用一种叫作锆的较容易获得的金属替代铈。锆的研磨效率比铈要高,利用此次开发的技术,可以减少 40% 的研磨剂使用量。研究小组教授谷泰弘表示:"该项成果对(日本)产业界具有重大意义。"

2010 年 10 月 1 日,日本经济产业大臣大畠章宏表示,"为了摆脱稀土进口严重依赖中国的现状,准备在更多国家开发稀土,实现稀土的多渠道供应的同时,提前实施开发稀土替代材料的计划",并表示,"计划开发出稀土铈的替代材料,并尽快达到实用化"。稀土中的铈可以作为研磨材料为液晶电视、镜片等精密玻璃制品打磨抛光,是日本高技术产业不可或缺的贵重金属。

2012 年 2 月,日本电产公司宣布开发出了不使用稀土的新一代电动机,未来将供应国内外电动汽车和混合动力车生产厂商。日本电产公司社长永守重信在东京举行的记者会上说,"新一代电动机不使用含稀土的永久磁铁,而是通过切换轴承的周围电流使电动机转动,具有结构简单、不易发热、成本低、可批量生产等特点,新型电动机有助于降低混合动力车和电动汽车电动机对稀土的依赖"。

2013 年 9 月 1 日,日本文部科学省和经济产业省启动了运用超型计算机"京",从国内能够稳定开采的天然资源中开发与稀土类金属同样性能的新材料项目。项目计划用 8 年时间实现实用化,每年投资约 150 亿日元,受文部省委托的东大、京大、东工大等共计 2500 名科研人员参与研发。这是日本首次在国内研发稀土类金属的替代材料,同时丰田汽车等公司也将以顾问形式参与该项目。

含有稀土类金属的每种天然资源由多数的电子构成,根据资源种类电子的排列有所不同。但是,即使是其他天然资源,只要将电子排列重组,也能产生与含有稀土类金属的天然资源同样的性能。日本政府的上述新项目就是利用这种规律,混合从濑户内海的海水中采集出的钠以及从国内的岩石沙为原料采集出的硅、钙等天然资源约 20 种,制作与稀土类金属同样电子排列的新材料。

日本在保障稀土进口渠道和研究稀土替代品的同时,也一直在尝试发现本国的稀土储备。2012 年 6 月 28 日,东京大学宣布,该校地球资源学教授加藤泰浩率领的研究团队,在日本最东端的南鸟岛(属于东京都)附近经济海域的海底,发现了含混在泥沙里的高浓度稀土矿床的存在,这一发现也成为首次宣告日本领海内蕴藏大规模稀土矿。

报道称，该研究团队在南鸟岛以南约2500平方千米的海域内采集了25处海底样本并进行分析，分析结果显示此海域内蕴藏着大量的稀土资源，其中用于混合动力车等的磁铁的镝可供全球使用730年，用于激光器等的钇可供全球使用780年。其浓度超过5000PPM（PPM为百万分之一），达到稀土主要生产国——中国的矿山的30倍以上，尤其是多为中国大量分布的重稀土。

由于该海域含稀土泥的平均深度都在5000米以上，要开发需要从海面的船舶上沉下长长的管子将泥吸上来，目前的开采技术没有达到应有的水平，因此，研究和开发相应的采矿技术，将成为今后工作的重点。

2013年4月1日，日本政府制定发布了作为海洋政策指针的《海洋基本计划》，提出将海底稀土泥开采和甲烷水合物（可燃冰）提取作为目标之一。为推进海洋资源的开发及产业化，日本相关府省计划携手对探查结果等成果进行汇总，把先进技术有效用于资源开发，计划用三年时间调查并掌握新一代能源可燃冰和稀土的埋藏量。

2014年11月，《日本经济新闻》报道，由三井海洋开发株式会社和东京大学等参加的“稀土泥开发推进财团”正式成立，开发从水深5600～5800米处挖掘稀土泥进行生产的技术，并寻求实现商业化的可能性。据悉，以东京大学加藤泰浩教授和三井海洋开发为中心的“稀土财团”正在研究利用管子向海底泥送入空气、然后将其吸附上来的“气升”技术等。

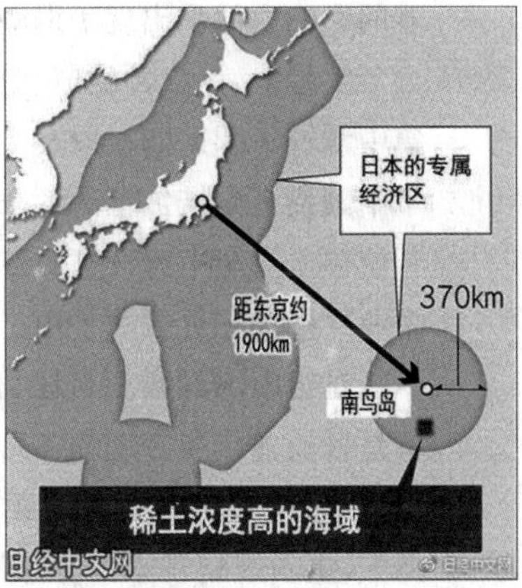

三井海洋开发株式会社和东京大学等参加的“稀土泥开发推进财团”，计划开发从水深5600～5800米处挖掘稀土泥进行生产的技术

2017年12月，有报道称日本海底稀土提炼技术取得了不错的进展。日本东京大学教授加藤泰浩和其研究团队，成功从南鸟岛外海里的稀土金属提取出钇和铈来用作LED发光材料。这项从海床中提炼稀土金属原料的技术目前已被多家企业拥有，其中包含丰田汽车、三井造船和东京大学等。一旦该技术投入商业使用，未来从深海提炼的金属还有可能应用于电动车、电池和风能等相关产业。

将控制力渗透到各个领域

2015年7月31日，中国北方稀土（集团）高科技股份有限公司发布公告称，经三方股东一致同意，由于自2012年以来，中日合资的包头昭和稀土高科新材料有限公司一直处于停产状态，且2013年度、2014年度大幅亏损，因此决定对该合资公司进行解散并清算。

包头昭和稀土公司成立于2002年10月,注册资本为10亿日元,截至2014年12月31日,净资产为3724.71万元。日本昭和电工株式会社、北方稀土、日本东海贸易株式会社分别持有其60%、30%、10%股权。由于北方稀土持有的昭和稀土股权对应的股权投资账面价值低于1000万元,占北方稀土资产比例很小,因此合资公司的解散和清算不会对北方稀土产生过大的影响。

2016年5月,日本东海贸易株式会社和日本日产稀元素株式会社宣布退出包头科日稀土材料有限公司,股东身份则由当地民营企业"包头市华星稀土科技有限责任公司"代替,这是一家专业生产稀土抛光粉的民营高科技企业。

2017年7月,三菱商事将其持有的天骄清美稀土抛光粉有限公司全部5%的股权以1000万元转让给了中国北方稀土,其不再参与经营,但日本AGC(旭硝子玻璃)仍为合资企业股东。

昭和稀土解散清算,科日稀土不再是合资企业,三菱商事也选择退出天骄清美。看上去中国取消了稀土出口配额限制,"稀土之都"也进入了发展的快车道。但是,由于政策仍然禁止外资进入稀土的生产领域,日本财团企业在中国稀土产业的影响力似乎出现了退潮趋势。但真实的情况又是怎样呢?

实际上,像三井物产、三菱商社这样的综合商社通过在资源地建立合资公司、集中掌控下游采购权以及大规模囤积储备稀土资源等方式,早已将控制力渗透到了中国稀土生产加工的各个领域。中国对稀土不断加强的控制措施,最多只能做到使稀土资源不继续被破坏性地开发开采,但市场的定价权依然控制在日本财团企业这些国际买方的手中。

对于中国的稀土市场,日本东海贸易株式会社三井元社长:"资源战略问题并不是目前现状所表现的一喜一忧,而是有必要从长远角度考虑。如果希望长期利用资源,就有必要考虑照顾中国的生产商。今后,东海贸易会在日本需求者的支持下,重新规划日本的海外资源战略,愿意成为代理人,日本企业不仅仅是应对中国的稀土市场,希望各家商社需求者们有必要团结起来,一起努力。"

虽然包头市的中日合资企业在不断退潮,但日本对稀土资源的掌控力却不降反升。呼和浩特海关对外发布的数据显示,仅2017年上半年,内蒙古自治区稀土共出口5029.9吨,较2016年同期增加1.3倍,其中对日本出口稀土2510.3吨,增加1.9倍,占同期内蒙古自治区稀土出口总量的49.9%,但出口平均价格仅为每吨2.6万元人民币,下跌44.2%,几近腰斩。

2018年2月,日本形成了2018年度税制的修改草案,主要内容是关于汽车发动机用原材料镝铁合金的关税调整,把3.8%的基本税率改为零关税。相关数据显示,日本进口的镝铁合金90%以上来自中国,日本政府拟把中国产镝铁合金关税的基本税率调整为零,是为日本相关企业从中国进口更多镝铁合金等稀土铺平道路。

业界分析认为，日本的稀土需求已经复苏。例如用于磁铁的钕，磁铁合金厂商昭和电工称“日本厂商的采购正在增加”。2017 年上半年，进口量比上年同期增长 19%，日本企业希望借助政府取消关税的机会，尽可能多地进口和囤积镝铁合金等重要的稀土资源。

三井物产作为三井财团的综合商社，每年都会代表日本企业来中国商谈稀土贸易，这是因为三井财团体系下的丰田、东芝、索尼等制造业企业都是重要的稀土消费者。在中国，三井物产表面是以稀土贸易为主，但实际上更像是一个稀土产业组织者的身份，其通过贸易代理、生产参与、融资服务、仓储流通、信息咨询以及科技开发等方式达到了整合中国稀土产业资源的目的。

第五节 有商权才有定价权

“过山车”般的疯狂价格

在市场上有这么一个行业，产品价格可以在不到一年的时间上升 10 倍，也可以在短期内接近腰斩，上演如“过山车”般的疯狂起伏——这就是稀土。其实，全世界所有重要的原材料中，只有稀土还没有形成全球范围的定价中心。有色金属在伦敦，石油、农产品在美国，铁矿石的价格则被三井物产等几大供应商所把持垄断着。作为有着“工业黄金”之称的稀土，为什么价格会一直如此起伏？

2011 年 1—6 月，氧化镧由 2.8 万元/吨涨到 16.5 万元/吨，氧化钕由 23 万元/吨涨到 150 万元/吨，氧化铽由 260 万元/吨涨到 2300 万元/吨，氧化钇由 4 万元/吨涨到 48 万元/吨，氧化铕由 270 万元/吨涨到 2950 万元/吨，半年间价格暴涨超过了 10 倍。然而，从当年 7 月开始，价格却转头向下，到了 11 月，稀土价格已经跌去了高位时的一半有余。

中国作为稀土大国却一直缺乏对稀土价格的有效掌控，其中有很多深层次的原因。由于当时国内对楼市进行价格调控，股市又一直处于低迷状态，导致国内大量过剩资金从楼市股市中撤出，转而寻找其他目标，从而出现“蒜”你狠、“豆”你玩等现象。

仅以 2011 年前后的稀土价格为例：当时国内出台了一系列的稀土政策，吸引了投资者的关注，导致大量资金开始进入稀土市场。在资本的推动下，稀土价格迎来了 30 多年来最大的一次上涨，行业内的企业在暴利的驱使下自上而下集体囤积稀土，导致稀土短期内形成了供不应求的局面，继续助推其价格上涨。然而，当稀土价格疯涨至下游企业已经无法接受的程度时，价格自然而然会开始回落，而此时赚得盆满钵满的资本已经撤离，贸易商和生产厂家也纷纷开始压价出货。

亚洲金属网的数据显示，此后几年间，稀土价格一路下跌。2013 年初至 6 月中旬，重稀土氧化镝均价累计下跌约 50%，而轻稀土氧化镨钕同期均价也下跌约 20%。到了 2013 年 6 月下旬，随着赣州对稀土盗采的打击与整治，稀土价格又出现一定程度的回升，其中轻稀土氧化镨钕价格涨幅达 40%，重稀土氧化镝涨幅达 93%。

自 2013 年以来，稀土价格跌入历史底部，且长期维持低位，海外的稀土矿山项目盈利情况不佳。美国芒廷帕斯稀土矿山 2015 年停产后，澳大利亚莱纳公司就成为中国以外唯一的稀土生产商。2016 年，中国稀土矿石产量为 10.5 万吨，占全球总产量的 88.91%，同时冶炼分离产品产量为 10.5 万吨，占全球总产量约 88.2%。

从 2017 年初开始，标志性稀土产品氧化镨钕均价累计上涨 54%。尤其是进入 6 月，氧化镨钕价格在近两个月涨幅超过了 36%。进入第三季度以后，稀土价格开始出现了下跌趋势，氧化镨钕挂牌价由 9 月最高时的 50 万元/吨跌到年末的 32 万元/吨。为应对价格下跌，9 月 28 日，南方离子型稀土企业联盟倡议从 10 月开始，所有稀土矿山开采企业、冶炼分离企业和综合回收利用企业停产一个月。

稀土下游企业在经历了价格暴涨导致的行业洗牌之后，仍能存活的已所剩无几，市场需求量大幅萎缩。很多企业减少自己的原料采购量，部分企业甚至不采购，只使用库存原料生产，市场供应量远远大于需求量，稀土价格最终一落千丈。

国家储备，还是庞氏骗局？

对于如何在国内形成稀土的定价机制，形成稀土定价的主导权，专家学者们纷纷建言献策，核心观点主要有三个：首先，是要鼓励民间资本更多地进入稀土行业，让更多的民间资本拥有稀土储备；其次，要大力增加稀土的国家储备；最后，也是最重要的一点，就是要建立国家级的稀土交易中心。

2011 年 4 月 21 日，打着“为争夺稀土金属的国际定价权、话语权而进行的为国收储政策”口号的昆明泛亚有色金属交易所（以下简称“泛亚”）正式成立，时任国务院参事室参事、中国有色金属协会会长陈全训，云南省政府副秘书长赵慧侠等皆出席了开市庆典。

2011 年，“稀土定价权”一词迅速成为热点。“中国作为稀土大国，却拿不到稀土国际定价权”，一时间也成为宣传的核心。当时媒体表示，随着我国稀土相关政策的稳步推进和泛亚创新商业模式的推动，中国稀土行业发展新格局将逐渐形成，稀土价值将逐步被人们重新认识，稀土实现“中国价格”可期。

起初，泛亚的确为普通老百姓投资稀土提供了渠道，即投资者将资金借给泛亚，获得每日 0.03% ~0.0375% 的收益。泛亚再作为实际借出人将资金借给贸易商。贸易商用借来的钱支付货款，取得货物，并支付给泛亚每日 0.05% 的利息。

由此泛亚赚取每日0.0125%~0.02%的收益。

泛亚从投资者手中集资来的钱直接从生产商手中买入有色金属，自己承担起了贸易商的角色，正是这一步让泛亚再也无法回头了。事实上，稀土交易市场一直是由三井物产这样大商社把持的买方市场，泛亚很难把收来的货再高价卖给日本或欧美买家，可是由于它还需要支付给投资者每日0.03%~0.0375%的利息，因此资金压力骤增。

泛亚的违法活动是从2012年上半年开始的，距离其成立才过去了一年的时间。这一年多的时间里又究竟发生了什么？其实，这次资本市场的操作是稀土贸易商的融资需求导致的，最终决定了泛亚总资金规模的巨大膨胀。

此时的泛亚决定铤而走险，赌上一把。它开始花大力气吸引更多的客户，然后用新客户的钱去支付老客户的利息，不断地拆东墙补西墙，希望等到自己把市场中的有色金属和稀土资源收得差不多的时候，就可以形成垄断地位，掌握定价权。然而，最终等待泛亚的却不是稀土市场的垄断。

稀土市场不同于石油、铁矿石等其他原材料市场，拥有着强大的买方力量。以三井物产为代表的日本综合商社背后是大财团的金融支撑，泛亚能涉及的贸易商与生产商的交易规模其实十分有限，在国内买卖市场逐渐进入饱和状态后，泛亚的收入也就无法继续增长了。“没人买有色金属我来买，我是为国收储”，泛亚将目光转向了“稀土国家储备”。

2014年11月，泛亚上市了两个重要的稀土品种——氧化镝和氧化铽。在短短20多秒的时间里成交值就超过了3000万元，这是中国投资者首次以商业收储模式进入稀土产业。这两个稀土品种属于南方离子型稀土氧化物，是战略意义重要的中重稀土，资源稀缺，应用在永磁体行业、医疗、电动车、风力发电等高科技领域。

同年11月，中国战略金属峰会产业圈圆桌论坛上，国土资源部的李瑞军博士表示：“我国物资储备局每年只能按最低价格标准来进行储备，所以难度较大，而泛亚有色金属交易所，恰恰用商业收储的方式解决了国家的难题。泛亚有色金属交易所吸纳了社会上所有的资源，把公认的关键的战略资源性产品放在泛亚有色金属交易所平台，一旦国家需要大量的战略小金属的时候，泛亚有色金属交易所就成了我国的第二个后勤部。”

2015年上半年，随着股市转好，大量资金开始赎回，泛亚根本无法完成兑付，最终资金链断裂，20多个省份22万名投资者的430亿元资金难以讨回。就是这样一个“吸收民间资本”“为国家提供稀土储备”并且能够“争夺国际定价权”的有色金属交易所却最终走上了歧途，不但没有实现稀土的“中国价格”，公司管理层人员反而因为“庞氏骗局”而最终锒铛入狱。

2018年7月，昆明市中级人民法院公开审理了昆明泛亚有色金属交易所股份有限公司等4家公司及创始人单九良等21名被告人涉嫌非法吸收公众存款案。起诉书指控,他们于2012年上半年至2015年8月期间,违反国家金融管理法律规定,未经批准,承诺给付固定回报,向社会不特定对象吸收资金,扰乱金融秩序,造成重大经济损失,情节严重,涉嫌构成非法吸收公众存款罪。

日本给中国稀土定了白菜价

从1985年日本三井金属自江西每年进口200吨稀土精矿开始,中国稀土就源源不断地被运到日本市场。据日本《产经新闻》报道,日本以“白菜价”购买了中国70%的稀土资源,这是因为日本财团企业不仅拥有着稀土资源的提取专利和核心技术,同时还通过集中下游采购权、大规模囤积储备稀土资源等方式牢牢地控制住了中国稀土产业的上下游领域。

如果说中国的铁矿石是“买什么,什么就涨价”,那么中国稀土就是“卖什么,什么就降价”的典型例子

“中国在国际贸易体系中定价权几乎全面崩溃”,商务部新闻发言人姚坚2010年5月16日在第二届国际商务发展论坛上表示。“中国买什么,什么就涨价,中国卖什么,什么就降价”,成为我们部分大宗商品国际贸易中无奈的调侃。如果说中国的铁矿石是“买什么,什么就涨价”典型例子,那么中国稀土就是“卖什么,什么就降价”的典型例子。

中国拥有巨大的需求量,但却一直都处于是超级买家却没有议价权的尴尬境地,国际市场正是利用中国的这种旺盛需求,操纵着多种大宗商品的价格,最终埋单的还是中国企业。日本钢铁行业和海运行业的重要企业,甚至是造船企业,都是互相交叉持股的利益共同体,属共同的财团成员,即使涨价也是钱从左手移到右手,对整体利益没多大影响。

三井物产早在2003年就收购了世界最大铁矿石生产销售商——巴西淡水河谷公司的母公司Valepar公司15%的股份,成为该公司第三大股东,并成为事实上的经营决策者。国际铁矿石价格上涨,三井物产由于持有淡水河谷的股份而获得更大的利润,然后在铁矿石贸易时再让利给关联方新日铁,同时商船三井还把持着铁矿石的海运物流市场。

从稀土等中国掌握着主要资源的出口商品来看,则是大型国际贸易商利用中国国内贸易商的恶意竞争、相互压价,从而导致中国丧失了话语权。以中国最大的稀土买方日本三井物产为例,作为三井财团的重要一员、日本最大的综合商社,三井物产每年都会代表日本企业来中国商谈稀土出口,很轻易就能将国内稀土生产企业一一击破,从而将分散的议价权集中到少数财团企业手中。

中国稀土采矿、选矿和冶炼分离企业曾经十分分散,根本无法形成有效的产业联盟机制。2004年以前,仅江西一省就有88家稀土矿山企业生产稀土精矿,而四川冕宁地区在资源整合以前更是有108家稀土矿山企业在同时进行着稀土的采矿、选矿和冶炼分离。

经过产业整合以后，目前中国拥有稀土冶炼分离企业100余家，其中主要集中在内蒙古包头地区（60家）、江西赣州地区（20家）以及四川冕宁地区（28家）。就稀土产业而言，中国的企业与企业之间是没有关联的。企业与企业之间的竞争，就像原始社会的游牧部落一样，最开始的时候，大家只是群居在一起，最后形成部落，称为"部落经济"。

日本企业已经逐渐由"部落"慢慢发展成为"诸侯国"，也可以称为"企业集团"，这个集团还不是简单的组合，实际上它是一个财团。在"诸侯国"里，成员分工明确，且能够形成一个相对复杂的配套体系，一旦定居下来，就可以做制造、做交换、有市场，然后就形成了一个产业链。部落的分工非常单一，打猎就是打猎，采摘只管采摘。因此，"部落"斗不过"诸侯国"。

在内蒙古、江西、四川等地，有很多日资参股的加工企业，而日本综合商社与这些日资都有着千丝万缕的关系，其目的就是将廉价的稀土原材料产品运回国内加工，然后再以高价销售到中国。三井物产表面是以稀土贸易为主，但实际上更像是一个产业组织者，通过贸易代理、生产参与、融资服务、仓储流通、信息咨询以及科技开发等方式达到了整合整个中国稀土产业资源的目的。

就稀土产业而言，三井物产的功能就是争夺全球的稀土资源，进而控制商机和国内外以稀土为核心的高端制造业的命脉。三井物产如今的核心功能定位在强化信息、服务等非价格竞争力。一是运用IT技术构筑电子商务平台，形成遍布全球的原材料采购及商品销售体系，并提供与之配套的物流、金融、保险以及法律服务；二是强化广域信息的收集分析功能，在日常商业经营活动中加以充分利用。

商权决定产业主导权

日本的经验告诉我们，掌握主导权比争取定价权更重要，没有"产业主导权"根本谈不上"定价权"。中国缺失定价权只是一个表象，我们应该从产业运行和企业竞争的能力上找原因，中国产业主导权的缺失才是问题症结所在。事实上，中国要争取的目标不是定价权，而是获得产业主导权，真正决定产业主导权的则是商权。所谓"商权"，就是看中所投资目标的商业价值和其在产业链中所起到的作用。

支配世界资源商品的虚拟经济运行是一个金字塔结构。金字塔最顶层，是掌握金融资本、支撑商品交易所的大银行、大财团、大基金，被称为"坐市商"；第二层，是掌握矿产资源的生产企业、大贸易商；第三层则是中小生产商和贸易商。这个结构实际是按照金融资本控制和运营能力排列的，而在中间第二层的大贸易商的地位相当关键。

第一层,中国目前在世界几大商品交易所,包括伦敦金属交易所、纽约商品交易所、芝加哥商品交易所中尚无地位,也尚无大银行、主力投资机构涉足。

在第二层,除日本有三井物产、三菱商事等大型综合商社外,欧美国家也有很多以金融为后盾的专业商品贸易商。中国已经有少数几家大型国有企业参与到第二层,但影响力有限。

目前,中国大部分企业仍然处于第三层。要争夺商权,掌握产业主导权,需要有更多进入第一层和第二层的企业。最有现实意义的是建立一家金融持股的大型贸易企业,类似日本的综合商社,在国际舞台上发挥更大的影响力和控制力。

日本钢铁企业在铁矿石价格谈妥后,即专注于生产,随之而来的各类事务一律交由如三井物产等综合商社,由其来提供信息、协调船舶配送计划、参与矿山开发。与此同时,这些综合商社在对矿山出资的过程中也扮演重要角色,一般采取少量入股方式,其余资金的来源由有政府背景的日本输出入银行作为干事银行,把各个城市的商业银行组织起来,再以协调融资团的方式出资。

早在2011年5月10日,国务院就发布了《关于促进稀土行业持续健康发展的若干意见》,为中国稀土企业发展的格局定下基调,并由工信部提出组建“1+5”全国大型稀土集团的方案,也就是推动国内稀土企业资产优化、兼并重组、形成北方1家稀土公司和南方5家稀土公司的新格局。

2014年初,我国稀土行业其实已经形成了以六大稀土集团(北方稀土、中国五矿、中铝公司、南方稀土、广东稀土、厦门钨业)主导的市场格局,并且一直在呼吁提高行业集中度。

但从整合的实际进度来看,国内稀土产业的整合仍存在“最后一公里”的问题。虽然各大稀土集团均已完成备案,但对个别企业只是签订了整合意向书,没有形成以资产为纽带的实质合作关系。个别牵头企业兼并重组推进不力,整合陷入停滞。资金压力也成了稀土整合的一大障碍,广东稀土集团和赣州南方稀土集团均表示,要完成稀土分离企业并购,预计需要资金20亿元以上。

数据显示,六大稀土集团自建立以来,行业集中度显著提升,6家企业整合了全国23家稀土矿山中的22家,59家冶炼分离企业中的54家,冶炼分离产能从40万吨压缩到30万吨。然而,相较于年均10万吨左右的需求量,过剩依然严重。业内人士表示,“南方离子矿资源整合要比北方激烈,主要还要看利益如何分配,地方政府和央企的矛盾怎么解决”。

如何实现以资产为纽带的实质性重组,将成为下一步优化重组过程的重中之重。在不断完善相关行业法律法规,同时将稀土采矿证、收储、研发基地建设、财税支持等政策逐步落实的前提下,日本的产业主导权发展模式同样值得中国学习借鉴。未来中国也应该打造属于自己的稀土产业组织者企业(集团),而不再是分散作战,被对手各个击破。

参考文献及来源：

1. 邱林. 谁在纵容日企在中国投资稀土业?［EB/OL］.(2011－08－16)［2019－11－01］. http://www.iceo.com.cn/shangye/114/2011/0816/227481.shtml.
2. 曹开虎,胡飞军. 甩带片成稀土出口配额包钢稀土等蜂拥下注［N］. 第一财经日报,2012－01－11.
3. 肖隆平. 江西稀土私采从未真正停止:无法洗白的被走私国外［EB/OL］.(2014－12－19)［2019－11－01］. http://finance.sina.com.cn/chanjing/cyxw/20141219/143621119362.shtml? luicode=10000011&lfid=1076035060352011.
4. 石春山. 日本三井金属矿业公司长期从中国进口稀土原料［J］. 稀土,1985 (3):79.
5. 日本企业通过收购碎玻璃变相进口中国稀土［N］. 21 世纪经济报道,2010－12－30.
6. 杨小林. 合资科力远 丰田的稀土"阳谋"［N］. 经济观察报,2013－06－07.
7. 日本首次启动稀土替代材料研发项目［EB/OL］.(2013－09－06)［2019－11－01］. http://www.china－nengyuan.com/news/51733.html.
8. 白益民. 瞄准日本财团:发现中国的对手与榜样［M］. 北京:中国经济出版社,2010.
9. 王欢. 日本与越南合建稀土研究中心成立［EB/OL］.(2012－06－28)［2019－11－01］. https://world.huanqiu.com/article/9CaKrnJvSqt.
10. 詹文豹. 日本三井金属矿业公司积极发展稀土事业［J］. 稀土信息,1992(4):10.
11. 李绍飞. 稀土政策历史沿革［J］. 党政论坛:干部文摘, 2011(9):23.
12. 陈炜伟,陈翰哲. WTO 裁定我稀土出口政策违规［EB/OL］.(2014－08－08)［2019－11－01］. http://www.xinhuanet.com/world/2014－08/08/c_1111992630.htm.
13. 白雪. 包头昭和稀土解散清算［EB/OL］.(2015－08－07)［2019－11－01］. https://www.cnmn.com.cn/ShowNews1.aspx? id=324960.
14. 周洲. 中科三环:公司已获日立金属专利许可不会受诉案影响［N］. 每日经济新闻,2013－08－13.
15. 中国北方稀土(集团)高科技股份有限公司官方网站,http://www.reht.com/.
16. 李健君. 湖南稀土集团尘埃落定 科力远打通上游产业链［EB/OL］.(2013－12－20)［2019－11－01］. http://news.10jqka.com.cn/20131220/c562923569.shtml.
17. 张子宇. 日本越南稀土外交玄机:合作提速［N］. 时代周报,2010－10－28.
18. 詹姆斯·丰塔内拉－可汗. 丰田通商与印度签订稀土协议［N］. 金融时报,2010－12－09.
19. 国土资源部:泛亚有色金属交易所国家战略收储的后备力量［EB/OL］.(2014－11－27)［2019－11－01］. https://www.kunming.cn/news/c/2014－11－27/3766370.shtml.
20. 昆明泛亚有色金属交易所股份有限公司等公司及单九良等涉嫌非法吸收公众存款案公开审理［EB/OL］.(2018－07－01)［2019－11－01］. http://www.xinhuanet.com/2018－07/01/c_1123062879.htm.
21. 李晓莉. 稀土价格像坐过山车产品价格曾半年间暴涨 10 倍［N］. 羊城晚报,2011－

12－04.
22. 整合资源让赣州成为钨和稀土产业投资的热土[EB/OL].（2018－02－05）[2019－11－01]. http://www.jiangxi.gov.cn/art/2009/9/4/art_398_145425.html.
23. 中国有色将斥资2.52亿澳元收购澳洲稀土矿商莱纳多数股权[J].稀土信息,2009(5):5－5.
24. 三菱日联入股澳大利亚稀土商莱纳公司[J].稀土信息,2011(7):30－30.
25. 大塚健次,彭永清.资源贫国日本竟是"城市矿山"大国[J].资源再生,2008(7):35.
26. 陈中志."妖股"科力远牵手丰田重演稀土故事?[EB/OL].（2013－06－07）[2019－11－01]. http://zjnews.zjol.com.cn/05zjnews/system/2013/06/08/019394431.shtml.
27. 赵剑飞.中国有色失手澳洲稀土[J].新世纪周刊,2010(45):48－48.
28. "稀土大国"迈向"稀土强国"[N].经济参考报,2018－09－10.
29. 葛维樱.江西赣州稀土私采调查:可获40倍暴利曾卖给日本[EB/OL].（2011－10－21)[2019－11－01]. http://news.sina.com.cn/c/2011－10－21/133523341196.shtml.
30. 张霄.稀土定价权问题研究[J].现代经济信息,2013(20):186－186.

第十章

商社就是天网

1960年4月，三井物产根据日本经济高速发展的实际需要，和引进国外先进科学技术武装本国工业部门的客观要求，首先在企业内部增设了技术室，专门捕捉世界新技术动向和为生产企业引进所需的机械设备。1961年又在科技发达的美国纽约等城市设置了海外分室，1969年又将技术室升格为了技术部。

1978年10月，日本三井物产派出代表团前往广州参加秋季中国出口商品交易会，这届广交会的开幕正值中国改革开放的前夕，三井物产敏锐地嗅到了春天的气息。此后，三井物产每年都会有几百名人员参加一年两届的广交会，这些通过广交会构筑的中国企业关系网，现在仍一直都在维系，是一笔巨大的财富。

2003年6月，胡江潮调任浙江物产集团董事长，从此浙江物产开始了快速崛起之路。胡江潮带领的团队与复旦大学管理学院的专家，着手集团十年发展战略规划的研究制定。也就是这一年，浙江物产找到了一个新商业模式的标杆——日本三井物产株式会社，向三井物产学习战略管理职能和综合商社模式。

——作者题注

【阅读提示】

“三井”告诉了我们什么(10)

20世纪60年代,刚刚“走出去”的日本企业和现在中国公司的情况非常类似:一样面临着不熟悉海外法律、不懂得处理政府关系、不知道如何本土化等诸多问题。但此时,日本的综合商社为日本公司迈向海外起到了指引航道的作用。二战之后,日本的综合商社要比其制造业更早进入海外市场,它们在最短的时间内获取资源和信息,然后为跟随其后的日本公司提供全面的服务。

日本企业海外投资战略的最大特点,是普遍以“商权”为中心,其他国家的海外战略,则大多以“股权”为中心。美国企业就是“股权模式”的典型,它们更看重的是绝对的股权,因此更习惯于从财务报表的盈利项来决定是否要收购某家公司,而往往忽视社会价值、产业价值和生存能力等。因此,这种战略缺乏对整个产业链条的观察与考量。

所谓以“商权”为中心,就是看中所投资目标的商业价值和其在产业链中所起到的作用。而确定这个价值的机构就是财团体系下的综合商社。其结果就是产业资本、金融资本和商业资本的完美结合,从而创造并实现利益的最大化。在具体实践中,可以发现日本公司更依赖于集团化作战和财团模式,很少会单兵作战,所以抗风险能力非常强。

商权的思想,追溯其历史渊源,其实是中国古代文明孕育出的东方商业文明的精华。自古以来封建王朝的重农抑商政策,使“商权”的历史发展从一开始便背负着底层的身份,但也致使商业的发展更着眼于长期战略考虑,更精于耕耘,商业心境也更稳重,不因短期的波动而轻易改变商业战略,从而避免因浮躁的环境而毁于朝夕。

由西方文明和东方文明创造出来的股权和商权思想,发展至今演化出两个极端高手——善于股权即金融的美国,以及善于商权即产业的日本。随着世界经济一体化的发展,两个文明产生了碰撞,许多非西方国家的企业最终因盲目崇拜西方商业文明而数典忘祖,走向西方浮华的商业文明。唯一没有抛弃且融合东西商业文明之长从而发展强大的便是日本。

以三井物产为首的日本财团的综合商社就将这种融合发挥到了极致,它们拥有广泛的贸易网络、深厚的产业底蕴以及与之配套的金融力量,凭着产、商、融“三位一体”的商业体系将东南亚进行产业分工定位,并衔接成东南亚贸易网,再利用金融进行投资、推动相互间的衔接以及升级和发展,从而成功塑造出了著名的“雁行模式”。

【第十章 商社就是天网】

本章导言

2019年5月15日，美国总统特朗普签署行政命令，要求美国进入“紧急状态”。在此紧急状态下，美国企业不得使用对国家安全构成风险的企业所生产的电信设备。美国的《国会山报》表示，特朗普签署的行政命令本身没有指名道姓，但特朗普政府针对中国华为已经开启了一场全球运动。可以说，华为成为全世界第一家令超级大国美国进入“紧急状态”的外国公司。

事实上，华为是5G电信设备领域无可比拟的领导者。早在2017年，特朗普就称5G技术将会是下一个时代的关键，美国要加速5G技术的普及，同时预防有人超过美国。5G网络其实是天网，是桥梁，是万物互联的关键，未来5G的终端将呈现多种形态。5G可以让信息技术与产业对接并渗透到各个产业的细节，使技术链向服务链做更细致的延伸，使投入产出的价值不再是制造业内部的价值循环，而是在产业链体系、在整个社会服务中形成循环。

要实现5G技术的规模化应用，支撑起大量创新商业模式和终端应用，作为其核心基础设施的5G基站就成为关键。根据华为公布的2019年最新数据，全球发货基站数量已达到15万个，其中5G基站商用发货数量也已经超过4万个。华为轮值董事长胡厚崑在接受中外媒体采访时表示，2019年底，华为全球发货基站数量将增加至50万个。

美国对华为5G的为难和制裁是移动通信技术领域的打压，更是情报领域的打压，美国作为一个超级大国，对于5G可谓非常看重，已经完全可以和核武器相比拟。5G通信设备是未来网络的基础，如果每个国家使用的网络设备都是美国的，那么其中能够掌握的情报也就可想而知了，美国想要继续保持其超级大国的地位肯定是需要垄断5G领域来支撑的。

其实，早在没有个人电脑和互联网的时代，三井物产就利用电传机和中央数据处理系统来联系全球。“三井物产全球通讯网”始建于1971年，到了20世纪90年代，三井物产又进行了大量的投资，每年的电报费、电传费就高达6000万美元，约占公司总开支的10%。任何一名员工任何时候都能及时了解其业务范围内所需要的全球信息,而东京总部则能看到全世界所有的最新资讯。

进入21世纪以来,随着电脑及网络的普及,三井物产开始通过其设在东京、纽约、伦敦、悉尼以及巴林的5个电脑控制中心,由人造卫星连接着驻海外87个国家和地区的149个办事处——其通信线路总长达44万千米,可环绕地球11圈,从里约热内卢到相距最遥远的约翰内斯堡,一个信息行程4万千米只需短短的5分钟。

不仅如此,三井物产在日本国内50个大城市也建立了网络信息网,其情报信息中心面积达12.5万平方米,信息通信系统24小时昼夜不停运转,不停地收集经济以及政治、军事、外交、科技、社会等各方面信息,进行综合性、战略性的研究,每天都有高达6.5万份情报传送。正是依靠这个昼夜不停的通信网,三井物产注视着世界每一个角落的风云变幻。

5~60秒钟即可获得世界各地金融市场行情;1~3分钟即可查询日本与世界各地进出口贸易商品品种、规格的资料;3~5分钟即可查出日本国内外1万多家重点公司的各年度生产情况;5~10分钟即可查出各国政府的各种法律、法令和国会记录;5分钟即可利用数量经济模型和计算机模拟画出日本国内外经济变化带来影响的曲线图……这就是三井物产的情报能力。

信息全球化、情报网络化、决策高度集中、供需快速反馈——如此强大的情报网络对三井物产的商品交易非常重要,因为即使在很遥远的地方发生的危机都可能对商品价格产生深刻的、直接的影响。通过掌握着世界各地的经济动向和贸易上所需要的任何一个哪怕是极其微小的情报,不断提高三井物产在世界贸易中的竞争能力。

第一节　不做西方经济的“殖民地”

明治维新与恢复商权

19世纪的鸦片战争打开了中国的国门，隔海相望的日本也遭受了西方资本主义工业文明的强烈冲击。1853年7月8日，美国海军准将马休·佩里率领舰队强行驶入江户湾的浦贺及神奈川（今日本横滨），要求与德川幕府谈判，史称“黑船事件”。1854年3月，日本与美国在神奈川的美国军舰上签订了《日美亲善条约》，规定开放下田和函馆两个港口，允许美国在下田派驻领事，并给予美国最惠国待遇。

1858年7月，日美又签订了《日美修好通商条约》，又称“安政条约”，日本继续开放神奈川、长崎、新潟、兵库为通商口岸，美国还取得了派遣领事权、旅行权、自由贸易权、协定关税权和领事裁判权。第二年，日本开放了神奈川、长崎、函馆为自由贸易港。此后，大量的外国商品进入日本，导致货币贬值、物价持续飞涨，外商在获得巨额利益的同时也不断冲击着旧有的社会体制。

1868年，三井商人暗中支持长州藩倒幕，以三井家族为中心的三都商人（江户、大阪、京都等地的商人）提供了倒幕运动超过70%的经费。推翻德川幕府统治后，日本明治天皇颁布了一系列的维新举措，史称“明治维新”，开启了日本迈入现代化世界大国的道路。明治政权初年，三井家族（财阀）也逐渐发展成为政商，还以掌握官银为基础开办了日本的第一家私营银行——三井银行。

这一时期，日本的命运轨迹与中国等其他亚洲国家相似，一系列不平等条约接踵而来。日本在政治、经济上都面临着严重的危机，实际上已经开始沦为列强的半殖民地。为了避免日本真正成为列强的经济殖民地，明治政府提出“恢复商权”的口号，希望日本商人能够成立自己的进出口商社。

1871年11月至1873年9月，明治政府派出以岩仓具视、大久保利通、伊藤博文为首的勋臣分批到欧美考察。远赴欧美的日本使团不断地写信回国，提出了“殖产兴业”“文明开化”和“富国强兵”三大政策，以此作为明治政府的改革方略。

1874年，辞官在家的井上馨主导成立了一个“先收会社”，公司的主营业务就是经营对外进出口贸易，以及为陆军省进口缴纳绒毯、毛毯。同时“先收会社”还拿到了进口英式后装步枪的大订单。这种枪属于当时的先进武器，日本还没有能力大批量进口，但即便是少量进口，也足以让“先收会社”赚得盆满钵满。同年，三井家族也设立了专门经营日本国内流通业务的“三井组国产方”。

明治九年（1876年），伊藤博文出面力邀井上馨重返政界，担任元老院议员。

由于井上馨的离开,刚刚成立的"先收会社"面临重要抉择。此时,三井家族提出了由三井来收编"先收会社"并成立新贸易公司的提议,这一提议得到了井上馨的支持。"长州五杰"之一的井上馨是明治时期日本重要的政治人物,在日本财界有着强有力的发言权,最后还成为三井财团的最高顾问,被西乡隆盛称为"三井的大掌柜"。

1876 年 7 月 1 日,"先收会社"与"国产方"合并成立了"三井物产",经营资金仅为三井银行的 5 万日元透支契约。公司成立之初仅有 16 名员工,其中社主(董事长)三井武之助 21 岁,三井养之助 20 岁,社长(总经理)益田孝的年龄最大,也不过才 28 岁。一开始的三井物产只是一家贸易公司,利润并不来自商品的销售,而是来自贸易佣金,因此根本无须押上大笔资金,只要有一笔可透支的启动资金即可。

井上馨是明治时期日本重要的政治人物,与三井家族及三井财团关系十分密切,最后成为三井财团的最高顾问,被称为"三井的大掌柜"

1877 年 1 月,西南战争爆发,西乡隆盛集结对政府不满的九州士族(德川时代的武士)发动武装起义,由此引发了日本历史上最大也是最后的士族叛乱。战事必然导致军需用品买卖激增,三井物产隔年获利即达到 20 万日元。对于刚刚成立的三井物产而言,20 万日元可谓是一个天文数字。按照 1875 年的薪俸标准,陆军大将的月俸是 400 日元,当时东京的米价是每升 4 钱(0.04 日元)。

同时,三井物产承办了"国产方"原有的稻米业务,其与三井财团旗下的三井银行合作参与日本政府的地租改革,先由农民把地租以贡米的形式直接缴给三井物产,再通过三井银行以货币的形式转交给政府。在这一过程中,三井物产等于不用自己掏钱收购大米,就可以白拿着贡米去做出口买卖,然后从中收取一定的回扣。短短 4 个月的时间,大米生意的比重就占到三井物产营收的四成以上。

将民营经济摆到核心位置

进入 19 世纪 80 年代以后,由于美国商品价格下降、日本国内需求饱和,对美贸易利润骤降,三井物产开始寻求新的业务方向。三井物产和工务省于 1876 年缔结条约,取得官营三池煤田所产煤炭的独家贩卖权,该项业务成为其重要的盈利中心。在"殖产兴业"(发展生产、振兴工业)的大政方针下,明治政府开办了一批国有的工厂和矿山。在那一时期,日本也算得上是一个煤炭大国。

有了矿山,煤炭也开采出来了,但日本国内工业生产的需求量有限,就要想办法把这些煤炭卖到外国去。为三井物产赢得国营煤炭代理权的正是年轻的社长益田孝。益田孝深得井上馨的器重,1871 年,他被井上馨推荐担任大藏省(财政部)造币权头的职务,1874 年又进入井上馨创办的"先收会社"并担任副社长。

“先收会社”与“国产方”合并后，益田孝出任三井物产社长，负责商社的经营管理。

经过对日本九州福冈县三池煤矿和周围港口的详细考察后，益田孝把一份独家承揽三池煤矿煤炭出口的申请书，递到了时任日本工部卿伊藤博文的手上。在申请书中，益田孝为三井物产开出了收取出口额的2.5%作为佣金，以及分占一半利润的高额价码，伊藤博文很快就批准了这一申请。如果算上佣金，三井物产在官办的煤炭出口贸易中，赚的其实比明治政府还要多。

事实证明，伊藤博文这招“官与民利益均分”的策略是走对了。三池煤矿1877年的出口量仅为2.7万吨，到1886年就已猛增到了183.7万吨，9年间增长了68倍。此外，三井物产还承办了唐津、多久、高岛、筑前、幌内等地的煤炭出口。三井物产在帮助日本成为煤炭出口大国的同时，也借此机会不断开拓海外市场，扩大亚洲分店网，除上海外，还出口到中国香港、新加坡、汕头等地。

除了以上海为亚洲发展的出发点外，三井物产在伦敦、巴黎、纽约等地亦设有分店，但性质不大相同。在伦敦等先进地区设立分店除贸易外，还具有学习西洋各先进国的性质。三井物产还获得了伦敦R. W的代理权，并把伦敦分店作为纺织机进口的窗口，开启了日本进口机械设备的先河。日本近代纺织企业的进口机器大部分是由三井物产承办的，其市场占有率一度超过了八成。

1888年，日本明治政府决定将三池煤矿卖给民间公司，三井物产与三菱商社之间展开了激烈竞争。最终，益田孝力排众议，倾尽三井财力，打败三菱财团，以455.5万日元买下了当时日本最大的三池煤矿。益田孝认为“当时三井物产都靠三池煤田，若无法取得，便得放弃海外发展”。为了取得三池煤矿，益田孝连自己个人也成为保证人向三井银行贷款。

由于此前三井物产只负责煤炭的运输与贩卖，并没有经营矿山的知识，于是就聘请了三池煤矿的原主任技师团琢磨担任事务长。团琢磨毕业于美国马萨诸塞工科大学矿山专业，此后还多次赴欧洲学习，他将现代采矿技术带入三池煤矿，提升了日本煤矿的现代化程度。在团琢磨的带领下，三井的矿山利益甚至超过了三井银行，与三井物产并肩。三池煤矿也被称为“三井的手提式保险箱”。

明治维新从1868年开始，到1889年基本结束，日本只用了短短的21年时间，就基本上实现了整个国家向现代社会的转型发展。同时，这段时间也是三井物产从无到有、从弱到强的发展阶段。其实，三井物产的迅速崛起得益于日本政府开展的“殖产兴业”政策。1874年5月，明治政府的实权掌握者大久保利通提出了一份《殖产兴业建议书》，这正是明治政府经济现代化的总纲领。

大久保利通将民营经济摆到了“殖产兴业”的核心位置，认为鼓励、扶植民众经营实业，才是经济现代化成败的关键，政府的作用是诱导、服务。日本政府选择的民营企业正是有一定资本、有一定经营经验的企业及企业家，三井、三菱、古河等传统财团也因此得以迅速发展。具体到贸易商业方面，则是要“限制进口”“振兴国内商业,奖励输出”等。政府所扮演的角色应该是“补民智所不及,助民力之不足,予之以贷款,予之以扶植”,要“以劝民业、殖民产为己任”。

打造“大东亚经济共荣圈”

日本以中日甲午战争(1894—1895 年)中 2.3 亿两的赔款金进行金融改革,确立了金本位体制,拥有了能够与欧美诸国竞争的经济力量。同时,由于占领了台湾与澎湖列岛等地,以及取得中国承认朝鲜独立并开放朝鲜的四个港口,开始开拓继而独占中国台湾、朝鲜市场。此时,三井物产随着纯利增加和资金丰沛,还不断参与外汇、海上保险、船舶运输等业务,逐渐形成了联合企业群。

1905 年,日俄战争(1904—1905 年)结束后,日本取得了南满(中国辽东半岛)的殖民权益。日本势力扩及满洲,三井物产也随着日本势力进入满洲,三井财阀先后取得了鞍山铁矿和抚顺煤矿的开采权。此后,三井物产还配合日本政府在华的扩张政策,积极参与对华铁路借款、工矿投资、军火输出等业务。

1906 年,三井物产已经基本完成独占满洲市场的准备,并开始了棉布、武器、砂糖、面粉的贩卖,以及大豆、豆饼、杂粮等的收购出口。当时在欧洲,以大豆为肥皂原料,以豆饼为饲料,对二者的需求量都很大。1908 年,三井物产开始将大豆出口至欧洲,销售成绩非常好。三井物产重要经办的商品包括有煤炭、棉花、棉纱、棉布、蚕丝、砂糖、机械、稻米、大豆、豆饼、木材、金属器物等。

虽然所经办的商品五花八门,但这些重要项目是让三井物产得以顺利发展的基础。三井物产以三井家族(财阀)庞大的资金为基础,再加上三井银行的辅助,善于把握利用日本各种机会扩展,经办流程诸阶段的多种商品,也介入各种商品的生产过程,展开多元性的综合经营,最终发展成为综合商社,确立独立地位,成为三井财团中重要的直系事业之一。

在第一次世界大战(1914—1918 年)时期,因亚洲各国军需增加,加上不再向欧洲各国进口货物,外国商社在日本实力减弱,以三井物产为代表的日本商人承担了国内大部分的纺织生产。三井物产的交易额从 1914 年的 4.0052 亿两增长到 1918 年的 16.03 亿两,批发价格也增长了 1.5 倍。同时,军需用品的大量交易也为三井物产带来了巨大的收益。

这一时期,三井物产先后推动了安正铁路(中国铁路)、电话局建设(中国政府交通部)、无线电信局(中国政府海军)等的贷款,向凤冠山碳矿、上海纺织、开平矿务局、南满矿业、大连磷寸(火柴)以及革新纺织进行投资。同时,三井物产也在台湾地区拥有多家公司的股权,其中包括基隆碳矿株式会社、台湾制糖株式会社和樟脑株式会社等在台企业。

1911 年 9 月,“朝鲜银行”成立于京城(今韩国首尔),是由朝鲜被日本正式吞并之前的中央银行——韩国银行改组而来。这是家名为“朝鲜”实际却为日本所操控的银行。银行由日本派驻半岛的军政机构——朝鲜总督府直接控制和监督，总裁由日本政府直接任命，总督府持有该行 3/10 的股份，赋予该行在半岛发行货币的权力。

三井物产在全球设置分店也导致了它在这一时期与国外的交易量激增，其比重从 1914 年占总交易量的 14% 提升到了 1918 年的 30%。1915—1918 年，三井物产每年的纯利润率都在 50% 以上，资本金在 1918 年达到了 1 亿日元。1919 年日本陷入经济危机，三井物产 1920 年、1921 年两年的决算虽然利润下滑，但却没有出现负增长，展示了作为日本商界"龙头大哥"的实力。

经历了甲午战争、日俄战争及第一次世界大战的发展，三井物产控制着 10 多家公司，在国内外开设支店 40 余处，营业额超过 10 亿日元，掌握了当时日本全国进出口总量的 36% 以上。从 1876 年成立到 1919 年一战结束，短短 40 年间，以三井物产为代表的综合商社帮助日本不仅摆脱了沦为西方经济"殖民地"的命运，甚至还成为跻身西方发达经济体的唯一亚洲国家。

成为辛亥革命的幕后推手

1894 年 11 月，孙中山从上海去檀香山，组织兴中会，以"驱除鞑虏，恢复中华，创立合众政府"为誓词。1897 年，孙中山赴日本，结交其朝野人士。戊戌变法(1898 年)以后，在日本友好人士的帮助下，孙中山与以康有为、梁启超为代表的改良派曾商谈过中日合作的问题，但因改良派坚持保皇、反对革命，合作未能实现。

1905 年 8 月，孙中山与黄兴等人，以兴中会、华兴会等革命团体为基础，在日本东京创建全国性的资产阶级革命党"同盟会"，孙中山被推举为总理。1906—1911 年，同盟会在华南各地组织多次武装起义，孙中山为起义制定战略方针，并在海外奔走，为起义筹募经费。

1911 年 12 月 21 日，孙中山由香港动身前往上海，同行除了日本友人宫崎滔天、池亨吉二人外，另外还有山田纯三郎随行。山田纯三郎是在惠州起义中为中国革命而牺牲的山田良政的弟弟，当时作为"满铁嘱托职员"任职于三井物产株式会社上海支店。途中，孙中山向山田纯三郎表示，希望他能够帮忙从三井物产借款一两千万日元，向革命党人提供资金支持。

孙中山（图右）与秘书山田纯三郎合影。日本人山田纯三郎曾作为"满铁嘱托职员"任职于三井物产株式会社上海支店

1911 年 12 月 29 日，宣布独立的 17 省代表在南京召开会议，举孙中山为临时大总统。当日，在山田纯三郎等人的安排下，孙中山赴三井物产上海支店，与该店店长藤濑政次郎会面，正式提出向三井物产借款请求。藤濑政次郎提出，如果汉冶萍公司能够华日合

办,三井方面可以拿出五百万日元来。孙中山对此表示同意,藤濑政次郎表示:“明确答复需要一星期时间。”

汉冶萍公司全称“汉冶萍煤铁厂矿公司”,由汉阳铁厂、大冶铁矿和江西萍乡煤矿三部分组成,是中国第一代新式钢铁联合企业。早在辛亥革命之前,汉冶萍公司就与日本三井物产方面有贸易往来,并有大量借款,日本对该公司也早有吞并之心。同时,汉冶萍公司是清政府唯一的新式钢铁联合企业,控制该公司实际上就等于控制了清政府的重工业。

日本方面对南京临时政府借款案的反应极其敏捷。12 月 31 日夜,日本制铁所(现新日铁公司)所长中村雄次郎在东京拜访三井物产常务理事山本条太郎,谈道“南方政府(即孙中山所领导的政府)向日本的各方提出了借款”。中村雄次郎希望山本条太郎从有利于将来日本在中国获取有希望的矿山的国家利益出发,对借款案作出积极回应。

此时,从上海的藤濑政次郎那里传来了“如果日本不在财政上援助南方政府,南方政府就会垮台”的情报。山本条太郎、中村雄次郎随即拜访外务大臣内田和首相西园寺,征求其对向孙中山的南方政府提供借款的意见。

1912 年 1 月 1 日,孙中山在南京宣布就职,组成中华民国临时政府。参与年前 12 月 29 日在上海与孙中山会谈的三井物产上海支店职员森恪,于 1 月 5 日赶回东京,向总社和益田孝等汇报。1 月 11 日,作为日本政府关于南京临时政府向三井物产的借款案的表态,由外务省政务局长仓知铁吉起草的日中合办汉冶萍大纲六条出台,南京临时政府终于及时获得了 500 万日元借款。

其实,早在孙中山归国前,黄兴等人为筹措武器、弹药、经费,已经在与三井物产交涉借款,并与大仓洋行等交涉以招商局和江苏铁路公司财产为抵押的巨额借款。作为南方革命军黄兴的代表的何天迥,早在 1911 年 12 月 5 日就已经赴日在日本财界、政界高层进行广泛接触了。因此,孙中山 1 月 29 日接受三井方面提出中日合办汉冶萍为借款条件,有得到南方革命党高层如黄兴诸人支持的背景。

1912 年 2 月 12 日,清朝宣统帝(溥仪)被迫宣布退位,结束长达 2000 多年的君主专制制度。孙中山制定和公布一系列改革和进步的法令,3 月 11 日颁布带有资产阶级共和国宪法性质的《中华民国临时约法》。南京临时政府成立后,身为临时大总统的孙中山,偕同秘书长胡汉民同三井物产代表森恪及宫崎滔天、山田纯三郎会谈。

会谈前,森恪等曾得到先后出任首相的日本政界元老桂太郎、山县有朋等授意,冀图与孙中山等革命党人订立密约,使东三省归日本所有,但最终因日本陆军大臣石本新六的反对而密谋破产。反对的理由是“按照日本军部的扩张主义分子的观点,在中日、日俄两次战争中,满洲是日本人为之抛洒珍贵的鲜血的地方,理应享有一切权益,而无须以金钱收买”。

第二节 摆脱美国统治的秘密武器

美国强力解散日本经济

1945年9月22日，驻日盟军总司令颁布实施了《投降后美国初期对日方针》，方针明确规定："对所有商品的进出口、外汇和金融交易均实行统制。"紧接着，9月24日驻日盟军总司令又指示称："商品的进出口需经联合国军司令部的事先许可，否则日本政府不得从事任何进出口活动。"可以说，当时日本的对外贸易活动已经完全控制在了美国人手里。

同年10月，三井发表声明称"今后三井的中枢机构将撤销，各附属公司自主经营"，这意味着三井财阀将失去对下属企业的控制权，并丢掉了下属企业利害调整、交流信息的场所。此时，被美国掌控的日本政府出资组建的复兴金融公库于1947年开始向生产企业提供贷款，数目之大甚至超过了全国所有银行的贷款总和，但对商业资金的需要，政府却基本不予分配考虑。

1947年7月3日，驻日盟军总司令发布了名为《关于解散商社会社事项》的备忘录。根据占领军当局的解散令，三井物产和三菱商事作为财阀的象征被强制解散。三井物产被拆分成为包括日东仓库建筑物公司在内的223家小公司，三菱商事也被分解成为139家小公司。这两家综合商社的拆分标志着日本战前财团体系在战后的彻底瓦解。

为了确保商社解体得彻底，美国对于商社解体后成立的新公司附有严苛的条件：首先需要由过去10年部长级别以上的人来成立新的公司，并且规定原有公司职员不能超过100名，最后则是禁止继续使用"三井物产""三菱商事"这样的旧商号。同时根据盟军规定的标准，日本财阀家族中有56人被排除出支配管理层（其中三井、三菱有22人，约占总人数的39.3%）。

与此同时，其他综合商社如"关西五棉"也濒临解体境地，但终因未列入"过度经济集中排除"而未被指定解散。只有1944年由三兴、吴羽纺织和大同贸易联合成立的大建产业遭解体，被分割成伊藤忠商事、丸红、吴羽纺织和尼崎制订4家。美国的贸易管制在很大程度上导致战后一段时期内日本综合商社处于分散、被限制和不受重视的状况。

1950年6月，朝鲜战争爆发，很多人认为朝鲜战争的爆发使得日本工商业各种产品的生产量急剧增加。更有数据显示，日本国内工业生产水平在1950年10月就突破了战前的水平，但高速增长的商品需求量及出口量却给当时分散的日本商社带去巨大的冲击。1951 年停战谈判一开始,商社的出口合同就锐减,即便是已签订的合同也被大量取消,造成严重的出口商品积压。到 6 月末,仅棉布和人造纤维的积压就达到了 260 亿~300 亿日元。

商社的进口同样损失惨重,从 1950 年末到 1951 年初,由于外汇预算扩大,自动承认制预算的放宽和英镑套借的实施,商社更容易筹措到外汇,便大抓高价值的商品进口,错误地认为朝鲜战争势将激发世界性的物资需求紧张。但是,停战谈判却导致了国内进口原料价格的暴跌,单仅"新三品"(橡胶、生革、油脂)的进口就损失了 176 亿日元。

在这种情况下,由三井物产、三菱商社解体出去的贸易公司和其他商社都负债累累,难以为继。商社的危机也逐渐波及了与之密切相关的银行业和制造业,充分暴露了商业活动中分散经营的脆弱性。至此,美国解散日本垄断性财团、打破日本固有经济模式的目的已经基本实现。

贸易立国与商社重组

第二次世界大战(1939—1945 年)不只给被侵略的国家带去了沉痛灾难,日本本土也深受其害:900 万人流离失所,45% 以上的国民财富被耗损,几乎所有的大城市都沦为废墟。4/5 的船舶、1/3 的机械、1/4 的运输工具被毁灭。同时,不法商贩趁机哄抬黑市物价,通货膨胀十分严重。

1945 年日本战败投降后,其经济发展所面临的国内外条件都发生了前所未有的变化。战后最初的几年里,美国对经济的全面接管,导致日本经济秩序极度混乱,如何维护和平和重建经济成为日本政府及社会的当务之急。围绕日本经济今后的发展道路问题,经济学界展开了激烈的争论。

以学者都留重人为代表的"国内开发论"者认为,与其亏本出口以换取进口原材料所需的外汇,不如节省原材料和扩大国内原材料替代产品的生产,以此来增加国内就业,使经济得以恢复和发展。以另一派学者中山伊智郎为代表的"贸易立国论"者则认为,以削减进口来平衡国际收支的做法是消极的,从日本经济自身固有的特点来看,日本只能走贸易立国之路,即通过扩大出口增加所需的进口物资,实现经济的恢复与发展。最终,后者的意见得到了政策体现。

1946 年 3 月,日本出台了一份重要的报告——《重建日本经济的基本问题》,其中指出:日本要把战时的统制经济体制转变成为和平的自由经济体制,实现经济的民主化和技术的高度化,发展具有国际竞争力的新型出口产业,振兴国际贸易,走加工贸易的道路。1949 年,日本政府公布的《经济复兴五年计划》中再次指出:将来经济规模乃至生活水平的高低,最终取决于日本的出口规模。

1949 年末,日本政府先后颁布实施了《外汇及外贸管理法》《出口管理法》和《进口管理法》,废除了具有国营色彩的、统制式的《贸易等临时法令》,允许民间企业开展对外贸易活动。1949 年 12 月恢复民间对外出口贸易,1950 年 1 月又恢复了民间对外进口贸易,1950 年 8 月占领军当局开始允许商社在海外设立分店,并开展对外贸易活动。这表明,战后初期被美国管制的日本贸易开始向自由化方向复苏, 综合商社也随之再度崛起。

鉴于美苏之间敌意渐浓,日本首相吉田茂(1946—1947 年、1948—1954 年在任)主张日本在国际政治上追随美国,吸收美国的技术和资金,借助美军保护日本,削减军费以减轻政府负担。此后,鸠山一郎担任首相期间(1954—1956 年),又主动展开日苏交涉活动,对于敏感的北方领土问题,选择暂时搁置、待日后谈判解决的对策,使日苏复交得以实现。

从 20 世纪 50 年代开始,在日本"贸易立国"战略背景的支持下,各大商社重新走上了合并的道路。1952 年 4 月,原三菱商事系统的 100 多家公司分别并入不二商事、东西交易和东京贸易 3 家贸易公司。同年 12 月,不二商事、东西交易、东京贸易和三菱商事(光合实业)实现合并,并于 1954 年 7 月年宣布成立了战后新的三菱商事。

三井物产体系的合并较三菱商事稍迟一步。1955 年 7 月,第一物产买下了第一通商的营业权。同年 9 月,第一物产又合并了日本机械贸易。随后,发挥主导作用的第一物产与日东仓库(其持有"三井物产"的商号) 于 1955 年开始进入合并的协商日程。在经过一番周密细致的准备后,第一物产和日东仓库等原三井物产内部的头面人物首先建立起了私人性的联系组织——恳谈会。

1955年5月, "三井系公司总经理会"(三井系的恳谈会)——月曜会正式设立。月曜会于1960年改名为"二木会"

1955 年 5 月,"三井系公司总经理会"(三井系的恳谈会)——月曜会正式设立,这为三井物产的重新联合准备了良好的基础。此后,月曜会开展了一系列活动以推动新三井物产的诞生,并于 1960 年改名为"二木会"。也就是说"三井物产"的旧商号虽然拖至 1959 年才正式予以恢复,但其主力公司的统一合并事实上在 1955 年就已经初步完成了。

日本政府于 1953 年实施的旨在加强商社的税制优待、改善外汇分配和放宽进出口管制等政策,也在一定程度上帮助了日本战后商社的重组,从法律制度角度为商社的崛起创造了宽松的条件。1955 年,大洋物产由伊藤忠合并,高岛屋饭田由丸红合并。此前,住友财团一直没有像三井物产和三菱商事这样的综合商社,这一时期住友也将此前从事不动产的大阪北港株式会社重新设立为住友商事,开始从事贸易事业。

经过重组合并后,日本确定了战后十大商社的基本格局:三井物产、三菱商事、安宅产业(1977 年破产)、伊藤忠、丸红、住友商事、日商岩井(1968 年由日商公司和岩井商行合并而成)、东洋棉花、日棉实业、兼松江商(1967 年由兼松和江商合并而成)。这些商社基本上摆脱了战前单一的专门化模式,都开始向经营综合化商社发展。比如,丸红战前是一家经营纺织品居多的纤维商社,重组合并后也取得了八蟠制铁、富士制铁等一流大钢铁企业的商业权益。

为了应对这一时期的高速增长,日本经济除了继续实行综合化商社的发展模式外,还在不断进行大规模的企业组织调整。1960 年 4 月,三井物产根据日本经济高速发展的实际需要,和引进国外先进科学技术武装本国工业部门的客观要求,首先在企业内部增设了技术室,专门捕捉世界新技术动向和为生产企业引进所需的机械设备,1961 年在科技发达的美国纽约等城市设置了海外分室,1969 年又将技术室升格为了技术部。

综合商社的价值凸显

1955 年以后,根据日本政府关于发展基础产业的政策,日本民营企业的重化学工业设备投资出现了热潮。1955—1970 年,投资额从 9601 亿日元增至 147207 亿日元,增加 14.3 倍。15 年间,日本吸收了全世界用半个世纪开发的先进技术。1955—1977 年,日本从美国和西欧国家共引进甲种技术 19680 件,同时还进口了一些一般机械、电子机器、原子能机器、化学、光学、医药、钢铁等行业的先进设备制品。

日本企业无论是引进技术还是引进设备,几乎都得依靠三井物产、三菱商事这样的综合商社。这是因为从侦悉技术、设备的国际行情到交涉繁复的引进条件,再到缔结相关的引进合同以及机器设备的输入和联系安装等,能一手承办如此庞杂业务的机构,非综合商社莫属。即便有的引进项目并未交综合商社全权代理,但在引进的个别环节上也需要得到它们的协助才能顺利完成。

这一时期,日本十分注重对本国产业的保护,对处于幼稚期的消费品如汽车、半导体的进口,在一定时期内采取了高关税率政策;对已具备竞争力的产业如化学品、钢铁则征收较低的进口关税。日本还采取了很多非关税保护手段,如实施政府采购制、排挤外商等,制定国内税法,使国外产品在日本国内实际上仍处于不利的地位。

在保障从海外引进生产技术、进口现代化生产设备的同时,综合商社也在不断开拓着日本的出口渠道。日本的钢铁工业发展很快,由 1946 年的生产粗钢 56 万吨开始,到 1973 年高达 1.19 亿吨,仅次于美国和苏联,居世界第三位。1969 年,日本出口钢材 1550 万吨,成为世界第一大钢铁出口国。20 世纪 70 年代,日本的钢铁出口贸易一直占据着世界钢铁贸易的 30% 左右。

综合商社先是通过遍布全球的营业网收集到世界各地顾客对钢铁的需求信

息，传送给日本国内的钢铁厂商。在从商品运输到交货、结算为止的过程中，商社还要承担许多风险：不仅汇兑行市和海上运费经常要发生变动，而且随着世界形势的发展，各国政治、经济和贸易政策也往往会发生变化。能够从容应对这些风险的同时还能完成钢铁贸易的，也只有强大的综合商社。

从1963年到1972年10年间，不仅仅是先进设备进口和钢铁资源出口，日本的外贸总额增加了4倍，其中以三井物产和三菱商事为代表的十大综合商社就垄断了总出口量的50%和总进口量的60%以上。可以说，那些关系到日本经济存亡的主要能源资源贸易，差不多都集中地控制在日本各大财团的综合商社手里。

综合商社最大的作用还是促进了国内流通的合理化、效率化，并且建立起了一套体系化的国内流通体制，这也正是今天日本市场开放许久后国外势力仍然打不进日本市场的重要原因之一。其中，最具代表性的就是三井物产的甲南食品联合企业：作为组织人，三井物产组合了磨面、制糖和食用油加工等多家二次加工厂商，建立起了面条、方便面、乳制品、冷冻食品和香肠等的产销联合体制。

日本综合商社与其他国家的不同之处就在于日本综合商社与制造业相分离，它们并不直接从事相关的生产活动，但却作为重要的组织协调人（组织者）介入企业的生产活动中。各综合商社在原有生产企业的基础上，通过合并和组合在全国形成了一个广域的流通网络，并建立起了从原料供给、组织生产到批发、零售的一条龙式产、供、销模式，进而确保综合商社在国内流通领域的地位。

在日本经济高速发展时期，拥有政府扶持和商社资源的大企业得以迅速发展，但是中小企业囿于资金匮乏等因素无奈陷于被动。如果中小企业跟不上大企业的现代化速度，势将大批倒闭，这对刚刚恢复的日本经济会造成不可估量的破坏。如何协调大工业生产与星罗棋布的中小企业的关系，这一重任就交到了综合商社手上。完善商社的金融功能（融资又担保等）势在必行。

当时，致力于自身设备改进、技术现代化的财团大企业及其主办银行已无力抽调更多的资金去扶植中小企业维持生产和搞设备的更新换代。20世纪50年代中期以后，日本综合商社广泛开始与银行“联姻”，建立起融通机能，因此被称为“第二银行”或“影子银行”。最终，综合商社的大股东里都是银行、保险等大型金融机构。

因此，像三井物产、三菱商事这样熟知中小企业经营状况又富于资金筹集力的综合商社，就开始为中小企业提供所需的发展资金，向当时一些资金不足的中小企业开展直接借贷业务。通过这种变相的金融服务，综合商社不仅帮助日本中小企业渡过了难关，还逐渐控制了中小企业的财务管理、供应链和供应链金融，同时成为实际意义上的产业组织者。

瞄准中国的潜在商机

1964年，《中国画报》的封面刊出这样一张照片：大庆油田的“铁人”王进喜头戴大狗皮帽，身穿厚棉袄，顶着鹅毛大雪，手握钻机刹把，眺望远方，在他背景远处错落地矗立着星星点点的高大井架。这是一张普通的照片，日本三菱商事却从中破解了当时还是中国国家机密的大庆油田的情况。

首先，根据对照片的分析，可以断定大庆油田的大致位置在中国东北的北部。其依据是：唯有中国东北的北部寒冷地区，采油工人才必须戴大狗皮帽和穿厚棉袄。又根据有关“铁人”的事迹介绍，王进喜和工人们用肩膀将百吨设备运到油田，表明油田离铁路线不远。据此，他们便轻而易举地标出大庆油田的大致方位。

其次，根据对照片的分析，可以推断出大庆油田的大致储量和产量。其依据是：从照片中王进喜所站的钻台上手柄的架式，可推算出油井的直径是多少；从王进喜背后隐藏的油井之间的距离和密度，又可基本推算出油田的大致储量和产量。

最后，根据中国当时的技术水准和能力及中国对石油的需求，中国必定要大量引进采油设备。

于是，三菱财团旗下的三菱重工迅速集中大量专家和人员，在对三菱商事所获情报进行深入细致的分析之后，全面设计出适合中国大庆油田的采油设备。果然，中国政府不久向世界市场寻求购买日产一万吨的石油开采设备，三菱重工以最快的速度和最符合中国要求的设计设备一举中标。一张照片就这样成为日本财团商社信息专家手里极为重要的经济信息，并从中发现了巨大商机。

1971 年，三井物产驻纽约的人员从美国总统尼克松访问中国的新闻受到启发，开始研究中国经济，发现中国大量地从英国和加拿大进口废铁，而英国、加拿大对废铁出口似乎有所限制，美国才是世界上最大的废铁出口国。当世界上大多数商家还在认为美中经济交易往来为时尚早的时候，三井物产竟令人难以置信地分别与美国、中国谈判成功。1972 年 3 月，大批废铁从美国运往中国。

1977 年 1 月，冶金部明确在上海建设“上海宝山钢铁厂”（宝钢集团前身），主要从日本三井财团重要关系企业——新日铁引进技术装备。经过一年多的筹备、考察和谈判，1978 年 3 月 19 日，中技公司和新日铁在京签订《关于建设上海宝山钢铁总厂协议书》。宝钢建设之时，正逢日本企业在世界各地攻城略地、日本经济全面繁荣的时期。那时的中国，也正在千方百计地重振经济。

1978 年 6 月 28 日，中技公司和日本的新日铁、朝阳贸易株式会社、三一企业株式会社签订《上海宝山钢铁总厂第二号技术协作合同——设备订购规格书、报价、评价、设计审查与审核》，标志着上海宝钢的建设进入实质性阶段。在上海宝钢的建设初期三井物产虽然并未在中国公开露面，但三井财团的骨干企业东芝和石川岛播磨重工则与新日铁合作成为宝钢的设备供应商。

宝钢项目对日本国民经济的拉动作用非常大。当时的经团联会长、三井财团东芝公司的社长土光敏夫曾估计，如果日本帮助中国建设像宝钢一样的钢铁联合企业，那么日本的钢铁工业、机械制造业和有关配套的行业都会带动起来，将可能使日本国民生产总值增长2%。宝钢一期工程原料输入、炼焦、烧结、炼铁、炼钢、初轧的成套设备和技术，都是从日本新日铁引进的。

三井财团的新日铁正是看准了中国钢铁生产大量高档产品必须进口的现实，以提供生产设备和技术为先导进入了中国的钢铁行业。综观当时国内的大型钢铁企业，几乎都从日本新日铁引进过设备和技术：宝钢几乎全部的生产设备和技术都引进自新日铁；武钢王牌产品硅钢的生产设备和技术来自新日铁；山东莱钢的中型轧钢机工业设备和电气设备分别来自新日铁和东芝；太钢的1549毫米热轧技术由新日铁提供……

1985年，三井物产与上海宝钢签署战略合作协议。1992年，双方全面战略合作升级，签订了《综合合作协议》。根据协议，双方将建立干部人才交流机制、开设市场经济专门讲座，促进贸易投资等。为了巩固和深化三井财团与宝钢的合作关系，三井物产一直在进行着十分细致的协调工作，在总经理会议、干部互派、情报共享等方面与宝钢建立了牢固的联系。

第三节　从“引进来”到“走出去”

建立一条稳定的引进通道

日本经济学家南冈二朗曾经说过：“要解开日本经济增长的秘密，必须弄清日本是如何成功引进技术的。”多年来，日本在技术发明、技术独创等方面并不能算是一个成功者，但其在技术引进、技术改造等方面却达到了超一流水平，是典型的“拿来主义”和“实用主义”。对先进技术的引进、消化、吸收以及再创新，才正是日本产业竞争力的本质所在。

其中，最关键的因素并不是人们常说的政府产业政策、科研投入、官产学协作等，而是被称为“产业组织者”的综合商社。从20世纪50年代中期到60年代，日本引进的大量国外技术都集中于重化学工业部门，如钢铁制造成套设备、大型发电设备、煤矿采掘设备、石油精炼与乙烯等化工生产设备等，三井物产、三菱商事等十大综合商社扮演着中间人和牵线人的角色，活跃在大规模装备引进的舞台上。

重化工业的技术设备引进往往需要巨大的资金、土地和人力的投入，产业周期也很长。民间企业一般不可能单独完成，而战后重新聚集的财团，则可以让高投入的风险由整个财团共同承担。日本各大财团的综合商社就在其中扮演着协调人的角色，避免重复引进。例如，氧吹炼钢技术引进的最早窗口企业是日本钢管,日本钢管引进该技术后,其他财团企业可分享此技术专利,从而节省了大量资金。

可以说,在当时凡属与装备制造有关的引进,综合商社基本上都介入了。例如,从对方提出苛刻技术转让条件时的谈判、签订技术引进合同、进口先进的机械设备,直到机械设备的安装调试,综合商社作为日本财团的后勤和服务单位都发挥了巨大作用。很多时候,综合商社还能够帮助日本企业克服在文化、语言及地理方面与外界隔绝的不利条件,建立起一条稳定的"引进来"的通道。

相比设备和工具等硬件的进口,日本更重视技术的引进,这些技术包括专利使用权、图纸设计、技术诀窍等。根据日本长期信用银行的调查,1955—1970 年,日本仅用了不到 60 亿美元的外汇就引进了欧美耗时 50 多年、花费 2000 亿美元研发的先进技术。同时,日本对战后引进的技术十分重视技术消化,每买进 1 美元的技术专利,平均就要花 4 ~ 10 美元的消化和研发费用。

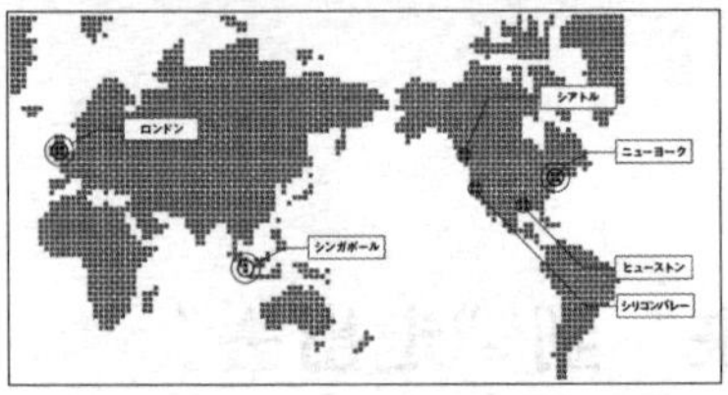

日本三井情报开发株式会社(MKI)在世界各地设立分支机构,并从全球获取最新的科学技术知识应用于信息通信技术解决方案的开发

同时,各大财团旗下的综合商社也是技术跟踪和技术情报调查的中坚力量。三井物产在 1967 年 10 月成立三井情报开发株式会社(MKI),其英文名称中有一个在当时很超前的概念——"知识产业",在当时被译为"情报产业"。1972 年 8 月,三井物产又成立了三井工学研究所(即后来的三井理化学研究所),1987 年 7 月,在美国成立了分公司。同时,日本各财团的主要商社也都设立了专职的科技情报部门,活动的重点是收集欧美等国的产业技术情报。

在引进国外先进技术的过程中,日本政府也不甘人后。为了获取技术转移的情报,日本早在 1958 年就在通产省下设立了财团法人贸易振兴会(JETRO),系统地收集整理、分析加工和传递报道国外经济和科技情报,美国人将其形容为"经济方面的中央情报局"。贸易振兴会其实就相当于官方的综合商社,它集贸易、投资、研究于一体,是日本重大装备技术引进的官方组织者。

综合商社巨大的情报能力和产业协调能力,使得日本企业可以把来自各国的不同技术加以集成创新。最典型的例子是钢铁技术、热轧技术、冷轧技术。这些技术分别来自奥地利、美国、德国、瑞士和苏联等国,然后加以融合,形成日本式的整套钢铁技术。一旦本国企业掌握了技术开发能力后,日本政府便会堵住进口源头,让国产技术得以迅速发展。

当然这一时期日本"引进来"的不仅是先进的技术和装备,还有大量原料、燃料,用以满足生产高速增长的经济发展和财团企业的需要。综合商社运用情报、贸易、组织等职能的有利条件,向发展中国家出口一般机械、电机、交通运输机械、钢铁、船舶、汽车、五金等工业品,从发展中国家进口铁矿石、铝矾土、石油、煤炭、橡胶、大米、木材、棉花、食糖等初级原材料产品。

到1979年,三井物产等九大综合商社(安宅产业已于1977年解散)的石油进口已占日本全国石油进口总量的32.4%,而三菱商事、日商岩井已经开始大量进口液化天然气等“新能源”了。随着全球性能源资源危机的不断加深,综合商社为了确保资源能源的稳定供给,在不断扩大资本投入的同时也开始向投资的多国化、品种的多样化发展。

完成转守为攻的战略

任何产业的发展最终都是需要收益支撑的,但是日本国内市场狭小,设备投资一度趋向饱和。在经济高速增长时期,日本常常为国际收支的恶化而苦恼。这一时期的私人设备投资增长率连续几年衰减4%~5%,并不足以支持产业工业的发展,需要大量出口,才能解决可持续发展的问题。因此,振兴工业品出口特别是大型设备的出口就成了当时综合商社的战略重点。

1959年,日本政府制定了《促进成套设备出口临时措施法》,各大综合商社都投入了相当大的力量,组建专门的设备出口部门。成套设备的“出口热”是1965年后出现的。到20世纪70年代末,日本机械产品的总出口额中,几大财团旗下综合商社的已经占到了30%以上。在出口交易中日本企业对综合商社的依存度很高,这是因为各个厂家在开拓海外市场、建立销售网,收集有关物流、市场需求的信息等方面,都要借助综合商社。

由于成套设备零部件多,构造精密复杂,价值高,成交额大,因此参与成套设备出口的实际上是由很多财团企业组成的企业群,其中可能包括进行调查、规划、设计的工程技术企业,制造机械的厂家,负责土木工程和建筑物的建筑公司以及负责现场安装、试车、技术培训的服务机构等,而综合商社作为规划者及协调人在计划进行的各个阶段都会发挥作用。

以三井物产为首的几家综合商社作为产业组织者居于日本经济的领导地位,运用情报、贸易、金融功能,从组织设备出口的预备调查、合同签订、协作生产到协同完成设备交付使用的最后一道程序都体现着不可替代的作用。同时,考虑到日本成套设备的买方多为发展中国家,外汇支付能力十分有限,综合商社允许使用日元结算,这样一来综合商社就通过做进出口,直接在内部用外汇所得补偿外汇损失。

综合商社向财团制造业企业提供准确、周密的海外信息和市场情报,为成套设备的出口赢得先机。综合商社通过分析对象国的经济形势,尽早察觉可能的风险、促使各参与企业采取相应的对策,并且在项目执行过程中提供直接金融支持或成为金融机构与制造业企业之间的纽带。通过这些拥有强大的金融实力和国际信息网络的综合商社,日本在战后不到20年的时间里就完成了从“引进来”到

"走出去"的转守为攻战略。

除了经营本财团内部企业的产品外，综合商社还负责经营商社外企业的产品，这使得日本国内一些无力开展出口业务的中小企业也能利用商社的优势向海外推出自己的产品。综合商社作为出口代理商，还能够积极扶持中小企业培养其出口能力。

根据日本公正交易委员会1975年《关于综合商社的第二次调查报告》统计，三井物产、三菱商事、住友商事的财团内贸易额虽然不过占其总贸易额的5%～6%，但它们从财团经理会成员企业的采购额却占其总采购额的近20%。如果从整个财团企业方面来看，通过本财团商社购入和售出的商品额，则占到了这些企业采购和销售额的30%。

综合商社甚至还实现了出口和对输入国的投资一体化，将出口所得用作对输入国的投资，向投资接受国的同类产业转移资金、技术、设备和经营管理知识，再以商社为中心，联合日本国内厂商和当地资本合办企业，使合办企业成为对日本国内和对欧美各国的出口基地。

在综合商社的带领下设厂生产同类产品，不仅劳动力便宜，而且产品不带有日本印记，还可以解决在日本国内最棘手的厂址困难和公害问题。这种方式在和发展中国家的贸易关系上表现得尤为突出。20世纪五六十年代，日本的许多产业就已经开始向中国香港、中国台湾、韩国和东南亚各国转移了。

"情报作战"也是综合商社海外进军过程中的重点。1975年3月29日，当北越军攻克储有大量先进武器的达兰之后，三井物产正确地分析到这必将大大增强北越的进攻力量，于10天后果断地撤退它的西贡（今胡志明市）支店。事隔不久，北越便使用新缴武器发起总攻，仅6天便一举占领了西贡。日本驻西贡的政府机关和其他各公司皆因猝不及防而遭受损失，而三井物产的人员和财产却早已安全撤离了。

三井物产之所以能够获得如此准确的情报，要得益于其建立的"三井物产全球通讯网"。建立于1971年的"三井物产全球通讯网"，在没有电脑、网络的时代，就已经可以利用电传机和中央数据处理系统来联络全球。在综合商社来自世界各地的电讯中，既有大量的经济情报，也有与经济有关的政治、军事情报，例如1978年苏联入侵阿富汗以及1979年伊朗政府扣留美国人质事件都是由综合商社最早分析测知的。

不把鸡蛋放在一个篮子里

1968年11月，三井物产副社长若杉松雪跟随日本经团联出访伊朗，其间参观了伊朗南部的油井，感受到当地石化产业大有希望，认为伊朗很可能成为日本化工产业发展的资源基地。几周之后，伊朗经济部的部级官员出访日本，专门造访了三井物产,并要求日方认真考虑伊朗的石化项目。同时,该项目还获得了时任日本首相佐藤荣作的支持(佐藤荣作是日本现任首相安倍晋三外公的弟弟)。

1973 年 8 月,在日本政府的支持和三井物产的努力下,伊朗日本石油化学项目(IJPC)正式签约。除三井物产外,IJPC 的项目方还包含了日本东曹株式会社、三井化学和三井石化。为了这个项目,三井财团动员了主要财力和大量人力,从 1969 年开始调研,到 1973 年签约,再到 1980 年才几近完工。当时的日本政府也希望在海外能够拥有真正属于自己的石油资源。

然而,一场突如其来的战争打破了三井物产和日本政府的如意算盘。伊朗亲美的温和派国王巴列维下台和随后爆发的两伊战争,使得整个伊朗工业一度陷入瘫痪。由于战争中伊拉克对 IJPC 项目所在地的石化设施进行了猛烈轰炸,设施受损严重。为了保护工程师,三井物产在 1984 年最终选择了撤离,其在 IJPC 项目的损失相当于同年日本 GDP 的 0.4%。

IJPC 项目失败的冲击给综合商社和日本的海外能源战略带去的并不仅是经济损失,还有改变。此后,综合商社海外能源战略呈现出明显不同以往的多元化和多样化投资策略。伊朗事件、苏军侵占阿富汗事件和两伊战争后,日本石油投资开始从中东地区向美国、加拿大、马来西亚、尼日利亚等国家扩散,而在其他替代能源领域,综合商社还就地热、液化天然气、原子能、海水温差发电、太阳能、风力发电等展开了投资研发。

在伊朗南部湾投资受挫的三井物产很快将目光转向了同样石油资源丰富的阿布扎比,以及西澳大利亚的 LNG 项目。同时,三菱商事开始在北美的落基山脉、得克萨斯州探矿打井,伊藤忠开始在美国北达科他州和蒙大拿州开探石油,日商岩井、三菱商事也分别从文莱和印度尼西亚等国大量增加液化天然气的进口。随后日本通产省提出了替代能源计划,并将 1980 年命名为“替代能源元年”,而液化煤技术就是替代能源计划中非常重要的一项。

早在 20 世纪 80 年代初期,中国山东、吉林、内蒙古等地的褐煤样品就已经源源不断地被运到三井的大牟田液化试验厂进行相关实验了。1981 年 7 月,三井物产的池田芳藏会长和八寻俊邦总经理率队访华,代表三井物产及三井矿山等日本企业与中国国际贸易促进会签署了旨在推进煤炭开发和褐煤液化的《经济合作、技术交流备忘录》。

三井物产同澳大利亚也商定了类似的褐煤开发计划,日商岩井还在澳大利亚的维多利亚直接设置褐煤液化的试验工厂。澳大利亚是日本重要的煤炭来源国,三井物产、三菱商事及丸红等日本综合商社都积极在澳大利亚投资开矿。1987 年,三井财团的全资子公司“三井三池株式会社”就为澳大利亚南布雷矿及万宝矿等煤矿产区制造了至少 7 台交流电牵引采煤机,大大提高了当地煤矿产量。

综合商社清醒地认识到“不要把鸡蛋放在一个篮子里”的道理。三井物产

1987年经营的传统产品钢铁、能源燃料和化学产品分别比1985年减少了31%、49% 和19%。进入20世纪80年代中后期，新能源、原子能、新材料、电子、新型医药、食品化学、新城市交通体系、宇宙、航空和海洋等逐渐成为综合商社新的发展方向，其中三井物产开发宇宙产业，住友商事开发海洋产业和新交通系统工程，日棉实业和兼松江商则开发医疗领域……

借助中国改革开放的春风

1978年10月，日本三井物产派出代表团前往广州参加秋季中国出口商品交易会（即秋季广州交易会）。这届广交会的开幕正值中国改革开放的前夕，日本综合商社敏锐地嗅到了春天的气息。创办于1957年的春季广交会是中国外贸领域的第一促进平台，是中国外贸的晴雨表和风向标，也是中国对外开放的窗口、缩影和标志。

1978年10月，日本三井物产派出代表团前往广州参加秋季中国出口商品交易会（即秋季广州交易会）。这届广交会的开幕正值中国改革开放的前夕，日本综合商社敏锐地嗅到了春天的气息

三井物产（广东）贸易有限公司董事、总经理西村周表示，“公司在中国的事业发展史可以说与广交会发展史是同步的”。三井物产每年都会有几百名出差人员参加一年两届的广交会，这些通过广交会构筑的与中国企业的关系网，现在仍在维系，是一笔巨大的财富。与此同时，不断扩大的贸易也带来了三井物产在中国的事业发展。

1980年，三井物产在北京设立了中国首家事务所，由曾带队参加过秋季广交会的久佐贺义光担任第一任中国总代表兼北京事务所所长。1984年4月，三井物产在上海投资设立了国际租赁有限公司。从那以后，三井物产在中国的投资项目逐渐增多。1985年，三井物产同中国的贸易额达到了12.7亿美元，占到了当时中日贸易总额的6%。

1987年，三井物产与四通集团建立了第一家合资企业——北京四通办公设备有限公司。当时，日本拥有先进的电子工业技术和高水平的文字处理硬件技术，于是，由三井物产出面，把四通开发的软件送到日本，把软件硬件化，然后再把经过开发的硬件拿到中国。这就是著名的四通打字机。累计销量超过了30万台的四通打字机，很快帮助四通集团完成了原始积累。

后来，四通集团决定多元化经营，建立电子、食品和建材等若干企业。三井物产积极牵线搭桥，协助四通集团找到了松下电工、日本乐天等著名企业作为合作伙伴，建立起了7家合资公司。这7家合资公司注册资金超1亿美元，其中外资就达到了7500万美元。7家合资公司也基本上都成为当时中国本土行业的技术领导者。

20世纪90年代，中国成为全球公认具有快速增长潜力的巨大市场。在日本对华贸易和投资中,超过一半都与综合商社有关。综合商社不仅本身具有庞大的商业规模,而且与日本制造业和金融业存在很深的内在联系,因此成为日本财团企业投资中国市场的发动机。

1990年秋天,由社长熊谷直彦亲自率领的三井物产首脑访华团访问北京。这个由30多位首脑组成的访华团是史无前例的,说明了三井物产多么重视同中国发展关系。此次访问中,三井物产向中国对外经济贸易部提出捐资创设基金、协助中国培育经贸人才的建议。双方同意在对外经济贸易大学设置“三井教授基金”,招聘外籍讲师开展经贸学科的“三井讲座”。

1993年1月,三井物产提出将拥有12亿人口的中国作为重点投资地区,用全公司的力量开展对华业务。1994年,在上海举行的日中经济协会日中贸易扩大协议委员会会议上,三井物产的代表有田昭二郎表达了在中国建立法人企业的愿望。他说:“我希望中国能允许日本的综合商社建立法人企业,我希望能开办一家以北京为总部、与各地的分公司横向联系的法人企业。”

同时,有田昭二郎还表示:“中国有建立综合商社的动向,对此,我将尽全力协助。但希望中国理解,我们商社的发展历史表明,综合商社不是一朝一夕形成的。中国恐怕会担心这样一来,日本的综合商社会垄断中国的流通、贸易,这未免夸大了我们的能力,我们也没有这个意图。我们希望与中国的产业、商业、贸易界合力,为中国的贸易、流通、外资利用做出微薄的贡献。”

1995年,中国政府批准三井物产(中国)有限公司在北京成立。当时三井物产(中国)的主要职责是从事在华投资和再投资,协调已建立的企业,并为所投资的企业提供国内外贸易和金融支持。后来出任三井物产社长的上岛重二就曾是三井物产对华事务的最高负责人。

到1998年8月,三井物产已基本完成了其在华贸易和投资的机构网点布局,对华贸易额约40亿美元,在华投资企业达108家,直接注资2.2亿美元,带动其他企业共投入10亿多美元。时任三井物产(中国)有限公司总经理的白鸟隆夫接受采访时表示:“三井物产将进一步促进大规模、多领域和高层次的对华投资,将对交通、基础设施、能源和农业等项目以及新产业政策下的支柱产业采取倾斜方针,加强与中国的合作。”

第四节　全世界都在学日本商社

韩国踏上综合商社之路

1964 年末，朴正熙政府（1961—1979 年）为韩国经济发展提出了贸易立国、出口立国等基本方针。和日本类似，韩国也是一个资源匮乏国家，因此经济发展对外贸的依存度较高。进入 20 世纪 70 年代以后，受世界经济严重衰退影响，韩国工业品的出口市场日益缩减，加上国内贸易公司数量激增且规模普遍较小，一度导致韩国外贸秩序出现混乱局面。

1973 年，为了摆脱困境、改善外贸环境，韩国政府邀请伊藤忠商事（属第一劝银财团）的传奇人物濑岛龙三为韩国经济发展献策。濑岛龙三曾是二战时期日军大本营作战参谋，战后进入伊藤忠商事，从情报部部长最终做到了会长的位置。在他的努力下，伊藤忠商事发展成为日本最著名的综合商社之一。

濑岛龙三向他在日本陆军士官学校的后辈朴正熙总统提供的对策就是设立韩国的综合商社，即把有限的资源和辅助基金适当集中地由少数贸易公司更为有效地利用。在仔细研究日本综合商社在对外贸易和经济增长中的地位和作用之后，韩国决定组建自己的综合商社。

1975 年 4 月 30 日，韩国商工部颁布了《关于指定综合贸易商社纲要》，正式提出发展韩国的综合商社。随即，三星物产被韩国政府选定为第一家综合贸易公司，成为韩国综合贸易商社的先驱和样板。5 天后，大宇实业、双龙也获得了综合商社的称号。其后短短 4 年内韩国共有 13 家企业获得了综合商社的称号。

韩国政府建立“综合商社”的方案几乎全都是以三星物产提供的资料为基础制定的，这是因为三星物产的发展策略一直紧盯三井物产等综合商社的发展。同时，三星物产与三井物产的渊源颇深：三星创始人李秉喆早年间曾留学日本；20 世纪 50 年代初期，三星物产便通过引进三井物产的资金、技术等，与三井财团内的各个企业建立起了广泛的商业联系。

可以说，韩国移植综合商社的模式获得了巨大的成功。1975—1982 年，韩国出口年平均增长 21.8%，出口额由 52.4 亿美元增长到 216.1 亿美元。同期，韩国综合商社出口年平均增长 48.1%，超过全国平均出口增长进度的 2.2 倍，出口额由 6.71 亿美元增长到 105.35 亿美元，占全国出口总额的比重由 13.6% 上升到 48.7%，1983 年又上升到 51.3%。韩国出口的一半是由综合商社实现的，韩国商社成为海外贸易扩张的“急先锋”。

1985 年，发展中国家和地区的 17 家年销售额超过 30 亿美元的工业跨国公司中，韩国就占了 6 家，它们分别是三星物产、现代综合商事、乐喜金星集团、大宇实业、鲜京集团和双龙集团，而这些都是综合商社企业集团。综合商社在推动韩国以重化工业出口为标志的工业化战略的实施、提高出口规模和经济效益、抑制中小企业出口商恶性竞争等方面，发挥了极其关键的作用。同时，综合商社模式也大大提高了韩国外贸企业的国际竞争力。

需要强调的是，综合商社一定要是财团的综合商社。利用财团为主导的经济发展体系也是政府培植大型综合商社的微观基础。韩国综合商社虽然是政府推行扩展出口政策的产物，但它的发展壮大离不开其背后强大的民营财团体系支持。正是因为有私人资本和政府权力结合形成产业、贸易、金融一体的财团，才有了综合商社成长的土壤。也就是说，即使没有韩国政府明显的政策推动措施，这些大财团体系本身迟早也会发展出综合商社或类似的贸易经济体。

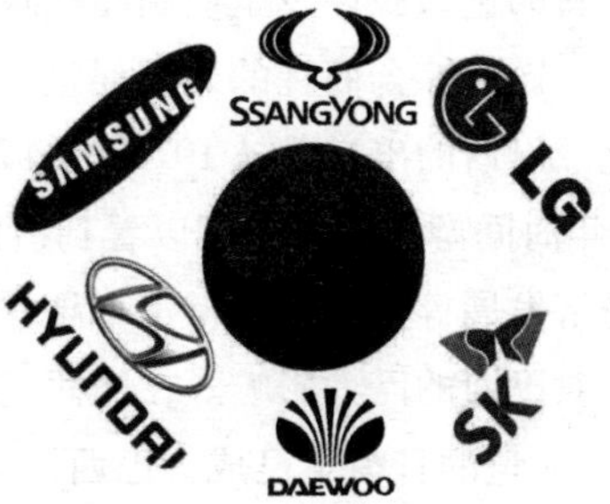

1985年，发展中国家和地区的17家年销售额超过30亿美元的工业跨国公司中，韩国就占了6家，它们分别是三星物产、现代综合商事、乐喜金星（LG）、大宇、鲜京（SK）和双龙，此后都成为以综合商社为核心的产融财团

例如，三星物产背后的三星财团，到 20 世纪 70 年代初，其经营已涉及外贸、纺织服装、电子、造船、大型工程、石化、食品加工、建筑、新闻媒介、旅游、旅馆、保险、非银行金融、百货和海外投资等。大宇财团也从纺织品出口起步，逐渐扩大到皮革制品、各种供出口的杂货、保险、机械、汽车装配、建筑和造船等更多更广的领域。韩国的财团企业在发展中直接得到政权的支持和庇护，其综合商社也是在这样的背景下不断发展壮大起来的。

韩国的综合商社模式之所以能够取得成功，东亚的商业文化基因传承也是不容忽视的一环。“三星物产”与“三井物产”仅一字之差，不仅在产业、商业等领域与三井物产有着千丝万缕的关系，甚至其经营管理模式上也极具日本特色。日本三井财团的商道文化正是来源于中国浙江的天台山（参见白益民著《三井帝国启示录——探寻微观经济的王者》），财团商社模式应该是文化、经济、历史诸多因素融为一体的产物，绝不能抛开文化只谈模式。

“商社热”席卷全球

一直以来大家都认为韩国是最早学习日本综合商社的国家，但其实位于南美洲大陆的巴西才是第一个由政府正式推动发展商社模式的国家。1972 年底，巴西政府公布了有关贸易公司法规（即综合商社法规），并运用日本综合商社的成功经验，参照日本对贸易的优惠制度，先后组建了一系列的贸易公司，其中就有两家是专门从事贸易的综合商社——科贝克和英特伯拉斯(拥有石油进口权)。

巴西政府对综合商社的政策支持分为直接和间接两方面,直接支持政策是综合商社所独享的,间接支持政策则是所有的贸易商都可以享有的。同时,政府鼓励工业品出口,实行出口特别优惠税制供给委员会制度。出口特别优惠税制供给委员会在审查出口计划并加以确认后,对出口计划实施时需进口的机械设备等产品的进口税和工业制品税减免70% ~90%,对工业品出口所需进口的零部件、原材料的进口税以及工业制品税减免50%。

巴西综合商社的运行促进了当时巴西出口量的快速增长和出口市场的多元化。巴西的出口额从1970年的27.39亿美元上升到了1977年的121.39亿美元,7年时间翻了两番。可以看到,日本的综合商社模式在促进巴西贸易增长和推动经济发展等方面都取得了卓越成效。当然,综合商社在巴西的成功离不开日本文化对巴西的巨大影响。在巴西,有超过150万日裔人口,是全球日裔最多的海外国家,大量的日裔早已成为巴西社会的中流砥柱。

20世纪70年代中后期,全球性的贸易保护主义出现抬头,世界经济区域化和集团化趋势加强,一些国家在经济发展中开始出现较高的贸易赤字,而同一时期日本的经济和贸易却保持着持续稳定的增长。综合商社被认为是日本出口的主导力量,也是日本保持高贸易盈余的重要原因之一,越来越多的国家开始研究和借鉴日本综合商社的经验,并结合本国特点计划发展自己的综合商社体系。

1978年10月,泰国政府公布了企业取得综合商社资格最低标准的《产业投资鼓励法》。泰国希望借鉴日本、韩国发展综合商社的成功经验,通过组建专业国际贸易公司(即泰国的综合商社),促进出口增长。泰国政府还为综合商社提供了配套的金融财政政策,并通过税收减免的形式对综合商社进行补贴,不仅使综合商社通过大量的政府支持计划受益,还间接使制造业厂商受益(如能源和原材料的进口补贴)。

到1983年,泰国获得综合商社资格的企业已有10家,其中有4家达到了政府规定的出口目标。泰国综合商社的出口份额从1980年占全国出口额的1%,上升到1981年的2.5%、1982年的3.3%,1983年则上升到了5.3%,可见商社促进泰国出口的作用还是相当明显的。此外,1970年泰国出品产口中近90%是初级产品,工业制成品只有10%,1983年工业制成品的出口份额则增加到了32.3%。

与此同时,土耳其政府在1980年制定了出口促进政策,同年颁布法令,建立“出口商共同体公司”(ECC),这其实就是土耳其综合商社最早的雏形。1984年,政府在提高相应标准后将其改名为“国外贸易联合公司”(FTCC),即土耳其的综合商社。根据1984年的标准要求,公司要实现年出口额3000万美元以上,出口结构一定要有75%的工业品构成。1985年以后,政府又把出口标准提高到占土耳其总出口的10%才能保住商社头衔。

土耳其公司一旦达到这些规定和标准,就会被指定为综合商社,从而享有特殊的信贷便利、税收减免等优惠政策。另外,商社90%以上的融资由中央银行解决,其利率水平要比普通的商业银行低得多,同时这些公司还享有从中央计划经济国家进口的垄断权。土耳其综合商社数量由1981年的16家增加到了1984年的21家,商社出口比重也由1981年的8.1%上升到了1984年的37.5%,并且基本实现了土耳其出口产品和市场的多元化。

在一定程度上,席卷全球的"商社热"的确为上述这些国家某一时期的发展带去了立竿见影的成效。但是,这些国家在学习与借鉴日本综合商社时却忽视了最重要的"商权"思想。对于日本综合商社,不仅要研究其具体的战术技巧,还需要从战略的层面去理解,只有这样才能实现产业资本、金融资本和商业资本的完美结合,从而创造利益的最大化。

日本综合商社多发端于贸易公司,发展到今天,基本定位仍然是提供交易服务:助力出口商开拓海外市场,为进口商提供市场行情,监督贸易双方的商业信用,帮助筹措资金或安排贸易,甚至提供全球范围的运输服务。用日本学者小岛清的话来讲,综合商社"是在一定的时间和场所中起中介作用的类市场合作体系"。

美国通用电气的综合商社本质

1981年4月,杰克·韦尔奇成为美国通用电气公司(GE)历史上最年轻的董事长和首席执行官。作为毕业于伊利诺伊大学的化学博士,韦尔奇从工匠成功地转变成商人:他被看作当时12名接班候选人中希望最小的一个,但后来事实证明,韦尔奇是最成功的一个。

在杰克·韦尔奇的带领下,通用电气实现了管理哲学从科学管理到人文管理的变革,被称为"大杂烩公司"的通用电气却形成了统一的价值观,其背后显现出与日本三井物产一致的经营哲学。

早在20世纪60年代中期,刚刚博士毕业不久的韦尔奇担任了通用电气的化学部经理,和三井财团旗下的三井石化成立了塑料领域的合资公司。而后很长一段时间,韦尔奇和他的公司都长期与日本企业保持着密切的合作关系。在位20年,韦尔奇成功改造了通用电气的企业DNA,使其脱胎换骨,而他带有东方管理风格的人文精神或许与他早年间的经历有关。

对于三井与通用电气的关系,日本方面也没有回避。三井物产社长上岛重二在1999年接受中国中央电视台采访时就曾表示,三井集团是一家大的企业集团,在这个集团中,有很多企业没有加三井的名字。比如,通用电气、UNISIC、西门子、爱立信以及英国、美国、德国的其他一些公司。三井在各国可以说都有战略合作关系。

杰克·韦尔奇从1981年接任通用电气CEO,2001年退休,这19年间,在他的领导下,通用电气的市值由130亿美元上升到了4800亿美元,股东的年复合收益率达到20.9%。韦尔奇也被誉为"经营之神",受到中国企业家们的大力追捧和崇拜。他的身上隐约有着综合商社的经营哲学,这种在三井与通用之间传动的商人文化我们可以称之为"三井商道"。

1982年10月8日,美国国会曾经通过了一个《出口贸易公司法》,系统地提出了美国综合商社的培育和发展方案。法案规定,综合商社只要合理地抑制美国经济,不对美国消费者和竞争者产生重大的和有意识的伤害,就可以不受反托拉斯法的限制。此外,法令还要求商务部设立一个办公室,积极促进综合商社的形成和运作,并通过美国进出口银行进行贸易融资,以增加对商社发展的支持。

按照美国政府的理解,综合商社是个人公司、合伙公司、联合公司或类似的组织,在美国主要组织和经营出口商品或劳务,或出口设备,或提供劳务出口的贸易实体,能够提供跨国经营所涉及的从市场调研到贸易金融的"一揽子"出口服务。美国政府对综合商社的出口给予支持,包括特殊的税收优惠、低成本银行信贷、为有金融风险的出口活动提供保险、为出口商收集海外市场信息、为武器和农业产品出口商提供特别支持。

如果说这一时期的发展中国家学习模仿日本综合商社是为了实现由进口替代向出口导向工业化的战略转换,那美国综合商社法案的核心目标就是期望通过组建大型综合贸易公司(综合商社),改变陷入困境的贸易平衡。美国贸易逆差从20世纪70年代开始显现,在进入80年代以后迅速扩大,这与1971年美元与黄金脱钩导致布雷顿森林体系崩溃及后来的金融自由化有密切关系。

20世纪80年代,美国哈佛大学著名日本问题研究专家傅高义(Ezra Feivel Vogel)出版了一本名为《日本第一:对美国的启示》的研究著作。此书一出,立即在美国引起轰动,成为当年度美国最畅销书之一,从一般的美国市民、学者到国会议员、政府官员乃至五角大楼的军人都争相阅读。日本模式成为美国一面可鉴之镜;学习日本综合商社,通过组建"出口贸易公司"来扩大出口也成为美国扭转贸易颓势的重大举措之一。

通过《出口贸易公司法》的方法组建和发展起来的美国综合商社虽然贸易功能比较强,但功能较单一,在信息、综合化服务和协调方面也非常弱。事实上,美国建立综合商社的尝试以失败而告终,这也给我们提供了不少经验和教训。重要的一点是,美国人从来就没有认识到综合商社不是一种单纯的企业组织模式,而更是一种文化、理念和制度。

美国政府推动的综合商社的失败,是由于得以运行的制度环境与日本、韩国之间有着天壤之别。总体来说,美国经济的特点是在自由放任的微观基础上构筑起政府干预的调控制度,让市场这只"看不见的手"去调节贸易商的经营,让政府这只“看得见的手”来协调、监督企业的市场行为。

中国的综合商社在哪里

1984 年 5 月,万科集团创始人王石用做饲料中介商赚来的钱开办了“深圳现代科教仪器展销中心”,主要经营日本电子仪器和办公产品。1987 年 11 月,公司改名为“深圳现代企业有限公司”,这是一个真正能够包罗万象的公司名称。随后,王石率领公司陆续进入零售、工业生产、影视文化等领域。

1988 年,王石又首次进军房地产开发,将公司正式更名为“深圳万科企业股份有限公司”。对于万科的多元化,多年后王石打趣地说道:“就是除了黄、赌、毒、军火不做之外,基本万科都涉及了。”

1991 年,王石领导的万科成为最早确立综合商社发展模式的中国企业,业务布局调整为十大行业:进出口贸易、零售连锁商业、房地产开发、金融证券投资、文化影视制作、广告设计发布、饮料生产与销售、印刷与制版、机械加工和电气工程。但是 1993 年 1 月,万科决定放弃成为日本式综合商社的目标,而将综合商社理念运用于城市大众住宅开发。

1992 年 11 月,时任中化集团总裁郑敦训分析了世界上跨国公司的两种模式——以西方工业为主的跨国公司和以东方综合商社为主的跨国公司,总结了二者的基本特点,研究了其内外形式,提出了公司组建综合商社型跨国公司的发展战略。郑敦训毕业于北京外贸学院外贸经济系,在出任集团总裁之前曾先后担任驻日本大使馆商务处二等秘书、中国化工进出口总公司驻日本首席代表等职务。

王石自传《道路与梦想》第二章第八节“综合商社之梦”中写道,1991年,他领导的万科成为最早确立综合商社发展模式的中国企业

两年后,国务院于 1994 年 12 月 31 日正式批准中化集团成为全国首家综合商社试点,并把中国对外经济贸易信托投资公司划归中化集团旗下,以加强其金融功能。中化集团试图学习日本的管理模式,模仿三井物产、三菱商事这样的综合商社,对实业、贸易、研发、海外扩张等多个领域同时开拓、混业经营。在获得综合商社试点的身份后,中化集团开始了雄心勃勃的综合商社大发展。

然而,中化集团的综合商社实践很快遇到了 1997 年东南亚金融危机,整个企业差点崩盘。1998 年 3 月,刘德树空降中化集团就任总裁,着手解决中化集团出现的各种问题,从而开启了中化“有限多元化和专业化结合”的道路。

刘德树非常欣赏美国通用电气的管理模式,把中化集团分成了七大事业中心：石油、化肥、化工品、国内经营、境外机构、金融和物业，希望将中化集团由以往的贸易型企业转型为产商融相结合的跨国企业集团。其实，无论是20世纪90年代初中化集团学习的日本三井、三菱，还是刘德树推崇的美国通用电气，其核心都是东方经营哲学下的综合商社本质。

1996年，浙江物产集团正式成立，由原浙江省物资局成建制转体组建，是国家重点培养发展的20家大型流通企业集团之一。尽管浙江物产作为国有企业，拥有许多渠道和网络上的独特优势，但辐射范围有限，供应链上的话语权很弱。2003年6月，胡江潮从浙江省能源集团董事长职务上调任浙江物产集团董事长、党委书记，从此浙江物产开始了快速崛起之路。

2003年下半年，胡江潮带领的团队与复旦大学管理学院的专家共同着手集团十年发展战略规划的研制，他们找到了一个新商业模式的标杆——日本三井物产株式会社，开始向三井物产学习战略管理职能和综合商社模式。2004年，胡江潮率考察团到日本三井物产总部拜访。次年，浙江物产特邀三井物产旗下上海贸易有限公司总经理濑户山到集团讲课，介绍三井物产的基本价值观念、内部运行控制等。

2004年上半年，经过国家和浙江省有关部门组织的两次专家论证，《浙江物产集团发展战略规划》正式实施。浙江物产集团确定了"推进流通产业化，加快实现由传统流通向现代流通产业战略转型，提升和努力打造千亿（规模）企业，建设具有国际竞争力的一流现代流通企业集团"的战略发展总任务。

"流通产业化"的想法与三井物产的"综合商社"有相似之处。浙江物产的一位内部人士解释说："综合商社是商业、工业和金融的协同发展模式，而流通产业化是基于中国国情和浙江物产集团的实际，首先要打通商业资本和工业资本的发展模式。"

在实践"综合商社"模式的同时，浙江物产取得了骄人的成绩，2013年实现收入345亿美元（约合2000亿元人民币），排名《财富》2014世界500强企业第345位。浙江物产集团董事长王挺革表示："最近我们一直在思考一个问题，物产集团主业将来怎么做？能否将物产集团打造成为一家新型的综合商社——流通4.0版的企业？"

2015年2月15日，浙江物产集团与浙江大学、浙江工商大学现代商贸研究中心联合主办物流4.0研讨会，并发布西湖宣言，即《流通4.0行动指南（讨论稿）》，旨在加快构建钢铁、化工、能源、粮食、外贸等O2O电商集成服务平台，在全球范围内实现流通资源优化配置和整合，打造流通4.0新型"综合商社"。

同年11月，浙江物产集团顺利完成整体上市的所有相关工作，成为浙江省首家混合所有制改革的整体上市企业——物产中大集团（600704）。集团表示，会按照流通4.0的产业组织和上市公司运行管控准则，创新组织架构、管理体制、激励机制，激发团队的创造力和竞争力，进一步提高互联网时代平台化运作的供应链集成服务水平，在为市场和客户创造价值的过程中提升企业价值。

2018 年 7 月，物产中大集团位列《财富》世界 500 强企业第 270 位，连续 8 年跻身世界 500 强。作为一个大宗商品供应链集成服务商（综合商社），其所涉及的大宗商品包括钢铁、煤炭、化工、汽车、粮食等多个品类，通过“打造大平台，赋能小前端”的商业模式，不断加强对公司旗下金属材料平台、化工供应链平台、汽车产业链平台、大公用产业平台等平台的建设。

第五节　从“贸易立国”到“投资立国”

金融战败下的世界第一

从 20 世纪 80 年代开始，美国政府对外贸易逆差不断增加，到 1984 年，其经常项目赤字达到创历史纪录的 1000 亿美元。1985 年，日本取代美国成为世界上最大的债权国，同时，日本制造的产品充斥全球。日本资本疯狂扩张的脚步，令美国人惊呼“日本将和平占领美国！”许多制造业大企业、国会议员开始坐不住了，他们纷纷游说美国政府，要求改变这一现状。

1985 年 9 月，迫于美国的压力，日本与美国、联邦德国、法国、英国等 5 国在纽约的广场酒店签订了“广场协议”，其目的在联合干预外汇市场，使美元对日元及马克等主要货币有秩序地下调，以解决美国巨额贸易赤字。“广场协议”之后，日元大幅升值，因为这样可以减少美国的债务压力。其后在不到 3 年的时间里，美元兑日元贬值了 50%，也就是说，日元升值了一倍。

日元的大幅升值使得日本基准利率大幅下降，这重重打击了日本以对外出口为主的贸易方式。同时，许多日本企业将手中多出来的资金（日元升值）用于投资房地产等资产，由此形成了虚拟资金。1985—1989 年，股票在东京证券交易所上市的日本制造业企业主营业务利润为 1.25 万亿日元，投资性收益（金融收入）却高达 1.91 万亿元。

当一个巨大的金融泡沫被吹起来以后，日本开始面临生产过剩和货币过剩的双重困境。据日本国土厅公布的调查统计数据，1985 年，东京的商业用地价格指数为 120.1，到了 1988 年暴涨至 334.2，短短 3 年内增长了近 2 倍。这一时期日本生产性行业的贷款比重下降到 25%，而非生产行业的贷款比重却上升为 37%，看似繁荣的经济成了名副其实的空中楼阁，危机一触即发。

1988 年，刚刚上任的美联储主席格林斯潘访问日本，评论说日本股价并不过高,这使得日本股民信心大增。1989 年 12 月 29 日,日经指数一度达到了历史最高的 38957 点。此时,美国金融资本出手了,通过各种复杂的金融工具全面沽空日本股市,日经指数 1990 年 10 月跌至 20000 点,9 个月时间里跌去近一半,而此后房地产更是连续 14 年下跌。

在《金融战败》一书中,作者吉川元忠认为日本 1990 年金融战败的后果几乎和第二次世界大战中战败的后果相当,但却没有使日本经济真正垮掉。日本经济的根基其实是以主办银行和综合商社为核心的财团体制,财团中的大企业并不会倒闭,依附于大企业的中小企业所受的影响也不大,日本民众普遍是“以公司为家”,只要公司没有垮,社会就相对稳定。

1994 年,美国《财富》杂志评选世界 500 强,排在前五名的都是日本财团的综合商社:三井物产、三菱商事、住友商事、伊藤忠商事、丸红商事。三井物产在其后的 10 年间也都一直排名世界 500 强前十位。直到 2003 年后,为了在全球更好地进行产业布局,三井物产将能源部门等重要产业机构独立核算,设立独立法人公司,使自己在 500 强的排名迅速下降,其真正的实力和活动被隐藏了起来。

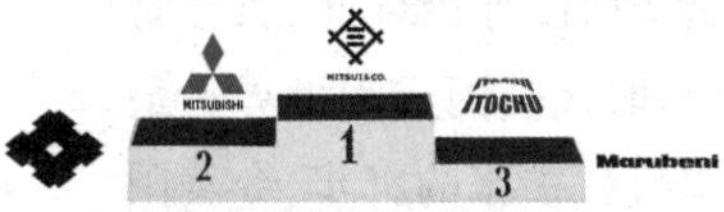

1994年,美国《财富》杂志评选世界500强,排在前五名的都是日本财团的综合商社:三井物产、三菱商事、伊藤忠商事、住友商事、丸红商事

日本是典型的产业金融模式,因此股市的波动并不能完全代表日本经济,综合商社才是日本经济真正的风向标。由于日本国内各种生产成本的提高,以及产业升级转型的需要,技术和知识密集型产业代替传统的劳动密集型产业,综合商社在东南亚全面出击,统合整个东南亚经济资源,实现日本制造业的高端升级战略。

在综合商社的带领下,日本在 1990 年金融战败后似乎并未衰落,反而呈现出很好的上升势头。1995 年可以说是日本经济发展的一个巅峰时期,世界银行公布的数据显示,当年日本的 GDP 为 5.3339 万亿美元,达到了美国的 69.9%(美国为 7.664 万亿美元)。此时,日本在实现产业升级的同时,通过综合商社构建起的“雁行模式”也对东南亚地区的经济增长起到了重要的推动作用。

遭遇挫折,重组复生

在 1997 年的东南亚金融危机前,像三井物产这类日本经济的“领头羊”,大规模投资正在有条不紊地进行,大型建设项目纷纷上马。当时,日本财团金融机构对东亚的直接贷款达到 2750 亿美元,占该地区跨国贷款的1/3。泰国的外汇储备虽然有 380 亿美元之多,但外债总额高达 1060 亿美元,其中有 55% 是来自日本财团金融机构的借款。

此时,泰国是最容易遭受日元套利外汇交易攻击的国家。所谓日元套利交易的本质是:以非常低的利息借入日元,投资于美元或者泰铢,以获得较日元更高的利息。由于1995—1998年,美国联邦基金利率和日本银行目标利率间的利差大约为5%,3年的时间里,日元套利交易的投资者至少获得了1690亿美元“天上掉下来的馅饼”。然而日元一旦贬值,从事套利交易的则会变得赔本。

在巨大收益面前,日本大量的资本转而投向新兴市场,其在东南亚、韩国的投资虽然使这些地方的经济快速发展,但是也让这些国家的负债上升,为东南亚金融危机的到来打下了基础。日元的升值与亚洲的繁荣相联系,贬值则意味着亚洲的衰退。西方金融资本掌握了日本金融业风声鹤唳的心态,选择泰国作为首选的打击目标,最终引发了1997年的东南亚金融危机。

金融危机发生后,日本金融机构对综合商社也出现了惜贷,综合商社不再能从银行借入巨额资金,扩张的步伐骤停。预算被压缩,投资被削减,在建项目被迫终止,员工从1997年到2001年都没有上调过工资。综合商社的低迷真实地反映了当时日本经济的状况和财团陷入的巨大困境。

1999年,时任三井物产社长的上岛重二对媒体承认说:“90年代后半期,可以说是我们一个非常困难的时期。我相信泡沫经济大家也有所耳闻,三井物产也有这种泡沫的包袱,因为我们在亚洲的生意有很多,所以1997年以后受到金融危机的影响,要克服这样的困难,我们付出了很多的努力。日本的银行也非常困难,日本银行在恢复的过程中,日本国内商业也难以发展,这是事实。”

美国金融资本对东南亚地区的打击直接削弱了日本的海外投资。日本财团主办银行和综合商社也如被釜底抽薪一般。它们的困厄直接导致日本经济在很长一段时间内一蹶不振。东南亚地区不仅是日本最重要的出口商品市场,还是日本最重要的进口商品来源地,东南亚金融危机对日本金融机构产生的影响导致企业资金周转遇到了很大的困难,资金筹措不好,日本的制造业也同样遭遇挫折。

上岛重二坚定地表示:“不希望把这种包袱带到21世纪,商社每年都在进行重组,以公司的利益来对包袱进行消化。”首先各大商社在观念上发生了变化,各家都放弃了单纯的销售额竞争,转而竞逐利润,并相继裁撤冗余部门,进行机构重组。这一时期日棉、日商岩井合并成为双日株式会社,东棉被丰田通商并购,兼松江商则并入了伊藤忠。

一直以来,经济下行危机必然伴随着企业裁员,而大规模裁员潮往往很容易形成影响社会稳定的群体性事件。综合商社在这一过程中扮演起了日本社会稳压器的角色,消化减员极具日本特色。即便在经济不景气的年代,日本企业也不允许像欧美企业那样随便裁员。年老体弱的员工,往往会被外派到境外的公司去任职,或者是50岁提早退休,在商社的帮助下开个店并领取养老金;那些实在无奈被裁的年轻员工也完全不用担心,因为综合商社早已经把这些人训练成了日本社会中的高素质、高层次人才,受聘到第二家公司工作也非常容易。在重组中,像三井物产这样的综合商社最大的优势,就是它的固定资产负担很小。即使是设立子公司，也不会像制造业企业那样大量去购置固定资产，这就使得它转身比较容易，卸包袱的速度也就相对较快。

担当产业投行的角色

如果一个国家不能成功地输出资本，就算不上一个真正的经济大国。对外投资是衡量一国资本输出的最重要表现形式。《日本经济新闻》2018 年 1 月 4 日报道称，日本财务省和日本银行的国际收支统计显示，截至 2017 年 9 月底，日本的海外直接投资达到 174.157 万亿日元（约合 1.6 万亿美元），较 2012 年底增加 91%，几乎翻了一番。

日本并购咨询机构乐国富（RECOF）统计显示，2017 年日本企业对海外企业的收购达到 667 起，继 2016 年之后再创历史新高。与高额海外投资相对应的则是投资带来的分红等收入的快速增加。2017 年 1—10 月，日本拿到的海外投资分红、利润等合计达到 10.7659 万亿日元（约合 920 亿美元），是产品出口贸易的 4 倍。

为日本带来海外巨大投资收益的主体正是财团体系下的大型综合商社。事实上，综合商社主要有两大利润支柱：一是通过原料和商品交易赚取贸易差价和手续费；二是投资最有希望的业务领域或相关企业，通过投资分红或是待该业务或企业发展起来之后转让股权以获得利润，这也被称为“事业投资”或“产业投资”。

进入 21 世纪以后，“事业投资”逐渐成为综合商社盈利的主流。有数据显示，从 2004 年 11 月到 2014 年 10 月的 10 年长周期中，三井物产、三菱商事、住友商事、伊藤忠商事和丸红商事五大综合商社累计纯利润排名都进入了日本企业前 20 位。特别是三井物产和三菱商事更是以 2.76 万亿日元和 3.69 万亿日元排名第八和第五。显然，单纯地依靠国内和国际贸易是无法实现如此高额利润的。

很多人都将综合商社定义为“日本特有的垄断性综合贸易公司”，突出其贸易属性。但实际上，日本综合商社一直以来都在不断地进行战略调整和强化新的机能。综合商社的业务领域也在逐步扩大，从原来重在产业上游（原材料）和下游（终端商品）的“两端业务”，逐步蔓延到整个产业链，特别是重视各环节之间的节点，通过“事业投资”战略牢牢掌控住了产业链。

日本企业海外投资战略的最大特点是普遍以“商权”为中心，其他国家的海外战略，则大多以“股权”为中心。包括中国企业在内的大多数企业，其海外并购战略思维其实都更接近美国式的以“股权”为中心，更看重的是绝对的“股权”，因此更习惯于从财务报表的盈利项来决定是否要收购某家公司，而往往忽视社会价值、产业价值和生存潜力等其他重要的产业发展因素。日本企业则全然不同。

日本综合商社伊藤忠商事在东南亚推广第二代生物乙醇的行动，就将商权战略发挥得淋漓尽致。2012 年 3 月 5 日,伊藤忠商事社长冈藤正广宣布获得美国 Zeachem 公司的股份。Zeachem 公司拥有第二代生物乙醇技术,相较于第一代以粮食为主要原料的生物乙醇技术,第二代技术以木材废物及农业废物为生产原料,具有很大的发展潜力,但 Zeachem 公司没有足够的资金实力及市场推广力。

伊藤忠商事由此抓住机会,买下小部分股权,借助其在全球尤其是东南亚广泛的贸易网络、深厚的产业底蕴以及强大的金融力量,推动该技术在东南亚推广,通过东南亚农业区域的背景为其调配东南亚相关资源,协助其商业化生产,并最终向全球推广。事实上,伊藤忠为新兴生物精炼公司提供了一个"资源餐厅",并通过这个平台资源来帮助新型生物公司加速全球技术的商业部署。

其实早在 2001 年,日本丸红商事和月岛机械株式会社就获得了来自美国 BC 国际公司的生物质能转换技术许可;2008 年 7 月,美国范恩尼姆公司也将其第二代纤维乙醇技术转让给丸红商社,以求获得通过日本综合商社的产商融实力来助其推广技术。由此凭借少量的股权,丸红商事就掌握了整个乙醇的贸易、产业、金融"三位一体"的产业链体系。

重现世界最早创投的荣光

创业投资通常也被称为"风险投资",欧美学者普遍认为其最早萌芽于 20 世纪 20 年代的美国。然而最早的创投公司其实源于日本,可以追溯至 1890 年的伊藤喜公司。伊藤喜公司由被誉为日本"发明大王"的伊藤喜十郎创办,伊藤喜十郎深受涩泽荣一的赏识,店名"伊藤喜工作部"就是涩泽荣一亲笔题写的。

伊藤喜十郎和三井家族的渊源颇深,他本人在创业前就曾任职于三井银行。伊藤喜十郎本姓小野,是大阪商人小野十右卫门的第六子,后与同为大阪商人的伊藤善兵卫的长女结婚,成为伊藤家"婿养子",改姓伊藤。而从源脉来看,小野家实际上是三井家族的一个分支家系。

日本"发明大王"伊藤喜十郎与他创办的伊藤喜商店。伊藤喜十郎和三井家族的渊源颇深,他本人在创业前就曾任职于三井银行

1890 年 3 月,35 岁的伊藤喜十郎从大阪赶往东京上野参加第三届"内国劝业博览会",琳琅满目的发明、专利品让其深受震撼,决心通过商业将这些发明实用化。他毅然决然地辞去三井银行的工作,在东京开了一家小小的事务所,并遍访散落在日本各地的默默无名的发明家们。据史料记载,当时伊藤喜十郎走访的发明家,几乎都是一些痴迷发明却对商业不感兴趣的"怪人"。

准确意义上说,显然伊藤喜十郎称不上是发明家,他更多的是发明家的伯乐,通过其慧眼、商才让这些可能被无声埋没的发明走进世人的生活。他曾说:"发明,只有被世人广泛使用,才谈得上具有价值。"在位于大阪市中央区的伊藤喜公司史料馆内，至今陈列着伊藤喜十郎曾经发掘、销售的各种创投产品：保险柜、誊写版、别针、订书机、收银机、金额印刷机、打孔机、安全剃刀……

当然，不仅仅是伊藤喜公司，以三井物产为代表的日本综合商社从成立之初就扮演着扶植日本中小企业成长的角色。1893 年，三井物产收购了由发明家田中久重于 1875 年创办的田中制作所，并帮助经营困难的公司重组，发展至今，便是东芝集团。1894 年，三井物产为丰田创业者、纺织机发明家丰田佐吉提供周转资金，并为其纺织产品开拓市场，为日后丰田转战汽车领域铺平了道路。

综合商社通过广泛的贸易网络、深厚的产业底蕴以及与之配套的金融力量，凭借产、商、融“三位一体”的商业体系，最终实现整体产业布局。以三井物产为代表，“从鸡蛋到卫星”“从拉面到导弹”的日本综合商社业务范围几乎无所不有。渗透到全产业价值链的综合商社完全可以称为“产业投行”。

日本财团的综合商社本质上就是商人思维，他们进行产业投资并不是为了资本控股，而是为了编织产业链。综合商社（产业投行）习惯从有利于产业发展的角度出发，以自身财团企业为主体，而不是假借金融中介机构去进行投资、并购等产业经济活动。这种投资往往更侧重于中观或微观层面，最终的目的也是促进产业的培育和实现良性发展，真正实现投资战略与产业发展协同。

1996 年，三井物产成立了专门从事创业投资业务的金融投资部门——三井创投（Mitsui Ventures）。三井创投作为一个金融投资者，独立于三井物产的其他业务单元，为全球的创业企业提供早期的创业资本，在东京、纽约、硅谷、上海和汉城（现为首尔）都设有办事处。到 2006 年，三井创投已经管理着超过总计 3.5 亿美元的资本，涉足的领域包括通信、软件、信息服务、生命科学、医疗器械和零售服务，并有了不少成功的案例。

如今的三井创投公司已经调整为了三井物产环球投资株式会社（Mitsui Global Investment）。与前身三井创投相比，三井环球投资进一步加强了和总部三井物产的联系，今后关注企业的规模将更大，行业领域也更为广阔，要求企业具备应对国际化竞争的实力或者潜力，但不再局限于提供早期创业资本。投资团队能够充分发挥三井物产的国内外网络和市场运作能力、业务知识与经营关键技术，利用通过实业培养起来的经营资源和综合能力，提供真正有价值的产业投资。

2017 年 7 月，北京链农互动科技有限公司旗下的网站 FarmLink 完成了数千万元的 B + 轮融资，本轮投资由三井环球投资领投。链农是一家为中小餐饮商家提供一站式、全品类且更低价食材采购的服务商，主做的餐饮食材供应链行业是一个具有 1.3 万亿元市场规模的行业，未来发展前景巨大。

此外，三井环球投资近年来还先后投资了为 30 多个世界大型石油和天然气公司提供高清视频、照片和热影像数据的收集和分析服务的英国无人机制造商 Sky - Futures（B 轮），生产可持续蛋白产品、旨在改善全球食品安全状况的美国健康保健公司 Calysta Energy（D 轮），面向印度尼西亚 2.5 亿多消费人口出售各种商品（包括汽车、手机、服装和生活用品）的印度尼西亚电商平台 MatahariMall（战略投资），以及日本东京的手机购物平台 Mercari（D 轮）等多家多领域的潜力公司。

参考文献及来源：

1. 林叶. 综合商社的政府推进模式比较[J]. 经济学动态，1995 (6)：61 – 63.
2. 孙世春. 战后日本经济发展与综合商社的演进[J]. 日本研究，1996 (4)：1 – 7.
3. 梁自强，陈锋. 综合商社与战后日本经济发展[J]. 世界经济，1982(6)：62 – 68.
4. 张玉来. 日本综合商社再转型[J]. 董事会，2015(11)：76 – 79.
5. 罗影. "综合商社"模式化解危机的典范三井 300 年的领跑者[J]. 英才，2009(2)：110 – 112.
6. 白益民. 三井帝国启示录：探寻微观经济的王者[M]. 北京：中国档案出版社，2006.
7. 三井物产株式会社官方网站，www. mitsui. com/.
8. 袁璐. 综合商社成就超一流"母体工业"[J]. 装备制造，2008(4)：46 – 49.
9. 松井隆幸. 战后日本产业政策的政策过程[M]. 福冈：日本九州大学出版社，1997.
10. 李泽禛. 三井物产经营史的演变分析[J]. 商，2015(44)：289 – 290.
11. 内贸是外贸的基础 金融是商业的核心 三井物产有田昭二郎谈日本的综合商社[J]. 世界机电经贸信息，1994(Z1)：10.
12. 滕学峰. 三井物产：日本对华投资的发动机 [J]. 中国外资，1998(9)：46 – 48.
13. 马丽. 日本海外直接投资 5 年内翻番最近一年势头最猛[EB/OL]. (2018 – 01 – 05) [2019 – 11 – 01]. https://finance. huanqiu. com/article/9CaKrnK6fOf.
14. 傅春寰. 日本综合商社[M]. 天津：天津大学出版社，1996.
15. 国家国有资产管理局赴日考察团. 日本企业集团与国有资产管理[M]. 北京：经济科学出版社，1993.
16. 王石. 道路与梦想[M]. 北京：中信出版社，2006.
17. 万科集团官方网站，www. vanke. com/.
18. 金戈. 郑敦训总裁谈中化总公司综合商社试点工作[J]. 中国对外贸易，1995(8)：8 – 9.
19. 程东升，刘丽丽. 华为真相[M]. 北京：当代中国出版社，2003.
20. 万科谋变全球最大综合商社拟 5 年全国建 50 座百万级综合体[EB/OL]. (2011 – 11 – 15) [2019 – 11 – 01]. http://www. ce. cn/cysc/newmain/yc/jsxw/201111/15/t20111115_21068038. shtml.
21. 张季风. 日本经济真的"失去了二十年"吗[J]. 世界知识，2017(13)：28 – 30.
22. 坂本雅子. 财阀与帝国主义：三井物产与中国[M]. 徐曼，译. 北京：社会科学文献出版社，2011.
23. 陈杰. 由美日经验看"一带一路"："一带一路"专题系列报告[EB/OL]. (2015 – 03 – 15) [2019 – 11 – 01]. http://www. docin. com/p – 1097672861. html.

24. 冯瑞云. 解散财阀与美国的对日政策[J]. 现代日本经济,1990(5):7－10.
25. 泡沫经济后日本大商社的全球策略[J]. 中国经贸画报,1998.
26. 王慧贤. 日本技术引进体制及对中国的启示[J]. 技术与创新管理,2010,31(1):5－8.
27. 井上清. 战后日本史[M]. 天津历史研究所,南开大学历史系,译校. 天津:天津人民出版社,1972.
28. 商社机能研究会. 新综合商社论[M]. 北京:中国经济出版社,1987.

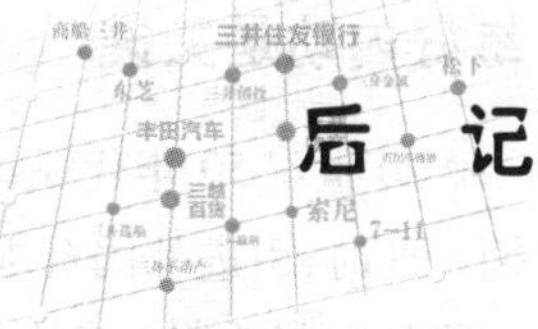

后记

日本贸易之战

贸易战，又被称为“商战”。从20世纪60年代至今，日本和美国之间就不断有着各种各样的贸易摩擦，并逐步升级为关税贸易战、汇率金融战、经济战等。在很多人的印象中，日本在日美贸易和金融摩擦中每次都妥协让步，并且有了后来的泡沫经济和泡沫破灭之后的长期经济低迷，但事实究竟是怎样的呢？

回顾历史，从1971年到1994年，美国先后多次向日本发起了“301条款”和“超级301条款”调查。一般而言，“301条款”是美国贸易法中有关对外国立法或行政上违反协定、损害美国利益的行为采取单边行动的立法授权条款。这也是美国在贸易战中惯用的伎俩，此前美国就是通过“301调查”成功打压了20世纪60年代崛起的欧洲共同体。

当然，美国对日本的打击并不局限于产业以及经济等特定领域，对特定企业的打击也成为日美贸易战的重要战场，其中以“东芝事件”最为典型。为什么选择三井财团旗下的东芝公司作为目标，这是因为在美国商务部1983年提出的5大科技核心领域中，日本占了3项——半导体技术、光纤技术和智能机械技术，而东芝则是这些领域里最具代表性的企业。

然而，由美国发起的声势浩大的贸易战，事后证明并没有阻止日本相关产业的崛起，美日贸易不平衡问题也并没有得到解决。受到制裁的东芝机械仅在1987年营收和利润出现下滑，1988年以后就又开始企稳回升，而母公司东芝受到的影响也并不大。到了1993年的时候，三井财团旗下的综合商社三井物产更是排名世界500强的第一位。

1997年东南亚金融危机以后，日本政府和财团企业一改其过去咄咄逼人的强大气势，借助经济泡沫破裂后的颓势，营造出一种“无威胁的国际生产环境”。开始以另外一种方式建立起适合自己的生存发展体系，以退为进。这套经营哲学虽然放弃了表面的风光和张扬，但却在更多关乎国家经济命脉的领域打造出了无数个“隐形冠军”企业。

练好内功是关键

20世纪50年代，战后初期的日本产业发展面临着资金短缺、技术落后的局面。此时，引进外国资本显然是最快、最有效的办法，但日本政府却对外资采取了严格的限制政策。日本政府认为，在经营资源和经营规模上拥有明显优势的外国企业在日本大量投资，必将导致本国企业被兼并、吸收，从而限制本国产业和独立的技术发展。

为了不使日本企业陷于图短利而招远祸的命运，日本政府和财团体系下的银行机构开始对钢铁、煤炭、海运、电力、合成纤维、化肥等重要产业进行大规模的投资、融资，提供优惠长期贷款。20世纪50年代中期，日本政府有关政策转向石油化工、机械零部件、汽车、电子等工业，为即将到来的贸易自由化做好了准备。

这一时期，日本相继制定了著名的“机振法”（振兴机械工业临措施进法）和“电振法”（振兴电子工业临时措施法），这两部法律以基础机械、通用零部件和出口机械等30多种机械产品为振兴对象。此后，在“机振法”和“电振法”的基础上，日本政府又出台了一系列如“信振法”（关于信息处理振兴事业协会的法律）和“机信法”（振兴特定进行信息产业临时措施法）等相关法律。

日本在1955年加入了关贸总协定（WTO前身），在此之前，由于外汇短缺，日本对进口实施了外汇配额和进口限额等控制措施，把紧缺的外汇储备集中用于钢铁和造船业等重工业与石化工业。为了防止进口产品直接与国内扶植产业竞争，日本对进口相关国外产品的外汇实行严格进口配额控制。“入关”时，日本的进口自由化产品比率只有16% 。

“入关”以后，日本受关贸总协定自由贸易条款的限制，逐渐取消了直接限制，但却加强了关税壁垒抑制进口的作用，设立了“倾斜的关税结构”。以汽车产业为例，1970年以前，日本对汽车进口的课税是非常高的，而且对排气量越小的汽车课税越高。这和日本政府想重点培育小型车生产能力的意图相吻合。

到了20世纪70年代以后，随着贸易自由化的进一步发展，日本的保护手段也逐渐从关税壁垒转向了越来越多的非关税壁垒，如提高卫生检疫标准、排污标准，强化行业组织等。这些措施既抑制了外国商品对本国商品的竞争，也为本国相对薄弱的产业创造了提高国际竞争能力的有利条件。

其实,无论是加大银行的融资力度还是提供相关法律法规以及倾斜性的关税壁垒保护措施,其核心思想都是希望能够尽快形成强大的日本国内市场。只有有了足够量级的国内市场,才能够形成适应的国内市场竞争氛围,从而适应更加激烈的全球化竞争。所谓适度竞争,是指企业的规模、数量要合适,既不过于分散,又可以保持充分竞争。

日本学者曾以汽车轴承产业的发展为例进行了说明。日本有4家相对较大的轴承生产企业,在政府讲明5年后开放市场后,它们都在拼命竞争图存。5年后,日本政府真正开放轴承市场时,这4家轴承厂早已将力量培养得很强了,出口量甚至多于进口量。其实,不仅是小小的轴承,日本整体的汽车行业也已具备了相当的国际竞争力。

面对全球经济一体化、贸易自由化的挑战,日本政府发现,要想真正参与全球化的竞争,仅仅依靠几家产业领域的"庞然大物"显然是不够的。如何将成千上万的中小企业纳入三井、三菱等大财团企业的组织体系中,解决日本国内企业规模小、资金实力不足、无序竞争等问题,才是日本经济迅速崛起的核心方向。

为了避免大企业简单地吞并或排挤中小企业,政府鼓励企业集团根据生产销售关系等经营方面的需要,以母子公司制的形式结成纵向联合体——财团体系化。首先,制定《中小企业基本法》,从法律上来保证中小企业的健康发展。其次,促使大企业提供设备,派技术人员甚至管理人员帮助中小企业提高技术和管理水平。

在三井、三菱几大财团体系的帮助下,日本政府通过立法(如《电子工业化》《石油工业化》等)的形式使产业组织政策得以有效落实。有了这些措施的扶持,索尼、松下、东芝等一大批新兴企业集团才得以迅速崛起,发展成为具有国际竞争力的跨国企业,而中小企业也在为大企业提供服务的过程中不断发展壮大。

做足准备,开门迎客

虽然日本很早就加入了关贸总协定,但欧美各国特别是美国认为,日本是发达国家中推行自由化最迟缓的。1967年6月,国际经济合作与发展组织在《日本国际资本转移的自由化》的报告中这样说道:"日本根本不想对吸引直接投资作出努力,用外文写的对国外潜在投资家有帮助的政府出版物一本也没有,政府和企业也不愿提供任何有关情报。"

无论美国和欧美各国如何施压,日本都没有改变自己实现自由化开放的原则。1966年,为了避免外资引入加剧日本国内市场的竞争甚至导致国内市场被外资所控制,日本经团联开始对国内30个工业部门进行广泛深入的调查,并制定了多项标准,用以确定是否实行自由化、如何实现自由化以及自由化的程度。

依据这些标准,从1967年到1973年的7年时间里,日本政府分5次陆续进行了资本自由化。最初几次开放的主要是日本具有较强国际竞争力、外资参与可能性比较小的产业,如啤酒、普通钢和家用电器等。此后几次虽然原则上实行了100%自由化,但农林水产、矿产、石油、皮革和零售5个行业依然在自由化的行业之外。

对于公司股权,日本也有严格的限制,要求"总的趋势是主要扩大外资率50%的自动认可行业,以实现平等基础上的互惠互利、共同繁荣"。只有日本特别亟须发展的重要产业,在股权上才有所松动。《外汇法》同时明文规定:如果外国直接投资对日本的产业、经济、安全产生不利影响,对外商的投资则要实行限制以保护国内产业。

除了产业领域,日本在金融领域的开放也做了充足的准备工作。日本早在1964年就加入了IMF(国际货币基金组织),但是鉴于当时国内金融机构尚在发展壮大过程中,所以一直通过法律法规延迟资本市场对外开放,特别是推迟外资证券机构进入日本市场开展实际业务。这种拖延开放有利于保护国内金融机构和维护国内资本市场的稳定。

虽然日本在1971年就通过修改《证券与交易法》允许外资证券公司成为东京股票交易所的会员,但实际上直到1982年东京股票交易所修改条款后,外资证券公司才真正被允许成为会员,可即便如此也仅有4家外资证券公司以分支机构的名义进入日本市场,其后在日本经济达到顶峰时才加速开放进程。

直到1985年"广场协议"签署后,在美国的要求和两国的日元—美元委员会的协调下,日本才又允许6家外资证券公司进入东京股票交易所,1987年又允许16家外资证券公司进入东京股票交易所,但持有的在日证券分支机构的股份不能超过50%。

此后,日本政府除了通过层层法规和制度变相限制外资金融机构开展业务外,还对参与资本市场的外资金融机构实施窗口指导、检查等多种监管措施。1999年,瑞士信贷第一波士顿集团的银行执照被撤销,原因是该公司出售的金融产品涉及泄露客户的真实财务状况。2002年,有10家外资证券公司因违反卖空规定被勒令暂停营业。2004年,花旗银行的营业执照也被吊销。

虽然日本已经逐步放宽对贸易和资本进口的限制,但它仍然是当时工业发达国家中吸引外资最少的国家。以1999年度为例,据日本官方统计,外国对日本投资为2.3万亿日元,投入日本的外国资本仅仅占全世界直接投资总额的1.5%,不足对美国的1/20,其在日本国内总固定资本形成中所占比例也仅为0.3%。

在打开贸易与资本这两扇有形大门的同时,日本又以民族文化、商业习惯及其相关的公司制度等因素构成了一扇看不见的无形大门。不同于西方社会,日本人在经济活动中许多由于其独特文化形成的独特的交易方式和组织结构,会形成让外商困惑的"弄不清楚的销售网络",这在很大程度上也阻滞了外国资本和产品的进入。

这种令人“弄不清楚的销售网络”的核心其实就是日本财团体系中的综合商社。三井物产、三菱商事和伊藤忠等几大综合商社在日美这场延续数十年的“商战”中，扮演着非常重要的角色；在贸易、投资、金融、人才、情报和物流等领域发挥着综合机能的特殊作用；作为财团内部乃至日本社会实质上的经济总参谋部，为日本经济的发展默默护航。

明修栈道，暗度陈仓

“广场协议”后，在美国的强烈攻势之下，出于政治、军事和经济等多方因素考虑，日本政府并没有采取正面对抗或者是报复措施，反而作出了重大让步，同意对所有存在争议的出口产品及领域进行“自愿约束”。可是，即使日本一再妥协，日本对美贸易顺差并没有随之下降，于是美国发动了1997年的东南亚金融危机。

美国金融资本对东南亚地区的打击直接削弱了日本的海外投资，日本财团主办银行和综合商社面临的困境也如被釜底抽薪一般，导致日本经济在很长一段时间内一蹶不振。日本也因为金融战败而彻底陷入“失去二十年”的阴影中，美国似乎也继续维持其世界经济霸权的地位。但日本经济真的就从此一蹶不振了吗？

显然，日本政府和财团企业也很“享受”失败，一改过去咄咄逼人的强大气势，借助经济泡沫破裂后的颓势，将自己打扮成了一个始终无法从过去走出来、逝去二十年美好光景的虚弱巨人。营造出一种“无威胁的国际生产环境”，开始以另外一种方式建立起适合自己的生存发展体系。明修栈道，暗度陈仓。

2013年，美国著名经济杂志《福布斯》刊登了专栏作家Eamonn Fingleton所写的文章《日本失去了二十年的说法是个大骗局》，认为“失去二十年”的说法是荒诞的无稽之谈，在经济界引起很大反响。当年诺贝尔经济学奖得主保罗·克鲁格曼也持有相同的见解，认为关于日本经济萧条的看法缺乏经济学的根据。

2016年3月，傅高义教授的《日本第一》中文版在中国国内出版，此书在1979年首次出版后迅速成为西方学界日本学中最畅销也最具影响力的作品。为了中文图书的出版，傅高义特别撰写新序，再度肯定日本，认为日本即使经过了“失去的二十年”，属于《日本第一》时代的优良特质依旧存在。

傅高义说：“我说‘日本第一’不是指日本经济是全世界最大最强的，而是要告诉世界，日本是如何从战后战败时的一穷二白的状况迅速崛起为世界经济强国的。”傅高义强调，“日本第一”意指日本的社会模式在许多方面都十分成功，所以日本堪称第一。比如，犯罪率低、福利好、老百姓长寿、普及医疗与民众教育做得好。

那么这“失去的二十年”,又在哪些领域成就了“日本第一”呢?日本连续28年成为世界头号债权国,第二名、第三名分别为德国和中国。截至2018年底,日本政府、企业与个人投资者拥有的海外资产减去负债所得的对外净资产余额约为342万亿日元(约合3.1万亿美元),而日本的海外直接投资也达到了174.157万亿日元(约合1.6万亿美元)。

科技研发领域,从自然科学的3个部门来看,2000—2018年这18年来,日本的诺贝尔获奖者合计达18人,和2000年之前的5人相比人数大幅增多。企业创新领域,在汤森路透评选出的《2019全球创新企业百强》榜单里,日本以39家高居榜首,力压美国的33家,而中国仅比亚迪、华为和小米入围。

2017最新国家形象综合排行,日本在出口形象方面高居第一位;2018年5月,联合国世界各国人口平均寿命排序,日本以83.7岁位列第一;日本的森林覆盖率超过70%,一直是世界上森林覆盖率最高的国家之一;财富研究机构新世界财富发布的报告显示,日本是全球主要经济体当中贫富差距最小的国家……

既然有了这么多的“日本第一”,那么为什么“失去的二十年”还依然不断被人提及。这是因为日本人忧患意识普遍很强,包括大部分政治家、企业家和普通国民都不喜欢张扬,特别是媒体出于各种目的更愿意报忧不报喜。媒体的长期宣传,再加上许多日本学者精细片面的“科学论证”,导致国际社会都误认为日本确确实实“失去了二十年”。

对于日本政府及财团企业的刻意隐藏实力,作家Eamonn Fingleton就表示,美国政府正是被所谓的“失去的二十年”的谎言所蒙蔽,从而采取了不恰当的对日政策,结果导致美国在过去一段时间里丧失很多的经济利益。日本虽然放弃了表面的张扬,但是在暗中却一直没有停止自己的经济扩张,悄无声息地攫取和瓜分着世界的财富。

未来战场,硝烟再起

2015年7月,揭秘网站“维基解密”称,美国国家安全局对日本的内阁官房及省厅、日本央行、三井物产以及三菱商事等大型商社进行了窃听。公开的文件包括根据窃听内容制作的相关报告以及窃听对象的名单,除内阁官房外,还列有包括财务省、经济产业省、三井物产在内的共35个电话号码。

美国国家安全局一直都以“阻止了更多恐怖活动发生”为借口为自身的窃听活动寻求合法化。但这一次,美国不但窃听了日本的政府部门,还窃听了包括三井物产和三菱商事在内的财团商社企业,这显然是一种严重的“商业间谍行为”。难道说这些日本企业与美国的所谓国家安全保障有何关系,还是美国另有所图?

以史为镜,可以知兴替。现在许多声音都将中美贸易摩擦与曾经的“日美贸易战"联系到一起,浓墨重彩地描写从20世纪60年代到21世纪初40年间的日美经济争霸战,不断分析总结美国的惯用手段以及日本在这场经济争霸中战败的原因。可是日美之间的"商战"其实并没有结束,谈论胜负为时尚早。

其实,在日美之间还有着一场看不见硝烟的战争。2019年5月15日,由于美国对华为采取限制措施,作为华为产品全球供应链的一环,日本相关产业乃至整个经济界的担忧情绪正在蔓延。华为是日本企业最大的出口对象之一,2018年全年出口约66亿美元的零部件,这个数量占日本对华出口的近5%。

日本的财务大臣麻生太郎曾在美国禁令颁布后表示,一些日本企业向华为供应零部件,供应链相互交织、错综复杂。美国这一禁止华为购买美国关键技术的做法有可能影响到日本企业,并冲击日本的经济增长。事实上,除了松下、索尼、三菱电机等大型供应商外,日本还有多达3500家以上的中小企业跟华为公司有着诸如协助研发之类的业务往来。

2019年6月8日,在日本举行的二十国集团(G20)贸易和数字经济部长会议上,人们并没有看到美国贸易代表莱特希泽的身影。这是因为莱特希泽将有更重要的事情要处理。6月13日,莱特希泽在华盛顿与日本经济再生大臣茂木敏充举行双边部长级会谈,进行最新一轮的日美贸易谈判。

对于日美贸易谈判,由于汽车出口在近20年来一直是日本对美出口的重要产品,日方希望敦促美方下调或者撤销对日本汽车等工业产品的关税作为回报。此前的5月,美国总统特朗普曾宣称进口汽车及零部件对美国国家安全构成了"威胁",并点名批评了日本车企,在这背后正是美日两国不断扩大的贸易逆差。面对特朗普的威胁,丰田汽车罕见做出了回怼:"丰田已经在美国深耕60多年,包括我们在这里的研发中心、10个生产基地、1500个销售网络、完善的供应链体系等,我们直接或间接地在美国雇用了超过47.5万人。美国政府的声明显示,丰田在美国的投资是不受欢迎的,我们在全美的每个员工做出的贡献也没有受到重视。"

实际上,丰田此前一直避免就特朗普的贸易政策表明立场,此次罕见的强硬回应似乎也是在释放一种信号。在美国的汽车制造商中,美国政府认为汽车制造企业构成的"威胁"最大,因为日本公司在美国的汽车销量占其全球总销量的23%,其在本土市场日本的销量占比仅为21%。而与日本车企在美国市场发展势如破竹相比,美国车企可谓经营惨淡。

2019年6月27日,出席二十国集团峰会的国家主席习近平在大阪会见了日本首相安倍晋三。两国领导人同意,进一步深化两国利益交融,加强在科技创新、知识产权保护、经贸投资、财政金融、医疗康养、养老照护、节能环保、旅游观光等广泛领域互利合作。同时,日方认为"一带一路"倡议是联结多样化地区的富有潜力的构想。

中日民间一直有着强烈的经贸往来需求，日本产业界也早已表达了参与“一带一路”的愿望，因此可以说安倍政府的最新表态给日本产业界打了一剂强心针。实际上，针对美国的贸易措施，日本能打的牌并不多，所以选择跟中国合作，共同开发第三国市场，专注于做增量，应该是日本的一种合理选择。同时，中日强强联手，优势互补，更有利于双方提高投资效率。

作　者

（声明：本书稿写作过程中，为更加形象地再现一些客观事实，笔者参考使用了一些图片。限于客观条件，笔者无法与图片作者取得联系，未能及时支付报酬，在此深表歉意，并请相关图片作者与本人联系。）